Interdisziplinäre Antisemitismusforschung
Interdisciplinary Studies on Antisemitism

herausgegeben von
Prof. Dr. Samuel Salzborn

Band 21

Stephan Grigat | Karin Stögner [Hrsg.]

Projektiver Antizionismus

Antisemitismus gegen Israel vor und nach dem 7. Oktober

Nomos

center for antisemitism
and racism studies

Die Publikation wurde durch die Katholische Hochschule Nordrhein-Westfalen (Open-Access-Publikationsfonds) gefördert und von der Universität Passau (Open-Access-Publikationsfonds der Universitätsbibliothek) finanziell unterstützt.

Die Deutsche Nationalbibliothek verzeichnet diese Publikation in der Deutschen Nationalbibliografie; detaillierte bibliografische Daten sind im Internet über http://dnb.d-nb.de abrufbar.

1. Auflage 2025

Publiziert von
Nomos Verlagsgesellschaft mbH & Co. KG
Waldseestraße 3–5 | 76530 Baden-Baden
www.nomos.de

Gesamtherstellung:
Nomos Verlagsgesellschaft mbH & Co. KG
Waldseestraße 3–5 | 76530 Baden-Baden

ISBN (Print): 978-3-7560-3514-4
ISBN (ePDF): 978-3-7489-6578-7

DOI: https://doi.org/10.5771/9783748965787

Onlineversion
Nomos eLibrary

Inhaltsverzeichnis

I.
EINLEITUNG

Kritik des projektiven Antizionismus

Israel als „Jude unter den Staaten“ und das „Gerücht über den Zionismus“

Stephan Grigat und Karin Stögner

Gibt man heute eine Sammlung gegenwartsbezogener Analysen zu Antisemitismus und Israelhass heraus, fallen diese schneller denn je hinter die sich in rasendem Tempo radikalisierende Realität zurück. Das zeigt sich etwa an dem galoppierenden Irrsinn in Teilen der Linken, die sich anschicken, sich als offen antisemitische Bewegung erkennen zu geben: Als die *Jüdische Allgemeine* am 24. Juli 2025 darüber berichtete, dass in Valencia eine Gruppe jüdischer Jugendlicher aus einem Flugzeug geworfen wurden, postete die Linksjugend Frankfurt, dass der Rauswurf leider nicht stattfand, während das Flugzeug in der Luft war (Majić 2025). Wo wie hier offen zum Mord an Juden und Jüdinnen aufgerufen wird, bedarf es keiner elaborierten Analysen von projektivem Antizionismus und sekundärem Antisemitismus oder von Antisemitismus als „kulturellem Code“ (Volkov 2000). Die Realität droht, jede Analyse und jede auch noch so zugespitzte Kritik in den Schatten zu stellen.

Umso wichtiger ist es, die gesellschaftlichen, politischen und historischen Bedingungen der Möglichkeit von Antisemitismus und Israelhass in den Fokus zu rücken. Denn die nach dem 7. Oktober 2023 immer offener auftretenden Formen von klassischem Antisemitismus und von zunehmend gewalttätig agierendem Israelhass stehen in einer langen Tradition – ebenso wie die Kritik an ihnen: Jean Améry versuchte schon 1969 der deutschen Linken klarzumachen, dass der Antisemitismus im Antizionismus enthalten ist wie das Gewitter in der Wolke (Améry 2005: 133; Gallner 2023: 128). Max Horkheimer kritisierte im selben Jahr sowohl den rechtsradikalen als auch den realsozialistischen Antizionismus: „In der *Nationalzeitung* wird das Wort ‚Juden‘, wie in den Zeitungen des Ostblocks, durch ‚Zionisten‘ [...] ersetzt.“ (Horkheimer 1969: 725) Michael Landmann nahm 1971 *Das Israelpseudos der Pseudolinken* ins Visier (2013), Simone de Beauvoir erklärte bereits im „roten Jahrzehnt“ der 1970er Jahre (Koenen 2002), gewisse Äußerungsformen des linken Antizionismus seien „a euphemistic way of translating an anti-Semitism that one dares not admit“ (Beauvoir 2012:

319); und seit den 1990er Jahren ist insbesondere im deutschsprachigen Raum umfangreiche Literatur zur Kritik eines antisemitischen Antizionismus, zu linken Zionismus-Debatten und zur Kritik von jenen islamischen Traditionen des Antisemitismus erschienen, die erstmals nach 9/11 breiter diskutiert wurden und spätestens seit 10/7 im Fokus globaler Antisemitismusdiskussionen stehen – insbesondere im Zusammenhang mit einem projektiven Antizionismus.[1]

Der Zionismus ist in nahezu all seinen Ausprägungen eine Reaktion auf den Antisemitismus – sowohl auf den europäischen als auch, was in der deutschsprachigen Debatte zu selten in den Blick gerät, den arabischen und islamischen. Mit diesem war die zionistische Bewegung schon in den Dekaden vor der israelischen Staatsgründung konfrontiert; schon deshalb kann er kein Resultat dieser Gründung sein. Ob linker oder rechter, ob säkular oder nationalreligiös begründeter Zionismus – der Grundgedanke bleibt unabhängig von den je postulierten und stark divergierenden Identitätskonzepten, die eine gewichtige Rolle in den unterschiedlichen Ausprägungen sowohl des historischen als auch des gegenwärtigen Zionismus spielen, stets die Organisierung eines bewaffneten Kollektivs zur Selbstverteidigung gegenüber dem Antisemitismus. Darin unterscheidet sich der jüdische Staat von allen anderen auf dieser Welt. Die Etablierung und Verteidigung jüdischer Souveränität ist die Antwort auf eine sich durch die Jahrhunderte ziehende Verfolgungsgeschichte und insbesondere auf die nationalsozialistische Judenvernichtung (Grigat 2014).

Das politische Programm des postnazistischen Antizionismus besteht darin, Juden und Jüdinnen, mit welcher Begründung auch immer, das Recht auf einen eigenen Nationalstaat selbst noch nach der Shoah abzusprechen und aktiv auf die Zerstörung Israels hinzuarbeiten. Seine politischen und militärischen Hauptakteure waren über Jahrzehnte hinweg der arabische Nationalismus und der poststalinistische Realsozialismus (Herf 2019), und seit Ende der 1970er Jahre insbesondere die diversen Ausprägungen des sunnitischen und schiitischen politischen Islam – immer wieder in Kooperation mit oder unterstützt von diversen Formationen der westlichen Politik und Gesellschaften.

1 Ausführlich dazu Grigat (2025a). Auch der Zusammenhang von Antisemitismus und Misogynie ist nicht neu (Stögner 2014), tritt aber ebenso wie ein sich intersektional, feministisch oder queer gebender Antizionismus seit 10/7 immer stärker ins Bewusstsein (Stögner 2024; 2025b).

Der titelgebende Begriff des projektiven Antizionismus versucht, die Debatten ebenso einzuhegen wie abzugrenzen und meint einen sich gegen Israel richtenden Antisemitismus, der treffend als geopolitische Reproduktion des klassischen Antisemitismus beschrieben wurde (ISF 2002: 7–16; Grigat 2007: 320f.; Bruhn 2020).[2] Im „conspiracist antizionism" (Tabarovsky 2022) wird offen auf antisemitische Verschwörungsmythen zurückgegriffen. Der Begriff des projektiven Antizionismus knüpft an Léon Poliakovs Formulierung an, wonach Israel als „Jude unter den Staaten" fungiert (2022: 33) – womit schlaglichtartig die pathische Projektion der antisemitischen Traditionen des Antizionismus auf den Punkt gebracht wird.

In dieser ideologischen Gemengelage dient der jüdische Staat als Projektionsfläche zum einen für die nicht begriffene Widersprüchlichkeit im Nationskonzept – dass der Staat als Manifestation des Kapitalverhältnisses gegenüber seinen Bürgerinnen und Bürgern das Gewaltmonopol verkörpert und gerade in dieser Monopolstellung deren Rechte zumindest pro forma garantiert – und zum anderen für den Umstand, dass der Staat und seine Institutionen nicht deckungsgleich mit seinen Bürgern und Bürgerinnen sind. Diese Nichtidentität von Staat und Volk ist der wunde Punkt, auf den der Antisemitismus in der Ablehnung alles Abstrakten reagiert, indem er die staatlichen Institutionen in der konkretistischen, gegen jede Vermittlung gerichteten Idee der Volksgemeinschaft einebnet, von der Juden und Jüdinnen exkludiert sind. Einerseits erscheint der Staat Israel im projektiven Antizionismus als der Inbegriff des Künstlichen, Abstrakten und Unauthentischen, als eine ‚Entität', die gar kein ‚richtiger' Staat sei; andererseits sieht man im jüdischen Staat das verkörpert, was man bei sich selbst überwunden oder verloren gegangen glaubt: ein völkisch-ethnisches Gemeinwesen, das durch sein verstocktes Festhalten an seiner Partikularität dem universellen Weltfrieden im Weg stünde. In beiden Fällen – der Vorstellung Israels als ‚künstlichem Gebilde' oder als ‚verstockte Partikularität' – werden ideologische Anleihen beim Nationalsozialismus genommen. Die Aufspaltung konkret vs. abstrakt, natürlich vs. künstlich wird so selbst beweglich und kann mal in dieser, mal in jener Form gegen Israel gewendet werden (Stögner 2025a). Insofern ist der projektive Antizionismus nicht als politische Gegenbewegung zum Zionismus misszuverstehen, sondern

2 Die Formulierung „Antisemitismus gegen Israel" haben zuletzt Klaus Holz und Thomas Haury mit ihrem Buchtitel popularisiert (2021). Zur Kritik an der mitunter zur Verharmlosung des antisemitischen Gehalts einiger Ausprägungen eines projektiven Antizionismus tendierenden Darstellungen bei Holz und Haury siehe Machunsky (2025: 176–190).

beruht auf dem „Gerücht über den Zionismus" (Lenhard 2025: 810), das mit dem Zionismus als nationale und antikoloniale Befreiungsbewegung der Juden und Jüdinnen nichts zu tun hat, sondern die ideologische Legitimation für die Vernichtung Israels als der größten jüdischen Gemeinschaft weltweit abgibt.

Der projektive Antizionismus ist in seiner Vielschichtigkeit und Beweglichkeit die im Westen derzeit vordringliche Form des Antisemitismus. Er steht für sich selbst *und* bereitet den Weg für erneut erstarkende traditionelle Formen des Judenhasses, wie der eingangs exemplarisch genannte Fall der Linksjugend Frankfurt zeigt.

Den mittlerweile ubiquitär auftretenden Israelhass als „antisemitische Integrationsideologie" (Salzborn 2018: 139) ins Visier zu nehmen, ist in einer sich an der klassischen Kritischen Theorie orientierenden Kritiktradition mittlerweile Konsens und wird auch in den beiden, dieses einleitende Vorwort ergänzenden Interviews thematisiert. Der projektive Charakter des antisemitischen Ressentiments dient ebenso als Empörungspotential wie als integrativer Schirm für unterschiedliche, auch gegensätzliche politische Akteure, die Gegenstand der hier versammelten Analysen sind: linke und rechte, islamische und christliche, postkoloniale und antirassistische, anti- und neoimperialistische, feministische und djihadistische, queere und rechtsradikale Akteure können sich ebenso darauf verständigen wie Akteure im Kunst- und Kulturbereich, an Universitäten und im Politikbetrieb, in internationalen Organisationen wie der UNO und NGOs, auf Social Media ebenso wie zunehmend auch in den Mainstream-Medien.[3]

Zäsur 10/7

Es verbindet die hier versammelten Arbeiten das Erschrecken darüber, dass die Gräuel des 7. Oktober, statt eine Welle anhaltender Solidarität mit Israel und seinen Bürgerinnen und Bürgern auszulösen, als Startschuss für eine globale Welle von Antisemitismus – insbesondere in Form eines projektiven, seit 10/7 immer gewalttätiger auftretenden Antizionismus – fungiert hat. Offensichtlich war die jahrzehntelange Diffamierung des Zionismus als „collective evil" (Wilf 2025) eine der Grundlagen dafür, dass in antizionistischen Kreisen selbst noch vergewaltigten Frauen, ermordeten

3 Im vorliegenden Band findet sich kein Beitrag zum Antizionismus in den christlichen Kirchen vor und nach dem 7. Oktober. Siehe dazu Tarach (2022) und Staffa (2025).

Babys und Greisen, Gefolterten und den nach Gaza verschleppten Geiseln Empathie verwehrt wurde, so sie nur als ‚Zionisten' ins Visier genommen werden konnten. Der 7. Oktober war sowohl für das Selbstverständnis des Zionismus als auch für die Mobilisierungskraft des antisemitischen Antizionismus eine Zäsur: „October 7 changed everything" (Lipstadt 2025). Die Massaker des 7. Oktober haben eine „eliminatorisch-antisemitische Botschaft" (Chernivsky/Lorenz-Sinai 2024: 13) global kommuniziert. Der mit Beteiligung von Teilen der palästinensischen ‚Zivilgesellschaft' ausgelebte antisemitische und misogyne Blutrausch[4] evoziert für Jüdinnen und Juden weltweit ein zugleich neues und sehr altes Gefühl von Angst und Bedrohung (Heschel 2024). Der 7. Oktober bedeutet für Jüdinnen und Juden „einen fundamentalen und einschneidenden Verlust an Sicherheit" (Hartmann 2024) und macht es notwendig, das Schutzversprechen des Zionismus zu erneuern.

10/7 hat zu einer Konstellation geführt, in der Israel gar nichts anderes übrig bleibt, als auf die Beseitigung der militärischen Macht seiner antisemitischen Gegner zu setzen (Grigat 2025a: 7–12). Zum Gesamtbild nach dem 7. Oktober gehört neben all den katastrophalen Entwicklungen auch, dass Israel sich an einigen Fronten ausgesprochen erfolgreich gegen seine antisemitischen Widersacher zur Wehr setzen konnte: Der vom iranischen Regime gezogene ‚Ring of Fire' rund um Israel konnte zerschlagen werden (Osten-Sacken 2025). Insbesondere die von Teheran massiv aufgerüstete Hisbollah im Libanon wurde entscheidend geschwächt, und die Schläge gegen das Ajatollah-Regime und sein Nuklearwaffenprogramm – die erfolgt sind, nachdem die europäische Politik 30 Jahre Zeit hatte, alle nichtmilitärischen Maßnahmen gegen das für den jüdischen Staat existenzbedrohende Nuklearwaffenprogramm zu ergreifen und das Gegenteil getan hat – können vor dem Hintergrund des antisemitischen Charakters der ‚Islamischen Republik' als „praktizierte Antisemitismuskritik" (Grigat 2025b) verstanden werden.[5]

---

4 Zu den Ereignissen des 7. Oktober 2023 siehe APPG (2025).

5 Eine Darstellung und Diskussion der innerisraelischen Debatten über die Art und Sinnhaftigkeit der Kriegsführung in Gaza bedürfte nicht nur eines eigenen Beitrags, sondern eines ganzen Sammelbandes – der aber in einer Reihe zu „Interdisziplinärer Antisemitismuskritik" fehl am Platz wäre. Anders gesagt: Debatten über Entwicklungen in der israelischen Gesellschaft und Politik sind wichtig, aber ebenso wenig Gegenstand einer Kritik des projektiven Antizionismus wie die katastrophale Lage in Gaza.

Definitionen und Kritik

Den meisten der hier publizierten Beiträge liegt ein Verständnis von Gesellschaft zu Grunde, welches das stets auf dem Sprung seiende antisemitische Ressentiment in das Zentrum der Kritik rückt und als negative Wahrheit dieser Gesellschaft begreift. Vor dem Hintergrund solch einer Kritischen Theorie der Gesellschaft und des Antisemitismus kann der Dauerdebatte über die Antisemitismus-Definitionsversuche in der *Arbeitsdefinition von Antisemitismus* der International Holocaust Remembrance Alliance (IHRA 2016) und der *Jerusalem Declaration on Antisemitism* (JDA) nur mit Skepsis begegnet werden. Die *Arbeitsdefinition* der IHRA wird oft wegen ihrer Vagheit und Unbestimmtheit kritisiert. Aus der Perspektive der Kritischen Theorie spricht aber gerade diese Unbestimmtheit *für* die IHRA-Definition (Stögner 2025a) – trotz all ihrer offensichtlichen Mängel und Widersprüche (Lenhard 2020). Ohne eine gewisse Offenheit liefe die Definition Gefahr, den Antisemitismus auf eine seiner Ausdrucksformen zu reduzieren. Die definitorische Unbestimmtheit ist dem Phänomen Antisemitismus und seiner zweitausendjährigen Geschichte geschuldet – „definierbar ist nur das, was keine Geschichte hat“, schrieb Nietzsche in *Zur Genealogie der Moral* (1955: 820). Wiederholt hat sich die Kritische Theorie gegen den Vorwurf seitens des Positivismus verteidigt, ihre Konzepte seien zu offen und zu wenig greifbar. Laut Adorno (1993) erfordert ein gesellschaftliches Phänomen definitorische Offenheit und Anschmiegsamkeit. Was einige als vage ablehnen, eröffnet anderen die Möglichkeit, die unterschiedlichen, mitunter widersprüchlichen Bedeutungsebenen des Antisemitismus als historisch-soziales Phänomen zu beleuchten.

Dies kann die Definition von Antisemitismus in der JDA nicht leisten. Aufgrund ihrer mangelnden Offenheit gegenüber historischen Veränderungen und den verschiedenen Bedeutungsebenen des Antisemitismus ignoriert sie weitgehend dessen Geschichte seit 1945 und friert ihn in einer bestimmten Form von Vorurteilen und Ressentiments ein, die sich direkt gegen „Jüdinnen und Juden als Jüdinnen und Juden" (JDA 2021; siehe auch Klug 2013) richten.[6] Dadurch können Formen des sekundären Antisemitismus und des Antisemitismus gegen Israel, die sich einer indirekteren Kommunikation bedienen, kaum erfasst werden. Die JDA basiert nicht

6 Kritisch zur JDA siehe Rensmann (2023) und Elbe/Ellmers (2025); apologetisch Ullrich et al. (2024). Verteidigungen der IHRA finden sich bei Jikeli (2023) und Johnson (2021).

auf empirischer und historischer Forschung zum Antisemitismus, sondern auf politischen Überlegungen, die darauf abzielen, „einen Raum für eine offene Debatte über die schwierige Frage der Zukunft Israels/Palästinas zu schützen" (JDA 2021). Dies ist eine politische Angelegenheit, keine der wissenschaftlichen Antisemitismuskritik (Rensmann/Stögner 2024). Auch wenn die Kritik des Antisemitismus stets politisch ist, sollte eine Definition an die Besonderheiten des Phänomens in all seinen Facetten gebunden sein und nicht an das, was politisch jeweils wünschenswert ist.

Auch die IHRA-Definition ist mangelhaft, weil sie das unter sie gefasste Phänomen notwendig partiell stillstellt. Allerdings tut sie dies in viel geringerem Maß als die JDA. Insofern ist sie die analytisch bessere Definition, auch wenn sie nicht von den Mühen befreien kann, den Antisemitismus in all seinen sich wandelnden Erscheinungsformen ideologiekritisch zu dechiffrieren. Es ist politisch sinnvoll, sich an der IHRA-Definition zu orientieren, die von zahlreichen jüdischen und nicht-jüdischen Institutionen und Organisationen adaptiert wurde. Mit ihr kann der projektive Antizionismus erfasst und gleichzeitig von anderen, nicht-antisemitischen Formen des Antizionismus abgegrenzt werden – was in der Kritik an der IHRA regelmäßig in Abrede gestellt wird.[7] Die JDA hingegen dient in erster Linie der Delegitimierung der Kritik des projektiven Antizionismus – weshalb es nicht weiter verwundern sollte, dass u. a. Nachrichtenagenturen des iranischen Holocaustleugner-Regimes sie freudig begrüßt haben (Grigat 2025a: 171).

Akademische Vernetzung

Am Ende der Einleitung des vor wenigen Monaten erschienenen Bandes *Vom Antijudaismus zum Hass auf Israel: Interventionen zur Kritik des Antisemitismus* hieß es mit Verweis auf das baldige Erscheinen des vorliegenden Bandes: „Die Antisemitismusforschung und die Politikwissenschaft stehen erst am Beginn, die Bedeutung der Zäsur des 7. Oktober in all ihren Konsequenzen zu erfassen." (Grigat 2025a: 12) Wir sind uns dessen bewusst, dass die im Folgenden publizierten Beiträge auch nur ein weiterer Mosaikstein dabei sein können, die Bedeutung des Grauens von 10/7 für

7 In der Debatte über die Definitionen ist hinsichtlich der *Arbeitsdefinition* zu Recht von einer „Mythenbildung" (Uhlig 2024) und treffend vom „Gerücht über die IHRA-Definition" die Rede (Elbe/Stahl 2025).

die Erforschung und Bekämpfung des globalen Antisemitismus und für die Analyse zukünftiger Bedrohungskonstellationen hinsichtlich des jüdischen Staates zu erfassen. Neben der analytischen und dokumentarischen Anstrengung verstehen wir die Sammlung der Beiträge als Teil einer Vernetzungsbemühung antisemitismuskritischer und israelsolidarischer Akademikerinnen und Akademiker, denen in der Vergangenheit oft die Foren fehlten. Es gehört mittlerweile zum Selbstverständnis einer neuen Generation von Wissenschaftlern und Wissenschaftlerinnen, Antisemitismuskritik zum einen als Kritik an jenen gesellschaftlichen Verhältnissen zu verstehen, in denen sich der Antisemitismus in immer neuen Metamorphosen beständig als mörderische pathische Projektion reproduziert – und alleine dadurch die Notwendigkeit des Zionismus und des jüdischen Staats als Notwehrmaßnahme und Versicherung verdeutlicht – und zum anderen als eine „Kritik im Handgemenge" (Marx 1988: 381), die sich nicht scheut, wissenschaftliche Analysen explizit als Interventionen ins politische Geschehen zu begreifen und zu konzipieren.

Die Vernetzungsbemühungen haben sich zuletzt u. a. in einer Reihe von Konferenzen und Tagungen niedergeschlagen, in deren Kontext viele der nachfolgenden Beiträge entstanden sind, und die zahlreiche der im vorliegenden Band vertretenen Autorinnen und Autoren zusammengebracht haben: Neben den Sommerakademien des Centrums für Antisemitismus- und Rassismusstudien (CARS) sind hier u. a. die von der Gesellschaft für kritische Bildung organisierte Konferenz *Grenzen der Aufklärung: Der 7. Oktober und die Gegenwart des Antisemitismus* im Juni 2024 in Köln oder die Herbstakademie *Antisemitismuskritische Antisemitismusforschung nach dem 7. Oktober 2023* des Tikvah Instituts im Dezember 2024 in Frankfurt am Main, die internationale Tagung *Contemporary Antisemitism* im März 2025 am London Centre for the Study of Contemporary Antisemitism und die Mid-Term Conference des Research Network Ethnic Relations, Racism and Antisemitism der European Sociological Association *Hate in Transition and the Aftermath of 7 October: Antisemitism and Racism in Times of Political Crisis* im September 2025 an der Universität Passau zu nennen.

Fast alle Beiträge in diesem Band sind zuvor in der Reihe *Working Papers* des CARS erschienen, nachdem die ersten zwölf Beiträge der CARS-*Working Papers* 2023 in dem Band *Kritik des Antisemitismus in der Gegenwart* zusammengefasst wurden (Grigat 2023). Eine Vielzahl der hier versammelten Beiträge geht auf Vorträge bei der 2. Sommerakademie des CARS zurück, die 2024 unter dem Titel *Antisemitismus vor und nach dem 7. Oktober* an der Katholischen Hochschule Nordrhein-Westfalen am

Standort Aachen stattgefunden hat, in Kooperation u. a. mit dem Lehrstuhl für Soziologie der Universität Passau und dem AK Antisemitismus in der Deutschen Gesellschaft für Soziologie – was einer der Gründe für die gemeinsame Herausgeberschaft des vorliegenden Bandes ist.

***

So nicht anders angegeben, wurde auf alle Internetquellen zuletzt am 29. August 2025 zugegriffen. Die Geschlechter-Schreibweise in den Beiträgen wurde nicht vereinheitlicht und blieb jeweils den Autorinnen und Autoren überlassen. Für finanzielle Unterstützung danken wir der Katholischen Hochschule Nordrhein-Westfalen und der Universität Passau, ohne die eine Open Access-Publikation nicht möglich gewesen wäre. Für die erneute gute Zusammenarbeit danken wir Beate Bernstein vom Nomos Verlag. Für umfassende Lektorats- und Redaktionsarbeiten danken wir insbesondere Bianca Gabrielli, Referentin am Centrum für Antisemitismus- und Rassismusstudien in Aachen.

Literatur

Adorno, Theodor W. (1993): Einleitung in die Soziologie, Frankfurt am Main: Suhrkamp [1968].

Améry, Jean (2005): Der ehrbare Antisemitismus, in: Améry, Jean: Werke, Bd. 7, Stuttgart: Klett-Cotta [1969], 131–140.

APPG – All-Party Parliamentary Group for UK-Israel (2025): 7 October Parliamentary Commission Report, https://www.7octparliamentarycommission.co.uk.

Beauvoir, Simone de (2012): Political Writings, Urbana-Champaign: University of Illinois Press.

Bruhn, Joachim (2020): Die Einsamkeit Theodor Herzls, in: sans phrase. Zeitschrift für Ideologiekritik 16 [2003], 11–24.

Chernivsky, Marina/Lorenz-Sinai, Friederike (2024): Antisemitismus vor und nach dem 7. Oktober. Historische Kontinuitäten, Erscheinungsdimensionen und empirische Befunde, in: Ligante – Fachdebatten aus der Präventionsarbeit, #7: Der Nahostkonflikt als Katalysator, 9–15.

Elbe, Ingo/Ellmers, Sven (2025): Wie die Jerusalemer Erklärung Antisemitismus verharmlost, in: Jüdische Allgemeine, 05.06.2025, https://www.juedische-allgemeine.de/kultur/wie-die-jerusalemer-erklaerung-antisemitismus-verharmlost/.

Elbe, Ingo/Stahl, Andreas (2025): Das Gerücht über die IHRA-Definition. Workshop-Ankündigung, in: GfkB, 30.04.2025, https://kritischebildung.de/veranstaltungen/das-geruecht-ueber-die-ihra.

Gallner, Marlene (2023): Antisemitismus ohne Antisemiten. Zur Aktualität von Jean Amérys Kritik des Antizionismus, in: Grigat, Stephan (Hg.): Kritik des Antisemitismus in der Gegenwart. Erscheinungsformen – Theorien – Bekämpfung, Baden-Baden: Nomos, 117–133.

Grigat, Stephan (2007): Fetisch und Freiheit. Über die Rezeption der Marxschen Fetischkritik, die Emanzipation von Staat und Kapital und die Kritik des Antisemitismus, Freiburg: ça ira.

Grigat, Stephan (2014): Die Einsamkeit Israels. Zionismus, die israelische Linke und die iranische Bedrohung, Hamburg: konkret.

Grigat, Stephan (Hg.) (2023): Kritik des Antisemitismus in der Gegenwart. Erscheinungsformen – Theorien – Bekämpfung, Baden-Baden: Nomos.

Grigat, Stephan (2025a): Vom Antijudaismus zum Hass auf Israel. Interventionen zur Kritik des Antisemitismus, Opladen: Barbara Budrich.

Grigat, Stephan (2025b): Das Resultat des Iran-Geschäfts ist dieser Krieg, in: Der Standard, 19.06.2025, https://www.derstandard.at/story/3000000274433/das-resultat-des-iran-geschaefts-ist-dieser-krieg.

Hartmann, Deborah (2024): Fachsymposium 2024: Kommentar von Deborah Hartmann. Fachsymposium „Nach dem 7. Oktober: Herausforderungen und Perspektiven für Bildung und Forschung", YouTube, 27.11.2024, https://www.youtube.com/watch?v=jdv5JkJ5vxc.

Herf, Jeffrey (2019): Unerklärte Kriege gegen Israel. Die DDR und die westdeutsche radikale Linke, 1967–1989, Göttingen: Wallstein.

Heschel, Susannah (2024): 7. Oktober 2023 – ein Jahr danach, in: feinschwarz. Theologisches Feuilleton, 07.10.2024, https://www.feinschwarz.net/7-oktober-2023-ein-jahr-danach/.

Holz, Klaus/Haury, Thomas (2021): Antisemitismus gegen Israel, Hamburg: Hamburger Edition.

Horkheimer, Max (1969): Max Horkheimer an Zachariah Shuster, in: Horkheimer, Max: Briefwechsel 1949–1973. Gesammelte Schriften, Bd. 18, Frankfurt am Main: S. Fischer, 722–727.

IHRA – International Holocaust Remembrance Alliance (2016): Arbeitsdefinition von Antisemitismus, https://holocaustremembrance, com/resources/arbeitsdefinition-antisemitismus.

ISF – Initiative Sozialistisches Forum (2002): Furchtbare Antisemiten, ehrbare Antizionisten. Über Israel und die linksdeutsche Ideologie, Freiburg: ça ira.

JDA – Jerusalem Declaration on Antisemitism (2021): https://www.jerusalemdeclaration.org/wp-content/uploads/JDA-German.pdf.

Jikeli, Günther (2023): Eine Verteidigung der IHRA-Definition. Ressentiments gegen eine Konkretisierung der Definition von Antisemitismus, CARS Working Papers 14, Centrum für Antisemitismus- und Rassismusstudien an der Katholischen Hochschule Nordrhein-Westfalen, Aachen, https://doi.org/10.17883/4342.

Johnson, Alan (Hg.) (2021): In Defence of the IHRA Working Definition of Antisemitism, London: fathom.

Klug, Brian (2013): What Do We Mean When We Say "Antisemitism"? Echoes of shattering glass, in: Jewish Museum Berlin/Foundation "Remembrance, Responsibility and Future"/Center for Research on Antisemitism Berlin: Proceedings / Internationale conference "Antisemitism in Europe Today: the Phenomena, the Conflicts", 8–9 November 2013, https://www.jmberlin.de/sites/default/files/media/documents/antisemitism-in-europe-today_2-klug.pdf.

Koenen, Gerd (2002): Das rote Jahrzehnt. Unsere kleine deutsche Kulturrevolution 1967–1977, Frankfurt am Main: Fischer.

Landmann, Michael (2013): Das Israelpseudos der Pseudolinken, Freiburg: ça ira [1971].

Lenhard, Philipp (2020): Undefinierbar. Die jüngsten Debatten um die „Arbeitsdefinition Antisemitismus" sind eine Farce, in: sans phrase. Zeitschrift für Ideologiekritik 16, 24–28.

Lenhard, Philipp (2025): Benny Morris' *The Birth of the Palestinian Refugee Problem*, die „Neuen Historiker" und der 7. Oktober 2023. Nachwort zur deutschen Übersetzung, in: Morris, Benny: Die Geburt des palästinensischen Flüchtlingsproblems. Eine Neubetrachtung, Berlin: Hentrich & Hentrich, 799–810.

Lipstadt, Deborah (2025): „Both things can be true at once: the fact that universities have mishandled the situation and the fact that Trump's rhetoric exploits antisemitism to attack universities", Interview, in: K. – Les Juifs, l'Europe, le XXIe siècle, 24.07.2025, https://k-larevue.com/en/deborah-lipstadt-interview/.

Machunsky, Niklaas (2025): Über Archäos und Neos. Das antisemitische Ressentiment in der Zeitenwende, in: Finkielkraut, Alain: Revisionismus von links. Überlegungen zur Frage des Genozids, Freiburg: ça ira, 147–200.

Majić, Danijel (2025): Empörung über Linksjugend-Post auf X. „Aufruf zum Mord an jüdischen Kindern und Jugendlichen", in: Hessenschau, 18.08.2025, https://www.hessenschau.de/politik/empoerung-ueber-linksjugend-aufruf-zum-mord-an-juedischen-kindern-und-jugendlichen-v1,antisemitischer-tweet-linksjugend-100.html.

Marx, Karl (1988): Kritik der Hegelschen Rechtsphilosophie. Einleitung, in: Marx-Engels-Werke, Bd. 1, Berlin: Dietz [1843/44], 378–391.

Nietzsche, Friedrich (1955): Zur Genealogie der Moral. Eine Streitschrift, in: Nietzsche, Friedrich: Werke in drei Bänden, Bd. II, München: Carl Hanser [1887], 761–900.

Poliakov, Léon (2022): Von Moskau nach Beirut. Essays über die Desinformation, Freiburg: ça ira.

Osten-Sacken, Thomas von (2025): Strohfeuer statt Feuerring. Der Iran hat Schwierigkeiten, seine Milizen zu reaktivieren, in: Jungle World, 28.08.2025, https://jungle.world/artikel/2025/35/iran-achse-des-widerstands-strohfeuer-statt-feuerring.

Rensmann, Lars (2023): Keine Judenfeindschaft, nirgends? Die „Jerusalemer Erklärung" und die Antisemitismusforschung, in: Grigat, Stephan/Hoffmann, Jakob/Seul, Marc/Stahl, Andreas (Hg.): Erinnern als höchste Form des Vergessens? (Um-)Deutungen des Holocaust und der „Historikerstreit 2.0". Berlin: Verbrecher, 409–437.

Rensmann, Lars/Stögner, Karin (2024): Politische Dogmen schaden der Aufklärung, in: Frankfurter Allgemeine Zeitung, 16.06.2024, https://www.faz.net/aktuell/karriere-hochschule/dogmen-der-antisemitismusforschung-eine-replik-auf-uffa-jensen-und-stefanie-schueler-springorum-19779623.html.

Salzborn, Samuel (2018): Globaler Antisemitismus. Eine Spurensuche in den Abgründen der Moderne, Weinheim: Beltz Juventa.

Staffa, Christian (2025): Zwischen Empathie, Solidarisierung und Distanzierung. Kirchliche Israel-Positionierungen und überdauernde Stereotype nach dem 7. Oktober, in: Jikeli, Günther/Glöckner, Olaf (Hg.): Antisemitismus in Deutschland nach dem 7. Oktober, Baden-Baden: Olms, 37–58.

Stögner, Karin (2014): Antisemitismus und Sexismus. Historisch-gesellschaftliche Konstellationen, Baden-Baden: Nomos.

Stögner, Karin (2024): Intersectionality and Antisemitism: A new approach, in: Johnson, Alan (Hg.): Mapping Left Antisemitism: The Fathom Essays, Oxon/New York: Routledge 2024, 282–292.

Stögner, Karin (2025a): Critical Theory of Racism, Antisemitism, and the Demonisation of Israel: Understanding Their Complex Interrelations, in: European Journal of Social Theory, online first (2025), https://journals.sagepub.com/doi/pdf/10.1177/13684310251323158, DOI: 10.1177/13684310251323158.

Stögner, Karin (2025b): Antisemitism and Sexism after 7 October – the Intersectionality of Ideologies. Robert Fine Memorial Lecture 2024, in: Journal of Contemporary Antisemitism, 8(1), 123–132, https://www.jcajournal.com/open-access-articles.

Tabarovsky, Izabella (2022): Demonization Blueprints: Soviet Conspiracist Antizionism in Contemporary Left-Wing Discourse, in: Journal of Contemporary Antisemitism 5(1), https://doi.org/10.26613/jca/5.1.97.

Tarach, Tilman (2022): Teuflische Allmacht. Über die verleugneten christlichen Wurzeln des modernen Antisemitismus und Antizionismus, Berlin/Freiburg: Edition Telok.

Uhlig, Tom (2024): Das Gerücht über die Definition, in: Jungle World, 14.11.2024, https://jungle.world/artikel/2024/46/bundestag-resolution-bekaempfung-antisemitismus-das-geruecht-ueber-die-definition.

Ullrich, Peter/Arnold, Sina/Danilina, Anna/Holz, Klaus/Jensen, Uffa/Seidel, Ingolf/Weyand, Jan (Hg.) (2024): Was ist Antisemitismus? Begriffe und Definitionen von Judenfeindschaft, Göttingen: Wallstein.

Volkov, Shulamit (2000): Antisemitismus als kultureller Code: Zehn Essays, München: C.H.Beck.

Wilf, Einat (2025): Dr Einat Wilf on the Silence after the Sexual Violence of October 7, YouTube, 13.07.2025, https://youtube.com/shorts/E0VOml-EbII?si=V0Hy_vAJdCaab9ef.

„Es gibt eine konkrete Mitschuld der deutschen Politik am 7. Oktober“

Antisemitischer Antizionismus, linke Israelsolidarität und der „Historikerstreit 2.0“

Interview mit Stephan Grigat von Marie Sieah[1]

Philosophie Magazin: Herr Grigat, das Massaker vom 7. Oktober, der Angriff der Hamas auf Israel, ist nun ein Jahr her. Es heißt, Deutschland stehe solidarisch mit Israel. War Deutschland tatsächlich solidarisch?

Stephan Grigat: Einerseits ja. Vergleicht man die Stellungnahmen der deutschen Politik und auch der deutschen Öffentlichkeit mit anderen europäischen Ländern, kann man feststellen, dass die Positionierung rhetorisch deutlich solidarisch mit Israel ist. Das ist auch die gängige Formulierung, wenn man die sogenannte deutsche Staatsräson in Bezug auf die Sicherheit Israels in Anschlag bringt. Allerdings gibt es ein großes Andererseits. Denn wenn man sich die konkrete Nahost-Politik der deutschen Regierungen der letzten Jahrzehnte anschaut, ist diese Staatsräson, etwas zugespitzt formuliert, ein Witz.

Wie meinen Sie das?

Deutschland betreibt seit Jahrzehnten eine Politik, welche die Sicherheit Israels aktiv gefährdet: Man ermöglicht den unmittelbaren Feinden Israels, namentlich dem iranischen Regime und seinen Verbündeten, durch Milliardengeschäfte und eine kooperative Politik gegenüber Teheran die Realisierung ihres antiisraelischen Agierens. Es gibt eine konkrete Mitschuld der deutschen Politik an dem, was wir am 7. Oktober gesehen haben. Denn das Massaker der Hamas und der anderen beteiligten Gruppierungen wäre ohne die Unterstützung des iranischen Regimes so nicht möglich gewesen.

1 Erschienen in *philosophie Magazin*, 07.10.2024, https://www.philomag.de/artikel/stephan-grigat-es-gibt-eine-konkrete-mitschuld-der-deutschen-politik-am-7-oktober.

Ist das „Nie wieder“ vor diesem Hintergrund eine bloße Floskel?

Es hat sich eingereiht in eine phrasenhafte Gedenkpolitik, die sich bereits in den letzten Jahrzehnten in der bundesrepublikanischen Gesellschaft entwickelt hat. Das Problematische an dieser phrasenhaften Gedenkpolitik ist, dass der aktuelle und der globale Antisemitismus weitgehend ausgeblendet werden. Um es etwas polemisch zu formulieren: Mit den ermordeten Juden zeigt man sich solidarisch, aber den lebenden Juden in Israel wird die Solidarität verweigert, wenn es um die Bekämpfung von bedrohlich antisemitischen Formationen geht.

Was bräuchte es für ein ernstgemeintes „Nie wieder“?

Ein ernsthaftes „Nie wieder“ müsste ausgehend von der Erinnerung an den historischen Antisemitismus aktuelle antisemitische Gefahren ins Zentrum der Kritik stellen. Und das gilt nicht nur für die deutsche Gesellschaft, sondern auf globaler Ebene. Das heißt: Ein ernst gemeintes „Nie wieder“ erfordert eine Solidarisierung mit Israel, was die Unterstützung seiner militärischen Selbstverteidigung inkludiert.

Es gäbe aktuell viele Anlässe, zu protestieren. Doch bei keinem Konflikt ist der Protest und die Diskussion so aufgeladen wie beim Nahost-Konflikt. Woran liegt das?

Es gibt eine ganze Reihe von Gründen, warum dieser Konflikt aus vielen Richtungen so aufgeladen ist und deswegen auch ein gesteigertes Interesse findet. Aber als zentralen Punkt muss man die Rolle des Antisemitismus nennen, sowohl in dem Konflikt als auch bei seiner Betrachtung. Eines der Grundprobleme in der deutschsprachigen Diskussion scheint mir zu sein, dass immer wieder so getan wird, als wenn der offensichtlich vorhandene Antisemitismus in den arabisch und islamisch geprägten Gesellschaften eine Folge der Gründung des Staates Israel 1948 wäre. Aber das ist falsch. Es ist genau umgekehrt. Man muss betonen, inwiefern der Antisemitismus in diesen Gesellschaften, der schon vor 1948 existiert hat, einer der zentralen Gründe dafür ist, dass dieser Konflikt überhaupt so entstanden ist. Es geht darum, in der Sicht auf diesen Konflikt, in den Projektionen die wir gegenüber Israel sehen, zu verstehen, inwiefern der antisemitische Antizionismus eine Art geopolitische Reproduktion des traditionellen Antisemitismus darstellt. Es ist wichtig, in den aktuellen Debatten historische Bezüge herzustellen. Denn die Vorstellung, dass der Staat Israel in Wirklichkeit gar kein echter, natürlicher Staat sei, sondern ein „künstliches Gebilde", geht unter anderem auf den Nationalsozialismus zurück. Diese Vorstellung findet sich nach 1945 in diversen politischen Formationen wieder. In diesen Ausprägungen des Antizionismus ist man immer mit der Aufspaltung in konkret, natürlich, gut und abstrakt, künstlich, böse konfrontiert. Das ist ein Mechanismus, den wir aus dem klassischen Antisemitismus kennen, und der hier in eine antizionistisch-antisemitische Agitation gegen den jüdischen Staat transformiert wird.

Kann man dieser Projektion etwas entgegensetzen?

Gegen Antisemitismus geht es immer um zwei Dinge, die aber zusammengehören. Es ist notwendig, antisemitischer Ideologie mit dem Versuch von Aufklärung zu begegnen, aber stets im Bewusstsein über die Grenzen der Aufklärung. Im Antisemitismus wird auf die Widersprüche, auf die Krisenerscheinung der modernen Gesellschaft mit einer Projektion auf Juden und Jüdinnen und aktuell immer stärker auf den jüdischen Staat reagiert. Eine Erziehung zur Mündigkeit im Sinne Theodor W. Adornos würde bedeuten, dass man Menschen in die Lage versetzt, möglichst selbstreflexiv auf diese Widersprüche und Krisenerscheinungen zu reagieren. Im Sinne einer kritischen Theorie wäre Erziehung zur Mündigkeit eine Art Immunisierung gegen nicht nur antisemitische, sondern auch rassistische oder sexistische Projektionsleistungen. Und damit komme ich zum zweiten Punkt, um den es gehen muss: Repression. Auch diesbezüglich kann man sich auf Adorno beziehen. In einem seiner wichtigen Texte zur Bekämpfung des Antisemitismus heißt es, dass man die Machtmittel „ohne jede Sentimentalität" zur Anwendung bringen muss (Adorno 1962: 364). Und ich denke, das gilt nicht nur auf nationalstaatlicher Ebene für die deutsche Gesellschaft, sondern es gilt auch gegenüber antisemitischen Akteuren in der internationalen Politik. Wenn es nicht gelingt, auf Aufklärung und Selbstreflexion zu setzen, muss man sich bewusst sein, dass es um Repression auf staatlicher, auf institutioneller und auf zwischenstaatlicher Ebene gehen muss, weil in letzter Konsequenz Antisemitismus wie auch Rassismus auf Massenmord hinauslaufen.

Der Nahost-Konflikt spaltet seit jeher die linke Szene. Wie ist ein emanzipatorisches Bestreben mit einem Bewusstsein für die Notwendigkeit des Staates Israel zu vereinen?

Vielleicht kann man das am ehesten mit dem kategorischen Imperativ von Karl Marx und jenem von Adorno versuchen zu erklären. Nach Marx geht es darum, alle Verhältnisse umzuwerfen, in denen Menschen ausgebeutet und beherrscht werden. Das 20. Jahrhundert ist von dem genauen Gegenteil von allgemein menschlicher Emanzipation charakterisiert, von der totalen Negation von Emanzipation: Faschismus, Stalinismus und Nationalsozialismus. Adorno sagt, „Hitler hat den Menschen im Stande ihrer Unfreiheit einen neuen kategorischen Imperativ aufgezwungen", nämlich alles „Denken und Handeln so einzurichten, daß Ausschwitz nicht sich wiederhole, nichts Ähnliches geschehe" (Adorno 1966: 358). Das heißt: solange diese allgemeine Emanzipation im Sinne von Marx nicht durchgesetzt werden kann, ist es ein kategorischer Imperativ, zumindest das Schlimmste zu verhindern. Es geht also um ein Bewusstsein davon, was in der zu kritisierenden bürgerlich-kapitalistischen, liberalen Gesellschaft als noch Schlimmeres jederzeit droht. Und vor dem Hintergrund geht es darum, das schlechte Bestehende zu verteidigen gegen das Schlimmste, welches im Antisemitismus zum Ausdruck kommt. Bezogen auf Israel bedeutet das erstens, den Grundgedanken des Zionismus zu unterstützen, nämlich die Annahme, dass es einer wehrhaften jüdischen Staatlichkeit bedarf, um Juden und Jüdinnen nach der Erfahrung des Nationalsozialismus eine Selbstverteidigung gegen Antisemitismus zu ermöglichen und eine neue Vernichtungspolitik zu verhindern. Und zweitens muss man benennen, von wem so etwas droht, und das ist aktuell vor allem das iranische Regime mit seinem Nuklearwaffenprogramm und seine bis an die Zähne bewaffneten Verbündeten in der Region wie beispielsweise die Hisbollah. Vor diesem Hintergrund ist es für eine Gesellschaftskritik in der Tradition von Marx und in der Tradition der Kritischen Theorie von Adorno überhaupt kein Widerspruch, dass man einerseits gegen jegliche Form von Herrschaft und Ausbeutung auftritt und gleichzeitig sich eindeutig solidarisch mit dem jüdischen Staat Israel erklärt.

Eine Positionierung im Nahost-Konflikt ist mit festen Zuschreibungen verbunden. Entweder du bist Zionist oder du bist Imperialist oder du bist Antisemit oder du bist Islamist. Ist der Nahost-Konflikt als Phänomen einer Identitätspolitik zu deuten?

Solche Zuschreibungen kennen wir auch aus anderen Konflikten. Sie sind aber zugegebenermaßen bei diesem Konflikt schärfer und stärker. Man sollte jedoch sehen, dass auch der Zionismus eine spezifische Form von Identitätspolitik ist. Das zeigt, dass man nicht jegliche Form von Identitätspolitik per se ablehnen kann. Mitunter ist eine bestimmte Form von Identitätspolitik ein notwendiger Beitrag zur Entwicklung von Widerstandsfähigkeit. Unabhängig davon verweise ich gerne auf den Unterschied solcher Debatten im Nahen Osten und in Europa. In der Region selbst wird viel weniger identitätspolitisch argumentiert, und es ist sehr viel einfacher, über die realen, konkret existierenden Konflikte zu reden. Es würde der deutschsprachigen Debatte nicht nur im Rahmen von identitätspolitischen Diskussionen, sondern ganz allgemein sehr guttun, wenn man zumindest die Heterogenität und Vielschichtigkeit sowohl der israelischen Gesellschaft als auch der arabischen Gesellschaften zur Kenntnis nehmen würde. Das allein wäre schon ein Fortschritt für die Debatte in Deutschland, und damit ließen sich vielleicht auch die schlechten identitätspolitischen Elemente, die in der deutschen Debatte eine große Rolle spielen, etwas zurückdrängen.

Was zunächst widersprüchlich scheint, ist aktuell wie auch historisch sichtbar: Überschneidungspunkte Rechtsextremer und Islamisten. So führt Götz Kubitschek beispielsweise fanatische Islamisten als Paradebeispiel für wahre Männlichkeit an. Nun gibt es aber auch Gruppen, die sich als links verstehen, und die Hamas als Freiheitskämpfer bezeichnen. Wie geht das zusammen – eine Allianz zwischen Rechtsextrem, Links und Islamistisch?

Zum einen haben wir historisch ein Bündnis von Teilen der arabischen Nationalbewegung, von Teilen des Islams und des Islamismus mit dem historischen Faschismus und Nationalsozialismus. Die Sinnhaftigkeit solcher Bündnisse ist in der heutigen europäischen und auch deutschen rechtsradikalen Szene zwar umstritten. Es gibt aber – sie haben Kubitschek angesprochen – auch eine einflussreiche Fraktion, die auf Gemeinsamkeiten verweist, weil es große ideologische Schnittmengen gibt: traditionelle Geschlechterbilder, Antisemitismus, Antifeminismus und Autoritarismus beispielsweise. Im globalen Maßstab, wenn jeder bei ‚seiner' Ethnie und ‚seiner' Kultur bleibt, wird der politische Islam von einigen Rechtsradikalen als ein wichtiger Bündnispartner gesehen im Kampf gegen den eigentlichen Feind: den liberalen Westen. Explizit antisemitisch wird dieser liberale Westen immer mit Juden und Jüdinnen identifiziert und dann sozusagen an ihnen bekämpft. Wenn man jetzt noch die von Ihnen angesprochenen linken Hamas-Fans dazu nimmt, sehen wir ganz deutlich, dass der israelbezogene Antisemitismus eine Integrationsideologie ist. Der Hass auf Israel bringt nicht nur theoretisch, sondern ganz praktisch bei gemeinsamen Aktionen politisch extrem heterogene Formationen zusammen.

Das Buch Erinnern als höchste Form des Vergessens?, *das 2023 erschienen ist und von Ihnen im Verbrecher Verlag mit herausgegeben wurde, behandelt einen sogenannten „Historikerstreit 2.0." Was ist damit gemeint?*

Es gab einen Historikerstreit eins punkt null in den 1980er Jahren. Da war die deutsche Gesellschaft mit einem Geschichtsrevisionismus konfrontiert, der eindeutig aus der politischen Rechten kam. Das neue an den aktuellen Diskussionen, was wir und andere unter dem Begriff „Historikerstreit 2.0" zu fassen versuchen, ist, dass wir plötzlich mit einem Geschichtsrevisionismus von links konfrontiert sind. Darin werden letztlich drei Dinge verhandelt: erstens das Verhältnis von Antisemitismus und Rassismus, zweitens das Verhältnis von Kolonialismus und den nationalsozialistischen Massenverbrechen gegen Juden, und drittens das Verhältnis von deutscher Erinnerungspolitik und der Bedeutung Israels. Der Antisemitismus wird in diesen Debatten in der Regel einfach unter dem Rassismus subsummiert. Es werden die Besonderheiten des Antisemitismus in Abrede gestellt oder zum Verschwinden gebracht. Die politische Intention ist dabei sehr deutlich: Um freies Schussfeld auf den Staat Israel zu haben, muss man die Präzedenzlosigkeit und die besondere Qualität des nationalsozialistischen Antisemitismus eskamotieren, um nicht über die Besonderheit der jüdischen Staatlichkeit reden zu müssen. Der Staat Israel wird nicht mehr wahrgenommen als ein Staat, der von Menschen gegründet wurde, die vor Antisemitismus geflohen sind, sondern man erklärt den Staat Israel zu einem Kolonialprojekt. Hier offenbart sich vor allem historische Unkenntnis, denn die Gründung des Staates Israels war auch ein antikolonialer Akt, weil die Kolonialmacht Großbritannien dadurch aus der Region gedrängt wurde.

Machen Sie sich angesichts all dessen Sorgen um einen größer und hemmungslos werdenden Antisemitismus in Deutschland?

Selbstverständlich mache ich mir Sorgen. Es ist empirisch eindeutig, dass der 7. Oktober als ein Fanal gewirkt hat. Er hat nicht zu einem Erschrecken darüber geführt, wohin antisemitische Agitation und Propaganda letzten Endes führen, nämlich zum Massenmord. Das Problem ist, dass wir mit einer antisemitischen Mobilisierung konfrontiert sind, die aus der politischen Rechten, aus der politischen Linken und aus der politischen Mitte kommt und in islamisch geprägten Milieus derzeit besonders stark ist. Und deswegen braucht es in Deutschland in all diesen Bereichen Maßnahmen: Einerseits im Sinne einer Erziehung zur Mündigkeit und andererseits müssen klare, deutliche Grenzen gezogen werden. Es geht also neben Bildungsprogrammen auch um staatliche institutionelle Repression gegenüber Antisemitismus, um dieser massiven Zunahme etwas entgegenzusetzen.

Literatur

Adorno, Theodor W. (1962): Zur Bekämpfung des Antisemitismus heute, in: Adorno, Theodor W.: Gesammelte Schriften (GS), Bd. 20, Frankfurt am Main: Suhrkamp 1997, 360–383.

Adorno, Theodor W. (1966): Negative Dialektik, in: Adorno, Theodor W.: GS, Bd. 6, Frankfurt am Main: Suhrkamp 1997, 7–412.

Grigat, Stephan/Hoffmann, Jakob/Seul, Marc/Stahl, Andreas (Hg.) (2023): Erinnern als höchste Form des Vergessens? (Um-)Deutungen des Holocaust und der „Historikerstreit 2.0", Berlin: Verbrecher.

„Für Palästina, gegen das eigene Unwohlsein“

Antiwestlicher Feminismus, Schiefheilung und Schuldabwehr-Antisemitismus

Interview mit Karin Stögner von Sophie Albers Ben Chamo[1]

Jüdische Allgemeine: Frau Stögner, viele Feministinnen leugnen die frauenfeindliche Realität der Hamas-Gewalt an israelischen und jüdischen Frauen am 7. Oktober 2023. Glauben sie tatsächlich, mit Antisemitismus den Feminismus zu verteidigen?

Karin Stögner: Die meisten glauben ja nicht, dass sie antisemitisch sind. Das ist das grundlegende Problem. Sie haben keinen Begriff vom aktuellen Antisemitismus, sondern anerkennen ihn höchstens als ein geschichtliches Problem in Verbindung mit dem Nationalsozialismus. Modernisierte Formen werden nicht erkannt, schon gar nicht solche, die sich über eine Umwegkommunikation als „Israelkritik“ tarnen. Auch Judith Butler sagt, jede Form von Antisemitismus wie auch jede Form von Rassismus müsse bekämpft werden. Dass der Hass auf Israel sich in Angriffe auf Juden und Jüdinnen übersetzt, wird nicht verstanden. Doch würde ich trotzdem nicht sagen, dass all diejenigen, die in Campus-Proteste involviert sind und sich in vorgeblicher Palästina-Solidarität engagieren, bewusste Antisemit:innen sind.

Was sind sie dann?

Häufig sind sie unwissend. Es geht ihnen darum, bei etwas dabei zu sein, sich zu beteiligen. Sie meinen, auf der „richtigen Seite der Geschichte“ zu stehen. Es geht dabei mehr um sie selbst als um die „Befreiung Palästinas“, eines Ortes, von dessen Geschichte und Komplexität sie ebenso wenig Ahnung haben wie von den Herrschaftsverhältnissen in Gaza. Die Palästinenser:innen werden zu Konstruktionen, Hülsen, die man vor allem mit dem

1 Erschienen in *Jüdische Allgemeine*, 29.08.2024, https://www.juedische-allgemeine.de/allgemein/fuer-palaestina-gegen-das-eigene-unwohlsein/.

eigenen Unwohlsein füllt. Es geht um eine antiwestliche Selbstbespiegelung im Westen.

Aber damit unterstützen sie ein islamistisches frauenfeindliches Terrorregime.

Viele Vertreterinnen eines intersektionalen, postkolonialen oder queeren Feminismus verstehen es als unterdrückend und als westlich-hegemoniale Geste, wenn man westliche Frauenrechte für Palästinenserinnen einfordert. Denn diese Frauenrechte entsprächen ja den Standards des Westens. Das ist ein Kulturrelativismus, laut dem man nur das vorgeblich Eigene kritisieren darf und sich zurückhalten müsse, wenn es um andere Kulturen, Religionen et cetera geht.

Aber dann dürften sie auch Israel nicht kritisieren.

Ihrer Meinung nach schon, denn Israel gilt ihnen als Vorposten des weißen westlichen Imperialismus in einer autochthonen arabischen Welt.

Das heißt, Juden kommen in dieser Weltsicht einfach nicht vor?

Juden und Jüdinnen werden schlichtweg nicht als eine diskriminierte und verfolgte Minderheit gesehen. Und das hat sehr viel mit Antisemitismus zu tun, mit einem Wahrnehmungsabwehr-Antisemitismus, einem sekundären Antisemitismus. Wenn man die Opfergruppe wegleugnet, dann gibt es gegen sie auch keinen Antisemitismus und hat es auch nie gegeben. Das ist der einfachste Weg, mit der Aufarbeitung der Vergangenheit Schluss zu machen. „Die gibt es nicht, die waren nie da, und jetzt sollen sie auch nicht da sein. Und überhaupt sind die alle privilegiert."

Warum, glauben Sie, vereinen ausgerechnet die Massaker vom 7. Oktober so viele unterschiedliche politische Lager – von der Feministin zum Islamisten, zum Neonazi, zum Klimaaktivisten?

Schon während der Covid-Pandemie war auffällig, dass die Proteste gegen die Maßnahmen Rechtsextreme bis Linke zusammengeführt haben. Viele

Demonstrant:innen haben sich nicht daran gestört, wenn Demonstrationen von Rechtsextremen angeführt wurden. Ich habe dieses Phänomen zurückgeführt auf eine allgemeine Fragmentierung der Gesellschaft und eine daraus folgende Isolation der Menschen. Sie nehmen das Gegenüber immer weniger wahr, sind immer stärker auf sich selbst zurückgeworfen. Das scheint mir heute noch einmal verstärkt zu sein. Die Proteste nehmen einen surrealen Eventcharakter an und fungieren als Kompensation für soziale Einsamkeit. Im Hass auf Israel finden sie zusammen – er ist eine Schiefheilung für eine unbewusst empfundene soziale Isolation und einen Mangel an Solidarität.

Als Gründe haben wir bisher Selbstbespiegelung, Relativismus, Zugehörigkeitssehnsucht?

Da kommt einiges zusammen. Seit 9/11 gab es eine absurde Entwicklung hin zu einer antiwestlichen Orientierung innerhalb von feministischen und queeren Kreisen und hin zu einer Öffnung zum Islamismus. Manche glaubten irrigerweise, darin eine Alternative zur westlichen Moderne und zum Identitätszwang zu sehen, unter dem vor allem queere Menschen leiden.

Im Iran werden Homosexuelle an Kränen gehenkt.

Das wird alles ausgeblendet. Man beschäftigt sich kaum konkret mit dem Islamismus, sondern sieht ihn in erster Linie als Opposition zum Westen.

Man könnte fast meinen, der 11. September 2001 habe ein Stockholm-Syndrom mit Terroristen ausgelöst.

Es liegt nahe, hier von einer Sympathie und teilweise Identifikation mit dem Aggressor auszugehen. Ein Antifeminismus wird legitimiert, wenn er sich gegen den Westen richtet. Das scheint authentisch zu sein. Dahinter stehen wieder unbenannte Erfahrungen mit eigener Unzugehörigkeit, Isolation und ein Unbehagen mit allem, was mit der westlichen Aufklärung zu tun hat. Universalismus, Menschenrechte, Individualismus, Emanzipation, Gleichheit, Gleichberechtigung, all das wird im Grunde abgelehnt.

Aber das ist doch absurd. LGBTQ-Rechte sind deshalb überhaupt nur möglich. Die Aktivist:innen sägen am eigenen Ast.

Definitiv. Diese Rechte sind in unseren Gesellschaften nicht vom Baum gefallen, sondern wurden im Westen gegen massive Widerstände erkämpft. Trotzdem gilt der Westen vielen immer noch als der Hauptgegner. Es ist ein sehr unterkomplexes, in erster Linie repressives Bild des Westens, das jene Seiten des Westens ausblendet, die befreiend sind. Die Aktivistinnen sehen sich als Gegnerinnen des Westens, weniger als Teil davon. Es geht nicht um die Rechte der Palästinenser:innen. Sondern darum, wie man den Westen und dessen Konzept ablehnt.

Das bedeutet eine brutale Schwächung und Auflösung der westlichen aufklärerischen Institutionen. Und der Jude ist mal wieder der Kanarienvogel in der Mine?

Wir wissen, dass man den Freiheitsgrad einer Gesellschaft daran messen kann, wie es den Juden, Frauen und Homosexuellen geht. Sobald in Gesellschaften Juden und Jüdinnen wieder angegriffen werden, ist es um unser aller Freiheit, unser aller Sicherheit nicht gut bestellt.

Glauben Sie, dass sexualisierte Gewalt gegen Jüdinnen zunehmen wird, auch mit Blick auf Frankreich?

Da will ich nichts antizipieren. Was wir nach dem 7. Oktober gesehen haben, ist, dass sexuelle Gewalt an Jüdinnen auch von namhaften Feministinnen ausgeblendet wird, was besonders verstörend ist. Ich kann mir das nicht anders als mit einer Täter-Opfer-Umkehr erklären, um die Projektionsfläche des sogenannten palästinensischen Widerstandskämpfers frei von jedem Widerspruch zu halten, um sich damit identifizieren zu können. Und ein Held kann natürlich nicht vergewaltigen, deshalb blendet man das aus. Außerdem müsste man, wenn man die sexuelle Gewalt gegen Jüdinnen anerkennt und verurteilt, gleichzeitig auch den antisemitischen Charakter dieser Tat anerkennen.

Ist damit zu rechnen, dass es in feministischen Kreisen demnächst zur Einsicht kommt? So verblendet kann man doch nicht lange leben.

Ich fürchte, das kann man leider doch. Man muss sich nur die deutsche Geschichte ansehen. So eine Verblendung kann ein Leben lang anhalten, sogar über Generationen weitergegeben werden. Ich glaube, dass die Wahrnehmungsabwehr, die wir hier sehen, unmittelbar verwandt ist mit der Wahrnehmungsabwehr gegenüber den Opfern des Holocaust. Das ist eine transgenerationelle Transmission von Wahrnehmungsabwehr. Diese Abwehr der Übernahme von Verantwortung ist auch in postkolonialen Zusammenhängen wirksam. Großbritannien, Frankreich, Spanien, Belgien, Niederlande, auch Deutschland, das sind alles ehemalige Kolonialstaaten. Und all das, was diese Länder an historischen Verbrechen und historischem Unrecht auf sich geladen haben, wird auf Israel projiziert. Israel sei jetzt der Täter, und wenn man gegen Israel vorgeht, könne man sich von historischer Schuld reinwaschen. Man hat sich längst nicht annähernd ausreichend mit all diesen historischen Gräueln auseinandergesetzt. Das ist eine Form von Schuldabwehr-Antisemitismus.

Der Sündenbock aus dem Mittelalter, vergiftete Brunnen.

Da sieht man, wie langlebig und zäh das ist. Adorno hat von der Gesellschaft als Schuld- und Verstrickungszusammenhang gesprochen, über Generationen hinweg, das erkennt man gerade am Antisemitismus.

Warum gerade jetzt, warum in diesem globalen Ausmaß?

Natürlich hängt es mit dem 7. Oktober zusammen. Der Skandal in den Augen vieler ist, dass sich Israel wehrt. Antisemit:innen wollen Juden und Jüdinnen wehrlos sehen, in der Position derer, die man ungestraft überfallen darf. Der jüdische Staat ist ein Affront für sie, auch weil er sich gegen die arabische Übermacht immer wieder durchgesetzt hat. Hinter der israelischen Wehrhaftigkeit steht die Erfahrung von Juden und Jüdinnen, dass die Welt während des Holocaust zugeschaut und nichts getan hat. Die unbedingte Notwendigkeit des Staates Israel liegt auf der Hand. Antisemit:innen müssen den Holocaust leugnen, um die Legitimität Israels untergraben zu können.

Das ist doch Wahnsinn! Wie kann man dagegen angehen?

Man muss politisch ansetzen und den eigentlichen Aggressor in der Region ausfindig machen und ihn benennen. Das ist die Islamische Republik Iran, die Israel beständig mit Vernichtung droht und die Hamas, Hisbollah und die Huthi unterstützt. Das Mullah-Regime ist der derzeit schlimmste antisemitische Akteur global.

Und an den westlichen Universitäten?

Aufklärungsarbeit, vor allem über die eigene Situation in der Gesellschaft, die unzufrieden macht. Deshalb beruht der Antisemitismus an westlichen Universitäten heute vor allem auf Projektionen. Da ist unglaublich viel Arbeit zu tun.

II.
NACH DEM 7. OKTOBER

Der neue Unwille zu trauern

Kritische Theorie und Antisemitismus nach dem 7. Oktober[1]

Karin Stögner

Im westlichen Wissenschafts- und Kulturbetrieb setzte das aktive Verdrängen des Hamas-Massakers vom 7. Oktober 2023 unmittelbar am 7. Oktober ein. Israel hatte noch kaum zu einem Gegenschlag in Gaza angesetzt, sondern war mit der Niederringung der Tausenden Hamas-Terroristen beschäftigt, die mordend, vergewaltigend und verstümmelnd durch den Süden Israels marodierten, mit nicht wenigen Zivilist:innen aus Gaza im Schlepptau, die sich an den Plünderungen beteiligten. Es waren noch nicht mal alle Toten identifiziert, da wurden an zahlreichen Universitäten in Europa und den USA in aller Eile Solidaritätserklärungen verfasst, die von tausenden Universitätsangehörigen unterschrieben wurden. Die Solidarität galt weniger den mehr als 1200 toten Israelis und auch nicht den 250 nach Gaza verschleppten Geiseln. Von ihnen war in solchen Erklärungen nur selten die Rede, und wenn sie überhaupt Erwähnung fanden, dann in abstrakten Floskeln des Bedauerns.[2] Im Vordergrund stand das Bestreben, den barbarischen Akt der Hamas in eine Widerstandshandlung umzudeuten und Israel zu beschuldigen, einen Genozid in Gaza als Reaktion darauf zu planen bzw. schon zu begehen. Den israelischen Opfern von Mord, Vergewaltigung und Folter wurde kein Verweilen bei ihrem Leid, keine Empathie zugestanden. Die Trauer blieb aus.

Der österreichische Autor Doron Rabinovici sprach deshalb von einem „Prozess der Irrealisierung. Was den Opfern widerfuhr, wird nicht anerkannt. Das ist die zweite Auslöschung ihrer Existenz" (Rabinovici 2024: 21). Diese Irrealisierung fand auf unterschiedliche Weise statt. Judith Butler etwa schrieb über eine tagelange Übelkeit beim Anblick der Gewalt und

---

1 Print-Erstveröffentlichung im Herbst 2024 in *Zeitschrift für kritische Theorie*, 30(58–59), 2024, 191–205.

2 Z. B. Philosophy for Palestine, 01.11.2023: „Civilian deaths, regardless of nationality, are tragic and unacceptable. Yet to act as though the history of violence began with Hamas's attacks on October 7, 2023 is to display a reckless indifference of history as well as to both Palestinian and Israeli lives."

darüber, dass die Taten der Hamas uneingeschränkt abzulehnen seien, man dabei aber nicht in einer „antiintellektuellen und präsentistischen" Position moralischer Empörung verharren solle (Butler 2023). Notwendig sei eine Kontextualisierung der Hamas-Gewalt in einem Kontinuum von Gewalt und Gegengewalt, für das Butler Israel als vorgeblichen Siedlerkolonialstaat verantwortlich machte (ebd.) Der Antisemitismus der Hamas blieb den gesamten Text hindurch unerwähnt. Während Butler das Mitgefühl mit den israelischen Opfern als subjektive Reaktion und moralische Empörung rahmte, wurde die größere, scheinbar objektive, erklärende Sicht auf die Dinge in eine Opfer-Täter-Umkehr gekleidet.

In den folgenden Monaten trieb Butler die Wahrnehmungsabwehr und Derealisierung der israelischen Opfer noch weiter, bis hin zum offenen Anzweifeln der Vergewaltigungen der Hamas an israelischen Frauen im März 2024. Die unzähligen Belege waren inzwischen selbst von der ohnehin nur sehr zögerlich reagierenden UN Women Organization anerkannt worden (UN 2024). Für Butler waren sie jedoch offensichtlich nicht ausreichend: „OK, if there is documentation [skeptical grimace] then we deplore that, [...] but we want to see that documentation, and we want to know that it is right", sagte die internationale Stimme des Queer-Feminismus, die 2012 trotz schon damals heftiger Kritik mit dem Adorno-Preis ausgezeichnet worden war, bei einer Veranstaltung in Paris (Paroles D'Honneur 2024). Die skeptische Miene, die Butler dabei aufsetzte, verstärkte noch einmal den performativen Charakter der Rede. Diese zweifelnde Haltung steht nicht nur im krassen Widerspruch zur ansonsten in feministischen Kreisen breit akzeptierten Definitionsmacht von Vergewaltigungsopfern, sondern ignoriert, dass es sich bei den Vergewaltigungen der Hamas um eines der meistdokumentierten Verbrechen in der Geschichte handelt. Die Bilder von offensichtlich vergewaltigten Frauen wurden von den Tätern selbst noch am 7. Oktober verbreitet.

In derselben Veranstaltung leugnete Butler zudem den antisemitischen Charakter der Tat. Ein „commitment to a phantasy of Jewish suffering" würde die ganze Geschichte von Macht überblenden: „It is not a terrorist attack and it is not an antisemitic attack, it was an attack against Israelis" – womit sowohl die jüdische Identität der Mehrzahl der Attackierten als auch die antisemitische Ideologie der Hamas, bestens belegt in deren eigener Charta,[3] für irrelevant erklärt wird, anstatt darin einen wesentlichen Kontext zu erkennen. Eva Illouz brachte es auf den Punkt:

> Die Tatsache, dass Judith Butler als Jüdin und Frau geboren wurde, sollte uns nicht davon abhalten, hier zwei Formen der Leugnung zu erkennen: die Leugnung der Abschlachtung von Frauen und die Leugnung der moralischen Schuld an der Abschlachtung von Juden. (Illouz 2024a)

Kritische Theorie des Antisemitismus

An Butlers Reaktionen wird deutlich, wie eine einseitige Kontextualisierung der Hamas-Gräuel, die letztlich den Opfern die Schuld an der Gewalt, die sie erfuhren, zuschrieb, sich zu einer Derealisierung der Opfer steigerte. Das ist eine aus der postnazistischen Gesellschaft bekannte Reaktion im Angesicht antisemitischer Gräuel. Adorno nannte sie Schuldabwehrantisemitismus, also einen Antisemitismus, der sich daraus nährt, dass seine Träger:innen die eigene Schuld an der nationalsozialistischen Judenvernichtung oder die Schuld der Vorfahren vehement verleugnen, dabei eine Opfer-Täter-Umkehr vornehmen und die Opfer der Shoah derealisieren (Adorno 1997a). Eine seiner berühmten Formulierungen lautet:

> Das Unmaß des Verübten schlägt diesem noch zur Rechtfertigung an: so etwas, tröstet sich das schlaffe Bewußtsein, könne doch nicht geschehen sein, wenn die Opfer nicht irgendwelche Veranlassung gegeben hätten, und dies vage ‚irgendwelche' mag dann nach Belieben fortwuchern. Ver-

3 Hamas Covenant: The Covenant of the Islamic Resistance Movement, 18 August 1988. Vgl. auch Herf (2023). In dieser Charta wird deutlich, dass es der Hamas nicht um die israelische Siedlungspolitik in der Westbank geht, sondern um die Existenz Israels per se. Der jüdische Staat soll in der Region nicht existieren – völlig unabhängig davon, wie sich seine jeweilige Regierung verhält. Was mit den dort lebenden Juden:Jüdinnen geschehen soll, belegt die Hamas in ihrer Charta: Sie beruft sich auf genau diejenigen Hadithe und Koransuren, die den Juden:Jüdinnen mit Vernichtung drohen und spart jene aus, welche die Möglichkeit einer Versöhnung zwischen Muslim:innen und Juden:Jüdinnen andeuten (Küntzel 2023: 82). Insofern ist eine Kritik der israelischen Siedlungspolitik in der Westbank zwar notwendig und wird gerade in Israel selbst massiv vorgebracht, ändert jedoch nichts an der antisemitischen Ideologie und exterminatorischen Intention der Hamas. Das zeigt sich auch daran, dass die Hamas am 7. Oktober keine rechten Siedler:innen angriff, sondern in erster Linie linke und auf Frieden mit den Palästinenser:innen ausgerichtete Israelis. Der Antisemitismus ist nicht Folge des Konflikts im Nahen Osten, sondern eine seiner wesentlichen Ursachen. Siehe dazu die differenzierte Darstellung von Brunner (2023).

> blendung setzt sich hinweg über das schreiende Mißverhältnis zwischen höchst fiktiver Schuld und höchst realer Strafe. (Adorno 1997b: 557)

Das ist heute angesichts der einseitigen „Kontextualisierungen" des 7. Oktober, der Täter-Opfer-Umkehr und der blanken Verleugnung der Aggression gegen Israel von einer ungeheuren Aktualität. Es liegt nahe, die ausbleibende Solidarität seitens maßgeblicher internationaler linker und feministischer Communities mit den israelischen Opfern zuweilen als eine neue Manifestation des alten Schuldabwehrantisemitismus zu interpretieren.

Die Verhältnisse der postnazistischen Gesellschaft sind nicht auf die unmittelbaren Nachfolgestaaten des Nationalsozialismus beschränkt, wie auch der Antisemitismus ein globales Phänomen ist. Es geht nach wie vor um die Abwehr der Erinnerung an die Schuld am nationalsozialistischen Judenmord, aber nicht, wie im Slogan „Free Palestine from German Guilt" insinuiert, auf Seiten derer, die reflektiert Solidarität mit Israel zeigen, sondern seitens derjenigen, die in der ohnehin sehr brüchigen deutschen Erinnerungskultur einen von „selbsternannten Hohepriestern" gesteuerten „Katechismus der Deutschen" (Moses 2021) herbeifantasieren. Die Wahrheit über das tiefe Bedürfnis nach Erlösung von der Schuld verrät ein weiterer propalästinensisch-deutscher Demoslogan: „Palestine will set us free", gesehen 2023 und 2024 beispielsweise auf Demonstrationen und bei Störaktionen in Berlin und Hamburg. Stephan Grigat sieht darin einen „Erlösungsantizionismus" (Grigat 2023a): Die Welt wird erst frei sein, wenn der zionistische Judenstaat zerstört ist.[4]

Einst stand die Kritik des Antisemitismus im Zentrum der Kritischen Theorie und die Erkenntnis der Bedingungen seiner Möglichkeit indizierte zugleich die Erkenntnis der modernen Gesellschaft. Am Antisemitismus exemplifizierten Horkheimer und Adorno die Dialektik der Aufklärung und wiesen deren Grenzen auf (Horkheimer/Adorno 1997). Adornos gesamtes soziologisches und philosophisches Denken nach der Shoah kreiste stetig – mal explizit, mal implizit – um die Aufarbeitung und Bekämpfung des Antisemitismus. Das fand Ausdruck in der Formulierung eines „neuen kategorischen Imperativ", den „Hitler den Menschen im Stande ihrer Unfreiheit" aufgezwungen hat: „ihr Denken und Handeln so einzurichten, daß Auschwitz nicht sich wiederhole, nichts Ähnliches geschehe" (Adorno

4 In der bereits zitierten Veranstaltung bei Paroles d'Honneur spielt Judith Butler mit Worten: Sie wolle Israel als jüdischen Staat nicht „zerstören" (destruction), sondern „demontieren" (dismantling) und „restrukturieren". Angela Davis erklärt ihrerseits in derselben Veranstaltung Palästina zum „Zentrum der Welt".

1997c: 358). Der kategorische Imperativ befiehlt allen mit Vernunft begabten Wesen, ihre Handlungen zu prüfen und zu beurteilen, ob sie mit der Maxime übereinstimmen, die universell und jederzeit gültig ist, solange die Bedingungen unverändert bleiben – das heißt, solange die Menschen „im Stande ihrer Unfreiheit" verharren. Solange der globale Antisemitismus fortbesteht, verringert der jüdische Staat Israel als potenzieller Zufluchtsort für alle Juden und Jüdinnen weltweit das Risiko, dass etwas Ähnliches wie die nationalsozialistische Gewalt gegen Juden und Jüdinnen geschehen kann (Grigat 2023b).

Diese Hoffnung auf Sicherheit hat die Hamas am 7. Oktober massiv beschädigt. Dass Israel dem Schutz der Juden und Jüdinnen weltweit dient, wurde von antiisraelischen Akteuren wie Butler schon vor dem 7. Oktober in Abrede gestellt. Israel, nicht die Hamas, trage Schuld am steigenden Antisemitismus. Damit wird Israels Schutzfunktion selbst derealisiert. Unter den Opfern der Hamas waren hauptsächlich linke, feministische, queere, friedensbewegte Israelis. Seit dem tödlichen Angriff auf sie steigt der Antisemitismus global in eklatantem Ausmaß und trifft Jüdinnen und Juden jeglicher politischen Couleur. Die Erfahrung des Antisemitismus steigert das Gefühl der politischen Einsamkeit und die globale Linke hat für viele aufgehört, politische Heimat zu sein (Illouz 2024b), da die meisten ihrer Fraktionen den Antisemitismus in den eigenen Reihen ebenso wie bei der Hamas, dem Islamischen Jihad, der Hisbollah und dem Mullah-Regime im Iran konsequent ignorieren.

Kritische Theorie ohne Antisemitismuskritik

Seit langem schon hat die kritische Theorie im internationalen Rahmen aufgehört, ein Kraftfeld für antisemitismuskritische linke Reflexion zu sein (Hogh 2023). Nur noch wenige halten an der Kritik des Antisemitismus fest und nehmen seine jeweiligen Erscheinungsformen zum Ausgangspunkt einer aktualisierten kritischen Theorie (Stögner 2014; Grigat 2014; Rensmann 2018; Salzborn 2018; Elbe 2024; Fine/Spencer 2018; Seymour 2007; Jacobs 2015; Ziege 2009). Demgegenüber nehmen seit dem 7. Oktober einige kritische Theoretiker:innen in Erklärungen und offenen Briefen „Kontextualisierungen" der Hamas-Massaker vor, die den Antisemitismus als wesentlichen ideologischen Motor der Hamas ebenso ausblenden wie ihre Ideologie der Geschlechterapartheid (Philosophy for Palestine 2023; Brief aus Berlin 2023; Deutschlands Reaktionen auf den Israel-Gaza-Krieg entsprechen nicht seinen eigenen Prinzipien 2024). Dass man von Antisemitismus und Nahostkonflikt und offensichtlich auch von der genozidal-antisemitischen Charta der Hamas glaubt, nicht viel wissen zu müssen, um ein eindeutig israelfeindliches Urteil zu fällen, gibt Nancy Fraser, Erstunterzeichnerin von *Philosophy for Palestine*, ganz unverhohlen zu: Für die Palästinasolidarität sei keine gesonderte Expertise notwendig, sondern Philosoph:innen sprächen als Staatsbürger:innen (Pohl 2023) – eine Bankrotterklärung der Philosophie, welche die Maßstäbe und Grundlagen ihres Urteilens ungefiltert aus einer von Desinformation und Fake News durchtränkten (Gegen-)Öffentlichkeit glaubt ziehen zu können. Als Seyla Benhabib (Benhabib 2023) historische Fakten des Nahostkonflikts gegen die simplifizierende und ideologisch verzerrte Sicht von *Philosophy for Palestine* einforderte und auf den Nihilismus der Hamas hinwies, welche die palästinensische Zivilbevölkerung als Schutzschild benutzt, zeigte Nancy Fraser sich von ihr „enttäuscht" (Pohl 2023). Palästinasolidarität wird damit zum Schlagwort antiwestlicher Selbstgerechtigkeit, die sich um die Freiheit und Sicherheit der Palästinenser:innen nur vordergründig bekümmert (Café Critique 2009). Demgegenüber forderten Nicole Deitelhoff, Rainer Forst, Klaus Günther und Jürgen Habermas im Namen des Forschungszentrums Normative Orders an der Frankfurter Goethe-Universität mit einer klaren Stellungnahme über „Grundsätze der Solidarität" evidenzbasierte Differenzierung ein: „Bei aller Sorge um das Schicksal der palästinensischen Bevölkerung verrutschen die Maßstäbe der Beurteilung jedoch vollends, wenn dem israelischen Vorgehen genozidale Absichten zugeschrieben werden." (Deitelhoff et al. 2023) Das Beharren auf evidenzbasierten Maßstäben der Beurteilung brachte ihnen von Nancy Fraser, Robin Celikates, Daniel Loick und mehr als hundert anderen, wieder in Form eines offenen Briefes, den Vorwurf ein, „den Raum für Debatten und Reflexionen zu verkleinern" (A Response to „Principles of Solidarity. A Statement" 2023). Wenn auch kritische Theorie nie ein monolithischer Theorieblock war, so zeigen sich die Risse gerade entlang der „Israelfrage" besonders deutlich.

Kritische Theorie und Islamismus

Nicht erst seit dem 7. Oktober wird im Namen der kritischen Theorie der Antisemitismus ausgeblendet, um ungehindert Allianzen mit dem Islamismus gegen Israel schmieden zu können. Schon 2006 bezeichnete Judith Butler in einer Diskussionsveranstaltung an der University of California at

Berkeley die islamofaschistischen Terrororganisationen Hamas und Hisbollah als progressive soziale Bewegungen, die als Teil der globalen Linken anerkannt werden sollten (Radical Archives 2010). Es war dies auch die Zeit, in der die Boycott Divestment Sanctions-Kampagne (BDS), welche die Zerstörung Israels als jüdischen Staat fordert, global an Einfluss gewann und sukzessive intersektionale und queere feministische Bewegungen dazu brachte, die Forderung nach nationaler Selbstbestimmung Palästinas über die Rechte auf sexuelle Selbstbestimmung aller Frauen, also auch der Palästinenser:innen, zu stellen (Schulman 2012; Davis 2016; kritisch dazu Blackmer 2022).

Eine weitere Vorreiterin einer „links-islamistischen Einheitsfront" (Rickenbacher 2020: 89) auf globaler Ebene war Susan Buck-Morss. In ihrem 2003 zuerst erschienenen Buch *Thinking Past Terror* schrieb sie einleitend: „Die zentrale These des Buches ist, dass der Islamismus als politischer Diskurs zusammen mit der Kritischen Theorie als Kritik der Moderne in ihrer westlich entwickelten Form betrachtet werden kann." (Buck-Morss 2006: 12)[5] Sie berief sich dabei namentlich auf Sayyid Qutb, Vordenker der Muslimbruderschaft, rabiater Antisemit und eine Figur, auf die sich der globale islamistische Terror bezieht (Elbe 2024). Nach 9/11 sah Buck-Morss die westliche Kritik der Moderne in der Krise und hoffte auf Schützenhilfe seitens der Islamisten. Denn das Problem sei, dass „westliche kritische Theoretiker so tun, als bräuchten sie nur auf ihre eigenen bestehenden Modelle und Traditionen zurückzugreifen, um einen neuen Zustand der Welt zu definieren" (Buck-Morss 2006: 13). Anschlusspunkte zwischen Adorno und Qutb verortete sie zentral im Konzept der immanenten Kritik:

> Interessanterweise war es der Islamismus, der im Nahen Osten eine eigenständige Tradition der immanenten Kritik begründete. Der einflussreiche ägyptische Schriftsteller Sayyid Qutb, ein Zeitgenosse der Theoretiker der Frankfurter Schule, kritisierte die islamischen Regime als Wiederkehr des Zustands der Unwissenheit – der „Jahiliyyah" der vorislamischen Zeit. Die heutige islamische Gesellschaft (Ägypten) sei daher unislamisch. Diese Strategie entsprach genau dem Argument von Adorno und Horkheimer in der Dialektik der Aufklärung, dass die aus dem Mythos hervorgegangene westliche Vernunft selbst wieder zum Mythos geworden sei. (Ebd.: 98)

5 Hier und im Folgenden eigene Übersetzung.

Qutb war Vordenker der islamofaschistischen Muslimbruderschaft. Tatsächlich ähnelt seine repressive Kritik der von ihm als dekadent abgelehnten zeitgenössischen Gesellschaft Ägyptens in keiner Weise der *Dialektik der Aufklärung*, sondern steht im Gegenteil der nationalsozialistischen Modernekritik nahe. Konsequenterweise unterstützten die Nationalsozialisten die Muslimbruderschaft sowohl materiell wie ideell (Herf 2009). Anders als bei Horkheimer und Adorno war Qutbs Stoßrichtung keine emanzipatorische, sondern er trachtete die islamische Gesellschaft von allem vorgeblich Unislamischen zu reinigen, und zwar durch eine konsequente, notfalls gewaltvolle Durchsetzung einer besonders repressiv interpretierten Scharia. Qutb übt eine antimoderne Kritik der Moderne, die sich nach einem reinen islamischen Urzustand sehnt. Ähnlich sehnte Hitler sich nach der Ausmerzung einer jeden modernen Vermittlung. Die Modernekritik Horkheimers und Adornos hingegen war radikal modern und aufklärerisch und wendete sich gerade gegen die Sehnsucht nach Authentizität. Sie versuchte genau das an der Aufklärung zu retten, was Qutb rückgängig machen wollte: die Idee individueller Freiheit und individuellen Glücks. Seine Kritik an Jahiliyyah (Unwissenheit) hat nichts mit Vernunft und Denken zu tun, sondern bezieht sich allein auf Allah. Buck-Morss' falscher Vergleich verdeutlicht, dass immanente Kritik als Methode der Gesellschaftskritik nur dann Sinn macht, wenn sie mit Emanzipation und Freiheit als Fluchtpunkt der Kritik verbunden ist. Träger:innen von Emanzipation und Freiheit können dabei nur die Individuen sein, kein Volk und keine Religion. Fällt diese Wendung zu Emanzipation und Freiheit aus, kann immanente Kritik formalistisch und grotesk auch in Qutbs Islamismus erblickt werden, gemäß dem Souveränität nicht von den Menschen, sondern allein von Gott ausgehe und Demokratie folglich Blasphemie sei (Kepel 1985: 46–48). Ebenso wie Hitler sah auch Qutb sich und seine Gefolgschaft als Avantgarde gegen die Dekadenz der Moderne.

Qutb in einem Atemzug mit Horkheimer und Adorno zu nennen, erfordert zudem die komplette Ausblendung seines rabiaten Antisemitismus. In seinem zuerst 1950 erschienenen und häufig nachgedruckten Text *Unser Kampf mit den Juden* (Qutb 1987, dazu Kiefer 2023) entwarf er krude antisemitische Verschwörungsmythen und huldigte schließlich Hitler als einem von Gott Gesandten:

> Allah ließ Hitler über sie [die Juden] herrschen. Und auch heute sind die Juden zum Bösen zurückgekehrt, in Gestalt von „Israel", das den Arabern, den Besitzern des Landes, Kummer und Leid bereitet. Möge

> Allah Menschen auf die Juden herabsenden, die die schlimmste Strafe über sie verhängen werden. (Zit. n. Herf 2009: 259)[6]

Die von Buck-Morss und Butler geforderte links-islamistische Allianz, in Frankreich als Islamo-Gauchisme diskutiert, erfordert jedoch nicht nur die Ausblendung des Antisemitismus, sondern auch des Antifeminismus. Das geschieht über das Framing von Autonomie in postkolonialen Kontexten als Autonomie von „Westoxification" (Buck-Morss 2006: 22) und von Freiheit als Befreiung von westlicher Hegemonie: „Es geht nicht um Freiheit, sondern um Würde. Und Würde ist wichtig in einem postkolonialen Kontext. Besser gesagt: Würde *ist* Freiheit in einem anderen Sinn, dem der Befreiung von westlicher Hegemonie." (Ebd.: 53) Diese Sichtweise erinnert an ein manichäisches Weltbild, das den Westen monolithisch und ausschließlich repressiv gegen den Globalen Süden setzt, der seinerseits als idealisierte Projektionsfläche antiwestlicher Ressentiments von jedem inneren Widerspruch reingehalten wird. Das wird in Buck-Morss' Darstellung des Verhältnisses von Frauen und Freiheit im Islam deutlich: „Nichts, so sagt uns der hegemoniale westliche Diskurs, unterscheidet ‚uns' so sehr von ‚denen' wie die mangelnde Freiheit der Frauen in islamischen Gesellschaften." (Ebd.: 27) Tatsächlich aber würden die strikten islamischen Verhaltensregeln „auf dem Respekt für Frauen basieren (im Gegensatz zur ‚westlichen' Kommodifizierung und Herabwürdigung zum Sexobjekt)" (ebd.). Ähnlich wie Butler im islamischen Schleier der Frau eine „Übung in Bescheidenheit und Stolz" sieht, „hinter dem und durch den die weibliche Handlungsfähigkeit wirken kann" (Butler 2005: 168), verortet auch Buck-Morss darin eine Kraft der Negation, die in der Lage sei, der „westlichen Moderne" wirksam etwas entgegenzusetzen, „und gleichzeitig ihre eigene feministische Kritik an der kulturindustriellen Verdinglichung weiblicher Körper zu üben" (Buck-Morss 2006: 55). Westliche Freiheit für Frauen wird reduziert auf die Freiheit zum Konsum und zur Vermarktung des weiblichen Körpers, und davor müssten nicht-westliche Frauen geschützt werden. Was Butler und Buck-Morss freilich verschweigen, ist, dass auch gerade für sie beide westliche Freiheit doch viel mehr zu bieten hat, nicht zuletzt demokratische Partizipation, die unzensierte Teilnahme am öffentlichen Diskurs, Gleichberechtigung und individuelle Rechte auf sexuelle Selbstbestimmung.

---

6 Eigene Übersetzung aus dem Englischen.

Gegenüber solcher falschen Vereindeutigung des Begriffs der Freiheit wird im dialektischen Begriff ihre Einschränkung im Stand der Unfreiheit zwar deutlich kritisiert, aber gleichzeitig ist in ihm auch das Streben und die Sehnsucht nach Glück, Autonomie und Emanzipation aufgehoben. Der Begriff benennt sowohl die reale Beschränkung als auch das Versprechen, das im Stande der Unfreiheit uneingelöst ist. Buck-Morss und Butler nehmen eine Entdialektisierung vor, wenn sie der Freiheit ohne Würde eine Würde ohne Freiheit entgegensetzen, gegen eine unvollständige Freiheit eine noch unvollständigere aufbieten und damit falsche Alternativen vorschwindeln. Islamische Geschlechterverhältnisse werden idealistisch verklärt, wenn im Gebot der Verhüllung des weiblichen Körpers nicht ebenso eine patriarchale Herrschaftsstrategie erkannt wird, die auf eine andere Art als die westliche Moderne Frauenkörper objektifiziert (Mernissi 1987; Moghissi 1999). Kritik muss genau darauf zielen. Demgegenüber leisten Butler und Buck-Morss eine rein begriffliche Auflösung der inneren Widersprüche sowohl westlicher Freiheit als auch nicht-westlicher Herrschaftsverhältnisse, wodurch der Stand der Unfreiheit noch einmal vertieft und die Hoffnung auf Emanzipation preisgegeben wird.

Nihilismus (nicht nur) der Begriffe

Was ist passiert, dass selbst kritische Theoretiker:innen den Islamismus als Alternative zur westlichen Moderne sehen, die Hamas als „bewaffneten Widerstand“ legitimieren und dabei sowohl den Antisemitismus als auch den Antifeminismus ignorieren? Von 9/11 zu 10/7 lässt sich eine sukzessive Einübung identitätspolitischer Empathielosigkeit gegenüber den – auch muslimischen – Opfern des globalen Islamismus beobachten. Antisemitismus und Antifeminismus werden ausgeblendet oder gar als oppositioneller Aufschrei der Unterdrückten gegen „westlichen Kulturimperialismus“ gedeutet. Solche demonstrative Begriffsaushebelung ist das westlich-nihilistische Gegenstück zum Todeskult der Hamas. Dem dialektischen Begriff geht es virtuell so an den Kragen wie real den Juden und Jüdinnen in den Händen der Hamas. Sie werden zermalmt als die Zeichen, die den Widerspruch der Emanzipation verkörpern, ohne die Rettung bei der Hand zu haben.

Kulturindustrie überschlägt sich selbst, wenn Jonathan Glazer, Regisseur des Oscar-prämierten Auschwitzfilms *The Zone of Interest*, in der Preisrede an die vermeintliche Dehumanisierung der Palästinenser:innen durch die Israelis erinnert und sich dagegen verwehrt, dass der Holocaust für die „Besatzung“ vereinnahmt wird (Madman Films 2024).[7] Sein Film zeigt die Barbarei des Holocaust indirekt, hinter den Mauern von Auschwitz, die visuell nicht überschritten werden. Das wird von der Kritik gelobt, denn Auschwitz direkt zeigen geht nicht. Zum Problem wird es aber, wenn, wie in Glazers Film, der Antisemitismus nicht deutlich benannt wird. Denn das belässt das Grauen des Holocaust andeutungsweise hinter der Mauer und es erscheint irgendwie (in der Geräuschkulisse etwa), und aus diesem Irgendwie erscheint es vergleichbar mit irgendetwas anderem – etwa mit der Besatzung der Westbank oder dem Verteidigungskrieg Israels gegen die Hamas. Glazer gehe es in seinem Film nicht um den Holocaust, sondern um „etwas Dauerhafteres und Allgegenwärtiges: die menschliche Fähigkeit, mit dem Holocaust und anderen Gräueltaten zu leben“, schreibt die kanadische Globalisierungskritikerin und Vorreiterin von BDS, Naomi Klein, um daran in wild gewordener Assoziation anzuschließen, woran die Zuschauer:innen des Films bei der Premiere in Cannes im Mai 2023 wohl gedacht haben mögen: „Vielleicht dachten sie an die Privatjets, mit denen sie nach Frankreich geflogen waren, und daran, wie diese Flüge mit dem Verschwinden von Nahrungsquellen für arme Menschen in fernen Ländern, dem Aussterben von Arten oder dem möglichen Verschwinden ganzer Nationen zusammenhingen.“ (Klein 2024) Wie der „Antisemitismus das Gerücht über die Juden“ (Adorno 1997d: 123) ist, wird Auschwitz hier zum Gerücht hinter der Mauer. Wollte der Film die Besonderheit von Auschwitz darstellen, so resultierten viele Reaktionen paradox in der Aushöhlung der Singularität der Shoah.

Ein solch immenser Verlust an historischer und politischer Unterscheidungs- und Urteilsfähigkeit geht mit der Aushöhlung von Begriffen einher. Denn mit den Begriffen geht die Erinnerung an die unter sie gefassten Phänomene verloren. Die radikale Dekonstruktion von Begriffen, im Sinn der Auflösung ihres allgemeingültigen Gehalts, gibt die Phänomene preis, anstatt einen Rahmen zu ihrer Erkenntnis und Kritik zu bieten. Die Leerstelle von verbindlichen Begriffen zeigt sich in den Debatten um den 7. Oktober: Ohne einen fundierten Begriff von Antisemitismus entgeht sein Gehalt und

7 In Reaktion darauf haben sich mehr als tausend jüdische Filmemacher:innen, Schauspieler:innen und Hollywood-Professionals in einem offenen Brief dagegen verwehrt, dass ihre jüdische Identität für die Verharmlosung des Holocaust instrumentalisiert wird (Siegel 2024).

seine Bedeutung, und er wird nicht als wesentlicher Kontext erkannt, in den das Vorgehen der Hamas eingebettet ist.

„Mit dem Ende des Nationalsozialismus schien auch der Antisemitismus als Referenzpunkt zunehmend unwichtiger", kritisiert Philip Hogh den „philosophischen Mainstream der kritischen Theorie" (Hogh 2023), der in der Analyse des Kapitalismus auf jene des Antisemitismus glaubt verzichten zu können. Wohin Kritik des Kapitalismus bei gleichzeitiger Ausblendung des Antisemitismus führen kann, haben Horkheimer und Adorno in den „Elementen des Antisemitismus" in der *Dialektik der Aufklärung* ebenso eindrucksvoll dargestellt wie später Moishe Postone in seinem einflussreichen Aufsatz „Nationalsozialismus und Antisemitismus" (Postone 1980). Heute führt die Musealisierung des Antisemitismus dazu, dass er selbst dort nicht erkannt wird, wo er einem als offener Israelhass ins Gesicht starrt. Wie einst in der Personalisierung der negativen Seiten des Kapitalismus in der Figur des Juden, äußert sich heute der Antisemitismus in der Projektion des Kolonialismus und Imperialismus auf Israel. Beide Male maskiert sich der Antisemitismus als Aufschrei der Ausgebeuteten und Unterdrückten.

Es ist notwendig, die Aktualisierung der kritischen Theorie des Antisemitismus weiter voranzutreiben und auch empirisch in den Blick zu nehmen, wie seine aktuellste Form sich im rabiaten Israelhass manifestiert. Der Hass auf Israel ist die derzeit wirksamste „antisemitische Integrationsideologie" (Salzborn 2018: 138), auf die sich Akteur:innen aus entgegengesetzten politischen Lagern – rechtsextreme und islamofaschistische ebenso wie linke, feministische, queere und klimaaktivistische – verständigen können. Der auf Israel fixierte Antisemitismus ist universell in dem Sinn, dass er Juden und Jüdinnen weltweit betrifft, nicht nur jene, die in Israel leben. Notwendig ist die Stärkung eines antisemitismuskritischen Urteilsvermögens, das den Antisemitismus als intersektionale Ideologie erkennt und so seine Überschneidungen mit Sexismus, Antifeminismus und Homophobie ebenso wie mit Rassismus und Nationalismus kritisch reflektiert. Davon ausgehend kann der Weg zu einem Universalismus gefunden werden, der vom Partikularen ausgehend Solidarität im Streben nach Emanzipation ermöglicht. Das wäre ein wichtiges Signal sowohl für die israelischen Opfer des Hamas-Terrors als auch für jene Palästinenser:innen, die frei von islamofaschistischem Terror leben möchten.

Literatur

A Response to „Principles of Solidarity. A Statement" (2023): Offener Brief von Wissenschaftlern, 22.11.2023, https://publicseminar.org/2023/11/a-response-to-principles-of-solidarity-a-statement.

Adorno, Theodor W. (1997a): Schuld und Abwehr. Eine qualitative Analyse zum Gruppenexperiment, in: Adorno, Theodor W.: Gesammelte Schriften (GS), Bd. 9.2, Frankfurt am Main: Suhrkamp, 121–324.

Adorno, Theodor W. (1997b): Was bedeutet: Aufarbeitung der Vergangenheit, in: GS, Bd. 10.2, Frankfurt am Main: Suhrkamp, 555–572.

Adorno, Theodor W. (1997c): Negative Dialektik, in: GS, Bd. 6, Frankfurt am Main: Suhrkamp, 5–412.

Adorno, Theodor W. (1997d): Minima Moralia. Reflexionen aus dem beschädigten Leben, in: GS, Bd. 4, Frankfurt am Main: Suhrkamp.

Benhabib, Seyla (2023): Open Letter To My Friends Who Signed „Philosophy For Palestine", The Hannah Arendt Center for Politics and Humanities at Bard College, Annandale on the Hudson, New York, https://medium.com/amor-mundi/an-open-letter-to-my-friends-who-signed-philosophy-for-palestine-0440ebd665d8.

Blackmer, Corinne (2022): Queering Anti-Zionism. Academic Freedom, LGBTQ Intellectuals, and Israel/Palestine Campus Activism, Detroit: Wayne State University Press.

Brief aus Berlin – kritische Wissenschaftler*innen an die deutsche Politik und Öffentlichkeit (2023): Offener Brief von Wissenschaftlern, 28.10.2023, https://docs.google.com/forms/d/e/1FAIpQLSdQexuMBpgFM3PK0DJUtRwYd1ZuKo3bIvsNrShXc1lorOmzrA/viewform.

Brunner, José (2023): Beide Seiten haben eine berechtigte existenzielle Angst. Interview mit José Brunner, Republik, 16.11.2023, https://www.republik.ch/2023/11/16/beide-seiten-haben-eine-berechtigte-existenzielle-angst.

Buck-Morss, Susan (2006): Thinking Past Terror. Islamism and Critical Theory on the Left, London/New York: Verso.

Butler, Judith (2005): Gefährdetes Leben, Frankfurt am Main: Suhrkamp.

Butler, Judith (2023): The Compass of Mourning, in: London Review of Books, 45(20), 19.10.2023, https://www.lrb.co.uk/the-paper/v45/n20/judith-butler/the-compass-of-mourning.

Café Critique (2009): Das Leid in Gaza und der Ruf nach Frieden, in: haGalil, 12.01.2009, https://www.hagalil.com/2009/01/leid-in-gaza/.

Davis, Angela (2016): Freedom is a Constant Struggle. Ferguson, Palestine and the Foundations of a Movement, Chicago: Haymarket Books.

Deitelhoff, Nicole/Forst, Rainer/Günther, Klaus/Habermas, Jürgen (2023): Grundsätze der Solidarität. Eine Stellungnahme, Forschungszentrum Normative Orders der Goethe-Universität Frankfurt am Main, https://normativeorders.net/news/grundsaetze-der-solidaritaet-eine-stellungnahme/.

Deutschlands Reaktionen auf den Israel-Gaza-Krieg entsprechen nicht seinen eigenen Prinzipien (2024): Offener Brief von Wissenschaftlern, 26.03.2024, https://statement israelgaza.wordpress.com/de/.

Elbe, Ingo (2024): Antisemitismus und postkoloniale Theorie. Der progressive Angriff auf Israel, Judentum und Holocausterinnerung, Berlin: Edition Tiamat.

Fine, Robert/Spencer, Philip (2018): Antisemitism and the Left. On the Return of the Jewish Question, Manchester: Manchester University Press.

Grigat, Stephan (2014): Die Einsamkeit Israels. Zionismus, die israelische Linke und die iranische Bedrohung, Hamburg: Konkret Literatur Verlag.

Grigat, Stephan (2023a): Vom Nationalsozialismus zum Hass auf Israel, Vortrag an der Freien Universität Berlin, 19.02.2023, https://www.youtube.com/watch?v=16sNZVaO NJA.

Grigat, Stephan (2023b): Kritik des Antisemitismus heute, in: Grigat, Stephan (Hg.): Kritik des Antisemitismus in der Gegenwart: Erscheinungsformen – Theorien – Bekämpfung, Baden-Baden: Nomos, 11–47.

Hamas Covenant (1988): The Covenant of the Islamic Resistance Movement, 18.08.1988, https://avalon.law.yale.edu/20th_century/hamas.asp.

Herf, Jeffrey (2009): Nazi Propaganda for the Arab World, New Haven/London: Yale University Press.

Herf, Jeffrey (2023): From the River to the Sea, in: American Purpose, 20.11.2023, https://www.americanpurpose.com/articles/from-the-river-to-the-sea/.

Hogh, Philip (2023): Gesellschaftskritik und Antisemitismus: Grund zur Selbstkritik, in: nd, 20.10.2023, https://www.nd-aktuell.de/artikel/1177172.antisemitismus-gesellsc haftskritik-und-antisemitismus-grund-zur-selbstkritik.html.

Horkheimer, Max/Adorno, Theodor W. (1997): Dialektik der Aufklärung. Philosophische Fragmente, in: Adorno, Theodor W.: GS, Bd. 3, Frankfurt am Main: Suhrkamp.

Illouz, Eva (2024a): Warum Judith Butler keine Linke ist, in: Freitag, 12.03.2024, https://www.freitag.de/autoren/eva-illouz/eva-illouz-warum-judith-butler-keine-linke-ist.

Illouz, Eva (2024b): Wir, die Linken? Nicht mehr!, in: Bittermann, Klaus/Martini, Tanja (Hg.): Nach dem 7. Oktober. Essays über das genozidale Massaker und seine Folgen, Berlin: Edition Tiamat, 46–52.

Jacobs, Jack (2015): The Frankfurt School, Jewish Lives, and Antisemitism, Cambridge: Cambridge University Press.

Kepel, Gilles (1985): The Prophet and Pharaoh. Muslim Extremism in Egypt, London: Saqi Books.

Kiefer, Michael (2013): Maʿrakatuna maʿa al-yahud, in: Benz, Wolfgang et al. (Hg.): Handbuch des Antisemitismus, Bd. 6, Berlin: De Gruyter Saur, 444–445.

Klein, Naomi (2024): The Zone of Interest is about the danger of ignoring atrocities – including in Gaza, in: The Guardian, 14.03.2024, https://www.theguardian.com/com mentisfree/2024/mar/14/the-zone-of-interest-auschwitz-gaza-genocide.

Küntzel, Matthias (2023): Islamischer Antisemitismus, in: Grigat, Stephan (Hg.): Kritik des Antisemitismus in der Gegenwart. Erscheinungsformen – Theorien – Bekämpfung, Baden-Baden: Nomos, 79–101.

Madman Films (2024): Jonathan Glazer's acceptance speech after winning Best International Feature at the 2024 Oscars, YouTube, 11.03.2024, https://www.youtube.com/watch?v=YHkTZ-yeb44.

Mernissi, Fatima (1987): Geschlecht, Ideologie, Islam, München: Frauenbuchverlag.

Moghissi, Haideh (1999): Feminism and Islamic Fundamentalism. The Limits of Postmodern Analysis, London: Zed Books.

Moses, Dirk (2021): The German Catechism, in: Geschichte der Gegenwart, 23.05.2021, https://geschichtedergegenwart.ch/the-german-catechism/.

Paroles D'Honneur (2024): Judith Butler – Contre l'antisémitisme et pour la paix révolutionnaire en Palestine, YouTube, 03.03.2024, https://www.youtube.com/watch?v=rlQNBJOq-0E&t=2s.

Philosophy for Palestine (2023): Offener Brief von Wissenschaftlern, 01.11.2023, https://sites.google.com/view/philosophyforpalestine/home.

Pohl, Ronald (2003): US-Philosophin Nancy Fraser: ‚Niemand verharmlost Hamas', in: Der Standard, 14.11.2023, https://www.derstandard.at/story/3000000194979/us-philosophin-nancy-fraser-niemand-verharmlost-hamas.

Postone, Moishe (1980): Anti-Semitism and National Socialism. Notes on the German Reaction to „Holocaust", in: New German Critique, 19(1), Winter 1980, 97–115.

Qutb, Sayyid (1987): Our Struggle with the Jews, translated by Ronald Nettler, in: Nettler, Ronald: Past Trials and Present Tribulations: A Muslim Fundamentalist's View of the Jews, Oxford/Jerusalem: Pergamon Press, 72–89.

Rabinovici, Doron (2024): Im Morgengrauen, in: Bittermann, Klaus/Martini, Tania (Hg.): Nach dem 7. Oktober. Essays über das genozidale Massaker und seine Folgen, Berlin: Edition Tiamat, 15–24.

Radical Archives (2010): Judith Butler on Hamas, Hezbollah & the Israel Lobby (2006), https://radicalarchives.org/2010/03/28/jbutler-on-hamas-hezbollah-israel-lobby/.

Rensmann, Lars (2018): The Politics of Unreason. The Frankfurt School and the Origins of Modern Antisemitism, Albany: SUNY Press.

Rickenbacher, Daniel (2020): Grundlagen und Formen der Annäherung zwischen dem Islamismus und der radikalen „globalen Linken" nach 9/11, in: Hagen, Nikolaus/Neuburger, Tobias (Hg.): Antisemitismus in der Migrationsgesellschaft, Innsbruck 2020, 87–107.

Salzborn, Samuel (2018): Globaler Antisemitismus. Eine Spurensuche in den Abgründen der Moderne, Weinheim: Beltz Juventa.

Schulman, Sarah (2012): Israel/Palestine and the Queer International, Durham: Duke University Press.

Seymour, David M. (2007): Law, Antisemitism, and the Holocaust, London: Routledge Cavendish.

Siegel, Tatiana (2024): Over 1,000 Jewish Creatives and Professionals Have Now Denounced Jonathan Glazer's 'Zone of Interest' Oscars Speech in Open Letter, in: Variety, 18.03.2024, https://variety.com/2024/film/news/jonathan-glazer-oscar-speech-zone-of-interest-open-letter-1235944880.

Stögner, Karin (2014): Antisemitismus und Sexismus. Historisch-gesellschaftliche Konstellationen, Baden-Baden: Nomos.

UN Office of the Special Representative of the Secretary-General on Sexual Violence in Conflict (2024): Mission report. Official visit of the Office of the SRSG-SVC to Israel and the occupied West Bank 29 January – 14 February 2024, https://www.un.org/sexualviolenceinconflict/wp-content/uploads/2024/03/report/mission-report-official-visit-of-the-office-of-the-srsg-svc-to-israel-and-the-occupied-west-bank-29-january-14-february-2024/20240304-Israel-oWB-CRSV-report.pdf.

Ziege, Eva-Maria (2009): Antisemitismus und Gesellschaftstheorie. Die Frankfurter Schule im amerikanischen Exil, Frankfurt am Main: Suhrkamp.

Eine Ontologie der Diaspora gegen den jüdischen Staat

Judith Butlers Israelhass und ihre Frontstellung gegen den Terrorbegriff

Alex Gruber

Am 21. März 2024 veröffentlichte die französisch-israelische Soziologin Eva Illouz einen Essay in der englischsprachigen Ausgabe der israelischen Tageszeitung *Haaretz,* in dem sie begründete, warum sich die globale Linke von der durch Gendertheorie bekanntgewordenen, sich in den vergangenen Jahren aber hautsächlich mit moralphilosophischen Fragen beschäftigenden Judith Butler distanzieren und lossagen sollte (Illouz 2024).[1] Diesen Ausführungen vorangegangenen waren mehrere Auslassungen Butlers nach dem Massaker vom 7. Oktober 2023, bei denen sie die antisemitischen und misogynen Terroristen der Hamas als Vertreter einer Widerstandsbewegung bezeichnet hatte. Unmittelbarer Anlass für Illouz' Reaktion war ein von mehreren antizionistischen Gruppen organisierter und am 5. März 2024 in Pantin bei Paris gehaltener Vortrag, in dem Butler nicht nur erneut dem Vorgehen der Hamas absprach, antisemitischer Terror zu sein und ihn vielmehr als einen „Akt des bewaffneten Widerstands" charakterisierte, sondern in dem sie auch die am 7. Oktober begangene sexuelle Gewalt in Zweifel zog. Sie werde die Behauptungen über die Vergewaltigungen israelischer Frauen glauben, sagte Butler, während sie in einer skeptischen Grimasse ihr Gesicht verzog, wenn ihr Dokumentationen dieser Verbrechen vorgelegt würden. Es sei kein Verbrechen, solche Beweise zu fordern (Paroles D'Honneur 2024), brachte sie das Standardargument der Leugner von und Zweifler an den Taten der Hamas vor, die erklären, solange es keine Bild- oder Filmbelege beziehungsweise öffentlich unter ihrem Klarnamen auftretende direkte Zeuginnen gebe, solange seien die Vergewaltigungen und sonstigen sexuellen Gewalttaten nicht belegt, und man könne nicht

1 Dazu, dass Butler sich bei ihren moralphilosophischen Überlegungen exakt derselben Kategorien und Prinzipien bedient wie bei ihren gendertheoretischen, sodass erstere eine bloße Fortführung und Verallgemeinerung letzterer sind, siehe Gruber (2011). Im Jahr 2020 erklärte Judith Butler, für sich selbst das Pronomen ‚they' zu bevorzugen. Da es für dieses Pluralwort keine adäquate Übertragung ins Deutsche gibt, verwendet der Verfasser die dem grammatischen Geschlecht des Begriffs ‚Person' geschuldete Singularform ‚sie'.

sicher sein, ob es sich dabei nicht bloß um israelische Propaganda zum Zweck der Kriegsführung gegen die Palästinenser handle. Dass viele der von der Hamas Vergewaltigten nach der Tat ermordet worden waren, weswegen es wenige unmittelbare Zeuginnen gibt und die israelischen Behörden bei ihren Ermittlungen vor große Schwierigkeiten gestellt waren beziehungsweise aus Opferschutz die Namen der Betroffenen nicht öffentlich machten, nutzen die Feinde des jüdischen Staates, um Zweifel zu säen oder die Verbrechen der Hamas und der anderen Terrorgruppen gleich ganz zu leugnen.

> Judith Butlers jüngste Äußerungen über die Hamas und die grausam ermordeten israelischen Frauen erinnern uns daran, dass auch Intellektuelle Kurpfuscher und Hochstapler sein können, [...] weil ihre Worte eine kleine Täuschung mit einer anderen verdecken, sodass am Ende eine Halbwahrheit ein ganzes Lügengebäude stützt und nährt, (Illouz 2024)

schrieb Illouz in ihrer Antwort auf die Ausführungen der sich in die Front der Vergewaltigungsleugner einreihenden Judith Butler. Nachdem der Feminismus mehr als ein Jahrhundert darum gekämpft habe, „dass die Stimmen der Frauen gehört werden – und dass ihnen geglaubt wird", fordere nun eine „Ikone der Queer-Bewegung", die „ihre Kariere darauf aufgebaut hat, Begriffe wie Objektivität, Essentialität und Wirklichkeit in Frage zu stellen", plötzlich „eine Mega-Objektivität, einen Mega-Beweis, eine Objektivität jenseits der verfügbaren Rekonstruktionen, Bilder, Videos und forensischen Analysen", um ihre Skepsis aus der Welt zu räumen. Butlers Positionen nach dem 7. Oktober röchen

> nach einer neuen Art von Leugnung. Die bekannteste politische Praxis der Leugnung zeichnet sich dadurch aus, dass sie Zweifel an der Zahl der Opfer des Holocaust, an der Wahrhaftigkeit der Massaker und an der Schuld der Täter bedient. Butler bedient sich ähnlicher Muster. Sie sät Zweifel an der von Frauen erlittenen Gewalt und an der moralischen Bewertung der Massaker: Die Täter werden entlastet und die Opfer verdächtigt, teils sogar als erfunden dargestellt. (Ebd.)

Illouz' Ausführungen beziehen sich nicht nur auf die Skepsis, die Butler bezüglich der am 7. Oktober „systematisch" und „demonstrativ" (ARCCI 2024) begangenen Sexualverbrechen streute, sondern auch auf ihre wiederholte Bezeichnung des Hamas-Massakers als Akt des Widerstands, als

„Aufstand aus einer Position der Unterdrückung heraus und gegen einen gewalttätigen Staatsapparat". Man könne „verschiedene Ansichten über die Hamas als eine politische Partei" sowie „verschiedene Ansichten über bewaffneten Widerstand" haben, sagte Butler in besagtem Vortrag, sie denke jedoch, es sei „ehrlicher und historisch korrekter zu sagen, dass der Aufstand vom 7. Oktober ein Akt des bewaffneten Widerstands war."[2] Weder terroristisch noch antisemitisch sei der Angriff gewesen, und auch wenn sie selbst den Angriff auf Israelis „nicht gemocht" habe, so wäre es „doch sehr töricht" zu sagen, die einzige Gewalt in dem Zusammenhang sei die Gewalt gegen Israel gewesen: „Die Gewalt gegen Palästinenser findet seit Jahrzehnten statt." Angesichts dessen könne man „für oder gegen bewaffneten Widerstand", „für oder gegen die Hamas" sein, aber man müsse die Taten des 7. Oktobers „zumindest bewaffneten Widerstand nennen. Und dann können wir eine Debatte führen, ob wir denken, dass es richtig war, oder ob sie das Richtige getan haben, oder ob eine andere Strategie ...", meinte Butler, bevor sie von Applaus unterbrochen wurde. Die „Ikone der Queer-Bewegung" (Illouz) erklärte also ernsthaft, eine Diskussion darüber, ob das Abschlachten israelischer Kibbuzniks und Musikfestivalbesucher die richtige oder dann vielleicht doch etwas überzogene Strategie der Palästinenser sei, wäre notwendig oder auch nur wünschenswert – und die Bezeichnung der Hamas-Taten als Terrorismus würde eine „offene Debatte" verhindern und verunmöglichen. Bezeichne man hingegen im Dienste einer solch notwendigen Diskussion das Hamas-Massaker als bewaffneten Widerstand, klagte die sich notorisch missverstanden Fühlende, werde man „unverzüglich" als jemand gehandelt, der für bewaffneten Widerstand im Allgemeinen und für die im speziellen Fall verfolgten Praktiken sei, während man doch bloß ungehindert und offen über die verschiedenen Taktiken debattieren wolle (Paroles D'Honneur 2024, Übers. d. Verf.).

2 Der Professor für Verfassungsrecht an der Haim Striks School of Law am College of Management Academic Studies in Israel, Roy Peled, erklärt, vom Standpunkt des internationalen Rechts aus sei Butlers Vorhaben, den Begriff des Terrorismus durch den des bewaffneten Widerstands zu ersetzen, weder „ehrlich" noch „historisch akkurat". Dementsprechend nennt er ihn auch „einen unverhohlenen Versuch, den Diskurs über den 7. Oktober so zu gestalten, dass die Anschläge der Hamas einen legitimeren Status erhalten", indem Butler die Art des Angriffs falsch darstelle (Peled 2024, Übersetzung d. Verf.).

„Kontextualisierung" des Terrors

Der Pariser Auftritt stellte keineswegs das erste Mal dar, dass Butler erklärt hatte, die Bezeichnung des Hamas-Massakers als Terrorismus würde dessen tieferes Verständnis zugunsten unmittelbarer politischer und militärischer Ziele unterbinden. Bereits am 13. Oktober, sechs Tage nach dem Hamas-Massaker, trat sie in der *London Review of Books* an, die Gewalt vom 7. Oktober, die sie aufgrund der von ihr präferierten „Politik der Gewaltlosigkeit" für die falsche Taktik halte und als „abscheulich" ablehne, einer „Kontextualisierung" zu unterziehen – was bei Butler bedeutet, von der ebenso vorgängigen wie überwältigenden „israelischen Gewalt gegen die Palästinenser" zu sprechen: von „Apartheidregeln", „Kolonialherrschaft" und „Staatenlosigkeit", von einem palästinensischen „Zustand des langsamen und plötzlichen Todes" (Butler 2023), die Grund für jede weitere Entwicklung seien. Das entlasse die Hamas zwar nicht aus der Verantwortung, macht aber doch die Existenz Israels als jüdischer Staat zur Ursache aller sich seit dessen Staatsgründung ereignenden Gewalt in der Region. Bereits in *Am Scheideweg* erklärt sie die antisemitische Vernichtungsdrohung, der Israel sich ausgesetzt sieht, zum Resultat nicht nur seiner Politik, sondern seiner Existenz, die als zionistische ohne Rassismus, Unterdrückung und Verfolgung gar nicht zu haben sei (Butler 2013: 249f.). Israel sei selbst schuld an der Ablehnung, dem Widerstand und der Gewalt, mit der es konfrontiert ist, verkehrt Butler das Opfer – nicht nur – des 7. Oktober zum eigentlichen Täter, der die Reaktion der von ihm Unterdrückten über sich selbst gebracht habe, auch wenn die gewaltvolle Form dieser Antwort taktisch, politisch und moralisch abzulehnen sei.

Den Terrorbegriff weist Butler deswegen zurück, weil in ihm – wie unzureichend bestimmt auch immer – aufscheint, dass die Gründe für das Handeln der Hamas und anderer Israelfeinde sich nicht aus rationalen Quellen speisen, wie dem Wunsch nach einem besseren Leben und dem Widerstand gegen staatliche Repression und Unterdrückung, sondern aus dem verfolgungssüchtigen Hass gegen den jüdischen Staat und dessen bloße Existenz, die ausgelöscht werden soll.[3] Jeden Hinweis darauf will Butler zum Verschwinden bringen, weswegen ihr der Terrorbegriff auch so ein

3 Zur Kritik, dass in der Allgemeinheit des Terrorbegriffs die jeweilige Spezifik – etwa die zwischen dem *terreur* der französischen Revolution, der das abstrakte Recht etabliert und Zwecke kennt, und dem Terror als Selbstzweck, der nur Vernichtung kennt – auch wieder zu verschwinden droht, siehe Scheit (2006: 62ff.).

Dorn im Auge ist und sie ihn durch andere Begriffe ersetzt sehen möchte, die Rationalität suggerieren. Butlers Kontextualisierung antiisraelischer Anschläge und Massaker rationalisiert die Gewalt der Hamas und anderer Angreifer aufgrund der Konstellation, in die sie das von ihr Kontextualisierte stellt.[4] Auch wenn sie von sich selbst behauptet, sie wolle verstehen und nicht rationalisieren (Butler 2023): Sie verklärt den antisemitischen Terror zum sich der Waffengewalt bedienenden Aufstand gegen israelische Repression, Segregation und Auslöschung.

Wenn aber, wie es „Teil des heutigen deutschen *Denkverbots* ist" – das Butler auf Deutsch in ihrem englischsprachigen Text anführt, wobei man sich fragt, ob sie je einen Blick in eine deutsche Zeitung geworfen hat –, geradezu untersagt sei, „von ‚der Besatzung' zu sprechen", wenn nicht einmal eine Debatte darüber geführt werden könne, „ob die israelische Militärherrschaft in der Region rassische Apartheid oder Kolonialismus ist", dann bestehe „keine Hoffnung, die Vergangenheit, die Gegenwart oder die Zukunft zu verstehen" (ebd., Übers. d. Verf). Vielmehr müsse man den etwa von den Medien „zur Verfügung gestellten Diskursrahmen" überschreiten, um die Situation verstehen und anschließend ins Auge fassen zu können, „welche Form des Lebens die Region von einer Gewalt wie dieser [der von der Hamas am 7. Oktober ausgeübten, Anm. d. Verf.] erlösen würde [...] Dann könnten wir Teil des Kampfes für ein freies Palästina sein, in dem die Hamas aufgelöst oder durch Gruppen mit gewaltfreien Bestrebungen für ein Zusammenleben abgelöst wird" (ebd.).

Hier wird deutlich, dass Butler die Einschätzung der Hamas teilt, laut derer die Existenz Israels in der Region die letztliche Ursache sei für die untragbare Situation vor Ort und für all die Gewalt und all „die Schrecken der letzten siebzig Jahre", wie Butler in grober Anspielung auf die israelische Staatsgründung schreibt. Und auch das Ziel der Hamas teilt sie: die Abschaffung Israels als jüdischer Staat.

---

4 In dieser Hinsicht erweist sich denn auch das von Butler-Verteidigern und Verteidigerinnen gern vorgebrachte Lamento über ein Kontextualisierungsverbot, das über den 7. Oktober verhängt worden sei, als Ablenkung und Immunisierung gegen Kritik. Wie schon in der Mbembe- und Postkolonialismus-Debatte in Bezug auf die Singularität der Shoah hervorgehoben, in der ein angebliches Vergleichsverbot beklagt wurde (siehe Gruber 2020/21: 6f.), kommt es auch hier auf die spezifische Konstellation an, in die das Kontextualisierte gebracht wird wie zuvor das Verglichene. Bestimmte Kritik an dieser Konstellation ist weder ein Verbot der Kontextualisierung noch eines des Vergleichs als solchem.

> Ohne Gleichheit und Gerechtigkeit, ohne ein Ende der staatlichen Gewalt, die von einem Staat, Israel, ausgeübt wird, der selbst in Gewalt gegründet wurde,[5] ist keine Zukunft vorstellbar, keine Zukunft des wahren Friedens – der nicht „Frieden" als Euphemismus für Normalisierung bedeutet, was heißt, dass Strukturen der Ungleichheit, der Rechtlosigkeit und des Rassismus aufrechterhalten werden. (Ebd.)

Allein durch das „Ende des politischen Zionismus, der den Staat Israel beharrlich auf Prinzipien jüdischer Souveränität gründet, können umfassendere Gerechtigkeitsgrundsätze für die Region umgesetzt werden", schreibt Butler schon in *Am Scheideweg*. Nur wenn der Zionismus „kulturell" auftrete und die Verbindung mit der Nation und dem Staat aufgebe, habe er eine Daseinsberechtigung. Bedeutet Zionismus hingegen die nationale Selbstbestimmung des jüdischen Volkes zu seiner Selbstverteidigung und die Gründung eines Nationalstaates, der zugleich als Zufluchtsort und souveräne Schutzmacht für alle weltweit von Antisemitismus Verfolgten agiert, dann „bin ich jedenfalls der Auffassung, dass man nicht Zionist sein und zugleich für ein gerechtes Ende der kolonialen Unterdrückung kämpfen kann" (Butler 2013: 30f.).

Wie unreformierbar der jüdische Staat sei, zeige sich etwa darin, dass selbst „die sozialistischen Experimente der Kibbuz-Bewegung" ein „integraler Teil des Siedlerkolonialismus" gewesen seien, sodass Israel noch den Sozialismusbegriff dahingehend pervertiert habe, dass er als „vereinbar mit kolonialer Unterdrückung und Expansion galt" (ebd.: 31). Noch nicht einmal in seinen linken oder sozialistischen Ausprägungen konnte sich, so Butler, der Zionismus jemals „auf Grundsätze der politischen Gleichheit berufen und hat deshalb nie eine substanziell demokratische Form angenommen. In seinem Bezugsrahmen lassen sich keine Lösungen finden, weil er einen Nationalstaat auf der Grundlage von Unterdrückung, Zerstörung und Vertreibung der Einheimischen verlangt und erweitert" (ebd.: 36). Die Vorstellung, dass der Zionismus und sein Staat nichts als Instrumente der Unterdrückung, Ausbeutung und Zerstörung seien, teilt Butler ebenso mit der Hamas wie den Schluss, dass Israel deswegen ein Ende bereitet werden müsse, um Gerechtigkeit, Kohabitation und Frieden

5 Als sei nicht jeder einzelne Staat weltweit auf Gewalt und Souveränität gegründet, sondern allein der israelische, während die anderen, die Judith Butler als Positivbeispiel vorzuschweben scheinen, sich ebenso friedlicher wie schiedlicher Gründungsakte im Geiste des Völkerrechts verdankten. Zum Thema der (israelischen) Staatsgründungsgewalt siehe Lenhard (2025) und allgemeiner Initiative Sozialistisches Forum (2000).

erreichen zu können. Lediglich über den Weg zu diesem Ziel ist sie als von der „Macht der Gewaltlosigkeit" (Butler 2020) Überzeugte anderer Meinung und würde eine gewaltlose Form gegenüber dem vorziehen, was sie „bewaffneten Widerstand" nennt – auch wenn viele diese Hoffnung als „naiv" ansehen würden, wie Butler ihren Text zum 7. Oktober scheinbar unschuldig beschließt. „Dazu brauchen wir unsere Dichterinnen und Träumer, die ungezähmten Narren, die sich zu organisieren wissen." (Butler 2023) Dass dies keineswegs unschuldig gemeint ist, wird klar, wenn man in Betracht zieht, dass die antisemitische Israelboykottbewegung BDS für Butler das idealtypische Beispiel einer auf Gerechtigkeit zielenden Politik der Gewaltlosigkeit darstellt.

Wenn sie die Hamas „nicht als terroristische Gruppe" betrachte, sondern als Teil einer „Widerstandsbewegung" im Rahmen derer auch die Angriffe auf Israel „als eine Form des bewaffneten Widerstandes gegen Kolonisierung, andauernde Belagerung und Entrechtung" verübt worden seien, dann stelle dies keine Rechtfertigung oder gar Legitimierung des Vorgehens der Hamas dar, da „ich der Meinung bin, dass die Gräueltaten des 7. Oktober und das genozidale Vorgehen des Staates Israel beide strikt abzulehnen seien" (Butler 2024). Dass diese Ablehnung so gleichwertig verteilt nicht ist, wie diese Formulierung suggeriert, machte Butler wiederum schon in *Am Scheideweg* explizit, wo sie auf den, wie sie schreibt, oft gegen sie erhobenen Vorwurf, sie lasse die „Fehler des Palästinensers" völlig außer Acht, erwiderte, „dass es gewiss bessere und schlechtere Wege für eine Widerstandsbewegung gegen koloniale Besatzung gibt." Abgesehen davon, dass es bereits eine Verharmlosung darstellt, etwa den unter dem Euphemismus „Zweite Intifada" bekanntgewordenen Terrorkrieg gegen Israel als bloßen „Fehler" zu bezeichnen, beharrt Butler darauf, dass „jede Beurteilung der palästinensischen Strategien" den Rahmen des politischen Widerstands voraussetze. Weil die israelische und die palästinensische Position nie gleich stark gewesen seien, mache es „keinen Sinn, die Beziehungen zwischen Israel und Palästina als ‚zwei Seiten' eines Konflikts zu betrachten" (Butler 2013: 143). Deswegen fällt Butler im Hinblick auf das Hamas-Massaker in ihrem Vortrag bei Paris bloß ein, dass sie dieses „nicht gemocht" habe (Paroles D'Honneur 2024), während sie noch in der Reaktion auf ihre Kritiker die israelische Antwort auf den Hamasangriff nicht etwa als Gegenwehr, sondern als „Genozid an den Palästinenser:innen" (Butler 2024) versteht.

Wahn vom Weltsouverän

Sie sei „für die Selbstbestimmung der Palästinenser und auch für die palästinensische Eigenstaatlichkeit", schreibt Butler in ihrem ursprünglich 2002 erschienen Essay *Unbegrenzte Haft*, doch müsse diese (Eigen-)Staatlichkeit – wie jede andere auch – durch eine vorgeordnete – ebenso globale wie rechtliche – Instanz beschränkt und damit eine Staatlichkeit ohne Souveränität sein. Der Staat solle dem Recht auf eine Weise verpflichtet werden, die dieses Recht nicht lediglich als ein Instrument behandelt, sondern in der sich der Staat in seiner Souveränität selbst beschneidet und zum Mittel macht, das sich dem als Zweck gesetzten Recht unterwirft. Der Staats- und Rechtsvorstellung Butlers geht es allerdings nicht um „Rechtsstaatlichkeit *per se*", sondern um den „Stellenwert des Rechts in der Ausformulierung einer *internationalen* Konzeption von Rechten und Pflichten, die Ansprüche auf staatliche Souveränität beschränken und an Bedingungen knüpfen" (Butler 2005d: 118, Herv. d. Verf.) – an die Bedingung eines gewaltlosen „Engagements für globale Zusammenarbeit" (ebd.: 120) etwa. Butler fordert ein Primat des internationalen Rechts ein. Sie strebt nach einem Weltsouverän, der Vorrang und Vormacht vor den nationalen Souveränen samt ihren „Eigeninteressen" besitze, und dem diese sich mithilfe eines „gewissen Maßes an Demut" zu unterstellen haben, weil er „auf das für die Gemeinschaft insgesamt Beste orientiert" sei. Diese demütige „Verpflichtung mag ein Opfer der eigenen partikularen Interessen erfordern oder deren Revision im Lichte der Interessen anderer nötig machen" (Butler 2009a: 83f.), sei aber notwendige Unterordnung zum Zweck der Überwindung der Souveränität. Es gelte, „die Macht so zu konzipieren, daß sie ihr Zentrum nicht im Nationalstaat hat", und sich für Formen der Selbstbestimmung einzusetzen, „die sich nicht in launische und zynische Formen staatlicher Souveränität auflösen" – auf dass internationales Recht herrsche statt nationaler Gewalt; globale Anerkennung, Verpflichtung und Kooperation statt „gewalttätige[r] und selbstverherrlichende[r] staatliche[r] Souveränität" und Abschottung (Butler 2005d: 119f.).

Dem Fetischismus des Rechts erliegend, gewaltlose Regelung gesellschaftlicher Verhältnisse zu sein, erklärt sie das Recht zum (Selbst-)Zweck und den nationalen Souverän für (eigentlich) überflüssig – als könnte es jemals Recht geben ohne den Gewaltmonopolisten, der die Gewalt im Inneren (teilweise) suspendiert, indem er mit seinem Gewaltapparat die Rechtsordnung garantiert, aufrechterhält und sanktioniert, nicht nur gegen Rechtsbrecher im Inneren, sondern auch gegen Bedrohungen im Außen –

beträfen sie nun die ökonomische Stellung des jeweiligen Staates im Gefüge des Weltmarkts oder träten sie in klassisch militärischer Weise auf. Das Kapitalverhältnis, dessen Ausdruck die Rechtsform ist, setzt das Gewaltverhältnis zwischen den Staaten voraus, und der Begriff des Staates kann „vom Verhältnis zwischen den Staaten gar nicht abstrahiert werden […]; insofern jeder einzelne Staat überhaupt nur durch den Gewaltzusammenhang, in dem er mit seinesgleichen sich befindet, als Einheit stiftende Macht vor seinen Bürgern zu bestehen vermag" (Scheit 2009: 23). Das heißt, die Suspendierung der unmittelbaren Gewaltverhältnisse im Inneren des Staates, die eine Verrechtlichung der Verhältnisse zwischen den Staatsbürgern ermöglicht, hat die Gewaltverhältnisse zwischen Staaten zu ihrer unaufhebbaren Voraussetzung, die unmittelbar im Hier und Jetzt nicht aufgehoben, sondern lediglich verdrängt werden kann. Die Idee der Herstellung einer gewaltfreien Weltinnenpolitik durch die Verrechtlichung der internationalen Beziehungen zwischen den Staaten – analog zur Verrechtlichung, die innerhalb der Staaten zwischen den Bürgern und Bürgerinnen herrscht – hat diese Verdrängung der Gewalt – und damit die Verdrängung der Frage der Souveränität – zur Bedingung ihrer Möglichkeit, worin zugleich ihre Wahnhaftigkeit begründet liegt.

Ein Weltgewaltmonopol, einen Weltgesetzgeber und damit so etwas wie Weltinnenpolitik kann es allein deswegen nicht geben, weil ein Gewaltmonopol auf die Existenz anderer auf Gewalt beruhender Souveräne angewiesen ist, im Verhältnis zu denen es überhaupt erst zum Gewaltmonopol wird. Dieses notwendige aufeinander Verwiesensein kehrt nicht zuletzt – wenn auch so entstellt, wie bei der Wiederkehr eines Verdrängten üblich – darin wieder, dass auch die Vorstellung eines Weltgewaltmonopols nicht ohne Gegenspieler auskommt, der jene Gewalt und Bedrohung darzustellen und zu personifizieren hat, gegen die sich der Weltsouverän überhaupt erst konstituiert. Allerdings kann dieser Gegenspieler nicht – wie auf der nationalen Ebene – in den anderen, real existierenden und in gegenseitiger Rivalität stehenden nationalen Souveränen bestehen, über die sich der Weltsouverän ja gerade auf einer höheren und alle nationalen Partikularismen um- und übergreifenden Ebene erheben soll. Während die Feinderklärungen der bürgerlichen Staaten – allem ideologischen Moment zum Trotz – zugleich auch einen realen und damit begrenzenden Kern haben: die Staatenkonkurrenz und die zwischenstaatlichen Gewaltverhältnisse, geht der Weltsouverän aufs Ganze und zielt auf Totalität. Seine Macht bezieht er aus der Frontstellung gegen eine unterstellte „bereits existierende, unsichtbare, negative Weltmacht, die selbst nur an einer einzigen Stelle der

Welt in Gestalt eines ganz kleinen Staates namhaft gemacht werden kann: Israel verkörpert die Weltverschwörung des Judentums" (Scheit 2009: 14f.).

Der jüdische Staat wird zum Juden unter den Staaten gemacht, dessen nationale Existenz und dessen souveränes Handeln die Entstehung und Durchsetzung einer Weltinnenpolitik durch inter- und supranationale Gesetzesnormen[6] hintertreiben und verunmöglichen soll. Die souveräne und militärische Gewalt, die Israel zu seiner Verteidigung gegen den antisemitischen Vernichtungswahn aufwenden muss, wird so zur Befeuerung des antisemitischen Vernichtungswahns selbst, weil es eben jene souveräne Gewalt sein soll, die der Durchsetzung des Weltsouveräns, in dem Recht und Gesetz statt Souveränität herrschten, im Wege stehe. Der Versuch, den Weltsouverän zu realisieren, resultiert nicht zuletzt darin, die Juden wehrlos gegen ihre Verfolger zu machen, indem „er ihrem Staat die Souveränität [nimmt], die sie im Ernstfall allein schützt" (ebd.: 15).

Butlers Vision einer die staatlichen Souveräne entmachtenden Ordnung von internationalen Rechten und Pflichten erweist sich als verfolgungssüchtiger Wahn, insofern diese Vorstellung eines Weltsouveräns die Gewaltverhältnisse zwischen den Staaten nicht abschaffen kann, jedoch so agiert, als könnte sie es – und für die Undurchführbarkeit des intendierten Projekts in Folge dann diejenigen büßen lässt, die als seine Unterwanderer und Saboteure imaginiert werden. An die Stelle der nationalen Souveräne soll in Butlers Theorie ein „internationaler Sozius" treten, der die Geltung und Einhaltung der „internationalen Menschenrechte" zu versichern hat. Diese Rechte stehen offensichtlich für Butlers Utopie der Gewaltlosigkeit ein: einer Utopie, die nicht mehr der Überwindung von Recht und Gesetz in einer herrschaftsfreien Gesellschaft bedarf, sondern die unmittelbar im Hier und Jetzt zu realisieren sei, gerade durch die Anwendung von Recht und Gesetz, welche durch den Souverän unterdrückt und verfälscht würden:

> Ich bin für die Selbstbestimmung, solange wir darunter verstehen, daß kein „selbst", auch kein nationales Subjekt, unabhängig von einem internationalen Sozius existiert. Ein Modus der Selbstbestimmung irgendeines Volkes ist, ungeachtet seines aktuellen staatlichen Status, nicht dasselbe wie die außergesetzliche Ausübung von Souveränität zum Zweck

---

6 In Deutschland firmiert diese Vorstellung passenderweise unter dem Begriff „Völkerrecht", als ob allein mit dem Namen schon der Vorstellung Ausdruck verliehen werden soll, darin seien die Staaten zugunsten einer substanzielleren Ordnung, derjenigen der Völker, verschwunden.

> der willkürlichen Außerkraftsetzung von Rechten. Folglich kann es keine legitime Ausübung von Selbstbestimmung geben, die nicht durch eine internationale Konzeption der Menschenrechte bedingt und eingeschränkt ist, insofern diese den verbindlichen Rahmen für staatliches Handeln bereitstellt. (Butler 2005d: 119)

Demgemäß werde sich die „Selbstbestimmung Palästinas" nur verwirklichen lassen, wenn es „einen internationalen Konsens gibt", beschreibt Butler den globalen Rahmen, in dem sie ihren Angriff auf die Souveränität des jüdischen Staates verortet sehen möchte, der sich die Durchsetzung von Rechten „angesichts einer aufgeblähten und gewalttätigen Ausübung der souveränen Prärogative von seiten [sic!] Israels" auf die Fahnen geschrieben habe (ebd.: 120). Von dieser „Form der Selbstbestimmung" aus stellt Butler „die gegenwärtige Gestalt Israels in Frage", um „eine bessere Form für dieses Staatswesen zu finden", das vor allem den Zionismus loswerden müsse: sei es in dessen radikaler Veränderung, sei es in einem „post-zionistischen" Staatswesen (Butler 2004: 83), sei es – was Butlers Idealvorstellung wäre (Butler 2013: 243) – in einem „Aufgehen Israels in einem größeren Israel/Palästina" (Butler 2004: 83), in dem das israelische Selbstverständnis als weltweite bewaffnete Schutzmacht für die vom Antisemitismus Verfolgten überwunden und die Möglichkeiten zur Durchsetzung dieses Anspruchs beseitigt worden wären.

In einem 2007 unter dem Titel *Sprache, Politik, Zugehörigkeit* publizierten Gespräch mit Gayatri Chakravorty Spivak gibt Butler sich schließlich der Spekulation hin,[7] der palästinensische Kampf um „Selbstregierung und

7 Als wüsste sie selbst, wie sehr von ihren eigenen Fantasien und Bedürfnissen getrieben diese Spekulationen sind, schickt sie ihnen die Einschränkung voraus, dass „Palästina" sie zwar interessiere, man aber nichts wisse „über die Debatten zwischen denen, die für Selbstbestimmung eintreten, und denen, die für einen National-Staat in Palästina sind. Obwohl wir über die Streitigkeiten zwischen Fatah und Hamas informiert sind, sind wir kaum jemals mit den internen politischen Debatten unter den Palästinensern konfrontiert: So die Frage, ob es einen Staat oder zwei Staaten geben sollte, die Rolle der Gewalt im politischen Kampf, territoriale Konflikte [...] und die Frage, [...] wie die Vergangenheit erzählt werden soll, vor allem die Naqba, oder miteinander konkurrierende Vorstellungen von Selbstregierung und Selbstbestimmung, um nur einige Punkte zu nennen. Und diese Situation rührt nicht daher, daß einfach nicht genügend Fernsehkameras und Reporter vor Ort sind. Wir sind von vorneherein auf eine monolithische Vorstellung von Palästina abonniert, und ihre ‚Kämpfe' bestätigen diese monolithische Vorstellung davon, wer oder was Palästina ist, eher, als daß sie sie anzweifeln" (Butler/Spivak 2007: 69). Abgesehen von der Frage, wie Kämpfe eine Vorstellung anzweifeln sollen, und der Tatsache, dass man von diesen Dingen durchaus

Selbstbestimmung" könne die „vom Nationalismus, vom National-Staat" verschiedene

> Form annehmen, eben nicht nach dem Staat, sondern nach anderen Formen regionaler Autorität zu verlangen, die das Territorium denationalisiert [...] Selbstbestimmung kann eine Deformation der Souveränität sein, Selbstgesetzgebung eine Deformation von Souveränität, was nicht dasselbe ist wie jenes Verfahren der Souveränität, das nach Belieben deportiert oder Rechte vorenthält. (Butler/Spivak 2007: 69f.)

(Quasi-)Staatliche Autorität ohne Nation, Gesetz ohne Souverän: Butler versucht hier, die Palästinenser zu Vorkämpfern ihres fetischistischen, weil die reale Gewalt der gesellschaftlichen Verhältnisse verdrängenden Projekts der „*Post*-Souveränität" (ebd.: 66) zu erklären, was sie erneut in eine gewisse Nähe zur Hamas bringt, die als palästinensischer Ableger der Muslimbruderschaft einen Un-Staat im Auge hat, der eher der Umma, der inter- oder übernationalen Gemeinschaft der Muslime, verpflichtet ist als dem nationalen Souveränitätsprinzip. Insofern ist es folgerichtig, dass Butler in der Islamischen Widerstandsbewegung – was das Akronym Hamas bedeutet – keine Terrororganisation, sondern eine „soziale Bewegung" gegen Entrechtung, Besatzung und Kolonialismus erkennen möchte, die objektiv „progressive" Ziele verfolge. Deswegen, so Butler in einem Teach-In an der Universität Berkeley im Jahr 2006, sei es auch „extrem wichtig", die Hamas neben der libanesischen Hisbollah als „Teil der globalen Linken" zu „begreifen"; auch wenn sie selbst aufgrund ihres eigenen „Interessiertseins an gewaltfreier Politik" die subjektiven Methoden der Islamisten nicht goutiere und in „kritischer, wichtiger Auseinandersetzung" mit „bestimmten Dimensionen beider Bewegungen" die Frage stelle, „ob es nicht andere Optionen außer der Gewalt" gebe (Butler 2006b, Übers. d. Verf.).[8]

---

etwas wissen könnte, wenn es einen denn interessierte, macht Butler hier den Mangel an Palästinensern und Palästinenserinnen, die gegen einen nationalen oder einen islamischen Staat auftreten, zu einem – westlicher Ignoranz geschuldeten – Problem des Nichtwissens, damit sie weiter der Fantasie anhängen kann, die antiisraelischen Kämpfer seien dem Streben nach post-nationaler Kohabitation verpflichtet und nicht der Zerstörung des jüdischen Staates.

8 Butlers nachgeschobene Erklärung, sie habe bloß darauf hinweisen wollen, „dass – deskriptiv gesehen – diese Bewegungen in der Linken zu verorten sind" (Butler 2010a), erweist sich vor dem Hintergrund als Entlastungsstrategie, dass es ihrer eigenen Diskustheorie zufolge – aufgrund der radikal vorgängigen Unbestimmtheit, die keinerlei Bestimmung des Begriffs durch die Sache zulasse – gar keine deskriptiven, sondern nur performative Aussagen gebe (Butler 1997: 302). Sprachliche Äußerungen könnten kein

Sinnstiftung von Gewalt

Bereits in ihrem Aufsatz *Unbegrenzte Haft* von 2002 schrieb Butler angesichts des von den USA angeführten Kriegs gegen den Terror, dass es rassistisch sei, jihadistische Kämpfer und (Selbstmord-)Attentäter der „palästinensische[n] Intifada" (Butler 2005d: 107) als Terroristen zu bezeichnen, weil der Terrorbegriff diese nicht-staatlichen Krieger am Maßstab dessen messe und beurteile, was für die als legitim anerkannten Staaten legale Kriegsführung heißt – und in Konsequenz die solcherart als illegitim Gebrandmarkten aus der Zivilisation und der Menschheit ausschließe. Nicht der Terror von Intifada- und Jihad-Kämpfern sei also antizivilisatorisch und inhuman, sondern seine Bezeichnung als solcher; nicht zuletzt deshalb, weil eine solche Bezeichnung „die enorm schädlichen Folgen für den Kampf der Palästinenser um Selbstbestimmung" noch weiter verstärken werde, wie Butler den Punkt offenlegt, von dem aus sie ihre Bestimmungen vornimmt. Der Begriff des Terroristen suggeriere nämlich, dass die solcherart Charakterisierten „nicht aus der gleichen Sorte von Gründen gewalttätig werden wie andere politisierte Wesen, daß ihre Gewalt irgendwie grundsätzlich, grundlos und grenzenlos, wenn nicht sogar angeboren ist." Wenn die Gewalt der islamistischen oder palästinensischen Krieger nämlich Terrorismus anstatt von Gewalt sein soll, dann werde sie als bar jeder politischen Zielsetzung aufgefasst und könne so „politisch nicht gedeutet werden" (ebd.: 108), erklärte Butler rationalisierend: Noch das Selbstmordattentat soll nicht die Vernichtung des designierten Gegners zum (Selbst-)Zweck haben, sondern ihm soll ein rationaler Grund unterlegt sein, der den Selbstmordattentäter zu seiner Tat animiere, und ein rationales Ziel, das er damit erreichen wolle. Schon kurz nach Ausbruch der „Zweiten Intifada" und den Anschlägen vom 11. September 2001 führte Butler aus, die Bezeichnung bestimmter Formen von politischer Gewalt als Terrorismus stehe einer dahingehenden Kontextualisierung im Weg, dass palästinensische oder islamistische Handlungen immer nur die – ebenso widerständige wie gewaltvolle – Reaktion auf zuvor erlebte Ungerechtigkeit

außerhalb ihrer selbst liegendes Objekt beschreiben, sondern dem diskursiv konstituierten Objekt quasi nur Anweisungen geben, wie es sich zu verhalten habe, beziehungsweise wozu es werden solle, weswegen sie immer zugleich auch normativ seien. Will Butler also „bloß" deskriptiv beschrieben haben, wie Hamas und Hisbollah objektiv zu charakterisieren seien, dann hätte sie ihrem eigenen Denken zufolge entweder ihre performativ-normative Anrufung verschleiert oder gleich ihre gesamte Diskurstheorie widerrufen. Ausführlich zu Diskurstheorie und Performanz siehe Gruber (2017).

und Unterdrückung durch Israel, die USA oder den Westen im Allgemeinen darstellten, deren „eigene politische Investitionen und Handlungsweisen dazu beitragen, eine Welt voller Wut und Gewalt zu schaffen" (Butler 2005a: 31). „Die Gewalt, die sie fürchten, ist die Gewalt, die sie erzeugen." (Butler 2005b: 176)[9]

Trenne man zwischen Krieg auf der einen und Terror auf der anderen Seite, lege man dieser Unterscheidung die exkludierende Annahme zugrunde, „dass jeder Mensch so Krieg führt, wie wir das tun, und daß dies ein Teil dessen ist, was ihn erkennbar menschlich macht." Infolgedessen falle die (kriegerische) Gewalt, die der Westen ausübe, in den Bereich des als menschlich Gesetzten und Erkennbaren, während die von anderen Akteuren verübte Gewalt nur als illegitime und damit nicht als ebenso menschliche Aktivität erkennbar werde. Durch die Verwendung eines solcherart „begrenzten und begrenzenden kulturellen Rahmen[s] für unser Verständnis dessen, was es heißt, menschlich zu sein" (Butler 2005d: 109), komme es zu einer Dehumanisierung und Ausgrenzung der als Terroristen bezeichneten Al-Qaida- oder Hamas-Kämpfer. Deren politische Gewalt stamme dann, „wie man sagt von Fanatikern, von Extremisten, die keinen Standpunkt vertreten, sondern außerhalb der ‚Vernunft' existieren und keinen Anteil an der menschlichen Gemeinschaft haben" (ebd.: 108). Butler geht es nicht darum, die Abspaltung des Terrors von der herrschenden Gesellschaft und ihrer Vernunft dahingehend zu kritisieren, dass sich die herrschende Vernunft solcherart gegen Kritik immunisiert und nicht daran erinnert werden möchte, dass sie die Vernunft einer durch Herrschaft und Ausbeutung charakterisierten Gesellschaft ist, die an sich selbst in Unvernunft und Vernichtung umschlagen kann. Vielmehr kritisiert sie die herrschenden Begriffe von Vernunft und Menschheit als von Trennungen und Abspaltungen durchzogen – und will die solcherart exklusiv verstandenen Begriffe durch einen inklusiven Begriff des Menschlichen ersetzen, in dem auch der islamistische Selbstmordattentäter seinen berechtigten Platz hat, dem Anerkennung selbst dann noch gebühre, wenn man seine Tat nicht gutheißt. Die im Westen herrschenden Begriffe erzeugten das Menschliche

9 Auch an diesen beiden Stellen schiebt Butler die bereits aus ihren Erklärungen zum 7. Oktober 2023 bekannte Relativierung hinterher, dass sie damit weder den Opfern die Schuld für die (Terror-)Angriffe geben noch die Selbstmordattentäter aus ihrer Verantwortung entlassen möchte, doch sind auch hier die Angriffe wieder exakt als dem Kampf gegen Ausbeutung und Unterdrückung geschuldete Antwort gefasst, mit der die Angreifer auf die imperialistischen Un- und Missetaten der Attackierten reagierten, wenn auch mit selbst kritikwürdigen Mitteln.

ungleichmäßig, indem sie beschränkte Normen anböten, die Zugehörigkeit über den Ausschluss derer definierten, denen – zum Beispiel qua Terrorbegriff[10] – Menschlichkeit und Vernunft abgesprochen würden. So würde „die Entmenschlichung in dem Maße zur Bedingung für die Erzeugung des Menschlichen", wie sich der Westen über und gegen Menschen definiere, die – wie die als Terroristen Bezeichneten – „per definitionem als illegitim, wenn nicht gar als menschlich zweifelhaft verstanden" würden (ebd.: 111). Der Westen werte sich selbst also nicht zuletzt durch ethnozentrische und rassistische Abwertungen auf, wie derjenigen, den von Butler als solchen ausgemachten Widerstand gegen westliche Suprematie, Überheblichkeit und Unterdrückung zu illegitimem Terror herabzuwürdigen, um ihn nicht nur als ein zu Bekämpfendes darzustellen, sondern zugleich als ein Übel, gegen das jedes Mittel recht sei:

> Daß es ein islamischer Extremismus oder Terrorismus ist, bedeutet einfach, daß die bereits vom Orientalismus bewirkte Entmenschlichung auf die Spitze getrieben wird, so daß diese Art von Krieg aufgrund ihrer Einzigartigkeit und Außergewöhnlichkeit von den Annahmen der Universalität und vom Schutz der Zivilisation ausgenommen wird. (Ebd.: 108)

Während der Terrorbegriff auf Ausschließungen und auf „engstirnige[n] und implizit rassisch und religiös gebundenen Auffassungen vom Mensch-

10 Marco Ebert verweist in diesem Zusammenhang auf Butlers Konstatierung „eine[r] voreingenommene[n] Berichterstattung in den US-Medien, die durch die Darstellung von Osama Bin Laden, Jassir Arafat und Saddam Hussein Bilder des Bösen hergestellt hätten. […] Die Handlungen dieser Männer, die eine solche Darstellung in den Medien verständlich machen könnten, spielen für die Beurteilung offenbar keine Rolle. […] Ihre Taten erscheinen nur mehr als bloße Konstruktionen einer kriegstreiberischen US-Medienlandschaft." (Ebert 2024: 194) Ähnlich verhält es sich bei Butlers Einschätzung der Burka, die ihr als Abwehrstrategie gegen westliche Vorstellungen von Weiblichkeit und Sexualität gilt – und die als (islamisches) Herrschaftsinstrument gegen Frauen keinerlei Beachtung findet. „Dementsprechend ist die Befreiung von der Verschleierung [für Butler] eine ‚Entfremdung' und ‚Zwangsverwestlichung' der jeweiligen Frauen" (ebd.: 196): Die Kritik an der Zwangsverschleierung sei „kulturimperialistische Ausbeutung des Feminismus", die den verschleierten Frauen westliche Menschenrechte oktroyieren wolle, und Zeichen der „Überheblichkeit der Ersten Welt", die mit ihrem Augenmerk auf entschleierte Frauen in Afghanistan bloß eine nachträgliche Legitimation für den Krieg der USA liefern wolle (Butler 2005c: 59). Wenn Butler die Burka dann gar als Instrument weiblicher Handlungsfähigkeit gegen Massenkultur und Ausbeutung und für Familie und Gemeinschaft verklärt, ist die antiwestliche Apologie der Zwangsverschleierung perfekt. Siehe dazu auch Gruber 2014: 82f.

lichen“ beruhe, will Butler einen dem „Selbstverständnis als globale Gemeinschaft“ angemessenen Begriff denken und etablieren, der der „Heterogenität menschlicher Werte“ (ebd.: 110) ebenso Rechnung trägt wie der Tatsache, „daß wir Wesen sind, die in einer Welt leben müssen, in der Wertekollisionen vorkommen, und daß diese Zusammenstöße ein Zeichen dafür sind, was eine menschliche Gemeinschaft ist“ (ebd.: 109). Die Gewalt der islamistischen und antisemitischen Vernichtungskrieger sei also nicht als Terror zu verurteilen und zu bekämpfen. Vielmehr sei sie eine „im Horizont eines antiimperialistischen Egalitarismus“ (Butler 2005c: 59) verantwortungsbewusst anzuerkennende und demütig hinzunehmende, ja sogar als Zeichen des Menschlichen zu verstehende „Wertekollision“: ein Zusammenstoß, wie man ihn prinzipiell auch im morgendlichen Berufsverkehr beobachten und erfahren könne. In einem kurz nach dem Beginn des Irakkriegs der US-geführten Koalition gegen das Regime von Saddam Hussein im März 2003 gegebenen – und dann in *Krieg und Affekt* abgedruckten – Interview erklärte Butler, die Vereinigten Staaten versuchten, sich mit einem „entsetzlichen Maskulinismus“ (Butler 2009a: 72) für die am 11. September 2001 zugefügte Demütigung zu rächen, und nun durch die Verbreitung von Gewalt und Schrecken, „ihr beschädigtes Gefühl von Unverwundbarkeit und Überlegenheit ‚wiederherzustellen‘“ (ebd.: 70). Doch das Problem der Fragilität und Verletzbarkeit sei nicht aufzulösen oder abzuschaffen – weder durch „Rache“ noch durch sonstigen Aktivismus. Es sei lediglich einsichtig zu machen, trauernd zu erdulden und menschlich lebbar zu machen, da die sich aus der Sozialität ergebenden Zusammenstöße und Kollisionen unaufhebbar zum Dasein dazugehörten. „Wir werden von anderen auf alle erdenklichen Arten affiziert. Ich weiß, wie das ist, wenn man sich wünscht, die Bedingungen zu kontrollieren, unter denen man von Menschen affiziert wird; aber niemand von uns kann das wirklich. [...] Es ist bloß eine Implikation unserer sozialen Existenz. Wir werden im Bus angerempelt und so weiter.“ (Ebd.: 75) Es soll kein prinzipieller, sondern bloß ein gradueller Unterschied bestehen, ob Al-Qaida-Mitglieder Passagierflugzeuge in fliegende Bomben verwandeln und damit knapp 3.000 Menschen in New York töten, oder ob jemand Butler im morgendlichen Berufsverkehr von Berkeley auf die Zehen tritt, wenn sie auf dem Weg zu ihrer Arbeitsstätte ist: Beides sei gleichermaßen nur ein Zeichen des unaufhebbaren einander Ausgesetztseins an den anderen, das ebenso zum Menschsein dazugehöre, wie man sich die Formen nicht aussuchen könne, in denen es sich ereigne. „Mir scheint einfach, dass wir unsere Durchlässigkeit für andere Menschen akzeptieren müssen. Andere affizieren uns. Am elften September war das auf eine außerordentlich massive, gewaltsame Weise der Fall." (Ebd.: 76)

Statt jedoch die Anschläge von 9/11 als dezentrierende Affizierung zu verstehen, mit der Al-Qaida ihnen das unaufhebbare Gefährdetsein des Lebens sowie seine Fragilität und Verletzbarkeit zu Bewusstsein gebracht habe, hätten sich die USA gegen diese Erfahrung abgedichtet. Sie hätten versucht, ihre Souveränität, Unversehrtheit und Sicherheit zurückzugewinnen, statt in den Trümmern des World Trade Centers ein Zeichen vorgängiger Gemeinschaft, Abhängigkeit und Bindung zu sehen, die zu Demut, Nachsichtigkeit und Unterordnung verpflichten. „Ich denke, dass eine vollkommen andere Politik entstehen würde, wenn eine Gemeinschaft lernen könnte, ihre Verluste und ihre Verletzbarkeit auszuhalten. So eine Gemeinschaft wüsste besser, was sie an andere bindet. Sie wüsste, wie radikal abhängig sie von der Beziehung zu, vom Austausch mit andern ist. Ich meine, das würde – oder könnte – ein wichtiges Element auf dem Weg zu einem internationalen Verständnis von Gerechtigkeit sein." Während „uns eine solche Einsicht menschlicher machen würde", befürchtete Butler allerdings, so ihr Einwand gegen den Krieg gegen Terror, „dass wir uns de facto in die entgegengesetzte Richtung entwickelt haben und stattdessen versuchen, unsere Verletzbarkeit auszumerzen und uns als unverwundbar, ja als undurchdringlich vorzustellen" (ebd.: 72), was sich in der „amerikanisch-maskulinistische[n] Militärideologie" (ebd.: 84) Bahn breche.

Das einem selbst zugefügte Leid nicht anzunehmen, sondern dagegen wie gegen dessen Verursacher vorzugehen, vergrößere nicht nur das Leid immer weiter, sondern führe auch zu souveräner Selbstüberschätzung und -überhebung. Butlers Theorie liefert eine Sinnstiftung der Gewalt, die der Einzelne in der Gesellschaft erfährt, indem sie das von ihr verursachte Leid nicht nur zur Conditio sine qua non des Menschlichen hypostasiert, sondern es auch noch zum alleinigen Erkenntnisinstrument erklärt, das durch Sehnsucht auf Versöhnung nur verzerrt werde: Nicht Abschaffung des Schmerzes sei geboten, sondern dass man sich mit ihm identifiziere. „Vielleicht können wir sagen, daß der Schmerz die Möglichkeit beinhaltet, eine Form der Enteignung zu verstehen, die grundlegend dafür ist, wer ich bin." (Butler 2005c: 45) Das grundlegende Ausgesetztsein sowie die Gefährdung und Fragilität, die ihr Ausdruck sind, machen für Butler die Bestimmung des Menschlichen aus; wenn sie eine „Identifikation mit dem Leiden selbst" (ebd.: 47) fordert, dann nicht um es zu reflektieren und abzuschaffen, sondern um es als menschliches Existenzial anzuerkennen und eine Ethik als Apotheose des Leids, der Qual und der Verletzlichkeit des Lebens zu etablieren.

Die – etwa bei den Anschlägen vom 11. September 2001 gemachte – „Erfahrung der Demütigung" sei ergeben hinzunehmen, um die aus ihr resultierende Krise als Chance betrachten zu können, statt sie in gewohnter US-Manier lösen zu wollen. „Gleichzeitig sehe ich unser jüngstes Trauma in Hinblick auf die Hybris der Vereinigten Staaten und die große Bedeutung der Etablierung radikal egalitärer internationaler Beziehungen als Chance für eine Neubesinnung." (Butler 2005c: 57) Dazu müssten die USA einen Verlust eingestehen und affirmieren. Bereits nach 9/11 machte die radikaler Gewaltlosigkeit das Wort Redende also ein islamistisches Terrorracket zum Sendboten der Post-Souveränität wie später dann die palästinensischen Kämpfer gegen Israel, während sie die sich gegen den Terror zur Wehr setzenden Nationalstaaten zu Anachronismen erklärte, die ihre eigene Überlebtheit durch Kraftmeierei und Gewalt zu übertönen versuchten, indem sie andere für etwas büßen lassen wollten, das ihnen selbst unaufhebbar zukomme: ihre Verletzbarkeit.

Behaupten „Nationen wie die Vereinigten Staaten oder Israel", ihre gegen die als Terror bezeichneten Gefährdungen geführten Kriege dienten dem „Überleben", dann unterlägen sie einem „systematischen Irrtum", wie Butler an anderer Stelle (2010b) ausführt: Kriegerische Gewalt sei nur ein Symptom der Verdrängung und des Wegarbeitens des allseitigen und allumfassenden einander Ausgesetztseins, das es stattdessen als unaufhebbar anzuerkennen und dem es eine rechtliche und institutionelle Form zu geben gelte. Weil die Gefährdung allgegenwärtig und unausweichlich sei, könne sie auch nicht bekämpft werden: Für Butler ist Krieg eine Art Ersatzhandlung, der eigenen Vernichtbarkeit auszuweichen, indem man andere vernichtet, und die Unzulässigkeit des Krieges will sie letztlich daraus ableiten, „dass das Subjekt, das ich bin, an das Subjekt gebunden ist, das ich nicht bin, dass jeder von uns die Macht hat zu zerstören und dass jeder von uns zerstört werden kann und dass wir darin, in dieser Macht und Gefährdung, aneinander gebunden sind. In diesem Sinne ist unser aller Leben gefährdetes Leben." (Ebd.: 47f.)

Aus der allumfassenden Gefährdung in der herrschenden Gesellschaft folgt für Butler nicht die Notwendigkeit staatlicher Souveränität, welche die Gewalt im Inneren suspendiert und die im Äußeren durch ihre Gewaltmittel in Schach zu halten versucht – eine Konsequenz, wie sie die Staatstheorie im Gefolge von Thomas Hobbes gezogen hat. Es folgt auch nicht der

Aufruf zur Abschaffung der Gewalt qua Veränderung der gesellschaftlichen Verhältnisse, wie er im Marx'schen Imperativ aufscheint, „alle Verhältnisse umzuwerfen, in denen der Mensch ein erniedrigtes, ein geknechtetes, ein verlassenes, ein verächtliches Wesen ist" (Marx 1956: 385). Vielmehr soll die „als Teil des Lebens" anthropologisierte Quelle der Gewalt für Butler in einer Weise kanalisiert werden, „die demokratischen Leben zuträglich ist": „Die, wie es scheint, einzige Alternative zur Destruktion besteht darin, Wege zu finden, Destruktivität zu gestalten und zu kontrollieren, ihr eine lebbare Form zu geben." Nur, indem man die Existenz der Gefährdung affirmiere, könne man „Verantwortung für ihre sozialen und politischen Erscheinungsformen" übernehmen – und nicht etwa, indem man ihr den Kampf ansage. „[D]ie Verdrängung von Zerstörung [kann] nur durch die Verlagerung der Zerstörung in den Akt der Verdrängung selbst funktionieren" (Butler 2009b: 33), womit die Verdrängung der eigenen Gefährdung in der Gefährdung anderer resultiere: etwa in Kriegen, wie die USA und Israel sie führten, um sich für erlittene Verletzungen zu rächen und sich der eigenen – halluzinatorischen – Unverwundbarkeit und Souveränität zu versichern. Nicht der Terror von Al-Qaida oder Hamas, der von Butler zwar pflichtschuldig verurteilt wird, den sie zugleich aber davor schützen möchte, als Terror bezeichnet zu werden, sei das zu bekämpfende Problem, sondern der darauf reagierende amerikanische oder israelische Kampf gegen den Terror, da dieser einen „Kreislauf der Rache im Namen der Gerechtigkeit" etabliere und so „die Gewalt im Namen ihrer Verleugnung zum Dauerzustand" (Butler 2005a: 34f.) mache. Judith Butlers Kampf gegen den Terrorismusbegriff erweist sich so einmal mehr als Instrument ihrer umfassend konzipierten Täter-Opfer-Umkehr, mit der sie einerseits die von Al-Qaida und Hamas in Szene gesetzten Vernichtungsakte zu einer Art Notwehrüberschreitung imperialistisch und kolonialistisch Unterdrückter rationalisieren möchte, aus welcher der getroffene Westen demütig und geläutert hervorzugehen hätte, auf dass er in Zukunft seiner ursächlichen Gewalt entsage (Butler 2005b: 176f.), um im Gegenzug die sich zur Wehr setzenden Opfer islamistischen und antisemitischen Terrors als die eigentlichen Akteure der Vernichtung auszusondern.[11] Zwar beschwört sie die „Macht der Gewaltlosigkeit", doch vermittelst ihrer Rationalisierung und

11 Achille Mbembe hat mit der „Nekropolitik" dann schließlich einen eigenen Begriff für diese Täter-Opfer-Umkehr erfunden, der Israel als die paradigmatische Form darstellen soll, welche die Vernichtungspolitik angenommen habe. Siehe dazu Gruber (2022: 428ff.).

Sinnstiftung antiamerikanischer und antizionistischer Gewalt „entpuppt sich ihre Dekonstruktion der Souveränität als eine Art gewaltfreier Djihad, der dem wirklichen Vorschub leistet" (Scheit 2020: 44) und zugleich dem jüdischen Staat die Souveränität nehmen möchte, sich gegen diese Bedrohung verteidigen zu können.

Wunsch nach Gemeinschaft

Die Verletzbarkeit und das Gefährdetsein des Lebens sind für Butler ein Moment, das per se jener menschlichen Gemeinschaft zugrunde liege, in welche die Einzelnen vorgängig eingebunden seien, und die sie noch vor jeder konkreten individuellen Handlung aneinanderkette und einander ausliefere. Die „allgemeine menschliche Verletzbarkeit" sei eine „Verletzbarkeit, die mit dem Leben selbst entsteht" und „der Ausbildung des menschlichen ‚Ich' voraus[geht]", sodass „wir die Quelle dieser Verletzbarkeit nicht wiederfinden können" (Butler 2005c: 48). Die allem Diskurs und jedem Narrativ vorgeordnete „grundlegende Abhängigkeit" (ebd.: 39) vom Anderen sorge dafür, dass die Verletzlichkeit der Einzelnen durcheinander „nicht einfach zu ihren sozialen Beziehungen zueinander hinzu[tritt]. Vielmehr ist sie eine der ursprünglichen Formen, die diese sozialen Beziehungen annehmen" (Butler 2006a: 54). Jede Vorstellung von Autonomie sei nur auf dem Boden dieser vorgeordneten und uneinholbaren Heteronomie möglich, die daraus resultiere, dass der Einzelne „unweigerlich in Gemeinschaft eingebunden" (Butler 2005c: 44) sei: in das Kollektiv der einander Ausgesetzten, in dem „wir alle nicht genau umgrenzt, nicht wirklich abgesondert, sondern einander körperlich auf Gedeih und Verderb ausgeliefert sind, einer in der Hand des anderen" (Butler 2007: 136). „Sehen wir der Tatsache ins Gesicht. Wir werden von dem jeweils anderen zunichte gemacht. Und wenn nicht, fehlt uns etwas", fordert Butler die libidinöse Besetzung jener unhintergehbaren „Knechtschaft, in der uns die Beziehungen zu anderen halten" ein, die von ihr als „Modus der Enteignung" (Butler 2005c: 40f.) positiviert und affirmiert wird.

In den Formen von Enteignung und Knechtschaft hypostasiert Butler Ausbeutung und Herrschaft zu einem primären Übergriff am „Ursprung des Sprechens" (Butler 2006a: 50) und erklärt diesen zur ebenso grundlegenden wie jeder Theorie und Praxis uneinholbar vorgeordneten Überwältigung, von deren „traumatischen Ausläufern" die Sprache und das Subjekt, das sie ins Leben rufe, niemals zu reinigen seien (ebd.: 66). Aufgrund der solcherart absolut gesetzten „Nichtfreiheit am Ursprung unserer selbst" (Butler 2007: 119) wie der ebenso absolut gesetzten „Unfreiheit im Herzen unserer Beziehungen" (ebd.: 124) wird ihr dann jede Emanzipations- und Autonomiebestrebung zur Ursache von Gewalt, weil sie sich über die „konstitutive Sozialität" (ebd.: 105) und die mit ihr gesetzte Verletzbarkeit erheben und diese abschaffen will, was nur durch Reinigung vom und letztlicher Austilgung des Anderen möglich sei, der diese Verletzbarkeit darstelle und verkörpere. Explizit bezieht sie mit Verweis auf Michel Foucault und Jacques Lacan Stellung gegen die orthodoxe Psychoanalyse und den Materialismus sowie deren Vorstellung von in Macht und Gesetz nicht aufgehenden – naturhaften oder auf Natur verweisenden – Momenten, die vom herrschaftlichen Zugriff befreit und mit der Gesellschaft versöhnt werden könnten (Butler 1991: 54f.). Das Subjekt habe keinerlei Zugang zu einem Objekt, das in irgendeiner Weise außerhalb der primären Gemeinschaft liege und nicht von dem Übergriff konstituiert sei, mit dem sie den Einzelnen in Beschlag nehme. Deshalb sei jede Vorstellung von Autonomie und Emanzipation von Macht, Gesetz und Sozialität eine Illusion, die nur durch gewaltsame Trennung und Vernichtung der Verkörperungen dieses einander Ausgesetztseins in Szene gesetzt werden könne – weswegen man sie um des lieben Friendens willen aufzugeben habe. Butlers

> Konzept einer Gemeinschaft von Monaden, in der Ohnmacht, Gefährdung, Verwundbarkeit und Abhängigkeit die einzigen gemeinsamen Bezugspunkte der Menschen darstellen, ist der schärfste denkbare Gegenentwurf zu einem solidarischen Zusammenleben. [...] Die Autorin wirbt für einen Zustand, in dem das Individuum als Monade unumkehrbar der Macht des Kollektivs unterworfen ist. (Ebert 2024: 192)

Exakt hier kommt denn auch Butlers unbändiger Hass auf den Zionismus ins Spiel: Dieser und sein erfolgreicher Versuch, einen (wehrhaften) jüdischen Staat zu gründen, um der antisemitischen Gesellschaft mit jüdischer Selbstverteidigung entgegenzutreten, ist für sie nur die paradigmatische Form einer sich über die Gemeinschaft der einander Ausgesetzten erhebenden Subjektkonstitution, mittels derer Israel versuche, die Verletzbarkeit seiner Staatsbürger souverän stillzustellen, indem es andere verfolge und vernichte. Schon der in der Unabhängigkeitserklärung von 1948 und dem Unabhängigkeitskrieg von 1948/49 gipfelnde Staatsgründungsprozess sei nicht nur durch Gewalt zustande gekommen, erklärt die dem Fetisch des Rechts als gewaltloser Form Aufsitzende, als mache das in irgendeiner

Weise die Besonderheit Israels aus und gelte nicht gleichermaßen für jede Etablierung eines Gewaltmonopols und damit für jede Staatsgründung. Vielmehr sei der israelische Nationsbildungsprozess – ähnlich wie jener der Nationalsozialisten[12] – durch Vorstellungen des Trennens, Reinigens und Abgrenzens charakterisiert gewesen, da sich nur so der Schein von Autonomie und Selbstbestimmung vom Kollektiv der Heteronomie und Fremdbestimmung habe abheben und etablieren können. Die Zionisten hätten damit die Gründung einer Nation betrieben, die auf katastrophaler Zerstörung und der „Hervorbringung immer weiterer Staatenloser" beruhe, indem sie eine

> Homogenisierung durch Reinigung von allem Heterogenen anstrebten. Indem die homogene Nation voranschreitet, verschleiert sie nicht nur die Geschichte – sie spuckt fortwährend all jene aus und türmt all jene auf, die nicht länger kraft ihrer eigenen Geschichte Subjekt sind. Sie werden als Abfall ausgeschlossen und werden ununterscheidbar von einer trümmerübersäten Landschaft. (Butler 2013: 122)

Statt die grundlegende Verletzbarkeit des Lebens anzuerkennen, wolle der Zionismus die zu den Seinen erklärten vor der Gefährdung und Verwundbarkeit schützen, weswegen er auf Selbsterhaltung und Selbstverteidigung setze. Da das zu schützende Selbst aber unaufkündbar dem Kollektiv übereignet sei und sich überhaupt erst dem primären Übergriff durch das Kollektiv verdanke, stelle jeder Versuch es vor diesem Übergriff zu schützen letztlich eine Art Selbstmord dar: „Könnte es sein, dass Selbstverteidigung nicht zu Selbsterhalt führt, sondern zu Selbstzerstörung?" (Ebd.: 118) Philosophisch gewendet kommt hier erneut der Gedanke ins Spiel, Israel bringe allein durch seine Existenz die auf Vernichtung zielende Gewalt über sich, die für Butler durch den emanzipatorischen Wunsch nach Widerstand gegen den souveränen und exklusiven Charakter des jüdischen Staates motiviert ist. Das souveräne Selbst, das der zionistische Staat aufrichten wolle, könne nur gewaltsam durch permanent betriebene Ausschließung und Grenzziehung aufrechterhalten werden: Die identitäre Ein- und Abkapselung (ebd.: 52), mit der die Israelis versuchten, alle Beziehungen zur konstitutiven Sozialität zu kappen, um sich so als unver-

12 Immer wieder zieht Butler – etwa in *Am Scheideweg* – solche in ihrer Theorie der Souveränität begründeten Vergleiche zwischen Nationalsozialismus und Zionismus, wobei sie nahelegt, die Unterschiede seien bestenfalls gradueller Art (Radonić 2014: 61f.).

wundbar zu imaginieren, sei im wahrsten Sinne eine Einmauerung, wie Butler unter Bezug auf die als Schutz gegen palästinensische Terrorangriffe errichtete Sicherheitsbarriere zum Westjordanland schreibt. Die israelische Selbstverteidigung sei solcherart gleichbedeutend mit dem Ausschluss und der Unterdrückung der gewaltsam zum bedrohlichen Anderen gemachten Palästinenser und Palästinenserinnen, denen die grundlegende Gefährdung des Lebens aufgebürdet wird, um sie an ihnen zu bekämpfen und für sich selbst aus der Welt zu schaffen.

Israel sei von dem manichäischen Weltbild geprägt, dass es die Palästinenser und Palästinenserinnen vernichten müsse, weil es andernfalls von ihnen vernichtet würde (ebd.: 118), rückt Butler den jüdischen Staat erneut in die Nähe der nationalsozialistischen Vernichtungspolitik und der ihr zugrundeliegenden Vorstellung eines Endkampfes zwischen jüdischem und deutschem Prinzip, in dem eines der beiden Prinzipien triumphieren werde, während das andere untergehen müsse. So sehr Butler immer wieder von sich weist, einen Vergleich der nationalsozialistischen Judenvernichtung mit dem israelischen Vorgehen im Konflikt mit den Palästinensern und Palästinenserinnen anzustellen (ebd.: 43), erweist sich ihr Dementi als Rationalisierung und Entlastung, die von der inhaltlichen Argumentation selbst konterkariert wird: Die Israel unterschobenen Vernichtungsfantasien sind nichts als eine projektive Verschiebung der zentralen antisemitischen Figur auf den jüdischen Staat selbst.

In ihrer Theorie der primären Sozialität, die alle Einzelnen einander auf „Gedeih und Verderb" (Butler 2007: 136) ausliefere und ununterscheidbar aneinanderkette, sodass Trennung nur durch gewalttätige Grenzziehung möglich sei und deswegen tunlichst zu unterbleiben habe, fetischisiert Butler die allseitige Abhängigkeit der im Weltmarkt kulminierenden Vergesellschaftung durch das Kapitalverhältnis, die sie jedoch nicht als ökonomisch vermittelte verstehen, sondern sich als politische Gemeinschaft unmittelbar aneignen möchte. Der Einzelne ist bei ihr stets von diesem Kollektiv her gedacht und damit zum bloß Ephemeren degradiert: Als nachgeordneter Effekt der primären Enteignung und des primären Übergriffs der Sozialität verdanke er sich der Gemeinschaft, die ihn – als Gefährdeten – konstituiert und habe als solcher kein Widerstandsrecht gegen das Ausgesetztsein und die daraus resultierende Gefährdung.

Dass die Zionisten und ihr Staat angesichts von Judenverfolgung und -vernichtung nicht in der Opferrolle verharren; dass sie nicht die Verantwortung für die Taten der Antisemiten übernehmen und sich von diesen „usurpier[en]" und „zur Geisel" (Butler 2013: 76) nehmen lassen wollen, sondern stattdessen zu Selbstverteidigung und Gegenwehr im Sinne der Selbsterhaltung übergehen, will Butler ihnen nicht verzeihen – und klagt sie deswegen an, die zeitgenössische Form der Vernichtungspolitik voranzutreiben. Dass sie dem jüdischen Staat dabei zugleich vorwirft, mit seiner auf Selbsterhaltung gerichteten Ideologie spalte er die grundlegende Sozialität auf und errichte auf diesen Trümmern seinen „ausbeuterischen Siedlerkolonialismus" (ebd.: 145), macht deutlich, wie nahe der post-souverän argumentierende Antisemitismus am ‚klassischen' gebaut ist, der den Juden ebenfalls vorwarf, für ihren eigenen egoistischen Vorteil und die Errichtung ihrer Herrschaft zersetzten sie die ursprünglichen Gemeinschaften.

Der Unterschied allerdings besteht darin, dass im ‚klassischen' Antisemitismus die vor dem ‚jüdischen Zersetzungsgeist' zu verteidigenden Kollektive als nationale oder völkische gedacht waren, während Butlers postnationaler Antizionismus die Weltgemeinschaft des „Unassimilierbaren" (ebd.: 35) im Auge hat. Galten die Juden dem Antisemiten einst als wurzellose Kosmopoliten und Internationalisten, welche die als naturwüchsig vorgestellten Kollektive bedrohten, so entwirft Butler die Gefahr des jüdischen Nationalismus, der die internationale Gemeinschaft des (Menschen-)Rechts spalte und dessen Geltung zugunsten seiner partikularen Zwecke unterminiere und hintertreibe. Dazu bemüht sie das ‚klassisch' antisemitische Bild vom ahasverischen Juden, das sie sich aneignet und positiv umwertet, wenn sie dem „jüdischen Volk" etwa mit Edward Said ins Stammbuch schreiben möchte, seinem „Status als Exilanten, Wanderer, Flüchtlinge" gerecht zu werden, dessen „diasporische Existenz [sich] inmitten kultureller Heterogenität" konstituiere und „Differenz oder Pluralität als Bedingung des eigenen Daseins" verlange (ebd.: 250f.).[13] Jüdischsein bedeute, sich mit seinem Exilantenstatus und seiner gewaltlosen Auslieferung an die Anderen zu identifizieren, während die wehrhaften, zu Selbstverteidigung übergehenden Juden und Jüdinnen gegen den Modus der ursprünglichen Enteignung durch den Anderen verstießen und versuchten, den diasporischen Zustand des ausgesetzten und gefährdeten Lebens zu beenden, statt sich ihm gewaltlos zu fügen. Den Fluchtpunkt der Butler'schen Argumentation bildet so der Versuch, Juden und Jüdinnen die Souveränität

13 Ausführlich zu dieser positiven Umwertung klassisch antisemitischer Bilder, in der die Juden affirmativ zum auflösenden und ordnungszersetzenden Prinzip, zum Inbegriff von Exil, Differenz und Bodenlosigkeit stilisiert werden: einer philosemitischen Umdeutung, die wiederum in antisemitische Ablehnung umschlägt, wenn die realen Juden dem projektiv von ihnen entworfenen Bild nicht entsprechen (wollen), siehe Chaouat (2024).

zu nehmen, sich selbst zu verteidigen; der Versuch, ihre Entwaffnung voranzutreiben, sodass sie letztlich der Vernichtung ungeschützt ausgeliefert wären.

Die Diaspora stellt für Butler nicht nur einen historischen, geografischen und theologischen Ort dar, sondern sie wird von ihr zum ‚eigentlichen' Ort des Judentums ontologisiert, eines Judentums, das sie in einem Quid pro quo dann zur Inkarnation von Exil und Auflösung erklärt. Das Jüdische, so hält sie dem Zionismus entgegen, sei grundlegend auf die Zerstreuung und Disparatheit verwiesen, während die Umsetzung der Idee von Rückkehr an den verlorenen Ort – etwa die Gründung eines Staates auf dem Territorium, auf dem das antike jüdische Gemeinwesen bestand – bloß dem nationalistischen und selbstbezüglichen Irrweg entspreche. „Vielmehr versuche ich zu verstehen, inwiefern das Exil – oder emphatischer die Diaspora – zur Idee der Idee des Jüdischen selbst gehört." (Ebd.: 25) Auch wenn Butler versichert, dies bloß als historische und nicht als analytische Kategorie denken zu wollen, so verwandelt sie in der Folge doch die Zerstreuung in eine Wesensbestimmung des Judentums:

> In diesem Sinne heißt Jude „sein", sich von sich selbst zu trennen, hineingeworfen sein in eine Welt der Nicht-Juden, in der man ethisch und politisch seinen Weg inmitten einer unumkehrbaren Heterogenität finden muss [...] eine Bevölkerung und sogar eine „Macht", die von der Kohabitation mit den Nicht-Juden abhängt. (Ebd.: 25f.)

In einem ersten Schritt erklärt Butler die der Verfolgung und Vertreibung geschuldete Diaspora zum Wesen des Jüdischen, was sie als dem ‚Anti-Essentialismus' Verpflichtete so jedoch nicht stehenlassen kann: Da sie unmittelbar Bedenken verspürt, dass auch diese Position des grundlegenden Verwiesenseins auf die Nicht-Juden wiederum zu einer jüdischen Identität gerinnen könnte, kann an dieser Stelle ihrer Argumentation nicht Schluss sein – und die Dekonstruktion muss fortgesetzt werden. So macht sie in einem zweiten Schritt aus dem Ort der Diaspora das Prinzip des Diasporischen (ebd.: 141), das die Trennung von sich selbst zum Selbstzweck erklärt: Butler bezeichnet „die Betrachtung des Jüdischen im Moment seiner Begegnung mit dem Nicht-Jüdischen und der sich daraus ergebenden Zerstreuung des Selbst" als ihr Projekt. Die durch diese Zerstreuung in Gang gesetzte Lösung vom Selbst sei die „Bedingung einer bestimmten dezidiert nicht-egologischen ethischen Beziehung [...]. Sie ist die Antwort auf die Ansprüche der Alterität und legt die Grundlage für eine Ethik der Zerstreuung" (ebd. 39). „Jüdischsein [ist] meiner Auffassung nach als anti-identitäres Projekt zu verstehen" (ebd. 140), kommt sie letztlich doch wieder zu einer Wesensbestimmung des Jüdischen – und diese Wesensbestimmung, so die taschenspielertrickhafte Unterstellung, soll nur deswegen keine sein, weil sie die tätige Auflösung aller Wesensbestimmungen darstelle.

Das Diasporische bedeutet für Butler, vollständig in der Gemeinschaft der einander Ausgesetzten aufzugehen, indem man jede – notwendig partikulare – Identität dekonstruiert und abstreift. Dabei erklärt sie nicht nur das Judentum als zu zerstreuende Kategorie, sondern zugleich als geradezu paradigmatische Verkörperung der Zerstreuung als Selbstzweck, an der sich die Zionisten und ihr Staat mit ihrem „jüdischen Exzeptionalismus" (ebd.: 135) vergingen. Während letzteren vorgeworfen wird, die universale Gemeinschaft mit ihrem Partikularismus zu spalten und darüber Herrschaft und Ausbeutung zu errichten, preist Butler das Diasporische als „Teil eines antiseparatistischen und nicht-identitären Denkens" (ebd.: 32); und damit als Teil eines „radikal demokratischen Projekts" (ebd.: 35), das der Idee einer identitären Abtrennung der Juden von den Nicht-Juden – die sie dem solcherart als rassistisch gebrandmarkten Israel als dessen Staatsräson unterschiebt – diametral entgegensetzt sei. Bei Butler soll die „Israelkritik [...] letztlich das Judentum als solches in Frage stellen: es in einem Judesein auflösen, das sich wiederum selbst auflöst" (Scheit 2015: 184f.). Die Vorstellung des Diasporischen als vollständige Auflösung des Judentums in die Gemeinschaft der Nicht-Juden erweist sich als eine Identifikation mit dem Aggressor, als Versuch der totalen Assimilation an die antisemitische Gesellschaft – in der Hoffnung, der spezifischen Verfolgung zu entgehen, indem diese zur generischen Gefährdung erklärt wird, die jeden gleichermaßen als Mitglied der Gemeinschaft konstituiere und ausweise. Butlers Verdrängung der (antisemitischen) Gewalt resultiert nicht nur in der Annahme der eigenen Ohnmacht, die zur unaufhebbaren Struktur der Subjekte erklärt wird, sondern auch in der Affirmation der Gewalt des Anderen, die man zu akzeptieren und anzuerkennen habe, ohne auch nur versuchen zu wollen, ihr zu entgehen.

Butlers Hass auf den jüdischen Staat ist nicht zuletzt Ausfluss ihres rebellisch auftretenden Konformismus und ihrer als Kritik auftretenden Resignation, mit der sie eine grundlegende Veränderung der Gesellschaft, die in der Abschaffung von Herrschaft und Ausbeutung bestünde, für unmöglich erklärt. Die Hoffnung auf Versöhnung und Gerechtigkeit könne sich aufgrund der vorzeitigen Modalität dieser Kategorien niemals erfüllen: „Ist der Messianismus mit einer Form des Wartens verbunden – Warten auf den Messias und ja, Warten auf Gerechtigkeit –, so ist er zugleich ein Warten, das sich in der historischen Zeit nicht erfüllen kann." Nicht das Versöhnende, das alles an seinen rechten Platz stellt, sei unter der Figur des Messianischen zu verstehen, sondern die Unterbrechung und Zerstreuung des empirisch Vorfindlichen, die Bewegung des unaufhebbaren Exiliert- und Gefährdetseins, das „die Substanz des ethischen Anspruchs [bildet], der dauerhaft an uns ergeht" (Butler 2013: 55). Ihre Theorie der vollendeten Immanenz, die jeden Gedanken an eine Transzendierung des unmittelbar Gegebenen für gewalttätigen Narzissmus erklärt, dem man zugunsten des Sichfügens ins Kollektiv der Gefährdeten abzuschwören habe, erklärt den Zionismus zum Feind ebenjener Gemeinschaft, weil er sich mit der Leidensposition und Opferrolle der Juden nicht abfinden, sondern diese durch die Schaffung und Erhaltung eines verteidigungsfähigen Staates beenden oder zumindest eindämmen möchte.

Butlers Theorie vom „gefährdeten Leben" und der „Macht der Gewaltlosigkeit" ist eine Affirmation von gesellschaftlich produziertem Leid und Verfolgung, deren Erfahrung in eine positive Ontologie und Gemeinschaftslehre verkehrt werden sollen. Ihre Rankünе gilt denen, die bei dieser Apotheose von Leid, Gefährdung und Verletzbarkeit, die stellenweise geradezu religiöse Züge annimmt, nicht mitmachen wollen. „Erlösung selbst muss neu gedacht werden als das Exilische ohne Rückkehr", weswegen der Messianismus „den exilischen Zustand" affirmieren müsse. (Butler 2011: 81, Übers. d. Verf.) Der Messias sei „die Erinnerung des Leids aus einer anderen Zeit, welche die Politik dieser Zeit unterbreche und neu ausrichte" (ebd.: 83, Übersetz. d. Verf.). Allerdings dürfe diese Neuausrichtung immer nur in der Affirmation des Leids bestehen, da dieses die umfassende Verantwortung der gemeinschaftlich einander Ausgesetzten begründe. Weil die Leid produzierende Gesellschaft derart total geworden ist, dass kein Weg zu dessen Abschaffung offenzustehen scheint, identifiziert Butler sich mit der Gefährdung – und erklärt sie zum unhintergehbaren Konstituens des zur Gemeinschaft verewigten gesellschaftlichen Zusammenhangs. Nicht nur verbietet sie sich selbst jeden Gedanken an die grundlegende Veränderung der Verhältnisse, sondern entwirft in Folge eine Philosophie, die dieses Verbot zum Kern hat, indem sie die Gefährdung ontologisiert und zu einem Existenzial erklärt wie weiland Martin Heidegger die Angst. In ihrem Wunsch, bruchlos im Kollektiv der einander Ausgesetzten aufzugehen, werden ihr diejenigen zum Hassobjekt, die an das Repressive solcher Selbst(auf)opferung erinnern – und damit allein durch ihre Existenz das Unternehmen zu hintertreiben drohen: Der Zionismus und sein Staat Israel werden für Judith Butler zu Feinden des Menschlichen, die verschwinden müssen, damit endlich Gemeinschaft sei.

Literatur

ARCCI (2024): Silent Cry. Sexual Violence Crimes on October 7. Special Report by the Association of Rape Crisis Centers in Israel, February 2024, in: https://www.1202.org.il/en/information-and-data/reports-and-articles/october-7-sexual-violence-crimes-report/.

Butler, Judith (1991): Das Unbehagen der Geschlechter. Gender Studies, Frankfurt am Main: Suhrkamp.

Butler, Judith (1997): Körper von Gewicht. Die diskursiven Grenzen des Geschlechts, Frankfurt am Main: Suhrkamp.

Butler, Judith (2004): Der Antisemitismus-Vorwurf. Juden, Israel und die Risiken öffentlicher Kritik, in: Rabinovici, Doron/Speck, Ulrich/Sznaider, Natan (Hg.): Neuer Antisemitismus. Eine globale Debatte, Frankfurt am Main: Suhrkamp, 60–92.

Butler, Judith (2005a): Erklärung und Entlastung oder: Was wir hören können, in: Butler, Judith: Gefährdetes Leben. Politische Essays, Frankfurt am Main: Suhrkamp, 18–35.

Butler, Judith (2005b): Gefährdetes Leben, in: Butler, Judith: Gefährdetes Leben. Politische Essays, Frankfurt am Main: Suhrkamp, 154–178.

Butler, Judith (2005c): Gewalt, Trauer, Politik, in: Butler, Judith: Gefährdetes Leben. Politische Essays, Frankfurt am Main: Suhrkamp, 36–68.

Butler, Judith (2005d): Unbegrenzte Haft, in: Butler, Judith: Gefährdetes Leben. Politische Essays, Frankfurt am Main: Suhrkamp, 69–120.

Butler, Judith (2006a): Haß spricht. Zur Politik des Performativen, Frankfurt am Main: Suhrkamp.

Butler, Judith (2006b): Judith Butler on Hamas, Hezbollah & the Israel Lobby, in: radicalarchives, https://radicalarchives.org/2010/03/28/jbutler-on-hamas-hezbollah-israel-lobby/.

Butler, Judith (2007): Kritik der ethischen Gewalt. Adorno-Vorlesungen 2002, Frankfurt am Main: Suhrkamp.

Butler, Judith (2009a): Der Einsatz des Friedens. Ein Interview mit Judith Butler von Jill Stauffer, in: Butler, Judith: Krieg und Affekt, Zürich/Berlin: Diaphanes, 69–98.

Butler, Judith (2009b): Über Lebensbedingungen, in: Butler, Judith: Krieg und Affekt, Zürich/Berlin: Diaphanes, 11–52.

Butler, Judith (2010a): „In diesem Kampf gibt es keinen Platz für Rassismus". Judith Butler im Gespräch über Rassismus, Homophobie und Antisemitismus, in: Jungle World, Nr. 30/2010, https://jungle.world/artikel/2010/30/diesem-kampf-gibt-es-keinen-platz-fuer-rassismus.

Butler, Judith (2010b): Raster des Krieges. Warum wir nicht jedes Leid beklagen, Frankfurt am Main/New York: Campus.

Butler, Judith (2011): Is Judaism Zionism, in: Butler, Judith/Habermas, Jürgen/Taylor, Charles/West, Cornel: The Power of Religion in the Public Sphere, New York: Columbia University Press, 70–100.

Butler, Judith (2013): Am Scheideweg. Judentum und die Kritik am Zionismus, Frankfurt am Main: Campus.

Butler, Judith (2020): Die Macht der Gewaltlosigkeit. Über das Ethische im Politischen, Berlin: Suhrkamp.

Butler, Judith (2023): The Compass of Mourning, in: London Review of Books, 45(20), 19.10.2023, https://www.lrb.co.uk/the-paper/v45/n20/judith-butler/the-compass-of-mourning, sofern nicht anders angegeben, zit. n. dt. Übersetzung des Freitag, die an einigen Stellen vom englischen Original abweicht: Judith Butler über den Terror der Hamas und die Geschichte der Gewalt, https://www.freitag.de/autoren/der-freitag/judith-butler-ueber-den-terror-der-hamas-und-die-geschichte-der-gewalt.

Butler, Judith (2024): Verstehen heißt nicht rechtfertigen. Eine Antwort auf meine Kritiker:innen, in: Freitag, 13.03.2024. https://www.freitag.de/autoren/der-freitag/judith-butler-verstehen-heisst-nicht-rechtfertigen-eine-klarstellung.

Butler, Judith/Spivak, Gayatri Chakravorty (2007): Sprache, Politik, Zugehörigkeit, Zürich/Berlin: Diaphanes.

Chaouat, Bruno (2024): Ist Theorie gut für die Juden? Das fatale Erbe des französischen Denkens, Berlin: Edition Tiamat.

Ebert, Marco (2024): Die „Identifikation mit dem Leiden". Zur Apologie in Judith Butlers Agitation nach dem 11. September 2001, in: Vukavdinović, Vojin Saša (Hg.): Freiheit ist keine Metapher. Antisemitismus, Migration, Rassismus, Religionskritik, Berlin: Querverlag, 185–228.

Gruber, Alex (2011): Dekonstruktion und Regression. Der Poststrukturalismus als Masseverwalter von Carl Schmitt und Martin Heidegger, in: Gruber, Alex/Lenhard, Philipp (Hg.): Gegenaufklärung. Der postmoderne Beitrag zur Barbarisierung der Gesellschaft, Freiburg: ça ira, 155–194.

Gruber, Alex (2014): Leiblichkeit und Triebbegriff. Zum Schicksal des Körpers im poststrukturalistischen Dekonstruktivismus, in: Kirchhoff, Christine/Schmieder, Falko (Hg.): Freud und Adorno: Zur Urgeschichte der Moderne, Berlin: Kulturverlag Kadmos, 163–190.

Gruber, Alex (2017): Différance, Diskurs und Nichtidentisches. Die Dekonstruktion Jacques Derridas und Judith Butlers im Verhältnis zu Theodor W. Adornos kritischer Theorie, Wien (Dissertation an der Universität Wien).

Gruber, Alex (2020/21): Speerspitze des postkolonialen Antisemitismus. Achille Mbembes „Nekropolitik" als Handreichung für deutsche Erinnerungskultur, in: sans phrase. Zeitschrift für Ideologiekritik, Heft 17, Winter 2020/21, 5–25, https://www.sansphrase.org/wp-content/uploads/2023/02/Alex-Gruber_Speerspitze-des-postkolonialen-Antisemitismus_sp-17.pdf.

Gruber, Alex (2022): Israel als Hindernis für die „Utopie der Weltreparatur". Achille Mbembes Begriff der „Nekropolitik" als Speerspitze des postkolonialen Antisemitismus, in: Elbe, Ingo/Forstenhäusler, Robin/Henkelmann, Katrin/Rickermann, Jan/Schneider, Hagen/Stahl, Andreas (Hg.): Probleme des Antirassismus. Postkoloniale Studien, Critical Whiteness und Intersektionalitätsforschung in der Kritik, Berlin: Edition Tiamat, 405–447.

Illouz, Eva (2024): The Global Left Needs to renounce Judith Butler, in: Haaretz, 21.03.2024, https://www.haaretz.com/opinion/2024-03-21/ty-article/.premium/the-global-left-needs-to-renounce-judith-butler/0000018e-61e7-d507-a1cf-63f7bc380000, zit. n. dt. Übersetzung: Warum Judith Butler keine Linke ist, in: Freitag, 11/2024, https://www.freitag.de/autoren/eva-illouz/eva-illouz-warum-judith-butler-keine-linke-ist.

Initiative Sozialistisches Forum (2000): Fruchtbare Antisemiten, ehrbare Antizionisten. Über Israel und die linksdeutsche Ideologie, Freiburg: ça ira.

Lenhard, Philipp (2025): Benny Morris' *The Birth of the Palestinian Refugee Problem*, die „Neuen Historiker" und der 7. Oktober 2023. Nachwort zur deutschen Übersetzung, in: Morris, Benny: Die Geburt des palästinensischen Flüchtlingsproblems. Eine Neubetrachtung, Berlin: Hentrich & Hentrich, 799–810.

Marx, Karl (1956) |: Zur Kritik der Hegelschen Rechtsphilosophie. Einleitung, in: Marx-Engels-Werke, Bd. 1, Berlin: Dietz [1843/44], 378–391.

Paroles D'Honneur (2024): Judith Butler – Contre l'antisémitisme et pour la paix révolutionnaire en Palestine, YouTube, 03.03.2024, https://www.youtube.com/watch?v=rlQNBJOq-0E&_t=2s.

Peled, Roy (2024): Judith Butler is intentionally giving Hamas' terror legitimacy, in: Forward, 08.03.2024, https://forward.com/opinion/590612/judith-butler-hamas-terror/.

Radonić, Ljiljana (2014): „Deutsche Therapie ist irgendwie universell". Von der friedfertigen Antisemitin zur queer-theoretischen Post-Zionistin, in: sans phrase. Zeitschrift für Ideologiekritik, Heft 4, Frühjahr 2014, 50–62.

Scheit, Gerhard (2006): Jargon der Demokratie. Über den neuen Behemoth, Freiburg: ça ira.

Scheit, Gerhard (2009): Der Wahn vom Weltsouverän. Zur Kritik des Völkerrechts, Freiburg: ça ira.

Scheit, Gerhard (2015): Jüdischer Israelhass?, in: sans phrase. Zeitschrift für Ideologiekritik, Heft 7, Herbst 2015, 180–185.

Scheit, Gerhard (2020): Dekonstruktion „jüdischer Souveränität" als „ehrbarer Antisemitismus". Judith Butler liest Hannah Arendt, in: Hagen, Nikolaus/Neuburger, Tobias (Hg.): Antisemitismus in der Migrationsgesellschaft. Theoretische Überlegungen, empirische Fallbeispiele, Innsbruck: iup, 41–50, https://ulb-dok.uibk.ac.at/ulbtirolfodok/download/pdf/5651788.

Antiisraelisches Gefühlsregime

Empörung und Empörungsabwehr im Antisemitismus und nach dem 7. Oktober

Johanna Bach

In ihrem Artikel „Wir, die Linke? Nicht mehr“ vom 31.10.2023 beschreibt Eva Illouz in der *Süddeutschen Zeitung* eine doppelte Erschütterung: Zunächst ist da das Entsetzen über die Grausamkeit der Massaker vom 7. Oktober und über die Verletzlichkeit der israelischen Sicherheit. Darüber hinaus bringt Illouz in dem Artikel auch ihre Erschütterung angesichts der emotionalen Reaktionen der globalen Linken zum Ausdruck: „Ich glaubte, dass das politische Lager, das am meisten von den Gräueltaten abgestoßen sein würde, meine eigenen Leute wären, die Linken.“ Stattdessen

> stand die Linke in einem erstaunlichen Widerspruch zu der Panik, der Angst und dem Schock, die die jüdische Welt erfasst haben. Sie war nicht nur gleichgültig gegenüber der tiefen Trauer und dem Grauen, sie hat auch diverse Strategien angeboten, um sie herunterzuspielen (Illouz 2023).

Illouz, die sich selbst als linke und regierungskritische Aktivistin in Israel seit vielen Jahren für eine Verständigung mit der palästinensischen Bevölkerung und gegen die rechte Regierung Benjamin Netanjahus einsetzt und sich dabei auf die Unterstützung großer Teile der globalen Linken verlassen konnte, sah sich plötzlich mit einer emotionalen und moralischen Diskrepanz konfrontiert, die sie als „fundamentalen Bruch“ erlebte; ein Trauma, das viele Jüdinnen und Juden mit der Erfahrung während und nach der Shoah verglichen und das auch damals von Überlebenden, u. a. von Hannah Arendt, eindrücklich beschrieben wurde.

Arendt (1993) schildert in ihrem Essay *Besuch in Deutschland* von 1949 fast wortgleich jenen „Abgrund“, zu dem der gemeinsame moralische Boden angesichts „offensichtlicher Herzlosigkeit“ und eines „allgemeinen Gefühlsmangels“ geworden war. Die Hoffnung der überlebenden Jüdinnen und Juden, „daß das Ausmaß der Verbrechen jedem Antisemitismus den

Boden entziehen und sich, wie Heinz Galinski[1] es formulierte, ‚eine Welt auftun [würde], in der Menschenliebe und Verständnis unter den Völkern herrschen werde'", wurde damit bitter enttäuscht (Bergmann 2001: 191). „Bisher dachte ich", so schreibt auch Illouz in Reaktion auf den 7. Oktober, „dass solche Verbrechen eine moralische Gemeinschaft stiften" (Illouz 2023). Stattdessen taten sich gerade innerhalb der globalen Linken kaum zu überbrückende Gräben auf, und die Taten der Hamas waren für viele kaum Anlass zur Empörung. Stattdessen wurde der tödlichste Angriff auf Jüdinnen und Juden seit der Shoah selbst zum Ausgangspunkt einer neuen Welle des antisemitischen und antiisraelischen Furors.

Im Folgenden soll zunächst der fundamentalen Erschütterung ausbleibender Empörung nach Gewalttaten auf den Grund gegangen werden. Als Gefühl, das stärker als viele andere in die Öffentlichkeit drängt und das zentral ist für das normative Klima einer Gesellschaft, bestimmt Empörung den emotionalen Resonanzraum, der nach Verbrechen entsteht. Wie ist es vor diesem Hintergrund zu erklären, dass nicht nur nach dem Ende des Nationalsozialismus, sondern auch nach dem 7. Oktober eine ehrliche Empörung über Verbrechen an Jüdinnen und Juden keineswegs selbstverständlich war, gleichzeitig jedoch eine Empörung über Jüdinnen und Juden Raum greift, die eine regressive soziale Dynamik entfaltet und zur Legitimierung eigener Grausamkeiten dient?

Die Trias moralischer Gefühle

In seiner 1962 veröffentlichen Schrift *Freedom and Resentment* argumentiert der britische Philosoph Peter Strawson (1978) gegen eine rein metaphysische Debatte über freien Willen und moralische Verantwortung. Stattdessen betont er die zentrale Rolle interpersonaler Haltungen und Gefühle, die auch Ernst Tugendhat in seinen moralphilosophischen Schriften aufgreift. So geht Tugendhat (2012) davon aus, dass die Gültigkeit moralischer Normen, im Unterschied zu rechtlichen Normen, nicht durch eine externe Sanktionsgewalt aufrechterhalten wird, sondern durch das Zusammenspiel mehr oder weniger spontaner Gefühle, die Personen in Reaktion auf einen Normverstoß zeigen. Diese reaktiven Einstellungen sind innerhalb moderner Gesellschaften und auf dem Stand einer aufgeklärten Moral, die ihre

1 Galinski überlebte Auschwitz und war u. a. erster Nachkriegsvorsitzender der Jüdischen Gemeinde Berlin.

Autorität nicht aus traditionalistischen oder religiösen Begründungen bezieht, tief in sozialen Beziehungen verankert und für moralisches Urteilen und Handeln praktisch und psychologisch unverzichtbar.

Auch die Moralpsychologie (etwa Montada 1993; Nunner-Winkler 1993) verweist darauf, dass eine Norm dann individuell hinreichend verinnerlicht wurde, wenn auf einen Verstoß Dritter nicht nur eine verbale Missbilligung folgt, sondern auch eine ablehnende, emotionale Reaktion. So ist die Psychologin und Soziologin Gertrud Nunner-Winkler (1993: 278) überzeugt, dass die reaktiven Haltungen einer Person einen Hinweis darauf geben können, ob eine „Selbstbindung an die Erfüllung moralischer Normen" stattgefunden hat oder nicht. Die Spontaneität der Reaktionen entspringt also nicht einem ahistorischen biologischen Mechanismus, sondern der psychisch wirksamen Verinnerlichung normativer Prinzipien – Freud spricht in diesem Kontext von der Über-Ich-Bildung. Moralische Gefühle, und insbesondere das Gefühl der Empörung, sind also in der Vermittlung von individuellen Dispositionen und Gerechtigkeitsempfindungen und den kognitiv angenommenen und psychisch verinnerlichten moralischen Prinzipen eines bestimmten gesellschaftlichen Kontextes zu situieren. Weil die kognitiven Implikationen dabei nicht immer im vollen Umfang verbalisierbar oder reflektierbar sind, können moralische Gefühle auch als vorbewusste Urteile verstanden werden (Montada 1993: 263).

In der konkreten moralischen Praxis, die Strawson (1978) zum Ausgangspunkt seiner moralphilosophischen Überlegungen macht, greifen die rollenspezifischen Gefühle ineinander: Wird einer Person durch eine andere willentlich Leid zugefügt, so wird die geschädigte Person aller Voraussicht nach Groll oder Zorn empfinden. Die verantwortliche Person wird, sofern sie ihr Handeln bereut, d. h. es retrospektiv doch als illegitim ansieht, Schuld oder Scham empfinden. Und diejenigen Personen, welche die Tat beobachten oder von ihr Kenntnis nahmen, werden mit dem Gefühl der Empörung reagieren, sofern sie davon überzeugt sind, dass der Normverstoß nicht hätte geschehen dürfen. Sie erklären sich mit dem Leid der betroffenen Person in der Empörung solidarisch. Korrespondieren die Gefühle von Groll, Schuldgefühlen und Empörung miteinander, so wird der normative Bezugsrahmen, seiner Verletzung durch den Täter/die Täterin zum Trotz auf emotionaler Ebene bestätigt. Die Gefühle der auf den ersten Blick „unbeteiligten" Personen sind also keineswegs ein zu vernachlässigender und rein subjektiver Nebenschauplatz von Verbrechen – nicht für die geschädigte Person und auch nicht für das gesellschaftliche Miteinander. Im Gegenteil: Empören sich die „Unbeteiligten" einhellig, so drückt sich in dieser geteilten Empörung Dreierlei aus: 1. Sie zeigen der geschädigten Person, dass sie sich ihr gegenüber moralisch verpflichtet fühlen. 2. Sie zeigen der verantwortlichen Person, dass sie ihr Handeln verurteilen und 3. zeigen sie, dass sie sich selbst mit der Norm, der zuwidergehandelt wurde, identifizieren und somit von sich, aber auch von allen anderen erwarten, sie zukünftig zu achten.

Durch die glaubhafte moralische Empörung „unbeteiligter Dritter“ kann ein normativer Schutzraum für die Opfer entstehen, der das Versprechen beinhaltet, dass das Geschehene sich nicht wiederholen soll – jene „moralische Gemeinschaft“, deren Zerbrechen Illouz nach dem 7. Oktober beklagt.

Empörung ist Strawson (1978: 218) zufolge insofern ein „stellvertretendes“ Gefühl, das für all jene empfunden werden kann, denen gegenüber man sich moralisch verpflichtet fühlt. Empörung ist außerdem mit Überzeugungen und Werturteilen verbunden. Durch ihren unmittelbaren Bezug auf normative Überzeugungen zeichnen sich moralische Gefühle dadurch aus, dass sie ihrem Sinn nach darauf angewiesen sind, geteilt zu werden. Wer sich empört, erwartet in der Regel, dass andere ähnlich fühlen und muss bereit sein, die eigene Empörung im Zweifelsfall anderen gegenüber zu begründen.

Die intersubjektive Trias moralischer Gefühle bildet den elementaren, sozialen Resonanzraum, in dem Verbrechen hingenommen, gebilligt oder missbilligt werden. Gleichzeitig ist dieser Raum nicht zementiert und nicht in Gesetzestexte gegossen, sondern stellt sich nach Verbrechen immer wieder aufs Neue her. Seine Dynamik und seine Gestalt bleiben damit zu einem gewissen Grad unvorhersehbar. Zwar hoffen wir, ihn durch den Glauben an einen moralischen Grundkonsens wenigsten innerhalb bestimmter Gruppen antizipieren zu können, doch zeigen gerade die Erfahrungen seit dem 7. Oktober, wie sehr man sich in diesem Glauben täuschen kann. Die verheerende Wirkung emotionaler Resonanzlosigkeit, mit der sich Jüdinnen und Juden nach antisemitischen Gewalttaten häufig konfrontiert sehen, konnte auch von der psychologischen Traumaforschung belegt werden: „The restoration of the victim's sense of safety depends as much on the response of the community as on the personal recovery process“ (Herman: 2015: 62). Ob eine Gewalterfahrung zu einem Trauma wird, hängt zu nicht unerheblichem Maße von den emotionalen Reaktionen der Mitmenschen ab.

Bürgerliche Kälte und antisemitische Empörung

Ausbleibende Empörung ist insofern kein „neutraler“ Standpunkt. Im Gegenteil: Sie lässt die Täter gewähren und verwehrt den Opfern jenen normativen Schutzraum, der sich durch die uneingeschränkte Verurteilung der Verbrechen und der emotionalen Anteilnahme an ihrem Leid eröffnen würde. Insofern wohnt „der bewussten Äußerung von Gleichgültigkeit gegenüber einem Anderen [...] immer schon eine aggressive Tendenz inne. Sie ist nur graduell von offener Feindseligkeit unterschieden“ (Schuck 2024: 111).

Für Jean Améry (2008: 128) sind es insbesondere die „Gesichter von Stein“ der „unbeteiligten“ Deutschen, die ihn noch Jahre nach seiner Befreiung aus dem KZ Bergen-Belsen verfolgen sollten. In ihnen zeigt sich, damals wie heute, auf wie wenig Solidarität sich Jüdinnen und Juden verlassen können, wenn politische, strafrechtliche oder militärische Schutzsysteme versagen. Nicht zuletzt deshalb bezeichnet Ralph Giordano (1990) – selbst Holocaust-Überlebender – die emotionale Indifferenz der Deutschen in der Nachkriegszeit in seinem gleichnamigen Buch als „zweite Schuld“. Auf dieser „zweiten moralischen Ebene“ steht dann „nicht mehr die Moralität bzw. Unmoralität von Handlungen und Unterlassen zur Diskussion [...], sondern die Moralität bzw. Unmoralität der affektiven Reaktionen auf die Moralität bzw. Unmoralität der Handlungen“ (Tugendhat 2012: 291).

Arendt (1993: 49) verweist vor diesem Hintergrund und mit Blick auf die gescheiterte Entnazifizierung auf die Notwendigkeit einer „Revolution der Gefühle“, einer spontan ausbrechenden Wut auf NS-Täter und eines ehrlichen Entsetzens über das Geschehene sowie eines offenen Umgangs mit den eigenen emotionalen Verstrickungen. Diese Revolution blieb jedoch aus und wurde auch in den Nachfolgegenerationen nie vollständig nachgeholt. Die zu den tradierten Gefühlsmustern dazugehörigen „Argumente“ können variieren und sich aktuellen politischen Entwicklungen anpassen, sich chiffrieren und verschieben. Aber sie bleiben kognitives Pendant einer einfühlungs- und empörungsverweigernden Haltung, die auch nach dem Holocaust nicht verschwand.

Diese Haltung ist es, die Theodor W. Adorno mit dem Begriff der Kälte zu fassen versucht und die er als eine der wichtigsten Voraussetzungen dafür benennt, dass „so etwas wie Auschwitz sich inmitten von einigermaßen gesitteten und harmlosen Menschen hat abspielen können“ (Adorno 2003c: 687). Zugleich versteht Adorno die allgemeine emotionale Regungslosigkeit nicht als anthropologische Konstante oder bloß subjektive Disposition, sondern als psychosozialen Effekt moderner Vergesellschaftung, der „als Indifferenz gegen das Schicksal der anderen die Voraussetzung dafür [war], daß nur ganz wenige sich regten" (ebd.).

Gleichgültigkeit gegen das Leid und das Schicksal der Einzelnen ist in der bürgerlich-kapitalistischen Gesellschaft keine Zufälligkeit, sie ist emotionaler Niederschlag des Siegeszugs zweckrationaler Vernunft und des Tauschprinzips, das in seiner Totalität die Abstraktion vom Besonderen auch in sozialen Beziehungen fordert (Claussen 1987: 12). Die Reduktion zwischenmenschlicher Beziehungen auf Zweckrationalität und Konkurrenz führt zu einer Abschwächung affektueller Intersubjektivität und Offenheit und kann gleichzeitig als „erfolgreiche" Beherrschung innerer Natur in das Dogma kapitalistischer Natur- und (männlicher) Selbstbeherrschung eingeordnet werden. Denn Unempfindlichkeit gegen das Leid eines empfindsamen Wesens dient auch als Beweis dafür, „dass man in letzter Instanz doch seine Kausalität durch Freiheit gegen alle Naturbestimmungen – und die Körper der Anderen sind ja nur Natur – gesichert durch das Kollektiv realisieren kann" (Christ 2017: 58).

Als literarischen Idealtypus dieser Dynamik interpretieren Max Horkheimer und Adorno in der *Dialektik der Aufklärung* Marquis de Sades Juliette, die unverhohlen der Lust frönt, die es ihr bereitet, vollständig auf empathische Gefühle verzichten zu können. Ungerührt von Mitleid, Angst oder Schuldgefühlen entwirft sie sich als absolut autonomes Subjekt. Sie versteht ihre Souveränität als totale Beziehungslosigkeit – weder an inhaltliche Werte und Normen noch an Menschen will sie sich binden. Stattdessen ist es die rein formale Selbstgesetzgebung, die ihr Handeln bestimmt und die sie zu einer Vielzahl von Verbrechen, zu Missbrauch, Vergewaltigung und Mord leitet; eine Haltung, die später als Sadismus bekannt werden sollte. Darin erkennen Horkheimer und Adorno den Kulminationspunkt verdinglichter Beziehungen und das auf die Spitze getriebene Negativbild der kantischen Moralphilosophie, aus der die als unzuverlässig und heteronom geltenden Gefühle ausgeschlossen werden sollten, um einzig die Achtung vor dem selbstgegebenen Gesetz bestehen zu lassen: „Zur Tugend wird Apathie" (zit. n. Horkheimer/Adorno 2011: 103).[2]

2 Auch in anderen bürgerlichen Moralphilosophien gibt es die Konstruktion einer notwendigen Verweigerung von Mitgefühl gegenüber bestimmten Personen und einer daraus resultierenden, ausbleibenden Empörung; zum Beispiel angesichts der Tötung von Straftätern. Inwiefern die dort herangezogenen Rechtfertigungsmechanismen und

Gleichzeitig steht der Übergriff dieser verdinglichten Bezugnahme auf das menschliche Gegenüber, dessen Degradierung zum bloßen Mittel zum Zweck eigener Lust oder Profitmaximierung, in ideologischem Widerspruch zur versprochenen Gleichheit und proklamierten Würde des bürgerlichen Subjekts, die sich in der modernen Gesellschaft realisieren sollten. Dass die Einzelnen jedoch nicht als Individuen mit ihren besonderen Gefühlen und Bedürfnissen geschätzt und geschützt werden, erfahren sie spätestens in dem Moment, in dem sie sich einen würdevollen Lebensstandard und das beworbene Glücksversprechen der angepriesenen Güter nicht (mehr) leisten können – in der Zirkulationssphäre (Horkheimer/Adorno 2011: 183). Die Indifferenz kapitalistischer Systeme gegenüber menschlichem Leid und ihre eigene Widersprüchlichkeit werden in der Sphäre der Zirkulation besonders greifbar, weil den Menschen hier im Zweifelsfall ganz konkret überlebenswichtige Güter vorenthalten werden. Schließlich werden die „Exponenten der Zirkulation" (ebd.: 181) als jene wahrgenommen, die einem kalt und indifferent gegenüberstehen und die „raffend", sich selbst bereichernd, in die behauptete Gerechtigkeit des Äquivalententauschs eingreifen.

Was hierbei der Wahrnehmung jedoch vorenthalten bleibt, ist die „Ausbeutung in der Produktion, die Produktion des Mehrwerts durch die Arbeitenden" (Grigat 1999). Insofern ist die Fixierung auf die Zirkulationssphäre falsches Bewusstsein, das in seiner antisemitischen Wendung zum doppelt falschen Bewusstsein wird (Horkheimer/Adorno 2011: 183). Weil Jüdinnen und Juden lange von handwerklichen Berufen ausgeschlossen und stattdessen in die Zirkulationssphäre „eingesperrt" waren, wurden sie zur „geeigneten" Projektionsfläche, zu den Schuldigen an der eigenen Misere wie zum gefühlskalten Gläubiger – zum „Sündenbock" im umfassendsten Sinn (ebd.). Der moderne Antisemitismus bietet eine epistemische und eine emotionale Erleichterung, weil durch ihn die abstrakten Formen der Vergesellschaftung und des Leids in konkrete Formen personalisierter Herrschaft und böser Intentionen überführt werden können. „Ein zentrales Moment des modernen Antisemitismus ist der Hass auf die abstrakte Seite ökonomischer Prozesse, die in den Juden biologisiert wird. Das Nicht-Greifbare wird so versucht dingfest zu machen" (Grigat 2023: 12). Empörung über die Verletzungen des Gerechtigkeits-, Gleichheits- und Glücksversprechens der Moderne, die aus der Struktur der Gesellschaft selbst entspringt und ohne

die bewusste Unterdrückung von Abwehrgefühlen gegen Gewalt in nationalsozialistische Moralphilosophien übergehen konnten, untersucht Schuck (2024).

konkreten Adressaten zirkuliert, findet so einen Anker, ein personalisiertes Objekt, an das sie sich heften kann. Jüdinnen und Juden werden für eigene Erfahrungen mit einer kalten gesellschaftlichen Umwelt, für Verletzungen des Gerechtigkeitsgefühls und die empfundene Ohnmacht verantwortlich gemacht, während gleichzeitig – „guten Gewissens" – die eigene Kälte an ihnen ausagiert werden kann, weil sie implizit oder explizit – quasi a priori – bereits als schuldig wahrgenommen werden (Adorno 1955: 392–396). Dieselbe Logik wird über den Weg antisemitischer Umwegkommunikation auf Israel als „Jude unter den Staaten" (Poliakov 2022: 145) übertragen.

Die vermeintliche Mitschuld der Opfer

Was auch immer geschieht, welches Ausmaß auch immer antisemitische Verbrechen annehmen, es dauert nie lange, bis beinahe reflexhaft die ersten Vermutungen über die Mitschuld von Jüdinnen und Juden angestellt werden. Diese Tatsache ließ sich nach dem Holocaust ebenso beobachten (Adorno 1955: 392–396) wie unmittelbar nach dem 7. Oktober, als über einen „Inside-Job" spekuliert wurde, oder die Opfer als „weiße Siedler-Kolonialisten" und damit als vermeintlich legitimes Ziel umgedeutet wurden (kritisch dazu: Bildungsstätte Anne Frank 2024: 18). Auch nach den jüngsten Angriffen und zum Teil tödlichen Anschlägen auf Jüdinnen und Juden in den USA und Europa war man sich in den Kommentarspalten häufig einig: Als „Zionisten" seien die Opfer mitschuldig an den Toten in Gaza, was das Ausbleiben der eigenen Empörung über die Taten rechtfertigen sollte (ebd.: 28–29). Die antisemitische Tat stellt aus Sicht des doppelt falschen Bewusstseins also keinen Anlass zur Empörung dar, sondern einen „Beweis" für die bereits geahnte, universelle Schuldverstrickung von Jüdinnen und Juden. Der vergangene antisemitische Akt dient somit „als Rechtfertigung des neuen" (Adorno 1955: 393).

Weil der Antisemitismus Jüdinnen und Juden angesichts depersonalisierter Herrschaftsmechanismen der Moderne die einzige echte Handlungsmacht zuspricht, können Gewalttaten, die sich gegen sie richten, immer nur als Reaktion wahrgenommen werden – als ein reaktiver Akt vermeintlicher Selbstverteidigung, der die verletzten Gerechtigkeitsprinzipien wieder ins Lot bringen soll. Das Zuschreiben von Zurechnungsfähigkeit und Freiheit im Handeln ist, wie Aurel Kolnai (2007: 109) in seinem 1935 veröffentlichten Aufsatz *Versuch über den Haß* analysiert, zentral für die Funktionsweise von Hassgefühlen. Auch Jean-Paul Sartre kommt auf diesen Punkt zu sprechen: Da man aufgrund mangelnder Willensfreiheit „ein Erdbeben oder die Reblaus nicht haßt", setzte die Möglichkeit des Antisemitismus voraus, Jüdinnen und Juden als frei zu denken: „Der Jude ist frei, das Böse zu tun" (Sartre 2020: 27). Das Framing des Terrors vom 7. Oktober als „Widerstand" reproduziert diese Logik, in der jenen vermeintlich widerständigen Subjekten zugleich jede echte Agency und damit auch Verantwortung abgesprochen wird, wohingegen die Israelis als frei erscheinen, „das Böse zu tun".

Ohne Jüdinnen und Juden, so die darauf aufbauende, mal offen geäußerte, mal bloß suggerierte Annahme, müsse die Welt eine gerechte sein, sich ein gerechter „Naturzustand" automatisch wiederherstellen. An diesem Erlösungs-Glauben müssen Antisemit:innen festhalten, weil sie sich vor der Einsicht fürchten, „daß die Welt schlecht eingerichtet ist" (Sartre 2020: 28f.). Hinter der „Verbitterung des Antisemiten verbirgt sich der optimistische Glaube, nach der Vertreibung des Bösen werde sich die Harmonie von selbst wieder einstellen" (ebd.).[3] Diese Überzeugung drückt sich auch heute in den Rufen nach einer Befreiung Palästinas „from the river to the sea" aus. Die Unterdrückung der palästinensischen Bevölkerung durch die Hamas scheint nicht im Gegensatz zu der proklamierten Freiheit zu stehen. Antisemitische Empörung tendiert insofern gerade aufgrund ihres projektiven Charakters zu Gewalt. Sie benötigt keinen positiven Gegenentwurf, weil sich in ihr die Überzeugung ausdrückt, dass sich allein durch die Austreibung des Bösen aus der an-sich gerechten Welt das Gute wieder ins Recht setzen werde.

Das Bewusstsein von der Nicht-Rechtfertigbarkeit des Antisemitismus und der Taten, in denen er sich ausdrückt, würde das fragile Gleichgewicht, das dieser gesellschaftliche Aberglaube verspricht, ins Wanken bringen. Das Unheimliche des Antisemitismus liegt gerade in dessen Maß- und Grundlosigkeit, in der sich ein Potential der Gesellschaft selbst ausdrückt. In ihm zeigt sich die in der bürgerlich-kapitalistischen Gesellschaft schlummernde Möglichkeit der restlosen Entsolidarisierung, des totalen Ausschlusses aus der Gemeinschaft der Menschen – des Umschlags von Aufklärung in Barbarei. Dieser Gedanke ist so unerträglich, dass nur eine Mitschuld der Opfer den Glauben an Prinzipien der Kausalität, Rationalität und Verhält-

3 Ausformuliert findet sich diese Vorstellung auch in den zahlreichen philosophischen, pädagogischen und theologischen Ethiken, die kurz vor und während des Nationalsozialismus publiziert wurden. Hier wird Jüdinnen und Juden nicht eine andere partikulare Moral unterstellt, sondern so etwas wie eine Gegen-Moral, die einen wirklich moralischen Zustand unmöglich mache (Konitzer/Bach et al. 2020).

nismäßigkeit aufrechterhalten kann, während Solidarität mit den Opfern auch bedeuten würde, jenen Schrecken zu spüren, den der „Zivilisationsbruch“ (Diner 1988) bedeutet.

Antisemitismus ist mehr und etwas anderes als „unbegründeter“ Hass. Er ist ein Modus verfolgender, sich moralisch gerierender Empörung. Deshalb muss das „Gerücht über den Juden“ (Adorno 1951: 141) so gestaltet sein, dass kein Zweifel daran zu bestehen scheint, dass man sich über ihn empören muss, wenn man sich selbst für einen „guten“ Menschen hält. Man denke an Vorwürfe wie den der Brunnenvergiftung, des ritualisierten Kindsmords, die Behauptung, „die Juden“ hätten die Pest oder Corona verursacht, seien Kolonisatoren und führten einen Genozid durch.

Feindselige Gefühle, die sich auf die moralische Verwerflichkeit ihres Objekts beziehen, scheinen legitimer zu sein und können auf Zustimmung hoffen, sofern ihre Begründung den Mitgliedern einer bestimmten Gruppe schlüssig erscheint. Für die aktuelle antiisraelische Bewegung bedeutet dies, dass das vorherrschende Bild von „den Israelis“ (zumindest vordergründig) in einer Komplementärbeziehung zu akzeptierten Wert- und Normvorstellungen der Eigengruppe steht und so auch der negativen, moralischen Selbstvergewisserung dient. Innerhalb einer bestimmten Gruppe werden so gerade jene Vorwürfe hegemonial, die dazu geeignet sind, Empörung als ein geteiltes Gefühl hervorzurufen und dadurch die Gruppenidentität zu bestätigen. Das Zeigen eines gruppenspezifischen Empörungsverhaltens wird in der Regel positiv honoriert. Der grundsätzlich negativen Gefühlsqualität der Empörung können sich so lustvolle Momente moralischer Hochgefühle beimischen und dazu anstiften, Empörungsanlässe gezielt aufzusuchen. „Sein [des Antisemiten; JB] Ich bläht sich auf, er fühlt sich überlegen, denn er gehört einer Gemeinschaft mit angeblich höheren Werten“ an (Simmel 1993: 60). Die Lust am Verbreiten antisemitischer Verschwörungsideologien beruht u. a. auf diesem psychodynamischen und sozialpsychologischen Mechanismus, den Julijana Ranc (2021: 142) in Anschluss an Sartre als „Sucht- und Lustcharakter“ des Antisemitismus beschreibt. Durch das obsessive Versenken ins antisemitische Gerücht – den antisemitischen „Beziehungswahn“ (Horkheimer/Adorno 2011: 202) – wird nicht nur versucht, das „negativ präfigurierte Judenbild“ zu bestätigen. AntisemitInnen „gewähr[en] sich zugleich den narzisstischen Genuss der kollektiven Selbstaufwertung“ (Ranc 2021: 142), während sie ihre „Hände in Unrat“ waschen: „Seine [des Antisemiten; JB] einzige Sorge besteht darin, Geschichten zu sammeln, die die Geilheit des Juden offenbaren, seine Gewinnsucht, seine Schlauheit, seine Wortbrüchigkeit“ (Sartre 2020: 31).

Die falsche Unmittelbarkeit antisemitischer Leidenschaft

Ob der Empörungsanlass real ist oder nicht, spielt dabei eine untergeordnete Rolle. Das „Nicht-so-genau-wissen-Wollen", das jedem Gerücht immanent ist, steigert dessen Attraktivität noch, wie Christine Kirchhoff (2020: 106) im Vergleich mit der Psychodynamik des Witzes herausgearbeitet hat:

> Das Lustvolle am Gerücht, so die These, beruht ebenfalls auf einer Ersparnis: Unbewusste Fantasien und Affekte, die man sich sonst nicht zugestehen könnte, können ausgelebt werden. Was einem hier erspart bleibt und die Lust am Gerücht ermöglicht, ist der Aufwand der „Realitätsprüfung" bzw. noch einfacher: der Aufwand des Denkens. Beides wird vermieden. (Kirchhoff 2020: 107)

Der Verzicht auf eine kritische Prüfung eigener Annahmen erlaubt es schließlich, „bloßes Meinen" als Wahrheit und sich selbst als Autorität zu setzten (Adorno 2003b: 574) und so die „bewußte Arbeit des Gedankens" (Horkheimer/Adorno 2011: 203) zu umgehen. Adorno (2003b: 577) prognostizierte bereits 1955, dass der „tägliche Umgang mit der Technik" die Unterscheidung zwischen „bloßer Meinung" und „Einsicht" der lebendigen Erfahrung noch weiter entrücke. Heute, im sogenannten „postfaktischen Zeitalter", vor dem Hintergrund von „Fake News", „Deep Fakes" und „alternativen Realitäten", wird diese Tendenz auf die Spitze getrieben. In der Spätmoderne hat das Verblassen kollektiver und transzendentaler Sinn- und Deutungshorizonte und die zunehmende Fragmentierung der „communis opinio" (Adorno 2003b: 578) eine erkenntnistheoretische und moralische Leerstelle hinterlassen. Was wahr und was moralisch geboten ist, soll vor diesem Hintergrund mit dem Verweis darauf beantwortet werden, was sich „richtig anfühlt". Das permanente Scrollen durch den eigenen Feed in Sozialen Medien spielt hierbei eine zentrale Rolle: „Die Bezeichnung feed ist in dieser Hinsicht keine Metapher, sondern eine andere Modalität der Körpererfahrung. Die Aufnahme von Bildern auf der Suche nach Nahrung durch scrolling fördert Verdauliches und Unverdauliches hervor, böse wie gute Objekte" (Gathmann 2024: 173). Sartre (2020: 15) vermutete schon 1944, dass die „Angst vor der Wahrheit", und zwar nicht die vor deren Inhalt, sondern die vor der „Form des Wahren, jenes Gegenstandes unendlicher Annäherung", die antisemitische Leidenschaft provoziere. Denn im Zustand höchster emotionaler Erregung scheint jener „Abgrund der Ungewißheit" überbrückt, den Horkheimer und Adorno (2011: 202) in jedem „objektivierenden Akt" vermuten, und in dem „das Potential der

Wahrheit so auch das des Wahns“ nistet (Adorno 2003b: 577). Die antisemitische Leidenschaft verspricht vor diesem Hintergrund jene Unmittelbarkeit, die angesichts entgleitender Realität und gesteigerter Komplexität nur als falsche zu haben ist und fällt somit dem Wahn anheim. Der Grad körperlicher Erregung genügt schließlich als Maßstab für die Richtigkeit einer Behauptung. Sie suggeriert eine Sicherheit im Urteilen und Fühlen, die angesichts von Ich-Schwäche und realer Ohnmacht die drohende narzisstische Kränkung abwenden soll (Adorno 2003b: 580). Zugunsten der eigenen Ich-Stabilität fühlen sich die Subjekte von „der Beständigkeit des Steins angezogen“ (Sartre 2020: 15), was mit einer Abdichtung nach Außen und nach Innen einhergeht. Das Subjekt

> verliert die Reflexion nach beiden Richtungen: da es nicht mehr den Gegenstand reflektiert, reflektiert es nicht mehr auf sich selbst und verliert die Fähigkeit zur Differenz. Anstatt der Stimme des Gewissens hört es Stimmen; anstatt in sich zu gehen und das Protokoll der eigenen Machtgier aufzunehmen, schreibt es die *Protokolle der Weisen von Zion* den anderen zu. (Horkheimer/Adorno 2011: 199)

Gleichzeitig neigt ein solcher Selbst- und Weltbezug „zu jenem Nicht-Aufhören-Können, das pathische Projektion heißen darf“ (Adorno 2003b: 579). So wird stur an den affektiv besetzten, antisemitischen Anschuldigungen festgehalten, selbst wenn diese sich später als unwahr herausstellen (Adorno 2003b: 575; Claussen 1987: 11). „Was einer für eine Meinung hat, wird als Besitz zu einem Bestandstück seiner Person“ (Adorno 2003b: 576), eine Infragestellung der leidenschaftlich hervorgebrachten Ansichten muss demnach als Angriff gegen die eigene Person und den sicheren Hafen des Manichäismus wahrgenommen und abgewehrt werden. Falschmeldungen etwa über die Bombardierungen des Al-Ahli-Krankenhauses in Gaza-Stadt durch die Israel Defense Forces wurden von vielen unhinterfragt übernommen und auch von etablierten Medien verbreitet. Belege, dass es sich um eine fehlgeleitete Rakete des Islamischen Dschihad handelte, wurden ignoriert (tagesschau.de 2023).[4] Auch die Warnung eines führenden Mitarbeiters des Office for the Coordination of Humanitarian Affairs (OCHA) der Vereinten Nationen bezüglich eines unmittelbar bevorstehenden, massenhaften Sterbens palästinensischer Babys aufgrund fehlender Hilfslieferungen stellte sich im Nachhinein als irreführend heraus (Mena-Watch 2025).

---

4 Die *Tagesschau* hat ihren Artikel sechs Tage nach der Erstveröffentlichung aktualisiert und die Überschrift geändert: „Was für die Version der israelischen Armee spricht“.

Doch hatten seine Behauptungen zum Zeitpunkt der öffentlichen Richtigstellung bereits zu einem erneuten Anfachen des antisemitischen Furors geführt, der in der Ermordung von Sarah Milgrim und Yaron Lischinsky vor dem Jüdischen Museum in Washington kulminierte (tagesschau.de 2025). Wichtiger als die Frage nach der Korrektheit der an Israel gerichteten Vorwürfe scheint demnach die reale soziale und psychologische Wirkmächtigkeit der vorgestellten Vergehen zu sein, die im Antisemitismus zu einer Art epistemischen und emotionalen Parallelwelt gerinnen können. Hier bestätigt sich in fataler Weise die in den Sozialwissenschaften als Thomas-Theorem bekannte Einsicht: „If men define [and feel; JB] situations as real, they are real in their consequences."[5]

Das emotionale „Belohnungssystem" des Antisemitismus

Während Antisemitismus häufig hauptsächlich mit einer negativen Gefühlsqualität (Hass, Neid, Ekel, Wut usw.) in Verbindung gebracht wird, lässt sich seine emotionale Attraktivität doch nur verstehen, wenn man auch dessen lustvolle Seite beleuchtet. Für eine wachsende Anzahl auch junger, vormals politisch wenig interessierter oder engagierter Menschen fühlt es sich schlichtweg gut an, sich über tatsächliche und eben auch vermeintliche Vergehen Israels zu empören. Ein vergleichbares emotionales und soziales „Belohnungssystem" scheint es hinsichtlich anderer globaler Krisen und humanitärer Notlagen nicht zu geben, was diese aktuell an den Rand des öffentlichen Interesses drängt (FAZ.net 2025). So urteilte auch Sartre (2020: 15), man müsse davon ausgehen, dass Antisemit:innen den leidenschaftlichen Zustand liebten, in den sie gerieten, wenn sie die Ungerechtigkeiten der Welt auf die „Idee vom Juden" übertrügen. Die gemeinsame Affinität für diesen Zustand und die Notwendigkeit seiner wechselseitigen Rationalisierung schweißt die Subjekte zur antisemitischen Gemeinschaft zusammen. Die erstaunliche Bereitschaft unterschiedlicher Akteur:innen, über unvereinbare Widersprüche innerhalb aktueller Protestbewegungen hinwegzusehen, ist nicht zuletzt durch die homogenisierende und integrierende Wirkung einer solchen, geteilten Empörung zu verstehen. So zeigte sich der Chefredakteur des rechtsextremen *Compact*-Magazins Jürgen Elsässer (2025) in seiner aktuellen Solidaritätsbekundung

5 Siehe die Feststellung Horkheimers und Adornos (2011: 177), der Faschismus habe seine eigene Doktrin von „den Juden" als „Gegenrasse" erst wahr gemacht.

mit Greta Thunberg von dieser integrativen Kraft geteilter Empörung selbst überrascht. Während er Thunberg nach eigenen Angaben als Klimaaktivistin noch zu seiner „Lieblingsfeindin" erklärt hatte, findet er nun, da sie den antiisraelischen Aktivismus für sich entdeckt hat, fast liebevolle Worte für die „kleine verrückte Schwedin" und fühlt sich mit ihr im Namen der „Menschlichkeit" verbunden. Der zum universellen Hauptwiderspruch erklärte Nahost-Konflikt leitet zur Hierarchisierung eigener emotionaler Befindlichkeiten und normativer Überzeugungen an und lässt die unwahrscheinlichsten Querfronten entstehen – ein Phänomen, dass wir schon im Kontext des während der Corona-Proteste verbreiteten Antisemitismus beobachten konnten (Bach/Schneider 2024).

Die antiisraelische Protestbewegung schafft sich ihr eigenes „manichäisches Paradies" (Salzborn 2012: 190), in dem der Gute stets ganz gut und der Böse stets ganz und gar böse zu sein hat – ein Weltbezug, der ursprünglich dem infantilen Narzissmus entstammt und nur durch Spaltungs- und Projektionsvorgänge erzeugt und aufrechterhalten werden kann (Fenichel 1993; Fuchshuber 2023). Sind diese Vorgänge jedoch erfolgreich, stellt sich ein Gefühl von Grandiosität und zwischenmenschlicher Verbundenheit ein, das sich insbesondere in Momenten akuter „moralischer" Entrüstung aktualisiert. Die Bestätigung der Projektion in der Realität – etwa durch reale Verbrechen der israelischen Armee – ist immer auch mit einem Lustgewinn verbunden, die potentielle Widerlegung der Projektion mit Unlustgefühlen. Im Kontext dieser affektiven und emotionalen Logik wäre zum Beispiel die Möglichkeit, dass Israel keine genozidalen Absichten verfolgt, eine das Ich destabilisierende Enttäuschung, die abgewehrt werden muss. Ambiguitäten und Nuancierungen in der moralischen und politischen Selbstpositionierung werden dadurch ebenso unmöglich wie das antisemitische Gerücht aufklärungsresistent ist. Denn verhärten sich die projektiven Wahrnehmungsmuster durch wiederholte, kollektive und psychisch wirksame Anwendung, wird die Möglichkeit abweichender Wahrnehmungen fast gänzlich negiert (Kirchhoff 2020: 113).

Das leidenschaftliche Potential antisemitischer Empörung geht „den Tatsachen voraus" (Sartre 2020: 14f.) und wird zum Selbstzweck. Das bedeutet aber auch, dass die Empörung über das Leid der palästinensischen Zivilbevölkerung nicht von einer wirksamen Verinnerlichung humanistischer Ideale herrührt, sondern von dem Wunsch nach Befriedigung des individuellen wie kollektiven Narzissmus.[6] Eine solche Empörung ist kein „stellvertretendes“ Gefühl, wie Strawson sich moralische Empörung auf dem Stand aufgeklärter Moral vorstellte, sondern ein selbstbezügliches – das Leid der Betroffenen lediglich willkommener Anlass leidenschaftlicher Entrüstung. „Der Antisemitismus“, so urteilte Hermann Bahr bereits 1894, „will nur sich selber. [...] Man ist Antisemit, um Antisemit zu sein. Man schwelgt in diesem Gefühle. [...] Wer Antisemit ist, ist es aus der Begierde nach dem Taumel und dem Rausche einer Leidenschaft“. Insofern transferiert die „empathisch ausgedrückte Identifikation“ mit der palästinensischen Bevölkerung narzisstische Bedürfnisse „auf eine gesellschaftlich akzeptierte Ebene, nämlich die des Mitgefühls“ (Schwarz-Friesel/Reinharz 2013: 280). Beobachten lässt sich eine solche Haltung immer wieder bei antiisraelischen Aktivist:innen, die sich, nahezu betrunken von der Rührung über ihr eigenes „Gut-Sein“, vor allem selbst inszenieren – so auch zu beobachten bei den Aktivist:innen der sogenannten „Freedom Flottilla“. Neben Thunberg befanden sich auf der Segeljacht elf weitere, teils für ihren offenen Israel-Hass und ihre Verbindungen zu Hamas und Hisbollah bekannte Aktivist:innen (Guyet 2025). Mit permanenter Videobegleitung, aber ohne nennenswerte Mengen an Hilfsgütern, versuchten sie den medienwirksamen Durchbruch der israelischen Seeblockade nach Gaza. Was als selbstloser, humanitärer Akt inszeniert wurde, benannten Kritiker:innen als „Selfie-Aktivismus“, der vor allem der eigenen moralischen Selbstprofilierung diente (ebd.). Auch darin liegt ein entscheidendes Unterscheidungsmerkmal zwischen Kritik an der israelischen Kriegsführung, die sich tatsächlich an dem Leid der palästinensischen Bevölkerung orientiert, und antisemitischer Empörung, die den emotionalen Zustand geteilter Entrüstung mehr liebt als die betroffenen Menschen.

In auffälligem Kontrast zu diesem Engagement stehen die beobachtete Kälte und die Empörungsabwehr angesichts schwerster Verbrechen an Jü-

6 Horkheimer und Adorno (2011: 208) verweisen auf das Scheitern der Über-Ich-Bildung im Nationalsozialismus als Teil faschistischer und autoritärer Vergesellschaftung: „Statt der Verinnerlichung des gesellschaftlichen Gebots, die es nicht nur verbindlicher und zugleich geöffneter macht, sondern auch von Gesellschaft emanzipiert, ja gegen diese wendet, erfolgt prompte, unmittelbare Identifikation mit den stereotypen Wertskalen.“ Béla Grunberger (1962: 258) spricht vom antisemitischen Über-Ich als System von „Dressaten“. Es wäre vor diesem Hintergrund interessant, nach der Art der Über-Ich-Bildung der antiisraelischen Aktivist:innen zu fragen und diese zusammenzudenken mit ihrer Faszination – als eine Art stellvertretender Autoritarismus – für autoritäre Regime und Bewegungen, in denen rigide Moralvorstellungen herrschen und brutal durchgesetzt werden.

dinnen und Juden. Sie sind jedoch die Kehrseite einer solchen Haltung, die auf den strikten Dualismus von Gut und Böse angewiesen ist und stellen eine Form „emotionaler Grausamkeit" dar (Schwarz-Friesel 2013: 280). Als solche sind sie die Vorstufe konkreter Gewalt. Das vorbewusste moralische Urteil, das sich in der emotionalen Resonanzlosigkeit ausdrückt und dessen Rationalisierung mittels antisemitischer Verschwörungsnarrative, ist Teil der Dehumanisierung von Jüdinnen und Juden. Von dort aus ist es nur ein kleiner Schritt zu dem offenen Bruch mit dem gesellschaftlichen Tabu der Gewaltanwendung. Der Verzicht auf psychische, verbale oder körperliche Gewalt ist mit einer innerpsychischen Anstrengung und Unterdrückung aggressiver Impulse verbunden. Diese werden im Antisemitismus auf Jüdinnen und Juden und im israelbezogenen Antisemitismus auf Israel projiziert. Die Übertretung der Tabugrenzen gegenüber dem vermeintlich universellen Aggressor ist im Sinne Freuds (1944: 170) „ein gestatteter, vielmehr ein gebotener Exzeß, ein feierlicher Durchbruch eines Verbots", der jene sadistische Lust erzeugt, die Juliette zum einzigen Ziel ihrer Existenz erklärt. Dieser „feierliche Durchbruch" wird heute gerade von denen, die sich selbst als Friedensaktivist:innen definieren, zelebriert. Ihre heimliche oder offene Faszination und Gutheißung von Gewalt an Jüdinnen und Juden kann so lange moralisch legitimiert werden, wie der Manichäismus ihrer Weltanschauung unangetastet bleibt und sie ihre eigene Grausamkeit in die Erzählung einer „höheren Gerechtigkeit" einordnen können (Schuck 2024: 129).

Antisemitismus ist keine abgeschlossene, in sich konsistente Weltanschauung, keine individuelle Einstellung oder schlicht irrationaler Hass. Er ist eine dynamische und intersubjektive Praxis verfolgender, „moralischer" Empörung, die sich durch ein Ensemble meist flüchtig erworbener, gleichwohl stets identischer Verdächtigungen und Vorwürfe zu legitimieren versucht. Die Verweigerung von Mitgefühl gegenüber Jüdinnen und Juden ist dabei kein neues Phänomen, sondern ein konstitutives Moment des Antisemitismus und seiner emotionalen Logik, welche sich in antisemitischen Taten ebenso ausdrückt wie in den Reaktionen „unbeteiligter Dritter" auf diese. Während die emotionalen und affektiven Grundlagen des Antisemitismus aus den gesellschaftlichen Strukturen entspringen, bieten die aktuellen Konflikte im Nahen Osten eine „ideale" Projektionsfläche, um diese Gefühle zu konkretisieren.

Eva Illouz spürte bereits unmittelbar nach dem 7. Oktober, welche Tragweite jene selektive Empörungsbereitschaft innerhalb großer Teile der globalen Linken haben würde. Sie interpretierte die reaktiven Haltungen früh als emotionalen Grenzmarker eines vermeintlichen Humanismus, der sich in der Praxis als aggressiver Partikularismus herausstellen sollte. Insofern bezog sich ihre Kritik nicht nur auf die politischen Diagnosen und Forderungen der antiisraelischen Bewegung, sondern mehr noch auf deren affektive Reaktionen als kleinste Einheit antisemitischer Ideologie. Die antiisraelische Bewegung ist ein kollektives, sich auf „moralische" Werte beziehendes Gefühlsregime, in dem Jüdinnen und Juden, die sich nicht in aller Deutlichkeit vom zum alleinigen Aggressor erklärten, jüdischen Staat distanzieren, von Anfang an keinen Platz haben sollten.

Literatur

Adorno, Theodor W. (1951): Minima Moralia. Reflexionen aus dem beschädigten Leben, Frankfurt am Main: Suhrkamp.

Adorno, Theodor W. (1955): Schuld und Abwehr. Eine qualitative Analyse zum Gruppenexperiment, in: Pollock, Friedrich (Hg.): Gruppenexperiment. Ein Studienbericht, Frankfurt am Main: EVA, 275–428.

Adorno, Theodor W. (2003a): Was bedeutet: Aufarbeitung der Vergangenheit, in: Gesammelte Schriften (GS), Bd. 10.2, Frankfurt am Main: Suhrkamp, 555–572.

Adorno, Theodor W. (2003b): Meinung Wahn Gesellschaft, in: GS, Bd. 10.2. Frankfurt am Main: Suhrkamp, 573–594.

Adorno, Theodor W. (2003c): Erziehung nach Auschwitz, in: GS, Bd. 10.2. Frankfurt am Main: Suhrkamp, 674–691.

Améry, Jean (2008): Jenseits von Schuld und Sühne. Bewältigungsversuche eines Überwältigten, Stuttgart: Klett-Cotta.

Arendt, Hannah (1993): Besuch in Deutschland, Berlin: Rotbuch.

Bach, Johanna/Schneider, Valerie (2024): Gefühlte Wahrheit und wahre Gefühle. Zur Rolle von ‚Ticketgefühlen' in der (emotionalen) Selbstbeglaubigung der Querdenken-Bewegung, in: Borsch, Andreas/Gärtner, Luisa/Richter, Salome/Schmidt, Lennard/Seiler, Dorothea/Seul, Marc/Thurau, Franziska/Zarbock, Luca (Hg.): Antisemitismus zwischen Latenz und Leidenschaft, Opladen: Barbara Budrich, 121–138.

Bahr, Hermann (1894): Der Antisemitismus. Ein internationales Interview, Berlin: Fischer.

Bergmann, Werner (2001): „Der Antisemitismus in Deutschland braucht gar nicht übertrieben zu werden…". Die Jahre 1945 bis 1953, in: Schoeps, Julius H. (Hg.): Leben im Land der Täter. Juden im Nachkriegsdeutschland (1945–1952), Berlin: Jüdische VAS, 191–207.

Bildungsstätte Anne Frank (2024): TikTok, der Nahostkonflikt und der Kampf um Aufmerksamkeit. TikTok Report Nahostkonflikt, https://www.bs-anne-frank.de/fileadmin/content/Publikationen/Weiteres_Pädagogisches_Material/TikTok_Report_Nahostkonflikt_BSAF_2024_neu.pdf.

Christ, Julia (2017): Exkurs II: Juliette oder Aufklärung und Moral, in: Hindrichs, Gunnar (Hg.): Horkheimer, Max/Adorno, Theodor W.: Dialektik der Aufklärung, Berlin/Boston: De Gruyter, 41–60.

Claussen, Detlev (1987): Über Psychoanalyse und Antisemitismus, in: Psyche, 1/1987, 1–21.

Diner, Dan (1988): Zivilisationsbruch. Denken nach Auschwitz, Frankfurt am Main: Fischer.

Elsässer, Jürgen (2025): Greta und ich, in: COMPACT-online, 03.06.2025, https://www.compact-online.de/elsaesser-greta-und-ich/.

FAZ.net (2025): Kamerun hat laut NRC die am stärksten übersehene humanitäre Not, 07.03.2025, https://www.faz.net/aktuell/politik/ausland/kamerun-hat-laut-nrc-die-am-staerksten-uebersehene-humanitaere-not-110514388.html.

Fenichel, Otto (1993): Elemente einer psychoanalytischen Theorie des Antisemitismus, in: Simmel, Ernst (Hg.): Antisemitismus, Frankfurt am Main: Fischer, 35–57.

Freud, Sigmund (1944): Totem und Tabu. Einige Übereinstimmungen im Seelenleben der Wilden und der Neurotiker, in: Gesammelte Werke, Bd. 9, Frankfurt am Main: Fischer.

Fuchshuber, Thorsten (2023): Der Genuss am Judenhass. Über den Zusammenhang von Antisemitismus und Narzissmus, in: Grigat, Stephan (Hg.): Kritik des Antisemitismus in der Gegenwart. Erscheinungsformen – Theorien – Bekämpfung, Baden-Baden: Nomos, 223–242.

Gathmann, Till (2024): Netze. Zur Bildkrise des 7. Oktobers, oder: Annäherungen an eine Metapsychologie des antisemitischen Bilds, in: sans phrase. Zeitschrift für Ideologiekritik, Heft 24, 142–188.

Giordano, Ralph (1990): Die zweite Schuld oder von der Last, Deutscher zu sein, Berlin: Volk und Welt.

Grigat, Stephan (1999): Antisemitismus und Fetischismus. Kritische Theorie zur Basisideologie der bürgerlichen Gesellschaft, in: Weg und Ziel. Marxistische Zeitschrift, 1999, Nr. 3, https://www.streifzuege.org/1999/antisemitismus-und-fetischismus.

Grigat, Stephan (2023): Kritik des Antisemitismus heute. Zur kritischen Theorie antijüdischer Projektionen, der Persistenz des Antizionismus und der aktuellen Gefahr des islamischen Antisemitismus, in: Grigat, Stephan (Hg.): Kritik des Antisemitismus in der Gegenwart. Erscheinungsformen – Theorien – Bekämpfung, Baden-Baden: Nomos, 11–47.

Grunberger, Béla (1962): Der Antisemit und der Ödipuskomplex, in: Psyche. Eine Zeitschrift für psychologische und medizinische Menschenkunde, XIV, 254–271.

Guyet, Ornella (2025): Eine Seefahrt, die ist lustig. Greta Thunbergs Trip mit der „Freedom Flotilla", in: Jungle World, 12.06.2025, https://jungle.world/artikel/2025/24/greta-thunberg-gaza-israel-eine-seefahrt-die-ist-lustig.

Herman, Judith Lewis (2015): Trauma and recovery: the aftermath of violence – from domestic abuse to political terror, New York: BasicBooks.

Horkheimer, Max/Adorno, Theodor W. (2011): Dialektik der Aufklärung. Philosophische Fragmente, Frankfurt am Main: Fischer.

Illouz, Eva (2023): Wir, die Linke? Nicht mehr, in: Süddeutsche Zeitung, 27.10.2023.

Kirchhoff, Christine (2020): „Das Gerücht über die Juden“ – zur (Psycho-)Analyse von Antisemitismus und Verschwörungsideologie, in: Institut für Demokratie und Zivilgesellschaft Jena (Hg.): Wissen schafft Demokratie. Schwerpunkt Antisemitismus, Bd. 8, Jena: IDZ, 104–115.

Kolnai, Aurel (2007): Ekel, Hochmut, Haß. Zur Phänomenologie feindlicher Gefühle, Frankfurt am Main: Suhrkamp.

Konitzer, Werner/Bach, Johanna/Palme, David/Balzer, Jonas (Hg.) (2020): Vermeintliche Gründe. Ethik und Ethiken im Nationalsozialismus, Frankfurt am Main: Campus Verlag.

Mena-Watch (2025): 14.000 tote Babys: Fake News eines hohen UN-Vertreters, 23.05.2025, https://www.mena-watch.com/tote-babys-fake-news-un/.

Montada, Leo (1993): Moralische Gefühle. Psychologische Indikatoren moralischer Normen, in: Edelstein, Wolfgang (Hg.): Moral und Person, Frankfurt am Main: Suhrkamp, 259–272.

Nunner-Winkler, Gertrud (1993): Die Entwicklung moralischer Motivation, in: Edelstein, Wolfgang/Nunner-Winkler, Gertrud/Noam, Gil (Hg.): Moral und Person. Frankfurt am Main: Suhrkamp, 278–303.

Poliakov, Léon (2022): Von Moskau nach Beirut. Essay über die Desinformation, Freiburg: ça-ira.

Ranc, Juliana (2021): Zum Sucht- und Lustcharakter interpersonaler Ressentiment-Kommunikation, in: Schüler-Springorum, Stefanie/Süselbeck, Jan (Hg.). Emotionen und Antisemitismus. Geschichte – Literatur – Theorie, Göttingen: Wallstein, 142–164.

Salzborn, Samuel (2012): Weltanschauung und Leidenschaft. Überlegungen zu einer integrativen Theorie des Antisemitismus, in: Zeitschrift für politische Theorie, 3(2), 187–203.

Sartre, Jean-Paul (2020): Überlegungen zur Judenfrage, Hamburg: Rowohlt.

Schuck, Dirk (2024): Von der Gleichgültigkeit zur Eliminierung. Kontinuität und Bruch zwischen bürgerlicher und nationalsozialistischer Moralphilosophie, in: Gross, Raphael/Ulrich, Bernd/Schuck, Dirk (Hg.): Zerrbilder. Zum Wirken und Fortwirken nationalsozialistischer Mentalität: eine Festschrift für Werner Konitzer, Berlin: Ch. Links, 111–130.

Schwarz-Friesel, Monika/Reinharz, Jehuda (2013): Die Sprache der Judenfeindschaft im 21. Jahrhundert, Berlin/Boston: De Gruyter.

Simmel, Ernst (1993): Antisemitismus und Massenpsychologie, in: Simmel, Ernst (Hg.): Antisemitismus, Frankfurt am Main: Fischer, 58–100.

Smith, Adam (2010): Theorie der ethischen Gefühle, Hamburg: Meiner.

Strawson, Peter F. (1978): Freiheit und Übelnehmen, in: Pothast, Ulrich (Hg.): Seminar: Freies Handeln und Determinismus, Frankfurt am Main: Suhrkamp, 201–233.

tagesschau.de (2023): Explosion in Gaza: Was über den Vorfall am Krankenhaus bekannt ist, 20.10.2023, https://www.tagesschau.de/faktenfinder/israel-hamas-krankenhaus-102.html.

tagesschau.de (2025): Schüsse vor israelischer Botschaft in Washington, 03.05.2025, https://www.tagesschau.de/eilmeldung/schuesse-israelische-botschaft-washington-100.html.

Tugendhat, Ernst (2012): Vorlesungen über Ethik, Frankfurt am Main: Suhrkamp.

Der 7. Oktober und die Shoah

Kontinuitäten im Antisemitismus der Hamas und ihre Tabuisierung

Matthias Küntzel

Am Schabbat des 7. Oktober schufen Hamas-Terroristen und der Palästinensische Islamische Djihad im Süden Israels die Hölle auf Erden. Hier wurde den Israelis und Juden nicht einfach der Krieg erklärt, hier wurde ihre Auslöschung angekündigt. Die Verbrennung ganzer Familien bei lebendigem Leibe, die Verstümmelungen, die brutalen Vergewaltigungen und die Folterungen – all dies war kein Werk von gemeinen Mördern, die zum eigenen Vorteil oder aus Berechnung getötet haben, sondern von radikalen Judenfeinden, in deren Augen jeder Jude schuldig ist, weil er Jude ist, und die deshalb eine edle und höhere Mission verfolgen: die Welt judenrein zu machen (Buske 2023). „Unser Auftrag war nur zu töten", erklärte später einer der Täter – „töten, ohne zwischen Männern, Frauen und Kindern zu unterscheiden. Jeden zu töten, den du siehst" (Herf 2024).

Darf man beim 7. Oktober an die Massaker und Massenverbrechen der Nationalsozialisten denken, fragte sich die Schriftstellerin und Nobelpreisträgerin Herta Müller. „Ich glaube, man sollte es sogar tun", fuhr sie fort, „weil die Hamas selbst die Erinnerung an die Schoa wachrufen wollte. Und sie wollte demonstrieren, dass der Staat Israel keine Garantie mehr für das Überleben der Juden ist" (Müller 2024).

Es ist aber nicht nur das Vorgehen der Mörder, das an den Sadismus der Nationalsozialisten erinnert. Frappierender noch ist die Ähnlichkeit der Motive. So kommt, wer die ideologischen Ursprünge des Hamas-Angriffs ergründen will, an der Judenpolitik der Nazis und den Wirkungen, die diese in der arabischen Welt hinterließ, nicht vorbei. Es gibt klar identifizierbare Stränge der Kontinuität, die den antijüdischen Terror der Nazis mit dem der Hamas verbinden.

Der Holocaust als Ansporn

Einer dieser Stränge hat mit der simplen Tatsache zu tun, dass es den Nationalsozialisten gelungen war, Jüdinnen und Juden massenhaft zu vernichten. Radikale Islamisten sehen darin einen Ansporn. Sie haben, während die Ermordung der sechs Millionen für das Gros der Menschheit ein gigantisches Verbrechen ist, die Shoah als von Gott gewünscht verteidigt. So zum Beispiel Sayyid Qutb, der berühmteste Ideologe der Muslimbruderschaft, jener Organisation, als deren palästinensischer Ableger sich die Hamas versteht. Er war der erste, der Anfang der 1950er Jahre die Shoah als eine von Allah erzwungene Strafe beschrieb: „Dann ließ Allah Hitler über sie [die Juden] herrschen", schrieb er in seinem Pamphlet *Unser Kampf mit den Juden*, allerdings müsse „die schlimmste Art der Bestrafung" noch erfolgen, der Holocaust also noch vollendet werden (Nettler 1987: 86f).[1]

2009 knüpfte Scheich Yusuf al-Qaradawi an Qutbs Lob für Hitler an. Al-Qaradawi war zu diesem Zeitpunkt der bedeutendste und populärste Sprecher der Muslimbruderschaft. Dies sind die Worte, die er Anfang 2009 dem Millionenpublikum des TV-Senders *Al Jazeera* zurief:

> Im Laufe der Geschichte hat Allah den Juden Personen aufgezwungen, die sie für ihre Korruption bestrafen. Die letzte Bestrafung wurde von Hitler durchgeführt. Er hat es geschafft, ihnen ihren Platz zuzuweisen. Dies war eine göttliche Bestrafung. So Allah will, wird die nächste Bestrafung seitens der Gläubigen erfolgen. (Al-Qaradawi 2009)

Die Juden hätten die Shoah schuldhaft („Korruption") ausgelöst, behauptet hier al-Qaradawi; doch Hitler habe es geschafft, sie zu bestrafen. Mehr noch: Bei dem millionenfachen Mord habe es sich um eine „göttliche Bestrafung" gehandelt. Sie habe aber nicht ausgereicht. Eine weitere Bestrafung sei notwendig, diesmal durch die Muslime. So kündigte al-Qaradawi allen Ernstes einen erneuten Massenmord in der Tradition des Holocaust und Israels Ende an: als religiöse Mission und als Allahs Gebot.

Sein Aufruf ist kein Einzelfall. In ihrer maßgeblichen Studie über die arabischen Antworten auf den Holocaust berichten Meir Litvak und Esther Webman, dass die Rechtfertigung des Holocaust in den Dekaden nach dem Zweiten Weltkrieg „nicht auf marginale oder radikale Zirkel beschränkt war, sondern auch bei Produzenten der Mainstream-Kultur in Erscheinung trat, ohne im arabischen öffentlichen Diskurs entschiedene Kritik oder

1 Übersetzung dieser und anderer englischsprachiger Zitate durch den Verfasser.

Verdammung zu provozieren" (Litvak/Webman 2009: 195). So hat es auch keinen nennenswerten öffentlichen Protest gegen den Aufruf al-Qaradawis gegeben.

Nationalsozialismus, Muslimbruderschaft und Hamas

Ein weiterer Strang der Kontinuität hat mit der Ideologiegeschichte der Hamas zu tun. Deren Dachorganisation, die Muslimbruderschaft, erhielt bereits in den 1930er Jahren Gelder vom Nazi-Regime aus Berlin, „deren Summe beträchtlich höher lag als die Beträge, die anderen antibritischen Aktivisten angeboten wurden" (Lia 1988: 175). Nationalsozialistische Agenten kümmerten sich um die Ausrichtung ihres Führungspersonals: Sie hielten gemeinsame „Palästina-Treffen" ab und veranstalteten gemeinsame Schulungsabende über „die Judenfrage". Neue Archivfunde belegen, dass die deutsche Regierung die Zusammenarbeit mit den Muslimbrüdern auf höchster Ebene verfolgte und dass „GOEB. [Joseph Goebbels] mit viel Lob darüber gesprochen" hat (BNA 1939: 21; Küntzel 2024: 32).

Bereits 1937, elf Jahre vor der Gründung Israels, wurde in einem Pamphlet (*Islam und Judentum*), das die Nazis später massenhaft und in verschiedenen Sprachen in der muslimischen Welt verbreiteten, der Judenhass aus frühislamischen Quellen mit Elementen des europäischen Antisemitismus kombiniert. Darin ist nicht länger von Zionisten, sondern vom globalen Judentum als einem geschlossenen Kollektiv mit unveränderbaren Eigenschaften die Rede. Dessen Feindschaft gegenüber dem Islam sei „uralt und in den jüdischen Seelen seit der Ankunft Mohammeds verwurzelt"; sie sei als „ewige Feindschaft" keineswegs an den Palästinakonflikt gebunden: „Wer denkt, dass dann, wenn das Palästina-Problem gelöst ist [...] alles gut sein wird, der irrt", heißt es im arabischen Original dieser Schrift. „Auch dann wird sich an deren Feindschaft gegenüber dem Islam und den Arabern nichts ändern. Allah wird dafür sorgen, die Juden zu demütigen und ihr Rückgrat zu zerschlagen." (Küntzel 2019: 64f.)[2] Zugleich reduziert *Islam und Judentum* den Koran und die komplexe Biografie Mohammeds auf ein einziges Thema: die vermeintliche Todfeindschaft gegenüber den

2 Der Wortlaut der deutschen Übersetzung von *Islam und Judentum*, die 1938 der Berliner Junker und Dünnhaupt-Verlag unter dem Titel *Islam – Judentum. Aufruf des Großmufti an die islamische Welt im Jahre 1937* veröffentlichte, findet sich in Küntzel (2019: 236–248). Diese Übersetzung weicht teilweise von der arabischen Urfassung ab. Das hier verwendete Zitat aus dem arabischen Original wurde von Edy Cohen übersetzt.

Juden. Deren angebliche Versuche, den Propheten zu töten, werden nicht als zeit- und ortsbezogene Episoden behandelt, sondern als Beleg für die vermeintliche Notwendigkeit, den von Mohammed begonnenen Krieg gegen die Juden hier und heute fortzusetzen.

1939 starteten die Nazis ihre Radiopropaganda in arabischer Sprache, die Goebbels' antisemitischen Antizionismus zwischen April 1939 und April 1945 allabendlich in die arabische Welt brachte. Die Programme wurden von den Kurzwellen-Sendeeinrichtungen in Zeesen, einem Ort südlich von Berlin, ausgestrahlt und zeichneten sich durch zwei Besonderheiten aus: Zum einen tarnten sich die deutschen Radiomacher als besonders gläubige Islam-Freunde. Zum anderen waren die Sendungen aus Berlin von einem rabiaten Antisemitismus geprägt. „Tötet die Juden, steckt ihren Besitz in Brand, zerstört ihre Geschäfte, vernichtet diese niederträchtigen Helfer des britischen Imperialismus!" tönte es zum Beispiel in arabischer Sprache aus Berlin, als Rommels *Panzerarmee Afrika* 1942 auf Kairo vorrückte (zit. n. Herf 2010: 268f). Für die arabische Welt erwies sich diese sechsjährige massenhafte Dauerbeschallung als Zäsur, welche die Geschichte des Nahen Ostens in ein Vorher und ein Nachher teilt: Sie beförderte eine ausschließlich antijüdische Lesart des Koran, popularisierte den antisemitischen Weltverschwörungsmythos und prägte eine völkermörderische Rhetorik gegenüber dem Zionismus (Herf 2009; Motadel 2014; Küntzel 2019).

Nach 1945 blieb dieser Antisemitismus im arabischen Raum virulent. Hier hatte sich inzwischen die Muslimbruderschaft mit über einer Millionen Mitgliedern als die damals weltweit größte antisemitische Bewegung etabliert (El-Awaisi 1998: 135). Als 1946 der Kriegsverbrecher und Himmler-Freund Amin al-Husseini unbehelligt nach Kairo zurückkehrte, zeigte sich die Bruderschaft begeistert: „Dieser Held", erklärte sie, „kämpfte mit der Hilfe Hitlers und Deutschlands [...] gegen den Zionismus. Deutschland und Hitler sind nicht mehr, aber Amin el-Husseini wird den Kampf fortsetzen" (zit. n. Herf 2010: 285). In der Tat trugen der Mufti und die Muslimbrüder in den Folgejahren maßgeblich dazu bei, den UN-Teilungsplan für das Mandatsgebiet Palästina, den die Vereinten Nationen im November 1947 beschlossen hatten, zu Fall zu bringen (Küntzel 2019: 111–140).

Zwar erlitten 1948 die arabischen Staaten bei dem Versuch, das in diesem Jahr gegründete Israel auszulöschen, eine Niederlage, doch blieb die Idee, Israel zu zerstören, weiter virulent. Der Judenhass der Muslimbruderschaft inspirierte Navvab Safavi, den Gründer der iranischen Terrorgruppe Fadayan-i Islam sowie den iranischen Geistlichen Ruhollah Musavi, der später als Ruhollah Khomeini berühmt werden sollte. Khomeinis antisemitische

Auftritte aus den 1960er Jahren leisteten einen entscheidenden Beitrag zur Islamischen Revolution im Iran 1979 (Küntzel 2009: 99–124). Seither ist Teheran das Zentrum bei der Bemühung, Israel – und das heißt: die Juden in Israel – zu vernichten.

Eben dies schrieb sich 1987 die von Teheran unterstützte Hamas auf ihre Fahnen. Sie wollte und sie will den zerstörerischen Plan, den Nazi-Deutschland einst entwickelt hatte, vollenden. Es ist kein Zufall, dass sie hierfür in ihrem Gründungsdokument, der Hamas-Charta von 1988, eben jene antisemitischen Parolen zitiert, die Jahrzehnte zuvor über das Nazi-Radio in Zeesen in die arabische Welt gelangt waren. Es handele sich um einen Judenhass, der so „klingt, als ob er direkt von den Seiten des *Stürmers* abgeschrieben" sei, hat Sari Nusseibeh, der langjährige Präsident der palästinensischen al-Quds-Universität in Jerusalem, zutreffend bemerkt (Nusseibeh 2007: 282).

So werden in dieser Charta „die Juden" zum globalen Feind erklärt, der nicht nur sämtliche Medien kontrolliere, sondern auch beide Weltkriege angezettelt habe. Die Juden, heißt es in diesem Grundsatzdokument,

> standen hinter dem Ersten Weltkrieg, wo sie es schafften, den Staat des islamischen Kalifats zu beseitigen [...], und sie standen hinter dem Zweiten Weltkrieg, wo sie gewaltige Profite aus ihrem Handel mit Kriegsgütern erzielten [...]. Es gibt keinen Krieg, der hier und da in Gang ist, ohne dass sie ihre Finger dahinter im Spiel haben. (Hamas-Charta 1988, zit. n. Baumgarten 2006: 219)

Wie Adolf Hitler in *Mein Kampf* führt auch die Hamas in ihrer Charta die *Protokolle der Weisen von Zion* als Beleg für jüdisches Verhalten an, um in Artikel 7 der Charta auf ihre religiöse Wurzel zurückzukommen und den Propheten Mohammed mit folgendem Satz zu zitieren: „Die Zeit der Auferstehung wird nicht anbrechen, bevor nicht die Muslime die Juden bekämpfen und sie töten". (Zit. n. Baumgarten 2006: 211)

Zu dieser Ankündigung passen auch die Funde, die israelische Soldaten im Gaza-Streifen u. a. in Privatwohnungen machten, wie zum Beispiel das Buch des Hamas-Mitgründers Mahmoud al-Zahar mit dem Titel *Das Ende der Juden*, das den Holocaust verklärt und dazu aufruft, ihn zu vollenden (Sarisohn 2024).

Wir haben es hier mit einem Judenhass zu tun, den die Nazis im Nahen Osten ein gutes Jahrzehnt vor der Gründung Israels zu schüren begannen – einem Hass, der das antijüdische Ressentiment aus der Zeit des Frühislam nutzt und radikalisiert und der stets eher Ursache für die Gewalt im Nahen

Osten denn eine Reaktion darauf gewesen ist. Dieser Hass richtet sich gegen alle Juden, egal wie sehr sie sich für das Einvernehmen mit Palästinensern engagieren, was bei vielen der am 7. Oktober Ermordeten der Fall gewesen ist; und er richtet sich gegen alles, was auch immer Israel tut. Man werde ein Massaker wie jenes des 7. Oktober stets aufs Neue wiederholen, erklärte die Hamas, bis Israel gänzlich vernichtet sei (Haaretz 2023). Wären die israelischen Streitkräfte an diesem Tag nicht dazwischengegangen, hätten die Vernichtungskommandos der Hamas und des Islamischen Djihad ohne Ende weiter gemordet. Allerdings weist der Judenhass der Hamas und der anderen palästinensischen Terrorgruppen im Vergleich mit dem der Nazis nicht nur Gemeinsamkeiten, sondern auch wichtige Unterschiede auf.

Djihad und Judenhass

Zu den Gemeinsamkeiten gehört die paranoide Projektion. Die Nazis waren davon überzeugt, dass die Juden Deutschland vernichten würden, wenn man ihnen nicht zuvorkäme. Sie projizierten ihre eigenen Vernichtungsfantasien auf die Juden. So behauptete Goebbels wenige Tage nach dem deutschen Überfall auf die Tschechoslowakei: „Die Juden haben Schuld! Sie wollen Krieg und tun alles in ihrer Macht Stehende, um die Völker in den Krieg zu treiben." (Zit. n. Herf 2006: 55) Bei den Islamisten haben wir ein ähnliches Phänomen: Sie glauben und sie propagieren permanent, dass die Juden nicht nur die Al-Aqsa-Moschee in Jerusalem, sondern den Islam insgesamt vernichten wollten. So rechtfertigt die Hamas ihren Krieg gegen Juden und auch das Massaker des 7. Oktober mit der frei erfundenen Behauptung, Israel wolle die Al-Aqsa-Moschee, das drittwichtigste Heiligtum des Islam, „judaisieren" (Hamas Media Office 2024).

Aus dieser Projektion erwächst eine weitere Gemeinsamkeit: Sie zeigt sich in dem, was der Holocaust-Forscher Saul Friedländer als *redemptive antisemitism*, als Erlösungsantisemitismus, bezeichnet hat (Friedländer 2006). Ebenso wie die Nazis glauben auch die Hamas-Kader den eigenen Lügen über den destruktiven Einfluss der Juden weltweit. So wie den Nazis die Zerstörung des Judentums als das entscheidende Mittel galt, um die Welt mit einem ewigen deutschen Frieden zu beglücken, so basiert auch der Antisemitismus der Hamas auf einer destruktiven Utopie, der zufolge die Vernichtung der Juden die Voraussetzung für die Befreiung der Menschheit sei; diesmal jedoch unter einem islamistischen Vorzeichen.

Während somit die Binnenlogik der antisemitischen Wahnidee wichtige Gemeinsamkeiten zwischen beiden Antisemitismen aufweist, dominieren bei der Ausführung der Mordtaten die Unterschiede. So erinnerten die sadistischen Exzesse der Hamas und der anderen Terrorgruppen an den schrankenlosen Terror früherer Pogrome, wie es sie im zaristischen Russland gab. Demgegenüber galt der Nazi-Führung der Gefühls- und Radauantisemitismus der „Straße" als vulgär. Man setzte stattdessen einen riesigen bürokratischen Apparat in Gang, um den millionenfachen Mord an Juden „sachlich" und mit kaltem Blut vollziehen zu können. Die Ausrottung der Juden war eingebunden „in eine intellektuell anspruchsvoll drapierte und,rationalen' Prinzipien folgende Analyse" (Herbert 1996: 284).

Während die Nazis die Verbrechen der Shoah notdürftig zu verstecken suchten, griffen die Hamas-Islamisten zu Bodycams und Helmkameras, um ihre bestialischen Morde über die sozialen Medien zu verbreiten. Sie wollten, wie vor ihnen der „Islamische Staat", die ganze Welt als Zuschauer an ihren Grausamkeiten teilhaben lassen, um „den Terror in das Herz des Feindes zu injizieren" (Taguieff 2025). Es ging darum, unter Juden Panik und Verzweiflung auszulösen und gleichzeitig die „Gläubigen" mit ihrem Jubel und ihrer Siegesgewissheit anzustecken. „Wir folgen dem Beispiel unseres verehrten Propheten", prahlte im November 2023 Hamas-Führer Khaled Mash'al. „So Allah will, wird man in einigen Jahren über die Lage in der Region nach dem Ende Israels sprechen müssen." (MEMRI 2023a)

Das religiöse Motiv war auch bei Yahya Sinwar, dem Planer und Anführer des 7. Oktober, zentral. Er glaubte an die Paradies-Verheißungen des Koran und daran, dass der Judenmord Voraussetzung für die Rettung der Welt und die Auferstehung der Muslime sei. Kein Wunder also, dass auf den GoPro-Videos der Hamas-Terroristen niemand von einer Befreiung Palästinas spricht, sondern stattdessen Loblieder auf den Propheten Mohammad und Allah erklingen. „Sie folgen der Idee eines religiösen Kampfes, nicht der Idee einer nationalen Befreiung. Das erlaubt es ihnen, aus einem Gefühl der Mission und des Glaubens heraus Gräueltaten zu begehen", erläutert der israelische Sozialwissenschaftler Ido Zelkovitz (zit. n. Ilnai/Piatov 2024).

Die religiöse Gewissheit vom bevorstehenden Ende Israels brach sich am 7. Oktober Bahn: Die Allahu akbar-Rufe, welche die wie im Blutrausch begangenen Verbrechen begleiteten, zeugten nicht nur von dem Spaß und der Lust, welche die Mörder bei ihren Verbrechen hatten, sondern ebenso von der festen Überzeugung, dass mit dem Massaker kein Menschenwerk, sondern ein Dienst für Allah verrichtet werde.

Zwar hat die Hamas das Phantasma, dass das Judentum ein Feind der Menschheit sei, den es auszurotten gelte, von Europa und insbesondere Nazi-Deutschland adaptiert. Dieser europäische Antisemitismus wurde jedoch in Verbindung mit den fanatischen und judenfeindlichen Elementen des Islam weiter radikalisiert (Küntzel 2023). Am 7. Oktober explodierte das tödliche Gemisch aus modernem Antisemitismus, islamischen Judenhass und religiösem Endkampf-Phantasma.

Das Versagen der Welt

Dass dieser erneute Massenmord an Jüdinnen und Juden nicht verhindert werden konnte, zeugt von einem Versagen der israelischen Sicherheitsapparate und der westlichen Welt; ja, von einem Versagen der Weltgemeinschaft insgesamt: Was an diesem 7. Oktober geschah, war ein Massaker mit Ansage. Denn die Hamas hat ihre Mordabsichten nie versteckt. Sie hat, ganz im Gegenteil, den Judenmord nur wenige Jahrzehnte nach Auschwitz zu einer religiösen Pflicht erklärt.

„Wir müssen jeden Juden auf dem Planeten Erde angreifen", erklärte 2019 Fathi Hamad, der ehemalige Hamas-Innenminister von Gaza in einer Rede, die der Hamas-Fernsehsender *Al-Aqsa* übertrug. „Wir müssen sie mit Allahs Hilfe abschlachten und töten [...] Wir werden sie zerfleischen und in Stücke reißen, so Allah will." (MEMRI 2023b) Yahya Sinwar warnte Ende 2022: „Wir werden mit ungezählten Raketen zu euch kommen, wir werden in einer grenzenlosen Flut von Soldaten zu euch kommen, wir werden mit Millionen unserer Leute zu euch kommen, wie die wiederkehrende Flut." (Zit. n. Meier 2024)

Die Weltöffentlichkeit aber, die alljährlich des Holocaust gedenkt, wollte und will hiervon und von den Androhungen der Hamas-Charta kaum etwas wissen. So wie sich die Welt 1933 weigerte, Hitlers Judenhass beim Wort, also ernst zu nehmen, so weigerte sich die internationale Gemeinschaft einige Jahrzehnte später, die genozidalen Ankündigungen der Hamas und anderer islamistischer Gruppen ernst zu nehmen. Sie tat so, als wolle die Hamas gar nicht das, was sie fordert. So kam es, dass allein die Islamisten das Massaker des 7. Oktober vorhersahen und in ihren Predigten ersehnten; der Rest der Welt wurde überrascht.

Und was geschah danach? Wie haben die Weltöffentlichkeit und der Westen angesichts der Erfahrung des Holocaust und angesichts von 40 Jahren „Holocaust-Education" auf den 7. Oktober reagiert? Bis heute verweigert das Gros der nicht-jüdischen Welt dem terroristisch attackierten Israel Beistand und Solidarität. Sie lässt damit – wie bereits 1938 – die Jüdinnen und Juden im Stich. Im Juli 1938 weigerten sich 31 der 32 Staaten, die an der Konferenz von Evian teilnahmen, jüdische Flüchtlinge aus dem nationalsozialistischen Deutschland und dem von Nazis besetzten Österreich aufzunehmen. Dazu war einzig die Dominikanische Republik bereit (Gutman 1995: 426f). 85 Jahre später ist erneut von einer Empathie mit Jüdinnen und Juden, die sich weltweit mit einem massiven Anstieg antisemitischer Anfeindungen konfrontiert sehen, wenig zu spüren. So unterstützen 32 Staaten und zwei Staatengruppen die Anschuldigung Südafrikas, das von der Hamas angegriffene und sich dann gegen die Angreifer verteidigende Israel betreibe Völkermord an den Palästinensern. Nur zwölf Länder sprachen sich gegen das skandalöse, Opfer und Täter verkehrende Verfahren aus, das von Südafrika beim Internationalen Gerichtshof beantragt wurde.

Und was am meisten erstaunt: Bis heute gibt es kaum eine ernsthafte internationale Auseinandersetzung über die Frage, was am 7. Oktober qualitativ zum Ausbruch kam und wie der hier an den Tag gelegte Frauen- und Judenhass zu erklären und künftig zu verhindern ist. Zwar haben Holocaust-Forscher viel über den eliminatorischen Antisemitismus geschrieben. Nach dem 7. Oktober blieb dieses Wissen jedoch weitgehend ungenutzt: Die Charta der Hamas hat in den nachfolgenden Debatten, von Ausnahmen abgesehen, kaum eine Rolle gespielt.[3] So wurde, was Jüdinnen und Juden weltweit als Teil des globalen jüdischen Schicksals und als existenziell einschneidende Zäsur empfanden, an Universitäten und von Regierungsagenturen der westlichen Welt als Episode behandelt: Man machte weiter, als sei nichts geschehen.

Gleichzeitig schlugen die anfänglichen Solidaritätsbekundungen mit Israel binnen kürzester Zeit in Bezichtigungskampagnen um. Im „globalen Süden" wie auch in der westlichen Welt wurde Israel die Schuld am Hamas-Terror in die Schuhe geschoben. An Universitäten und bei Massenaufmärschen wurde das Massaker der Hamas als Antwort auf 56 oder auch 75 Jahre „Besatzung" interpretiert und Israel für den Gaza-Krieg verantwortlich gemacht (Linfield 2023; Schmid 2024). Leider haben sich auch prominente Holocaust-Forscher bei dem Versuch, die Gründe für das Massaker hauptsächlich bei dessen Opfern zu suchen, unrühmlich hervorgetan;

3 Zu diesen Ausnahmen gehört eine vom YIVO Institute for Jewish Research veranstaltete und von Jeffrey Herf kuratierte dreiteilige Webinar-Serie über „The Origins and Ideology of Hamas" von Anfang 2024: https://www.yivo.org/IdeologySeries-Release.

Professoren, die es eigentlich besser wissen müssten. Zu ihnen gehört Omer Bartov, Professor für Holocaust- und Völkermordstudien an der Brown Universität in Providence, Rhode Island, USA.

Israels Schuld?

Auf die Frage nach den Ursachen für das Massaker des 7. Oktober erwähnte Bartov in einem Interview mit der *Frankfurter Rundschau* Mitte Oktober 2023 den Antisemitismus der Hamas mit keinem Wort, so als würde es diesen überhaupt nicht geben. Er erweckte dadurch den Eindruck, als habe der Überfall auf Israel mit Judenhass nichts zu tun. Stattdessen machte er für die Gräueltaten einzig Israels Politik und die „Unterdrückung von Millionen von Palästinensern“ verantwortlich. Diese habe auf deren Seite „zu Gewalt, zu Wut und Rachedurst“ geführt. Der „verabscheuungswürdige Angriff der Hamas“ müsse deshalb „als Versuch gewertet werden, die Aufmerksamkeit auf die Notlage der Palästinenser zu lenken“ (Seidler 2023). Diese Deutung geht an der Wirklichkeit vorbei.

Erstens verkennt sie das Vorgehen und damit auch das Motiv der Hamas: Der 7. Oktober war keine spontane Rache- und Wutaktion, sondern ein strategischer Schlag, der jahrelang penibel vorbereitet worden ist. Die Hamas-Oberen geben offen zu, dass ihr Vorgehen die „Notlage der Palästinenser“ keineswegs lindern sollte. Sie profitieren ganz im Gegenteil von der sich anschließenden Katastrophe im Gaza-Streifen, weil sie Israel umso wirksamer an den Pranger stellen und das eigentliche Ziel, die Auslöschung Israels und der Juden, umso besser verfolgen können.

Zweitens war das Massaker keine Antwort auf Provokationen Israels. Israels Regierungen hatten sich, ganz im Gegenteil, darum bemüht, die Lage im Gazastreifen zu stabilisieren und den Lebensstandard zu heben. So erlebte Gaza in den Monaten vor dem 7. Oktober einen relativen wirtschaftlichen Aufschwung. Israels Regierung begünstigte diese Entwicklung: Sie duldete über Jahre hinweg, dass Gelder aus Katar an die Hamas gelangten und gestattete, dass Zehntausende Gaza-Bewohner ihr Geld in Israel verdienten. Die Hoffnung, Wohlstand würde den Judenhass stoppen, erwies sich jedoch als Illusion; am 7. Oktober folgte die grausame Quittung.

Drittens stellt Bartov „Millionen von Palästinensern“ mit den Weltanschauungskriegern der Hamas auf eine Stufe und nivelliert damit die Vielfalt an Positionen, die es auch in Gaza und der Westbank gibt. Bei ihm scheinen „Palästinenser“ ausschließlich Opfer zu sein, die keine andere

Wahl haben, als hilflos, mit „Wut und Rachedurst", zu reagieren. Er ignoriert, dass die Hamas mit eigenem Programm und in eigener Verantwortung entschlossen agiert, um anstelle Israels ihren Gottesstaat zu errichten.

Viertens ist sich die Forschung weitgehend darin einig, dass Antisemitismus ein Phantasma ist, das mit real existierenden Jüdinnen und Juden oder mit Kritik an deren Aktivitäten nichts zu tun hat. Bartov distanziert sich von diesem Konsens, wenn er in dem erwähnten Interview behauptet, dass Israel den Hamas-Terror des 7. Oktober verursacht habe. Er ignoriert, dass der Antisemitismus auf Gerüchten und paranoiden Wahnvorstellungen basiert. Antisemiten töten und diskriminieren, ohne dass jüdisches Verhalten hierfür einen Anlass gibt. Es gab für die Ermordung der sechs Millionen oder für die Pogrome, die den Ritualmordanschuldigungen folgten, keine rationalen Gründe. Es gibt sie auch nicht für das Massaker des 7. Oktober; dieses war durch schieren Hass und die bösartigste aller Ideologien motiviert.

Fünftens aber redet Bartov einer Opfer-Täter-Umkehrung das Wort. Seine Sichtweise setzt zwingend voraus, dass das ideologische Programm der Hamas und der Anteil, den dieses Programm vom Nationalsozialismus übernommen hat, aus dem Blickfeld verschwindet. Wer aber vom Antisemitismus der Hamas nichts wissen will, muss sich deren Terror anders erklären. Und was liegt da näher, als Israel die Schuld daran zu geben und bei noch mehr Terror Israel noch mehr Schuld zu geben – eine fatale „Logik", die in letzter Konsequenz auf die Schlussfolgerung hinausläuft: je brutaler der Hamas-Terror, desto ungeheuerlicher Israels Schuld.

Diese pervertierte Logik dürfte erheblich dazu beigetragen haben, dass dem beispiellosen antisemitischen Verbrechen vom 7. Oktober eine ebenso beispiellose globale Welle von Israelhass und Antisemitismus folgte. Beide Irrtümer hängen zusammen: Erstens werden die Verbrechen der Hamas von ihren ideologischen Quellen abgekoppelt und dadurch entschuldigt oder rationalisiert; zweitens wird dadurch einem Klassiker des modernen Antisemitismus – der Behauptung, dass Juden selbst schuld daran seien, wenn sie verfolgt werden – Raum verschafft. Das Dogma, dass Israel schuldig sei, basiert auf dem Dogma, dass es eine Verbindung zwischen dem Antisemitismus der Hamas und dem der Nazis nicht gebe; das eine ist Voraussetzung für das andere.

Dass dieses Muster selbst bei einem verdienten Forscher wie Omer Bartov seine Spuren hinterlassen hat, ist erstaunlich. Denn Bartov hatte, bevor er als prominenter „Israelkritiker" in Erscheinung trat, den Nazi-Bezug der Hamas-Charta durchaus erkannt und öffentlich angeprangert. In einem Aufsatz von 2004 bezeichnete er die Charta als „die klarste und erschreckendste Verbindung zwischen Hitlers Antisemitismus und der heutigen Welle von Gewalt, Hass, Paranoia und Verschwörungstheorien"; sie enthalte „die unverhohlensten antisemitischen Bekundungen in einem öffentlichen Dokument seit Hitler." Es gebe somit „eine dem Antisemitismus Hitlers ähnliche Qualität im neuen Antisemitismus." Das bedeute, so Bartov in der deutschen Version seines Aufsatzes von 2004 (die er 2019 unverändert neu veröffentlichen ließ), „dass der Islamismus einen sehr europäischen, nazi-ähnlichen, genozidalen Antisemitismus in sich aufgenommen hat" (Bartov 2019: 54f.).[4]

Tabu-Thema Holocaust?

Von diesen richtigen Einsichten wollte Bartov jedoch im Zusammenhang mit dem 7. Oktober nichts mehr wissen. So kritisierte er in dem weiter oben erwähnten Interview, das die *Frankfurter Rundschau* eine Woche nach dem Massaker publizierte, alle Versuche, den Terror der Hamas mit dem Holocaust in irgendeine Beziehung zu setzen. Er bezeichnete sie als „falsch, irreführend und ideologisch getrieben" (Seidler 2023). Am 20. November veröffentlichte er gemeinsam mit bekannten Autoren wie Christopher R. Browning, Michael Rothberg und A. Dirk Moses sowie zwölf weiteren Kolleginnen und Kollegen einen *Offenen Brief über den Missbrauch der Holocaust-Erinnerung*. Darin wenden sich die Unterzeichner, unter ihnen die Direktorin des Berliner Zentrums für Antisemitismusforschung, Stefanie Schüler-Springorum, nicht nur gegen einen Missbrauch des Gedenkens, wie er zum Beispiel in der inflationären Verbreitung von Holocaust- und Nazi-Analogien zum Ausdruck kommt. Sondern sie lehnen auch bei dem Bemühen, die Ursachen des Massakers vom 7. Oktober zu verstehen, jedwede Bezugnahme auf den Nazismus und den Holocaust ab. Sie bezeichnen in ihrem Brief die Anknüpfung an den Holocaust als „intellektuelles und moralisches Versagen" (Open Letter 2023).

Zwar räumt der *Offene Brief* ein, dass der 7. Oktober viele Jüdinnen und Juden an die Shoah und auch an frühere Pogrome erinnert habe. Zugleich

4 Die ursprüngliche Fassung dieses Aufsatzes veröffentlichte Bartov unter dem Titel „He meant what he said. Did Hitlerism die with Hitler?", in: The New Republic, 2. Februar 2004, https://newrepublic.com/article/96369/hitler-wwii-middle-east-islam.

weist er diese Assoziation aber vehement zurück: „Die Berufung auf die Erinnerung an den Holocaust *verstellt* den Blick auf den Antisemitismus, dem Juden heute ausgesetzt sind, und stellt die Ursachen der Gewalt in Israel und Palästina *gefährlich falsch* dar."[5] (Ebd., Herv. d. Verf.)

Diese Kernaussage des *Offenen Briefes* ist in zweifacher Hinsicht bemerkenswert. Sie unterstellt zum einen fälschlich, dass der Antisemitismus, dem Juden „heute" ausgesetzt sind, mit dem Judenhass, der im Holocaust gipfelte, wenig oder nichts gemein habe. Die ideologischen, historischen und semantischen Beziehungen, die den Antisemitismus der Hamas mit dem der Nazis verbinden und die wissenschaftliche Literatur, die diesen Zusammenhang belegt (Herf 2006; Herf 2009; Litvak/Webman 2009; Motadel 2014; Küntzel 2024), kann mittlerweile nur noch übersehen, wer sie partout übersehen will. Wer dies ausblendet, macht aber nicht nur allein Israel für den Judenhass in der arabischen Welt verantwortlich, sondern verharmlost ihn, indem er ihm ein gleichsam rationales Motiv unterstellt.

Ein Beispiel für diese Verharmlosung lieferte der amerikanische Politikwissenschaftler Marc Lynch. Lynch ging im Rahmen einer Buchbesprechung in der renommierten Zeitschrift *Foreign Affairs* auf den weiter oben zitierten al-Qaradawi ein, der den Holocaust als „göttliche Bestrafung" bezeichnet und erklärt hatte: „So Allah will, wird die nächste Bestrafung seitens der Gläubigen erfolgen." Lynch sah darin keinen Antisemitismus. Für ihn war diese Drohung lediglich Ausdruck von Israelkritik. Sie zeige, so Lynch, dass al-Qaradawi „gewiss feindselig gegenüber Israel" eingestellt sei (Lynch 2010a).

Damit aber war der Autor des rezensierten Buches, Paul Berman, nicht einverstanden: Lynch verstecke sich „hinter Euphemismen, in diesem Fall seine Formulierung ‚feindselig gegenüber Israel', obwohl er eigentlich ‚hitlerisch' meint", schrieb Berman in der Folgeausgabe von *Foreign Affairs* (Berman 2010). Lynch aber wollte von dieser These, dass er „hitlerisch" gemeint haben könnte, nichts wissen. Stattdessen bestand er auf seiner Position: Al-Qaradawi habe mit seiner Holocaust-Äußerung „eine extrem feindliche Sicht auf Israel zum Ausdruck gebracht", so seine Erwiderung (Lynch 2010b).

Gegen alle Evidenz verteidigt hier Lynch, wie viele seiner Kolleginnen und Kollegen, das Dogma der Diskontinuität – also die These, dass es

5 Im englischen Original: „Appealing to the memory of the Holocaust obscures our understanding of the antisemitism Jews face today, and dangerously misrepresents the causes of violence in Israel-Palestine."

zwischen Hitlers Hass auf Juden und dem islamistischen Hass auf Israel keinerlei Verbindung gibt. Fehleinschätzungen dieser Art trugen und tragen erheblich dazu bei, dass der radikale Judenhass der Muslimbruderschaft und der Hamas auf die leichte Schulter genommen und die Katastrophe des 7. Oktober ermöglicht wurde.

In dem *Offenen Brief* von Bartov und anderen heißt es, die Berufung auf die Erinnerung an den Holocaust stelle „die Ursachen der Gewalt in Israel und Palästina *gefährlich falsch* dar". Besteht also, wenn ich mein Wissen über den Holocaust mit dem 7. Oktober in eine Beziehung setze, eine „Gefahr"? Und um welche Gefahr handelt es sich? Der Kontext des *Offenen Briefes* gibt hierüber Auskunft. Während das Massaker der Hamas wiederholt als „current crisis" verharmlost wird, erheben die Unterzeichner den Vorwurf der „großflächigen Tötung" allein gegenüber Israel, dessen 75-jährige Geschichte sie für die „Gewaltspirale" verantwortlich machen. „Es gibt keine militärische Lösung in Israel-Palästina" schrieben sie wenige Wochen nach dem 7. Oktober, ohne zu sagen, wie der Mordrausch der Hamas nicht-militärisch hätte beendet werden können.

Offenbar ist für sie „die Berufung auf die Erinnerung an den Holocaust" deswegen „gefährlich falsch", weil dieser Aspekt die Dichotomie von angeblicher zionistischer Perfidie auf der einen und palästinensischer Unschuld auf der anderen Seite untergräbt. Natürlich kann Benjamin Netanjahu und die von ihm verantwortete Art der Kriegsführung kritisiert werden. Es gibt gleichwohl kein Argument, welches das Ausblenden der realen Bedrohungen Israels und die Ignoranz gegenüber der Ideologie seiner Feinde rechtfertigt. Wer dies dennoch tut, dämonisiert Israel, indem er den Eindruck erweckt, das Land wolle mutwillig Krieg. Dies aber unterscheidet eine ernsthafte Kritik an der israelischen Regierung von der ansonsten so verbreiteten „Israelkritik": In dem einen Fall wird die besondere Gefährdung des Landes berücksichtigt, während im anderen Fall dieser Kontext israelischer Existenz verleugnet oder verschwiegen wird.

Beispielhaft für dieses Verschweigen ist die Erklärung *The Elephant in the Room*, die Bartov und andere am 17. August 2023 veröffentlichten. Hier wurde ausschließlich das „Besatzungsregime" Israels an den Pranger gestellt, ohne die Feinde Israels auch nur zu erwähnen (Bartov et al. 2023a). 49 Tage nach Veröffentlichung dieser Erklärung, die binnen einer Woche über 2.000 Unterzeichner fand, überraschte die Hamas mit ihrem Massaker die Welt. Nun entpuppte sich der islamische Antisemitismus als der eigentliche „Elephant in the Room", also als *das* Phänomen, das niemand sehen will, obwohl es omnipräsent ist. Bei dieser spezifischen Blindheit ist es auch nach dem 7. Oktober geblieben: Fast alle Unterzeichner der *Elephant*-Erklärung blieben bei ihrer Position.

„Neue Historiker"

Am 8. Dezember 2023 reagierten die Historiker Jeffrey Herf und Norman J. W. Goda auf den *Offenen Brief über den Missbrauch der Holocaust-Erinnerung*. Sie veröffentlichten ein von 31 weiteren Wissenschaftlern und Wissenschaftlerinnen unterzeichnetes Kritik-Papier, das den pauschalen Vorwurf des Holocaust-Missbrauchs zurückweist. Sie bezeichnen darin die Ereignisse des 7. Oktober als „den größten Massenmord an Juden seit dem Holocaust" und betonen, dass es ideologisch „eine Verbindung zwischen den Nazis und der Hamas" gibt.

Sie thematisieren „die ausgeprägte Form des islamistischen Judenhasses", die „in den 1930er Jahren mit der Muslimbruderschaft aufkam" und betonen, dass „diese Mischung aus islamistischem und europäischem Judenhass zwar nicht von der gesamten arabisch-muslimischen Welt geteilt wird, aber gleichwohl hinsichtlich der Existenz eines jüdischen Staates einen Schatten auf den Nahen Osten geworfen hat."

Sie kritisieren die antizionistische Stoßrichtung des *Offenen Briefes* und fordern abschließend einen „unvoreingenommenen Blick auf die Verbindungen zwischen Vergangenheit und Gegenwart in der Hamas-Diktatur und ihrer Aktionen" (Herf/Goda et al.: 2023).[6] In seinem jüngsten Buch *Israel Alone* würdigt der französische Essayist Bernard-Henri Lévy den von Herf und Goda gegründeten Kreis als eine „Gruppe von neuen Historikern, dessen Mitglieder [...] die Verbindungen zwischen dem Nazismus und der arabisch-muslimischen Welt dokumentiert haben" (Lévy 2024: 119f).

Gleichwohl wiesen die Unterzeichner des *Offenen Briefes über den Missbrauch der Holocaust-Erinnerung* die Kritik von Herf und Goda in einer kurzen Replik zurück. Wer behaupte, heißt es in dieser Erwiderung, dass es bestimmte ideologische Gemeinsamkeiten zwischen dem Nationalsozia-

6 Zu den Unterzeichnern gehören neben Goda und Herf: Joseph Bendersky, Russell A. Berman, Paul Berman, Richard Breitman, Magnus Brechtken, Martin Cüppers, Havi Dreifuss, Ingo Elbe, Tuva Friling, Sander Gilman, Stephan Grigat, Susannah Heschel, David Hirsh, Günther Jikeli, Martin Kramer, Matthias Küntzel, Meir Litvak, Dan Michman, Joanna B. Michlic, Benny Morris, Cary Nelson, Bill Niven, Alvin Rosenfeld, Gavriel Rosenfeld, Roni Stauber, Norman A. Stillman, Karin Stögner, Izabella Tabarovsky, James Wald, Thomas Weber und Elhanan Yakira.

lismus und der Hamas gäbe, würde lediglich „dem Mythos eines nazi-ähnlichen islamischen Antisemitismus" auf den Leim gehen (Bartov et al.: 2023b). Ein Mythos? Ein Phänomen, das es in Wirklichkeit gar nicht gibt? Eine solch offenkundig ignorante Haltung ist intellektuell unhaltbar. Dies gilt besonders für Bartov, der vor wenigen Jahren noch schrieb: „Wenn eine selbsternannte Befreiungsorganisation die Vernichtung des jüdischen Staates verlangt, darf man nicht so tun, als verlangte sie etwas anderes. Wo die Klarheit aufhört, da beginnt die Mittäterschaft." (Bartov 2019: 55)

Versagen der Holocaust-Erziehung

Der Nahost-Konflikt wurde zwischen 1937 und 1945 nazifiziert. Eine Entnazifizierung hat in den nachfolgenden Jahrzehnten nie stattgefunden. Heute wollen viele von dieser verstörenden Wirklichkeit – der Tatsache, dass mit dem Antisemitismus im Nahen Osten ein Stück NS-Geschichte in die Gegenwart hineinragt – nichts wissen. Ohne Entnazifizierung wird es Frieden im Nahen Osten aber nicht geben.

Wenn Bartov und dessen Mitunterzeichner sämtliche Assoziationen mit der Shoah so vehement zurückweisen, flüchten sie vor dieser Wirklichkeit: Seit dem 7. Oktober lassen sich Holocaust-Geschichte und Gegenwart nicht länger trennen. Andersherum kann das Massaker kaum begreifen, wer nicht den Holocaust und die ihm zugrunde liegende Bedeutung des Antisemitismus mit in Betracht zieht. Auch deshalb sollte der 7. Oktober Anlass sein, den Holocaust wissenschaftsgestützt zu vergegenwärtigen und allen Versuchen entgegenzutreten, die Erinnerung an die Shoah seitens postkolonialer, sich als progressiv verstehender Milieus infrage zu stellen (Klävers 2023) oder sie als Feigenblatt abzutun, hinter dem die israelische Regierung angebliche Untaten verbirgt.

Die Monate nach dem Massaker haben ein Versagen der bisherigen westlichen Holocaust-Erziehung kenntlich gemacht. Diese wollte in ihren mehrheitlichen Ausprägungen von den Nachwirkungen der Nazi-Ideologie in der muslimischen Welt nichts wissen. Im November 2023 räumte dies Dani Dayan, der Vorstandsvorsitzende von Yad Vashem, auch für israelische Perspektiven ein: „Wir in Yad Vashem sind Experten für die Nazi-Ideologie, nicht für die barbarische Ideologie der Hamas. Wir haben sie nicht erforscht." (Zit. n. Kauschke 2023)

Damit muss es ein Ende haben. Der 7. Oktober zeigt, dass die Vergangenheit nicht vergangen ist. Die Gegenwart erfordert eine neue Bezugnahme auf den Holocaust. So sollte künftig jedes Shoah-Gedenken ein Anti-Antisemitismus-Gedenken sein, welches den genozidalen Judenhass, der nach Auschwitz und im Nahen Osten weiterlebt, und der Israel in seiner Existenz bedroht, nicht länger tabuisiert. Leider ist man davon, wie die Holocaust-Gedenkfeiern seit dem 7. Oktober zeigen, weit entfernt. Gleichzeitig müsste der Kampf gegen den Antisemitismus stets mit dem Ziel einer Holocaust-Awareness geführt werden, bei der es nicht nur um die Einzigartigkeit des Verbrechens, sondern auch um die Einzigartigkeit des Hasses geht, die dieses möglich machte.

Wenn auch die Kluft zwischen dem Massaker und dem beispiellosen Verbrechen Auschwitz unüberbrückbar bleibt, gibt es Ähnlichkeiten im Detail. So erinnert die Mord-Besessenheit der Täter des 7. Oktober an den Fanatismus der Nazis. Ebenso ähnelt das Gefühl absoluter Hilfslosigkeit bei den Opfern des 7. Oktober der Hilfslosigkeit der Shoah-Opfer. Allerdings konnten die einen im Gegensatz zu den anderen auf Rettung durch israelische Streitkräfte hoffen – ein wesentlicher Unterschied, der nochmals die Bedeutung des jüdischen Staates in Erinnerung ruft.

Das Massaker des 7. Oktober war keine regionale Episode, über die man schnell hinweggehen könnte, sondern es beendete einen historischen Zeitabschnitt. Zwischen 1945 und 2023 waren antijüdische Pogrome aufgrund der zeitlichen Nähe zum Holocaust verpönt. Seit dem 7. Oktober und der massenhaften Zustimmung zum Massaker in Hörsälen, auf Demonstrationen und in sozialen Netzwerken ist dieses Tabu gefallen: Der mörderische Judenhass ist zurück. Plötzlich gibt es sie wieder: die Jagd auf Juden, wie in Amsterdam (Rodan-Benzaquen 2024) und in Dagestan (Strandberg 2023) und die vorbereitende Kennzeichnung von Häusern, in denen Juden wohnen. Wir haben es mit dem Beginn eines neuen und globalen antisemitischen Kriegs zu tun, bei dem alle Jüdinnen und Juden sich angegriffen fühlen müssen, weil sie alle angegriffen werden.

Diejenigen aber, die wie Bartov und andere, die eine ideologische Verbindung zwischen dem Hamas-Massaker und der Shoah bestreiten und stattdessen Israel für den 7. Oktober verantwortlich machen, haben diesen Zusammenhang nicht nur nicht begriffen, sondern tragen zur Verbreitung von Antisemitismus und Israelhass bei.

Dabei stehen die Zeichen weiter auf Sturm: Die Abwehrkämpfe der israelischen Streitkräfte gegen die Hamas, die Hisbollah und das iranische Regime haben die Kräfte des Islamismus in der Region zwar geschwächt, nicht aber besiegt. Diese bereiten sich weiterhin darauf vor, den jüdischen Staat Israel vollständig auszulöschen – ein Ziel, dass sie explizit und lauthals der ganzen Welt verkünden (Grigat 2025). So erklärte Irans Revolutionsführer Ali Khamenei, dass spätestens 2040 Israel nicht mehr existieren werde. Eine Countdown-Uhr in Teheran, die 2025 bei den israelischen Luftschlägen gegen das iranische Regime beschädigt wurde, zeigte die Anzahl der noch verbleibenden Tage bis zu diesem vermeintlichen Ende an (Büscher 2024).

Derzeit leben 47 Prozent des Weltjudentums in Israel. Deshalb wird es, so Alvin Rosenfeld, „ohne den Staat Israel keine jüdische Zukunft geben, die diesen Namen verdient" (Rosenfeld 2024). Israel ist heute aber nicht nur als Schutzraum für Juden wichtiger denn je. Sondern es war immer auch Symbol für Anderssein und Differenz. Das Gegenkonzept der Hamas ist die faschistisch durchgesetzte Homogenität. Israel ist kein besseres Land als andere Länder, aber seine Existenz entscheidet über die Zukunft der Welt.

Literatur

Adorno, Theodor W. (1994): Negative Dialektik, Frankfurt am Main: Suhrkamp.

Al-Jazeera Network (2009): Sheik Yousuf Al-Qaradhawi: Allah Imposed Hitler upon the Jews to Punish Them [...], MEMRI-TV, # 2005, 28.01.2009, https://www.memri.org/tv/sheik-yousuf-al-qaradhawi-allah-imposed-hitler-upon-jews-punish-them-allah-willing-next-time-will.

Bartov, Omer (2019): Der alte und neue Antisemitismus, in: Heilbronn, Christian/Rabinovici, Doron/Sznaider, Natan (Hg.): Neuer Antisemitismus. Fortsetzung einer globalen Debatte, Berlin: Suhrkamp, 28–62

Bartov, Omer et al. (2023a): The Elephant in the Room, 06.08.2023, https://diak.org/2023/08/17/der-elephant-im-raum/.

Bartov, Omer et al. (2023b): Reply, in: The New York Review of Books, 08.12.2023, https://www.nybooks.com/online/2023/12/08/an-exchange-on-holocaust-memory/.

Baumgarten, Helga (2006): Hamas. Der politische Islam in Palästina, Kreuzlingen/München: Hugendubel.

Berman, Paul/Herf, Jeffrey/Lynch, Marc (2010): Islamism, Unveiled. From Berlin to Cairo and Back Again, in: Foreign Affairs, September/October 2010.

British National Archive (BNA) (1939): FO 371/23343, 10.09.1939, Note on German Suspects – Egypt: 21.

Büscher, Gudrun (2024): Erzfeinde Israel und Iran: Woher der Hass kommt, in: Berliner Morgenpost, 01.10.2024.

Buske, Jérôme (2023): Vernichtender Hass, Jungle World, 23.11.2023, https://jungle.world/artikel/2023/47/videos-hamas-brutalitaet-massaker-vernichtender-hass.

El-Awaisi, Abd al-Fattah M. (1998): The Muslim Brothers and the Palestine Question 1928–1947, London: Tauris.

Friedländer, Saul (2006): Die Jahre der Vernichtung. Das Dritte Reich und die Juden 1939–1945, München: C.H.Beck.

Grigat, Stephan (2025): Terror aus Teheran. Der Antisemitismus der Ajatollahs, die Struktur des iranischen Regimes und die deutsche Iran-Politik, in: Grigat, Stephan: Vom Antijudaismus zum Hass auf Israel. Interventionen zur Kritik des Antisemitismus, Opladen: Barbara Budrich, 83–122.

Gutman, Israel (Hg.) (1995): Enzyklopädie des Holocaust. Die Verfolgung und Ermordung der europäischen Juden, Band I (A-G), München/Zürich: Piper.

Haaretz (2023): Hamas Official: We Will Repeat October 7 Attacks Until Israel Is Annihilated, 01.11.2023, https://www.haaretz.com/israel-news/2023-11-01/ty-article/hamas-official-we-will-repeat-october-7-attacks-until-israel-is-annihilated/0000018b-8b9d-db7e-af9b-ebdfbee90000.

Hamas Media Office (2024): Our Narrative ... Operation Al-Aqsa Flood, 5, https://archive.org/details/operation-al-aqsa-flood-our-narrative/page/13/mode/2up [28.01.2025].

Herbert, Ulrich (1996): Best – Biographische Studien über Radikalismus, Weltanschauung und Vernunft 1903–1989, Bonn: Dietz.

Herf, Jeffrey (2006): The Jewish Enemy. Nazi Propaganda During World War II and the Holocaust, Cambridge (MA)/London: Harvard University Press.

Herf, Jeffrey (2009): Nazi Propaganda for the Arab World, New Haven, CT: Yale University Press.

Herf, Jeffrey (2010): Hitlers Dschihad. Nationalsozialistische Rundfunkpropaganda für Nordafrika und den Nahen Osten, in: Vierteljahrshefte für Zeitgeschichte, 58(2), 259–286.

Herf, Jeffrey/Goda, Norman J. W. (2023): An Open Letter on Hamas, Antisemitism, and Holocaust Memory, in: The New York Review of Books, 08.12.2023, https://www.nybooks.com/online/2023/12/08/an-exchange-on-holocaust-memory/.

Herf, Jeffrey (2024): An Interrupted Genocide, in: Quillette, 18.07.2024, https://quillette.com/2024/07/18/an-interrupted-genocide-7-october-gaza-israel/.

Ilnai, Itay/Piatov, Filipp (2024): Like sadistic Nazis: Secret Hamas papers reveal step-by-step action plan for Oct. 7, in: Israel Hayom, 28.06.2024, https://www.israelhayom.com/2024/06/28/like-sadistic-nazis-secret-hamas-papers-reveal-step-by-step-action-plan-for-oct-7/.

Kauschke, Detlef David (2023): „Nie wieder ist jetzt", in: Jüdische Allgemeine, 09.11.2023, https://www.juedische-allgemeine.de/politik/nie-wieder-ist-jetzt-2/.

Klävers, Steffen (2023): Postkoloniale Holocaustdeutungen und der Historikerstreit 2.0, in: Grigat, Stephan/Hoffmann, Jakob/Seul, Marc/Stahl, Andreas (Hg.): Erinnern als höchste Form des Vergessens? (Um-)Deutungen des Holocaust und der „Historikerstreit 2.0", Berlin: Verbrecher, 289–314.

Küntzel, Matthias (2009): Die Deutschen und der Iran: Geschichte und Gegenwart einer verhängnisvollen Freundschaft, Berlin: wjs.

Küntzel, Matthias (2019): Nazis und der Nahe Osten, Berlin und Leipzig: Hentrich & Hentrich.

Küntzel, Matthias (2023): Islamischer Antisemitismus: Kennzeichen, Ursprünge, Folgen, in: Grigat, Stephan (Hg.): Kritik des Antisemitismus in der Gegenwart: Erscheinungsformen – Theorien –Bekämpfung, Baden-Baden: Nomos, 79–101.

Küntzel, Matthias (2024): Nazis, Islamic Antisemitism and the Middle East, London/New York: Routledge.

Lévy, Bernard-Henri (2024): Israel Alone, New York/Nashville: Post Hill Press.

Lia, Brynjar (1988): The Society of the Muslim Brothers in Egypt, Reading: Ithaca Press.

Linfield, Susie (2024): The Return of the Progressive Atrocity, in: Quillette, 18.11.2023, https://quillette.com/2023/11/18/the-return-of-the-progressive-atrocity/.

Litvak, Meir/Webman, Esther (2009): From Empathy to Denial. Arab Responses to the Holocaust, London: Hurst & Company.

Lynch, Marc (2010a): Veiled Truths. The Rise of Political Islam and the West, in: Foreign Affairs, July/August 2010.

Lynch, Marc (2010b): Lynch Replies, in: Foreign Affairs, September/October 2010.

Meier, Christian (2024): Wer ist Yahya Sinwar?, in: Frankfurter Allgemeine Zeitung, 07.08.2024, https://www.faz.net/aktuell/politik/krieg-in-nahost/neuer-anfuehrer-der-hamas-wer-ist-yahya-sinwar-19905393.html.

MEMRI (2023a): Hamas Leader Abroad Khaled Mash'al: Our Tunnels and Weapons Are Still Intact […], Special Dispatch No. 10980, 27.11.2023, https://www.memri.org/reports/hamas-leader-abroad-khaled-mashal-our-tunnels-and-weapons-are-still-intact-we-can-maneuver.

MEMRI (2023b): For Hamas Leadership, Beheading Is A Recommended Practice, Special Dispatch No. 10904, 25.10.2023, https://www.memri.org/reports/hamas-leadership-beheading-recommended-practice.

Motadel, David (2014): Islam and Nazi Germany's War, London: Harvard University Press.

Müller, Herta (2024): Ich kann mir die Welt ohne Israel nicht vorstellen, in: Frankfurter Allgemeine Zeitung, 03.06.2024.

Nettler, Ronald L. (1987): Past Trials and Present Tribulations. A Muslim Fundamentalist's View of the Jews, Oxford: Pergamon Press.

Nusseibeh, Sari (2007): Once Upon A Country: A Palestinian Life, New York: Picador.

Open Letter on the Misuse of Holocaust Memory (2023), The New York Review of Books, 20.11.2023, https://www.nybooks.com/online/2023/11/20/an-open-letter-on-the-misuse-of-holocaust-memory/.

Rodan-Benzaquen, Simone (2024): Following the Pogrom in Amsterdam, Europe Must Act Now to Protect Jews, in: The Algemeiner, 04.12.2024, https://www.algemeiner.com/2024/12/04/following-the-pogrom-in-amsterdam-europe-must-act-now-to-protect-jews/.

Rosenfeld, Alvin H. (2024): Longing for Auschwitz. The ultimate aims of the war against the Jewish state would rival the worst horrors of our history, in: Tablet, 04.03.2024, https://www.tabletmag.com/sections/history/articles/longing-for-auschwitz.

Schmid, Thomas (2024): Egal, was Israel tut. Es landet auf der Anklagebank, in: Die Welt, 10.06.2024.

Sarisohn, Hannah (2024): President Herzog reveals antisemitic book discovered in Gaza home, analyzes hostage talks, in: Jerusalem Post, 17.02.2024, https://www.jpost.com/israel-news/article-787468.

Seidler, Ulrich (2023): Genozidforscher zu Hamas-Attacke: ‚Netanjahu hat den Wind gesät', in: Frankfurter Rundschau, 16.10.2023, https://www.fr.de/kultur/israel-konflikt-genozidforscher-hamas-attacke-netanjahu-hat-den-wind-gesaet-92581137.html.

Strandberg, Anatoly (2023): Pogrom In Russia's Republic of Dagestan, MEMRI Inquiry and Analysis Series No.1723, 01.11.2023.

Taguieff, Pierre-André (2025): Au cœur de l'antisionisme radical: le mythe du « complot sioniste mondial, in: Schiffer, Daniel Salvatore (Hg.): Contre l'antisémitisme, pour Israël, Paris [im Erscheinen].

The New York Review of Books (2023): Reply, 08.12.2023, https://www.nybooks.com/online/2023/12/08/an-exchange-on-holocaust-memory/.

Memefizierter Antisemitismus

Protest und antisemitische Projektion auf TikTok, Instagram & Co im Schatten des 7. Oktobers

Tobias Ebbrecht-Hartmann

Die folgenden Ausführungen werden von der Frage geleitet, welche Rolle soziale Medien und insbesondere Plattformen wie Instagram und TikTok vor und nach dem 7. Oktober 2023 im Hinblick auf die globale Intensivierung des Nahostkonflikts und insbesondere die Verbreitung antisemitischer Bilder und Projektionen spielten und wie sich die Diskurse über den 7. Oktober und den Krieg in Gaza auf diesen Plattformen einordnen und verstehen lassen. Sie basieren auf einzelnen Fallstudien und Beobachtungen, die durch Close Readings und multimodale Inhalts- und Formanalysen ausgewählter Beispiele gewonnen wurden. Diese Beispiele sind nicht repräsentativ für den Diskurs über den Nahostkonflikt in sozialen Medien, sondern bilden die Ergebnisse eines explorativen Verfahrens ab, mit dessen Hilfe in den Monaten seit dem 7. Oktober 2023 und dem Beginn des Gaza-Krieges signifikante und symptomatische audiovisuelle Beiträge auf Instagram und insbesondere auf TikTok identifiziert und mit dem Ziel einer Kategorisierung ausgewertet wurden. Beide Plattformen spielen eine wichtige Rolle im Spannungsfeld zwischen kreativen und spielerischen Formen des Aktivismus auf der einen und antisemitischen Projektionen auf der anderen Seite. Gerade das Format der kurzen Videos eignet sich sowohl für die Kommunikation von Informationen und unterschiedlichen Sichtweisen auf den Krieg als auch für die Weitergabe von, an moderne Kommunikationsformen in sozialen Medien angepassten, antisemitischen Bilderwelten. Die Untersuchung dieses Spannungsfeldes steht im Zentrum der folgenden Analyse, deren Ziel es ist, Begrifflichkeiten und Kategorien zur besseren Bestimmung und Unterscheidung aktivistischer und antisemitisch motivierter Interventionen auf diesen Plattformen zu entwickeln.

Der 7. Oktober und die sozialen Medien

Bereits in Artikel 13 ihrer Charta von 1988 hatte die islamistische Terrororganisation Hamas unmissverständlich klargestellt: „Die Palästina-Frage kann nur durch den Dschihad [den heiligen Krieg] gelöst werden. Initiativen, Vorschläge und internationale Konferenzen sind sinnlose Zeitvergeudung […]." (Hamas 2023 [1988]: 9) An dieser Haltung hat sich auch in der Neuformulierung ihrer Ziele und Strategien von 2017 nichts geändert. In Artikel 19 dieser Version heißt es: „Es gibt keine Anerkennung der Legitimität der zionistischen Einheit." (Hamas 2023 [2017]: 4) Und in Artikel 20 bekräftigt die Hamas die gewaltsame Zerstörung Israels in den Grenzen vor 1967 und erteilt jeder Form von Verhandlungslösung eine Absage. Sie erklärt, dass „kein Teil des Landes Palästina aufgegeben oder zugestanden werden darf" und „lehnt jede Alternative zur vollständigen und uneingeschränkten Befreiung Palästinas [also der Zerstörung Israels und Unterwerfung oder Vertreibung seiner Bewohner:innen] vom Fluss bis zum Meer ab." (Ebd.) Für Israel, zumeist nur als „zionistisches Projekt" oder „Feind" chiffriert, findet die Organisation klare Worte: „Das israelische Staatsgebilde ist der Spielball des zionistischen Projekts und seine Basis der Aggression." (Ebd.)

Aus diesen Formulierungen geht klar hervor, dass trotz der späteren Beteuerung in 2017, die Hamas richte sich nicht gegen Jüdinnen und Juden im Allgemeinen, das Weltbild, das beiden Fassungen ihrer Charta zugrunde liegt, zutiefst vom Antisemitismus geprägt ist. Dieses Weltbild ist handlungsleitend für die politischen und militärischen Initiativen der Organisation. Die Konstruktion eines absoluten Feindbildes, die Zuschreibung von weltweitem Einfluss und Macht, die Betonung der „Künstlichkeit" des israelischen Staaten"gebildes" gegenüber der als natürlich behaupteten Ursprünglichkeit des palästinensischen Volkes – all das sind Adaptionen klassischer antijüdischer Zuschreibungen, die in eine von relationalen Bezugsgrößen wie sozialer Realität, Geschichte oder Politik völlig losgelösten Fiktion von Israel als Projektionsfläche münden, die am 7. Oktober 2023 angegriffen wurde. Getroffen wurden mit diesem grausamen Angriff auf Dörfer, Städte und Kibbuzim in der Nähe des von der Hamas kontrollierten Gazastreifens aber konkrete Menschen: Alte, Junge, Kinder, Jüdinnen und Juden, muslimische Araber:innen, Beduin:innen, ausländische Arbeiter:innen, die durch diese Form exkludierenden Denkens zu vermeintlich legitimen Zielen gemacht wurden. Nach den Gräueltaten erklärte ein Sprecher der Hamas unumwunden in einem auf Arabisch veröffentlichten Statement:

> Israel ist ein Staat, der von der Weltkarte entfernt werden muss. Die Araber und die gesamte islamische Umma müssen ihn beseitigen, und wir scheuen uns nicht, das mit allem Nachdruck zu sagen. Dieser Angriff war nur der erste, und es wird einen zweiten, dritten und vierten geben. Man nennt uns eine Nation von Heiligen, und wir sind stolz, unsere Heiligen zu opfern. (Leshem 2024: 39)

Aber so wie unbestreitbar ist, dass es ohne diese antisemitische Ideologie der Hamas nie zum eruptiven Ausbruch genozidaler Gewalt am 7. Oktober des vergangenen Jahres gekommen wäre, so ist doch auch richtig, dass die Massaker, Verstümmelungen, Demütigungen, Plünderungen und Vergewaltigungen ohne digitale Videotechnologie, mobile Live-Streams und soziale Medien so nicht möglich gewesen wären und nicht dieselbe Wirkung entfacht hätten. In den Morgenstunden des 7. Oktobers diente unter anderem der Kurznachrichten- und Messengerdienst Telegram der Hamas dazu, ihre verbrecherischen Taten mit ihren Anhängern und einer weltweiten Öffentlichkeit zu teilen. Mit Hilfe von an den Uniformen von Hamas-Kämpfern befestigten mobilen Kameras wurden die Angriffe auf Militärbasen, Zivilist:innen in Ortschaften und Städten wie Be'eri oder Sderot sowie die Besucher:innen des NOVA-Festivals live über die Kurzvideoplattform TikTok gestreamt. Videos vom Angriff der Hamas und der Entführung von Israelis nach Gaza wurden am 7. Oktober über die Plattform X einer weltweiten Öffentlichkeit bekannt. In einem Telegram-Post vom 9. Oktober 2023 betonte die Hamas, diese fortgesetzten Live-Aufnahmen ihrer „Mujahedin“ legten Zeugnis über die „Kämpfe“ ab und sprächen somit für sich selbst. Damit erklärte sie explizit, dass diese Bilder und ihre Verbreitung in sozialen Netzwerken als offizielle Erklärungen über Ziele und Strategien der Hamas zu verstehen seien (zit. n. Azani/Haberfeld 2023: 4). Dem Journalisten Eric Cortellessa zufolge verdeutlichen die über soziale Medien geteilten Gräuelbilder eine „neue Social-Media-Strategie“ der Hamas: „by recording and broadcasting the savagery of its own attack, Hamas is trying to assert itself as the dominant resistance movement in the Middle East” (Cortellessa 2023).

Auf Grundlage dieser globalen Bilderflut, welche die von der Hamas euphemistisch als „Al-Aqsa-Flut“ bezeichneten Angriffe begleitete, müssen auch die ersten Reaktionen auf die Gewalt vom 7. Oktober verstanden werden. Während in Israel Tausende Raketen auf Städte wie Tel Aviv niedergingen und sich erst langsam ein Bild vom Ausmaß der Gewalt an der Grenze zum Gazastreifen abzeichnete, wurde der Angriff der Hamas bereits an einigen Orten der Welt mit Süßigkeiten gefeiert und mit Solidaritätsbekundungen beantwortet. Sinnbildlich steht dafür ein vielfach auf unterschiedlichen Plattformen geteiltes Internet-Meme, das die Silhouette eines Paragliders zeigt, der mit einer palästinensischen Fahne markiert ist. Darunter steht zu lesen: „I stand with Palestine." Es wurde u. a. von der Gruppe Black Lives Matters Chicago Anfang Oktober 2023 verbreitetet.[1]

Solche Memes bestehen aus Bildern, Videos und/oder kurzen Texten und sind die kreativen Ergebnisse von nutzergenerierten Inhalten, die mit Mitteln von Nachahmung reproduziert und als interpretative Variationen leicht und schnell verbreitet werden können. Die Medienwissenschaftlerin Limor Shifman hebt hervor, dass Memes auch „die Denkweisen, Verhaltensweisen und Handlungen sozialer Gruppen" prägen (Shifman 2014: 347). Was hier wie eine harmlose Solidaritätsbekundung wirkt, affirmiert den Angriff bewaffneter Kämpfer mit entsprechenden Fluggeräten auf das NOVA-Musikfestival. Die Umwertung ziviler in militärisch genutzte Gegenstände erleichtert dabei die Dekontextualisierung und macht es möglich, Formen von Online-Aktivismus, die beispielsweise aus der Klima- oder der Black-Lives-Matter-Bewegung bekannt sind, für die verharmlosende Heroisierung von Terrorismus zu adaptieren.

Tatsächlich passierte der Angriff am 7. Oktober nicht in einem Vakuum. Er war nicht nur lange und detailliert von der Hamas geplant worden, er konnte sich auch in seiner Symbolik und damit im Hinblick auf die Mediatisierung der Gewalt auf frühere Formen und Formate stützen. So war es bereits im Sommer 2018 an der Grenze zu Gaza zu Angriffen aus der Luft gekommen. Palästinenser:innen hatten damals Lenkdrachen und Ballons mit explosiven Materialien über die Grenze nach Israel geschickt und dort enormen Schaden angerichtet. Die Konnotation als Kinderspiel führte jedoch zu einer massenmedialen Verharmlosung der Angriffe, die als Formen kreativen Protests in das emotional gesteuerte Narrativ des Nahostkonflikts integriert wurden (Yarchi/Ayalon 2023). So bezeichnete beispielsweise die *Deutsche Welle* die als Ballons und Lenkdrachen getarnten Bomben als die „Waffen der Armen aus Gaza" (Knipp 2018).

1 Alle hier beschriebenen Bilder und Memes finden sich online in der *CARS-Working Paper*-Fassung dieses Beitrags: https://kidoks.bsz-bw.de/frontdoor/deliver/index/docId/5058/file/CARS_WorkingPaper_021.pdf.

Solche früheren, global bereits bekannten Rahmungen konnten mit dem Bild des Paragliders und seiner Ikonisierung in dem entsprechenden Meme aufgerufen werden. Solche Rahmungen sind ein essentieller Bestandteil von Kommunikationsprozessen. Erving Goffman beschreibt sie als kulturelle Schemata, die beim Verständnis von Ereignissen helfen und zu ihrer Interpretation und Einordnung beitragen (Goffman 1974). Daher spielen Rahmungen gerade in der politischen Kommunikation eine wichtige Rolle. Der Medienwissenschaftler Robert Entman weist auf die Bedeutung von Praktiken der Selektion und der Hervorhebung bei kommunikativen Rahmungen hin:

> To frame is to select some aspects of a perceived reality and make them more salient in a communicating text, in such a way as to promote a particular problem definition, causal interpretation, moral evaluation, and/or treatment recommendation. (Entman 1993: 52)

Die durch das Paraglider-Meme aufgerufene Rahmung verknüpft die Gewalt des 7. Oktobers mit der früheren massenmedialen Interpretation des als „spielerischer" Aktivismus gerahmten Hamas-Terrorismus von 2018 und wurde dadurch „umgedeutet zu Symbolen des Muts und der Freiheit" (Leshem 2024: 42). Der Kommunikationswissenschaftler Dietram Scheufele betont, dass Massenmedien bewusst Referenzrahmen einsetzen, welche die Leser:innen zur Interpretation und Diskussion von Ereignissen heranziehen können (Scheufele 1999: 103). Dies passiert auch, allerdings noch wesentlich dynamischer und flexibler, in der Kommunikation auf sozialen Medien. Memes können dabei als kondensierte Referenz- und Interpretationsrahmen dienen.

Am Beispiel des hier diskutierten Internet-Memes zeigt sich eine wichtige Voraussetzung für das Verständnis der Geschehnisse, während und nach dem 7. Oktober. Gerade im Hinblick auf ihre Verstärkung in den sozialen Medien sehen wir ein Oszillieren zwischen einem spielerischen Aktivismus auf der einen und antisemitischen Projektionen auf der anderen Seite. Für beides gibt es Vorläufer in der jüngeren Geschichte des Konflikts. Diese beziehen sich zum einen auf frühere Protestformen und ihre mediale Verstärkung, zum anderen auf den kaum verhohlenen Antisemitismus der Hamas, der im Diskurs der sozialen Medien jedoch auf einen jeweils spezifischen nationalen Resonanzboden fällt.

Eine zweite Beobachtung ist mindestens ebenso wichtig: Soziale Medien dienten am 7. Oktober nicht nur der medialen Verstärkung von Gewalttaten oder propagandistischen Zielen, sondern sie boten auch angegriffenen

Zivilisten Möglichkeiten der Orientierung in vollkommen unübersichtlichen und lebensbedrohlichen Situationen. Auf Telegram konnten sie überlebenswichtige Informationen zur Taktik und Standortbestimmung von Hamas-Kämpfern finden (Leshem 2024: 34). Selbst die israelische Armee nutzte in sozialen Netzwerken zirkulierende Informationen und Videos, um Terroristen zu identifizieren (Ynet 2023). Über den in Israel populären Messengerdienst WhatsApp wurden eigene Geodaten geteilt, um Rettungskräfte zu unterstützen und Hilferufe abzusetzen (Leshem 2024: 36). Bereits am 7. Oktober diente WhatsApp zur Dokumentation der Verbrechen vor allem durch Videos, die später zu forensisch analysierbaren Beweismitteln wurden. Journalist:innen erhielten über den Dienst Informationen, die zu dieser Zeit offiziell noch nicht verfügbar waren (Leshem 2024: 35). Später wurden auf verschiedenen Plattformen hochgeladene Videos im Hinblick auf Informationen ausgewertet, die Erkenntnisse über entführte Zivilist:innen und Soldat:innen liefern konnten.

Dies macht deutlich, dass soziale Medien, auch wenn sie vielfach der Verstärkung von Polarisierung, Hass und Stigmatisierung dienen, Gegenstand ganz unterschiedlicher Nutzungspraktiken sein können. Das ist wichtig im Blick zu behalten, um zwischen verschiedenen Ausprägungen von auf diesen Plattformen geteilten Inhalten unterscheiden zu können. So zirkulierten auch auf Instagram zahlreiche Fotos und Videos von den Gräueltaten der Hamas. Bereits in den ersten drei Tagen hatte der Meta-Konzern knapp 800.000 hebräische und arabische Inhalte von seinen diversen Plattformen entfernt. TikTok löschte bereits in der ersten Woche nach dem 7. Oktober 500.000 Videos und 8.000 Liveübertragungen (Spiegel 2023); bis Ende des Monats waren 925.000 Videos allein aus der Konfliktregion wegen Verstößen gegen Richtlinien zu Gewalt, Hassrede, Falschinformation und Terrorismus gelöscht worden, inklusive Inhalten, welche die Hamas glorifizierten.

Im weiteren Verlauf diente Instagram aber Palästinenser:innen aus Gaza auch zur Dokumentation von israelischen Militärschlägen und ihren Folgen. In manchen Fällen dokumentierte ein und derselbe Account erst die Ereignisse des 7. Oktobers – zum Beispiel die Ankunft gekaperter israelischer Militärfahrzeuge – und dann Videos von Luftangriffen. Auch auf israelischer Seite wurde Instagram schnell zu einem Forum, um die Erfahrungen des 7. Oktobers und der Hamas-Angriffe zu teilen. Beispielsweise finden sich auf dem Account „Israel War Story“ Beiträge, die individuelle

Geschichten und Erfahrungen aus israelischer Perspektive zum Gegenstand haben.[2]

TikTok wurde schon wenige Tage nach dem Hamas-Angriff zu einem globalen Forum für palästinensischen Aktivismus. Allerdings mischten sich darunter schnell auch Verschwörungsfantasien und antisemitische Symboliken. Mit etwas Verzögerung nutzten aber auch israelische TikToker kurze Videos zur Verbreitung von Informationen. Offizielle Accounts, wie jener der israelischen Streitkräfte, berichteten beispielsweise über das Auffinden von Waffenlagern und Tunneln der Hamas, individuelle TikToker produzierten erklärende Videos mit Informationen über die Geschichte des Konflikts. Erst in den letzten Monaten – mit größerem Abstand zu den Ereignissen des 7. Oktobers – adaptieren israelische und jüdische Influencer:innen und Kreator:innen auch spielerische Formen der politischen und aktivistischen Kommunikation über den Konflikt.

Soziale Medien zwischen algorithmisch verstärktem Hass, Information und Aktivismus

Social Media-Plattformen sind mittlerweile zu populären und einflussreichen Quellen für Informationen und politische Nachrichten geworden. Ein Bericht des US-Amerikanischen Think Tanks Pew Research Center zeigt, dass soziale Medien zunehmend eine „entscheidende Rolle" beim Nachrichtenkonsum spielen. Etwa die Hälfte der amerikanischen Erwachsenen bezieht ihre Informationen regelmäßig aus sozialen Medien. Instagram rangiert dabei auf Platz drei, TikTok rangiert auf Platz vier der am häufigsten genutzten Plattformen zur Informationsbeschaffung, nach Facebook und YouTube und noch vor der Microblogging Plattform X. Diese Zahl steigt stetig an. So verwendeten 2023 bereits doppelt so viele Nutzer TikTok-Videos als Nachrichtenquelle als im Jahr 2020. Auch bei Instagram-Nutzer:innen stieg die Zahl, während bei X und Facebook die Tendenz eher abnehmend ist (Pew Research Center 2023).

Diese Entwicklung hat auch Auswirkungen auf den Umgang mit aktuellen politischen und gesellschaftlichen Themen auf den Plattformen. Einerseits steigt das Interesse daran stetig an. Andererseits gibt es abseits der plattformeigenen Moderation keine Qualitätskontrolle. Emotionalisierende Meinungsbekundungen folgen auf Aufklärungs- und Bildungsvideos, die

2 Siehe: https://www.instagram.com/israelwarstory.

wiederum mit Desinformationskampagnen und Fake News konfrontiert sind. Politischer Aktivismus auf der Plattform findet zwischen Aufklärung und Propaganda statt. Die Formate sind oft dieselben: die spielerische Aneignung von aktuellen Trends oder die erklärende Ansprache in die Kamera. Für Nutzer:innen ist es jedoch oft schwer die Unterschiede zwischen Falschinformation, Verschwörungserzählung, Aktivismus und Informationsvermittlung zu erkennen. Gerade als „Kommunikationssystem, das hochgradig medial vermittelt ist" (Ebbrecht-Hartmann 2021), passt sich der Antisemitismus an die auf sozialen Medienplattformen vorherrschende Bildsprache und Praktiken effektiv an.

Anhand von verschiedenen Beispielen sollen im Folgenden beide Formen, spielerischer Aktivismus und antisemitische Projektionen, genauer bestimmt und insbesondere im Hinblick auf bereits bestehende politisch-visuelle Diskurse auf den Plattformen eingeordnet werden. Auf diese Weise möchte ich verdeutlichen, dass die Empörung über die „TikTok Intifada" (Ward 2021; Ball 2021; Berendsen/Schnabel 2024), den „Hashtag Krieg" (Altland/Eichhorn 2021) oder medial verstärkte Kontroversen wie jene über kurze Videos über Osama bin Ladens „Brief an Amerika" (Blome 2023; Baeck 2023) nicht in einem kontextlosen Raum entstanden sind, aber eben auch nicht durch eine ausschließlich Hass und Propaganda fördernde algorithmische Struktur von sozialen Medienplattformen zu erklären sind.

Im November 2023 machte eine Reihe von Videos Furore, in denen TikToker das antisemitische Machwerk bin Ladens feierten. Dessen „Brief an Amerika" mit seinen antisemitischen und Israel dämonisierenden Passagen habe ihnen die Augen geöffnet, erklärten einige Kreator:innen in ihren Videos. Insgesamt soll es rund 274 davon auf TikTok gegeben haben (Nover 2023). Rund 2 Millionen Nutzer:innen sollen sich Videos mit dem entsprechenden Hashtag angeschaut haben (Blome 2023). Einige Expert:innen wiesen darauf hin, dass dies im globalen Maßstab eine relativ geringe Zahl sogenannter „Views" sei, mit denen die Wirkung von Inhalten auf Social Media gängigerweise gemessen werden (Nover 2023). Was genau ein „View" ist, differiert jedoch von Plattform zu Plattform. Auf TikTok, wo Nutzer:innen normalerweise schnell durch die vorgeschlagenen Inhalte navigieren, reichen wenige Sekunden, um ein Video als „gesehen" zu markieren.

Wirklich globale Aufmerksamkeit erhielt Osama bin Ladens Präsenz auf TikTok erst, als auch andere Plattformen, insbesondere der durch massive Desinformation in der Kritik stehende Kurznachrichtendienst X von Elon Musk (Jikeli/Soemer 2022), darauf aufmerksam machten. Dass die britische Zeitung *The Guardian* schließlich bin Ladens Machwerk aus seinem Onlinearchiv löschte, spornte das Interesse noch mehr an. Soziale und traditionelle Medien agieren längst als gegenseitige Aggregatoren und Verstärker von Medienphänomenen und tragen damit zur ohnehin starken Polarisierung bei. Eine Studie der Anne Frank Bildungsstätte spricht von einem „Schema algorithmischer Radikalisierung" (Berendsen/Schnabel 2024: 6). Das lässt sich auch angesichts des Gaza-Krieges beobachten und liegt oft an mangelnden Kenntnissen über die Logiken und Praktiken der Nutzung von entsprechenden Plattformen.

Es handelt sich in erster Linie um einen politischen Konflikt, der eben auch einen Platz in sozialen Medien gefunden hat, und dessen ganz reale und existentielle Auswirkungen in Israel, Gaza und den Palästinensischen Gebieten Menschen überall auf der Welt bewegen und aktivieren. Teilweise werden diese realen und existentiellen Auswirkungen jedoch durch Diskurse in sozialen Medien entkontextualisiert und derealisiert; oder – gerade im deutschen Kontext – durch Angriffe im Raum der sozialen Medien in der realen Welt sogar noch intensiviert und mitunter eskaliert, wie man beispielsweise im Rahmen einiger der jüngsten Hörsaal- und Unibesetzungen sehen konnte, die in besonderer Weise auch soziale Medienphänomene bzw. Medienereignisse sind. Soziale Medien spielen dabei eine wichtige Rolle: „In Bezug auf den 7. Oktober ist hier eine Flut fragwürdiger, feindseliger, antisemitischer und offen demagogischer Inhalte entstanden, in denen die problematischen Tendenzen Sozialer Medien sich in bisher beispielloser Weise potenziert haben." (Berendsen/Schnabel 2024: 5)

Diese Tendenzen sollen im Folgenden punktuell genauer untersucht werden, insbesondere in Abgrenzung zu aktivistischen Formen spielerischen Protests und in Unterscheidung zum informativen Potential kurzer Videos. Nach einer kurzen Einordnung von Online-Antisemitismus und spielerischem Aktivismus in und mit kurzen Videos, die dabei helfen soll, die Entwicklungen auf sozialen Medienplattformen nach dem 7. Oktober im Zuge des sich verschärfenden Gaza-Krieges besser zu verstehen, möchte ich skizzenhaft eine Typologie von Video-Memes entwerfen, die verschiedene, auch graduelle Facetten des audiovisuellen Diskurses über den 7. Oktober und den Gaza-Krieg nachzeichnen. Ich werde mich dabei auf die Kurzvideoplattform TikTok als Beispiel konzentrieren.

TikTok ist mittlerweile die siebtbeliebteste Social-Media-Plattform der Welt (Iqual 2024). Mit seiner „For You"-Seite mit algorithmisch generierten Inhalten von weit entfernten und oft unbekannten Urhebern, die auf der Grundlage des Nutzungsverhaltens auf die individuellen Interessen abgestimmt werden sollen, bietet TikTok eine unterhaltsame Bühne für kurzweilige Videos. Die auf einem Empfehlungsalgorithmus basierende Auswahl der Videos für individuelle Nutzer:innen führt dabei dazu, dass individuelle „For You"-Seiten sehr unterschiedlich aussehen können (Berendsen/Schnabel 2024: 10). Entscheidend dafür, was eine Nutzerin sieht, ist das eigene Nutzungsverhalten und das darin ausgedrückte Interesse an bestimmten Themen und Formaten.

2017 von der privaten chinesischen Firma ByteDance für den globalen Markt außerhalb Chinas entwickelt, konnte TikTok vor allem nach der Verbindung mit der Plattform Musica.ly und der Übernahme von deren 200 Millionen Nutzer:innen seine Popularität immer weiter steigern. 2022 wurde die App weltweit 3,5 Milliarden Mal heruntergeladen (Briskman 2022). Ende 2023 hatte TikTok rund 1,7 Milliarden Nutzer:innen, von denen 1,1 Milliarden regelmäßig Videos anschauen (Berendsen/Schnabel 2024: 10). 49,3 % der Nutzer:innen sind jünger als 24 Jahre alt, 28,2 % gehören der Altersgruppe von 25 bis 34 Jahren an (Ebbrecht-Hartmann/Divon 2024: 18).

Nutzer:innen der App können im integrierten Videoeditor selbst kurze Videos zwischen 15 Sekunden und 10 Minuten produzieren. Die Formate sind dabei so unterschiedlich wie die gewählte Länge. Mit Musik unterlegte kurze Aufnahmen von Demonstrationen und Protesten wechseln sich mit satirischen Spielszenen, kürzeren oder längeren Kommentaren, Erklärvideos mit zahlreichen Quellen und Verweisen, Tanzeinlagen, bunten Effekten und Schnipseln aus anderen Medien ab.

Auf diese Weise ist TikTok auch zu einem aktivistischen Spielplatz für verschiedene soziale und politische Anliegen geworden. Dieser „serious turn" der Plattform ist eng mit deren Aufstieg während der COVID-19-Pandemie 2020/21 verbunden (Cervi/Divon 2023; Ebbrecht-Hartmann/Divon 2022). Die zu dieser Zeit noch überwiegend jüngeren Nutzer von TikTok aus der sogenannten Generation Z begannen neben ihrem Alltag auch zunehmend ihre Wahrnehmung von politischen Ereignissen, wie beispielsweise den Black Lives Matter- oder Klimawandel-Protesten, zu teilen (Kaye/Zeng/Wikström 2022: 121). Im Anschluss an meine Typologie möchte ich als Ausblick einige Beispiele intersektionaler Solidarität und spielerischer Aufklärung vor und nach dem 7. Oktober vorstellen.

Antisemitismus ist auch auf sozialen Medienplattformen kein neues Phänomen (Mulhall 2021; Ebbrecht-Hartmann/Brenner 2023; Divon/Ebbrecht-Hartmann 2022). Auch wenn antisemitische Kommunikation auf Plattformen wie TikTok von der enormen Reichweite profitiert, die der

Empfehlungsalgorithmus den Influencer:innen ermöglicht (Mulhall 2021: 62), handelt es sich doch in erster Linie um ein gesamtgesellschaftliches und globales Problem, das deshalb in sozialen Medien auftaucht, weil diese ein wesentlicher Bestandteil sozialer Lebenswelten geworden sind. Es handelt sich, wie Monika Schwarz-Friesel betont, um eine „kulturelle Konstante", die mittlerweile auch zur digitalen Kommunikation dazugehört. Allerdings ist der Antisemitismus „keineswegs nur ein digitales Phänomen: Das Internet beflügelt und multipliziert ihn, aber es erzeugt ihn nicht. Der Hass sitzt bereits lange in den Köpfen der User, wenn diese ihn posten und verteilen" (Schwarz-Friesel 2020: 10).

Im Zuge des wachsenden Erfolges, den TikTok vor allem bei jungen Nutzer:innen erzielte, wurde auch der Antisemitismus zum Thema. Im Juli 2020 entdeckte die BBC eine Reihe von Videos, die einen antisemitischen Song mit der Textzeile „We're going on a trip to a place called Auschwitz, it's shower time" verwendeten (Tidy 2020). Kurz zuvor hatte James Spiro im *CTech Magazin* unter dem Titel „How the newest social media platform lets anti-Semitism run wild" darauf hingewiesen:

> Most of the content on the platform is innocent, showing people lipsyncing and dancing to popular songs or young people simply telling jokes to the camera. However, there has been rising concerns about accounts that promote violence and anti-Semitism on the platform and the company's reluctance to commit to its own terms of service in monitoring the content online. (Spiro 2020)

Die Sorge über die Verbreitung von Antisemitismus mit kurzen Videos begleitet den Diskurs über die bei Jugendlichen beliebte Plattform also von Anfang an (Divon/Ebbrecht-Hartmann 2022). Tatsächlich lässt sich eine gewisse Affinität zwischen den auf TikTok populären Kurzvideo-Memes und früheren Formen der visuellen Kommunikation in antisemitischen Diskursen nicht abstreiten. Man könnte vielleicht von einer Memifizierung antisemitischer Inhalte sprechen. Kam in visuellen antisemitischen Diskursen traditionell vor allem „der Kombination von Text und Bild eine zentrale Bedeutung zu", und wurden antisemitische Botschaften „mehr oder weniger offen durch die Verbindung mit Bildunterschriften und Kommentaren vermittelt", wobei sich Text und Bild gegenseitig ergänzen und dabei „bestimmte (mentale und gesellschaftlich geteilte) Bilder von ‚den Juden' verfestigen" (Ebbrecht-Hartmann 2021), ist der memifizierte Antisemitismus in kurzen Videos multimodal und transportiert seine Botschaften durch die Kombination von Bildern, Sounds, Texteinblendungen, Filtern und Spezialeffekten sowie Emojis, Liedern und Tänzen. Dabei können „klassische" antisemitische Bilderwelten reaktiviert werden, wie das „Happy Merchant Meme" (ADL o. J.), eines der populärsten antisemitischen Memes, das laut einer Studie von 2018 besonders häufig auf bei rechtsextremen Akteuren populären Plattformen wie 4chan geteilt wurde (Zannettou et al. 2018). Antisemitische Botschaften können aber auch durch die Verbindung von für sich genommen unproblematischen Filtern und Trends verbreitet werden, wie zum Beispiel dem „Expressify"-Filter, der die menschlichen Gesichtszüge unnatürlich verzerrt, in Kombination mit dem populären Lied „If I Were a Rich Man" aus dem Musical *Fiddler on the Roof* jedoch antisemitisch konnotiert (Smith 2021). Auch der populäre Filter „Versailles Run" wurde für Video-Memes mit antisemitischen Botschaften adaptiert, dieses Mal zur Kommunikation von israelbezogenem Antisemitismus. Das Video einer deutschen TikTokerin nutzt eine Texteinblendung, um die animierte Comic-version von Marie Antoinette, die durch das Schloss Versailles rennt, als Zionistin zu markieren. Im *dehate report #3* der Amadeu Antonio Stiftung heißt es:

> Das Gesamtbild des Videos aus Mimik, Text und Filter lässt den Eindruck von Dreistigkeit und Willkür entstehen. Der Text setzt diese Darstellung in den Kontext des Nahost-Konfliktes. [...] Durch die Verwendung von zum eigentlichen Filter gehörigen Hashtags wie #MuseumMoment wird diese antisemitische Selbstkarikierung anderen User:innen zugänglich gemacht, die dies nicht erwarten – in der Hoffnung, dass die Botschaft hängen bleibt. (AAS 2021: 20)

Unterstützt wird die Verbreitung solcher Inhalte, die gerade durch die Verwendung von vermeintlich unproblematischen und unpolitischen Symbolen und populären Filtern nicht vom automatisierten Moderationssystem als antisemitisch erkannt werden, durch den Plattformalgorithmus, der auch im Fall von TikTok ganz grundsätzlich die Verbreitung kontroverser Themen mit hohen Interaktionsraten (zum Beispiel durch Kommentare, Likes oder Shares) intensiviert. Daraus entsteht die paradoxe Situation, dass einige Nutzer:innen Trends auf der Plattform für die Verbreitung antisemitischer Memes nutzen können, während die kritischen Reaktionen auf solche antisemitischen Inhalte, beispielsweise von jüdischen oder israelischen TikToker:innen, durch den Algorithmus unterdrückt oder durch das Moderationssystem blockiert werden, da diese die verdeckte antisemitische Kommunikation in den Videos, beispielsweise durch Verweise auf den

NS-Antisemitismus und althergebrachte antisemitische Stereotype, offenlegen (Divon/Ebbrecht-Hartmann 2022: 47).

Von der TikTok-Intifada zum TikTok-Krieg

Auch der Nahostkonflikt hat nicht erst seit dem 7. Oktober einen festen Platz auf TikTok (AAS 2021). Bereits bei der Eskalation 2021 – der bis dahin letzten kriegerischen Auseinandersetzung zwischen Israel und der Hamas, in deren Zentrum der Status von Jerusalem stand, als deren „Schutzmacht" sich die Hamas inszeniert – wurde von einigen Medien zugespitzt als „TikTok Intifada" bezeichnet (Divon 2022: 88). Der Grund dafür war eine Reihe von Videos, die tätliche Angriffe junger Palästinenser auf zumeist ultraorthodoxe jüdische Männer dokumentierten. Die sogenannte „#HitandRun Challenge" verband auf diese Weise realweltliche Gewalt mit virtueller Demütigung und Hass. Rückblickend hält der Journalist Jonathan Guggenberger über die damaligen Videos fest:

> Von der Weltöffentlichkeit kaum beachtet, wirkte TikTok nicht nur als Brandbeschleuniger des Konflikts und dazugehöriger antisemitischer und rassistischer Verzerrungen. Als Tropfen, der das Fass zum Überlaufen brachte, trug die Plattform auch direkt zum Ausbruch des Krieges bei. (Guggenberger 2023a)

Die militärische Auseinandersetzung zwischen Hamas und Israel wurde bereits 2021 durch entsprechende Hashtags sowie für TikTok typische, eigentlich dialogische Features wie Stitch oder Duett[3] begleitet. Diese wurden nun zur Kontrastierung verwendet. So entstanden Formate, die eine vermeintlich palästinensische und eine israelische Perspektive im Rahmen der kompetitiven Logik von TikTok Challenges kontrastierten. Auch die Verwendung von Hashtags wie „#FreePalestine" und „#StandWithIsrael" dienten der Zuordnung und kontrastiven Einteilung von konträren Positionen im Konflikt. Dabei zeigte sich bereits 2021 ein deutliches Übergewicht von Videos mit pro-palästinensischer Ausrichtung. Der israelische Medien-

---

3 Ein Stitch ermöglicht es, auf TikTok das eigene Video mit dem eines anderen Creators zu verbinden und dieses auf solche Weise zu kommentieren oder weiterzuentwickeln. In einem Duett wird das eigene Video wie in einem Splitscreen neben dem Video eines anderen Creators gezeigt. Auf diese Weise ist es möglich, mit dem früheren Video zu interagieren. Dies geht jedoch nur über Gesten und Texteinblendungen, da der Ton dem Originalvideo entstammt.

wissenschaftler Tom Divon hat dies als „playful publics", für Online-Aktivismus typische spielerische Öffentlichkeiten, beschrieben, die durch Aktivismus, Dokumentation, kondensierte Inhalte, die Sichtbarmachung marginalisierter Stimmen, Gemeinschaftsstiftung und Solidarisierung charakterisiert sind. Im Kontext des Nahostkonflikts auf TikTok werden die Konfliktparteien in Figurationen des vorherrschenden Meme-Regimes übersetzt (Divon 2022: 88).

> Besonders ist, dass die Positionierungen in der für die App typischen Darstellungsart erfolgen. Nicht nur von Demos, sondern auch mit Liedern und den auf TikTok typischen Tänzen verbreiten Influencer:innen ihre Ansichten zum Krieg und erreichen damit eine sehr junge Zielgruppe. (Hollandt 2023)

Der spielerische Aktivismus bietet dabei vor allem Anknüpfungspunkte für die Selbstversicherung von Zugehörigkeiten, die gerade auch für die palästinensische und muslimische Diaspora wichtig sind. Palästina dient dabei auch unabhängig von der aktuellen Konfliktlage als Referenzpunkt für die Aushandlung von Identität und Zugehörigkeit sowie als Katalysator einer Selbstaktivierung. TikTok bietet dafür einen Raum, der Zuspitzungen genauso wie symbolische Verdichtung und Vereinfachung zulässt.

2021 haben sich bereits erfolgversprechende Templates für Video-Memes herausgebildet, die 2023 als Vorlagen für aktivistische Interventionen und Solidaritätsbekundungen dienen konnten. Ein Beispiel dafür sind sogenannte „Make-Up Tutorials", die – basierend auf dem für TikTok symptomatischen Transition-Effekt – zu Performances politischer Parteinahme werden. Dies passierte zum Beispiel in der „A'atuna Al Toufoule" („Gib uns die Kindheit")-Challenge, die auf einem Lied des palästinensisch-libanesischen Kinderstars Remi Bendali basierte. In diesen Videos zeigen sich Creators dabei, wie sie ihr Gesicht mit Hilfe von Schminke verändern. Sie tauchen es in die Farben der palästinensischen Flagge, fügen ihm Zeichen von Gewalteinwirkung hinzu, und machen es so zur Leinwand symbolischen Mitleidens und des Ausdrucks von Solidarität mit Palästinenser:innen.

Laura Cervi und Tom Divon zufolge wurden in diesen Videos die Gesichter der TikToker zu „physical templates for politically charged artistic creations, allowing the performance of Palestinian resistance" (Cervi/Divon 2023: 6). Durch das gewählte Format des Make-Up Tutorials, das bereits für andere Formen des Online-Aktivismus adaptiert worden war, boten die Videos auch Anknüpfungspunkte für andere Aktivist:innen. Einige nutzten darüber hinaus bewusst Referenzen zu aktivistischen Bewegungen wie Black Lives Matter, um beispielsweise durch den Slogan „Palestinian Lives Matter“ symbolische Allianzen zu knüpfen.

Ein anderes Format palästinensischen TikTok-Aktivismus, das bereits 2021 zum Einsatz kam, waren musikalische Duetts, insbesondere der palästinensisch-israelische Disput über den Song „Stand Up“. Mit der Adaption dieses Songs in ein Lip sync-Video hatten israelische Soldatinnen versucht, sich den Impetus des Liedes als Hymne gegen die Sklaverei für die eigene Verteidigung nationaler Unabhängigkeit und Selbstbestimmung anzueignen. Der auf TikTok erfolgreiche palästinensisch-libanesische Sänger Moe Zein reagierte daraufhin mit einem Stitch, der 24,3 Millionen Mal aufgerufen wurde (gegenüber 7,3 Millionen Views des israelischen Videos). In seinem Reaktionsvideo änderte Zein den Text des Liedes zu „Yes please stand up / Take your people with you“, gepaart mit einer Montage von Aufnahmen palästinensischer Kinder.

Der Fokus liegt auf der „Tragödie“, dem der Sänger die Forderung nach „Menschlichkeit“ entgegensetzt. Trotz des Rekurses auf ein selbst bereits stereotypes Motiv – die Personifizierung von Palästinenser:innen im Bild des unschuldigen Kindes – lässt sich das Video als kreativ-aktivistische Intervention gegen die israelische Besatzung der Westbank interpretieren, die das im ursprünglichen Video angebotene Narrativ israelischer Unabhängigkeit wiederum überschreibt.

Diese an die Sprache und Logiken der Plattform angepassten Video-Memes konnten nach dem 7. Oktober schnell und erfolgreich aufgerufen und für die Mobilisierung von pro-palästinensischer Solidarität genutzt werden. Die bereits 2021 erreichte Professionalität einiger palästinensischer TikToker:innen traf auf ein potentiell zahlenmäßig großes Publikum, das mit der Bevölkerung in Gaza sympathisierte. Schließlich waren sowohl individuelle als auch institutionalisierte Accounts in Israel sowie jüdische TikToker:innen weltweit nach dem Schock des 7. Oktobers kaum in der Lage, Videos für TikTok zu produzieren. All das schlägt sich in der daher kaum verwunderlichen Dominanz von pro-palästinensischen Hashtags auf TikTok (und anderen Plattformen) nieder. Es entfaltete sich ein regelrechter Hashtag-Krieg, in dem sich schließlich der bereits 2021 durchgesetzte Hashtag „#freepalestine“ mit 770 Millionen Views gegenüber „#standwithpalestine“ (29,4 Millionen) und „#standwithisrael“ (46,3 Millionen) behaupten konnte. Auffällig ist lediglich die Altersstruktur. 87 % der Videos mit dem Hashtag „#standwithpalestine“ wurden von Nutzer:innen unter 35 Jahren gepostet. 59 % der Views von Videos mit Hashtags „#standwithpalestine“ und

„#freepalestine“ stammen von 18–24-Jährigen, während Videos mit dem Hashtag „#standwithisrael“ nur von 42 % der 18–24-Jährigen angeschaut wurden.

Bereits wenige Tage nach dem 7. Oktober verlagerte sich damit aber nicht nur die ohnehin kurzlebige Aufmerksamkeit auf der Plattform von den Verbrechen des 7. Oktobers zu einem dominanten Diskurs über die israelische Kriegsführung. Zwischen aktivistische Videos mischten sich zunehmend Desinformation, Verzerrungen und Amplifikationen von unbewiesenen Tatsachenbehauptungen, die Israel in rascher Folge zunächst Kriegsverbrechen und dann Völkermord unterstellten und schnell auch über TikTok hinaus zusätzliche Aufmerksamkeit generierten. Angesichts dieser Entwicklung urteilte der Journalist Sebastian Leber im *Tagesspiegel*: „Seit der Terrorwelle der Hamas vor einer Woche lässt sich auf der Plattform in Echtzeit verfolgen, wie Hass auf Juden und den jüdischen Staat in die Köpfe von Kindern und Jugendlichen gepflanzt wird.“ (Leber 2023)

TikTok als Konfliktzone

Welche Inhalte finden sich nun zum Gaza-Krieg auf TikTok und wie lassen sich diese im Hinblick auf die Abgrenzung zwischen Aktivismus und Antisemitismus bewerten? Zahlreiche Videos adaptieren eine bereits seit langem im Kontext des Nahostkonflikts verwendete Symbolsprache, die neue Elemente integriert und teilweise auf Mehrdeutigkeiten basiert. Dabei kommen auch zunehmend KI-generierte Inhalte zum Einsatz. Ein Video-Meme mit dem Hashtag „#freepalestine“ von Anfang November 2023 zeigt einen Jungen auf einer Wassermelone mit Blick auf eine Moschee, die soeben von einem israelischen Kampfflugzeug angegriffen wurde. Die stereotype Personifizierung von Palästinenser:innen im Symbol des unschuldigen Kindes, eine implizite Variation des antisemitisch konnotierten Vorwurfs des „Kindermordes“, wird hier durch den Einsatz des Motivs der Wassermelone verstärkt, die sinnbildlich für die palästinensische Identität stehen soll. Die israelische Seite ist in dieser Visualisierung anonym, gesichts- und geschichtslos, ausschließlich verkörpert in einer Kampfmaschine. Besonders ist die religiöse Konnotation durch die angegriffene Moschee, die das Bild damit in einen Kontext setzt, der durchaus der von der Hamas vorgesehenen Rahmung des Konflikts entspricht.

Viele Videos enthalten Interpretationen und Aussagen zum Krieg und zum Nahostkonflikt. In den seltensten Fällen handelt es sich dabei um Erklärvideos im eigentlichen Sinne. Die zumeist direkt in die Kamera gesprochenen Texte haben eher den Charakter von Statements und sollen Zugehörigkeit bekunden. Oft sind es nicht-palästinensische TikToker:innen, nicht selten weiße Europäer:innen oder Amerikaner:innen, die auf diese Weise ihre Parteinahme auf Seiten der Palästinenser:innen bekunden. Dabei kommen auch kulturelle und politische Symboliken zum Einsatz, beispielsweise die Keffiah oder die Wassermelone, aber auch arabische Ausdrücke und Schriftzeichen. In den meisten Fällen handelt es sich jedoch um memetisch intensivierte Solidaritätsbekundungen, die neben der typischen Verwendung von Symbolen und Stickern auch TikTok-übliche Formate wie das Duett und das Multi-Chain-Duett anwenden[4], um die eigene Position mit Hilfe der für TikTok typischen „Point-of-View"-Perspektive virtuell mit der palästinensischen Perspektive zu verschalten.

Wie auf sozialen Medienplattformen üblich, spielen visuelle Codes und Symbole sowie Emojis eine wichtige Rolle bei der Verknappung und Kondensierung von Informationen. Diese Codes müssen nicht immer einen antisemitischen Bezug haben. Die Wassermelone ist gerade durch das leicht einsetzbare Emoji, das sich als Bild oder Hashtag unter vielen Videos findet, zu einem aktivistischen Code und einem politischen Symbol geworden. Die Verwendung orientiert sich an der farblichen Ähnlichkeit zur palästinensischen Fahne und geht auf die Zeit nach dem Sechs-Tage-Krieg zurück, als im von Israel besetzten Westjordanland und in Gaza das Zeigen der Flagge untersagt war (Kampeas 2024). Seit dem 7. Oktober dient die Wassermelone nicht nur als Symbol des Protests auf Demonstrationen und als Erkennungszeichen in Social Media Posts, sondern führte auf TikTok auch zur Einführung eines neuen Filters. Der von einem individuellen TikToker produzierte Effekt – durch das Bild fliegende Wassermelonenstücke – diente explizit als politisches Tool. Die Gewinne aus der Verwendung des Filters sollten palästinensischen Organisationen zugutekommen. Mittlerweile ist die Wassermelone zu einem ikonischen, aber auch vielfach parodierten Zeichen geworden, das Gegenstand spielerischer Aneignung und Subversion ist.

4 In einem Multi-Chain-Duett duetten TikToker:innen bereits bestehende Duetts. So entsteht eine Kette von Duetts, in der sich eine virtuelle Solidaritätsgemeinschaft konstituiert.

Beim spielerischen Protest mit memetischen Formen kommt der ohnehin kontrovers diskutierten Frage der „Aneignung" besondere Bedeutung zu. Im Kontext der Auseinandersetzungen über den Gaza-Krieg auf TikTok lassen sich dabei zwei Formen der Aneignung unterscheiden. Während die Aneignung von (spielerischen) Protestformen durch israelische (und jüdische) TikToker zurückgewiesen wird, ist die Aneignung vermeintlich palästinensischer Narrative und Positionen durch weiße europäische und amerikanische Nutzer:innen durchaus erwünscht. Für ersteres, die Zurückweisung israelischer „Aneignung", steht ein Stitch von Moe Zein, mit dem er auf das Video israelischer Soldat:innen reagiert, die einen auf TikTok populären arabisch-palästinensischen Protestsong adaptierten und pro-israelisch umdeuten.[5] In seiner Neuinterpretation erklärt Zein, das Lied sei nicht „for you" (Israelis) gemacht worden. Eigentlich ein Paradox im Kontext der für Video-Memes und TikTok charakteristischen Mash-Up-Kultur, in der jeder Sound und jedes Bild zum Element neuer Kreationen durch spielerische Aneignung werden kann. Dann fügt er hinzu: „you wanna steal this too", eine Anspielung auf die palästinensische Deutung, ihr Land sei von Israel (bzw. Zionist:innen) „gestohlen" worden. Dabei bleibt hier uneindeutig, ob sich Zein mit diesem Vorwurf auf die Besatzung der Westbank oder auf die israelische Staatsgründung von 1948 bezieht, eine feine Linie, die das Video zwischen spielerischem Protest und antisemitischer Projektion changieren lässt. Solche Ambiguität aber ist typisch für die memetische Kommunikaton in sozialen Medien.

Die zweite Variante der Aneignung zeigt sich beispielsweise im Duett einer jungen Frau mit betroffen-traurigem Gesichtsausdruck, die sich parallel zum Video eines TikTokers filmt, der einen vermeintlich pro-palästinensischen Song performt.[6] Die Solidaritätsbekundung wird noch durch eine über das Bild geblendete Wassermelone verstärkt. Die Aneignung der palästinensischen Perspektive findet durch das TikTok-typische Verfahren des Lip sync, der getreu des Liedtextes nachgeahmten Lippenbewegung der TikTokerin statt. Sie übernimmt damit aber auch in dem Lied verwendete Motive, die aus dem Arsenal des Antisemitismus stammen, so z. B. der Vorwurf eines durch Israel begangenen Genozids (Täter-Opfer-Umkehr), das Stereotyp des Kindermörders, die Unterstellung einer israelischen Verschwörung und die Dämonisierung von Israelis als Tyrannen.

---

5 Siehe: https://www.tiktok.com/@moezeindtb/video/6968566719581293826.

6 https://www.tiktok.com/@christinanoelleda/video/7299941406892674347.

Israelbezogener Antisemitismus, Gewaltverherrlichung und Verschwörungserzählungen auf TikTok

Das Oszillieren zwischen Meme und Propaganda, die Adaptierung von popkulturellen Elementen und die Popkulturalisierung antisemitischer Symbole lässt sich besonders deutlich an der Verwendung eines der umstrittensten Symbole aus dem Kontext des Gaza-Krieges illustrieren, dem roten Dreieck. Dieses Zeichen wurde, wie in einem Propagandavideo zu sehen ist, von der Hamas am 7. Oktober zur Feindmarkierung eingeführt. Es bezeichnet aus Sicht der Hamas legitime Ziele von Gewaltakten gegen Israelis. Als Code und Gegenstand von Memefizierungsprozessen wurde das rote Dreieck zu einer Metapher für die Auslöschung Israels und, kaum versteckt, aller Juden. Dafür steht sinnbildlich die Animation in einem anderen Video, in der ein rotes Dreieck einen blauen Davidstern (nicht die israelische Fahne) eliminiert und dann (wieder) zum Teil der palästinensischen Flagge wird. In dieser Visualisierung zeigt sich eine markante Doppeladressierung. Zum einen suggeriert das Video, der Ursprung des Symbols sei in der palästinensischen Fahne zu finden (und leugnet damit seine Verbindung zur Vernichtungslogik der Hamas), zum anderen lässt sich die Animation aber auch so interpretieren, dass das rote Dreieck die Hamas symbolisiert und nach der Vernichtung Israels in die Einheit der palästinensischen Fahne zurückkehrt.

Im Zuge der Memetisierungsprozesse löst sich das Zeichen zunehmend aus seinem Bedeutungskontext ab und wird zum scheinbar unpolitischen Symbol pro-palästinensischer Solidarität. In einer Adaption der Make-Up Tutorials wird das Dreieck als Haarband zur Devotionalie. Die ursprüngliche Bedeutung wird dabei jedoch durch die visuelle Analogie, die sich gerade durch die algorithmische Logik der Plattformen verstärkt, weiter mitgeführt. Darauf machen wiederum kritische Erklärvideos aufmerksam, die das Symbol und seine Bedeutung als antisemitische Feindmarkierung auch in einem historischen Kontext verorten.[7]

In solchen memetischen Adaptionen antisemitischer Motive schlägt spielerischer Protest in antisemitische Projektionen um. Ein Beispiel dafür sind Videos, die zum Boykott vermeintlich israelischer Waren aufrufen, indem sie das Format des Tutorials adaptieren und gleichzeitig den für aktivistische Social Media-Postings üblichen „Call to Action“ implementie-

7 Vgl. beispielsweise entsprechende Videos auf den Accounts @keine.erinnerungskultur und @sachsenhausenmemorial.

ren. Die Kürze der Videos intensiviert dabei noch die dekontextualisierte Bezugnahme auf Boykotte als aktivistische Praxis, die nicht nur in Deutschland durch die historischen Referenzen zum Boykott jüdischer Geschäfte und dem darauffolgenden Raub jüdischen Eigentums in der NS-Zeit eine problematische Konnotation haben. In die verkürzende Verdichtung audiovisueller Memes mischen sich oft auch Elemente des klassischen Antisemitismus. Eine solche Zuschreibung ist der Vorwurf des Kindsmords, der bereits seit dem Mittelalter antijüdische Projektionen begleitet und in unterschiedlichen Variationen in Kurzvideo-Memes aufgerufen und mit anderen Motiven verknüpft wird. Gerade im deutschen Kontext finden sich aber auch zahlreiche Verschwörungsmythen und Desinformationen, die deutlich machen, dass der Krieg in Gaza in erster Linie als Projektionsfläche dient. So erklärt eine TikTokerin, die sich bis zum 7. Oktober fast ausschließlich mit esoterischen Themen beschäftigt hatte, in einem ihrer Videos über den „wahren" Grund des Krieges auf: Ölvorkommen unter dem Gazastreifen (Ebbrecht-Hartmann 2023).

Der nicht erst seit der COVID-19-Pandemie auf sozialen Medien sichtbare Hang zu Verschwörungserzählungen ist eine Erklärung dafür, warum auf TikTok schon kurz nach dem 7. Oktober Videos verbreitet wurden, die unter dem Mantel der Solidarität mit Gaza den Hass auf Israel schüren. Der Wunsch nach einem Ende der Auseinandersetzung mit Holocaust und NS-Verbrechen ist ein weiterer. Dabei sind es viele weiße Deutsche, die den Gaza-Krieg zur Projektionsfläche ihrer Schuldabwehr machen. Das zeigt sich beispielsweise in einem Video, das den Wutausbruch eines Mannes zeigt, der sich über die Aktion des israelischen UN-Botschafters aufregt, sich aus Protest gegen die einseitige Verurteilung Israels bei den Vereinten Nationen einen gelben Stern mit dem Text „Nie Wieder" ans Revers zu heften. Man kann von Gilad Erdans Inszenierung halten, was man will, dem TikToker geht es in seinem Video nicht um eine problematische Analogie. Sein wütendes Geschrei in die Kamera mündet in der Forderung nach einem Schlussstrich: „NIEMAND ist euch etwas schuldig!!!!!!", und fast schon obligatorischen Unterstellung, Israel betreibe einen „Völkermord" in Gaza, die selbst bereits eine Relativierung der genozidalen Gewalt vom 7. Oktober impliziert.

Ausblick: Zwischen spielerischer Aufklärung und Empathielosigkeit

Bisher finden sich auf TikTok oder Instagram nur wenige Accounts, die solchen Desinformationen und den Verschwörungserzählungen etwas entgegensetzen und aktiv über die israelische Perspektive auf den 7. Oktober und den Krieg in Gaza informieren. Trotz entsprechender Vorbilder wie beispielsweise den JewToks aus den USA (Divon/Ebbrecht-Hartmann 2022) gelingt es nur wenigen TikTokern, die aktuellen Ereignisse in die spielerische Form von TikTok Videos zu übersetzen. Dazu zählt beispielsweise der mittlerweile von TikTok zu Instagram gewechselte israelische Account @ask_dani. In seinen Videos spielt Influencer Dani Buller auf unterhaltsame und durchaus satirische Weise aktuelle Konflikte durch, mal einen Hamas-Terroristen, der sich mit Israel und den Vereinten Nationen auseinandersetzt, mal einen studentischen Aktivisten in Harvard im Zwiegespräch mit der Hamas.[8]

Auffallend sind aber auch Bekundungen intersektionaler Solidarität, die seit dem 7. Oktober dominierende Narrative unterlaufen. So finden sich unter anderem Videos jezidischer Frauen, die ihr Mitgefühl für die Opfer der Hamas-Gewalt zum Ausdruck bringen. Der Comedian und LGTBQ-Aktivist Daniel Ryan Spaulding interveniert mit Erklärvideos auf Instagram und spielerischen Performances aus queerer Sicht in die Debatte und bemüht sich dabei auch um die Sichtbarmachung von israelischen Betroffenenperspektiven (Spiro 2024).[9]

Gängiger aber sind Videos wie jene, die sich über die Präsentation eines Wandkalenders lustig machten, den die israelische Armee im Keller des Shifa Krankenhauses in Gaza gefunden hat, wo höchstwahrscheinlich Geiseln festgehalten wurden. Wie der Pressesprecher der Armee in einem Video erklärte, ginge man davon aus, dass Hamas-Mitglieder ihre Schichten bei der Bewachung der Geiseln in diesem Kalender markierten. In TikTok Videos wird der Ton des Armee-Videos nun in andere Kontexte transportiert. Nutzer:innen zeigen dazu Kalender in ihren Wohnungen und trivialisieren die Situation. Welche Wirkung dies auf Angehörige von Entführten, eigentlich auf alle Jüdinnen und Juden in und außerhalb Israels hat, die sich um den Zustand der Geiseln sorgen, spielt auf TikTok keine Rolle. Solche Videos verstoßen nicht gegen die Community-Richtlinien,

---

8 siehe: https://www.tiktok.com/@ask__dani?lang=en.

9 https://www.instagram.com/danielryanspaulding/?hl=en.

aber sie fördern dennoch Ausschluss, weil sie für manche Nutzer:innen in ihrer Empathielosigkeit schlicht unerträglich sind.

Anfang November 2023 hatten jüdische TikToker diese Atmosphäre in einem offenen Brief gegenüber den Plattformverantwortlichen beklagt (Ghermezian 2023). Zunehmender Antisemitismus mache es ihnen beinahe unmöglich, weiterhin über jüdische Geschichte, Kultur und Traditionen aufzuklären. TikTok betont unerlässlich, alles dafür zu tun, die Plattform zu einem sicheren Ort für alle zu machen und die Ausbreitung von hasserfülltem Verhalten zu verhindern. Dennoch haben der Holocaustüberlebende Gidon Lev und seine Partnerin Julie Gray nach drei Jahren Aufklärung über die Geschichte des Holocaust und Antisemitismus die Plattform verlassen. Nachdem sie in Reaktion auf die Massaker vom 7. Oktober darauf hingewiesen hatten, dass sie in Israel lebten, verlor ihr Account tausende Follower. TikTok sei einfach zu „toxisch" geworden, erklärten sie ihren Entschluss (Ebbrecht-Hartmann 2023; Guggenberger 2023b).

Literatur

AAS – Amadeu Antonio Stiftung (2021) (Hg.): Antisemitismus in der Popkultur: Israelfeindschaft auf Instagram, TikTok und in Gaming-Communitys (de:hate report #3), Berlin: Amadeu Antonio Stiftung, https://www.amadeu-antonio-stiftung.de/wp-content/uploads/2021/11/211124_aas_dehate_3_antisemitismus.pdf.

ADL – Anti-Defamation League (o.J.): Hate on Display. The Happy Merchant, in: General Hate Symbols, https://www.adl.org/resources/hate-symbol/happy-merchant.

Altland, Nils/Eichhorn, Lea (2021): Der Krieg um die Hashtags, in: ZAPP (NDR), 19.05.2021, https://www.ndr.de/fernsehen/sendungen/zapp/Der-Krieg-um-die-Hashtags,nahostkonflikt156.html.

Azani, Eitan/Haberfeld, Daniel (2023): Hamas Media Campaign. "Al Aqsa Flood", in: Herzliya (ISR): International Institute for Counter-Terrorism (ICT), http://www.jstor.org/stable/resrep53545.

Baeck, Jean-Philip (2023): Osama bin Laden auf TikTok. Ein Like für Osama, in: taz, 17.11.2023, https://taz.de/Osama-bin-Laden-auf-TikTok/!5970986/.

Ball, James (2021): TikTok intifada: the role of new media in old conflicts, in: The Spectator, 22.05.2021. https://www.spectator.co.uk/article/tiktok-intifada-the-role-of-new-media-in-old-conflicts/.

Berendsen, Eva/Schnabel, Deborah (2024): Die TikTok-Intifada – Der 7. Oktober & die Folgen im Netz, Frankfurt am Main: Bildungsstätte Anne Frank 2024, https://www.bs-anne-frank.de/mediathek/publikationen/die-tiktok-intifada-der-7-oktober-die-folgen-im-netz.

Blome, Titus (2023): Antisemitismus im Netz. Osama bin Laden, der Fast-TikTok-Star, in: Zeit Online, 17.11.2023, https://www.zeit.de/kultur/2023-11/osama-bin-laden-tiktok-antisemitismus.

Briskman, Jonathan (2022): Sensor Tower's Q1 2022 Data Digest. Worldwide App Downloads Reached 37 Billion Last Quarter, in: Sensor Tower, April 2022, https://sensortower.com/blog/q1-2022-data-digest.

Cervi, Laura/ Divon, Tom (2023): Playful Activism. Memetic Performances of Palestinian Resistance in TikTok #Challenges, in: Social Media + Society, 9(1), https://doi.org/10.1177/205 63051231157607.

Cortellessa, Eric (2023): The Oct. 7 Massacre Revealed a New Hamas Social Media Strategy, in: Time Magazine, 31.10.2023, https://time.com/6330005/the-oct-7-massacre-revealed-a-new-hamas-social-media-strategy/.

Divon, Tom (2022). Playful publics on TikTok: The memetic Israeli-Palestinian war of #CHALLENGE, in: Arkenbout, Chloë/Scherz, Laurence (Hg.): Critical Meme Reader II: Memetic Tacticality, Institute for Network Cultures 2022, https://networkcultures.org/blog/publication/critical-meme-reader-ii-memetic-tacticality/.

Divon, Tom/Ebbrecht-Hartmann, Tobias (2022): #Jewish TikTok. The JewToks' Fight against Antisemitism, in: Buffone, Trevor (Hg.): TikTok Cultures in the United States, London: Routledge, 2022, 47–58.

Ebbrecht-Hartmann, Tobias (2021): Visuelle Kommunikation in antisemitischen Diskursen, in: Visual History, 31.05.2021, https://visual-history.de/2021/05/31/visuelle-kommunikation-in-antisemitischen-diskursen/.

Ebbrecht-Hartmann, Tobias (2023): Einfach zu toxisch, in: Jungle World, 30.11.2023, https://jungle.world/artikel/2023/48/antisemitsche-verschwoerungserzaehlungen-tiktok-einfach-zu-toxisch.

Ebbrecht-Hartmann, Tobias/Brenner, Misha (2023): Digital Sites of Tension. The Holocaust on Social Media in Contemporary Europe, in: Novis-Deutsch, Nurit S./ Lederman, Shmuel/Adamas, Tracy/Kochavi, Arieh J. (Hg.): Sites of Tension: Shifts in Holocaust Memory in Relation to Antisemitism and Political Contestation in Europe, Haifa: The Weiss-Livnat International Center for Holocaust Research and Education, 2023, 359–408.

Ebbrecht-Hartmann, Tobias/Divon, Tom (2022): Serious TikTok. Can You Learn About the Holocaust in 60 seconds? in: MediArXiv, https://doi.org/10.33767/osf.io/nv6t2.

Ebbrecht-Hartmann, Tobias/Divon, Tom (2024): Shoah Commemoration and Education on TikTok. Report, Berlin: American Jewish Committee Berlin Ramer Institute, 2024, https://ajcgermany.org/system/files/document/Shoah_Commemoration_and_Education_on_TikTok.pdf.

Entman, Robert M. (1993): Framing. Toward Clarification of a Fractured Paradigm, in: Journal of Communication, 43, 51–58.

Ghermezian, Shiryn (2023): Jewish Content Creators Say TikTok 'Not Safe' for Jews, Ask for Help Against Online Antisemitism, in: The Algemeiner, 02.11.2023, https://www.algemeiner.com/2023/11/02/jewish-content-creators-say-tiktok-not-safe-jews-ask-help-against-online-antisemitism/.

Goffman, Erving (1974): Frame analysis. An essay on the organization of experience, Harvard: Harvard University Press.

Guggenberger, Jonathan (2023a): Terror in Israel. Hass und Häme auf TikTok, in: Der Freitag, 41/2023, https://www.freitag.de/autoren/jonathan-guggenberger/terror-in-israel-hass-und-haeme-auf-tiktok.

Guggenberger, Jonathan (2023b): Shoah-Überlebender entfernt sein TikTok-Projekt. „Als ob die Hamas von Nazi-Kommandanten ausgebildet wurde", in: Der Tagesspiegel, 24.11.2023, https://www.tagesspiegel.de/gesellschaft/shoa-uberlebender-entfernt-sein-tiktok-projekt-als-ob-die-hamas-von-nazikommandanten-ausgebildet-wurde-10835611.html.

Hamas (2023): Die Charta der Hamas von 1988 und 2017 im Wortlaut – ins Deutsche übersetzt, Vorwort von Heinz Gess, in: Kritiknetz – Zeitschrift für Kritische Theorie der Gesellschaft, https://www.kritiknetz.de/images/stories/texte/charta%20der%20hamas.pdf.

Hollandt, Anna (2023): Hass durch Memes auf TikTok. Bomben zwischen Katzenvideos, in: taz, 03.11.2023, https://taz.de/Hass-durch-Memes-auf-TikTok/!5968017/.

Iqbal, Mansoor (2024): TikTok Revenue and Usage Statistics, in: Business of Apps, 08.07.2024, https://www.businessofapps.com/data/tik-tok-statistics/.

Jikeli, Günther/Soemer, Katharina (2022): Conversations about Jews on Twitter. Recent Developments Since Elon Musk's Takeover, Indiana University Bloomington, Institute for the Study of Contemporary Antisemitism, https://isca.indiana.edu/publication-research/social-media-project/documents-soc-media-proj/Conversations-About-Jews-on-Twitter-Recent-Developments-Since-the-Takeover-by-Elon-Musk.pdf.

Kampeas, Ron (2024): How the watermelon wound up as a symbol of Palestinian nationalism, in: Pittsburgh Jewish Chronicle, 10.01.2024, https://jewishchronicle.timesofisrael.com/how-the-watermelon-wound-up-as-a-symbol-of-palestinian-nationalism/.

Kaye, D. Bondy Valdovinos/Zeng, Jing/Wikström, Patrik (2022): TikTok. Creativity and Culture in Short Video, Cambridge: Polity 2022.

Knipp, Kersten (2018): Die Waffen der Armen aus Gaza, in: Deutsche Welle, 18.07.2018, https://www.dw.com/de/die-waffen-der-armen-aus-gaza/a-44737483.

Leber, Sebastian (2023): Antisemitismus auf TikTok. Wo Jugendliche abends Israel-Hass lernen, in: Der Tagesspiegel, 15.10.2023, https://www.tagesspiegel.de/gesellschaft/antisemitismus-auf-tik-tok-wo-jugendliche-abends-israelhass-lernen-10613554.html.

Leshem, Ron (2024): Feuer. Israel und der 7. Oktober, Berlin: Rowohlt, 2024.

Mulhall, Joe (2021) (Hg.): Antisemitism in the Digital Age. Online Anti-Semitic Hate, Holocaust Denial, Conspiracy Ideologies and Terrorism in Europe, Amadeu Antonio Stiftung, Expo Foundation, HOPE Not Hate, 2021, https://www.amadeu-antonio-stiftung.de/wp-content/uploads/2021/10/antisemitism-in-the-digital-age.pdf.

Nover, Scott (2023): No, Defenses of Osama bin Laden Didn't "Go Viral" on TikTok. The backlash is what went viral, in: Slate, 16.11.2023, https://slate.com/business/2023/11/tiktok-osama-bin-laden-letter-viral-actually-no.html.

Pew Research Center (2023): Social Media and News Fact Sheet, 15.11.2023, https://www.pewresearch.org/journalism/fact-sheet/social-media-and-news-fact-sheet/.

Potter, Nicholas (2024): Kanadischer Comedian zum 7. Oktober. „Der Backlash spornt mich nur an“, in: taz, 22.03.2024, https://taz.de/Kanadischer-Comedian-zum-7-Oktober/!5996 509/.

Scheufele, Dietram (1999): Framing as a theory of media effects, in: Journal of Communication, 49, 103–122.

Schwarz-Friesel, Monika (2020): Judenhass im Internet. Antisemitismus als kulturelle Konstante und kollektives Gefühl, Bonn: BpB.

Shifman, Limor (2014): The Cultural Logic of Photo-Based Meme Genres, in: Journal of Visual Culture, 13(3), 340–358.

Spiegel Netzwelt (2023): TikTok löscht eine halbe Million Videos binnen einer Woche, in: Der Spiegel, 16.10.2023, https://www.spiegel.de/netzwelt/apps/hamas-und-israel-tiktok-loescht-eine-halbe-million-videos-binnen-einer-woche-a-50d9d59b-f5d0-47f6-a4f5-d793bd34b392.

Spiro, James (2020): 'The Dark Side of TikTok': How the newest social media platform lets anti-Semitism run wild, in: CTech, 26.6.2020, https://www.calcalistech.com/ctech/articles/0,7340,L-3835919,00.html.

Spiro, Amy (2024): Comedian-turned-unlikely advocate for Israel is heading back to the Jewish state, in: The Times of Israel, 22.03.2024, https://www.timesofisrael.com/comedian-turned-unlikely-advocate-for-israel-is-heading-back-to-the-jewish-state/.

Smith, Adam (2021): TikTok filter and 'Fiddler on the Roof' song criticised for antisemitism, in: The Independent, 27.04.2021, https://www.independent.co.uk/tech/tiktok-trend-jews-rich-man-antisemitism-b1836579.html.

Tidy, Joe (2020): TikTok algorithm promoted anti-Semitic death camp meme, in: BBC, 08.07.2020, https://www.bbc.com/news/technology-53327890.

Ward, Alex (2021): The "TikTok intifada", in: Vox, 20.04.2021, https://www.vox.com/22436208/palestinians-gaza-israel-tikt ok-social-media.

Yarchi, Moran/Ayalon, Ami (2023): Fighting over the Image. The Israeli-Palestinian Conflict in the Gaza Strip 2018–19, in: Studies in Conflict & Terrorism, 46(2) 123–136.

Ynet (2023): Amid Oct. 7 bedlam, Israeli pilots instructed to use Telegram to select targets, in: Ynet news, 30.12.2023, https://www.ynetnews.com/article/r18ekttvp.

Zannettou, Savvas/Caulfield, Tristan/Blackburn, Jeremy/De Cristofaro, Emiliano/Sirivianos, Michael/Stringhini, Gianluca/Suarez-Tangil, Guillermo (2018): On the Origins of Memes by Means of Fringe Web Communities, in: Proceedings of the Internet Measurement Conference 2018 (IMC '18), Association for Computing Machinery, New York, NY, USA, 188–202, https://doi.org/10.1145/3278532.3278550.

Die radikale Rechte in Deutschland nach dem 7. Oktober

Ein Beispiel des politischen Antisemitismus im postfaktischen Zeitalter

Nikolai Schreiter und Lars Rensmann

Die öffentliche Wahrnehmung der Positionierung der radikalen Rechten zu Antisemitismus wird in erheblichen Teilen von Mythen bestimmt – von der These, die radikale Rechte habe ihren politischen Antisemitismus durch andere Ressentiments ‚ersetzt', bis hin zur Behauptung, die heutige radikale Rechte sei ‚anti-antisemitisch' und ‚pro-israelisch'. Dieser Artikel widmet sich der empirischen Analyse der Positionen der deutschen radikalen Rechten zum Terror der Hamas und anderer palästinensischer Terrororganisationen am 7. Oktober 2023 und untersucht, inwieweit hierbei Antisemitismus artikuliert und politisch mobilisiert wird. Unserer Leithypothese nach dienen Israel und der Konflikt im Nahen Osten trotz teils widersprüchlicher, ambivalenter und teils prima facie pro-israelischer politischer Positionierungen in allen Spektren der deutschen radikalen Rechten wesentlich als Projektionsfläche für eigene bzw. nationale politische Imaginationen, wobei antisemitische Vorstellungen nicht nur zum Vorschein kommen, sondern vielfach auch politisch-ideologisch eingebunden und eingesetzt werden. Die Analyse radikal rechter Reaktionen auf den 7. Oktober widerspricht den in der Öffentlichkeit und der Publizistik weit verbreiteten Auffassungen, die deutsche radikale Rechte sei ‚pro-israelisch' oder gar ‚anti-antisemitisch'.

Als radikale Rechte wird hier basierend auf einer ideologieanalytischen Einordnung das gesamte Spektrum antipluralistischer, illiberaler, antidemokratischer, autoritärer und nationalistischer Akteure, Parteien, Gruppen, Bewegungen und Demagog:innen (einschließlich Parlamentarier:innen einerseits, Influencer:innen andererseits) verstanden, die sich selbst als ‚rechts' oder ‚patriotisch' verstehen und die impliziten und expliziten universalistischen Grundlagen des demokratischen Rechts- und Verfassungsstaates ablehnen.

Im Folgenden wird zunächst kurz die Traditionslinie des insbesondere antizionistischen Antisemitismus der deutschen radikalen Rechten skizziert, die den ideologiegeschichtlichen Bedeutungshof aktueller Positionen und Reaktionsweisen im heutigen postfaktischen Zeitalter (Rensmann 2025) bildet. Sodann wird der Fokus auf verschiedene Akteursgruppen der radikalen Rechten in Deutschland gerichtet, angefangen bei der Alternative für Deutschland (AfD) als deren heute mit Abstand politisch und elektoral bedeutendster Exponentin. Anschließend werden die Reaktionen der neonazistischen, offen staatsfeindlichen extremen Rechten analysiert, verglichen und politikwissenschaftlich eingeordnet.[1] Abschließend wird der heutige politische Antisemitismus der radikalen Rechten im Verhältnis zu den Geschehnissen am und nach dem 7. Oktober in der Gesamtschau in einem Fazit bewertet.

Antizionistischer Antisemitismus als Element der deutschen radikalen Rechten in historischer Langzeit-Perspektive

Der Antisemitismus als wahnhafte, verschwörungsideologische Welterklärung schließt nicht nur denklogisch fast notwendig, sondern auch empirisch den Antizionismus ein: Eugen Dühring schrieb bereits 1901 über eine „exotische Zionsgründung", sie würde „der hebräischen Schlange [...] noch einen Extrakopf verschaffen" und „nur eine Steigerung der Judenmacht bedeuten" (Dühring 1901: 127; dazu Schreiter 2022a: 239f.). Bereits vor über 100 Jahren war Antizionismus ein Kernelement der nationalsozialistischen Bewegung. Man denke u. a. an das Buch des von den *Protokollen der Weisen von Zion* beeinflussten NS-Propagandisten Alfred Rosenberg, *Der staatsfeindliche Zionismus* (1922), oder Adolf Hitlers Ausführungen von 1920 dazu, dass der „ganze Zionistenstaat" nichts werden solle als „die letzte vollendete Hochschule ihrer internationalen Lumpereien", von der aus „alles dirigiert werden" solle (zit. n. Phelps 1968: 406).[2] Derlei Motive sind eingebettet in eine moderne antisemitische Tradition, der zufolge ein jüdischer Staat nur die Zentrale der jüdischen Weltverschwörung sein könne und mit dem ‚Gegenvolk' der Juden, das in keinem Boden verwurzelt sei, kein richtiger Staat zu machen sei (Rensmann 2005: 158; Rensmann

1 Die analytische Abgrenzung der Akteursgruppen hat neben analytischer auch empirische Qualität, zugleich aber diffundieren diese Grenzen auch. Das verschwörungsideologische Milieu, das insbesondere aus den Coronaprotesten gestärkt hervorgegangen ist, weist inhaltliche und personelle Überschneidungen mit klassischeren Sektoren der extremen Rechten auf, und prominente Vertreter:innen der AfD kooperieren teils mit der Neuen Rechten oder sind Teil eines offen rechtsextremen Milieus.

2 Rosenberg betrachtete „alle Juden als Zionisten und Zionisten als Stellvertreter des gesamten Judentums" (Nicosia 2012: 99).

2015). Die Phantasmagorie vom Zionismus als Agenten einer jüdischen Weltverschwörung war also schon lange vor dem Aufstieg der Nationalsozialistischen Deutschen Arbeiterpartei (NSDAP) zur Staatsmacht ein Eckpfeiler der NS-Ideologie und des modernen deutschen Rechtsradikalismus (Rensmann 2015).

Zum antisemitischen Antizionismus der Nationalsozialisten weit vor der Shoah und der Staatsgründung Israels 1948 gesellten sich danach Denkfiguren, die Schuldabwehr, Täter-Opfer-Umkehr und Antizionismus vereinten. So nannte „Dr. Franz Richter", als welcher der ehemalige NSDAP-Funktionär Fritz Rößler bis zu seiner Enttarnung 1952 unter anderem für die Sozialistische Reichspartei (SRP) im ersten Deutschen Bundestag saß, Israel 1951 „die Aggressoren im vorderasiatischen Raum, [...] die den Arabern ihre Heimat genommen haben". Wer „der israelischen Regierung das Geld nach Tel Aviv oder Jerusalem hinterherschicken" wolle, sei „ein Kollaborateur". Er bezichtigte „die israelische Regierung", Kriegsverbrechen begangen zu haben, für die sie „nach Nürnberger Recht" verurteilt worden wären und stellte so die gerade drei Jahre zurückliegende israelische Staatsgründung auf eine Stufe mit den NS-Verbrechen – direkte Schuldabwehr von einem Nationalsozialisten. „Genau so", schloss er seine Rede, „wie ich mich als Vertriebener jederzeit für meine Heimat einsetze, kann ich den Wunsch der Araber verstehen, dass ihre Heimat nicht für dauernd von den Juden gestohlen bleiben soll" (Deutscher Bundestag 1951: 7185).

In *Nation Europa*, das seit seiner Gründung 1951 „lange Jahre als das ideologisch-weltanschauliche Leitmedium des gesamten deutschen Rechtsextremismus gelten [konnte]" (Kopke/Botsch 2016: 288), schrieb 1952 Nimer Abu Azis über „israelische Lidices" und stellte so Israels Kriegsführung auf eine Stufe mit dem nationalsozialistischen Vernichtungskrieg und der Shoah. Es sei „erlogen", dass „im deutschen Machtbereich unmenschliche Dinge [...] ihren Gipfelpunkt erreicht hätte[n]", vielmehr hätten sich alle Völker „mit Schandtaten befleckt – besonders unsere neuen Nachbarn, die Juden" (zit. n. Kopke/Botsch 2016: 293f). So ist es über die Jahrzehnte „für das Israelbild der extremen Rechten insgesamt typisch [...], antijüdische Motive zu transportieren, NS-Verbrechen zu relativieren und zum ‚nationalen Widerstand' zu mobilisieren" (Kopke/Botsch 2016: 307). Hat die extreme Rechte mit der Verbreitung antisemitischer „‚Israelkritik' in der deutschen Bevölkerung" ab dem Ende der 1960er Jahre, die sich seitdem auch mehr „in Parteien der bürgerlichen Mitte, in der christlichen und linken Friedensbewegung und andernorts" findet, zwar „gewissermaßen ein ‚Alleinstellungsmerkmal' verloren" (Kopke/Botsch 2016: 311), so doch nicht ihren Kern: den Antisemitismus, auch und gerade den israelbezogenen (Botsch 2024: 14ff), der sich über Schuldabwehr und als Kampf gegen das deutsche ‚Vasallentum' unter israelischer und jüdischer ‚Fremdherrschaft' am Leben erhält (dazu Weber 2022).

In den 2010er Jahren kam zum ersten Mal Bewegung in die bisher quasi durchgängig antizionistisch-antisemitische Position zu Israel, und zwar durch Impulse im Kontext der österreichischen radikalen Rechten: 2010 brach die Freiheitliche Partei Österreichs (FPÖ) unter Heinz-Christian Strache in der *Jerusalemer Erklärung* gemeinsam mit der belgischen Regionalpartei Vlaams Belang und den Schwedendemokraten die explizit israelfeindliche Tradition und erklärte ihr „uneingeschränktes Bekenntnis zu[m] Existenzrecht Israels innerhalb sicherer und völkerrechtlich anerkannter Grenzen" (Freiheitlicher Parlamentsklub 2010). Aus der AfD waren in der Folge zwar zwischen ihrer Gründung 2013 und dem Einzug in den Bundestag 2017 einige wenige, jedoch weitgehend randständige ‚pro-israelische' Äußerungen vernehmbar. Alexander Gauland, der früher Israel als „Fremdkörper" und „Demütigung" der „arabisch-islamische[n] Welt" (Gauland 2001) diffamiert hatte, betonte im April 2018 bei der Bundestagsdebatte zum 70. Jahrestag der israelischen Staatsgründung die „Verpflichtung [...] im Ernstfall einer existenziellen Bedrohung Israels an dessen Seite zu kämpfen und zu sterben": „Es war und ist richtig, die Existenz Israels zu einem Teil unserer Staatsräson zu erklären." (Deutscher Bundestag 2018: 2623) Den seit dieser Periode von Teilen der AfD immer wieder bemühten positiven Bezügen zu Israel liegen allerdings „zwei antisemitische Bilder zugrunde": einerseits eine projektive „Zuschreibung von Autorität an Israel, die dem Antisemitismus entlehnt ist", andererseits ein ebenso projektiver neidvoller „Blick auf Israel als geopolitische Reproduktion der Figur des Ausnahmejuden" (Schreiter 2022b: 277). Darin wird Israel als besonders nationalistische Nation und insofern als Vorbild gesehen. Die Vorstellungen dieses Vorbilds haben mit dem realen Israel relativ wenig, mit den eigenen Wünschen, Ängsten und Phantasmagorien des nationalen politischen Imaginären, die auf Israel projiziert werden, hingegen viel zu tun – während zugleich der nicht-israelbezogene verschwörungsideologische moderne und modernisierte Antisemitismus in der AfD ohnehin immer offener zutage tritt (Dietl 2025; Rensmann 2025: 169–196; Schreiter/Rensmann 2025). Die Bundes-AfD twitterte etwa über „Ein einziges Narrenspiel. Israel will illegale (!) Einwanderer aus Afrika loswerden und auf wen fällt die ‚Wahl'? Einmal mehr Germoney!" (Zit. n. Riebe 2019) Darin kommen unterschiedliche antisemitische Motive zusammen. In der Wortschöpfung „Germoney" klingt an, dass Israel Deutschland „einmal mehr“ durch den „Schuldkult“ finanziell auspresse.

Seit dem 7. Oktober 2023 verstärkt sich zudem die bereits vorher begonnene neuerliche Erosion der positiven Bezugnahmen der AfD auf Israel. Dies spiegelt unter anderem die allgemeine antidemokratische und autoritäre Radikalisierung der Partei (Schreiter/Rensmann 2025), die sich über die Jahre auch über wiederkehrende Personalwechsel in Spitzenpositionen niederschlug, bei denen sich regelmäßig rechtere Kandidat:innen durchsetzten. Vor diesem Hintergrund sollen nun die Reaktionen der AfD auf den 7. Oktober untersucht werden, bevor Positionen und Reaktionen aus anderen Teilen der deutschen radikalen Rechten auf das Pogrom der Hamas und Israels Reaktionen darauf analysiert werden.

Gegen die „Antisemitismuskeule“: Die AfD im Spagat zwischen deklarierter Israelsolidarität, antizionistischem Antisemitismus und Erinnerungsabwehr

Unmittelbar am 7. Oktober veröffentlichte die AfD-Bundestagsfraktion ein Statement mit wehender Israelfahne und einem Zitat, auf der Website auch mit Portraitfoto von Petr Bystron, damals außenpolitischer Sprecher, auf Facebook und Instagram: „Wir verurteilen die terroristischen Angriffe aufs Schärfste. Israel und das jüdische Volk haben unsere volle Solidarität. Dies gilt auch für alle Maßnahmen, die den Angriff schnell beenden helfen und die Angreifer zur Rechenschaft ziehen können.“ (AfD-Fraktion im Deutschen Bundestag 2023a) Auffällig war, dass Petr Bystron das Statement auf seinen persönlichen Social Media-Kanälen nicht teilte. Am 7. Oktober selbst kokettierte er auf Telegram mit der Opferrolle der AfD und postete mehrere Beiträge zu Angriffen auf AfD-Politiker:innen (Team Bystron 2023a; b; c).

Hier wird eine Doppelkommunikation sichtbar: Während man als Fraktion Israel „Solidarität“ aussprach, kommunizierten viele (wenn auch nicht alle) AfD-Politiker:innen diese offene Parteinahme der eigenen Basis eher zurückhaltend. Große Teile der AfD-Klientel beispielsweise stehen auf Telegram – dem Messengerdienst, der sich auch in der verschwörungsgläubigen Szene großer Beliebtheit erfreut und seit den Coronaprotesten eine wichtige Kommunikationsplattform für Rechtsradikale ist – dem jüdischen Staat mindestens skeptisch gegenüber. Exemplarisch zeigt dies eine Umfrage des bayerischen AfD-Landtagsabgeordneten Ralf Stadler vom November 2023 auf seinem Telegramkanal: Auf seine Frage, ob Deutschland Waffen an Israel liefern solle, antworteten gute 500 User – 92 Prozent davon waren dagegen, nur fünf dafür (Stadler 2023). Auch wissenschaftliche Erhebungen zeigen besonders stark ausgeprägte antiisraelische und antisemitische Positionen bei Wähler:innen der AfD: In der Leipziger Autoritarismusstudie 2024 belegten sie in vier von fünf abgefragten Antisemitismus-Kategorien den ersten Platz, darunter „Israelbezogener", „Schuldabwehr"- und „Postkolonialer Antisemitismus".[3] Nur in der Kategorie „Antisemitischer Antizionismus" lag die AfD mit 15 Prozent manifester Zustimmung knapp hinter der Linken mit 16 Prozent (Decker et al. 2024b: 146).[4] Auch in der Dunkelfeldstudie zu Antisemitismus in Nordrhein-Westfalen war der israelbezogene Antisemitismus auf der selbstverorteten Rechten höher als links und in der Mitte (Beyer et al. 2024: 46), und die AfD liegt bei allen Indizes am höchsten – außer beim israelbezogenen Antisemitismus, wo ihre Wähler:innen indes nur hinter der Linken zurückbleiben, allerdings ist der Unterschied nicht signifikant (Beyer et al. 2024: 47).

Unter dem Facebook-Posting der AfD-Bundestagsfraktion meldeten sich die Fans der Seite in über 300 Kommentaren zu Wort. Dort wurden zwar einerseits ebenfalls Israelfahnen gepostet und das pro-israelische Statement der AfD gelobt, viele Kommentare opponierten aber gegen die Unterstützung Israels, einige waren offen antisemitisch. Jemand befand, „das" (der 7. Oktober) geht „uns nichts an. Um unser Land kümmert sich keiner", ein anderer User tat kund, „das Israel der Besatzer ist und die Palistiner ihr Land zurück möchten. Israel existiert nur damit der Ami einen Verbündeten im Nahen Osten hat. Punkt". Man kann lesen, dass es „Satanismus ist, wenn Palästina den Juden Übergeben wird und die dort lebenden

3 Zum Vergleich linker und rechter Schuldkultdiskurse in Reaktion auf den 7. Oktober siehe Rajal (2025a; b).

4 Die Kategorien postkolonialer Antisemitismus und antisemitischer Antizionismus wurden erst 2024 eingeführt, um die „Parteinahme in der internationalen, aber ebenso in der bundesdeutschen Linken für die klerikal-faschistische Hamas bereits unmittelbar nach deren pogromartigen Massaker am 7. Oktober" (Decker et al. 2024b: 133) abbilden zu können. Dennoch lag auch in diesen Kategorien die AfD weit vorne. Leider grenzen die Items die unterschiedlichen Kategorien des Antisemitismus nur unzureichend voneinander ab; etwa haben zwei von drei Items der Kategorie „antisemitischer Postkolonialismus" einen „deutsche[n] Schuldkomplex" und ein „schlechtes Gewissen" der Europäer zum Gegenstand (Decker et al. 2024a: 26) und erheben so zumindest auch Schuldabwehrantisemitismus. Ausführlicher zu dieser Kritik siehe Hessenauer (2024). Es bleibt aber der Befund, dass die Parteipräferenz AfD mit den höchsten Zustimmungswerten in fast allen Dimensionen des Antisemitismus korreliert, auch dem israelbezogenen.

Palästinenser dann Terroristen sind und in Getos gehalten werden. MfG", und dass es „noch viel mehr da unten klatschen" solle. Neben Aussagen, dass es „sehr seltsam" sei, dass „Israels Geheimdienst total versagt" habe – insinuiert wird eine Verschwörung oder israelische Beteiligung – sind auch offene Vernichtungswünsche – „Wird Zeit das Israel dem Boden gleichgemacht wird" – und antisemitische Schlagworte – „Khasarische Mafia/Rothschild??" oder „Schuldkult" – Monate nach dem 7. Oktober 2023 auf der Facebookseite der AfD-Bundestagsfraktion einsehbar (alle Zitate AfD-Fraktion im Deutschen Bundestag 2023a).

Anders als in den Social Media-Kommentaren ist von AfD-Funktionär:innen keine offene Unterstützung des Pogroms am 7. Oktober bekannt. Allerdings relativierte etwa der Co-Vorsitzende Tino Chrupalla die „Solidarität" vom 7. bereits am 11. Oktober, als er auf X das Morden, die Vergewaltigungen und die Geiselnahmen der Zivilist:innen als Kriegshandlungen verharmloste und Israel unmittelbar zur Diplomatie mit den Feinden im Libanon, Iran und in Syrien aufforderte, die am 7. Oktober direkt oder indirekt Anteil hatten:

> Der Angriff der #Hamas auf #Israel ist zu verurteilen. Ich trauere um alle Kriegstote. Jetzt müssen die Staaten der Region auf Deeskalation setzen, um einen Flächenbrand abzuwenden. Diplomatie ist das Gebot der Stunde. Eine tragfähige Lösung für alle Seiten muss das Ziel sein! (Chrupalla 2023a)

In der so ausbrechenden Auseinandersetzung[5] in der Bundestagsfraktion erhielt Chrupalla tags darauf Unterstützung von MdB Jürgen Pohl im rechtsextremen Onlinemagazin *info-DIREKT*: Die „radikalislamische Hamas" habe „in Israel Entsetzliches angerichtet", Israel aber lege nun

> als Reaktion Gaza in Schutt und Asche. Jene, die damals der AfD einen extremen Pro-Ukraine-Kurs auferlegen wollten, lechzen erneut danach, dass Deutschland direkte Konfliktpartei wird. Sie überholen die israelische Rechte „rechts" und schlagen wild um sich: Morgen heißt es dann: „Bomben auf Teheran"? (Pohl 2023)

Es bleibe, wie es Chrupalla tue, „richtig, deutsche Interessen voranzustellen" und nicht „den Kurs der Friedenspartei, der Diplomatie und des Verhandelns" zu verlassen, sonst drohe „Kriegs- und auch Migrationsausweitung" (Pohl 2023). Damit nimmt Pohl das Wahlprogramm vom Januar

---

5 Siehe auch Weiß (2024).

2025 vorweg, in dem es heißt: „Unsere primären Interessen sind die Verhinderung neuer Massenmigration und eines kriegerischen Flächenbrands im Nahen Osten." (AfD-Bundesparteitag 2025: 92)

Der Islamwissenschaftler Hans-Thomas Tillschneider, kulturpolitischer Sprecher der AfD-Landtagsfraktion in Sachsen-Anhalt, hatte eine „Vermutung": Im extrem rechten *Freilich Magazin* bezeichnete er es am 13. Oktober als „die wahrscheinlichste Erklärung" für die „aktuelle[.] Auseinandersetzung", dass „die USA über ihre klandestinen Hamas-Kontakte zumindest einen Impuls für den Angriff gegeben haben könnten". Die Annäherung zwischen Israel und einigen arabischen Staaten würde aktuell „aus lächerlich nichtigem Anlass" – gemeint ist der 7. Oktober – „um Jahrzehnte zurückgeworfen". Er riet außerdem vom Versuch ab, „der bitter nötigen Kritik an der Masseneinwanderung zum Durchbruch zu verhelfen", indem man die „Antisemitismuskeule exklusiv gegen Einwanderer aus dem islamischen Kulturraum" schwinge, denn wer das tue, habe „diese Keule, früher, als er denkt, selbst im Gesicht".[6] Allerdings ungerechtfertigt, denn: „Die Neue Rechte hat den Antisemitismus hinter sich gelassen." Anstelle von „einseitigen Parteinahmen" – „Wir brauchen auf unseren Schulhöfen weder Palästinaflaggen noch Israelflaggen" – sollte man „mit einer grundsätzlichen Kritik an Masseneinwanderung" reagieren, weil „wir keine Konflikte aus aller Welt importieren wollen". Zudem habe Deutschland Interesse „an guten Beziehungen zu Israel [...] aber auch Interesse an guten Beziehungen zur arabischen Welt und zum Iran, und zwar allein schon wegen der Rohstoffe". Eine „einseitige Parteinahme" verbiete sich schon deshalb, „weil beide Seiten in der Vergangenheit vielfach Recht und Menschenrecht gebrochen haben und niemand mehr sagen kann, ob und wenn ja, wer hier im Recht sei". Mit seinem Schlusswort, seine und Chrupallas Position entsprächen

6 Der Begriff der „Antisemitismuskeule" evoziert einerseits den Begriff der „Moralkeule Auschwitz" durch Martin Walser, der eine lange rechtsradikale Tradition der Rede vom „Schuldkult" und einer vermeintlich gegen die Nachkriegsdeutschen gerichteten „Auschwitzkeule" in seiner Paulskirchenrede von 1998 prominent aktualisiert. Andererseits findet der Begriff der „Antisemitismuskeule" seit vielen Jahren nunmehr selbst Verwendung in der radikalen Rechten, aber auch in der radikalen antiimperialistischen Linken. In diesem klassischen Motiv des Schuldabwehrantisemitismus ist die Vorstellung verdichtet, ‚die Juden' oder der Staat Israel würden heute unter Berufung auf die Shoah ihre „Macht der Opfer" (Rensmann 2001: 254) ausnutzen, die Deutschen kleinhalten und finanziell wie ideell zu Unterstützung zwingen bzw. die Juden würden Antisemitismusvorwürfe für ‚ihre' Zwecke nutzen und zur Verteidigung Israels instrumentalisieren.

„der Mehrheitsmeinung in der Partei", scheint Tillschneider indes recht zu haben (alle Zitate Wolters 2023).

Mit diesen Beiträgen waren in der ersten Woche nach dem 7. Oktober die wesentlichen Eckpfeiler dessen gesetzt, was die AfD in den kommenden rund eineinhalb Jahren zu Israel und zum 7. Oktober sagen würde. Später gesellte sich die Ablehnung von deutschen Waffenlieferungen an Israel als Position der AfD hinzu. Bereits Anfang Dezember 2023 twitterte Chrupalla lobend, dass die Republikaner „im US-Senat ein milliardenschweres Paket für Ukraine und Israel" blockiert hatten, die „US-Bürger" seien es „leid, dass ihr Geld für fremde Kriege ausgegeben wird. Auch @Bundeskanzler Scholz muss die Milliardenausgaben für den Ukraine-Krieg stoppen!" (Chrupalla 2023b). Deutsche Waffenlieferungen an Israel waren hier zunächst nur impliziert, im August 2024 sagte Alice Weidel, „Waffen für weitere Offensiven" Israels – was offensiv und was defensiv sei, bleibt unklar – seien aber „nicht zielführend" und betonte: „die israelische Regierung muss kritisiert werden dürfen" (Schindler/Alexander 2024). Am 16. Oktober 2024 schließlich machte Chrupalla die Position seiner Partei im Bundestag explizit: „Keine Lieferung deutscher Waffen an irgendeine Kriegspartei!", weder „in der Ukraine und in Russland" noch „in Israel und in Palästina" (Deutscher Bundestag 2024a: 25094). Sein Parteifreund Tomasz Froelich twitterte am 22. Oktober 2024 seine entsprechende Rede im EU-Parlament, in der er sagte, Israel habe „das Recht auf Selbstverteidigung", aber „nicht das Recht, den #Libanon in Schutt und Asche zu legen". Es begehe dort „Kriegsverbrechen" und es brauche nun einen Waffenstillstand. „Deshalb: Schluss mit Waffenlieferungen nach Israel! [...] Wir liefern weiter Waffen, obwohl fast 70 % der Deutschen dagegen sind. Es wird höchste Zeit, aufs eigene Volk zu hören! #CeasefireNOW". (Froelich 2024)

Zugleich wurden indes in Teilen widersprüchliche Positionen durch Parlamentarier:innen kommuniziert. In der gleichen Sitzung, in der Chrupalla das Ende deutscher Waffenlieferungen an Israel forderte, kritisierte Joachim Wundrak:

> Die israelische Polizei erbat zusätzliche Schutzwesten und gepanzerte Polizeiautos für einen besseren Schutz gegen die Hamas. Das Habeck-Ministerium hat die Bitte abgewiesen mit der Begründung, dass es sich hierbei um Kriegsgerät handele. [...] So sieht es also aus, wenn grüne Strategen das Existenzrecht Israels verteidigen. Daher ist es auch nicht verwunderlich, dass die grünen Minister Habeck und Baerbock

> in diesem Jahr offensichtlich Waffenlieferungen an Israel über Monate blockiert haben. (Deutscher Bundestag 2024a: 25149)

Seit Februar 2025 sitzt Wundrak nicht mehr im Bundestag. Auch Marc Jongen, damals kulturpolitischer Sprecher der Bundestagsfraktion und seit 2024 EU-Parlamentarier, zeigt, dass der AfD durchaus bewusst sein kann, warum Israel Waffen braucht. Er kritisierte im März 2024 das antiisraelische Spektakel bei der Berlinale unter anderem dafür, dass Israel als „Apartheidstaat" bezeichnet wurde, dem „keine Waffen mehr geliefert werden sollen. Spätestens seit dem 7. Oktober weiß jeder, dass ein unbewaffnetes Israel dem Lynchmob der Hamas schutzlos ausgeliefert wäre. Von der AfD hätte es dafür keinen Applaus, sondern Protest gegeben." (Deutscher Bundestag 2024b: 20381)

Diese Position steht in offensichtlichem Widerspruch zu den Proklamationen und Forderungen von Froelich und Chrupalla. Er verdeutlicht einerseits, dass es in der AfD unterschiedliche Positionen zum Thema gibt, andererseits aber illustriert der jeweilige Kontext auch die postfaktische Art, Politik zu machen: Kann die Bundesregierung oder ein ‚wokes' Kulturfestival für die (vermeintliche) Ablehnung von Waffenlieferungen an Israel kritisiert werden, darf ein Hinterbänkler dafür eintreten, während der Parteichef dagegen Position bezieht. Diese widersprüchliche respektive ambivalente Position drückt sich prominent auch im Wahl-O-Mat für die Bundestagswahl 2025 in der Antwort „neutral" aus, welche die AfD zum Punkt „Aus Deutschland sollen weiterhin Rüstungsgüter nach Israel exportiert werden dürfen" gab. Die Erklärung dazu:

> Wir erkennen uneingeschränkt das Existenzrecht Israels an und das Recht des Staates Israel dieses auch militärisch zu verteidigen. Dies gilt ins besonders [sic!] auch vor dem Hintergrund des terroristischen Angriffs der Hamas in Israel am 7. Oktober 2023. Die grundsätzliche Position der AfD keine Waffen in Spannungs- oder Kriegsgebiete zu liefern, bleibt davon aber unberührt. (Wahl-O-Mat 2025)

Einen besonderen Standpunkt zum Thema Waffenlieferungen und Israel nahm der bayerische Bundestagsabgeordnete Stephan Protschka[7] ein, der auch die Landesliste zur Bundestagswahl 2025 anführte. Er wetterte am 2. September 2024 gegen Waffenlieferungen an die Ukraine und sagte dann:

---

7 Zu früheren Aussagen Protschkas, in denen er versucht, sich und die AfD vom Antisemitismus zu distanzieren, siehe Schreiter (2023: 231–233, 241f.).

> Krieg ist immer das Schlimmste. Aber warum schicken sie dann nicht nach Palästina so viele Waffen? Die wollen ja auch nur ihr eigenes Land verteidigen! Da ist ja auch Israel eingefallen. Und ich bin – ich stehe zu Israel, keine Frage! Ich habe immer gesagt, Jerusalem soll die Hauptstadt sein. (KlardenkenTV 2024)

Hier wird deutlich, wie unangefochten das antiisraelische Weltbild von vermeintlich pro-israelischen Legierungen bleiben kann. Es liegt offenkundig ein unvermitteltes Nebeneinander vor: Israel bleibt der Böse, gleichzeitig wird aber eine pro-israelische Position autoritär angerufen, die nicht sachlich begründet wird. Israel fungiert hier als Autorität und die israelische Regierung straft die AfD laufend, indem jeder Kontakt verweigert wird, obwohl ansonsten die rechte israelische Regierung die Nähe zu rechtsradikalen Parteien in Europa sucht – zuletzt sogar, wenn auch indirekt, zur FPÖ, einer rechtsradikalen Partei aus einem NS-Nachfolgestaat.[8]

Oft dient die Referenz auf den 7. Oktober der AfD nur als Aufhänger für die eigene politische Agenda, die in erster Linie aus Forderungen nach geschlossenen Grenzen und Abschiebungen besteht und in eine autoritär-revolutionäre Ideologie eingebettet ist, die u. a. auch Antifeminismus, Antikommunismus und Ethnonationalismus umfasst. Götz Frömming nannte etwa „die Genderideologie eine der aktuellen Masken des Marxismus“ (Deutscher Bundestag 2023a: 16302), wobei das antisemitische Schlagwort vom Kulturmarxismus nachhallt. Der „Antisemitismus durch Zuwanderung“ erscheint dabei stets als Hauptproblem, das man durch die Forderung „Unterstützer von antisemitischem Terrorismus ausweisen“ in den Griff zu bekommen meint (AfD-Fraktion im Deutschen Bundestag 2023b). Der rechtsradikale Antisemitismus, der nicht zuletzt durch die AfD selbst mobilisiert wird (Dietl 2025; Grigat 2017; Kahmann 2017; Rensmann 2020, 2025; Salzborn 2018, 2019; Schreiter 2023), wird zugleich geleugnet.

8 Anfang 2025, als es mit den Patrioten für Europa eine extrem rechte Fraktion im EU-Parlament ohne die AfD gab, nahm der Likud in dieser Fraktion Beobachterstatus ein (Wandler 2025). Mit diesem Schritt der seit langem wichtigsten israelischen Regierungspartei bricht indirekt der israelische Boykott der FPÖ, jener gegen die AfD aber bleibt aufrecht. Die Freude Harald Vilimskys über den „Schub an internationaler Gravität, Akzeptanz und Bedeutung“ (Freiheitlicher Parlamentsklub 2025), den dieser Schritt des Likud für die FPÖ bedeute, trübte der Leiter dessen internationalen Büros Ariel Bulshtein aber schnell, als er konstatierte, dass die FPÖ „noch keinen Weg gefunden hat, sich als echter Verbündeter Israels und der jüdischen Gemeinschaft in Österreich zu positionieren“ (zit. n. Ultsch 2025).

Einer der wenigen Punkte der AfD, der über die unvermittelte Proklamation hinausgeht, dass man für Israel sei, ist die Forderung nach Einstellung der Unterstützung des Hilfswerks der Vereinten Nationen für Palästina-Flüchtlinge im Nahen Osten (UNRWA). Diese Agentur der Vereinten Nationen steht schon lange in der Kritik für ihre engen Verbindungen zur Hamas (Feuerherdt/Markl 2018: 237–248). Am 7. Oktober waren unter anderem UNRWA-Angestellte beteiligt und das Pogrom wurde in Chats von UNRWA-Personal bejubelt (UNRWA 2025). Wenn etwa Alice Weidel aber die UNRWA-Finanzierung in den Kontext der Vorwürfe an die Bundesregierung stellt, sie verpulvere in „Hunderten überflüssigen Entwicklungshilfevorhaben, die in der Summe den Steuerzahler 33 Milliarden Euro kosten" unter anderem „Geld ohne Gegenleistung für Ökokühlschränke in Kolumbien, feministische Außenpolitik in Südafrika, für die Taliban in Afghanistan und für Hamasterroristen in Gaza" (Deutscher Bundestag 2024c), geht es indes vornehmlich um vermeintlich sinnlos verschwendetes deutsches Steuergeld, analog zur Zerschlagung der USAID durch die Trump-Regierung.

„Deutsche Interessen" stellt auch Hannes Gnauck, Bundesvorsitzender der mittlerweile aufgelösten Jungen Alternative für Deutschland und Bundestagsabgeordneter, in den Mittelpunkt. In der Debatte über eine deutsche Beteiligung an der Militärmission EUNAVFOR ASPIDES im Roten Meer zum Schutz der Handelsschifffahrt gegen die Raketenangriffe der Ansar Allah (Huthi-Rebellen) am 23. Februar 2024 sagte er: „Eine derartige militärische Präsenz in Nähe zu sensiblen iranischen Gewässern könnte als Provokation gedeutet werden" und forderte die Bundesregierung auf, „der Scheuklappenpolitik ein Ende zu setzen und wieder Gespräche mit dem Iran aufzunehmen". Er äußerte die „deutliche Befürchtung, dass es der Bundesregierung auch in diesem Konflikt lediglich um eine Symbolpolitik geht, die darauf abzielt, den USA und Israel in einer geopolitischen Konfrontation zur Seite zu stehen". Die AfD hingegen „würde sicherstellen, dass deutsche Interessen an erster Stelle stehen und nicht die Interessen anderer Staaten" (Deutscher Bundestag 2024d). Neben der pro-iranischen Haltung reaktiviert Gnauck, der auch vom Militärischen Abschirmdienst als Extremist eingestuft wurde, hier das alte rechtsradikale und antisemitische Motiv von Deutschland als Vasall der USA und Israels.

Björn Höcke, Vorsitzender der Partei in Thüringen und Gallionsfigur der radikalen Rechten, redet wenig über Israel, äußert sich aber vielfach in nationalsozialistischer Rhetorik und insgesamt antisemitisch (etwa Rensmann 2025: 173ff; Schreiter/Rensmann 2025). In seinen „Gedanken zur Vorweihnachtszeit I" vom 4. Dezember 2023 schrieb er indes, Israel habe „mit blutiger Vergeltung" auf den 7. Oktober reagiert und rechnet Opferzahlen auf (Höcke 2023a). Am 26. Oktober 2023 bereits hatte Höcke in einem Kommentar geschrieben, Julian Reichelt habe mit dem Artikel „Baerbocks Blabla ist für Israel lebensgefährlich" (Reichelt 2023) eine „persönliche Rechtfertigung von Völkermord" verfasst. Dadurch, dass Höcke diesen Begriff des Völkermords einführt, den Antizionist:innen jeglicher Couleur nicht erst seit dem 7. Oktober gegen Israel im Munde führen, legt er nahe, Israel begehe einen solchen in Gaza (Höcke 2023b; c).

Die wehende Israelfahne, welche die AfD-Bundestagsfraktion am 7. Oktober selbst auf Social Media gepostet hat, stellt den schwächeren Pol der durchaus heterogenen Positionen in der Partei zu Israel, 10/7 und dessen Folgen dar. Abgesehen von instrumentellen Bezügen auf den 7. Oktober, um dann über Abschiebungen, deutsches Steuergeld oder das (vermeintliche) Versagen der Bundesregierung zu sprechen, und einigen wenigen Wiederholungen der pro-israelischen Beteuerung sind isolationistische, antiwestliche und rechtsextreme Positionen zentral, unterlegt von neben antisemitischen auch antizionistischen Grundpositionen und Desinformation zum Konflikt im Nahen Osten. Die diesbezüglichen Positionen der AfD werden überlagert von einer „Deutschland zuerst"-Ideologie, deren Wirkung meist israelfeindlich ist. Darunter fallen auch die frühe Ablehnung von Waffenlieferungen an Israel, dem man Kriegsverbrechen vorwirft, und die Forderung, das iranische Regime zu stärken. Von einer pro-israelischen Position bleibt bei der AfD seit dem 7. Oktober fast nichts übrig, vielmehr wird die allgemeine Radikalisierung der Partei deutlich, die auch mit einer gesamtgesellschaftlichen Verschiebung von Sagbarkeitsgrenzen im Feld des Antisemitismus, aber auch etwa bei Rassismus, Fragen von Migration und Geschichts-, Familien- und Geschlechterpolitik oder (selektiven) Kürzungen des Sozialstaats in Wechselwirkung stehen.

Neonazistische und offen rechtsextreme Reaktionen auf den 7. Oktober

Anders als im komplexeren Fall der AfD, die in der Partei politischen Antisemitismus mindestens toleriert, teils offen über soziale Medien verbreitet und deren Projektionsfläche sich auch in Bezug auf den Nahen Osten zunehmend antiisraelisch vereindeutigt, sind die Reaktionen der nationalrevolutionären, offen extremen Rechten eindimensional antiisraelisch und antisemitisch.

Die *Deutsche Stimme*[9] etwa, das Parteiblatt der „Heimat" (bis Sommer 2023: NPD), widmete dem Thema „Nahost in Flammen. Droht der Dritte Weltkrieg?" zum Jahreswechsel 2023/24 eine Doppelausgabe. Schon auf der Titelseite ist ein Gespräch zwischen Tarek Ahmed, einem Vertreter der Syrischen Sozialen Nationalistischen Partei SSNP, deren Logo einem Hakenkreuz ähnelt, und dem ehemaligen Vorsitzenden der British National Party BNP, Nick Griffin, mit einem antisemitischen Zitat Griffins angekündigt: „Die Zionisten freuen sich über das Gemetzel!" Die als „Pro und Contra: Flagge zeigen für Palästina?" angekündigte Diskussionsfrage beantwortet das Magazin mit dem Titelbild selbst, auf dem eine palästinensische Fahne prangt. Das Wesentliche, schreibt Chefredakteur Peter Schreiber, sei allerdings die „Bewahrung der eigenen Identität im eigenen Land und die Wiederherstellung der vollen Souveränität". Karl Richter, der ehemalige Münchner Stadtrat der NPD-nahen „Bürgerinitiative Ausländerstopp" (BIA) mit Kontakt zu Mitgliedern der „Schutzgruppe", die 2003 einen Anschlag auf die Grundsteinlegung des jüdischen Gemeindezentrums geplant hatte, erklärt: „Israel-Hörigkeit und Islam-Hass helfen Deutschland nicht weiter." (Alle Zitate Schreiber 2023)

Der neonazistische X-Account „Der Volkslehrer"[10] postete am 7. Oktober unter der Überschrift „Israel muss endlich gestoppt werden" ein Banner mit Palästinafahne und der Aufschrift „Make Israel Palestine Again" (Der Volkslehrer 2023a) und ein Portrait der PFLP-Terroristin Leila Khaled mit der Caption „From the River to the Sea, Palestine will be Free" (Der Volkslehrer 2023b). Er teilte außerdem ein Posting der Jungen Nationalisten, der Jugendorganisation der „Heimat", auf dem eine blutverschmierte Israelfahne mit der Aufschrift „Israel mordet und die Welt schaut zu" zu sehen ist. Der Text dazu lautet: „#Sanktionen gegen #Israel Westliche Heuchler sprechen von #Souveränität – aber nur für ausgewählte Völker." (Junge Nationalisten 2023)

Unter einem Beitrag vom April 2024 mit Fotos von einem Transparent mit der Aufschrift „Israel mordet" und einem durchgestrichenen Davidstern stellen die Jungen Nationalisten klar: „Es geht uns nicht im Palestina [sic!], es geht darum, dass der zionistische Einfluss in der Weltpolitik auch und gerade uns schadet." (Junge Nationalisten 2024) Hier wird der

---

9 Für weitere Beispiele und Motive aus der *Deutschen Stimme*, aber auch der *Sezession*, *Compact*, *Junge Freiheit*, und *Zuerst!* siehe Pérez Duarte et al. 2024.

10 Unter dem Pseudonym „Volkslehrer" tritt auch der Neonazi und verurteilte Holocaustleugner Nikolai Nerling auf. Hier handelt sich aber um einen anderen X-Account.

offene antisemitische Antizionismus von Hitler, Rosenberg und Dühring reproduziert, der in Israel einen oder den zentralen Teil der ‚jüdischen Weltverschwörung' sieht, die sich in erster Linie gegen Deutschland richte.

In seinem Format „FSN – The Revolution" – FSN steht für Frei Sozial National – spricht der Szeneunternehmer, Active-Club-Aktivist und stellvertretende Vorsitzende des bayerischen Landesverbandes der „Heimat" Patrick Schröder bereits am 13. Oktober 2023 in einem abfällig-abgeklärten, lapidaren Tonfall der Verachtung über die Massaker der Hamas. Schröder ist sich mit seinem Gesprächspartner einig darin, dass die „bitterböse Verschwörungstheorie, dass das absichtlich geschehen lassen wurde" stimme, „wir sind wieder im 11. September-Modus": Denn „eigentlich wird der Gazastreifen so extrem überwacht, also nachrichtendienstlich, [...] ich kann mir einfach nicht vorstellen, dass die Israelis nichts davon wussten". Eher habe „diese ziemlich rechte Regierung in Israel" den 7. Oktober geschehen lassen und entschieden, „wir nehmen das jetzt als Vorwand, um dann da einzumarschieren, weil darauf haben ja die zionistischen Parteien ja eh schon Bock drauf, den Gazastreifen endlich mal platt zu machen". Es sei ihnen nur „in gewisser Weise entglitten". Man könne aber „als nationales Lager" auch nicht einfach sagen,

> Hamas und Palästina alles super, dann bist du tatsächlich im unpolitischen Bereich unterwegs, weil das wird dir kein Mensch gutheißen [... W]enn man jetzt mal den Menschenschlag wegnimmt, ist die Grundsympathie da [...]. Ich bin natürlich auch nicht der, der jetzt die Israelfahne hisst, das ist auch logisch, aber wenn man sich jetzt da äußern will, würde ich das [...] in die Richtung schieben, ja wollt ihr denn die Leute wirklich bei uns haben? (FSN – The Revolution 2023)

Schröders Gesprächspartner würde zwar heute nicht, wie „2006 gegen Israel im Libanon-Krieg" demonstrieren, er könne „da die Israelis schon verstehen [...], wenn die sagen, wenn die hier 1200 Leute von uns massakrieren [...], dann wird es halt Vergeltung geben, das ist halt so". Der 7. Oktober führe nur dazu, dass auch die letzten wenigen verbündeten (arabischen) Staaten nichts mehr für die palästinensische Sache täten und dass, wenn die Israelis den Gazastreifen nicht allein einnähmen, „die treuen Kameraden von der Ostküste" (vorgetragen im Hitler-Volksempfänger-Tonfall) kämen. Dann sei „spätestens Feierabend". Auch artikulieren die beiden Verachtung für die Opfer beim Nova-Festival: „Alter, wie bescheuert muss man sein, um irgend so ein Trance-Hippie-Festival am Gaza-Streifen vor der Mauer abzufeiern und dann beschwerst du dich, dass du abgeknallt wirst" – und zollen den „Hamas-Jungs" Tribut: „Die wehren sich schon hier", Israel habe „jetzt auch schon 200 Soldaten verloren" (alle Zitate FSN – The Revolution 2023).

Auch die Kleinpartei „Der III. Weg" bleibt ihren Parolen vom „Terrorstaat Israel" und dem „zionistischen Terror" nach dem 7. Oktober treu: Am 11. Oktober fragte man dort nach dem „massiven *Gegen*angriff [Herv. d. Verf.] auf das zionistische Gebilde Israel" durch „etwa 1000 Militante", ob nun „zionistische Pogrome" bevorstünden. Der 7. Oktober sei ein großangelegter „Angriff auf zionistisch-besetztes Gebiet" (gemeint ist das israelische Kernland, in das die Terroristen eingedrungen sind) und eine Reaktion auf die „imperialistische Aggression" sowie die „permanenten und willkürlichen Angriffen der Zionisten auf die palästinensischen Gebiete" gewesen, angesichts dessen sich die Frage stelle: „Kann eine solche Operation eines deutlich unterlegenen Gegners tatsächlich ohne jede Vorahnung eines der mächtigsten Länder der Erde vorbereitet werden?" Unter der antisemitischen Überschrift „Israel verübt biblische Rache" wird das „Oberhaupt Chamenei" des iranischen Regimes, die „einzige wirklich relevante anti-zionistische Macht" mit Blick auf Israel zitiert: „‚Dieses Krebsgeschwür wird, so Gott will, durch das palästinensische Volk und die Widerstandskräfte in der gesamten Region endgültig ausgerottet werden.'" Anders als „sämtliche Systempolitiker in der mit pathologischen Schuldkomplexen beladenen Bundesrepublik" von „Linken und Grünen bis hin zur AfD", die einen „Freibrief für jegliche Racheakte der Zionisten" ausstellten, lehne der „III. Weg" aus seiner „konsequenten antiimperialistischen Haltung heraus jegliche Solidarität mit Israel ab". Allerdings könne es eine „klare Solidarität mit Palästina [...] erst dann wieder geben, wenn auch die von Arabern okkupierten Gebiete in Deutschland und Westeuropa wieder freigegeben und europäische Städte nicht länger zum Schauplatz ausländischer Konflikte missbraucht werden" (Der III. Weg 2023a).

Zudem empört sich der III. Weg darüber, „dass es erst den Überfall auf Israel als Grund braucht" um Gruppen wie Hamas und Samidoun in Deutschland zu verbieten. Die „Herrschenden" sorgten sich mehr als um die „einheimische Bevölkerung [...] um das Wohl einer anderen semitischen Minderheit [gemeint sind Jüdinnen und Juden, Anm. d. Verf.] in unserem Land, zu der die BRD aus einer pathologisch anmutenden historischen Schuldkult-Neurose heraus eine ganz besondere Beziehung pflegt" (Der III. Weg 2023b).

Unter anderem bei der „Heimat" hat die Verbindung von Schuldabwehrantisemitismus, der Analogisierung israelischer Verteidigung mit dem

„Bombenholocaust" in Dresden und deutscher und palästinensischer Opferrolle Tradition: Ein Transparent mit der Aufschrift „Gestern Dresden, heute Gaza – Völkermörder zur Rechenschaft ziehen!" der NPD Kronach, das bereits 2009 beim revisionistischen Neonaziaufmarsch in Dresden im Einsatz war (Redaktion Mut gegen rechte Gewalt 2009), wurde am 11. Februar 2024 wieder ausgepackt (Korallenherz 2024). Die Analogie teilt diese offen extreme Rechte mit der AfD. Björn Höcke sieht im „eliminatorischen Bombenkrieg" der Alliierten einen Versuch, „das kulturelle Gedächtnis eines Volkes auszulöschen" (Höcke 2025) und der AfD-Bundestagsabgeordnete Maximilian Krah, dessen Aussage in der italienischen Tageszeitung *La Repubblica* im Mai 2024, dass er nie sagen werde, „dass jeder, der eine SS-Uniform trägt, automatisch ein Verbrecher ist" (Joswig 2024) zum Ausschluss der AfD aus der ID-Fraktion im EU-Parlament führte, betonte bei einem Kongress des Instituts für Staatspolitik: „Wenn also unsere Gegner meinen, Dresden war zulässig und deshalb ist Gaza zulässig, dann antworte ich: Dresden war unzulässig und Gaza ist auch unzulässig." (Kanal Schnellroda 2023)

Die Verschwörungserzählungen, die Patrick Schröder als „11. September-Modus" bezeichnet, finden sich auch in Segmenten der extremen Rechten jenseits des offenen Neonazismus: In der *Sezession* etwa, dem Leitmedium der als intellektuell geltenden sogenannten Neuen Rechten, hält es Götz Kubitschek unter Berufung auf einen anonymen „Sicherheitsexperten" für „völlig ausgeschlossen", dass „Israel im Vorfeld keine Kenntnis von diesem Angriff gehabt habe", den man „aus verschiedenen Gründen geschehen lassen" habe. Unter anderem sei es „für einen manifesten Gegenschlag [...] wieder einmal an der Zeit gewesen" (Kubitschek 2025). Auch Martin Lichtmesz[11] schreibt dort, dass „der Mossad [...] von einem Angriff in einer derartigen Größenordnung ‚überrascht'" werden könne, sei „kaum denkbar"[12] (Lichtmesz 2023).

Verschwörungsideologische Deutungen des 7. Oktober in unterschiedlichen Graden finden sich auch in Jürgen Elsässers *Compact*-Magazin (Zarbock 2024: 249f.), extrem rechten Corona-Protest-Telegramkanälen (Kocyba/Wetzel 2024) oder der *Deutschen Stimme* (Perez Duarte et al. 2024:

---

11 Bürgerlich: Martin Semlitsch.

12 Für den Gazastreifen ist der Inlandsgeheimdienst Shin Beth, nicht der Auslandsgeheimdienst Mossad zuständig. Der Mossad aber ist eine etablierte Projektionsfläche für antisemitische Vorstellungen geheimer, jüdischer Macht. Dass in der sonst so quellensicheren *Sezession* er anstelle des Shin Beth genannt wird, zeigt auch, dass nicht israelische Realität, sondern antisemitische Bilder tonangebend sind.

95). In offen rechtsextremen, nationalrevolutionären und neonazistischen Milieus ist der antizionistische Antisemitismus nach dem 7. Oktober sehr profiliert. Seine Vorstellungen vom schädlichen zionistischen Einfluss in der Welt werden mitunter explizit formuliert. In der elektoral erfolgreichen AfD sind solche Bilder von Israel eher implizit, verschwörungsideologische Elemente mit Bezug auf den 7. Oktober werden hier verklausulierter formuliert, ziehen sich aber inhaltlich und personell bis weit in die Partei hinein.

Fazit

Unsere Analyse zeigt, dass trotz partieller Uneinigkeit in der Positionierung zum 7. Oktober und dessen Folgen seitens der deutschen radikalen Rechten Antisemitismus in vielfältiger Form die Wahrnehmung der Geschehnisse prägt. Tatsächlich oder vermeintlich pro-israelische Positionierungen, wie sie etwa die AfD am 7. Oktober selbst vorgelegt hat, bleiben die Ausnahme, sowohl innerhalb als auch außerhalb der AfD. Sie erweisen sich weitgehend als dünner Firnis, der häufig selbst auf antisemitischen Bildern von Israel beruht und zudem in der AfD marginaler wird. Insbesondere die Reaktionen auf den 7. Oktober zeigen: Der Bruch mit dem offenen und auch israelbezogenen Antisemitismus in der radikalen Rechten, den Teile der AfD vollzogen hatten, steht bisher nicht für eine nachhaltige Neuorientierung des deutschen Rechtsradikalismus.

Die Überreste vermeintlich pro-israelischer Positionen in der radikalen Rechten und insbesondere im Kontext der AfD zeigen sich fast ausschließlich in einem instrumentellen Zugang, in dem der 7. Oktober nur noch aufgerufen wird, um linken oder islamischen Antisemitismus anzuprangern. Solche Thematisierung wiederum soll Forderungen nach „Remigration" und einer ‚anti-woken' Kulturrevolution legitimieren, während der Antisemitismus der radikalen Rechten geleugnet oder externalisiert wird. Auch jene Akteure, die sich zwischenzeitlich pro-israelisch positioniert hatten, bewegen sich in großen Teilen seit dem 7. Oktober zurück in das ideologische Milieu des antisemitischen Antizionismus. Dabei wird Israels Sicherheit als deutsche Staatsraison immer wieder als Negativfolie aufgerufen, der gegenüber sich die AfD als wahre Vertreterin deutscher Interessen inszeniert, die Deutschland aus dem vermeintlichen Vasallenstatus gegenüber den USA und Israel befreien würde. Daraus wird mitunter explizit geschlussfolgert, man müsse etwa die Sanktionen gegen das iranische Regime beenden, das Israel vernichten will.

Ein roter Faden im Blick der radikalen Rechten auf den 7. Oktober wird durch unterschiedliche Verschwörungserzählungen eingewoben: Manche sind überzeugt, der 7. Oktober sei (von Israel) inszeniert und die Bilder KI-generiert worden (Kocyba/Wetzel 2024: 14), deutlich verbreiteter aber ist die Vorstellung, Israel habe die Massaker der Hamas mit Hintergedanken geschehen lassen. Mindestens im Hintergrund wabert hierbei eine antisemitische Machtzuschreibung, die Israel postfaktisch als Strippenzieher der Geschehnisse imaginiert.

Immer wieder nutzen Akteur:innen aus allen Milieus der radikalen Rechten auch offen oder camoufliert antisemitische Motive. In der extremen Rechten jenseits der AfD wurde das antisemitische Pogrom teilweise offen begrüßt. Bei der Basis der Partei, etwa auf ihren Social Media-Seiten, findet sich offener Antisemitismus auch mit Bezug zum 7. Oktober, etwa wenn unter die Erklärung von „Solidarität" mit Israel durch die Bundestagsfraktion Begriffe wie „Rothschild" oder „Satanismus" gepostet werden oder gefordert wird, dass Israel dem Erdboden gleichgemacht werden müsse. Wenn etwa Björn Höcke einen „Völkermord" in Gaza nahelegt oder Tomasz Froelich Israel vorwirft, im Libanon „Kriegsverbrechen" zu begehen und deshalb, wie die ganze Partei, Waffenlieferungen ablehnt, bewegt sich auch das Spitzenpersonal der Partei in dem antizionistischen Fahrwasser, das die AfD bei Linken so gerne kritisiert. Wenn Hannes Gnauck Rücksicht auf „sensible iranische Gewässer" nehmen will und befürchtet, dass Deutschland nur „den USA und Israel in einer geopolitischen Konfrontation zur Seite [...] stehen" wolle, reaktiviert er die antisemitische Figur von Deutschland als deren Vasall. Jenseits des Diskurses über Israel, 10/7 und den Nahen Osten ist die Rhetorik der Partei ohnehin voll von antisemitischen Codes wie Globalisten, dem Großen Austausch oder dem Feindbild George Soros.

Auch wenn der Antisemitismus milieuspezifisch unterschiedlich explizit formuliert wird, ist er doch eine Konstante in allen Sparten der extremen Rechten. Der darin enthaltene Übergang von israelfeindlichen zu antisemitischen Motiven zeigt die Anschlussfähigkeit an mehrheitsfähige antisemitische Motive. Beides ist Ausdruck eigener Projektionen und einer allgemeineren „Re-Politisierung von antisemitischen Ressentiments" (Rensmann 2025: 196) in der radikalen Rechten, die nicht nur als moderner und modernisierter, verschwörungsideologischer und erinnerungsabwehrender Antisemitismus auftreten, sondern auch als israelbezogener Antisemitismus, bei dem Israel zur Projektionsfläche wird. Der israelbezogene Antisemitismus bildet gleichzeitig eine der deutlichsten ideologischen

Verbindungslinien zwischen der radikalen Rechten und antizionistischen, sich als progressiv oder islamisch verstehenden Milieus – wie auch in die Gesamtgesellschaft.

Literatur

AfD-Bundesparteitag (2025): Zeit für Deutschland. Programm der Alternative für Deutschland für die Wahl zum 21. Deutschen Bundestag, https://www.afd.de/wp-content/uploads/2025/02/AfD_Bundestagswahlprogramm2025_web.pdf.

AfD-Fraktion im Deutschen Bundestag (2023a): AfD-Fraktion im Deutschen Bundestag zur Lage in Israel..., Facebook, 07.10.2023, https://www.facebook.com/afdimbundestag/posts/pfbid0331THZDzDSMHzZbif23E3sABn5uc4FicrQN9JgTbLgv5hyLnVXwwmJXrDAdHwEEmAl.

AfD-Fraktion im Deutschen Bundestag (2023b): Antisemitismus durch Zuwanderung klar benennen und effektiv bekämpfen – Unterstützer von antisemitischem Terrorismus ausweisen, https://afdbundestag.de/antisemitismus-durch-zuwanderung-klar-benennen-und-effektiv-bekaempfen-unterstuetzer-von-antisemitischem-terrorismus-ausweisen/.

Beyer, Heiko/Rensmann, Lars/Brögeler, Hanna/Jäger, David/Schulz, Carina (2024): Antisemitismus in der Gesamtgesellschaft von Nordrhein-Westfalen im Jahr 2024, hg. von der Antisemitismusbeauftragten des Landes Nordrhein-Westfalen, https://www.antisemitismusbeauftragte.nrw/sites/default/files/2024-09/Abschlussbericht_Antisemitismus_in_NRW_2024.pdf.

Botsch, Gideon (2024): Antisemitismus im Rechtsextremismus: Der gemeinsame Nenner, in: Bundesverband RIAS (Hg.): Rechtsextremismus und Antisemitismus. Historische Entwicklung und aktuelle Ausdrucksformen, https://report-antisemitism.de/documents/24-12-11_BVRIAS_Rechsextremismus_Antisemitismus.pdf, 12–25.

Chrupalla, Tino (2023a): Der Angriff der #Hamas auf #Israel ist zu verurteilen..., X, 11.10.2023, X, https://x.com/Tino_Chrupalla/status/1712056218640945390.

Chrupalla, Tino (2023b): Die Republikaner blockieren im US-Senat ein milliardenschweres Paket für Ukraine und Israel..., X, 07.12.2023, https://x.com/Tino_Chrupalla/status/1732727229015060512.

Decker, Oliver/Kalkstein, Fiona/Dilling, Marius/Celik, Kazim/Hellweg, Nele/Brähler, Elmar (2024a): Besteht eine Chance für eine neue Partei? AfD-Anhänger und die Aussicht für eine Alternative links der Mitte, in: Forschungsjournal Soziale Bewegungen, 37(2), https://forschungsjournal.de/fjsb/wp-content/uploads/fjsb-plus_2024-2_decker.pdf.

Decker, Oliver/Kiess, Johannes/Heller, Ayline/Brähler, Elmar (2024b): Vereint im Ressentiment, Gießen: Psychosozial-Verlag.

Der III. Weg (2023a): Krieg im Nahen Osten: Stehen zionistische Pogrome unmittelbar bevor? 11.10.2023, https://der-dritte-weg.info/2023/10/krieg-im-nahen-osten-stehen-zionistische-pogrome-unmittelbar-bevor/.

Der III. Weg (2023b): Hamas-Verbot: Weitere Blamage für die Bundesregierung, 07.11.2023, https://der-dritte-weg.info/2023/11/hamas-verbot-weitere-blamage-fuer-die-bundesregierung/.

Der Volkslehrer (2023a): Israel muss endlich gestoppt werden..., X, 07.10.2023, https://x.com/DerVolkslehrer/status/1710613617228329188.

Der Volkslehrer (2023b): Israel muss endlich gestoppt werden..., X, 07.10.2023 https://x.com/DerVolkslehrer/status/1710613233243988000.

Deutscher Bundestag (1951): Plenarprotokoll 1/175 15.11.1951, https://dserver.bundestag.de/btp/01/01175.pdf.

Deutscher Bundestag (2018): Plenarprotokoll 19/29 26.04.2018, https://dserver.bundestag.de/btp/19/19029.pdf.

Deutscher Bundestag (2023a): Plenarprotokoll 20/130 18.10.2023, https://dserver.bundestag.de/btp/20/20130.pdf.

Deutscher Bundestag (2023b): Plenarprotokoll 20/131 19.10.2023, https://dserver.bundestag.de/btp/20/20131.pdf.

Deutscher Bundestag (2024a): Plenarprotokoll 20/193 16.10.2024, https://dserver.bundestag.de/btp/20/20193.pdf.

Deutscher Bundestag (2024b): Plenarprotokoll 20/159 20.03.2024, https://dserver.bundestag.de/btp/20/20159.pdf.

Deutscher Bundestag (2024c): Plenarprotokoll 20/150 31.01.2024, https://dserver.bundestag.de/btp/20/20150.pdf.

Deutscher Bundestag (2024d): Plenarprotokoll 20/155 23.02.2024, https://dserver.bundestag.de/btp/20/20155.pdf.

Dietl, Stefan (2025): Antisemitismus und die AfD, Berlin: Verbrecher.

Dühring, Eugen (1901): Die Judenfrage als Frage des Racencharakters und seiner Schädlichkeiten für Völkerexistenz, Sitte und Cultur, Nowawes-Neuendorf: Personalist.

Feuerherdt, Alex/Markl, Florian (2018): Vereinte Nationen gegen Israel. Wie die UNO den jüdischen Staat delegitimiert, Berlin: Hentrich & Hentrich.

Freiheitlicher Parlamentsklub (2010): FPÖ: Strache: Jerusalemer Erklärung, 07.12.2010, https://www.ots.at/presseaussendung/OTS_20101207_OTS0199/fpoe-strache-jerusalemer-erklaerung.

Freiheitlicher Parlamentsklub (2025): FPÖ – Vilimsky: „Likud als Observer in unserer internationalen Parteienfamilie gibt internationaler Gravität der FPÖ neuen Schub“, 11.02.2025, https://www.fpoe.at/medien/pressemeldungen/artikel/fpoe-vilimsky-likud-als-observer-in-unserer-internationalen-parteienfamilie-gibt-internationaler-gravitaet-der-fpoe-neuen-schub.

Froelich, Tomasz (2024): #Israel hat das Recht auf Selbstverteidigung..., X, 22.10.2024 https://x.com/TomaszFroelich/status/1848777476710728103.

FSN – The Revolution (2023): FSN Politik-Spezial #116..., Telegram, 13.10.2023, https://t.me/fsnrev/4641.

Gauland, Alexander (2001): Mehr Respekt vor der arabischen Welt, in: Die Welt, 20.09.2001, https://www.welt.de/print-welt/article476772/Mehr-Respekt-vor-der-arabischen-Welt.html.

Grigat, Stephan (Hg.) (2017): AfD und FPÖ. Antisemitismus, völkischer Nationalismus und Geschlechterbilder, Baden- Baden: Nomos.

Hessenauer, Jonas (2024): Bemerkungen zur Erhebung von Antisemitismus in der Leipziger Autoritarismus-Studie 2024, 22.11.2024, https://kritischebildung.de/beitraege/autoritarismusstudie2024.

Höcke, Björn (2023a): Gedanken zur Vorweihnachtszeit I, Telegram, 04.12.2023, https://t.me/BjoernHoeckeAfD/1881.

Höcke, Björn (2023b): Reichelt I, Telegram, 26.10.2023, https://t.me/BjoernHoeckeAfD/1825.

Höcke, Björn (2023c): Reichelt II, Telegram, 26.10.2023, https://t.me/BjoernHoeckeAfD/1826.

Höcke, Björn (2025): Zum Untergang Dresdens vor 80 Jahren, Telegram, 13.10.2025, https://t.me/BjoernHoeckeAfD/2712.

Joswig, Gareth (2024): Nach Relativierungen der SS: Auftrittsverbot für Krah, in: taz online, 22.05.2024, https://taz.de/!6012267/.

Junge Nationalisten (2023): #Sanktionen gegen #Israel..., X, 07.10.2023, https://x.com/JNDeutschland/status/1710634954965553662.

Junge Nationalisten (2024): (1/2) #Israel mordet und die Welt schaut zu..., X, 07.04.2024, https://x. com/JNDeutschland/status/1776923685766504951.

Kahmann, Bodo (2017): 'The most ardent pro-Israel party': pro-Israel attitudes and anti-antisemitism among populist radical-right parties in Europe, in: Patterns of Prejudice, 51(5), 396–411.

Kanal Schnellroda (2023): „Vergangenheitspolitik und politische Gegenwart" – Maximilian Krah auf der IfS-Tagung 2023, YouTube, 27.11.2023, https://www.youtube.com/watch?v=S-3s4fAa9Ng.

KlardenkenTV (2024): LIVE | Politischer Frühschoppen, Gillamoos 2024, Odysee, 02.09.2024, https://odysee.com/@Klardenkentv:6/gillamoos:2.

Kocyba, Piotr/Wetzel, Gideon (2024): EFBI Digital Report 2024–1. Reaktionen der extrem rechten sächsischen Telegram-Szene auf den 7. Oktober 2023, https://efbi.de/files/efbi/pdfs/Digital%20Reports/2024_EFBI_DigitalReport_2024_1.pdf.

Kopke, Christoph/Botsch, Gideon (2016): Kontinuität des Antisemitismus: Israel im Blick der extremen Rechten, in: Glöckner, Olaf/Schoeps, Julius H. (Hg.): Deutschland, die Juden und der Staat Israel. Eine politische Bestandsaufnahme, Hildesheim: Georg Olms, 285–313.

Korallenherz (2024): Uff. „Gestern Dresden, heute Gaza"..., Mastodon, 11.02.2024, https://mastodon.social/@Korallenherz/111913058169883416.

Kubitschek, Götz (2025): Hinter den Linien. Tagebuch, in: Sezession, 25.07.2025, https://sezession.de/68309/hinter-den-linien-tagebuch.

Lichtmesz, Martin (2023): Der Krieg in Israel und Palästina hat ein demographisches Fundament, in: Sezession, 12.10.2023, https://sezession.de/68239/der-krieg-in-israel-und-palaestina.

Nicosia, Francis R. (2012): Zionismus und Antisemitismus im Dritten Reich, Göttingen: Wallstein.

Perez Duarte, Mika/Fuchs, Dana/Gruber, Julius/Henßler, Vera (2024): Der arabisch-israelische Konflikt in der rechten Publizistik, in: Bundesverband RIAS (Hg.): Rechtsextremismus und Antisemitismus. Historische Entwicklung und aktuelle Ausdrucksformen, https://report-antisemitism.de/documents/24-12-11_BVRIAS_Rechsextremismus_Antisemitismus.pdf, 92–109.

Phelps, Reginald H. (1968): Hitlers „grundlegende" Rede über den Antisemitismus, in: Vierteljahrshefte für Zeitgeschichte, 16(4), 390–420.

Pohl, Jürgen (2023): Deutschland zuerst – Solidarität mit Tino Chrupalla!, Info-DIREKT, 12.10.2023, https://info-direkt.eu/deutschland/deutschland-zuerst-solidaritaet-mit-tino-chrupalla.

Rajal, Elke (2025a): ‚Schuldkult' und ‚German Guilt'. Rechte und linke Abwehr durch Projektion im Kontext des 7. Oktobers, Centrum für Antisemitismus- und Rassismusstudien (CARS) an der Katholischen Hochschule Nordrhein-Westfalen, CARS Working Papers 31, Aachen, DOI: https://doi.org/10.17883/5816.

Rajal, Elke (2025b): Guilt and Defense in the October 7 Debate in Germany: Right and Left Narratives of 'Schuldkult' and 'German Guilt', in: Journal of Contemporary Antisemitism, Spring Issue 2025, 8(1), 39–62.

Redaktion Mut gegen rechte Gewalt (2009): Braune Aktivitäten: Nazis gegen Krieg?, in: Belltower News, 01.09.2009, Belltower.News, https://www.belltower.news/braune-aktivitaeten-nazis-gegen-krieg-140559/.

Reichelt, Julian (2023): Baerbocks Blabla ist für Israel lebensgefährlich, in: NIUS, 25.10.2023, https://www.nius.de/analyse/news/baerbocks-blabla-ist-fuer-israel-lebensgefaehrlich/f94f0947-df3d-4085-9c75-37f44cd15e69.

Rensmann, Lars (2001): Kritische Theorie über den Antisemitismus. Studien zu Struktur, Erklärungspotential und Aktualität, Berlin/Hamburg: Argument.

Rensmann, Lars (2005): Demokratie und Judenbild: Antisemitismus in der politischen Kultur der Bundesrepublik Deutschland, Wiesbaden: Verlag für Sozialwissenschaften.

Rensmann, Lars (2015): Zion als Chiffre: Modernisierter Antisemitismus in aktuellen Diskursen der deutschen politischen Öffentlichkeit, in: Schwarz-Friesel, Monika (Hg.): Gebildeter Antisemitismus: Eine Herausforderung für Politik und Zivilgesellschaft, Baden-Baden: Nomos, 93–116

Rensmann, Lars (2020): Die Mobilisierung des Ressentiments: Zur Analyse des Antisemitismus in der AfD, in: Heller, Ayline/Decker, Oliver/Brähler, Elmar (Hg.): Prekärer Zusammenhalt. Die Bedrohung des demokratischen Miteinanders in Deutschland, Gießen: Psychosozial-Verlag, 309–342.

Rensmann, Lars (2025): Politischer Antisemitismus im postfaktischen Zeitalter. Formen und Ursachen in Demokratien des 21. Jahrhunderts, Baden-Baden: Nomos.

Riebe, Jan (2019): AfD: Zwischen Pro-Israel-Bekundungen und Antisemitismus – Teil 1, Belltower.News, 28.11.2019, https://www.belltower.news/die-afd-zwischen-pro-israel-bekundungen-und-antisemitismus-teil-1-93495/.

Salzborn, Samuel (2018): Antisemitism in the "Alternative for Germany" Party, in: German Politics and Society, 36(3), 74–93.

Salzborn, Samuel (2019): Antisemitismus in der »Alternative für Deutschland«, in: Salzborn, Samuel (Hg.): Antisemitismus seit 9/11. Ereignisse – Debatten – Kontroversen, Baden-Baden: Nomos, 197–216.

Schindler, Frederik/Alexander, Robin (2024): Alice Weidel: „Für eine Mäßigung gibt es überhaupt keine Veranlassung", 26.08.2024, Die Welt, https://archive.ph/EJ9qo.

Schreiber, Peter (2023): Nahost in Flammen – Droht der Dritte Weltkrieg?, 22.12.2023, Deutsche Stimme, https://deutsche-stimme.de/ds-dezember-2023-januar-2024-nahost-in-flammen-droht-der-dritte-weltkrieg/.

Schreiter, Nikolai (2022a): Antisemitismus, Antizionismus und Ausnahmen. Positive Bezüge auf Israel und Zionismus von rechts in historischer Perspektive, in: Aschkenas, 32(2), 233–277.

Schreiter, Nikolai (2022b): Nicht an der Seite, an der Stelle Israels wollen sie sein: Neurechte Projektionen auf Israel, Angstlust und Sehnsüchte nach einer starken Nation, in: Vukadinović, Vojin Saša (Hg.): Randgänge der Neuen Rechten. Philosophie, Minderheiten, Transnationalität, Bielefeld: transcript, 253–282.

Schreiter, Nikolai (2023): Figuren der Rationalisierung. ›Ausnahmejuden‹ und ›jüdische Kronzeugen‹ im Antisemitismus der extremen Rechten, in: Roepert, Leo (Hg.): Kritische Theorie der extremen Rechten. Analysen im Anschluss an Adorno, Horkheimer und Co, Bielefeld: transcript, 221–248.

Schreiter, Nikolai/Rensmann, Lars (2025): Codierte Feindbilder. Die AfD und der Antisemitismus vor und nach dem 7. Oktober, in: Glöckner, Olaf/Jikeli, Günther (Hg.): Antisemitismus in Deutschland nach dem 7. Oktober 2023, Baden- Baden: Georg Olms, 207–233.

Stadler, Ralf (2023): Soll Deutschland Waffen an Israel liefern ..., Telegram, 02.11.2023, https://t.me/RalfStadler_MdL/2309.

Team Bystron (2023a): Reitz-Thema: Chrupalla, Weidel: Wie deutsche Politik mit den AfD-Fällen umgeht, ist beschämend..., Telegram, 07.10.2023, https://t.me/teambystron/4554.

Team Bystron (2023b): Drohungen und Attacken gegen AfD-Politiker..., Telegram, 07.10.2023, https://t.me/teambystron/4556.

Team Bystron (2023c): In der Nacht zum 7. Oktober erfolgte ein Farbanschlag..., Telegram, 07.10.2023, https://t.me/teambystron/4557.

Ultsch, Christian (2025): Likud dockt bei Allianz der Patrioten an, bleibt aber auf Distanz zur FPÖ, in: Die Presse, 13.02.2025, https://www.diepresse.com/19360639/likud-dockt-bei-allianz-der-patrioten-an-bleibt-aber-auf-distanz-zur-fpoe.

UNRWA – United Nations Relief and Works Agency for Palestine Refugees in the Near East (2025): Claims Versus Facts, https://www.unrwa.org/unrwa-claims-versus-facts-2025.

Wahl-O-Mat (2025): Standpunkte | Wahl-O-Mat, https://www.wahl-o-mat.de/bundestagswahl2025/app/ main_app.html.

Wandler, Reiner (2025): „Patrioten für Europa“ – mit FPÖ – kündigen in Madrid ihre „Reconquista“ an, in: Der Standard, 09.02.2025, https://www.derstandard.at/story/3000000256576/patrioten-fuer-europa-mit-fpoe-kuendigen-in-madrid-ihre-reconquista-an.

Weber, Fabian (2022): Deutsche Schuld und planetarischer Größenwahn: Die Neue Rechte und der Störfaktor Israel, in: Vukadinović, Vojin Saša (Hg.): Randgänge der Neuen Rechten. Philosophie, Minderheiten, Transnationalität, Bielefeld: transcript, 387–416.

Weiß, Volker (2024): Wenn Rechte jauchzen. Deutschlands Rechte, der 7. Oktober und der Antisemitismus, in: Bittermann, Klaus/Martini, Tania (Hg.): Nach dem 7. Oktober: Essays über das genozidale Massaker und seine Folgen, Berlin: Edition Tiamat, 139–146.

Wolters, Bruno (2023): Islamwissenschaftler Tillschneider zum Gaza-Krieg: Was sind die Hintergründe?, in: Freilich Magazin, 13.10.2023, https://www.freilich-magazin.com/welt/islamwissenschaftler-tillschneider-zum-gaza-krieg-was-sind-die-hintergruende.

Zarbock, Luca (2024): Zwischen Äquidistanz und Antisemitismus: Die Berichterstattung rechter Alternativmedien über den Gazakrieg 2023/24, in: Zarbock, Luca/Richter, Salome/Seul, Marc/Thurau, Franziska/Borsch, Andreas/Gärtner, Luisa/Schmidt, Lennard/Seiler, Dorothea (Hg.): Antisemitismus zwischen Latenz und Leidenschaft. Kommunikations- und Äußerungsformen des Judenhasses im Wandel, Opladen: Barbara Budrich, 243–258.

‚Schuldkult‘ und ‚German guilt‘

Rechte und linke Abwehr durch Projektion im Kontext des 7. Oktobers

Elke Rajal

Kurz nach den Massakern der Hamas und verbündeter Terrorbanden an israelischen Zivilist:innen am 7. Oktober 2023 skandierten Demonstrant:innen vor dem Auswärtigen Amt in Berlin die Parole „Free Palestine from German Guilt“ (Berliner Zeitung 2023). In Wien war am Campus der Universität ein Graffiti mit dem Schriftzug „Free Palestine from Austrian Guilt“ zu sehen (ÖH Uni Wien 2023). Neu war die Parole zu diesem Zeitpunkt nicht, doch wurde sie seit dem 7. Oktober deutlich popularisiert und tauchte in verschiedenen deutschen und österreichischen Städten als gemeinsamer Bezugspunkt einer sich pro-palästinensisch und antiimperialistisch verstehenden Linken auf. Aber auch international und in Teilen der Kunstszene wird immer wieder mit dem Finger auf Deutschland gezeigt, das sich – aus Gründen eines übertriebenen Schuldempfindens oder eines als Schuldempfinden getarnten Rassismus (Finn 2024) – Israel gegenüber zu unterstützend verhalten würde. Auf *Al Jazeera* war von einem „nationwide guiltwashing“ die Rede (Sabbour/Students for Palestine 2024). Deutsche Schuld verhindere eine ‚vernünftige‘ Politik gegenüber ‚Palästina‘, sie stehe Wichtigerem im Wege.

Das Motiv einer deutsch-österreichischen Obsession mit der Shoah, die ‚vernünftiges‘ Handeln verunmögliche, hat Jahrzehnte zurückreichende Traditionslinien in der extremen Rechten. Nachdem in den ersten Jahrzehnten nach dem Zweiten Weltkrieg die Leugnung der Verbrechen und der Schuld im Zentrum des Diskurses standen, kursiert verstärkt seit den 1980er Jahren in der sogenannten ‚neuen‘ Rechten die Rede vom ‚Schuldkult‘. Deren Kernaussage ist, die Deutschen seien nach dem Krieg in Kollektivhaftung genommen worden und müssten bis heute für die NS-Verbrechen büßen (Suermann 2016). Der Begriff ‚Schuldkult‘ wurde mittlerweile zur Chiffre für die rechtsextreme Ablehnung der deutschen und der österreichischen Erinnerungskultur, insbesondere des Gedenkens an die Shoah.

Auch wenn das Objekt der Befreiung (zumindest vorgeblich) ein anderes ist – im ersten Fall soll ‚Palästina' befreit werden, im zweiten ‚die Deutschen' –, ähneln sich die beiden Schuld-Diskurse und stimmen mitunter bis zum Wortlaut überein. Im Folgenden wird der Frage nachgegangen, was die beiden Diskurse eint, aber auch trennt. Dabei wird auf die Kernbegriffe fokussiert: Wie wird die Schuld selbst geframed und welche Vorstellungen von Befreiung werden transportiert? Die Analyse fokussiert auf Formen der Shoah-Verzerrung und der Erinnerungsabwehr.[1]

Der ‚Schuldkult'-Vorwurf im Kontext des 7. Oktobers in der deutschen extremen Rechten

In der deutschen extremen Rechten wurde unterschiedlich auf den 7. Oktober reagiert. Nicht um die Breite dieser Reaktionen und das allgemeine Verhältnis der deutschen extremen Rechten zu Israel soll es hier aber gehen, sondern darum, welche Referenzen auf deutsche Schuld in diesem Kontext hergestellt wurden. Zugespitzt gezeigt werden kann dies anhand einer Serie von Artikeln, die im Oktober 2023 auf dem rechtsextremen Online-Portal *Sezession* erschienen sind.[2]

Bereits am 12. Oktober veröffentlichte der aus Österreich kommende neurechte Publizist und Aktivist Martin Lichtmesz[3] einen Artikel, der die Geschehnisse des 7. Oktobers und ihre Folgen gänzlich im Lichte der Demografie betrachtet (Lichtmesz 2023a). Er führt darin raumnehmend aus, dass aufgrund der „brutalen Okkupation" der palästinensische „Wunsch nach Rache" niemanden verwundern dürfe. Spekuliert wird auch darüber, dass die israelischen Autoritäten vom Angriff vorab wussten und ihn geschehen ließen, um „einen moralischen Vorwand" für einen Einsatz in Gaza zu haben. Empathie mit den – großteils, wenn auch nicht ausschließlich – jüdischen Opfern des 7. Oktobers, aber auch mit Palästinenser:innen,

---

1 Der vorliegende Artikel basiert auf einer ausführlicheren Darstellung, die in der Spring Issue 2025 des *Journal of Contemporary Antisemitism* unter folgendem Titel erschienen ist: *Guilt and Defense in the October 7 Debate in Germany: Right and Left Narratives of 'Schuldkult' and 'German Guilt'*: Rajal (2025).

2 Die *Sezession* gilt als einer der Knotenpunkte der ‚neuen' Rechten und gehört zum Universum des im Jahr 2000 von Götz Kubitschek und Karlheinz Weißmann sowie Stefan Hanz gegründeten Instituts für Staatspolitik. Seit 2024 wird die Zeitschrift von der *Metapolitik Verlags-UG* durch Erik Lehnert herausgegeben. Zur genaueren Einordnung der Zeitschrift und ihres Umfelds siehe Weiß (2017).

3 Bürgerlicher Name: Martin Semlitsch.

findet sich in dem Artikel nicht; eigentliches Opfer sei Deutschland, auf das erneut eine Flüchtlingswelle zukomme. In diesem Kontext wird das Motiv des ‚Schuldkults' erwähnt: Israel hassende Einwanderer seien, so Lichtmesz, ein „Schizo-Problem für das schuldkultgespeiste herrschende Narrativ, das verlangt, sowohl den Juden als auch den Migranten anzubeten". Besorgt ist der Autor nicht über die Geschehnisse im Nahen Osten, sondern – dem Verschwörungsmythos vom ‚Großen Austausch' entsprechend (Goetz 2020) – über die demografische Zusammensetzung Deutschlands und den angeblichen ‚Schuldkult', der Jüdinnen:Juden sowie Migrant:innen für sakrosankt erkläre.

Ab 15. Oktober folgte in der *Sezession* ein Briefwechsel zwischen demselben Autor und Artur Abramovych, Kopf der ‚Juden in der AfD'[4], der den Titel *Streit um Israel* trägt (Lichtmesz 2023b; Sezession 2023a; b). Lichtmesz führt darin aus, dass der herrschende ‚Schuldkult' eine vernünftige nationale Politik verunmögliche. Wiederum wird der Krieg in Nahost primär als einwanderungspolitisches Problem geframed. Für Einwanderungsphänomene in Deutschland wird dabei allgemein ein „politisch organisierte[s] Judentum" verantwortlich gemacht, das die Zuwanderung aus muslimischen Ländern gefördert und mit der „deutschen Schuld" begründet habe (Sezession 2023a). Wie auch im vorangegangenen Artikel pocht Lichtsmesz auf ein durch Einwanderung bedrohtes „Existenzrecht" Deutschlands und jenes des „deutschen Volkes", das wichtiger sei als das Existenzrecht Israels (ebd.).

Lichtmesz insistiert auf einem angeblichen Profitieren Israels aus dem ‚Schuldkult'. Damit verbunden sei die „Annahme einer singulären Täterrolle der Deutschen", was dazu führe, dass sich das Narrativ diametral auswirke: Israelische Schulklassen würden in die ehemaligen Konzentrationslager geführt, um „ihren nationalen Wehrwillen zu wecken", deutsche Schulklassen, um „ihren nationalen Wehrwillen zu brechen" (Lichtmesz 2023b). Man könne deshalb nicht zu „demselben Gott beten" (ebd.). Die angeblich „zionistische Auslegung von Auschwitz" sei ein „manipulativer, judäozentrischer, im Kern religiöser Herrschaftsanspruch", der zurückgewiesen werden müsse (ebd.). Israel würde sich nicht um das „Existenzrecht europäischer Nationen sorgen" (ebd.) – als würde jenes in Frage stehen. Abschließend betont Lichtmesz, mit linken Antizionist:innen mehr gemein zu haben als

4 Zur Gruppierung ‚Juden in der AfD' und ihrer (marginalen) Position innerhalb der Partei siehe Botsch (2020) und Schreiter/Rensmann (2025: 218–221).

mit rechten Zionist:innen, wenn es um den „israelisch-palästinensischen Konflikt" gehe.

Unmittelbar attackiert Lichtmesz den Adressaten des Briefwechsels Abramovych und hält sich dabei mit antisemitischen Stereotypen nicht zurück: Er fragt ihn, wie es sich anfühle, „wenn man einem Volk angehört, das von allen Seiten das Recht auf Vergeltung zugesprochen" bekomme und ob er keine Probleme mit dem Vorgehen Israels in Gaza habe, das er gänzlich unter das Motiv der „Vergeltung" stellt (ebd.). Auch mangelnde Loyalität zu Deutschland wirft er Abramovych vor und fragt, wie er sich in der AfD und für die „nationale Bewegung Deutschlands" engagieren könne, wenn seine primäre Loyalität doch Israel gelte (ebd.).

Abramovych verteidigt sich in seiner Antwort mit einer Spaltung: Er unterscheidet zwischen „zwei Typen Juden": „den antinationalen, globalistischen (ins Jüdische übersetzt: diasporistischen) linken Juden" und „den Nationaljuden" (Sezession 2023a). Letzterer sei ein guter Bündnispartner für die Rechte, da er die „ethnopluralistische" Einrichtung der Welt akzeptiere. Die deutsche Rechte solle sich den europäischen Nachbarländern anschließen, wo die Regel laute: „je rechter, desto stärker pro-israelisch, je linker, desto stärker antizionistisch" (ebd.). Abramovych weist auch darauf hin, dass Israel weit weniger vom ‚Schuldkult' profitiere als Lichtmesz dies insinuiere. Den ‚Schuldkult' selbst stellt er nicht in Frage: Profitieren würden aber nur die zum Antizionismus neigenden „Diasporajuden" und nicht die „Nationaljuden" (ebd.).

Fazit des öffentlich geführten Briefwechsels: Die beiden werden sich nicht einig. Abramovych verteidigt das Vorgehen der israelischen Streitkräfte in Gaza und beharrt auf seiner Spaltung in „gute Nationaljuden" und böse „diasporistische" Juden. Lichtmesz dagegen insistiert in antiimperialistischer Manier darauf, dass jede zionistische Ausrichtung ein „todsicherer Indikator für die transatlantische Leine" sei, und dass Israel Kapital aus der „Singularität des Holocausts" schlage (Lichtmesz 2023b). Er stilisiert Juden:Jüdinnen damit zu Profiteur:innen der Shoah. Das Motiv des ‚Schuldkults' durchzieht seine Texte: Den Deutschen sei im Zuge der Re-Education eine philosemitische Mentalität eingeimpft worden, von der man sich endlich lösen müsse. Um dies zu untermauern, bezieht er sich auch auf linke Antizionisten wie Norman Finkelstein (ebd.).

Ebenfalls noch im Oktober 2023 erschien in der *Sezession* ein Artikel von Martin Sellner, Vordenker der deutschsprachigen ‚Identitären' (Sellner 2023a). Ansinnen des Artikels ist es, verschiedene Positionen in der Rechten zu Israel und ‚Palästina' zu differenzieren und gegen eine Spaltung des rechten Lagers in dieser Frage zu plädieren. Bereits eingangs hält er fest, dass über den Nahostkonflikt in Deutschland nicht rational gesprochen werden könne, da er eine „zivilreligiöse Dimension" habe. Der „Schutz ‚jüdischen Lebens'" sei „oberstes Gebot" der deutschen „Theokratie", die „Wahrung israelischer Staatsinteressen" sei zum deutschen Staatsziel geworden. In der Kritik daran bezieht er sich positiv auf den australischen postkolonialen Historiker A. Dirk Moses. Wie auch Moses (2021) in seinem Pamphlet *Katechismus der Deutschen* verwendet Sellner religionsbezogenes Vokabular, um seine Ablehnung der deutschen Israel-Politik und Erinnerungskultur zu verdeutlichen. Die „Priesterkaste der Theokratie" kümmere sich nicht um Beleidigungen alteingesessener Deutscher, dem angeblichen „Bevölkerungsaustausch" stehe sie gleichgültig gegenüber, ein „bußfester Orden der ethnomasochistischen Theokratie" feiere diesen sogar. Ähnlich wie Lichtmesz in seinem ersten Artikel betont Sellner, dass der angebliche „Schuldkultpatriotismus" die demografischen Probleme überdecke. Die Hauptaufgabe des rechten Lagers sei aber „die Rettung unserer Identität" im Zuge der Reconquista. Man solle sich gegen die „Ersetzungsmigration" wenden und sich nicht aufgrund eines „Schuldkults" oder „Ethnomasochismus" von einem „Stellvertreternationalismus ukrainischer, arabischer und israelischer Prägung" beirren lassen. Er verwehrt sich gegen ein zu leidenschaftliches Engagement der Rechten sowohl für die Ukraine, die Palästinenser:innen oder arabische Staaten, aber auch gegen eine zu starke Annäherung an Israel.

Alle erwähnten Texte durchzieht dasselbe Anliegen: Der Blick soll von Israel abgewandt werden, um sich auf die ‚eigentlich' deutschen Interessen zu konzentrieren, aber auch um mögliche Spaltungen innerhalb der extremen Rechten zu vermeiden. Der deutsch-österreichische Blick auf Israel wird als gänzlich vom ‚Schuldkult' verstellt betrachtet. Gleichzeitig verdeutlicht die Analyse, dass der Blick der Autoren selbst vollständig von einer abwehrenden Perspektive auf Schuld dominiert ist und es sich demnach um Abwehr durch Projektion handelt.[5]

5 (Schuld-)Abwehr umfasst weit mehr als die bloße Leugnung oder die Forderung nach einem Schlussstrich. Der Wunsch, sich das Ausmaß des Grauens nicht vergegenwärtigen zu müssen und die Schuld zu minimieren, nimmt auch subtilere Formen an und arbeitet vor allem mit – etwa an die NS-Ideologie angelehnten – Rationalisierungen und Projektionen (Adorno 2003). Sie hat einerseits eine psychofunktionale Bedeutung, und folgt andererseits dem politisch-instrumentellen Interesse, die Vergangenheit zu verdrängen und ‚neu anzufangen' (Beyer 2015: 583).

Grundsätzlich können in Bezug auf den Nationalsozialismus und die Shoah drei Formen rechter Geschichtspolitik unterschieden werden: Erstens der Revisionismus[6], zweitens die Umgehung der Thematik mittels Schlussstrich-Forderung und drittens ein Modus, in dem nicht Auschwitz, aber seine Bedeutung geleugnet wird (Suermann 2016: 270f.). Diese letzte Variante ist in der extremen Rechten gegenwärtig die dominante – und gleichzeitig weit über diese hinaus verbreitet.[7] Indem nicht Auschwitz selbst, sondern die Bedeutung des Verbrechens geleugnet wird, erscheint jede Form erinnerungskultureller Aufarbeitung als unzulässige, antinationale Haltung. Der Auseinandersetzung in Politik, Medien und Forschung wird gleichzeitig unterstellt, ideologisch gefärbt und unredlich zu sein (ebd.: 271).

Das ‚Schuldkult'-Konstrukt ist die Zuspitzung dieser Strategie: Es wird behauptet, jede Aufarbeitung des Nationalsozialismus sei ein Beleg eines quasi-religiösen Dogmas, der ‚Schuldkult' sei ‚Zivilreligion' oder ‚Staatsreligion', im kultischen Gedenken werde die Schuld verewigt, um zur Negativ-Identität der Deutschen zu gerinnen.[8] Die obsessive Verwendung von Religionsmetaphern – wie sie zuvor auch bei Martin Sellner deutlich wurde und die sich wie erwähnt auch in der postkolonialen Erinnerungsabwehr eines A. Dirk Moses findet (Steinbacher 2022: 67) – ist für den rechten ‚Schuldkult'-Diskurs seit Jahrzehnten kennzeichnend. So hieß es etwa im neurechten Jugendmagazin *Blaue Narzisse* im Jahr 2007: „Wie das Christentum kennt der Schuldkult religiöse oder zivilreligiöse Riten: es gibt Priester, einen Dom, Tempel, Feiertage, Weihestätten, Gedenkorte, Pilgerreisen, Konversionserlebnisse und Initiationsriten." (Zit. n. Suermann 2016: 271)[9]

Neben den Religionsmetaphern werden im rechten ‚Schuldkult'-Diskurs häufig Krankheitsmetaphern verwendet. Die Aufarbeitung des Nationalso-

6 Hier verstanden als Negationismus, also Leugnung der Shoah und damit verbundener historischer Fakten (wie die Gaskammermorde).

7 Bereits 1955 hielt Adorno in *Schuld und Abwehr* fest, man habe es in Deutschland „nicht so eilig mit dem Schlußstrich unter die Vergangenheit, wenn sie der Abwehr dient" (Adorno 2003: 237).

8 Die Bezeichnung des Holocaust als ‚Zivilreligion' wird von rechter und postkolonialer Seite als Kampfbegriff verwendet. Eine Diskussion über den Holocaust als ‚Zivilreligion' wird aber auch in theologischen Fachkreisen geführt (Schmidt 2019) oder in der amerikanisch-jüdischen Kritik an einer Zentralisierung der Shoah im jüdischen Bewusstsein und in der öffentlichen Wahrnehmung jüdischen Lebens (Novick 2001; kritisch dazu Rosenfeld 2015).

9 Der Original-Beitrag vom 23.08.2007 stammt von Albert von Königsloew und trägt den Titel *Nicht ein positives Wort über das Vaterland.*

zialismus sei ‚krankhaft' und ‚neurotisch'. Diese Metaphorik liegt nahe, wird die Erinnerung an Auschwitz im rechtsextremen Diskurs doch als den ‚Volkskörper' bzw. das ‚Deutsche' zerstörend erlebt. Und so wundert es nicht, dass im Abschluss einer Broschüre der rechtsextremen Denkfabrik Institut für Staatspolitik von „lebensfeindliche[n] Phänomene[n]" die Rede ist (IfS 2009: 40).[10]

Das ‚Schuldkult'-Motiv ist inhärenter Teil des rechtsextremen Geschichtsbildes, das der Erinnerung an die Opfer des NS-Regimes ein eigenes Opfer-Narrativ – den ‚heldenhaften Existenzkampf des deutschen Volkes' – entgegenstellt. Die historische Genese und Analyse des ‚Schuldkult'-Motivs verdeutlicht, dass es nicht als bloßer Ausdruck eines Unbehagens mit der von den Opfern hart erkämpften und ohnehin brüchigen deutschen und österreichischen Erinnerungskultur gewertet werden kann (Rajal 2025). Es zeigt allem voran das Bedürfnis, dass der Antisemitismus nichts Spezifisches und real Bedrohliches und die Shoah nichts Besonderes, vor allem nichts, was mit Deutschland zu tun hat, sein darf. So lässt sich in der Folge vergleichsweise einfach die Legitimität des jüdischen Staates in Frage stellen.

Um die Empathielosigkeit gegenüber jüdischem Leid zu rechtfertigen, wird die Auseinandersetzung mit der Vergangenheit ins Lächerliche gezogen. Holocaust-Erinnerung wird ausschließlich instrumentell gedacht, sie kann nicht ernstgemeint sein, sie sei lediglich ein Mittel der Herrschenden. Dies geht bis ins Verschwörungsmythische, wenn angenommen wird, hinter der Erinnerung stünden Hohepriester, die das nationale Selbstbewusstsein geißeln wollten. Abwechselnd wird Israel vorgeworfen, den Holocaust zu missbrauchen, oder auch dem angeblich vom ‚Schuldkult' dominierten Deutschland, seine nationalen Interessen zu verraten und sich von Israel instrumentalisieren zu lassen.

Zentral für das Motiv des ‚Schuldkults' ist, dass der Holocaust als alles dominierende ‚Zivilreligion' betrachtet wird. Die Erinnerung bekommt etwas Mächtiges, nicht die Schuld selbst hat Gewicht. Von der Schuld und der Erinnerung an sie will man endlich befreit sein, um nationale Identität wieder feiern zu dürfen. Dabei treffen sich Schuldabwehrantisemitismus – also ein Antisemitismus nicht trotz, sondern *wegen* Auschwitz, der maßgeblich auf Täter:innen-Opfer-Umkehr und einer Derealisierung

10 Ebenso wie beim Begriff der Neurose sichtbar, wird auch mit den Begriffen ‚Schuldstolz' und ‚Schuldlust', die im ‚Schuldkult'-Diskurs häufig auftauchen, psychoanalytisches Vokabular für die eigenen Belange missbraucht.

der Opfer beruht (Adorno 2003)[11] – und israelbezogener Antisemitismus.[12] In beiden Formen des Post-Shoah-Antisemitismus werden althergebrachte antisemitische Stereotype absorbiert und reproduziert (Rensmann 2017: 19). Nicht – oder nicht unmittelbar – Jüdinnen:Juden wird ein zersetzender, das nationale Interesse schädigender Effekt zugeschrieben, sondern der durch sie verkörperten Schuld. Wie im klassisch modern-antisemitischen Bild der Untergrabung nationaler Souveränität durch Jüdinnen:Juden, wird abermals die Souveränität Deutschlands als bedroht gesehen: dieses Mal durch die historische Schuld bzw. die Erinnerung an die Shoah.

Deutsche Schuld auf Seiten der sich pro-palästinensisch und antiimperialistisch verstehenden Linken

Auch in Teilen der Linken waren viele Reaktionen auf den 7. Oktober und die nachfolgenden Kriege voller Referenzen auf die deutsche Schuld im Kontext der Shoah. Die in der Folge des 7. Oktobers populär gewordene Parole „Free Palestine from German guilt" war aber nicht neu. RIAS Berlin dokumentierte sie bereits auf einer Versammlung in Neukölln im Mai 2021, ebenso wie die Aussage „We don't pay for German Guilt" (RIAS Berlin 2021: 8). Breiter bekannt wurde die Parole im Zuge der Kunstschau *documenta 15* im Sommer 2022, als dort entsprechende Poster auftauchten. Auf weiteren Plakaten wurde eingefordert, dass die sogenannte Nakba ein Teil der deutschen Erinnerungskultur werden solle.[13] Ebenfalls 2022 fand in Berlin die Konferenz *Hijacking Memory. Der Holocaust und die Neue Rechte*

---

11 Der Schuldabwehrantisemitismus rührt aus der emotionalen Erbschaft der fehlenden Aufarbeitung nationalsozialistischer Täter:innenschaft, die über Generationen hinweg weitergegeben wurde und wird. Durch den Ausfall der Reflexion der Vergangenheit schreibt die (Ur-)Enkelgeneration die Erinnerungs- und Schuldabwehr fort. Verdrängte Wut und Hass gegen die unbewussten Familienerbschaften richten sich nun wiederum gegen die Opfer – Jüdinnen:Juden – sowie den Staat Israel, der nun militärisch in der Lage ist, sich gegen Antisemitismus zu verteidigen (Salzborn 2023: 360).

12 Die begriffliche Differenzierung zwischen Schuldabwehr- und israelbezogenem Antisemitismus soll nicht verschleiern, dass sich die Schuldabwehr heute vorrangig in der Feindseligkeit gegenüber Israel äußert.

13 Auf anderen Plakaten war zu lesen: „BDS: Being in Documenta is a Struggle". Die Plakate, von den Macher:innen als „künstlerische Intervention" verstanden, tauchten in zeitlicher Nähe zur Presseerklärung eines Expertengremiums auf, das zum antisemitischen Gehalt mehrerer Ausstellungsstücke der *documenta 15* Stellung bezogen hatte (JFDA 2022).

statt, bei der argumentiert wurde, eine „European Holocaust guilt" dürfe nicht dafür genutzt werden, den Palästinenser:innen Freiheit und Gleichheit zu verweigern (Leifer 2022). Zudem wurde sinngemäß behauptet, Europas unvollständige Aufarbeitung der Vergangenheit habe dazu geführt, dass Europäer:innen ihre Schuld am Holocaust auf die Palästinenser:innen projizieren würden (ebd.).[14] Doch auch wenn die Bezugnahme auf deutsche Schuld zur Argumentation einer selbsterklärt pro-palästinensischen Politik ein paar Jahre zurückgeht, wurde die Parole „Free Palestine from German Guilt" für das entsprechende Milieu erst nach dem 7. Oktober zu einer hegemonialen und verbindenden.[15]

Im Folgenden werden drei Artikel aus antiimperialistischen Zeitschriften, die exemplarisch für den Milieu-typischen Schuld-Diskurs im Kontext des 7. Oktobers betrachtet werden können, detaillierter analysiert. So erschien zum Gedenktag an das Novemberpogrom in der Zeitschrift *Die Rote Fahne*[16] ein Artikel mit dem Titel „Israel: Inakzeptabler Missbrauch des Holocaust" (L. 2023), der sich mit der Legitimität von Vergleichen der Geschehnisse vom 7. Oktober und des Holocaust beschäftigt. Der Vergleich des Angriffs der Hamas mit dem Holocaust durch einzelne israelische Regierungsvertreter wird als ausschließlich instrumentell verstanden: Er erfolge „einzig und allein um Genozid an und Vertreibung der palästinensischen Bevölkerung zu rechtfertigen" und diene dazu „von den eigenen Verbrechen des Genozides abzulenken". Auf Deutschland bezogen konstatiert die Autorin, die instrumentelle Nutzung des Holocaust-Vergleichs treffe „unter den Herrschenden Deutschlands" auf Zuspruch. Das „Nie mehr wieder" sei heute nichts mehr als ein „Kriegsgeheul der Herrschenden" und zudem ein Mittel, um Demonstrationsrechte und Rechte auf freie Meinungsäußerung einzuschränken. Der Westen wolle sich „reinwaschen", indem er „mit allen Mitteln" einen neuen Sündenbock schaffe, der mit „Vertreibung bis zum

14 Der vollständige Vortrag ist nachzuhören bei David San Millán (2022).

15 RIAS Bayern (2024: 106) dokumentierte auf regionaler Ebene die häufige Bezugnahme auf die als „(postkoloniale) Schlussstrichforderung unter das Erinnern an den Nationalsozialismus und die Schoah aus sich progressiv wähnenden israelfeindlichen Milieus" bezeichnete Parole. Die Bedeutung von „Free Palestine from German Guilt" für die sich als pro-palästinensisch verstehende Bewegung in Deutschland betont beispielsweise auch aus Binnensicht ein Artikel in *The Left Berlin* (Butland 2024).

16 *Die Rote Fahne* erscheint als Online-Medium und als monatliche Zeitungsausgabe und versteht sich als antiimperialistisch und revolutionär-demokratisch. Sie beruft sich namentlich auf die im Jahr 1918 als Organ der Kommunistischen Partei Österreichs gegründete Zeitschrift, grenzt sich aber heute von der Partei ab (Die Rote Fahne o. J.).

Genozid", einer „Politik der Brandmarkung, Sippenhaft und Kollektivstrafen, Diskriminierung und des Rassismus" verfolgt werde. Am Ende stellt die Autorin die rhetorische Frage, wer nun die „neuen Faschisten" seien – eine Frage, die in der Logik des Artikels eindeutig mit ‚der Westen' und Israel beantwortet werden muss. Ganz ähnlich dem zuvor dargestellten extrem rechten Schuld-Diskurs wird auch hier Holocausterinnerung ausschließlich instrumentell, als Mittel der Mächtigen verstanden. Aber im Gegensatz zum rechten ‚Schuldkult'-Diskurs, für den die Rettung Deutschlands und Europas zentral ist, kreist der linke um die angeblich ausnahmslos kriegerische und rassistische Politik des Westens – die kriegerische und antisemitische Ideologie und Politik der Hamas und anderer Terrorgruppen und -armeen findet keine Beachtung.

Ein auf der Website *marx21.de*[17] erschienener Artikel vom 19. November 2023 setzt sich mit der Rede des damaligen Vizekanzlers der Bundesrepublik, Robert Habeck, zur deutschen Staatsräson auseinander (marx21 2023). In der betreffenden Rede verteidigt der grüne Vizekanzler Israels Sicherheit als deutsche Staatsräson und verurteilt Antisemitismus in Teilen der Gesellschaft, unter anderem in der politischen Linken. Der Artikel auf *marx21.de* nimmt sodann in einem Satz eine Verurteilung der „gezielte[n] Ermordung von Zivilist:innen durch Hamas" vor, spricht im nächsten Satz aber bereits von „Widerstand". Später erfolgt eine weitere Relativierung durch ‚Kontextualisierung': „Der Aufstand der Hamas-Truppen ist nur als Reaktion auf die Politik einer fortgesetzten Vertreibung und Vernichtung des palästinensischen Volkes zu verstehen." Die Reaktion Israels auf die Massaker vom 7. Oktober wird als „Vernichtungsfeldzug" qualifiziert, die deutsche Bundesregierung gebe dazu einen „Freibrief". Interessant ist die Auseinandersetzung mit dem historischen Begründungszusammenhang – Habeck hatte in seiner Rede Deutschlands besonderes Verhältnis zu Israel mit der historischen Verantwortung begründet. Die Redaktion von *marx21* behauptet nun, die deutsche „Kollektivschuld am Holocaust entspricht nicht der historischen Wahrheit". Deutschland sei vor der Machtergreifung der Nazis ein politisch tief gespaltenes Land gewesen und sei es auch danach geblieben. Nur durch eine Diktatur habe es zusammengehalten werden können. Der Vernichtungsantisemitismus sei „die Ideologie einer

17 marx21 ist ein im Jahr 2007 gegründetes trotzkistisches, antiimperialistisches Netzwerk innerhalb der Partei Die Linke, entstanden aus der Auflösung von Linksruck. Es fördert nach eigenen Angaben revolutionär-sozialistische Ideen, möchte die Parteiausrichtung beeinflussen und den außerparlamentarischen Aktivismus stärken (marx21 2020).

Minderheit“ gewesen und „konnte deshalb nur in einer Diktatur vollstreckt werden.“ In Verkennung der historischen Tatsachen werden der nationalsozialistische Antisemitismus und die Shoah auf den diktatorischen Aspekt reduziert und zu einer Politik erklärt, die von weiten Teilen der Bevölkerung gar nicht mitgetragen wurde. Eine besondere deutsche Schuld gibt es in dieser Logik nicht, sie wird auf die NS-Eliten reduziert. Allerdings wird für die sogenannte Nakba Deutschland verantwortlich gemacht: „Ohne Holocaust keine Teilung Palästinas durch die Vereinten Nationen und ohne Holocaust keine jüdische Staatsgründung in Palästina. Das heißt aber auch: Ohne Holocaust keine Nakba.“ Palästinenser:innen seien die „sekundären Opfer des Holocaust“. Die Kausalkette wird fortgesetzt: „Ohne Holocaust keine Intifada und auch keine Hamas.“ Während die Deutschen keine Kollektivschuld am Holocaust trügen, seien sie hingegen schuld an Flucht und Vertreibung von Palästinenser:innen, Intifada und Hamas, so die verdrehte Logik. Deutschland könne der von Habeck angesprochenen und im Artikel relativierten historischen Verantwortung nur gerecht werden, wenn es sich „seiner Verantwortung für den Palästinakonflikt“ stelle – und sich entsprechend nicht für die Sicherheit Israels, sondern für „Frieden in Nahost“ einsetze. Anders als in den zitierten Artikeln aus der *Sezession*, die sich für eine Fokussierung auf die vermeintlich ‚deutschen Interessen' starkmachen (zugespitzt könnte man sagen: ‚Reconquista' statt Nahostpolitik), plädieren internationalistisch orientierte Artikel für einen stärkeren Einsatz Deutschlands in Nahost bzw. auf palästinensischer Seite. Mit einem antifaschistischen Selbstverständnis argumentierend, fordert man ein Ende der Unterstützung Israels und stattdessen eine Umorientierung hin zu den vermeintlichen Interessen der Palästinenser:innen, die als ‚sekundäre Holocaust-Opfer' ausgemacht werden.

In einem weiteren Artikel auf *marx21.de* von November 2023 setzt sich der Autor ganz im Sinne der beschriebenen Logik mit der Parole „Nie wieder ist jetzt“ auseinander (Krause 2023). Eine historische Schuld Deutschlands wird auch hier relativiert: „Gäbe es so etwas wie ‚historische Schuld', läge diese bei den Deutschen und nicht bei den Palästinenser:innen.“[18] Ein zweiter Holocaust sei undenkbar, da Jüdinnen:Juden in Israel die Mehrheitsgesellschaft und keine unterdrückte Minderheit bildeten und ihren politischen Gegner:innen haushoch überlegen seien. Keine zwei Monate

18 Die Relativierung ist hier eine doppelte: durch die Aussage selbst und durch die Anführungszeichen, die den Begriff der historischen Schuld einfassen.

nach den Massakern des 7. Oktobers wird jede Möglichkeit einer „Ermordung oder Vertreibung der jüdischen Bevölkerung“ als „langfristig unmöglich“ dargestellt: „Selbst wenn die iranische Armee, Hamas, Hisbollah und sämtliche andere Milizen des Nahen Ostens gleichzeitig angriffen“, würde Israel jeden Krieg rasch gewinnen. Wo keine Bedrohung ist, brauche es also auch keine Gegenwehr. Nach dem 7. Oktober sei die Hamas „zu keinem vergleichbaren Angriff mehr fähig“, die israelische Regierung missbrauche den Angriff, „um ihren noch viel grauenhafteren Krieg führen zu können“.[19] In der Folge wird die Figur des unschuldigen Palästinensers geschaffen: Palästinenser:innen seien nicht nur keine „Nazis“, sie seien „auch keine Antisemit:innen“. Es gebe zwar „palästinensische Menschen mit antisemitischen Vorurteilen“, der „Hass vieler Palästinenser:innen, Araber:innen und Muslime auf den Staat Israel“ sei aber „*keine* antisemitische Verschwörungstheorie wonach Juden die Welt beherrschen, sondern Folge einer sehr realen jahrzehntelangen brutalen Unterdrückung“. Antisemitismus unter Palästinenser:innen gibt es dieser Logik zufolge nicht, und existiert er doch, so ist er berechtigt. Mit der Unterstellung des Antisemitismus an Palästinenser:innen verharmlose Deutschland „den tatsächlichen Antisemitismus der Rechtsradikalen“. Es wird damit gleichzeitig jeder Antisemitismus, der sich außerhalb der extremen Rechten findet, in Abrede gestellt. Der Artikel schließt ähnlich dem zuvor zitierten mit der Formel „Nie wieder“. Diese bedeute: „keine Unterstützung Israels, sondern den politischen Kampf gegen jeden Völkermord; zurzeit vor allem auch gegen den israelischen Völkermord an den Palästinenser:innen.“

Die zitierten Beispiele veranschaulichen den Diskurs in Teilen der deutschen Linken über die historische Schuld. In vielen Verdrehungen wird die deutsche Schuld relativiert oder aber benutzt, um Solidarität mit dem jüdischen Staat zu delegitimieren. Von ‚Schuldkult‘ ist zwar im Unterschied zur extremen Rechten nicht explizit die Rede, doch ist das Bild, die Auseinandersetzung mit der Schuld verneble die ‚richtige‘ Sicht auf Israel als „Vorposten des westlichen Imperialismus“ (marx21 2023), stets präsent. Von ‚Hohepriestern‘ ist ebenfalls nicht die Rede, aber es wird suggeriert, die Herrschenden würden – ähnlich wie die ‚Hohepriester‘ – die Holocaust-Er-

19 Aus dem Kontext erschließt sich nicht, ob der Krieg Israels gegen Gaza in den Augen des Autors „grauenhafter“ ist als die Massaker der Hamas oder grauenhafter als jene Kriege, welche die USA in Afghanistan und dem Irak geführt haben. Im selben Atemzug wie das Vorgehen Israels in Gaza als ungerechtfertigt abgestempelt wird, wird auch das Vorgehen der USA nach dem 11. September 2001 als unbegründet qualifiziert.

innerung lediglich instrumentell und zugunsten Israels nutzen. Holocaust-Erinnerung steht dem eigenen Anliegen – ‚Palästina' – damit im Weg.

Den Hintergrund dieses spezifischen Schuld-Diskurses bildet der Historikerstreit 2.0.[20] Bereits in A. Dirk Moses' Essay *The German Catechism* (2021) werden die Singularität des Holocaust und die Spezifik des Antisemitismus infrage gestellt. Moses kritisiert ein vermeintlich katechetisches Denken, das Antizionismus mit Antisemitismus gleichsetze, auf die Einzigartigkeit der Shoah bestehe und Deutschlands besondere Verantwortung gegenüber Jüdinnen:Juden und Israel betone. Er argumentiert dagegen, dass der Holocaust stärker von europäischem Kolonialismus als von Antisemitismus geprägt gewesen sei und reiht ihn in die Geschichte kolonialer Verbrechen ein. Obwohl Moses den Begriff ‚Schuldkult' nicht verwendet, bedient seine Argumentation mit ihrem religiösen Vokabular – Katechismus, Hohepriester, Exorzismen, Inquisition etc. – genau dieses Bild von einem Kult. Diese in Kauf genommenen Diskurs-Ähnlichkeiten führten auch zur (expliziten) Zustimmung von Rechtsextremen – etwa durch Martin Sellner. Im Mai 2021 empfahl der Identitären-Anführer den *Katechismus der Deutschen* als „absolut lesenswert" (Sellner 2021). Weitere Bezugnahmen von Sellner auf Moses finden sich in der *Sezession* von Juli und Oktober 2023 (Sellner 2023a; b). Moses wird von ihm dafür bewundert, es gewagt zu haben, den „Holocaust-Mythos" zu kritisieren (Sellner 2023a). Sellner trennt allerdings die Analyse Moses' von seiner Intention. Während die Analyse gelungen sei, lehnt Sellner Moses' Anliegen ab: Moses sei um die Auswirkungen der „Schuldreligion" auf Migrant:innen besorgt, wohingegen er selbst sich um die „psychologischen und politischen Auswirkung[en] auf das deutsche Volk" sorge (Sellner 2021).

Vorrangig waren es aber große Teile einer postkolonialen Linken, die den Text von Moses zum wesentlichen Referenzpunkt erklärten, insbesondere unter dem Fokus einer Erinnerungskonkurrenz: Kolonialverbrechen vs. Shoah. Wiederum erscheint die Auseinandersetzung mit der Shoah als Hindernis, nicht für die ‚deutsche Sache', sondern für eine Politik, die sich gegen Rassismus und (post)koloniale Strukturen richtet. Da Israel als Vertreter einer solchen Politik betrachtet wird, kann sich das ‚Nie wieder' auch nur gegen den Staat der Shoah-Überlebenden wenden. Israel wird für die doppelte Schuld, die es verkörpert, gehasst: die von Deutschen und ihren Mithelfer:innen auf sich geladene Schuld an der Shoah und die angebliche

20 Siehe dazu ausführlicher Klävers (2022).

Schuld am Unfrieden in Nahost.[21] Da sich die Ablehnung schließlich nicht gegen Jüdinnen:Juden, sondern gegen Zionist:innen richte, sei sie auch nicht antisemitisch: Zur Abwehr von Schuld kommt die Abwehr gegen das Bewusstwerden eigener Ressentiments hinzu.[22]

Schuld und Befreiung

Wie anhand der Artikel aus der *Sezession* unmittelbar nach den Massakern des 7. Oktobers veranschaulicht, dient der Nahostkonflikt für die ‚neue' Rechte primär als Mittel zur Selbstinszenierung als eigentliches Opfer. Während Migration zur äußeren Bedrohung für das ‚deutsche Volk' stilisiert wird, wird die deutsche Erinnerungskultur als innere Gefahr konstruiert. Der Begriff des ‚Schuldkults' ist zentral für diese Argumentation und dient dazu, Holocaust-Erinnerung als Instrument vermeintlicher ‚Mächtiger' zu diskreditieren. Israel wird vorgeworfen, den Holocaust zu missbrauchen; dem angeblich vom ‚Schuldkult' dominierten Deutschland, seine nationalen Interessen zu verraten und sich von Israel instrumentalisieren zu lassen.

Sekundärer und israelbezogener Antisemitismus verbinden sich in diesem Diskurs: Während Jüdinnen:Juden als Verkörperung historischer Schuld erscheinen, werden sie gleichzeitig verschwörungsideologisch als Strippenzieher:innen hinter globalen Entwicklungen – insbesondere rund um Migrationsphänomene – imaginiert. Der Topos des ‚Schuldkults' legitimiert eine Opferinszenierung der deutschen Rechtsextremen, in der die Erinnerung an den Holocaust als Hindernis für nationale Identität betrachtet und ins Lächerliche gezogen wird. Diese Rhetorik dient der Relativierung der Shoah und führt zu einer Reproduktion antisemitischer Stereotype, indem Israel als Symbol kollektiver Schuld und als Bedrohung nationaler Souveränität dargestellt wird.

Zentral für das Motiv des ‚Schuldkults' ist dabei, dass die Shoah als alles dominierende ‚Zivilreligion' betrachtet und Schuld etwas Irreales, Kultisches wird. Schuld und Erinnerung sind Störfaktoren für die nationale Identität, die wieder erstarken soll. Dass solche Vorstellungen nicht ausschließlich ein Phänomen der Rechten sind, verdeutlicht der in Teilen der

---

21 "Israel's very nature – that of Zionism and of the state – is to be a bearer of guilt", so Elhanan Yakira (2009: 55).

22 Siehe dazu vertiefend Höttemann (2018).

selbsterklärt pro-palästinensischen, antiimperialistischen Linken geführte Schuld-Diskurs. In der Parole „Free Palestine from German Guilt“ verdichtet sich die Vorstellung einer deutschen Obsession mit der Shoah, die das Leid der Palästinenser:innen überlagere. Während die extreme Rechte die deutsche nationale Identität als bedroht ansieht, wird hier die Erinnerung an den Holocaust als Hindernis für globale Gerechtigkeit und antikoloniale Kämpfe imaginiert. Jüdinnen:Juden – sowie die Schuld, an die sie erinnern und die ihnen angeblich zur Instrumentalisierung dient – werden als Bedrohung dargestellt – diesmal jedoch nicht für das nationale Gefüge Deutschlands oder Österreichs, sondern für 'Palästina' oder gar den 'Weltfrieden'. Es handelt sich um eine spezifische Ausformung des Schuldabwehrantisemitismus, auch wenn die Schuld selbst abstrakt anerkannt wird.[23] Der korrespondierende Schuld-Diskurs operiert mit einem Konkurrenzverhältnis zwischen der Erinnerung an die Shoah und der Aufarbeitung kolonialer Verbrechen, wobei Israel als Projektionsfläche kolonialer Schuld dient.[24] Antizionismus wird dabei als konsequenter Antirassismus interpretiert, während die eigene Verstrickung in historische Schuld verdrängt oder externalisiert wird. Dies führt zu einer Relativierung von Antisemitismus und einer Trivialisierung der Shoah.

Die Motivation – Schuldabwehr – und das Ergebnis – Shoah-Trivialisierung – decken sich im rechtsextremen und im dargestellten linken Schuld-Diskurs weitgehend.[25] Auf ideologischer und diskursiver Ebene deuten sich Konvergenzen zwischen rechtsextremen und linken Narrativen insbesondere im Bereich der Verschwörungsmythen an: Beide begreifen Holocaust-Erinnerung vorrangig als Machtinstrument. Jüdinnen:Juden werden als treibende Kräfte eines manipulativen Erinnerungsregimes dargestellt.[26] Die wechselseitige Anschlussfähigkeit zeigt sich in der positiven Rezeption von A. Dirk Moses' Thesen durch den Rechtsextremen Martin Sellner.

23 Auch weite Teile der extremen Rechten – das neonazistische Spektrum ausgenommen – verleugnen heute die Realität der Shoah nicht länger. Der Wert dieser grundsätzlichen Anerkennung wird jedoch durch die verbreiteten Schlussstrichforderungen stark gemindert. Für beide dargestellten politischen Milieus gilt, dass die Anerkennung von Schuld ohne Folgen für das Denken und Handeln bleibt, es sich also um eine Anerkennung ohne Einsicht in die Schuld handelt.

24 Siehe dazu vertiefend Elbe (2024).

25 Die historische Genese bzw. die Traditionslinien unterscheiden sich, wie ausführlich nachzulesen ist in Rajal (2025).

26 Zur 'Kritik' an der Holocaust-Erinnerung kommt bei den analysierten linken Milieus noch der Appell an Jüdinnen:Juden, sie mögen auf die Ausübung politischer Macht verzichten und sich vom Staat Israel distanzieren (Rosenfeld 2015: 233).

Umgekehrt beziehen sich Linke zwar nicht positiv auf den rechten ‚Schuldkult'-Diskurs, sie nehmen die (nicht nur) diskursiven Ähnlichkeiten aber schweigend in Kauf.

Im Topos der Befreiung finden sich ebenfalls Ähnlichkeiten, auch wenn auf rechter Seite der Fokus auf einer Befreiung Deutschlands und auf linker Seite auf jener ‚Palästinas' liegt. Befreit werden soll letztlich von der Schuld selbst. Das dahinterliegende Motiv ist jenes der Enthemmung: In den Augen der Rechten hemmt das Schuldgefühl eine nationale Identität und Stärke, welche man endlich wieder ungehemmt entfalten möchte, ohne daran erinnert zu werden, wohin Deutschtümelei und übertriebene nationale Identifikation geführt haben. Auf Seiten der Linken tritt zu Motiven des sekundären Antisemitismus, der auf eine eher unbewusste Identifikation mit Deutschland und der NS-Täter:innengeneration zurückgeführt werden kann, ein bewusster Nationalismus in Form eines ‚Befreiungsnationalismus' hinzu (Kistenmacher 2012: 58). Dieser versteht sich als Antiimperialismus und möchte eine Gruppe von Nationen (die ‚unterdrückten Völker') gegen andere Nationen (‚die Imperialisten', die USA und ‚den Zionismus') verteidigen bzw. von ihnen ‚befreien'. Neben einer solcherart wiederhergestellten Möglichkeit, sich national zu identifizieren, bietet die Identifikation mit den Aggressoren im Kontext des 7. Oktobers eine Möglichkeit, an der „Lust an der Enthemmung" zu partizipieren (Kirchhoff 2024: 102). Christine Kirchhoff spricht in diesem Zusammenhang von einer „delegierte[n] Gefühlsbefreiung", die sich in der Begeisterung für die Mörder und Faschisten[27] der Hamas zeige (ebd.). Die Lust an der Pogromatmosphäre kann – neben der „Freude am Haß" – mit Jean-Paul Sartre als zentrales Charakteristikum des Antisemitismus beschrieben werden (Sartre 1994: 20). Mit einer Befreiung der Palästinenser:innen oder deren Emanzipation hat dies wenig zu tun, müssten diese doch zuerst von der Hamas und ande-

27 Der Begriff wird hier gewählt, weil sowohl Faschismus als auch Islamismus eine ‚organische' Staatsordnung, den Vorrang der Gemeinschaft vor dem Individuum, Führerprinzip und Todeskult propagieren. Historisch nachgewiesen ist auch die Zusammenarbeit des NS-Regimes mit Persönlichkeiten und islamistischen Organisationen des Nahen Ostens (Küntzel 2023). Der Begriff des ‚Islamfaschismus' ist dennoch umstritten, weil er oftmals mit einer neokonservativen Agenda identifiziert wird oder weil er angesichts der zentralen Rolle des Antisemitismus in Islamismus und nationalsozialistischer (nicht allgemein faschistischer) Ideologie nahezu verharmlosend wirkt (Grigat 2014: 140). Islamismus und NS-Ideologie identifizier(t)en Jüdinnen:Juden, das ‚Weltjudentum', den Zionismus oder Israel als zu verfolgende und vernichtende ‚Volksschädlinge'. Eine ähnlich gemeinschaftszersetzende Kraft wird dem Feminismus zugeschrieben (Stögner 2014).

ren Terrorbanden befreit werden. Befreit werden soll von der deutschen Schuld, die einer pro-palästinensischen Politik, wie man sie selbst verstehen will, im Wege stehe. Nur wenn sich Deutschland von seiner Schuld befreie, könne Gaza von Israel befreit werden, so die Schlussstrichforderung, die bei den entsprechenden linken Milieus verdrehter formuliert wird als von den Rechten.

Religiöse Verklärungen finden sich auf beiden Seiten: Frei fühlen sich die Rechten erst, wenn eine völkisch definierte deutsche Identität Vorrang gegenüber allen anderen (frei gewählten) Identifikationen erlangt. Deutschland und Deutschsein entfalten eine religiöse Dimension, versprechen eine Erlösung, die von der angeblichen ,Zivilreligion' Holocaust verhindert wird. Die entsprechenden linken Milieus sprechen Gaza oder ,Palästina' diese Erlösungsfunktion zu. Die Kritik an Israel wird zum Befreiungsakt, der Erlösung verspricht (Lewitan 2023: 94). Stephan Grigat spricht in diesem Zusammenhang von einem „Erlösungsantizionismus" (Grigat 2024: 7:35). Deutlich wird dies etwa an Slogans wie „No one is free until Palestine is free", „We are not free until Palestine is free" oder „Palestine will set us free". Die Palästinenser:innen werden dabei zu „Konstruktionen, Hülsen, die man vor allem mit dem eigenen Unwohlsein füllt", so Karin Stögner (2024a: 19). Es gehe um „eine antiwestliche Selbstbespiegelung im Westen" (ebd.). Das religiös aufgeladene Bedürfnis nach Befreiung geht damit noch einen Schritt weiter: Nicht nur von der Schuld soll befreit werden, sondern von den gefühlten und tatsächlichen Verwerfungen der westlichen Moderne. Auch hier hätte die ,neue' Rechte in Tradition ihrer Säulenheiligen Martin Heidegger oder Julius Evola wenig Einwände[28] und so verwundert

28 „An Liberalismus gehen Völker zugrunde, nicht am Islam", äußerte etwa der *Sezessions*-Autor Martin Lichtmesz (Weiß 2017: 19). Deutlich wird die antiliberale, antiwestliche Stoßrichtung der ,neuen' Rechten auch in den Verknüpfungen des ,Schuldkult'-Diskurses mit antifeministischen Elementen. Das Feindbild Feminismus wird häufig in einem Atemzug mit dem ,Schuldkult' erwähnt: Der ,Schuldkult' befördere „die massive Subventionierung von hauptberuflichen Antifaschisten oder Berufsfeministen", hieß es etwa in einem Artikel aus dem Gründungsjahr der Zeitschrift *Sezession* (Lichtschlag 2003). In einem anderen Artikel von 2010 wird folgende Analogie hergestellt: Ebenso wie die Aufarbeitung der NS-Herrschaft das Augenmaß verloren habe und zum Schuldkult geworden sei, habe sich die „Frauenfrage" in das „Herrschaftsmittel Gender Mainstreaming" gewandelt (Kositza 2010). Ein Artikel von 2013 benennt den angeblichen „Schuldkult" und „Feminisierung" gar als Hauptprobleme der deutschen Gegenwart (Lehnert 2013). Shoah-Erinnerung und Feminismus werden als Feindbilder unmittelbar gekoppelt. Beide werden als Übertreibungen wahrgenommen und als ,kulturelle Bedrohung' für die eigene nationale und ethnische

es nicht, dass sich eine gewisse Faszination gegenüber autoritären, illiberalen und antiwestlichen Regimen wie dem Iran, Russland oder in Gaza in der extremen Rechten wie auch in Teilen der Linken findet.[29]

So einfach der Fingerzeig auf die extreme Rechte und die dargestellten Milieus der ‚revolutionären' Linken ist: Der Wunsch nach Befreiung von der Schuld durch Holocaust-Verzerrung und Erinnerungsabwehr findet sich nicht nur an den politischen ‚Rändern', sondern durchzieht breite Teile der Gesellschaft. Laut der Leipziger Autoritarismus-Studie sind mehr als ein Fünftel der Befragten der Ansicht, dass Israels Politik gegenüber den Palästinenser:innen der nationalsozialistischen Politik im Zweiten Weltkrieg gleiche (Decker et al. 2024: 60f.). In einer österreichischen Repräsentativbefragung im Jahr 2022 stimmten 30 Prozent der Aussage zu, die Israelis würden die Palästinenser:innen im Grunde nicht anders behandeln als die Deutschen im Zweiten Weltkrieg die Jüdinnen und Juden – bei den 16- bis 25-Jährigen waren es mit 32 Prozent etwas mehr (IFES 2024: 29). Nach dem 7. Oktober – im Jahr 2024 – zeigte eine neuerliche Studie unter den Jugendlichen/ jungen Erwachsenen bei dieser Aussage einen drastischen Anstieg auf 39 Prozent (ebd.). 2024 stimmten in Österreich altersgruppenübergreifend 42 Prozent der Befragten der Gleichsetzung der israelischen Politik in Palästina mit dem nationalsozialistischen Handeln im Zweiten Weltkrieg zu (DÖW 2024: 21). Diese Ergebnisse verweisen auf die gesamtgesellschaftlich hohe Akzeptanz, welche die Verknüpfung von Schuldabwehr- und israelbezogenem Antisemitismus mittlerweile erfährt.[30] Im rechten ‚Schuldkult'-Motiv und den dargestellten linken, abwehrenden Bezugnahmen auf ‚German Guilt' zeigt sich die gefährliche Dynamik der diskursiven Vermischung von Holocaust-Verzerrung und Antisemitismus, die sich im Kontext der Abwehr von Schuld in breiten Teilen der postnazistischen Gesellschaften entwickelt hat, überdeutlich.

Identität imaginiert, da sie in den Augen der Rechten jeweils Teil eines Plans zur Schwächung des nationalen Selbstbewusstseins sind.

29 Zur Ignoranz bis Faszination von Teilen der Linken gegenüber islamistischen Akteuren/Regimen und Ideologien siehe Stögner (2024b), hier vor allem hinsichtlich Allianzen zwischen Fraktionen ‚kritischer' Theorie und Islamismus; bezogen auf intersektional-feministische Bewegungen Stögner (2023).

30 In den genannten Aussagen mischen sich israelbezogener Antisemitismus und Schuldabwehr in besonders drastischer Form, was vermuten lässt, dass subtilere Varianten bedeutend mehr Zustimmung erfahren würden. Zudem handelt es sich bei den zustimmenden Bevölkerungsanteilen um jene, die „voll und ganz" oder „eher" zustimmen; außen vor sind jene, die eine solche Aussage mit einem „teils/teils" billigen.

Literatur

Adorno, Theodor W. (2003): Schuld und Abwehr. Eine qualitative Analyse zum Gruppenexperiment, in: Theodor W. Adorno: Gesammelte Schriften, Bd. 9.2, Frankfurt am Main: Suhrkamp [1955], 121–324.

Berliner Zeitung (2023): Die Polizei hat die Demo am Auswärtigen Amt mittlerweile beendet..., X [Twitter], 18.10.2023, https://twitter.com/berlinerzeitung/status/1714694235390091763.

Beyer, Heiko (2015): Theorien des Antisemitismus: Eine Systematisierung, in: Kölner Zeitschrift für Soziologie und Sozialpsychologie, 67(3), 573–589.

Botsch, Gideon (2020): Die ‚Juden in der AfD' und der Antisemitismus, in: Mitteilungen der Emil Julius Gumbel Forschungsstelle, Moses Mendelssohn Zentrum für europäisch-jüdische Studien e.V., April 2020, https://www.mmz-potsdam.de/files/MMZ-Potsdam/Download-Dokumente/EJG_Mitteilungen_2020_01.pdf.

Butland, Phil (2024): Is German guilt to blame for the oppression of Palestinians? Or: Why are so many Germans silent in the face of genocide?, in: The Left Berlin, 04.11.2024, https://www.theleftberlin.com/german-guilt-palestine/.

Decker, Oliver/Kiess, Johannes/Heller, Ayline/Brähler, Elmar (2024): Die Leipziger Autoritarismus Studie 2024: Methoden, Ergebnisse und Langzeitverlauf, in: Decker, Oliver/Kiess, Johannes/Heller, Ayline/Brähler, Elmar (Hg.): Vereint im Ressentiment. Autoritäre Dynamiken und rechtsextreme Einstellungen. Leipziger Autoritarismus Studie 2024, Heinrich-Böll-Stiftung: Gießen, 29–99.

Die Rote Fahne (o. J.): Über die Rote Fahne, https://www.rotefahne.at/%C3%BCber-uns.

DÖW – Dokumentationsarchiv des österreichischen Widerstands (2024): Rechtsextremismus Barometer 2024, https://www.doew.at/cms/download/clg6t/DOEW_rex-barometer-2024.pdf.

Elbe, Ingo (2024): Antisemitismus und postkoloniale Theorie. Der „progressive" Angriff auf Israel, Judentum und Holocausterinnerung, Berlin: Edition Tiamat.

Finn, Daniel (2024): Free Palestine From German Racism Dressed Up as Guilt, in: Jacobin, 08.09.2024, https://jacobin.com/2024/08/germany-uk-speech-gaza-genocide.

Goetz, Judith (2020): ‚Der große Austausch' – Rechtsextreme Reproduktions- und Bevölkerungspolitiken am Beispiel der ‚Identitären', in: Femina Politica. Zeitschrift für feministische Politikwissenschaft, 29(2), 37–49.

Grigat, Stephan (2024): Vom Nationalsozialismus zum Hass auf Israel, Vortrag an der Freien Universität Berlin vom 19. Februar 2024, YouTube, CHAVERIM FU_Berlin, 07.03.2024, https://www.youtube.com/watch?v=16sNZVaONJA.

Höttemann, Michael (2018): Die Abwehr der Antisemitismuskritik. Zur Logik, Form und Intention der Solidarisierung mit Günter Grass, in: Grimm, Marc/Kahmann, Bodo (Hg.): Antisemitismus im 21. Jahrhundert. Virulenz einer alten Feindschaft in Zeiten von Islamismus und Terror, Berlin/Boston: De Gruyter, 227–244.

IFES – Institut für empirische Sozialforschung (2024): Antisemitismus 2024. Snapshot Junge. Studie im Auftrag des österreichischen Parlaments, https://www.parlament.gv.at/dokument/fachinfos/publikationen/Antisemitismus-2024-Bericht-Snapshot-Junge.pdf.

IfS – Institut für Staatspolitik (2009): „Meine Ehre heißt Reue". Der Schuldstolz der Deutschen. Wissenschaftliche Reihe – Heft 11, Arbeitsgruppe 2: Politische Kultur, Albersroda: IfS.

JFDA – Jüdisches Forum für Demokratie und gegen Antisemitismus (2022): Documenta 15. 3. Kunstwerke in der Kritik. 3.6. Plakat-Installation, https://www.jfda.de/documenta/3.6.-plakat-installation.

Kirchhoff, Christine (2024): Antisemitismus und Psychoanalyse – Projektion und „kritische Selbstbesinnung", in: associazione delle talpe (Hg.): Maulwurfsarbeit VII, Berlin: associazione delle talpe, 98–103.

Kistenmacher, Olaf (2012): Sekundärer Antisemitismus – Ein Erklärungsansatz für Antisemitismus in der Linken?, in: associazione delle talpe/Rosa Luxemburg Initiative Bremen (Hg.): Maulwurfsarbeit II. Kritik in Zeiten zerstörter Illusionen, Berlin: RLS, 51–60.

Klävers, Steffen (2022): Paradigm Shifts – Critical Reflections on the Historikerstreit 2.0, the Catechism-Debate, and their Precursors, in: Society, 59, 16–24.

Kositza, Ellen (2010): Dämliche Herrschaft, in: Sezession, 01.06.2010, https://sezession.de/20016/daemliche-herrschaft.

Krause, Hans (2023): Es droht kein zweiter Holocaust, in: marx21.de, 30.11.2023, https://www.marx21.de/palaestinenser-wollen-keinen-holocaust/.

Küntzel, Matthias (2023): Nazis, Islamic Antisemitism and the Middle East. The 1948 Arab War against Israel and the Aftershocks of World War II, London: Routledge.

L., Maria (2023): Israel: Inakzeptabler Missbrauch des Holocaust, in: Die Rote Fahne, 08.11.2023, https://www.rotefahne.at/post/israel-inakzeptabler-missbrauch-des-holocaust.

Lehnert, Erik (2013): Soldatentum – eine Streitschrift. Im Gespräch mit den Herausgebern, in: Sezession, 01.08.2013, https://sezession.de/47694/soldatentum-eine-streitschrift-im-gespraech-mit-den-herausgebern.

Leifer, Joshua (2022): The Challenge of Defending Memory in Germany, in: Jewish Currents, 07.07.2022, https://jewishcurrents.org/the-challenge-of-defending-memory-in-germany.

Lewitan, Joëlle (2023): Das vererbte Déjà-vu. Die Reaktivierung transgenerationaler Ängste infolge des 7. Oktobers, in: Freie Assoziation, 26(2), 90–96.

Lichtmesz, Martin (2023a): Der Krieg in Israel und Palästina hat ein demografisches Fundament, in: Sezession, 12.10.2023, https://sezession.de/68239/der-krieg-in-israel-und-palaestina.

Lichtmesz, Martin (2023b): Streit um Israel – Teil 2: ausführliche Replik auf Abramovych, in: Sezession, 18.10.2023, https://sezession.de/68261/streit-um-israel-teil-2-erste-ausfuehrliche-replik?hilite=streit+um+israel.

Lichtschlag, André F. (2003): Für die libertär-konservative Sezession, in: Sezession, 01.10.2003, https://sezession.de/7792/fuer-die-libertaer-konservative-sezession.

marx21 (2020): Politische Leitsätze, in: marx21.de, 20.02.2020, https://www.marx21.de/marx21-netzwerk-fuer-internationalen-sozialismus/.

marx21 (2023): Habecks Heuchelei: Palästina, Israel und die deutsche Staatsräson, in: marx21.de, 19.11.2023, https://www.marx21.de/habecks-heuchelei-palaestina-israel-und-die-deutsche-staatsraeson/.

Moses, A. Dirk (2021): The German Catechism, in: Geschichte der Gegenwart, https://geschichtedergegenwart.ch/the-german-catechism/.

Novick, Peter (2001): Nach dem Holocaust. Der Umgang mit dem Massenmord, Stuttgart/München: dtv.

ÖH Uni Wien – Österreichische Hochschüler_innenschaft (2023): Statement and Contextualization on the Antisemitic and Anti-Israeli Graffiti at Campus Altes AKH, https://oeh.univie.ac.at/en/page/statement-and-contextualization-on-the-antisemitic-and-anti-israeli-graffiti-at-campus-altes-akh.

Rajal, Elke (2025): Guilt and Defense in the October 7 Debate in Germany: Right and Left Narratives of 'Schuldkult' and 'German Guilt', in: Journal of Contemporary Antisemitism, Spring Issue 2025, 8(1), 39–62.

Rensmann, Lars (2017): Guilt, Resentment, and Post-Holocaust Democracy. The Frankfurt School's Analysis of 'Secondary Antisemitism' in the Group Experiment and Beyond, in: Antisemitism Studies, 1(1), 4–37.

RIAS Bayern – Recherche- und Informationsstelle Antisemitismus (2024): „Free Palestine from German guilt"? Israelbezogener Antisemitismus in Bayern nach dem 7. Oktober, https://report-antisemitism.de/documents/Israelbezogener-Antisemitismus_in_Bayern_nach_dem_7_Oktober.pdf.

RIAS Berlin – Recherche- und Informationsstelle Antisemitismus (2021): Monitoring: „Stop Doing What Hitler Did to You". Die Eskalation im israelisch-palästinensischen Konflikt als Gelegenheitsstruktur für antisemitische Vorfälle in Berlin zwischen 9. Mai und 8. Juni 2021, https://report-antisemitism.de/documents/RIAS_Berlin_-_Monitoring_-_Stop_doing_what_Hitler_did_to_you.pdf.

Rosenfeld, Alvin H. (2015): Das Ende des Holocaust, Göttingen: Vandenhoeck & Ruprecht.

Sabbour, Omar/ Students for Palestine (2024): German guiltwashing in times of genocide, in: Al Jazeera, 27.02.2024, https://www.aljazeera.com/opinions/2024/2/27/german-guiltwashing-in-times-of-genocide.

Salzborn, Samuel (2023): Schuldabwehr und Erinnerungsverweigerung, in: Grigat, Stephan/Hoffmann, Jakob/Seul, Marc/Stahl, Andreas (Hg.): Erinnern als höchste Form des Vergessens? (Um-)Deutungen des Holocaust und der „Historikerstreit 2.0", Berlin: Verbrecher, 355–374.

San Millán, David (2022): Hannah Tzuberi: Desiring Victimhood: German Self-Formation and the Figure of the Jew, Mediathek des Hauses der Kulturen der Welt (HKW), Aufzeichnung vom 10.06.2022, https://mediathek.hkw.de/video/hannah-tzuberi--desiring-victimhood--german-self-formation-and-the-figure-of-the-jew?backscreen=search&overlayObjectSlug=lutz-hachmeister--der-holocaust-und-die-deutschen-leitmedien-nach-1945&overlayObjectType=video&q=media.

Sartre, Jean-Paul (1994): Überlegungen zur Judenfrage, Hamburg: Rowohlt [1946].

Schmidt, Jochen (2019): „Holocaust und Zivilreligion". Ein theologisch-ethischer Versuch über Erinnerung, in: Zeitschrift für Evangelische Ethik, 63 Jg., 190–202.

Schreiter, Nikolai/Rensmann, Lars (2025): Codierte Feindbilder. Die AfD und der Antisemitismus vor und nach dem 7. Oktober, in: Glöckner, Olaf/Jikeli, Günther (Hg.): Antisemitismus in Deutschland nach dem 7. Oktober 2023, Baden-Baden: Olms, 207–233.

Sellner, Martin (2021): Postkoloniale Angriffe auf den ‚Auschwitz-Mythos', in: Sezession, 25.05.2021, https://sezession.de/64268/postkoloniale-angriffe-auf-den-auschwitz-mythos.

Sellner, Martin (2023a): Völkische Antideutsche, das rechte Lager und der Nahostkonflikt, in: Sezession, 22.10.2023, https://sezession.de/68264/voelkische-antideutsche-das-rechte-lager-und-der-nahostkonflikt.

Sellner, Martin (2023b): Jude ist, wer auch zu den Opfern gehören will – oder vielleicht doch nicht?, in: Sezession, 24.07.2023, https://sezession.de/67772/jude-ist-wer-auch-zu-den-opfern-gehoeren-will.

Sezession (2023a): Streit um Israel – Teil 1 eines ausgedehnten Briefwechsels. 1. Lichtmesz an Abramovych, 2. Abramovych an Lichtmesz, in: Sezession, 18.10.2023, https://sezession.de/68254/streit-um-israel-teil-1-eines-ausgedehnten-briefwechsels?hilite=streit+um+israel.

Sezession (2023b): Streit um Israel – Teil 3: Abramovych antwortet Lichtmesz, in: Sezession, 30.10.2023, https://sezession.de/68297/streit-um-israel-teil-3-abramovych-antwortet-lichtmesz?hilite=streit+um+israel.

Steinbacher, Sybille (2022): Über Holocaustvergleiche und Kontinuitäten kolonialer Gewalt, in: Friedländer, Saul/Frei, Norbert/Steinbacher, Sybille/Diner, Dan (Hg.): Ein Verbrechen ohne Namen. Anmerkungen zum neuen Streit über den Holocaust, München: C.H.Beck, 53–68.

Stögner, Karin (2014): Antisemitismus und Sexismus. Historisch-gesellschaftliche Konstellationen, Baden-Baden: Nomos.

Stögner, Karin (2023): Is Palestine a feminist issue? Intersectionality and its discontents, in: Hirsh, David (Hg.): The Rebirth of Antisemitism in the 21st Century. From the Academic Boycott Campaign into the Mainstream, London: Routledge, 121–140.

Stögner, Karin (2024a): „Für Palästina gegen das eigene Unwohlsein", in: Jüdische Allgemeine Nr. 33/24, 15.08.2024, 19.

Stögner, Karin (2024b): Der neue Unwille zu trauern. Kritische Theorie und Antisemitismus nach dem 7. Oktober, Centrum für Antisemitismus- und Rassismusstudien an der Katholischen Hochschule Nordrhein-Westfalen, CARS Working Papers 19, DOI: https://doi.org/10.17883/4704.

Suermann, Lenard (2016): Schuld-Kult, in: Gießelmann, Bente/Heun, Robin/Kerst, Benjamin/Suermann, Lenard/Virchow, Fabian (Hg.): Handwörterbuch rechtsextremer Kampfbegriffe, Schwalbach: Wochenschau, 269–280.

Weiß, Volker (2017): Die autoritäre Revolte. Die neue Rechte und der Untergang des Abendlandes, Stuttgart: Klett Cotta

Yakira, Elhanan (2009): Post-Zionism, Post-Holocaust. Three Essays on Denial, Forgetting, and the Deligitimation of Israel, New York: Cambridge University Press.

Inceldom meets Jihadism

Antisemitismus und Misogynie in gegenwärtigen Rebellionen gegen die Moderne

Gesche Gerdes

Die sogenannte Incel-Bewegung besteht aus Tausenden jungen heterosexuellen Männern, die nach eigenen Angaben „unfreiwillig zölibatär" leben.[1] Sie sind dafür bekannt, sich in Online-Foren zu treffen, um sich über ihren tiefreichenden Frauenhass auszutauschen (Jaki et al. 2019: 11–19). Die Incel-Gemeinschaft basiert darauf, sich gegenseitig in ihren Gefühlen der Wertlosigkeit, Wut und Hoffnungslosigkeit zu bestärken und Gewaltfantasien zu teilen. Ihre Ideologie richtet sich jedoch nicht nur gegen Frauen, sondern auch gegen Juden und Jüdinnen und gegen das, was sie als moderne, westliche, liberal-kapitalistische Gesellschaft wahrnehmen (ebd.; Kracher 2020: 68f.; Gerdes 2025). Die Online-Radikalisierung führte bereits zu Selbstmordattentaten im Namen einer „incel rebellion" oder eines „beta uprisings" (Jaki et al. 2019: 18f.; Zimmerman et al. 2018: 1). Das bekannteste Attentat wurde vom 22-jährigen Elliot Rodger verübt, der 2014 sechs Menschen auf dem Campus der University of California, Santa Barbara in Isla Vista tötete (Jaki et al. 2019: 1).

Während Incels und ihre konformistische Rebellion im akademischen und linksfeministischen Spektrum als ernstzunehmendes Problem gelten (Ging 2017; Marwick/Caplan 2018), wird der Jihadismus im Feld der Frauen- und Geschlechterforschung nicht in gleicher Weise als antidemokratische, antisemitische, frauenfeindliche und gefährliche Bewegung behandelt. Dies änderte sich auch nicht angesichts der Massaker der Hamas und verbündeter Terrorbanden in Israel am 7. Oktober 2023, welche die tödliche Schnittmenge von Antisemitismus und Frauenfeindlichkeit im Jihadismus als eine der größten gegenwärtigen Bedrohungen für Emanzipation, Freiheit und Demokratie veranschaulichten. Judith Butler, eine der weltweit bekanntesten Geschlechterforscher:innen, bezeichnete die Pogrome Anfang März 2024 als bewaffneten Widerstand (Butler 2024).

1 Incel ist ein engl. Akronym für „involuntary celibate".

In diesem Beitrag werden die Umdeutungen der Angriffe der jihadistischen Hamas sowie der Incel-Bewegung als Widerstandsbewegungen bzw. Rebellionen aufgenommen und gesellschaftskritisch gewendet, um eine Konzeptualisierung beider Phänomene als zwei verschiedene Formen kontemporärer antimoderner Reaktionen zu leisten. Es wird herausgestellt, wie sich in beiden Fällen Antisemitismus und Frauenfeindlichkeit vermengen und zum antidemokratisch-autoritären Syndrom innerhalb der globalisierten kapitalistischen Welt verdichten.

Autoritäre Persönlichkeit, Antisemitismus und autoritäre Rebellion

Die Analyse des Zusammenwirkens von Antisemitismus und Misogynie innerhalb der Incel-Weltsicht und des Jihadismus stützt sich auf das Konzept der autoritären Persönlichkeit (Adorno et al. 2019), das um sozioökonomische Veränderungen seit seiner Entstehung ergänzt werden muss, um es für die Interpretation aktueller Phänomene fruchtbar zu machen. Es beschreibt, wie sich die kapitalistische Gesellschaftsordnung als autoritär-antidemokratische Struktur in der Persönlichkeit von Individuen widerspiegelt. Eine autoritäre Charakterstruktur stellt dem Konzept zufolge ein gesellschaftlich bedingtes Reaktionspotenzial dar, das die Gesellschaftsmitglieder anfällig für totalitäre Bewegungen und Ideologien macht und sich anhand dieser zum antidemokratischen ideologischen Syndrom ausformen und als autoritäre Rebellion manifestieren kann (Fenichel 1993: 45; Fromm 2000: 166f.; Rensmann 2004: 135; Rensmann/Salzborn 2021: 75).

Im antidemokratisch-autoritären Syndrom vermengen sich nach Karin Stögners Konzept der „Intersektionalität von Ideologien" Antisemitismus, Ethnozentrismus, Nationalismus, Sexismus und Homophobie (Stögner 2019: 398). In diesem Zusammenhang wirken die Ideologien verstärkend aufeinander und können sich aufgrund ähnlicher gesellschaftlicher Funktionen teilweise gegenseitig vertreten (2017: 41f.). Stögner bestimmt Antisemitismus als „die intersektionale Ideologie par excellence", da in ihm alle anderen Ideologeme durcheinander vermittelt sind (ebd.: 26). Laut Theodor W. Adorno et al. äußert sich das antidemokratische ideologische Syndrom in variierenden Merkmalen wie Unterwürfigkeit, Stereotypie, Destruktivität, Aggression, Machtdenken, Projektivität etc., die in unterschiedlicher Zusammensetzung auftreten (Adorno et al. 2019: 228.). Else Frenkel-Brunswik zeigte zudem, dass Antisemit:innen durch „Ambiguitätsintoleranz", manichäisches Denken und rigide Vorstellungen von Sexualität und Geschlecht geprägt sind, die eine starke Übertreibung, Verfestigung und strikte Dichotomisierung konventioneller Stereotype beinhalten (Adorno et al. 2019: 390–441). Sowohl bei JihadistInnen[2] als auch bei Incels lassen sich neben einer starken Fixierung auf Sexualität und Geschlecht vor allem die Aspekte Unterwürfigkeit, Machtdenken, manichäisches Denken, Projektivität sowie Destruktivität erkennen.

Nach Leo Löwenthal steht das strukturell hervorgebrachte autoritäre Potenzial mit einer gesellschaftlich bedingten Unzufriedenheit der Individuen, der „sozialen Malaise" in Zusammenhang (Löwenthal 1990). Diese enthält Gefühle wie Misstrauen, Abhängigkeit, Ausgrenzung und Enttäuschung, die von Agitator:innen oder einer gemeinsamen Idee mobilisiert und zu autoritären Rebellionen gesteigert werden können (ebd.: 31; Adorno 2013: 330). Mit Adorno verweist die soziale Malaise auf das „Unbehagen in der Kultur" (Freud 1994), welches die Menschen gegen ihre Zivilisation aufbegehren lässt (Adorno 2019: 56). Die Sozialisierung in die moderne kapitalistische Gesellschaft stellt die Aufgabe an die Einzelnen, sich als Warensubjekte zu konstituieren und verlangt ihnen große Einschränkungen und Selbstdisziplinierungen ab, um sich selbst und die Gesellschaft zu reproduzieren. Gleichzeitig wird durch die Auflösung traditioneller Normen und Bindungen im (neoliberalen) Subjektivierungs- und Vergesellschaftungsprozess die Verunsicherung und Isolation der Individuen verstärkt, ohne dass sie seitens der Gesellschaft ausreichend für den Verlust der Tradition „entschädigt" würden. Dadurch verlieren die gesellschaftlich geforderten Selbstdisziplinierungen für die Einzelnen an Sinnhaftigkeit, da sie unzureichend mit Sicherheit, Erfolg, Anerkennung und Erfüllung belohnt werden (ebd.).

Obwohl die kapitalistische Moderne sowie die Universalisierung des Warentauschs das emanzipatorische Versprechen von Freiheit und Gleichheit mit sich brachten, blieb dieses Versprechen für die meisten Menschen von Beginn an unerreichbar (Adorno/Horkheimer 2013 [1947]; Rensmann 2001: 133). In der globalisierten kapitalistischen Welt gerät es schließlich vollständig zur Lüge: In vielen Teilen der Welt ist die soziale Malaise eine soziale Misere (Postone 2006: 101). Insgesamt hat ein großer Teil

2 Die Schreibweise „JihadistInnen" statt „Jihadist:innen" wurde gewählt, da das jihadistische Geschlechterbild grundlegend dichotom angelegt ist und die durch den Doppelpunkt symbolisch eingeschlossenen geschlechtlichen Identitäten jenseits von „männlich" und „weiblich" ausschließt.

der Menschheit nicht einmal die Möglichkeit, ihre Arbeitskraft zu verkaufen, da keine Arbeitsplätze zur Verfügung stehen (ebd.: 100; Scheit 2015: 446). Die globale digitale Vernetzung bedeutet zugleich, dass jede:r ständig mit Werbung für Produkte bombardiert und mit Lebensstilen konfrontiert wird, die für die meisten unerreichbar sind und bleiben werden. Das Ergebnis ist ein global wachsendes Gefühl des Betrogen-Werdens, der Ohnmacht und der Nutzlosigkeit, welches die Wut gegen das, was als Moderne empfunden wird, beständig nährt. Auf diese Weise wird das durch die Enttäuschung des Versprechens von Emanzipation und Freiheit hervorgebrachte autoritäre Potenzial verfestigt und zur Rebellion angestachelt (Stögner 2020). Moderner Antisemitismus, so Adorno, bündelt diese Wut in „ihrer reine[n] Form" (Adorno 2019: 56). Nach Jean-Paul Sartre ist moderner Antisemitismus „zugleich eine Weltanschauung und eine Leidenschaft" (Sartre 1994 [1945/46]: 14). In ihm erfolgt die „Rückübersetzung" der abstrakten Herrschaftsstrukturen in unmittelbare Beziehungen zwischen konkreten Personen oder Gemeinschaften, Ländern oder Nationen (Stögner 2014: 111; Salzborn 2010: 6; Postone 2006: 96). Dabei werden Juden und Jüdinnen, „kryptische Gruppen" (Stögner 2014: 114), Israel oder Zionismus für die Auswirkungen des Kapitalismus verantwortlich gemacht (ebd.; Grigat 2023: 13; Postone 2006: 101). Sie werden mit der unverstandenen kapitalistischen Moderne identifiziert und stellvertretend gehasst und bekämpft (Rensmann 2001: 13).

Moishe Postone bezeichnet modernen Antisemitismus als fetischisierte Form des Antikapitalismus, die aus dem Primat des Warenfetischs und den verdinglichten sozialen Beziehungen im Kapitalismus resultiert (Postone 1980: 109). Er identifiziert die in der antisemitischen Weltsicht konkret Juden und Jüdinnen zugeschriebenen Eigenschaften als solche der abstrakten Wertdimension der kapitalistischen Gesellschaft (ebd.: 109–111). Juden und Jüdinnen dienen den antisemitischen Bewegungen der JihadistInnen und Incels jedoch nicht nur als Projektionsfläche für Vereinzelung, Entfremdung und Unterwerfung, sondern auch für das nicht eingelöste Versprechen von Freiheit, Gleichheit und Emanzipation sowie die Möglichkeit eines befreiten, glücklichen und befriedigten Lebens (Rensmann 2001: 13). Moderner Antisemitismus ist somit ein spezifischer Ausdruck des modernen, autoritären und verdinglichten Denkens, das aus den Widersprüchen der kapitalistischen Moderne selbst hervorgeht (Rensmann 2017: 406).

Sozioökonomische Veränderungen und die Verfestigung autoritärer Potenziale

Mit dem Niedergang des Fordismus in den 1970er Jahren endete die globale Phase der staatlich gelenkten, national orientierten wirtschaftlichen Entwicklung, sodass es zu einem Rückgang der effektiven nationalen Souveränität bei zunehmender Bedeutung supranationaler Wirtschaftsnetze kam (Alnasseri 2001: 558; Postone 2006: 100). Der Postfordismus leitete eine weltweite Zunahme der vertikalen Differenzierung zwischen arm und reich innerhalb eines Landes, aber auch zwischen den verschiedenen Ländern ein. Diese Prozesse förderten global ein fetischistisches, neoantiimperialistisches Verständnis der kapitalistischen Entwicklung, in welchem die abstrakte Herrschaft des Kapitals mit den Vereinigten Staaten und Israel bzw. „dem Westen" im Allgemeinen identifiziert wurde (Postone 2006: 102).

Die Auswirkungen des fordistischen Zusammenbruchs gestalteten sich in verschiedenen Teilen der Welt unterschiedlich – während Teile Ostasiens von der postfordistischen Globalisierung profitierten, war ein verheerender wirtschaftlicher Niedergang vieler afrikanischer Länder zu verzeichnen (ebd.). Auch in der muslimisch-arabischen Welt kam es zu einem wirtschaftlichen Einbruch, der eine extreme Verringerung des Pro-Kopf-Einkommens beinhaltete (ebd.; Alnasseri 2001: 558ff.).

Dies trug ab den 1970er Jahren zu einer Abwendung von politischen Akteuren und Bewegungen in Ländern wie Ägypten, Algerien, Afghanistan, Iran, Irak, Syrien und Tunesien vom antikolonial ausgerichteten Nationalismus und Hinwendung zum Islamismus[3] bei (Kepel 2002: 85; Alnasseri 2001: 559ff.). Die ökonomische Krise bewirkte unter anderem, dass die junge Generation in diesen Ländern kaum mehr von Integrations- und Aufstiegschancen profitieren konnte, die kurz nach dem Ende des Kolonialismus und in der Phase der Nationalstaatenbildung für einige zur Verfügung standen. Der Sozialwissenschaftler Gilles Kepel stellt fest, dass die Fortschritte im Bildungsniveau in weiten Teilen der islamisch geprägten

---

3 Als wichtigste Strömungen des Islamismus gelten neben den ideologischen Ausprägungen der Muslimbruderschaft der Wahhabismus, der Salafismus und der iranische Khomeinismus (Abrahamian 2008). Es gibt sowohl einen legalistischen Islamismus, der in bestimmten politischen Kontexten gewisse Formen von Gewalt ablehnt, als auch den Jihadismus, der nahezu immer auf terroristische und kriegerische Mittel setzt (Neumann 2015: 54). Allen Formen des Islamismus ist der weitverbreitete Glaube an eine vorgebliche jüdische Weltverschwörung gegen den Islam gemeinsam (ebd.; Rickenbacher 2018).

Welt zu einer Aufstiegsorientierung geführt hatten (Kepel 2002: 86ff.), sodass der Verlust der Aufstiegschancen eine zunehmende Unzufriedenheit mit herrschenden politischen Eliten dieser Länder und die Ablehnung des von ihnen vertretenen Nationalismus bewirkte. Dieser wurde schließlich, zunächst ausgehend von hochgebildeten, aber nun von Macht- und Aufstiegsmöglichkeiten ausgeschlossenen Studierenden, durch die islamistische Ideologie ersetzt (ebd.: 86–89.). Insgesamt führte die postfordistische Globalisierung in den muslimisch-arabischen Staaten zu einem massiven Erstarken des Islamismus, insbesondere des Jihadismus (ebd.: 85f.; Postone 2006: 101; Tibi 1979: 149f.; Alnasseri 2001: 562).

Jihadismus als kontemporäre Mobilisierung gegen die Moderne

Der Jihadismus hatte sich seit den 1920er Jahren als Reaktion auf die Moderne und mit ihr verbundene Erscheinungsformen wie Kapitalismus, Kolonialismus, Liberalismus, Individualismus, Säkularisierung, Geschlechteregalität usw. entwickelt (Marz 2014: 25; Bunzel 2015: 7; Moghissi 2002: 67). Die wichtigste islamistisch-jihadistische Organisation, die Muslimbruderschaft, wurde 1928 durch Hassan al-Banna im seit 1922 formal von Großbritannien unabhängigen Ägypten gegründet. Sie bildete sich vor dem Hintergrund stark zunehmender politischer, sozialer und ökonomischer Spannungen im Land und erklärte die bestehenden Probleme mit der schwindenden gesellschaftlichen Vorherrschaft des Islam, für die sie den Westen verantwortlich machte (Küntzel 2003: 17–22, 2023: 87ff.; Diner 2007: 90; Al-Azmeh 1996: 132). Die Muslimbruderschaft setzte sich nicht nur für ein Ende des Kolonialismus ein, sondern bekämpfte den Säkularismus und strebte eine „Rückkehr“ zu Ur-Islam und Scharia an (Neumann 2016: 51ff.).

Anhand dieser Entwicklung lässt sich auch für die Entstehung des Islamismus beobachten, was Detlev Claussen in *Aspekte der Alltagsreligion* (2000) insgesamt als charakteristisch für Fundamentalismus beschreibt: Die fundamentalistische Rückbesinnung auf eine Religion bringt immer eine andere Religion als die ursprüngliche hervor. Fundamentalismus hat die Funktion, die ambivalenten Gefühle der Menschen gegenüber der Moderne zu etikettieren, zu formieren und zu rationalisieren (Claussen 2000: 22). In dieser Funktion lag ein Grund für die hohe Attraktivität des entstehenden Jihadismus, der, wie Matthias Küntzel zeigen konnte, seit seinen Anfängen als moderne antimoderne Reaktion grundlegend antisemitisch war – die Muslimbruderschaft verband die bereits vorhandenen antijüdischen Inhalte des Korans mit dem exterminatorischen Antisemitismus des Nationalsozialismus zur jihadistischen Ideologie (Küntzel 2003; 2019; 2023). Die antisemitische Grundierung des Islamismus ermöglicht eine Zusammenführung der Widersprüche, die durch die Veränderungen der Moderne und Säkularisierung entstanden sind, und findet ihren Ausdruck in der Verherrlichung der Umma als vermeintlich ursprüngliche und von äußerer Zerstörung bedrohte Gemeinschaft (Marz 2017: 123).

Der Jihadismus als antisemitische Ideologie und Weltanschauung schreibt die verdinglichten Bedingungen des Warenaustauschs, die Missstände und Zerstörungen, die mit der kapitalistischen Moderne entstanden und entstehen, in konkretistischer, pseudo-antikapitalistischer Weise dem Westen, den USA und vor allem Israel bzw. dem Zionismus zu (Grigat 2023: 28f.; Postone 2006: 96). Im Zentrum steht dabei das antisemitische Bild vom „Juden", „des Westens", „des Imperialismus" sowie der Frauenemanzipation und der sexuellen Freiheit als Inbegriff der Moderne (Holz/Haury 2021). Der Jihadismus ist demnach seit seiner Entstehung nicht nur antisemitisch, sondern auch sexistisch und antifeministisch: Er kategorisiert Emanzipation als westliches und jüdisches Übel, das die gottgegebene Natur der Sexualität und der Geschlechterverhältnisse verletzt.

Islamismus fordert als Reaktion auf die durch Moderne und Säkularisierung angestoßene Entwicklung hin zu mehr Geschlechtergerechtigkeit eine Reetablierung der aus einem konservativen Islamverständnis hervorgehenden Geschlechterordnung (Moghissi 2002: 5). Diese enthält, wie feministische Islamkritikerinnen herausstellten (ebd.; Mernissi 1991; Ateş 2016; Ahadi 2008), eine Kultur der Ehre und Schande, patriarchale Familienverhältnisse, eine generelle Unterordnung der Frau unter den Mann sowie streng geschlechtergetrennte gesellschaftliche Sphären. Weibliche Anziehungskraft und weibliche Sexualität, die nicht streng reglementiert ist, werden in diesem autoritären Denken als extrem zerstörerisch und machtvoll imaginiert. Es erfolgt eine dichotome Einteilung des Frauenbilds in stark idealisierte gute und extrem abgewertete schlechte Frauen. Da Allah in dieser Vorstellung Frauen als den Männern moralisch und kognitiv unterlegen sowie manipulierbar geschaffen habe, erscheint eine totale Kontrolle als Kampf gegen das Unbeherrschbare und die überwältigende Zerstörungskraft der weiblichen Sexualität essenziell für die Sicherung der politisch-religiösen Ordnung (Moghissi 2002: 27f.).

Als die muslimisch-arabischen Länder in die erwähnte wirtschaftliche Krise stürzten, existierte mit dem Jihadismus bereits eine psychologisch hoch wirksame weltanschauliche Schablone (Lorenzer 1992: 122), welche die gesellschaftliche Situation mit einem Namen versah und eine psychische Pseudo-Lösung präsentierte (Kepel 2002: 88f.). Die ideologische Basis stammte von Sayyid Qutb, einem der führenden Ideologen der Muslimbruderschaft. Er sah in der kapitalistischen Moderne einen bösartigen Plan jüdischer Intellektueller, der dazu diene, die muslimische Gemeinschaft zu zerstören, deren Autorität es mit aller Macht wiederherzustellen gelte (Diner 2007: 96ff.; Abu-Rabi 1996: 159; Postone 2006: 101).

Anhand von Qutbs Schriften können auch die Überschneidungen von modernem Antisemitismus und Sexismus, bzw. Antifeminismus veranschaulicht werden. In seinem 1950 zunächst auf Arabisch veröffentlichten Essay *Ma'rakatunā ma'a al-Yahūd* (*Our Struggle with the Jews*) projiziert Qutb die von ihm als gemeinschaftszersetzend wahrgenommenen Entwicklungen der modernen Gesellschaft auf Juden. In der folgenden Passage beschreibt er Atheismus und Materialismus als jüdische Erfindungen und macht Juden und Jüdinnen für „animalistische", unbeherrschte Sexualität sowie die Zerstörung der strengen Kontrolle über Familie und Geschlechterbeziehungen verantwortlich: „Behind the doctrine of atheistic materialism was a ‚Jew'; behind the doctrine of animalistic sexuality was a Jew; and behind the destruction of the family and the shattering of sacred relationships in society, [...] was a Jew" (Bostom 2008: 739). In *Milestones* (arab. *Ma'ālim fī al-Ṭarīq, 1964)* stellt Qutb seiner Vorstellung der kapitalistischen Moderne sein Islamverständnis als „natürliches" und gerechtes Heilmittel für individuelle Freiheit, mangelnde Menschlichkeit, Materialismus, Frauenemanzipation, animalische Sexualität und Gleichheit gegenüber:

> Look at this capitalism with its monopolies, its usury and whatever else is unjust in it; at this individual freedom, devoid of human sympathy and responsibility for relatives except under the force of law; at this materialistic attitude which deadens the spirit; at this behavior, like animals, which you call ‚Free mixing of the sexes'; at this vulgarity which you call ‚emancipation of women,' at these unfair and cumbersome laws of marriage and divorce, which are contrary to the demands of practical life; and at Islam, with its logic, beauty, humanity and happiness, which reaches horizons to which man strives but does not reach. It is a practical way of life and its solutions are based on the foundation of the wholesome nature of man. (Qutb 2006: 155)

Anhand von Aussagen wie dieser lässt sich die Anziehungskraft erahnen, die der Jihadismus auf die ohnmächtigen und wütenden Einzelnen in der globalisierten Gesellschaft ausüben kann. Die strukturell erzeugte soziale Misere wird dabei instrumentalisiert und weiter verstärkt. Das manichäische Weltbild des Jihadismus erinnert stark an die nationalsozialistische Weltanschauung, indem es die Moderne und den Kapitalismus als jüdische – abstrakte, parasitäre, unnatürliche und vernichtend-gewalttätige – Verschwörung einordnet und sie einer einheitlichen, klaren, natürlichen, guten und konkreten Gemeinschaft gegenüberstellt, die verteidigt bzw. wiederhergestellt werden kann und muss (Dormal 2009: 124f.). Dabei wird die Ambiguitätsintoleranz autoritärer Personen, ihre Angst vor verschwimmenden Grenzen, Vermischung und Überwältigung insbesondere in Bezug auf Geschlecht und Sexualität aufgegriffen und mit Antisemitismus verknüpft, wie beispielsweise diese sexuell konnotierte Passage zeigt:

> This statement about culture is one of the tricks played by world Jewry, whose purpose is to eliminate all limitations, especially the limitations imposed by faith and religion, so that the Jews may penetrate into body politic of the whole world and then may be free to perpetuate their evil designs. (Qutb 2006: 123)

Hier wird das Judentum als mächtiger und listiger sexueller Aggressor imaginiert, dessen Ziel es ist, alle vermeintlich schützenden, vom Glauben aufgestellten Grenzen zu zerstören, um die als Körper fantasierte Weltpolitik zu penetrieren und mittels dieser Durchdringung das Böse überall zu verbreiten. An diesem Beispiel wird sichtbar, wie sich innerhalb des Verschwörungsdenkens des autoritär-antidemokratischen Syndroms Antisemitismus mit Vorstellungen von bedrohlicher Sexualität und einer passiven, weiblich konnotierten Ohnmachtsposition verschränkt.

In Qutbs Vorstellung ist das Eintreten von Frauen in den öffentlichen Raum und in die Arbeitswelt eine negative Folge der Entmännlichung bzw. Verweiblichung – und in diesem Denken Schwächung – westlicher Männer. Nach dem extrem stereotypen islamistischen Geschlechterbild kommen westliche Männer ihrer Verantwortung des Schutzes und der Kontrolle von Frauen nicht länger nach:

> It is well to remember that the West brought women out of the home to work only because their menfolk shrank from responsibility of keeping them and caring for them although the price was the chastity and honor of woman. Thus and only thus were women compelled to work. (Qutb 2000: 76)

Der materialistische Westen würde die sexuelle Anziehungskraft von Frauen zudem gezielt in der Sphäre des Verkaufs, in Botschaften, Konsulaten und der Medienbranche einsetzen (ebd.: 77). Regierungen und „merchants" – als Chiffre für Juden und Jüdinnen – verfolgten damit das Ziel, die sexuellen Triebe der männlichen Konsumenten auszubeuten (ebd.). Diese Vorstellung Qutbs erinnert stark an das antisemitische Stereotyp des „jüdischen Zuhälters" (Stögner 2014: 71).

Neben der Fixierung auf die Gefahr und Beherrschung von Sexualität und weiblicher Anziehungskraft stellt die Kontrolle und Nutzbarmachung weiblicher Reproduktionsfähigkeit den zweiten Schwerpunkt der ideologischen Verstrickung von Sexismus und Antisemitismus dar. Die Hamas schreibt Frauen in den Artikeln 17 und 18 ihrer Charta große Bedeutung für den Jihad zu und zeichnet sie als „factory of men" (Maqdsi 1993: 127) für die Geburt neuer Kämpfer und für die strenge Erziehung im Sinne der jihadistischen Ideologie verantwortlich. Zu den reproduktiven Aufgaben der Frau zählt die Charta auch dezidiert den sparsamen Umgang mit den wenigen zur Verfügung stehenden materiellen Mitteln, um das Überleben der Familie in Zeiten der permanenten Krise zu sichern (ebd.: 128). Das jihadistische Frauenbild der Hamas sieht in Frauen und ihren reproduktiven Fähig- bzw. Tätigkeiten nicht nur eine Ressource, sondern zugleich eine gefährliche, leicht beeinflussbare potenzielle Schwachstelle, die streng kontrolliert und überwacht werden muss, damit zionistische Feinde sie nicht mittels Medien, Kultur und Bildung manipulieren können: „The enemies have realized her role: they think that if they are able to direct her and raise her the way they want, far from Islam, then they have won the battle." (Ebd.: 127) Da zionistische Organisationen ihren enormen Reichtum und die Medien nutzen würden, um gezielt muslimische Frauen anzusprechen und zu manipulieren, müssten sie vernichtet werden (ebd.: 128).

Der Jihadismus bietet dem ohnmächtigen, isolierten und potenziell autoritären modernen Individuum eine vermeintliche Alternative zur schmerzhaften Konstitution zum Warensubjekt, die ohnehin wenig bis keine Aussicht auf Erfolg hat (Lewed 2010; Wilting 2007: 162): Die psychosexuelle Zurichtung im Namen Allahs ist gewaltsam, aber sie ermöglicht die Manifestation des gesellschaftlich angelegten Autoritarismus und narzisstische Gratifikation über die Identifikation mit der islamistischen Gemeinschaft (Wilting 2007: 162; Wöhr 2023: 362f.). Dabei verspricht sie für die Anstrengungen nicht nur das Paradies als endgültige (sexuelle) Befriedigung nach dem Tod, sondern ermöglicht auch die Abspaltung und Projektion aller bedrohlichen Gefühle und weiblich konnotierten Triebregungen sowie das sadistische Ausleben aufgestauter Wut im Diesseits (Wöhr 2023: 362f.; Benslama 2001).

Vor diesem Hintergrund wird deutlich, dass es sich bei den Pogromen der Hamas am 7. Oktober 2023, der Ermordung, Folterung und Vergewaltigung von Jüdinnen und Juden in ihren Wohnungen oder beim ausgelassenen Feiern auf einem Musikfestival auch um eine autoritäre, antisemitische, antiwestliche und frauenfeindliche „Rebellion" gegen das Abstrakte der kapitalistischen Moderne handelt. Diese wird von jihadistischen Organisationen wie der Hamas mit Individualität, Emanzipation, Differenz, freier Sexualität, Gleichheit und dem Versprechen von Universalität und Freiheit gleichgesetzt, radikal negiert und muss vernichtet werden.

Die Jihadisten hielten ihre Taten am 7. Oktober in Bildern und Videos fest und verbreiteten sie auf der ganzen Welt als Propaganda für ihre Ideologie. In der Praxis des exzessiven Dokumentierens und Verbreitens ihrer Taten ähneln sie einer anderen misogynen und antisemitischen Gruppierung, die bekannt dafür ist, ihre Gewalttaten live zu streamen: Incels. Diese reagierten in ihren Internetforen mit besonderer Faszination und Neid auf das barbarische Bildmaterial der islamistischen Täter. Sie verfassten Threads, in denen sie die Bilder und Videos teilten und wählten Titel wie: „Based.[4] Palestinian invaders strip the corpse of an Israeli woman, put it on display and desecrate it while shouting ‚Allah Akbar'" (incels.is 2023a), oder „Footage of Hamas capturing jewish vaginas" (incels.is 2023b).

Dass sie die Vergewaltigung, Folterung und Ermordung jüdischer Frauen nicht nur gutheißen, sondern ekstatisch feiern, ist kein Zufall: Incel-Ideologie und Jihadismus treffen sich in ihrer Funktion, die Verdichtung autoritären Potenzials in Form des autoritär-antidemokratischen Syndroms zu ermöglichen und sind in besonderer Weise auf Sexualität und Geschlecht fixiert.

Incel-Ideologie als moderne Pseudolösung des Leidens an der Moderne

Während sich der Jihadismus unter spezifischen sozioökonomischen Bedingungen in einem als „nicht-westlich" geltenden Teil der Welt entwickelte, entstand die Incel-Bewegung in der westlichen Welt (Kaiser 2020: 19f.).

4 Das Wort „based" gehört zum allgemeinen Internetslang. Das Urban Dictionary definiert es wie folgt: „A Word used when you agree with something; or when you want to recognize someone for being themselves, i.e. courageous and unique or not caring what others think. Especially common in online political slang." (Urban Dictionary 2020)

Obwohl es sich auf mehreren Ebenen um unterschiedliche Bewegungen handelt, lassen sich Gemeinsamkeiten erkennen, die u. a. darauf zurückzuführen sind, dass die kapitalistische Moderne mit ihren zunehmenden totalisierenden Tendenzen insgesamt ein globales Phänomen darstellt. Wie der Jihadismus dient die Incel-Ideologie dazu, autoritären Impulsen rebellischen Ausdruck zu verleihen, ohne dabei die gesellschaftlichen Machtmechanismen anzugreifen, die den Menschen ein erfülltes Leben verwehren und den Ursprung ihrer Misere darstellen. Sowohl Jihadismus als auch Incel-Ideologie können als Weltanschauungen bezeichnet werden, die im Sinne Alfred Lorenzers als Symptomschablonen fungieren, die an die von den objektiven Verhältnissen in sozialen bzw. sozioökonomischen Konflikten hergestellten Persönlichkeitsdefekte anknüpfen (Lorenzer 1992: 122). Indem die gesellschaftlich hervorgebrachten Schablonen die soziale Malaise bzw. Misere aufgreifen, manifestiert sich das latent vorhandene autoritäre Potenzial der Einzelnen; „Objektive Verblendung und individuelle Pathologie treten zueinander zu einem stabilen Kurzschluß" (ebd.). So werden die von der Gesellschaft geschaffenen psychischen Bedürfnisse in einer Art und Weise aufgegriffen, die letztlich das Leiden verstärkt und die sozioökonomischen Ursprünge stützt, anstatt sie zu bekämpfen. Claussens Begriff der Weltanschauung als Religionsersatz in einer unvollkommen säkularisierten Welt (Claussen 2000: 182) lässt sich auf das Incel-Denken übertragen.

Die für den Jihadismus maßgeblichen Aspekte Geschlecht und Sexualität sind auch für die Incel-Weltanschauung entscheidend und wurden bereits teilweise in den ursprünglichen Merkmalen der autoritären Persönlichkeit identifiziert – als besondere Faszination von Macht und Härte sowie als Fixierung auf Sexualität (Adorno et al. 2019: 236–241). Im konkreten Fall der Incels wird das gesellschaftliche Unbehagen in ein nahezu ausschließlich sexuelles Leiden transformiert. Dies hat nicht nur individuelle psychische Gründe, sondern kann als gesellschaftliche Tendenz dechiffriert werden. Herbert Marcuse arbeitete heraus, dass die fortschreitende Verdinglichung der zwischenmenschlichen Beziehungen zu einer Lokalisierung, Kontraktion und Reduktion der Libido ausschließlich auf sexuelle Erfahrung und Befriedigung führt (Marcuse 1967: 93). Incels, die zwischen 20 und 35 Jahre alt sind, behaupten, noch nie Sex gehabt zu haben. Viele sind arbeitslos, fühlen sich sozial isoliert und extrem unattraktiv. Sie berichten häufig über schwere Depressionen mit Selbstmordtendenzen, Sozialphobie und Autismus (Jaki et al. 2019: 11–19). Sie führen ein zutiefst unglückliches und nicht nur in sexueller, sondern in jeglicher Hinsicht unbefriedigtes Leben.

Incels sehen die Ursache ihres Leidens nicht in der modernen kapitalistischen Organisation der Gesellschaft, die ein erfülltes Leben verspricht und es gleichzeitig verhindert. Stattdessen projizieren sie ihr Unbehagen und ihre Wut auf Frauen, die traditionell das Prinzip der Erfüllung verkörpern, sowie häufig auch auf die westlich-amerikanische Gesellschaft, die als jüdisch oder insgeheim von Juden und Jüdinnen gelenkt imaginiert wird, wie sich anhand von Posts im größten Incel-Forum incels.is veranschaulichen lässt. Der User „Serpents reign" postete beispielsweise diesen Kommentar, der zudem eine Nähe von Incel-Ideologie und Jihadismus aufzeigt:

> The united states deserves what it gets. I say this is an american. What the united states government has done is unforgivable in my opinion. Honestly, the radical Muslims are the only people in the world. Who are willing to kill you just so you don't turn his daughter into a slut. They don't want this materialistic and highly sexualized culture the west has. So yes, i'm glad people in the middle east are willing to fight back against the western imperialist that are backed up by the jews. (incels.is 2024)[5]

Die Incel-Weltanschauung dient als Erklärung und Pseudolösung für das Leiden der sich als Incels identifizierenden Individuen. Sie gibt vor, die Einzelnen von der Verantwortung der Subjektivierung in einer widersprüchlichen Gesellschaft zu befreien, die seit dem Beginn der bürgerlich-kapitalistischen Gesellschaft nur für wenige offenstand und zunehmend unerreichbar ist (Stögner 2014: 115; Rensmann 2020: 31f.). Da Incels davon überzeugt sind, dass der „Wert" eines Menschen fast ausschließlich von der Natur bzw. Genen bestimmt wird und durch eine überwiegend starre Rangordnung festgelegt ist, halten sie es für unmöglich, dass dieser Wert und die eigene Stellung in der „genetic sociosexual hierarchy" durch individuelle Anstrengung oder Änderung des Verhaltens gesteigert werden können (incels.wiki 2024a). Auf diese Weise schaffen sie eine psychische Entlastung für ihr Versagen in der Gesellschaft, steigern ihre Gefühle der Ohnmacht und Nutzlosigkeit jedoch in hohem Maße. Die Incel-Ideologie greift deutlich die kapitalistische verdinglichte Vorstellung vom Menschen sowie von zwischenmenschlichen Beziehungen auf. Incels durchschauen und kritisieren diese Mechanismen jedoch nicht, sondern identifizieren sich stattdessen mit ihnen und begreifen sie als Naturschicksal, dem sie sich unterwerfen

---

5 Dieser und die folgenden Forenposts des Forums incels.is werden ungeglättet mit ihren orthographischen Fehlern zitiert.

und das sie reproduzieren – die zweite Natur wird ihnen vollkommen zur ersten.

Bezüglich der Verschränkung von Antisemitismus und Misogynie in der Incel-Weltanschauung fällt auf, dass die Einteilung in „gute" und „schlechte" Frauen, die üblicherweise von Autoritären vorgenommen wird (Adorno et al. 2019: 397ff.), eine extreme Zuspitzung erfährt. Sie implizieren, dass Frauen im Allgemeinen „von Natur aus" empathielose, bösartige und materialistische „Huren" seien und bedienen damit sowohl deutlich misogyne als auch antisemitische Stereotype (Gerdes 2025). Wie bei antisemitischen Vorstellungen erscheint das Objekt der Projektion extrem schwach und stark zugleich. Frauen erscheinen schwach aufgrund ihres vermeintlich schwächeren Körpers, ihrer angeblichen Irrationalität sowie ihrer vermeintlichen allgemeinen Dummheit (ebd.). Im Gegensatz zur Imagination „des Juden" im Antisemitismus werden sie jedoch nicht zeitgleich als hyperintelligent gezeichnet; die den Frauen zugestandene Stärke beruht auf der ihnen zugeschriebenen biologisch festgelegten Machtposition als „chief sexual selectors" (incels.wiki 2021) und „gate keepers of sex" (incels.wiki 2024b), was sie zum verhassten und begehrten Objekt zugleich macht.

Durch die Übertragung des ökonomischen Prinzips des „least interests" auf zwischenmenschliche Beziehungen befinden sich Frauen in diesem Denken in einer Machtposition gegenüber Männern, da ihr Sexualtrieb als biologisch geringer imaginiert wird (Gerdes 2025). Die Idee grenzt auch insofern an Antisemitismus, als sie suggeriert, dass Frauen sich zu „Pussy-Kartellen" zusammenschließen würden, in denen sie konspirieren, um ihren „Preis" in die Höhe zu treiben und mit ihrer Sexualität zu „wuchern" (incels.wiki 2023). Dahinter verbirgt sich die Überzeugung, dass – entsprechend dem Fetischcharakter der Ware – Frauen aufgrund ihres Aussehens einen scheinbar natürlichen (Waren-)Wert besitzen, den sie „Sexual Market Value" (SMV) nennen (incels.wiki 2024c; Neumann/David 2025: 18). Indem der Zugang zu Sex verknappt wird, könnten Frauen ihren eigenen Wert künstlich steigern. Sie treten als Vermittlerinnen in der Zirkulationssphäre des sexuellen Marktes auf und übernehmen im neoliberalen Zeitalter der Selbstverwaltung die Position des „jüdischen Zuhälters" als antisemitisches Stereotyp.

Das moderne, zweckrationale und strukturell antisemitische Denken, das Claussen als Alltagsreligion beschreibt, verfestigt sich hier zu einer Art patriarchalem Fundamentalismus: Incels verherrlichen die Zeit vor der sogenannten sexuellen Revolution (incels.wiki 2022). Im Gegensatz zur jihadistischen Umma als idealer Gemeinschaft sind sie überzeugt, dass ihr Idealzustand unwiederbringlich verloren ist. Auch das einseitig zur negativen Seite hin zugespitzte Frauenbild von Incels unterscheidet sich von der jihadistischen Frauenvorstellung, welche stark abwertend und stark überhöhend zugleich ausfällt. Incels glauben, dass die Emanzipation die natürliche Bösartigkeit und zerstörerische Sexualität der Frauen offenbart habe. Ideologiekritisch gewendet kann diese Annahme als eine Allegorie für das Glücks- und Freiheitsversprechen der modernen kapitalistischen Gesellschaft verstanden werden, das nicht in seiner Widersprüchlichkeit erkannt, sondern als einseitig falsch kategorisiert und nihilistisch abgelehnt wird.

Der Befund, dass antisemitische und sexistische Ideologie grundlegender Bestandteil des Fetischcharakters der kapitalistischen Gesellschaft ist (Stögner 2014: 285), bestätigt sich in der Analyse des Incel-Gedankenguts. In diesem findet eine auffällige Verschmelzung kapitalistischer Mechanismen mit Sexualität und Geschlechterverhältnissen statt, die auch die Schnittmenge der Weltsicht mit Antisemitismus anzeigt, wie folgendes Zitat aus dem Incels.Wiki illustriert:

> The proponents of the sexual revolution claimed it would bring more sex to society, but in reality it only brought more sex to most women and higher status males (chads). The increase in (mainly) female sexual freedom brought on by the sexual revolution is argued to have unleashed female hypergamy, hence leaving most below average males incel. (incels.wiki 2022)

Hier zeigt sich deutlich, dass die misogyne Weltanschauung die ideologische Funktion der Vereinfachung ökonomischer Prozesse übernimmt. Sie bezieht sich auf das Credo des Neoliberalismus, dass unregulierter Wettbewerb und eine freie Marktwirtschaft zwangsläufig Wohlstand für alle zur Folge hätten. Analog zu den grundlegenden wirtschaftlichen Veränderungen seit Durchsetzung des Neoliberalismus, der eine zunehmende Konzentration des Reichtums bei wenigen Menschen zur Folge hatte, nehmen Incels an, dass der Zugang zu Sex mit Frauen ausschließlich an einige wenige Männer, die sogenannten Chads, umverteilt wurde. Der Wert des Menschen wird analog zur wirtschaftlichen Verwertbarkeit an der sexuellen Verwertbarkeit, dem SMV, gemessen. Dieser sexuelle Markt ist jedoch aus Sicht der Incels durch die Auflösung staatlich geregelter Geschlechterverhältnisse wie der patriarchalen Ehe und die Verlagerung der Verantwortung für die eigene Reproduktion und den Beziehungserfolg auf die Einzelnen dereguliert und zutiefst ungerecht geworden – ähnlich wie die

Marktwirtschaft aufgrund von zunehmender Deregulierung in höherem Maße als ungerecht empfunden wird (Gerdes 2025). Insgesamt pseudo-opponieren Incels im Rahmen ihrer autoritären „incel rebellion" gegen Kapitalismus und Techniken der Selbstoptimierung – ihr antidemokratischer, frauenfeindlicher, antisemitischer, fatalistischer und nihilistischer Glauben an ein evolutionär-biologisches Schicksal führt gerade zur Überspitzung und Reproduktion neoliberalen Denkens und verstärkt letztlich diejenigen Bedingungen, die ihr Leiden überhaupt erst hervorgebracht haben.

Die Incel-Weltanschauung wird offen antisemitisch, wenn „die Juden" verdächtigt werden, die Drahtzieher hinter dem „Verfall" des Geschlechterverhältnisses bzw. der Gesellschaft zu sein und mit dem Kapitalismus identifiziert werden. Ein Incel mit dem Usernamen „blackpillednigga" fasst das folgendermaßen zusammen: „Jews want us to wageslave and rot alone without a gf [girlfriend, Anm. GG]." (incels.is 2023c) User „Nirvanafan1988" kommentiert „nopussynowork" (ebd.) und meint damit, dass er sich nicht länger von Juden ausbeuten lassen wolle, sondern sich weigere, zu arbeiten, solange ihm keine Sexpartnerin zur Verfügung gestellt werde. „incelgod" postet im selben Thread: „[I]ts not only that brocel you are not seeing the bigger picture of what jews are doing, they wanna control everything. did you know that? they wanna change things, and in return, it effects people in a badway. kikes never know when to leave well enough alone" (ebd.) und „Goldcel" schreibt: „[W]e should massacre them again" (ebd.). Im Thread „Take THE REAL J-pill" fasst „CosmicJoke" zusammen, wofür Juden und Jüdinnen seiner Meinung nach verantwortlich sind: „Nepotism, tribalism, fraud, absence of empathy, funding wars/colonialism/slavery, creating economic crisises, funding feminism, immigration, and the list goes on." (incels.is 2023d)

Seit den Massakern am 7. Oktober ist im Incel-Forum incels.is auch vermehrt Antisemitismus mit Israelbezug zu finden, der vor diesem Datum nur eine sehr geringe Rolle spielte. Der am 7. Oktober erstellte Thread „hamas are heroes" enthält beispielsweise Kommentare wie: „Hamas are actually putting in work – doing what Hitler would have done." (incels.is 2023e) Ein anderer Thread vom 7. Oktober stellt alle Israelis als Besatzer und Kolonisatoren dar und drückt Bewunderung für die Taten der Hamas aus, die als furchtlose Widerstandskämpfer in einem ungerechten Konflikt gegen einen übermächtigen Aggressor imaginiert werden:

> Palestenians no longer care about losing but inflicting as much pain as possible to the israeli settlers. its no longer a war but an act of resistance.

> its saying 'no matter how successful you are colonizing a land will always have deadly consequences' and 'we will fight to the death'. (incels.is 2023f)

Die Aussage „Hamas going ER" (ebd.) des Users „SoycuckGodofReddit" im gleichen Thread bringt die Identifikation einiger Incels mit der Hamas sehr deutlich zum Ausdruck. „Going ER" ist in der Incel-Community eine Chiffre dafür, wie der als Held verehrte Attentäter Elliot Rodger einen Terrorakt zu begehen. Rodger hatte im Mai 2024 nach eigenen Angaben aus Rache dafür, dass ihm Frauen und die Gesellschaft Sex vorenthalten würden, sechs Menschen getötet, vierzehn weitere verletzt und sich anschließend selbst das Leben genommen (Kaiser 2020: 25f.). In dieser Fantasie sind sowohl die Jihadisten der Hamas als auch Incels Teil einer Rebellion gegen einen überlegenen Unterdrücker. Da die Chancen auf einen Sieg aussichtslos erscheinen, erhält der „Widerstandsakt" einen besonders nihilistischen Charakter: Er ist darauf ausgerichtet, möglichst viel Leid und Zerstörung zu verursachen und einen Heldentod zu sterben. Posts wie der folgende bringen die Taten der Hamas schließlich direkt mit der misogynen, pseudo-antikapitalistischen Incel-Weltanschauung in Verbindung: "Idc (I don't care; Anm. GG), it's taking foids[6] from Chad at the party and giving them to the Hamascels who deserve them. Modern-day Robin Hood story." (incels.is 2023g) Die Hamas agiert als moderner Robin Hood, als Widerstandskämpfer für die Armen und Unterdrückten, der nicht Reichtum, sondern Frauen an „Hamascels" umverteilt, die sie im Gegensatz zu Chads wirklich verdienen. Im diesem manichäischen Weltbild fungieren sowohl die Hamas als auch Incels als heldenhafte Rebellen gegen übermächtige Unterdrücker.

Fazit

Zusammenfassend handelt es sich sowohl bei der Incel-Ideologie als auch beim Jihadismus um autoritäre antidemokratische Weltanschauungen, die sich durch eine streng dichotome Sichtweise auf Geschlecht, eine starke Fixierung auf Sexualität sowie eine strikte Unterordnung unter Autoritäten auszeichnen. Beide Gemeinschaften sehen sich als Teil eines revolutionären Kampfes gegen die moderne kapitalistische Gesellschaft, rebellieren jedoch

6 Die Bezeichnung „foid" ist eine Kurzform von „female android". Sie ist fester Bestandteil des Incel-Vokabulars und wird für alle Frauen verwendet (Preston et al. 2021: 830).

nur gegen die abstrakte Seite, die in Juden, Israel, dem Westen und Frauen bzw. Feminismus personifiziert wird – in beiden Fällen verdichten sich insbesondere Antisemitismus und Misogynie zum antidemokratischen Syndrom. Sowohl im Namen des Jihadismus als auch der Incel-Weltanschauung werden Selbstmordattentate gegen Freiheit, Gleichheit und Emanzipation verübt, wobei diese Anschläge signifikant häufiger von jihadistischer Seite ausgeführt werden. Dabei greifen sowohl der Jihadismus als auch die Incel-Weltanschauung die gesellschaftlich erzeugte Malaise bzw. Misere auf und manifestieren das autoritäre Potenzial. Sie wirken der globalisierten Angst der Einzelnen entgegen, in der kapitalistischen Gesellschaft überflüssig zu sein und ermöglichen das Ausleben der aufgestauten Wut. Die Zugehörigkeit zu und die Identifikation mit beiden Gemeinschaften ist unabhängig vom Erfolg der Einzelnen innerhalb der neoliberalen Gesellschaft, sodass sich auch diejenigen als Mitglieder fühlen können, die keine Aussicht auf Erfolg in der modernen Gesellschaft haben.

Bei beiden Bewegungen handelt es sich um spezifische Phänomene, deren Anziehungskraft global ist. Dies zeigt sich zum Beispiel daran, dass die Incel-Gemeinschaft ethnisch heterogen ist und ihre Mitglieder aus der gesamten Welt stammen (Jaki et al. 2019). Die globale Wirkung des Jihadismus wurde spätestens 2015 offensichtlich, als sich auch viele Frauen und Männer dem Islamischen Staat (IS) anschlossen, die in westlichen Ländern sozialisiert und radikalisiert worden sind (Neumann 2015). In der Folge der weltweiten Entschuldigung und Verherrlichung der antisemitischen und frauenfeindlichen Massaker vom 7. Oktober 2023 ist die Anziehungskraft des Jihadismus zu einem unüberseh- und unüberhörbaren Phänomen geworden.

Literatur

Abrahamian, Ervand (2008): A History of Modern Iran, Cambridge: Cambridge University Press.

Abu-Rabi, Ibrahim M. (1996): Intellectual Origins of Islamic Resurgence in the Modern Arab World, Albany: State University of New York Press.

Adorno, Theodor W. (2013): Die Freudsche Theorie und die Struktur der faschistischen Propaganda, in: Helmut Dahmer (Hg.): Analytische Sozialpsychologie. Texte aus den Jahren 1910–1980, Gießen: Psychosozial-Verlag, 283–342.

Adorno, Theodor W. (2019): Bemerkungen zu „The Authoritarian Personality". Und weitere Texte, Berlin: Suhrkamp.

Adorno, Theodor W./Horkheimer, Max (2013): Dialektik der Aufklärung. Philosophische Fragmente, Frankfurt am Main: Fischer [1947].

Adorno, Theodor W./Frenkel-Brunswik, Else/Levinson, Daniel J./Sanford, R. Nevitt (2019): The Authoritarian Personality. With an Introduction by Peter E. Gordon, London/New York: Verso Books [1950].

Ahadi, Mina (2008): Ich habe abgeschworen. Warum ich für die Freiheit und gegen den Islam kämpfe, Heyne: München.

Al-Azmeh, Aziz (1996): Die Islamisierung des Islam. Imaginäre Welten einer politischen Theologie, Frankfurt: Campus.

Alnasseri, Sabah (2001): Zur Krisensituation der arabischen Gesellschaften, in: PROKLA. Zeitschrift für Kritische Sozialwissenschaft, 31(125), 557–577.

Ateş, Seyran (2016): Der Islam braucht eine sexuelle Revolution. Eine Streitschrift, Berlin: Ullstein.

Benslama, Fethi (2001): Psychoanalysis and the Challenge of Islam, Minneapolis/London: University of Minnesota Press.

Bostom, Andrew G. (2008): The Legacy of Islamic Antisemitism. From Sacred Texts to Solemn History, New York: Prometheus Books.

Bunzel, Cole (2015): From Paper State to Caliphate: The Ideology of the Islamic State, in: The Brookings Project on U.S. Relations with the Islamic World (Hg.): Analysis Paper, Jg. 19, Washington: Brookings Institution.

Butler, Judith (2024): Contre l'antisémitisme et pour la paix révolutionnaire en Palestine, 07.03.2025, YouTube, Aufzeichnung vom 03.03.2024, https://www.youtube.com/watch?v=rlQNBJOq-0E&t=2s.

Claussen, Detlev (2000): Aspekte der Alltagsreligion. Ideologiekritik unter veränderten gesellschaftlichen Verhältnissen, Frankfurt am Main: Neue Kritik.

Diner, Dan (2007): Versiegelte Zeit. Über den Stillstand in der islamischen Welt, Berlin: Ullstein.

Dormal, Michel (2009): Terror und Politik. Eine politische Analyse des Islamismus aus Sicht einer Kritischen Theorie von Antisemitismus und totaler Herrschaft, Berlin: LIT Verlag.

Fenichel, Otto (1993): Elemente einer psychoanalytischen Theorie des Antisemitismus, in: Simmel, Ernst (Hg.): Antisemitismus, Frankfurt am Main: Fischer, 35–57.

Freud, Sigmund (1994): Das Unbehagen in der Kultur, Berlin: Fischer.

Fromm, Erich (2000): Die Furcht vor der Freiheit, München: dtv.

Gerdes, Gesche (2025): Maskulinismus und Intersektionalität: Verstrickungen von Antifeminismus und Antisemitismus innerhalb männlicher Identitätspolitik, in: Stögner, Karin/Rajal, Elke (Hg.): Intersektionalität neu verhandelt – Kritik von Ideologie und Identität, Freiburg: Herder, 139–173.

Ging, Debbie (2017): Alphas, Betas, and Incels: Theorizing the Masculinities of the Manosphere, in: Men and Masculinities, 22(4), Oktober 2019, 638–657.

Glace, Alyssa M./Dover, Tessa L./Zatkin, Judith G. (2021): Taking the Black Pill: An Empirical Analysis of the "Incel", in: Psychology of Men & Masculinities, 22 (2), 288–297.

Grigat, Stephan (2007): Fetisch und Freiheit. Über die Rezeption der Marxschen Fetischkritik, die Emanzipation von Staat und Kapital und die Kritik des Antisemitismus, Freiburg: ça ira.

Grigat, Stephan (2023): Kritik des Antisemitismus heute: Zur kritischen Theorie antijüdischer Projektionen, der Persistenz des Antizionismus und der aktuellen Gefahr des islamischen Antisemitismus, in: Grigat, Stephan (Hg.): Kritik des Antisemitismus in der Gegenwart: Erscheinungsformen – Theorien – Bekämpfung, Baden-Baden: Nomos, 11–47.

Holz, Klaus/Haury, Thomas (2021): Antisemitismus gegen Israel, Hamburg: Hamburger Edition.

Incels.is (2023a): Involuntary Celibate Forum, 07.10.2023, https://incels.is/threads/palestinian-invaders-strip-the-corpse-of-an-israeli-woman-put-it-on-display-and-desecrate-it-while-shouting-allah-akbar.532916/.

Incels.is (2023b): Involuntary Celibate Forum, 07.10.2023, https://incels.is/threads/footage-of-hamas-capturing-jewish-vaginas.533095/.

Incels.is (2023c): Involuntary Celibate Forum, 26.12.2023, https://incels.is/threads/jews-want-us-to-wageslave-in-a-capitalist-system.557642/.

Incels.is (2023d): Involuntary Celibate Forum, 07.12.2023, https://incels.is/threads/take-the-real-j-pill.551499/.

Incels.is (2023e): Involuntary Celibate Forum, 07.10.2023, https://incels.is/threads/hamas-are-heroes.533120/.

Incels.is (2023f): Involuntary Celibate Forum, 07.10.2023, https://incels.is/threads/muh-hamas-will-lose.533051/.

Incels.is (2023g): Involuntary Celibate Forum, 08.10.2023, https://incels.is/threads/hamas-is-creating-inceldia.533218/.

Incels.is (2024): Involuntary Celibate Forum, 01.01.2023, https://incels.is/threads/hopefully-their-will-be-another-large-terrorist-attack-on-america-in-2024.559443/.

Incels.wiki (2021): Hypergamy, https://incels.wiki/w/Hypergamy.

Incels.wiki (2022): Sexual Revolution, https://incels.wiki/w/Sexual_revolution.

Incels.wiki (2023): Pussy Cartel, https://incels.wiki/w/Pussy_cartel.

Incels.wiki (2024a): Femoid, https://incels.wiki/w/Femoid.

Incels.wiki (2024b): Dominance Hierarchy, https://incels.wiki/w/Dominance_hierarchy#Manosphere.

Incels.wiki (2024c): Sexual Market Value, https://incels.wiki/w/Sexual_Market_Value_(SMV).

Jaki, Sylvia/De Smedt, Tom/Gwóźdź, Maja/Panchal, Rudresh/Rossa, Alexander/De Pauw, Guy (2019): Online hatred of women in the Incels.me forum. Linguistic analysis and automatic detection, in: Journal of Language Aggression and Conflict, 7(2), 240–268.

Kaiser, Susanne (2020): Politische Männlichkeit. Wie Incels, Fundamentalisten und Autoritäre für das Patriarchat mobilmachen, Berlin: Suhrkamp.

Kepel, Gilles (2002): Das Schwarzbuch des Dschihad. Aufstieg und Niedergang des Islamismus, München/Zürich: Piper.

Kracher, Veronika (2020): Im Krieg gegen Frauen. Incels verlagern ihren Selbsthass auf andere, in: Speit, Andreas/Baeck, Jan-Philipp (Hg.): Rechte Ego Shooter. Von der virtuellen Hetze zum Livestream-Attentat, Berlin: CH. Links, 68–86.

Küntzel, Matthias (2003): Djihad und Judenhaß. Über den neuen antijüdischen Krieg, Freiburg: ça ira.

Küntzel, Matthias (2019): Nazis und der Nahe Osten. Wie der islamische Antisemitismus entstand, Berlin/Leipzig: Hentrich & Hentrich.

Küntzel, Matthias (2023): Islamischer Antisemitismus. Kennzeichen, Ursprünge, Folgen, in: Grigat, Stephan (Hg.): Kritik des Antisemitismus in der Gegenwart: Erscheinungsformen – Theorien – Bekämpfung, Baden-Baden: Nomos, 97–102.

Lewed, Karl-Heinz (2010): Erweckungserlebnis als letzter Schrei. Der Islamismus und die rational-irrationale Subjektivität der Warengesellschaft, in: Krisis. Beiträge zur Kritik der Warengesellschaft, Heft 33, 16–57.

Lorenzer, Alfred (1992): Das Konzil der Buchhalter. Die Zerstörung der Sinnlichkeit. Eine Religionskritik, Frankfurt am Main: Fischer.

Löwenthal, Leo (1990): Falsche Propheten. Studien zum Autoritarismus, Frankfurt am Main: Suhrkamp [1941].

Maqdsi, Muhammad (1993): Charter of the Islamic Resistance Movement (Hamas) of Palestine, in: Journal of Palestine Studies, 22(4), 122–134.

Marcuse, Herbert (1967): Der eindimensionale Mensch. Studien zur Ideologie der fortgeschrittenen Industriegesellschaft, Berlin/Neuwied: Luchterhand.

Marwick, Alice E./Caplan, Robyn (2018): Drinking male tears: language, the manosphere, and networked harassment, in: Feminist Media Studies, 18(4), 543–559.

Marz, Ulrike (2014): Kritik des islamischen Antisemitismus. Zur gesellschaftlichen Genese und Semantik des Antisemitismus in der Islamischen Republik Iran, Berlin: LIT.

Marz, Ulrike (2017): Moderner Antimodernismus. Der antisemitische Hass auf den Westen in der Ideologie der iranischen Islamisten, in: Grigat, Stephan (Hg.): Iran – Israel – Deutschland. Antisemitismus, Außenhandel und Atomprogramm, Berlin: Hentrich & Hentrich, 114–134.

Mernissi, Fatima (1991): Geschlecht, Ideologie, Islam, München: Frauenbuchverlag.

Moghissi, Haideh (2002): Feminism and Islamic fundamentalism. The limits of postmodern analysis, London: Zed Books.

Neumann, Peter (2015): Die neuen Dschihadisten. IS, Europa und die nächste Welle des Terrorismus, Berlin: Econ.

Neumann, Peter (2016): Der Terror ist unter uns. Dschihadismus und Radikalisierung in Europa, Berlin: Ullstein.

Neumann, Felix/David, Christopher (2025): Involuntarily celibate (Incel). Eine misogyne Gefahr für die innere Sicherheit, hg. von der Konrad-Adenauer-Stiftung, https://www.kas.de/de/einzeltitel/-/content/in-vo-lun-ta-ri-ly-ce-li-ba-te-incel.

Postone, Moishe (1980): Anti-Semitism and National Socialism: Notes on the German Reaction to 'Holocaust', in: New German Critique, 19 (Spec. Issue 1), 97–115.

Postone, Moishe (2006): History and Helplessness: Mass Mobilization and Contemporary Forms of Anticapitalism, in: Public Culture, 18(1), 93–110.

Preston, Kayla/Halpin, Michael/Maguire, Finlay (2021): The Black Pill: New Technology and the Male Supremacy of Involuntarily Celibate Men, in: Men and Masculinities, 24(5), 823–841.

Qutb, Sayyid (2000): Social Justice in Islam, New York: Islamic Publications International.

Qutb, Sayyid (2006): Milestones. Birmingham: Maktabah Publications.

Qutb, Sayyid (2008): Our Struggle with the Jews, in: Bostom, Andrew G. (Hg.): The Legacy of Islamic Antisemitism: From Sacred Texts to Solemn History, New York: Prometheus Books, 725–744.

Rensmann, Lars (2001): Kritische Theorie über den Antisemitismus. Studien zu Struktur, Erklärungspotential und Aktualität, Berlin: Argument.

Rensmann, Lars (2004): Demokratie und Judenbild. Antisemitismus in der politischen Kultur der Bundesrepublik Deutschland, Wiesbaden: VS.

Rensmann, Lars (2017): The Politics of Unreason. The Frankfurt School and the Origins of Modern Antisemitism, Albany: State University of New York Press.

Rensmann, Lars/Salzborn, Samuel (2021): Modern Antisemitism as Fetishized Anti-Capitalism. Moishe Postone's Theory and its Historical and Contemporary Relevance, in: Antisemitism Studies, 5(1), 44–99.

Rickenbacher, Daniel (2018): Der ‚jüdisch-westliche Krieg gegen den Islam' – Genealogie und Aktualität einer Verschwörungstheorie, in: Grimm, Marc/Kahmann, Bodo (Hg.): Antisemitismus im 21. Jahrhundert. Virulenz einer alten Feindschaft in Zeiten von Islamismus und Terror, Berlin: De Gruyter, 157–177.

Saleh, John (2021): The Women of ISIS and Al-Hol Camp, in: Fikra Forum, 02.08.2021, https://www.washingtoninstitute.org/policy-analysis/women-isis-and-al-hol-camp.

Salzborn, Samuel (2010): Zur Politischen Psychologie des Antisemitismus, in: Journal für Psychologie, 18(1), 1–22.

Salzborn, Samuel (2019): Globaler Antisemitismus. Eine Spurensuche in den Abgründen der Moderne, Bonn: Beltz Juventa.

Sartre, Jean-Paul (1994): Überlegungen zur Judenfrage, Hamburg: Rowohlt [1945/46].

Scheit, Gerhard (2015): Suicide attack. Zur Kritik der politischen Gewalt, Freiburg: ça ira.

Stögner, Karin (2014): Antisemitismus und Sexismus. Historisch-gesellschaftliche Konstellationen, Baden-Baden: Nomos.

Stögner, Karin (2017): „Intersektionalität von Ideologien" – Antisemitismus, Sexismus und das Verhältnis von Gesellschaft und Natur, in: Psychologie & Gesellschaftskritik, 41(2), 25–45.

Stögner, Karin (2019): Wie inklusiv ist Intersektionalität? Neue soziale Bewegungen, Identitätspolitik und Antisemitismus, in: Salzborn, Samuel (Hg.): Antisemitismus seit 9/11. Ereignisse, Debatten, Kontroversen, Baden-Baden: Nomos, 395–402.

Stögner, Karin (2020): Autoritärer Charakter und Identitätspolitik. Vom Hass auf Differenz zum Identitätszwang, in: Henkelmann, Katrin/Jäckel, Christian/Stahl, Andreas/Wünsch, Niklas/Zopes, Benedikt (Hg.): Konformistische Rebellen. Zur Aktualität des autoritären Charakters, Berlin: Verbrecher, 265–280.

Tibi, Bassam (1979): Islam und sozialer Wandel im modernen Orient, in: ARSP: Archiv für Rechts- und Sozialphilosophie, 65(4), 483–502.

Urban Dictionary (2020): based, https://www.urbandictionary.com/define.php?term=based.

Wilting, Natascha (2007): Die Lust an der Unlust oder warum der Islam so attraktiv ist, in: Göllner, Renate/Radonić, Ljiljana (Hg.): Mit Freud. Gesellschaftskritik und Psychoanalyse, Freiburg: ça ira, 142–168.

Wöhr, Maria (2023): Frauenhass als projektive Krisenbewältigung. Zur Sozialpsychologie des islamischen Subjekts und seiner Dysfunktionalität in der Moderne, in: Keser, Fatma/Schmidt, David/Stahl, Andreas (Hg.): Gesichter des politischen Islam, Berlin: Edition Tiamat, 339–366.

Zimmerman, Shannon/Ryan, Luisa/Duriesmith, David (2018): Recognizing the Violent Extremist Ideology of "Incels", in: Woman In International Security, WIIS Policybrief September 2018, https://wiisglobal.org/wp-content/uploads/Recognizing-the-Violent-Extremist-Ideology-of-%E2%80%98Incels-.pdf.

III.
GLOBALER ANTIZIONISMUS UND JUDENHASS

Erfolgsgeschichte des Terrors

Die UNO und Israel – vor und nach 10/7

Florian Markl

Besucher des UNO-Hauptquartiers in New York haben neben den üblichen Besichtigungstouren auch die Möglichkeit, temporäre Ausstellungen anzusehen. Im Sommer 2024 gab es im Eingangsbereich des Besucherzentrums eine Ausstellung mit dem Titel „Memories", deren Inhalt auf der UNO-Webseite folgendermaßen beschrieben wurde:

> Mit dieser Ausstellung soll das Bewusstsein für die menschlichen Geschichten geschärft werden, die jedem Opfer und Überlebenden des Terrorismus zugrunde liegen, sowie für die langanhaltenden Auswirkungen, die jeder Terroranschlag auf seine überlebenden Opfer hat. Außerdem sollen die Gemeinsamkeiten hervorgehoben werden, welche die Opfer auf der ganzen Welt verbinden und betont werden, wie wichtig es ist, Terroranschläge und damit neue Opfer zu verhindern. (United Nations 2024)

Erwähnt wurden in der Ausstellung von den Anschlägen des 11. September 2001 in den USA und dem Attentat auf den Boston-Marathon 2013 bis zu Anschlägen in Indonesien oder Kenia Terrorakte in aller Welt. Palästinensische Terrorakte und deren israelische Opfer suchte man vergeblich.

Obwohl palästinensische Gruppen in den späten 1960er Jahren Pioniere des internationalen Terrors waren und in Dutzenden Ländern blutige Anschläge verübt haben, palästinensische Selbstmordattentäter im Laufe der Jahre Hunderte Israelis mit in den Tod rissen und der Massenmord der Hamas in Israel vom 7. Oktober 2023, bei dem rund 1.200 Israelis bestialisch ermordet wurden, noch nicht einmal ein Jahr her war, wurde palästinensischer Terror gegen Israel in der Ausstellung mit keinem einzigen Wort erwähnt.

Dass Israelis als Opfer palästinensischen Terrors für die Vereinten Nationen schlicht nicht existieren, beschränkt sich nicht allein auf diese Ausstellung in New York, sondern hat System, wie auch ein anderes Beispiel zeigt: Der Sicherheitsrat führt eine Liste von aktuellen Personen und Organisationen, die wegen Terrorismus oder Terrorunterstützung unter Sanktionen des Sicherheitsrates stehen (United Nations Security Council 2025). Unter den 193 angeführten Organisationen befinden sich al-Qaida, der ägyptische Islamische Dschihad, die philippinische Gruppe Abu Sayyaf und viele andere Terrorgruppen, aber keine einzige palästinensische: nicht die Hamas, nicht der Palästinensische Islamische Dschihad, keine Al-Aqsa-Brigaden und keine Volksfront für die Befreiung Palästinas (PFLP). Palästinensische Terrorgruppen konnten jahrzehntelang israelische Zivilisten ermorden, ohne deswegen bei den Vereinten Nationen als Terrororganisationen sanktioniert oder auch nur als Terrorgruppen angesehen zu werden.

Dass die UNO eine ausgeprägt antiisraelische Schlagseite aufweist, mag als erste Annäherung ein Beispiel veranschaulichen: Von 2000 bis 2014 wurden im Krieg im Kongo rund fünf Millionen Menschen getötet und etliche Millionen zu Flüchtlingen. In dieser Zeit gab es im Schnitt pro Jahr zwei Resolutionen der UNO-Generalversammlung, die sich mit dem Kongo beschäftigten (die meisten von ihnen bezogen auf UNO-Friedenstruppen). Dagegen wurden im selben Zeitraum fast 300 Resolutionen gegen Israel verabschiedet, im Schnitt nicht weniger als 23 pro Jahr (Freedman 2014: 21). Insgesamt hat die Generalversammlung mehr Resolutionen beschlossen, in denen explizit Israel an den Pranger gestellt wurde, als gegen alle anderen Länder der Welt zusammen.

Leider trifft der Befund zu, dass sich bei den Vereinten Nationen für nahezu jede Absurdität eine Mehrheit finden lässt, wenn Israel dabei in schlechtes Licht gerückt werden kann, wie der ehemalige israelische Außenminister Abba Eban es einmal auf den Punkt gebracht hat: „Wenn Algerien in einem Resolutionsentwurf erklären würde, dass die Erde eine Scheibe ist und Israel sie dazu gemacht hat, dann würde diese Resolution mit 164 zu 13 Stimmen bei 26 Enthaltungen angenommen werden." (Zit. n. Shalom 2004)

Im Folgenden werden zunächst die Entwicklungen analysiert, die zu dieser Einseitigkeit und Voreingenommenheit der Vereinten Nationen in Sachen Israel geführt haben, wobei ein besonderes Augenmerk auf den Aufstieg der PLO auf dem UNO-Parkett und die damit einhergehende Legitimierung palästinensischen Terrors gegen Israel gelegt wird.[1] Sodann wird insbesondere am Beispiel des UNO-Menschenrechtsrates gezeigt, wie ausgeprägt und strukturell verankert die Israelfeindschaft bei den Vereinten Nationen ist, um abschließend einen Blick auf einige Aspekte des skan-

1 Diese Darstellung beruht im Wesentlichen auf Feuerherdt/Markl (2018: 129–192).

dalösen Verhaltens der UNO nach dem Hamas-Massaker in Israel vom 7. Oktober 2023 zu werfen.

Antiisraelische Wende

Die Vereinten Nationen waren nicht immer so israelfeindlich, wie sie sich heute präsentieren. Das beste Beispiel dafür ist die von der Generalversammlung mit Zweidrittelmehrheit angenommene sogenannte Teilungsresolution vom 29. November 1947, mit der vorgeschlagen wurde, dass „in Palästina ein unabhängiger arabischer Staat und ein unabhängiger jüdischer Staat" (UN-Generalversammlung 1947: 3) entstehen sollen.

Wie allseits bekannt ist, konnte diese Resolution nie umgesetzt werden, weil die arabischen Staaten sich einer Teilung des Landes kategorisch verweigerten und gegen die Entstehung eines jüdischen Staates 1948 in den Krieg zogen. Die Teilungsresolution war ein Kompromissvorschlag, der mit dem arabischen Angriff auf Israel wieder vom Tisch war (eine rechtlich bindende Wirkung hatte er als Resolution der Generalversammlung ohnehin nicht).

Der Teilungsvorschlag, mit dem die Vereinten Nationen für die Schaffung eines jüdischen Staates eintraten, war Ausdruck eines kurzen historischen Moments, in dem ein auch von damaligen Zeitgenossen für höchst unwahrscheinlich gehaltener Fall eingetreten war, dass die USA und die Sowjetunion inmitten des gerade ausbrechenden Kalten Krieges an einem Strang zogen. Der israelische Diplomat David Horowitz schrieb im Rückblick sechs Jahre später:

> Das große Wunder war die sowjetisch-amerikanische Einigkeit, die im Zuge der Entscheidung für die Schaffung des jüdischen Staates erreicht wurde; der einzige Fall solcher Einigkeit in der Geschichte der Vereinten Nationen. [...] Für eine kurze Zeit standen die Vereinigten Staaten und die UdSSR Seite an Seite an der Wiege der jüdischen Unabhängigkeit. (Horowitz 1953: 310)

Noch während des israelischen Unabhängigkeitskrieges deutete sich eine Positionsverschiebung der Sowjetunion an, binnen weniger Jahre schwenkte der gesamte sowjetisch geführte Staatenblock auf einen stramm antiisraelischen Kurs um. Auch bei den Vereinten Nationen zeichnete sich schon während des Krieges eine deutlich weniger freundliche Haltung gegenüber dem Projekt eines jüdischen Staates ab. Die vollständige Kehrtwende der

UNO vollzog sich im Laufe der kommenden rund 25 Jahre. Dafür waren drei wesentliche Entwicklungen verantwortlich: der große Zuwachs an UNO-Mitgliedsstaaten im Zuge der weltweiten Entkolonialisierung, der Einsatz der sogenannten Öl-Waffe durch die arabischen erdölproduzierenden Staaten im Jom-Kippur-Krieg 1973 und der rasante Aufstieg, den die Palästinensische Befreiungsorganisation (PLO) auf dem Parkett der Vereinten Nationen hinlegte.

Mitgliederzuwachs

Der nach dem Zweiten Weltkrieg weltweit einsetzende Prozess der Entkolonialisierung führte zur Entstehung etlicher neuer Staaten, die als neue UNO-Mitglieder die Mehrheitsverhältnisse in den verschiedenen Gremien der Vereinten Nationen nachhaltig veränderten. 1945 wurde die UNO mit 50 Mitgliedern gegründet, bis zum Sechstagekrieg 1967 war die Mitgliederzahl auf 123 angewachsen, und 1975, im Jahr der Verabschiedung der berüchtigten ‚Zionismus-ist-Rassismus'-Resolution, waren es bereits 144 Mitglieder. Zu diesem Zeitpunkt handelte es sich nur mehr bei einem Viertel der Mitgliedsstaaten um Demokratien, die „zu einer Minderheit in den Vereinten Nationen" geworden waren und nur mehr „ein kleines und isoliertes Segment der Weltgemeinschaft" repräsentierten (Beker 1988: 57). Aktuell gehören der UNO 193 Staaten an.

Dieser Prozess bedeutete für die Vereinten Nationen nicht nur einen quantitativen, sondern auch einen qualitativen Wandel. Die vom Kolonialismus befreiten und nunmehr unabhängigen Staaten wurden formal oftmals als Demokratien ins Leben gerufen, doch war dieser Regierungsform in aller Regel nur kurze Lebenszeit beschieden. Viele mutierten zu autokratischen und diktatorischen Regimen, die meist ausgeprägt antiwestlichen Ideologien anhingen und mit dem Ostblock und den arabischen bzw. islamischen Staaten verbündet waren. Die Allianz aus ehemaligen Kolonien, dem Sowjetblock sowie den arabischen und islamischen Staaten machte den Kern der trotz aller seither eingetretenen politischen Veränderungen bis heute existierenden, automatischen Mehrheit gegen Israel bei den Vereinten Nationen aus.

Einsatz der Öl-Waffe

Der zweite für den antiisraelischen Kurswechsel der Vereinten Nationen verantwortliche Faktor ereignete sich Anfang der 1970er Jahre: Nach dem ägyptisch-syrischen Angriff auf Israel im Oktober 1973, mit dem der Jom-Kippur-Krieg begann, drosselten die arabischen OPEC-Staaten die eigene Ölförderung und verhängten als Strafe Öl-Embargos gegen Länder, die von ihnen als Unterstützer Israels betrachtet wurden – unberechtigterweise, verweigerten doch beispielsweise sämtliche europäischen Länder dem von seinen Nachbarn überfallenen jüdischen Staat nahezu jegliche Unterstützung. Gegen zwei Staaten, die USA und die Niederlande, wurde sogar ein kompletter Ölboykott verhängt.

Der Einsatz der Öl-Waffe zeigte unmittelbar Wirkung. Am 6. November 1973 veröffentlichte die Europäische Wirtschaftsgemeinschaft (EEC) bei einem Treffen in Brüssel eine Erklärung, die nach der damaligen Einschätzung der *Washington Post* „klar darauf abzielte, die arabischen Nationen zu besänftigen" (zit. n. Muravchik 2014: 56) und im Wesentlichen eine weitgehende Übernahme arabischer Positionen bedeutete. Hinter vorgehaltener Hand wurde gar nicht bestritten, dass die Erklärung „eine Geste des Appeasements gegenüber den Arabern" (ebd.) war, mit der eine Ausweitung des Öl-Boykotts verhindert werden sollte.

Nicht nur europäische Staaten wurden von der arabischen Öl-Waffe getroffen. Auch Japan, das in den 1970er Jahren über zwei Drittel seines Ölbedarfs mit Importen bediente und ohnehin schon als eines der betont pro-arabischen Länder galt, geriet ins Fadenkreuz, und die Forderungen fielen noch härter aus als jene gegen die Europäer. Japan wurde aufgefordert, die diplomatischen und wirtschaftlichen Beziehungen zu Israel abzubrechen, den Arabern militärische Hilfe zu leisten und auf die USA einzuwirken, damit diese ihre Haltung im israelisch-arabischen Konflikt ändern. Japan reagierte mit einer Erklärung, die in ihrer pro-arabischen bzw. pro-palästinensischen Haltung noch über das EEC-Statement hinausging; darüber hinaus gab es Versprechen über Wirtschaftshilfen in Milliardenhöhe. Japan agierte in weiterer Folge auf dem internationalen Parkett als die am meisten pro-arabische Industrienation und spielte auch bei der Akzeptanz der PLO eine Vorreiterrolle (Licklider 2008: 214f.).

Auf der Ebene der Vereinten Nationen bewirkte die arabische Öl-Waffe eine Änderung des Stimmverhaltens auch bei Ländern, die in einem weit geringeren Maße von Öl-Importen aus dem Nahen Osten abhängig waren als die europäischen Staaten oder Japan. So etwa bei Kanada, das in Nahostfragen traditionell mit den USA abgestimmt hatte. Jetzt war plötzlich „ein Wechsel in der Rhetorik über die Palästinenser“ zu bemerken, und Kanada enthielt sich fortan bei pro-palästinensischen Resolutionen der UN-Generalversammlung, die es zuvor noch explizit abgelehnt hatte, der Stimme (ebd.: 213). Generell schien es vielen westlichen Staaten ein akzeptabler Preis zu sein, die Sicherheit der Öl-Versorgung dadurch zu erhöhen, dass sie bei den Vereinten Nationen auf größere Distanz zu Israel gingen und vermehrt Resolutionen absegneten, welche die arabischen Positionen unterstützten.

Der Kontinent, auf dem die arabische Öl-Waffe die weitreichendsten Folgen hatte, war Afrika. Israel hatte zu vielen afrikanischen Staaten relativ gute Beziehungen, die nicht zuletzt auch aus dem israelischen Selbstverständnis herrührten, aus einer antikolonialen Revolte hervorgegangen zu sein. Israelische Entwicklungshilfeteams waren in etlichen afrikanischen Ländern tätig, Tausende Afrikaner kamen zu Ausbildungszwecken nach Israel. Einen ersten Dämpfer in den Beziehungen gab es bereits nach dem Sechstagekrieg 1967, als einige afrikanische Staaten auf arabischen Einfluss hin die Beziehungen zu Israel abbrachen – eine Entwicklung, die sich nach dem Krieg von 1973 noch einmal drastisch verschärfte.

Dieser Einfluss nahm unterschiedliche Formen an und reichte vom Appell zur islamischen Einheit an Länder, die mehrheitlich islamisch waren oder zumindest große islamische Minderheiten beinhalteten, über Aufrufe zur afro-arabischen Solidarität im Kampf gegen den (westlichen) Kolonialismus bis hin zu direkten Drohungen gegen Regime oder bestimmte politische Führungspersönlichkeiten. Dazu kamen Versprechungen über wirtschaftliche Hilfen und Öl-Lieferungen, die speziell nach der Vervielfachung des Ölpreises im Zuge des Oktober-Krieges 1973 auf fruchtbaren Boden fielen. Letztendlich kappten 29 afrikanische Länder die Beziehungen zum jüdischen Staat (Curtis 1986: 417f.)

Der Aufstieg der PLO

Für die Obsession, mit der die UNO sich seit Mitte der 1970er Jahre auf Israel stürzte, bedurfte es jedoch noch eines dritten Faktors: des Siegeszugs der PLO auf dem diplomatischen Parkett und der damit einhergehenden Legitimierung des palästinensischen Terrors gegen Israel. Damit der kometenhafte Aufstieg der PLO in der ersten Hälfte der 1970er Jahre gelingen konnte, musste die Wahrnehmung des arabisch-israelischen Konflikts in der internationalen Öffentlichkeit grundlegend verändert werden. Bis zum Sechstagekrieg von 1967 spielten die Palästinenser bei den Vereinten Nationen keine Rolle. Selbst in der wichtigen Sicherheitsratsresolution 242 vom November 1967 war von ihnen mit keinem Wort die Rede (United Nations Security Council 1967).

Das Bild von Israel als dem David, der sich gegen die als Goliath wahrgenommene arabische Welt zu behaupten habe, musste umgedreht werden. In der neuen Wahrnehmung wurde Israel plötzlich zum Goliath, das als nunmehrige „Besatzungsmacht" nicht mehr allgemein der arabischen Welt gegenüberstand, sondern den neu auf der Bühne aufgetauchten Palästinensern, die jetzt in die Rolle des David schlüpften.

Um Anschluss an den Zeitgeist der späten 1960er/frühen 1970er Jahre zu finden und weltweit Sympathien gewinnen zu können, musste der fortdauernde Kampf gegen Israel aus der politischen Schmuddelecke hinausmanövriert werden und in ein neues ideologisches, sich vermeintlich progressiv gebendes Gewand schlüpfen. Die alte Führung der Araber in Palästina hatte sich durch ihre Kollaboration mit dem nationalsozialistischen Deutschland international nachhaltig diskreditiert (Gensicke 2007; Mallmann/Cüppers 2006). Mit der extremistischen Rhetorik der arabischen Seite und all ihren Drohungen, die Juden wahlweise zu massakrieren oder „ins Meer zu treiben", war es schwierig, auf internationaler Bühne zu reüssieren.

Wollte der palästinensische Nationalismus an Unterstützung gewinnen, musste der eigene Kampf als Teil des internationalen Kampfes gegen den weltweiten Imperialismus und Kolonialismus inszeniert werden. Das taten nicht nur Gruppen wie die PFLP oder die Demokratische Front zur Befreiung Palästinas (DFLP), die ohnehin der einen oder anderen Ausprägung marxistischer Ideologie anhingen, sondern auch die Fatah von Jassir Arafat, die sich zur einflussreichsten Organisation im Rahmen der PLO entwickelte. Kontakte wurden nach Algerien, Vietnam, China oder Kuba geknüpft. Im Januar 1969 erklärte das Fatah-Zentralkomitee: „Der Kampf des palästinensischen Volkes ist, wie der des vietnamesischen Volkes oder der anderer Völker in Asien, Afrika und Lateinamerika, Bestandteil des historischen Prozesses der Befreiung der unterdrückten Völker von Kolonialismus und Imperialismus." (Zit. n. Muravchik 2014: 29)

Statt zu fordern, „die Juden ins Meer zu treiben", hieß es jetzt, man kämpfe für „die Freundschaft der Völker". Das klang harmlos, ja geradezu fortschrittlich, beinhaltete aber ein Problem: Die Juden waren aus Sicht der PLO kein Volk. So hieß es in Artikel 20 der PLO-Charta, dass das „Judentum nur eine Religion und nicht eine unabhängige Nationalität" sei. „Die Juden stellen nicht ein einzelnes Volk mit eigener Identität dar, sondern sind Bürger der Staaten, denen sie angehören." Ansprüche der Juden auf „historische oder religiöse Bindungen mit Palästina" seien „unvereinbar mit den geschichtlichen Tatsachen" (zit. n. Harkabi 1980: 142).

Da Juden für die PLO kein Volk mit eigener Identität waren, hatten sie auch kein Anrecht auf einen eigenen Staat. Israel sei daher kein richtiger Staat, sondern, wie es in der israelfeindlichen Propaganda oftmals hieß, nur ein „künstliches Gebilde". Der PLO zufolge hatten zwar alle Völker gleiche Rechte, nur waren die Juden eben kein Volk, die deswegen selbstverständlich auch keinen Anspruch auf einen Staat haben konnten – und erst recht keinen in „Palästina", zu dem sie ja laut PLO keinerlei Beziehung hatten.

Auch wenn sich von der Substanz her nicht viel verändert hatte, war die Neuvermarktung des arabischen Krieges gegen Israel als „palästinensischer Befreiungskampf" ein voller Erfolg. Das Palästinensertuch wurde zum politischen Mode-Accessoire; die palästinensischen Organisationen beflügelten die Revolutionsfantasien westlicher Linker, von denen einige in den Nahen Osten zogen, um sich in palästinensischen Ausbildungslagern auf den Kampf gegen den Weltimperialismus vorzubereiten, und dort gelegentlich auf Nazis trafen, die sich in denselben palästinensischen Camps zu Terroristen ausbilden ließen.

Terrorismus war es denn auch, der den Aufstieg der PLO bei den Vereinten Nationen einläutete. Nachdem 1967 der Versuch palästinensischer Gruppierungen kläglich gescheitert war, in den von Israel besetzten Gebieten einen klassischen Guerillakrieg zu initiieren, war es die PFLP, die als erste palästinensische Gruppe auf spektakulären internationalen Terror setzte. PFLP-Chef George Habasch erläuterte den Hintergedanken folgendermaßen:

> Wir glauben, dass es mehr Effekt erzielt, einen Juden weit entfernt umzubringen, als 100 von ihnen im Kampf zu töten – es erregt mehr Aufmerksamkeit. Und wenn wir ein Geschäft in London in Brand setzen, sind diese Flammen so viel wert wie das Niederbrennen von zwei Dutzend Kibbuzim, weil wir die Menschen dazu zwingen, danach zu fragen, was hier los ist. (Zit. n. Merari/Elad 1986: 18f.)[2]

---

2 Die PFLP beteuerte, dass Habasch nicht von „Juden", sondern von „Zionisten" gesprochen habe, doch konnte anhand der Tonbandaufnahme das Gegenteil belegt werden.

Schnell sprangen andere palästinensische Gruppierungen auf diesen Zug auf, sodass Ende der 1960er, Anfang der 1970er Jahre kaum eine Woche verging, in der nicht ein weiterer palästinensischer Terrorakt für Schlagzeilen sorgte.

Bei den Vereinten Nationen kristallisierte sich im Umgang mit dem palästinensischen Terrorismus rasch ein Muster heraus. Am 26. Dezember 1968 attackierten mit Brandbomben und Maschinenpistolen bewaffnete palästinensische Terroristen eine El Al-Maschine am Flughafen von Athen, ein Israeli wurde getötet und eine Stewardess schwer verletzt, als sie aus dem brennenden Flugzeug flüchten wollte (Mickolus 1980: 105f.). Als Reaktion auf den Athener Anschlag sprengten israelische Kommandos auf dem Flughafen von Beirut 13 Flugzeuge, die drei verschiedenen arabischen Fluglinien gehörten (ebd: 106). In einem Kommuniqué erklärte die israelische Regierung, Israel wolle die arabischen Staaten in die Verantwortung nehmen, keine Aktivitäten von Terrororganisationen auf ihren Staatsgebieten zuzulassen.

Bei den Vereinten Nationen reagierte der Sicherheitsrat mit der einstimmigen Verabschiedung einer scharf formulierten Resolution. Der Rat verurteilte Israel für seine „vorsätzliche militärische Aktion, die eine Verletzung seiner Verpflichtungen gemäß der [UN-]Charta und der Waffenstillstandsresolutionen“ darstelle. Er betrachtete „diese vorsätzliche Gewalttat als eine Gefährdung der Aufrechterhaltung des Friedens“, richtete eine „ernste Warnung an Israel“, der zufolge weitere derartige Aktionen Konsequenzen zeitigen würden, und meinte, der Libanon habe ein Anrecht auf Entschädigung für die erlittenen Zerstörungen (United Nations Security Council 1968).

Israel wurde scharf für eine Aktion verurteilt, über deren Weisheit und Legitimität man sicherlich unterschiedlicher Meinung sein konnte, bei der aber abgesehen von den gesprengten Flugzeugen nichts und niemand zu Schaden kam. Der Terrorangriff auf das israelische Passagierflugzeug in Athen hingegen, bei dem ein Mensch ermordet und ein weiterer schwer verletzt wurde, wurde von den Vereinten Nationen nicht verurteilt, ja nicht einmal erwähnt.

Dieses Muster sollte den Umgang der Vereinten Nationen mit antiisraelischem Terrorismus in den kommenden Jahren charakterisieren: Tödliche palästinensische Attacken wurden ignoriert, israelische Verteidigungsmaß-

---

Später gestand Habasch ein, „Juden“ gesagt zu haben, er wollte aber „Zionisten“ gemeint haben (Lubet 2019).

nahmen oder Vergeltungsschläge dagegen als Gefährdung der internationalen Sicherheit verurteilt.

Kein Wunder, dass die palästinensischen Terrororganisationen mit den Ergebnissen ihrer internationalen Aktionen vollauf zufrieden waren, zumal westliche Staaten aus Angst vor Terroranschlägen kaum gegen palästinensische Terroristen vorgingen und diese, wenn sie denn einmal eingesperrt wurden, möglichst rasch wieder loswerden wollten. Die Zahlen einer Studie des israelischen Außenministeriums belegten dies eindrucksvoll: Von den 204 palästinensischen Terroristen, die zwischen 1968 und 1975 außerhalb des Nahen Ostens inhaftiert wurden, befanden sich zum Jahresende 1975 noch ganze drei in Haft (Merari/Elad 1986: 87f.). Die palästinensischen Terrorgruppen mussten dies geradezu als Einladung zur Durchführung weiterer Terroranschläge verstehen.

Mit ihren internationalen Terroranschlägen bombte und schoss sich die PLO in die Aufmerksamkeit der Weltöffentlichkeit – und erntete die Sympathien und Unterstützung der Vereinten Nationen. 1969 verabschiedete die UNO-Generalversammlung eine Resolution, in der „die unveräußerlichen Rechte des Volks von Palästina [...] bestätigt" (United Nations General Assembly 1969) wurden – Rechte, die in dieser Form zuvor nirgends proklamiert worden waren und deren Inhalt unbestimmt blieb. Rund ein Jahr später betonte die UN-Generalversammlung in einer Resolution die „Legitimität des Kampfes der kolonisierten Völker und der Völker unter Fremdherrschaft" und bekannte sich zu deren Recht, „alle notwendigen und ihnen zur Verfügung stehenden Mittel" im Kampf um Selbstbestimmung einzusetzen (United Nations General Assembly 1970). Die palästinensischen Organisationen verstanden das als Blankovollmacht für ihre Gewalttaten. Nicht, dass sie vorher von der Ermordung Unschuldiger abgesehen hätten, aber nun beriefen sie sich darauf, als „Volk unter Fremdherrschaft" alle Mittel einsetzen zu dürfen, selbst wenn das die wahllose Ermordung von Zivilisten bedeutete.

In rascher Abfolge folgte daraufhin die Aufnahme der PLO als Beobachter bei etlichen UN-Institutionen wie dem Wirtschafts- und Sozialrat, der Weltbevölkerungskonferenz, der Welternährungskonferenz, der Weltgesundheitsorganisation und der ersten Weltfrauenkonferenz – die mit einer Erklärung zur Rolle der Frauen u. a. im Kampf für die Eliminierung des Zionismus zu Ende ging (Manor 1996: 10). Die PLO erhielt auch Zugang zur Internationalen Zivilluftfahrtorganisation – womit ausgerechnet jene Organisation, welche die Geschichte der modernen Luftpiraterie geprägt hat wie keine andere, in der Sonderorganisation der Vereinten Nationen vertreten war, die sich um die Sicherheit der zivilen Luftfahrt kümmern sollte.

Wenige Jahre zuvor war die PLO noch ein im internationalen Abseits stehender Dachverband verschiedener palästinensischer Terrororganisationen gewesen, jetzt trat sie als Befreiungsorganisation auf, die sich nur der Mittel bediente, die ihr laut „internationalem Recht" angeblich zustanden, auch wenn dieses vermeintliche „internationale Recht" in wenig mehr bestand als einigen rechtlich nicht bindenden Resolutionen der UNO-Generalversammlung.

Arafats Rede vor der Generalversammlung

Den vorläufigen Höhepunkt dieser Entwicklung stellte zweifellos die Einladung Arafats zu einer Rede in der Generalversammlung in New York dar, nur etwas mehr als zwei Jahre nach dem blutigen Terrorangriff auf die Olympischen Spiele in München durch die Terrorgruppe Schwarzer September, die hauptsächlich aus Leuten aus den Reihen von Arafats Fatah bestand. Begleitet wurde Arafat zu seiner Rede in New York von Ali Hassan Salameh, einem der wichtigsten Köpfe des Schwarzen September, der zu den Drahtziehern des Anschlags von München gehört hatte.

Arafats Rede vor der Generalversammlung 1974 war eine Mischung aus Geschichtsklitterung, sich progressiv gebender Propaganda, wüsten Angriffen auf den Zionismus und dem Bekenntnis zum bewaffneten Kampf. Arafat unternahm nicht einmal den Versuch, sich von den Gewalttaten der palästinensischen Gruppierungen zu distanzieren, sondern bestritt lediglich, dass es sich dabei um Terrorismus handle:

> Der Unterschied zwischen dem Revolutionär und dem Terroristen ist der Grund, für den er kämpft. Wer immer für eine gerechte Sache einsteht sowie für die Freiheit und die Befreiung seines Landes von den Invasoren, Siedlern und Kolonialisten kämpft, kann unmöglich als Terrorist bezeichnet werden. (Palestine at the United Nations 1975: 187)

So konnte Arafat noch die barbarischsten Bluttaten palästinensischer Terroristen als Aktionen im Rahmen eines Befreiungskampfes legitimieren. Israel sei dagegen sehr wohl terroristisch, darüber hinaus sei der Zionismus „imperialistisch, kolonialistisch, rassistisch, abgrundtief reaktionär und diskriminierend" (ebd.: 184), und Israel halte Palästinenser in „Konzentrationslagern" (ebd.: 190).

Arafat beendete seine fast zweistündige Rede, indem er der Generalversammlung ausrichtete: „Heute bin ich zu Euch gekommen, einen Olivenzweig und die Waffe eines Freiheitskämpfers tragend. Lasst nicht den Olivenzweig aus meiner Hand fallen" (ebd.: 192) – eine für Arafats Verhältnisse geradezu subtile Drohung mit fortgesetzter Gewalt, sollte die Welt sich nicht vorbehaltlos hinter die PLO stellen. Die Generalversammlung quittierte die Ansprache mit jubelndem Applaus und Standing Ovations.

Die darauffolgende Debatte über das Palästina-Problem dauerte neun Tage, in denen ein Land nach dem anderen Israel an den Pranger stellte und Arafat pries. Von den 81 Staaten, die sich in der Debatte zu Wort meldeten, sprachen sich 61 gegen Israel und für die PLO aus. Für Bangladesch war Arafats Rede „inspirierend", Somalia fand sie „berührend", der Niger „bewegend". Polen erachtete Arafats Worte als „sehr wichtiges und nützliches Statement", Madagaskar lobte deren „moderaten und versöhnlichen" Tonfall. Tunesien pries die „Aufgeschlossenheit, die Vornehmheit und die Toleranz", welche die Rede des PLO-Chefs ausgezeichnet hätten, Mauretanien zeigte sich beeindruckt von der „extremen Mäßigung, die niemandem verborgen geblieben sein konnte". Der Botschafter Bulgariens ließ das Auditorium wissen, warum die Juden im Holocaust das Opfer ihres Anspruchs wurden, das „auserwählte Volk" zu sein (zit. n. Schoenberg 1989: 64f.).

Zum Abschluss ihrer Palästina-Debatte verabschiedete die Generalversammlung Resolutionen, mit denen sie sich praktisch das PLO-Programm zu eigen machte. Resolution 3236 etwa bestätigte die „unveräußerlichen Rechte" der Palästinenser auf Selbstbestimmung, nationale Unabhängigkeit und Souveränität. Sie propagierte darüber hinaus das „unveräußerliche Recht der Palästinenser auf Rückkehr" und betonte, dass die „Realisierung" dieser Rechte „unabdingbar für die Lösung der Palästina-Frage" sei. Alle Staaten der Welt wurden aufgerufen, das „palästinensische Volk im Kampf um die Wiederherstellung seiner Rechte" zu unterstützen, der UN-Generalsekretär solle Kontakte zur PLO aufbauen (United Nations General Assembly 1974a). Israelische Rechte wurden in der Resolution nicht erwähnt. Die Zeit, in der UNO-Beschlüsse das israelische Existenzrecht betonten, war vorbei. Die Resolution wurde mit 89 Ja- zu acht Nein-Stimmen (bei 37 Enthaltungen) angenommen. Die sogenannte internationale Gemeinschaft wurde auf diesem Wege von der UNO-Generalversammlung hochoffiziell aufgefordert, einer Terrororganisation in deren Kampf für die Vernichtung eines Mitglieds der Vereinten Nationen jede nur erdenkliche Unterstützung zukommen zu lassen.

Am 29. November 1974, also ausgerechnet am Jahrestag des Beschlusses der Teilungsresolution von 1947, wurde Resolution 3246 angenommen, in der die „Legitimität des Kampfes der Völker für Befreiung [...] mit allen vorhandenen Mitteln, inklusive bewaffnetem Kampf" (United Nations General Assembly 1974b) betont wurde. 29 Jahre nachdem die Vereinten Nationen gegründet worden waren, um den Frieden zu erhalten und zu friedlicher Konfliktlösung beizutragen, proklamierten sie nun die Legitimität des bewaffneten Kampfes zur Zerstörung eines UNO-Mitgliedsstaates.

Es folgte ein massiver Anstieg der Zahl blutiger palästinensischer Terroranschläge gegen Israel, bei denen sich stets das bereits bestens eingespielte Muster wiederholte: Betont wurden Rechte der Palästinenser, Israel wurde an den Pranger gestellt. Der amerikanische Historiker Jeffrey Herf bringt die Situation auf den Punkt, wenn er schreibt, die UNO fungierte in dieser Zeit praktisch als „diplomatischer Arm der PLO-Terrorkampagne gegen Israel" (Herf 2016: 394).

„Zionismus ist Rassismus"

Die routinemäßigen Verurteilungen israelischer Handlungen waren einigen UNO-Mitgliedern zu wenig, konzentrierten sie sich doch darauf, schon die bloße Existenz Israels per UNO-Resolution zu einem Verbrechen zu erklären. So brachte Somalia im Oktober 1975 einen Entwurf ein, deren operativer Teil aus einem einzigen Satz bestand: Die UNO-Generalversammlung stelle fest, „dass der Zionismus eine Form des Rassismus und der rassistischen Diskriminierung ist" (zit. n. Manor 1996: 20).

Die Zeit bis zur Annahme als Resolution 3379 durch die UN-Generalversammlung im November 1975 war eine Phase intensiven diplomatischen Gezerres, von Vorschlägen und Gegenvorschlägen, Bestechungsversuchen und blanken Drohungen. Vertreter afrikanischer Staaten sprachen israelischen Diplomaten gegenüber von „unaushaltbarem Druck", der von arabischer Seite auf sie ausgeübt worden sei (ebd.: 27f.).

In der Debatte im dritten Hauptausschuss im Oktober 1975 gaben die Delegierten von neun arabischen Staaten die bereits hinlänglich bekannte antiisraelische Propaganda zum Besten, die vom PLO-Vertreter auf die Spitze getrieben wurde, der behauptete, die Zionisten würden versuchen, das palästinensische Volk auszulöschen (Troy 2013: 120). Der amerikanische Delegierte Leonard Garment erklärte, dass die Vereinten Nationen gerade im Begriff seien, unter dem Deckmantel des Kampfes gegen Rassismus

„eine der ältesten und virulentesten Formen des Rassismus zu befürworten", den Antisemitismus (zit. n. Moynihan 1979: 182).

Israels Botschafter Chaim Herzog kritisierte die arabischen Staaten und die Unterstützer der Resolution scharf:

> Hier ist ein kleines Land, mit einer Bevölkerung von drei Millionen, ein freies, demokratisches Land, [...] und dieses Land wird Stunde um Stunde von Ländern an den Pranger gestellt, deren Regime Rassismus praktizieren [...]. Warum wird nicht der praktizierte Rassismus jener Staaten untersucht, die hier so ausgiebig sprechen? Warum wird der kleine jüdische Staat ausgewählt? Ich denke, weil er jüdisch und klein ist. (Zit. n. ebd.: 184)

Ein britischer Journalist, der die Diskussion verfolgte, beschrieb die Stimmung im Plenarsaal folgendermaßen:

> Der dritte Hauptausschuss wurde an diesem Tag von Geistern verfolgt: die Geister von Hitler, Goebbels und Julius Streicher, grinsend vor Freude darüber, dass nicht nur Israel, sondern die Juden als solche in einer Sprache verurteilt wurden, die auf jedem Reichsparteitag in Nürnberg hysterischen Applaus geerntet hätte und mit einer Sonderausgabe des ‚Stürmer' bedacht worden wäre. (Zit. n. Manor 1996: 21f.)

70 Länder stimmten für den Resolutionsentwurf, 29 dagegen, 27 enthielten sich. Er wurde zur Abstimmung an die UN-Generalversammlung weitergereicht und am 10. November wurde über Resolution 3379 und deren einzige Bestimmung – Zionismus sei eine Form von Rassismus – abgestimmt. Das Ergebnis: 72 Ja-Stimmen, 35 Nein-Stimmen, 32 Enthaltungen (United Nations General Assembly 1975b). Es sollte sechzehn Jahre dauern, bis Resolution 3379 von genau jener Institution widerrufen wurde, die sie einst verabschiedet hatte. Möglich wurde dies durch den Zusammenbruch des Ostblocks und die grundlegende Änderung der politischen Verhältnisse in den ehemals realsozialistischen Staaten, die vielfach ein grundsätzliches Überdenken der Haltung zu Israel zur Folge hatte.

Der Untergang des Sowjet-Blocks, der damals vielfach als unumkehrbar betrachtete Demokratisierungsschub in weiten Teilen der Welt, der relative Bedeutungsverlust der sogenannten Dritten Welt und die bis dato unvergleichliche Dominanz der USA auf der weltpolitischen Ebene schufen eine Konstellation, in der eine Aufhebung von Resolution 3379 möglich wurde. Wie außergewöhnlich der Widerruf von Resolution 3379 war, zeigt sich daran, dass es erst das zweite Mal in der Geschichte der UNO (und das erste Mal seit 1950) war, dass die Generalversammlung eine ihrer eigenen Resolutionen aufhob.

Neuer Antisemitismus – oder doch nicht?

Seit einigen Jahren wird über die Existenz eines „neuen Antisemitismus" diskutiert. Im Zentrum stehen dabei die Fragen, wo „legitime Kritik israelischer Politik aufhört und eine antisemitisch motivierte Ablehnung der Existenz Israels" beginne, ob die linke Ablehnung Israels in Form des Antizionismus „antisemitisch grundiert" sei und wie weitverbreitet Antisemitismus in der islamischen Welt ist (Rabinovici/Speck/Sznaider 2004: 9f.). Träger des „neuen Antisemitismus" seien vor allem „islamistische Kräfte" und „Teile der weltweiten Linken" (ebd.: 8).

Auf globaler Ebene waren es lange zuvor schon die antiwestlich ausgerichteten Staaten der sogenannten Dritten Welt, der Ostblock und die arabischen und islamischen Länder, die Israel unter dem Deckmantel des Kampfes gegen den Imperialismus, für nationale Befreiung und gegen Rassismus die Lebensberechtigung absprachen und den jüdischen Staat auf der Bühne der Vereinten Nationen frontal angriffen. Der „neue Antisemitismus", über den seit der Zweiten Intifada Anfang der 2000er Jahre diskutiert wird, erweist sich als alles andere als neu – bei den Vereinten Nationen bestimmt er spätestens seit Mitte der 1970er Jahre das Geschehen.

Einer, der das früh auf den Punkt gebracht hat, war der Historiker Jacob Talmon. Mit Resolution 3379, schrieb er ein Jahr später, ist Israel „zum alten jüdischen Geächteten geworden, zum Außenseiter, zum kollektiven Juden der Nationen. Ein Paria-Volk hat gewissermaßen einen Paria-Staat gegründet." (Talmon 1976: 21) Der Titel der damals von Talmon in *The New Republic* verfassten Analyse lautete: „Der neue Antisemitismus".

Infrastruktur des Israelhasses

Am selben Tag wie Resolution 3379 wurde auch Resolution 3376 verabschiedet, in der die im Jahr zuvor verabschiedete Resolution 3236 bekräftigt wurde, mit der sich die UN-Generalversammlung de facto hinter das Programm der PLO gestellt hatte und das „Komitee für die Ausübung der unveräußerlichen Rechte des palästinensischen Volkes" („Committee on the Exercise of the Inalienable Rights of the Palestinian People", CEIRPP) ins Leben gerufen wurde. Das CEIRPP sollte dem Sicherheitsrat einen Bericht über und praktische Vorschläge für die Umsetzung der ,unveräußerlichen Rechte' der Palästinenser vorlegen (United Nations General Assembly 1976a). Eine Woche später wurden die zwanzig Mitglieder des Komitees ernannt, unter denen sich keine einzige westliche Demokratie befand und von denen 16 keine diplomatischen Beziehungen zu Israel hatten. Nur zwei der Mitglieder (Rumänien und Sierra Leone) hatten nicht für die ,Zionismus-ist-Rassismus'-Resolution votiert (Schoenberg 1989: 113). Das CEIRPP existiert bis heute und bildet den Kern der antiisraelischen Infrastruktur der Vereinten Nationen.

Zwei Jahre nach der Gründung des CEIRPP beschloss die Generalversammlung in einer weiteren Resolution die Schaffung einer Spezialabteilung für palästinensische Rechte innerhalb des UN-Sekretariats. Diese sollte unter der Leitung des CEIRPP u. a. jährlich am 29. November, dem Jahrestag der Verabschiedung der UN-Teilungsresolution, einen „internationalen Tag der Solidarität mit dem palästinensischen Volk" organisieren (United Nations General Assembly 1977).

Die Schaffung dieser Abteilung, die bis heute unter dem Namen „Division für palästinensische Rechte" in der Hauptabteilung für politische Angelegenheiten angesiedelt ist, bedeutete praktisch kaum anderes als die Einrichtung eines PLO-Propagandastabs im Sekretariat der Vereinten Nationen. Zwanzig UN-Mitglieder, darunter die USA und andere westliche Demokratien, stimmten gegen die Schaffung der Spezialabteilung für palästinensische Rechte, weil sie die Unparteilichkeit des UN-Sekretariats gefährdet sahen. Wie begründet diese Befürchtung war, bestätigte ein Mitarbeiter der Abteilung, der erklärte, im PLO-Programm sei nichts zu finden, was er und seine Kollegen nicht vollauf unterstützen würden (Schoenberg 1989: 128).

In weiterer Folge entstanden – zusätzlich zu bereits seit Jahrzehnten bestehenden UNO-Einrichtungen, die sich gänzlich den Palästinensern verschrieben haben, wie dem „Hilfswerk der Vereinten Nationen für Palästina-Flüchtlinge im Nahen Osten" (United Nations Relief and Works Agency for Palestine Refugees in the Near East/UNRWA) – Dutzende Unterorganisationen, die ausschließlich das palästinensische Narrativ vertreten und israelfeindliche Agitation betreiben. Doch Israelfeindschaft wird bei den Vereinten Nationen nicht nur von spezialisierten Unterorganisationen propagiert, sondern auch von Institutionen, die zu ganz anderen Themen arbeiteten oder in denen Israel bzw. die Palästinenser höchsten eine ungeordnete Rolle spielen sollten. Ein besonders eklatantes Beispiel dafür ist der UNO-Menschenrechtsrat.

Unter dem Deckmantel des Menschenrechtsschutzes

Der heutige UNO-Menschenrechtsrat (UNHRC) existiert erst seit 2006. Seine Gründung war das Ergebnis einer Notbremsung, welche die Vereinten Nationen bei seinem Vorgänger vollzogen hatten: Die bereits 1946 ins Leben gerufene UNO-Menschenrechtskommission hatte sich im Laufe der Jahre mit ihrer Einseitigkeit – nicht nur, aber auch – in Sachen Israel so restlos diskreditiert, dass nur mehr ihre Abschaffung geeignet schien, den letzten Rest an Glaubwürdigkeit beim Menschenrechtsschutz zu erhalten. Eine von Generalsekretär Kofi Annan eingesetzte Arbeitsgruppe war zu dem ernüchternden Ergebnis gekommen, dass die Menschenrechtskommission unter einem so ausgeprägten „Legitimitätsdefizit" litt, dass „sie den Ruf der Vereinten Nationen insgesamt in Frage stellt" (zit. n. Müller 2006: 162).

Der Menschenrechtsrat setzt sich aus 47 Mitgliedern zusammen, die periodisch wechseln und nach einem Regionalschlüssel für jeweils drei Jahre gewählt werden. Demokratische, freie Staaten sind darin klar in der Minderheit, stattdessen finden sich in seinen Reihen immer Länder, in denen Menschenrechte systematisch mit Füßen getreten werden. Im Januar 2025 gehörten ihm Algerien, Burundi, China, die Elfenbeinküste, Katar, die Demokratische Republik Kongo, Kuba, Kuwait und der Sudan an.

Die autoritären Staaten und Diktaturen nutzen den UNHRC, um gegenseitig ihre eigenen Menschenrechtsverletzungen zu decken und dafür zu sorgen, dass selbst schlimmste Verbrechen unerwähnt bleiben. Steht die Menschenrechtslage im Iran zur Debatte, ergreifen Länder wie China oder Kuba das Wort, um den vorbildlichen Schutz der Menschenrechte und die bedeutenden Fortschritte in Sachen Gleichberechtigung der Geschlechter in der Islamischen Republik zu lobpreisen. Gleichzeitig überschütten die unfreien Länder westliche Staaten regelmäßig mit Vorwürfen über angeblich fürchterliche menschenrechtliche Zustände, wobei „Islamophobie" und „Rassismus" zu den bevorzugten Anklagen gehören. Statt einer Institution zum Schutz der Menschenrechte ist der UNHRC eine Bühne für die Simulation von Menschenrechtsengagement von Diktaturen aller Art, die den Westen an den Pranger stellen.

Dabei steht kein anderes Land so sehr im Zentrum der Verdammung des UNHRC wie Israel. Die NGO UN Watch wertet die Resolutionen aus, mit denen der Rat einzelne Länder verurteilt hat. Das Ergebnis ist eindeutig: Von seiner Gründung 2006 bis heute richteten sich 108 Resolutionen des Menschenrechtsrats gegen Israel, weit mehr als gegen alle anderen Länder. Der jüdische Staat begehe demnach mehr und gravierendere Menschenrechtsverletzungen als der Rest der Welt zusammen. Mit großem Abstand folgen in dem Ranking Syrien (45 Verurteilungen), Nordkorea (17 Verurteilungen) und der Iran (15 Verurteilungen) (UN Watch 2025). In den ersten zehn Jahren seines Bestehens wurden Länder wie Afghanistan oder Pakistan vom UNHRC kein einziges Mal explizit verurteilt, bis heute gibt es keine einzige Verurteilung Chinas oder Saudi-Arabiens.

Die ständige Tagesordnung des Rats umfasst zehn Punkte. Neun davon sind allgemein gehalten und auf kein bestimmtes Land bezogen. Die einzige Ausnahme stellt „Item 7“ dar: Bei ihm geht es um die „Menschenrechtslage in Palästina und anderen besetzten arabischen Gebieten“. Nicht darunter fallen Menschenrechtsverletzungen, die Palästinenser gegen andere Palästinenser oder gegen Israelis begehen; behandelt werden ausschließlich (angebliche) israelische Vergehen gegen Palästinenser – und das obligatorisch auf jeder der drei jährlich stattfindenden regulären Sitzungen des Menschenrechtsrats (United Nations Human Rights Council 2025a).

Es gibt nichts Vergleichbares für ein anderes Land oder einen anderen Konflikt auf der Welt. Menschenrechtsverstöße in sämtlichen anderen Ländern werden unter Tagesordnungspunkt 4 gemeinsam behandelt, einzig israelische Verstöße verdienen für den Menschenrechtsrat gesonderte Aufmerksamkeit.

Der UNHRC setzt immer wieder spezielle Untersuchungskommissionen ein, um Israel noch weiter unter Druck zu setzen. So geschehen nach dem Gaza-Krieg zum Jahreswechsel 2008/2009, als der Rat eine „Fact Finding Mission“ unter Vorsitz des südafrikanischen Richters und ehemaligen Chefanklägers der UNO-Kriegsverbrechertribunale für das ehemalige Jugoslawien und Ruanda, Richard Goldstone, einsetze. Diese legte im September 2009 den sogenannten Goldstone-Report vor, ein höchst einseitiger Bericht, in dem Israel zahlreiche Kriegsverbrechen vorgeworfen wurden, während tatsächliche Verbrechen der Hamas in Abrede gestellt wurden.[3] Eineinhalb Jahre später und nachdem der Bericht von Israelfeinden begeis-

3 Siehe zum Goldstone Report und zur Kritik daran Feuerherdt/Markl (2018: 203–210) sowie Gold (2009).

tert begrüßt worden war, nahm Goldstone zentrale Vorwürfe gegen Israel wieder zurück. Den Verfassern des Reports hätten wesentliche Informationen gefehlt: „Wenn ich damals gewusst hätte, was ich heute weiß, wäre der Goldstone-Bericht ein anderes Dokument geworden", schrieb er in der *Washington Post* (Goldstone 2011).

Unter den vom UNHRC eingesetzten antiisraelischen Untersuchungskommissionen sticht die im Mai 2021 ins Leben gerufene „Unabhängige internationale Untersuchungskommission für die besetzten palästinensischen Gebiete, einschließlich Ost-Jerusalem, und Israel" hervor. Im Gegensatz zu allen anderen Kommissionen, die anlassbezogen und zeitlich begrenzt arbeiten, soll dieses Gremium unbefristet gegen den jüdischen Staat ermitteln, um „alle zugrundeliegenden Ursachen für wiederkehrende Spannungen, Instabilität und die Fortdauer des Konflikts" zwischen Israel und den Palästinensern zu untersuchen, „einschließlich systematischer Diskriminierung und Unterdrückung aufgrund der nationalen, ethnischen, rassischen oder religiösen Identität" (United Nations Human Rights Council 2025b).

Dass dabei nicht einmal der Anschein von Unabhängigkeit, Ausgewogenheit und Objektivität aufkommt, stellten sowohl die höchst einseitige und klar vorverurteilende Resolution, mit der die Kommission gegründet wurde (Human Rights Council 2024) als auch die Personalauswahl sicher: Als Leiterin wurde die Südafrikanerin Navanethem „Navi" Pillay eingesetzt, die in ihrer Zeit als Hohe Kommissarin für Menschenrechte bei den Vereinten Nationen von 2008 bis 2014 ihre antiisraelische Voreingenommenheit unter Beweis gestellt hatte. Ihr zur Seite steht mit dem Inder Miloon Kothari ein Mann, der die palästinensischen Selbstmordattentate während der Zweiten Intifada einst als Akte des „Widerstands" verklärte und Israel „ethnische Säuberungen" vorwarf. Nach seiner Berufung in die ständige Untersuchungskommission fragte er, warum das Land noch Mitglied der Vereinten Nationen sein dürfe. „Sehr enttäuscht" zeigte er sich „über die sozialen Medien, die größtenteils von der jüdischen Lobby oder bestimmten Nichtregierungsorganisationen kontrolliert werden" (Markl 2022).

Selbst der damalige Präsident des UNHRC musste eingestehen, dass Kotharis Äußerung als „Stigmatisierung des jüdischen Volkes interpretiert" werden könne. Pillay hatte mit dem antisemitischen Geraune ihres Kommissionskollegen kein Problem. Seine Aussagen seien „bewusst aus dem Kontext gerissen" worden – auch wenn der Tonbandmitschnitt des Interviews das Gegenteil beweist. Kothari verweilt in Amt und Würden (Feuerherdt 2022), und die Kommission tut, was ihr inoffizieller Auftrag ist: einen antiisraelischen Bericht nach dem anderen veröffentlichen.

Personalien wie jene Pillays, Kotharis oder jene der 2022 eingesetzten „Sonderberichterstatterin für die seit 1967 besetzten palästinensischen Gebiete", der Italienerin Francesca Albanese, die sich vor und nach 10/7 durch ihre antiisraelischen Ausfälle hervorgetan hat, verdeutlichen ein immer wiederkehrendes Muster. Während überall sonst offensichtliche Voreingenommenheit und Befangenheit bei Jobbewerbungen einen Ausschließungsgrund darstellen, ist bei den Vereinten Nationen das Gegenteil der Fall, sobald es um Israel geht: Hier sind offensichtlich Voreingenommenheit und Befangenheit die Voraussetzung dafür, Jobs wie jene Pillays, Kotharis oder Albaneses zu bekommen.

Die Liste an möglichen Beispielen für die absurde Art und Weise, wie Israel bei den Vereinten Nationen ausgesondert oder an den Pranger gestellt wird, ist nahezu endlos, aber sie wäre die stets gleiche Wiederholung ein und desselben Befundes: Bei der UNO herrscht eine institutionelle Diskriminierung und Dämonisierung Israels, die weit mehr ist als bloß die Summe israelfeindlicher Resolutionen einer quasi-automatischen antiisraelischen Mehrheit unter den Mitgliedsstaaten.

Diese Diskriminierung wird auch von den europäischen Staaten oft mitgetragen oder zumindest geduldet, sei es um des Appeasements gegenüber Israels Feinden willen, sei es aus originär antizionistischem Antrieb, sei es aus ökonomischem Interesse oder anderen Gründen. Klar ist aber: Israel wird bei den Vereinten Nationen tatsächlich als der „kollektive Jude der Nationen" (Talmon 1976: 21) behandelt, wie Jacob Talmon es bereits in den 1970er Jahren konstatierte. Eine Entscheidung wie der Teilungsvorschlag von 1947, der einer der Grundlagen für die spätere Ausrufung des Staates Israel war, wäre heute jedenfalls nicht mehr denkbar. Heute wird die UNO vor allem dazu beansprucht, den jüdischen Staat zu dämonisieren und zu delegitimieren, seine Selbstverteidigung zu kriminalisieren und ihn politisch zu isolieren.

Dank den USA fasst der Sicherheitsrat zwar normalerweise keine rechtsverbindlichen Beschlüsse gegen die Interessen des jüdischen Staates, aber in vielen anderen Gremien sorgen die permanenten, absurden Verurteilungen dafür, dass Israel zum Paria geworden ist.

Nach dem 7. Oktober

Das Verhalten der Vereinten Nationen und ihrer Vertreter nach dem Hamas-Massaker am 7. Oktober 2023 in Israel mag vielen die groteske Einseitigkeit der Organisation vor Augen geführt haben wie nie zuvor, sie war aber alles andere als neu, und sie folgte jahrzehntealten, bestens eingespielten Mustern. Den Anfang machte UNO-Generalsekretär António Guterres, der am 24. Oktober 2023 vor dem Sicherheitsrat zunächst den Hamas-Terror gegen Israel verurteilte: „Nichts kann die vorsätzliche Tötung, Verletzung und Entführung von Zivilisten rechtfertigen – oder den Abschuss von Raketen auf zivile Ziele“ (Guterres 2023a). Darüber hinaus forderte Guterres auch die Freilassung der israelischen Geiseln, die in den Gazastreifen verschleppt worden waren. Doch dann tat er genau das, was nahe an das herankam, was er gerade eben noch für „unmöglich“ erklärt hatte. „Es ist wichtig zu erkennen“, setzte er fort, „dass die Angriffe der Hamas nicht in einem Vakuum stattfanden. Das palästinensische Volk hat 56 Jahre lang unter einer erdrückenden Besatzung gelitten“ (ebd.). Abgesehen davon, dass die Rede von 56 Jahren Besatzung in Bezug auf den Gazastreifen nicht der Realität entsprach, weil Israel sich 2005 komplett aus dem Küstengebiet zurückgezogen hatte, mochte Guterres mit dieser Aussage den Hamas-Terror vielleicht nicht direkt legitimiert haben, aber er stellte ihn in eine klare Abfolge von Grund und Folge, in dem der Terror als Antwort auf angeblich „erdrückende Besatzung“ dargestellt wurde.

Immerhin erwähnte der Generalsekretär in seinem Statement die Hamas namentlich – das war deutlich mehr, als etliche andere UNO-Vertreter und -Institutionen seit dem 7. Oktober hinbekommen haben. Die Generalversammlung und der Sicherheitsrat haben bis heute in nicht einer einzigen Resolution die Hamas namentlich verurteilt.

UNO-Vertreter und -Organisationen übernahmen in öffentlichen Äußerungen immer wieder unhinterfragt Behauptungen und Darstellungen der Hamas, so etwa in zahlreichen Stellungnahmen und Veröffentlichungen über die Opferzahlen im Gazastreifen, die direkt vom dortigen „Gesundheitsministerium“ übernommen wurden, obwohl dieses kaum etwas anderes war als ein Organ der Hamas und in den Zahlen zwischen zivilen Opfern und getöteten Kombattanten nicht unterschieden wurde.

Offensichtliche Propagandalügen der Hamas wurden von UNO-Vertretern verbreitet. So etwa, als sich am 17. Oktober 2023 eine Explosion beim al-Ahli-Krankenhaus im Norden des Gazastreifens ereignete. Sofort verbreitete das Hamas-„Gesundheitsministerium“ die Behauptung, eine israelische Rakete sei in das Gebäude eingeschlagen und habe beinahe 500 Zivilisten getötet. UNO-Generalsekretär Guterres griff die Behauptung sofort auf und postete auf X: „Ich bin entsetzt über die Tötung von Hunderten von palästinensischen Zivilisten bei einem Angriff auf ein Krankenhaus in

Gaza, den ich auf das Schärfste verurteile." (Guterres 2023b) Zusätzlich verurteilte er in einer Presseerklärung in einem Atemzug den „Angriff" auf das al-Ahli-Krankenhaus und einen Luftschlag gegen eine UNRWA-Einrichtung (United Nations Meetings Coverage and Press Releases 2023). Stets wurde suggeriert, dass Israel für die Attacken verantwortlich gewesen sein muss.

Tatsächlich gab es keinen israelischen Angriff auf das Krankenhaus, sondern eine Rakete, die von der Terrorgruppe Palästinensischer Islamischer Dschihad auf Israel abgefeuert worden war, ist, wie viele andere palästinensische Raketen auch, im Gazastreifen eingeschlagen. Getroffen worden war auch nicht das Krankenhaus, sondern ein Parkplatz davor, und die Zahl von fast 500 Toten war deutlich übertrieben. Guterres war nicht der Einzige, der die Hamas-Lügen über den Angriff verbreitete, auch zahlreiche renommierte Medien taten das, aber das macht die Sache kaum besser: Er hatte Israel für einen Angriff „aufs Schärfste" verurteilt, den dieses schlichtweg nicht durchgeführt hatte.

Israelische Operationen bei oder in Krankenhäusern im Gazastreifen wurden von UNO-Vertretern wortreich als Verletzungen des humanitären Völkerrechts verurteilt, demzufolge es sich bei Krankenhäusern um besonders geschützte Einrichtungen handelt. Am 30. Dezember 2024 kritisierte Tedros Adhanom Ghebreyesus, der Chef der Weltgesundheitsorganisation WHO, israelische Einsätze bei zwei Krankenhäusern und forderte: „Wir wiederholen: Stoppt die Angriffe auf Krankenhäuser." (Euractiv 2024) Tatsächlich hatte Israel nicht Krankenhäuser an sich angegriffen, sondern war gegen Hamas-Terroristen vorgegangen, die diese medizinischen Einrichtungen für militärische Zwecke missbrauchten, so wie sie den ganzen Krieg über schon Krankenhäuser als Waffenlager verwendeten, Einsatzzentralen darin einrichteten und israelische Geiseln darin festhielten. Diese nach internationalem Recht klaren Kriegsverbrechen der Hamas, mit denen sie die Krankenhäuser zu legitimen militärischen Zielen machte, wurden vom WHO-Chef nie explizit verurteilt. Während er und andere UNO-Vertreter über den verbrecherischen Missbrauch von Gesundheitseinrichtungen durch die Hamas schwiegen, prangerten sie Israel an, wenn es gegen Terroristen und deren Infrastruktur in Krankenhäusern vorging.

Ein eigenes Kapitel müsste der UNRWA gewidmet werden, der mit 30.000 Mitarbeitern größten Teilorganisation der Vereinten Nationen, die schon vor dem 7. Oktober 2023 wegen ihrer Durchsetzung mit Hamas-Mitgliedern, ihrer Duldung von israelfeindlicher und terrorverherrlichender Hetze und dem Umstand in der Kritik war, dass ihre Existenz nicht etwa der Überwindung, sondern ganz im Gegenteil der Aufrechterhaltung des palästinensischen Flüchtlingsproblems dient (Markl 2023).

Als die unmittelbare Beteiligung von UNRWA-Mitarbeitern an dem Hamas-Massaker in Israel und die Verwendung von UNRWA-Einrichtungen durch Hamas-Terroristen nicht mehr zu übersehen waren, beschloss rund ein Dutzend Länder, die Finanzierung der Organisation zu suspendieren. Die UNRWA reagierte mit einem zweistufigen Reinwaschungsprozess, dessen erste Stufe die Einsetzung einer „unabhängigen" Untersuchungskommission war, die einen Bericht vorlegte, welcher der UNRWA bis auf kleine Details im Großen und Ganzen einen Persilschein ausstellte. Angesichts der Auswahl der Mitglieder der Kommission und dem eingeschränkten Arbeitsauftrag, den sie erhielt, bestanden an diesem Ausgang von Anfang an keine Zweifel – die ganze Sache war eine PR-Aktion, deren einziger Zweck die Besänftigung der internationalen Geldgeber war (Markl 2024a).

Dieses Ziel wurde mit der zweiten Stufe des Reinwaschungsprozesses erreicht: der Entlassung von neun UNRWA-Mitarbeitern, bei denen die Beweislast für ihre unmittelbare Mitwirkung am Blutvergießen des 7. Oktober so erdrückend war, dass sie nicht mehr zu halten waren (Markl 2024b). Die neun Entlassungen, die nur die sprichwörtliche Spitze des Eisbergs sichtbar gemacht haben, erfüllten ihren Zweck: Bis auf die Schweiz und die USA haben alle übrigen Länder die Finanzierung der UNRWA wieder aufgenommen.

Sonderberichterstatterin Albanese

Kaum jemand repräsentiert die Voreingenommenheit und Parteilichkeit der Vereinten Nationen deutlicher als die 2022 vom UNO-Menschenrechtsrat zur „Sonderberichterstatterin zur Menschenrechtssituation in den seit 1967 besetzten palästinensischen Gebieten" ernannte Francesca Albanese, bei der von regelrechter Feindschaft zum jüdischen Staat gesprochen werden muss. 2014, schon Jahre vor ihrer Bestellung zur Sonderberichterstatterin, behauptete sie, die USA seien „von der jüdischen Lobby [...] unterjocht" worden. Im Zusammenhang mit den tausendfachen terroristischen Raketenangriffen auf Israel aus dem Gazastreifen durch die Hamas und anderer Terrorgruppen erklärte sie, „die Unterdrückten" würden sich „mit den einzigen Mitteln verteidigen, die sie haben (harmlose/wirkungslose Raketen)" (zit. n. Tress 2022).

Gleich zu Beginn ihrer Arbeit als Sonderberichterstatterin legitimierte sie antiisraelischen Terror mit den Worten: „Die palästinensische Gewalt, die wir erleben, ist unvermeidlich, denn seit 55 Jahren, also seit fast drei Generationen, wird einem Volk das Existenzrecht verweigert." (Zit. n. Neuer 2022) Auf einer im November 2022 ausgerechnet von der Hamas organisierten Konferenz bestätigte sie den Anwesenden: „Sie haben das Recht, sich dieser Besetzung zu widersetzen." (Zit. n. Anti-Defamation League 2024c)

Nach dem Hamas-Massaker vom 7. Oktober bestritt sie, dass die Bluttaten etwas mit dem notorischen Antisemitismus der Hamas zu tun gehabt hätten. Als Frankreichs Präsident Emmanuel Macron den 7. Oktober als „größtes antisemitisches Massaker unseres Jahrhunderts" bezeichnete, antwortete Albanese ihm: „,Das ‚größte antisemitische Massaker unseres Jahrhunderts'? Nein, Herr @EmmanuelMacron. Die Opfer des 7.10. wurden nicht wegen ihres Judentums getötet, sondern als Reaktion auf die Unterdrückung durch Israel." (Zit. n. ebd.)

Das deutsche Außenministerium verurteilte diese Äußerungen in außergewöhnlich undiplomatischen Worten. Den Hamas-Terror „zu rechtfertigen und ihren antisemitischen Charakter zu leugnen, ist entsetzlich. Solche Erklärungen in einer UN-Funktion abzugeben ist eine Schande und widerspricht allem, wofür die Vereinten Nationen stehen" (German Foreign Office 2024).

In den Tagen nach dem Massaker warnte Albanese davor, „unbestätigte Informationen" über Vergewaltigungen durch Hamas-Terroristen zu verbreiten (Albanese 2023a). Nachdem sie auch in den folgenden Monaten keine klaren Worte über die zahlreichen Akte sexualisierter Gewalt der Hamas gefunden hatte, erklärte sie anlässlich des Weltfrauentages am 8. März 2024, ihre Gedanken seien bei den „Frauen und jungen Mädchen in Gaza" und setzte dann fort: „Meine Gedanken sind auch bei den israelischen Frauen, insbesondere bei den Soldatinnen: Was habt ihr getan, was ist aus euch geworden? Ihr Lieben, wenn ihr das begreift, wird euch das für immer verfolgen." (Zit. n. Anti-Defamation League 2024a)

Gleichsetzungen Israels mit dem Nationalsozialismus gehörten seit Langem zum Standardrepertoire von Albaneses israelfeindlicher Agitation, daher war es kaum überraschend, dass sie nach dem Hamas-Massaker vom 7. Oktober 2023 immer wieder auf dieses klassische Argumentationsmuster des israelbezogenen Antisemitismus zurückgriff. So schrieb sie im Dezember 2023 auf X: „Liebe Europäer, Italiener, Deutsche: nach dem Holocaust sollten wir instinktiv wissen, dass Völkermord mit der Entmenschlichung des Anderen beginnt. Wenn Israels aktueller Angriff auf die Palästinenser nicht unsere starke Reaktion hervorruft, hat uns die dunkelste Seite unserer jüngsten Geschichte nichts gelehrt." (Albanese 2023b)

Im Sommer 2024 war Israels Premier Benjamin Netanjahu zu Gast in Washington. Ein User postete in Bezug darauf auf X zwei Bilder: Eines zeigte Hitler kurz vor seiner Ernennung zum Reichskanzler, auf dem anderen war Netanjahu bei seiner Rede im US-Kongress zu sehen. Überschrieben waren die beiden Fotos mit: „Die Geschichte schaut immer zu." Albanese antwortete auf dieses Hitler und Netanjahu gleichsetzende Posting mit den Worten: „Das ist genau das, was ich heute gedacht habe." (Zit. n. Anti-Defamation League 2024b)

Im Oktober 2024 schrieb Albanese, gerade von den Deutschen (und Italienern) hätte man erwarten müssen, dass sie „an vorderster Front der Opposition gegen den Netanjahu-geführten Angriffs auf den Gazastreifen" stünden, und fuhr fort: „Unsere kollektive Vergesslichkeit gegenüber dem, was vor 100 Jahren zum Expansionsdrang des Dritten Reiches und zum Völkermord an Menschen führte, die nicht der ‚reinen Ethnie' entsprachen, ist irrsinnig. Und sie führt dazu, dass ein weiterer Völkermord verübt wird." (Zit. n. Greenblatt 2024)

Nachdem israelische Truppen im Juli 2024 vier Geiseln befreien konnten, wobei es zu heftigen Gefechten mit palästinensischen Terroristen kam, attestierte Albanese Israel, nicht etwa einen Krieg gegen eine Terrororganisation zu führen, sondern einen Völkermord an den Palästinensern in Gaza begehen zu wollen: „Israel weigerte sich [einen Waffenstillstand zu schließen], um die Zerstörung des Gazastreifens und der Palästinenser als Volk fortzusetzen. Dies ist die Umsetzung einer völkermörderischen Absicht in die Tat. Glasklar." (Albanese 2024a) Zusammen mit anderen UNO-Menschenrechtsexperten warf sie dem jüdischen Staat neben Völkermord auch noch „Domizid, Urbizid, Medizid, kultureller Völkermord und neuerdings auch Ökozid" vor (United Nations Human Rights/Office of the High Commissioner 2024a).

Einen Tag nach Weihnachten 2024 verbreitete Albanese erneut eine Gräuelgeschichte über angeblich von der israelischen Armee begangene Verbrechen, um hinzuzufügen, diese sei „durch und durch VERDORBEN". Ein Follower konnte Albaneses Hinweis nur zustimmen und schrieb: „Es ist nicht überraschend, dass das von den Juden kommt, ihre Grausamkeit kennt keine Grenzen." Und er fügte hinzu: „Juden sind in der Lage, Menschenfleisch zu essen." Wer erwartet hätte, dass Albanese diese offen antisemitische Hetze verurteilt, wurde von ihr eines Besseren belehrt. Anstatt den

Mann unzweideutig zurechtzuweisen, antwortete sie ihm: „Bitte schreiben Sie nicht allen Juden zu, was Israel tut." (Albanese 2024b) Für Albanese essen also nicht alle Juden Menschenfleisch, sondern „nur" die Israelis. Das amerikanische *Commentary Magazine* verlieh ihr daraufhin den Titel „Global Anti-Semitism's Leading Lady" (Mandel 2025).

Dass Albaneses israelfeindliche Agitation selbst für UNO-Maßstäbe ungeheuerlich ist, dürfte im Laufe der Zeit sogar Generalsekretär Guterres klar geworden sein. Gegenüber der damaligen Sonderbeauftragten der Vereinigten Staaten für die Überwachung und Bekämpfung von Antisemitismus, Deborah Lipstadt, die ihn auf die Vielzahl skandalöser und antisemitischer Statements Albaneses angesprochen hatte, soll Guterres diese mehrfach als „furchtbare Person" bezeichnet haben (Tress 2025). Konsequenzen hatte sie bisher aber keine zu fürchten.

Ein letztes Beispiel mag verdeutlichen, wo die Vereinten Nationen im Umgang mit Israel heute angekommen sind. Nach der eingangs erwähnten israelischen Operation gegen Tausende Mitglieder des bewaffneten Flügels der Hisbollah im Libanon veröffentlichten UNO-Menschenrechtsexperten, darunter Francesca Albanese, eine Stellungnahme, in der sie Israels Aktion als „erschreckende[n] Verstoß gegen das Völkerrecht" verurteilten und erklärten: „Wir drücken den Opfern dieser Anschläge unsere tiefste Solidarität aus." (United Nations Human Rights/Office of the High Commissioner 2024b) Hochrangige Vertreter der Vereinten Nationen versicherten also den Mitgliedern einer vom Iran unterhaltenen islamistischen Terrororganisation, die sich das Ziel der Vernichtung Israels auf die Fahne geschrieben hat, ihre „tiefste Solidarität". Muss noch extra erwähnt werden, dass bei den Vereinten Nationen selbstverständlich nicht ein Wort der Kritik an diesem Statement aufkam?

Die Vereinten Nationen haben, wie Hillel Neuer, der Geschäftsführer von UN Watch, bei einem Vortag in Wien feststellte, nach dem 7. Oktober „komplett versagt" (Neuer 2024). Aber wie nach dem hier präsentierten Streifzug durch die Geschichte des Verhältnisses zwischen den Vereinten Nationen und Israel deutlich geworden sein sollte: All das war nicht überraschend, sondern das Ergebnis eines israelfeindlichen Ungeistes, der bei den Vereinten Nationen seit spätestens Mitte der 1970er Jahren gang und gäbe ist. Deshalb ist es leider keine Übertreibung, den Vereinten Nationen 80 Jahre nach ihrer Gründung zu attestieren, dass sie (mit all ihren Unter- und Nebenorganisationen) die mit Abstand größte israelfeindliche Organisation der Welt sind.

Literatur

Albanese, Francesca (2023a): Caution!Numerous claims are circulating…, X, 11.10.2023, https://x.com/FranceskAlbs/status/1712059782029328580.

Albanese, Francesca (2023b): Fellow Europeans, Italians, Germans: after the Holocaust, we should instinctively know that Genocide starts with dehumanizing the Other…, X, 04.12.2023 https://x.com/FranceskAlbs/status/1731646447777427668.

Albanese, Francesca (2024a): Relieved that four hostages have been released…, X, 08.06.2024 https://x.com/FranceskAlbs/status/1799503174933372999.

Albanese, Francesca (2024b): Do not attribute what Israel does to all Jewish people…, X, 25.12.2024, https://x.com/FranceskAlbs/status/1871715892561846371.

Anti-Defamation League (2024a): By this point, no one could think that Albanese has the impartiality required of someone in her position…, X, 12.03.2024, https://x.com/ADL/status/1767361721113481525.

Anti-Defamation League (2024b): This isn't the first time Albanese has engaged in antisemitism by trivializing the Holocaust…, X, 25.07.2024, https://x.com/ADL/status/1816581111050375178.

Anti-Defamation League (2024c): Francesca Albanese in Her Own Words, https://www.adl.org/resources/article/francesca-albanese-her-own-words.

Beker, Avi (1988): The United Nations and Israel. From Recognition to Reprehension, Lexington/Toronto: Lexington Books.

Curtis, Michael (1986): Africa, Israel and the Middle East, in: Curtis, Michael (Hg.): The Middle East Reader, New Brunswick/Oxford: Routledge, 415–432.

Euractiv (2024): WHO chief calls for end to hospital attacks in Gaza after strike, 30.12.2024, https://www.euractiv.com/section/politics/news/who-chief-calls-for-end-to-hospital-attacks-in-gaza-after-strike/.

Feuerherdt, Alex (2022): UNO: Die feinen Freunde des Miloon Kothari, in: Mena-Watch, 12.09.2022, https://www.mena-watch.com/uno-die-feinen-freunde-des-miloon-kothari/.

Feuerherdt, Alex/Markl, Florian (2018): Vereinte Nationen gegen Israel. Wie die UNO den jüdischen Staat delegitimiert, Berlin: Hentrich & Hentrich.

Freedman, Rosa (2014): Failing to Protect. The UN and the Politics of Human Rights, London: Hurst & Company.

German Foreign Office (2024): To justify the horrific terror attacks of 7/10 & deny their antisemitic nature is appalling…, X, 11.02.2024, https://x.com/GermanyDiplo/status/1756674368606736529.

Gensicke, Klaus (2007): Der Mufti von Jerusalem und die Nationalsozialisten. Eine politische Biographie Amin El-Husseinis, Darmstadt: wbg.

Gold, Dore (2009): The UN Gaza Report: A Substantive Critique. An Expanded Text of Ambassador Dore Gold's Presentation During an Exchange with Justice Richard Goldstone at Brandeis University on November 5, 2009, https://jcpa.org/wp-content/uploads/2011/09/GoldGoldstone-5nov09.pdf.

Goldstone, Richard (2011): Reconsidering the Goldstone Report on Israel and war crimes, in: Washington Post, 01.04.2011, https://www.washingtonpost.com/opinions/reconsidering-the-goldstone-report-on-israel-and-war-crimes/2011/04/01/AFg111JC_story.html.

Greenblatt, Jonathan (2024): At this point [...] UN officials should check their biases at the door and maintain professional standards..., X, 15.10.2024, https://x.com/JGreenblattADL/status/1846276664545923517.

Guterres, António (2023a): Secretary-General's remarks to the Security Council – on the Middle East, https://www.un.org/sg/en/content/sg/speeches/2023-10-24/secretary-generals-remarks-the-security-council-the-middle-east%C2%A0.

Guterres, António (2023b): Horrified by the killing of hundreds of Palestinian civilians..., X, 18.10.2023, https://x.com/antonioguterres/status/1714416230877073664.

Harkabi, Yehoshafat (1980): Das palästinensische Manifest und seine Bedeutung, Stuttgart: Seewald

Herf, Jeffrey (2016): Undeclared Wars with Israel. East Germany and the West German Far Left 1967–1989, New York: Cambridge University Press.

Horowitz, David (1953): State in the Making, New York: Knopf.

Human Rights Council (2024): Resolution adopted by the Human Rights Council on 5 April 2024 55/28. Human rights situation in the Occupied Palestinian Territory, including East Jerusalem, and the obligation to ensure accountability and justice, https://documents.un.org/doc/undoc/gen/g24/067/64/pdf/g2406764.pdf.

Licklider, Roy (2008): The Power of Oil: The Arab Oil Weapon and the Netherlands, the United Kingdom, Canada, Japan, and the United States, in: International Studies Quarterly, 32(2), 205–226.

Lubet, Steven (2019): The Protocols of the Euphemisms of Zion, 15.07.2019, https://www.thebulwark.com/p/the-protocols-of-the-euphemisms-of-zion.

Mallmann, Klaus-Michael/Cüppers, Martin (2006): Halbmond und Hakenkreuz. Das Dritte Reich, die Araber und Palästina, Darmstadt: wbg.

Mandel, Seth (2025): Global Anti-Semitism's Leading Lady, 15.01.2025, https://www.commentary.org/seth-mandel/global-anti-semitisms-leading-lady/.

Manor, Yohanan (1997): To Right a Wrong. The Revocation of the General Assembly Resolution 3379 Defaming Zionism, New York: Shengold.

Markl, Florian (2022): UN-Vertreter: Social Media werden von der „jüdischen Lobby" kontrolliert, in: Mena-Watch, 28.07.2022, https://www.mena-watch.com/un-vertreter-social-media-judische-lobby/.

Markl, Florian (2023): Guter Flüchtling, besserer Flüchtling, in: Der Pragmaticus, 20.12.2023, https://www.derpragmaticus.com/r/fluechtlingshilfswerk-unrwa.

Markl, Florian (2024a): Die UNRWA-Farce, in: Mena-Watch, 28.04.2024, https://www.mena-watch.com/die-unrwa-farce/.

Markl, Florian (2024b): Nächstes Kapitel in der UNRWA-Farce, in: Mena-Watch, 08.08.2024, https://www.mena-watch.com/nachstes-kapitel-in-der-unrwa-farce/.

Mena-Watch (2024): Hillel Neuer: »Die UNO hat nach dem 7. Oktober 2023 komplett versagt, YouTube, 13.09.2024, https://www.youtube.com/watch?v=JKZCKpeK4pA&t=3256s.

Merari, Ariel/Elad, Shlomi (1986): The International Dimension of Palestinian Terrorism, Jerusalem: Westview Press.

Mickolus, Edward F. (1980): Transnational Terrorism. A Chronology of Events, 1968–1979, Westport: Cambridge University Press.

Moynihan, Daniel Patrick (1979): A Dangerous Place, London: Secker & Warburg.

Müller, Joachim (2006): Reforming the United Nations. The Struggle for Legitimacy and Effectiveness, Leiden: Brill.

Muravchik, Joshua (2014): Making David into Goliath. How the World Turned Against Israel, New York/London: Encounter Books.

Neuer, Hillel (2022): UNHRC Palestine Rapporteur [...] Excusing violence is the opposite of human rights..., X, 17.05.2022, https://x.com/HillelNeuer/status/1526543254363291649.

Palestine at the United Nations (1975): The Speech of Yasser Arafat, in: Journal of Palestine Studies, 4(2), https://www.palestine-studies.org/sites/default/files/attachments/jps-articles/2535860.pdf, 182–192.

Rabinovici, Doron/Speck, Ulrich/Sznaider, Natan (2004): Einleitung, in: Dies. (Hg.): Neuer Antisemitismus? Eine globale Debatte, Frankfurt am Main 2004: Suhrkamp.

Schoenberg, Harris O. (1989): A Mandate for Terror. The United Nations and the PLO, New York: S.P.I.

Shalom, Silvan (2014): A fence built for peace, in: The Guardian, https://www.theguardian.com/world/2004/feb/03/comment.

Talmon, Jakob L. (1976): The New Anti-Semitism, in: The New Republic, September 1976, 18–23.

The New York Times (1974): Dangerous Debate, in: The New York Times, 14.11.1975, https://www.nytimes.com/1974/11/14/archives/dangerous-debate.html.

Tress, Luke (2022): UN Palestinian rights official's social media history reveals antisemitic comments, in: Times of Israel, 14.12.2022, https://www.timesofisrael.com/un-palestinian-rights-officials-social-media-history-reveals-antisemitic-comments/.

Tress, Luke (2025): UN chief called special rapporteur for the Palestinians a "horrible person," US antisemitism envoy says, in: Times of Israel, 15.01.2025, https://www.timesofisrael.com/liveblog_entry/un-chief-called-special-rapporteur-for-the-palestinians-a-horrible-person-us-antisemitism-envoy-says/.

Troy, Gil (2013): Moynihan's Moment. America's Fight Against Zionism as Racism, Oxford: Oxford University Press.

UN Watch (2025): Human Rights Council Condemnatory Resolutions, 2006 – present, https://unwatch.org/database/.

UN-Generalversammlung (1947): Resolution 181 (II), http://www.un.org/depts/german/gv-early/ar181-ii.pdf.

United Nations (2024): Current Exhibits: Memories, https://www.un.org/en/exhibits/page/now-view.

United Nations Chronique (2004): Message du Secrétaire général: L'antisémitisme a été le signe avant-coureur de la discrimination, https://www.un.org/french/pubs/chronique/2004/numero2/0204p4.html.

United Nations General Assembly (1969): Resolution 2535 (XXIV). United Nations Relief and Works Agency for Palestine Refugees in the Near East, https://documents.un.org/doc/resolution/gen/nr0/256/69/img/nr025669.pdf?OpenElement.

United Nations General Assembly (1970): Resolution 2708 (XXV). Implementation of the Declaration on the Granting of Independence to Colonial Countries and Peoples, https://documents.un.org/doc/resolution/gen/nr0/349/73/img/nr034973.pdf?OpenElement.

United Nations General Assembly (1974a): Resolution 3236 (XXIX). Question of Palestine, https://www.un.org/unispal/wp-content/uploads/2016/05/ARES3236XXIX.pdf.

United Nations General Assembly (1974b): 3246 (XXIX). Importance of the universal realization of the right of peoples to self-determination and of the speedy granting of independence to colonial countries and peoples for the effective guarantee and observance of human rights, https://docs.un.org/en/a/res/3246(xxix).

United Nations General Assembly (1975a): Resolution 3376 (XXX). Question of Palestine, https://www.un.org/unispal/wp-content/uploads/2016/04/RES3376.pdf.

United Nations General Assembly (1975b) Resolution 3379 (XXX). Elimination of all forms of racial discrimination, 10. November 1975, https://www.securitycouncilreport.org/atf/cf/%7B65BFCF9B-6D27-4E9C-8CD3-CF6E4FF96FF9%7D/IP%20A%20RES%203379.pdf.

United Nations General Assembly (1977): Resolution 32/40. Question of Palestine, https://documents.un.org/doc/resolution/gen/nr0/312/75/pdf/nr031275.pdf.

United Nations General Assembly (1991): Resolution 46/86. Elimination of racism and racial discrimination, 16. Dezember 1991, https://www.securitycouncilreport.org/atf/cf/%7B65BFCF9B-6D27-4E9C-8CD3-CF6E4FF96FF9%7D/IP%20ARES46%2086.pdf.

United Nations Human Rights Council (2025a): Year-round activities of the Human Rights Council, https://www.ohchr.org/en/hr-bodies/hrc/year-round-activities.

United Nations Human Rights Council (2025b): The Independent International Commission of Inquiry on the Occupied Palestinian Territory, including East Jerusalem, and Israel, https://www.ohchr.org/en/hr-bodies/hrc/co-israel/index.

United Nations Human Rights/Office of the High Commissioner (2024a): UN experts warn international order on a knife's edge, urge States to comply with ICJ Advisory Opinion, https://www.ohchr.org/en/statements/2024/09/un-experts-warn-international-order-knifes-edge-urge-states-comply-icj-advisory.

United Nations Human Rights/Office of the High Commissioner (2024b): Exploding pagers and radios: A terrifying violation of international law, say UN experts, https://www.ohchr.org/en/press-releases/2024/09/exploding-pagers-and-radios-terrifying-violation-international-law-say-un.

United Nations Meetings Coverage and Press Releases (2023): Secretary-General Condemns Fatal Attacks on Al Ahli Anglican Episcopal Hospital, UNRWA School in Gaza, Stresses Premises Are Protected under International Law, https://press.un.org/en/2023/sgsm21992.doc.htm.

United Nations Security Council (1967): Resolution 242, https://digitallibrary.un.org/record/90717/files/S_RES_242%281967%29-EN.pdf?ln=en.

United Nations Security Council (1968) Resolution 262, https://undocs.org/S/RES/262 (1968).

United Nations Security Council (2025): United Nations Security Council Consolidated List, https://main.un.org/securitycouncil/en/content/un-sc-consolidated-list.

Vom Kulturrelativismus zum Antizionismus

Der ideologische Impact der Islamischen Republik Iran im Westen vor und nach 10/7

Andreas Benl

Geschichte und Gegenwart im Mittleren Osten können dem Betrachter erscheinen wie in der ‚Angelus Novus'-Interpretation in Walter Benjamins *Begriff der Geschichte*: eine einzige Katastrophe, die unablässig „Trümmer auf Trümmer häuft" und sie dem Engel der Geschichte vor die Füße schleudert, bis dato ohne Hoffnung auf Umkehr (Benjamin 1977: 255). Gleichwohl zeichnet sich die politische Landschaft dieser Region seit mindestens zwei Jahrzehnten durch eine ungeheure Dynamik aus. Unter den von Kriegen und Regimewechseln gezeichneten Gesellschaften erscheint die Islamische Republik Iran als eine der wenigen in der Zeit des Kalten Kriegs zwischen USA und Sowjetunion entstandenen Ordnungen, die sich kontinuierlich an der Macht hält, ohne Abstriche an ihrem ideologischen Programm zu machen. Es gilt zu fragen, welche Faktoren die Überlebensfähigkeit des iranischen Regimes ausmachen. Man kann die Erfolge der Expansionspolitik der Islamischen Republik am wenigsten auf Basis ihrer ökonomischen und militärischen Potenziale verstehen, die sich mit denen der antiwestlichen Großmächte China und Russland nicht messen können. Mehr Aufschluss liefern die politisch-ideologischen Reaktionen der westlichen Gegenspieler der Islamischen Republik.

Unter allen islamistischen Herrschaftssystemen ist die Islamische Republik das nachhaltigste. Die sunnitischen Muslimbrüder und die Terrorgruppen Al-Qaida und ‚Islamischer Staat' sind überall gescheitert. Recep Tayyip Erdoğans Herrschaftssystem ist eine islamistisch-autoritäre Mischform. Ihm fehlen sowohl eine eindeutige Legitimation durch eine sunnitisch-hierarchische Organisation als auch eine ‚Revolutionsgarde'. Außerdem handelt Erdoğan nicht konsequent – weder ist er aus der NATO ausgetreten, noch hat er einen mit dem Iran vergleichbaren Bruch mit Israel vollzogen. Im Kontrast dazu ist die Islamische Republik Iran immer noch ein System des revolutionären Djihadismus, welches an seiner Feindschaft zur westlich-bürgerlichen Weltordnung, zu den USA und Israel konsequent festhält. Wie kommt es, dass ausgerechnet dieses Regime vom Westen immer wieder mit diplomatischen Avancen bedacht wird, anstatt nachhaltig kritisiert, boykottiert oder gar mit militärischen Antworten auf seine Angriffe gegen seine arabischen Nachbarn, Israel, die USA und Europa konfrontiert zu werden?

Diese Frage soll zunächst im Spiegel bürgerlich-liberalkonservativer, linker und rechtsradikaler Reaktionen auf das Regime beleuchtet werden. Im zweiten Teil wird auf Veränderungen seit dem Überfall von Hamas und Islamischem Djihad auf Israel vom 7. Oktober 2023 eingegangen. Die Arbeitshypothese lautet, dass der Antisemitismus des Regimes eine relevante Rolle in der politisch-ideologischen Konstellation zwischen Teheran und dem Westen spielt, ohne dass man diesbezüglich zwangsläufig eine ideologische Identität zwischen den Herrschern der Islamischen Republik und ihren westlichen Interpreten oder Verhandlungspartnern unterstellen müsste.

Zum Verhältnis der bürgerlich-demokratischen Welt zur Islamischen Republik Iran

Vordergründig scheint es logisch, sich heute in Analysen der Konkurrenz der westlichen Staaten mit ihren autoritären Antipoden hauptsächlich mit Russland und China zu beschäftigen, die über ein größeres militärisches und ökonomisches Potenzial verfügen als die Islamische Republik Iran. Schon der Zweite Weltkrieg war aber in gewisser Weise ein asymmetrischer Krieg: zwar weitgehend in konventionellen Schlachtordnungen zwischen regulären Armeen geführt, aber auf deutscher Seite als eine geografische und zivilisatorische Grenzen sprengende antisemitische Mission.

Im Fall des Iran ist diese asymmetrische Konstellation zwischen einer antiwestlichen Diktatur und den demokratisch verfassten Staaten noch deutlicher: Die Islamische Republik hat im Gegensatz zu Nazideutschland kein ökonomisches oder militärisches Potenzial, das sich mit westlichen Industrieländern messen könnte. Trotzdem halten die Herrscher in Teheran die Großmächte seit über vier Jahrzehnten in Schach und in Atem. Wie kann das sein?

Die Volksrepublik China bewegt sich ökonomisch nahezu auf Augenhöhe mit den USA und Europa. Putins Russland hat gegenüber dem Westen wenigstens ein militärisches Drohpotenzial, das es im Februar 2022 mit dem Überfall auf die Ukraine in Europa entladen hat. Beide Regime sind militärisch und ökonomisch stärker als die Islamische Republik, beiden fehlt aber ein ideologischer Kitt, der ihre Bündnispartner jenseits opportunistischer Kalküle an sie bindet.

Hier können nicht die Details der Geschichte der Beziehungen zwischen der Islamischen Republik und dem Westen dargelegt werden.[1] Relevant für die hier dargelegten Erwägungen ist, wie die Islamische Republik bis dato in der ganzen Welt des arabischen Islamismus, aber auch von Asien über Afrika, Lateinamerika bis nach Europa mit minimalem Aufwand seine ökonomischen und militärischen Defizite gegenüber Freunden, Kollaborateuren und Verhandlungspartnern kompensiert. Zwar wird immer wieder behauptet, der Glanz des alten Persiens mache die iranischen Islamisten zu etwas Besonderem.[2] Diese verabscheuen jedoch alle nichtislamischen kulturellen Artefakte. Auch die innerhalb des Islams minoritäre schiitische Religion bietet keine Perspektive für globalen ideologischen Einfluss unter sunnitischen Islamisten oder gar unter Nichtmuslimen. Es ist gerade nicht irgendeine kulturelle Besonderheit, die die Spezifik der Islamischen Republik ausmacht, sondern der von ihr propagierte Blick hinter die Kulissen der vermeintlichen zionistischen Weltverschwörung, der ihr Macht und Anhänger in den verschiedensten Regionen der Welt verleiht.

Um dem Anschein von Immunität gegen hilflose oder unernste westliche Eindämmungsversuche auf die Spur zu kommen, der das Herrschaftssystem der Islamischen Republik umgibt, muss man die Komponenten der Dichotomie von „the liberal world order and its anti-liberal nationalist and authoritarian opponents" – so paradigmatisch der Neokonservative Robert Kagan in der liberalen *Washington Post* (Kagan 2019) – genauer unter die Lupe nehmen und die Begrifflichkeit der liberalen Weltordnung entmythologisieren.

Diese liberale Weltordnung wird selten bis gar nicht im Rahmen der Geschichte bürgerlicher Gesellschaften und ihrer – von Marx und Engels 1848 im *Kommunistischen Manifest* (Marx/Engels 1959) gefeierten – spezi-

1 Siehe zum internationalen Kontext: Grigat/Hartmann (2010); zur Geschichte der deutsch-iranischen Beziehungen: Küntzel (2009); Grigat (2017); zu einer dem deutschen politischen Establishment nahestehenden Interpretation der Beziehungen Deutschlands, der EU und der USA zur Islamischen Republik: Perthes (2008).

2 Siehe z. B. ein Statement des ehemaligen deutschen Außenministers Joschka Fischer: „Welche Rolle soll dieses große Land mit seiner alten, stolzen Zivilisation demnach in der Region und in der Weltpolitik spielen? Ohne eine befriedigende Antwort auf diese Frage wird die gesamte Region instabil bleiben und das Risiko einer die Region übersteigenden Kriegsgefahr im Laufe der kommenden Jahre zunehmen." (Fischer 2019)

fischen neuen Produktionsweise definiert, sondern als normativer Begriff: als Opposition gegen anti-liberale, nationalistische und autoritäre Tendenzen; außerdem als Affirmation der gesellschaftlichen Errungenschaften seit den Revolutionen in Frankreich und Amerika: den Menschenrechten und der *Rule of law*. Hinzu kommen noch die spezifisch europäischen Werte des Multilateralismus und des „regelbasierten" Verkehrs zwischen Staaten.

Gemessen an diesen Standards sind Putins Russland und das System der Volksrepublik China in seiner heutigen Gestalt tatsächlich Antipoden der liberalen Weltordnung. Aber sie schienen sich seit Mao Zedongs Tod und der Auflösung der Sowjetunion zumindest ansatzweise in einem Orbit zu bewegen, den klassische Liberale wie Ludwig von Mises als Basis des bürgerlichen Liberalismus fassten (Mises 1927): eine Wirtschaft auf Basis des Privateigentums an Produktionsmitteln (allerdings zum Teil begrenzt durch staatliche Eingriffe), Nationalökonomie und Nationalstaatlichkeit.

Das postmaoistische China entwickelt seine militärische Macht auf Basis seines Erfolges in der internationalen kapitalistischen Wirtschaftskonkurrenz. Und selbst Putins Ölrentenstaat musste bis zum 24. Februar 2022 innenpolitisch ein Minimum an ökonomischem Benefit vorweisen und wurde daran gemessen. Die mangelnde ideologische Legitimation der russischen Expansionspolitik im internationalen Kontext wurde seit dem Angriffskrieg des Kremls gegen die Ukraine aber nur noch evidenter.

Die Herrscher der Islamischen Republik erkennen dagegen den Westen nicht einmal als Konkurrenten an. Nicht die Machtentfaltung durch wirtschaftliche Entwicklung, sondern „die Vernichtung eines als Projektion geschaffenen totalen Feindes" (Scheit 2017: 101) ist Staatsräson des Regimes, für die keine ökonomischen und politischen Unkosten gescheut werden. Dass viele Menschen im Iran mittlerweile die Kriegsabenteuer der Islamisten für ihr soziales Elend verantwortlich machen, ist zwar ein Problem für die religiöse Führung. Es hält sie aber für keinen Moment von ihrer ideologischen Mission ab, deren Fluchtpunkt die Vernichtung des jüdischen Staates ist. Bei allen historischen und ideologischen Unterschieden bietet ein Abgleich mit Franz Neumanns Analyse des nationalsozialistischen Behemoths Anhaltspunkte für das Wesen dieses Unstaats (Neumann 1988; Scheit 2017). Die sogenannte ‚Ökonomie des Widerstands' der Islamischen Republik folgt den Parametern einer Kriegswirtschaft mit einem apokalyptisch-antisemitischen Endziel abseits aller bürgerlich-utilitaristischen Normen.

Ausgerechnet dieser Antipode aller bürgerlich-liberalen Werte wurde von vielen Verteidigern der liberalen Weltordnung zumindest bis vor kurzem erstaunlich milde behandelt. Unterstellt, was die Verteidiger der liberalen Weltordnung als ‚regelbasierte' internationale Politik definieren, beinhalte das Verbot der Vernichtung eines Nationalstaats durch einen anderen, hätte man Teheran vor jeder Verhandlung als erstes eine Absage an das tagtäglich verkündete Ziel der Vernichtung Israels (und der USA) abverlangen müssen.

Wer das jedoch nicht tut, wird zur Geisel der iranischen Provokationen, sucht nach Rechtfertigungen – und macht am Ende womöglich sogar das Opfer Israel mit seinem ‚nationalistischen' Beharren auf seine Existenz für politische Verwerfungen im Westen und die vom Iran ausgehende Kriegsgefahr verantwortlich (Küntzel 2012). Das 2012 vieldiskutierte Gedicht von Günter Grass mit der Zeile „Die Atommacht Israel gefährdet den ohnehin brüchigen Weltfrieden", ist hier symptomatisch (zit. n. Augstein 2012). Solche Schuldzuweisungen an Israel sind ein entferntes Echo westlicher Reaktionen auf den Nazi-Antisemitismus,[3] den man in den frühen 1930er Jahren noch als verständliche Marotte eines deutschen Patrioten abtat. Wird der Antisemitismus aber aus diplomatischer Rücksichtnahme auf die Verhandlungspartner der Islamischen Republik ignoriert, verwandelt er sich in eine diplomatische Waffe der Antisemiten: Würden seine Konsequenzen zur Kenntnis genommen, so würde offenbar, dass die Islamische Republik nicht nach irgendeiner Rolle in der Weltpolitik sucht, sondern die wahnhafte Mission der Vernichtung Israels verfolgt, auf deren Weg Krieg und Verwüstung im ganzen Orient liegen. Westliche Gegenmaßnahmen bleiben Stückwerk, solange sie die antisemitische Raison d'Être des Regimes aus taktischen Gründen ignorieren.

Da man dieser Mission nicht auf dem Wege des diplomatischen Kompromisses entgegenkommen kann, ist die ganze Irandiplomatie von vornherein auf eine Parallelwelt jenseits jeglicher Fakten verwiesen. Was als deutsch-österreichischer Sonderweg des ‚kritischen Dialogs' mit dem Regime begann, wurde (von partiellen Abweichungen während der ersten Trump-Regierung 2016–2020 abgesehen) zum Modell westlicher Iranpolitik. Als Höhe- und Scheitelpunkt kann hier Barack Obamas Kairoer Rede vom Juni 2009 gelten, in der er als Hauptprobleme der von der islamischen Religion geprägten Regionen und Communities amerikanische Interven-

3 Siehe als meisterhaftes literarisches Dokument dazu die Dystopie *The Plot against America* (2004) von Philip Roth, in welcher der Fliegerheld Charles Lindbergh als pro-nazistischer und antisemitischer Isolationist Präsident der USA wird – ein Roman, der die damalige Popularität, Aussagen und Handlungen Lindberghs verarbeitet.

tionen, israelische Siedlungen und „the right of women and girls to wear the hijab" erklärte (Obama 2009).

Diese Rede Obamas kam bereits eine Woche später auf den Prüfstand, als im Iran ein Aufstand gegen die Herrscher der Islamischen Republik losbrach, der Millionen auf die Straße brachte. Der amerikanische Präsident hatte in seiner Rede Volk und Führung in eins gesetzt – ein Konflikt auf Leben und Tod zwischen beiden war nicht vorgesehen. Sowohl die US-Administration als auch die Regierungen der Europäischen Union verweigerten jegliche substanzielle politische oder auch nur moralische Unterstützung für die demokratische Protestbewegung im Iran. Sie erschien als Bedrohung eines ins Visier genommenen Atomdeals mit den Mullahs (Lake 2016). Daran hat sich seitdem substanziell nichts geändert – auch nicht über ein Jahrzehnt später während des Aufstands unter der Parole „Frau – Leben – Freiheit" 2022, der die Welt bewegte, aber zu keiner nachhaltigen Umkehr in der westlichen Iranpolitik führte.

Was den Antisemitismus der iranischen Theokratie betrifft, sprach Obama in einer Rechtfertigung des Irandeals von 2015 davon, dass ihr Antisemitismus die Herrschenden im Iran nicht davon abhalten könne, strategische Entscheidungen darüber zu treffen, wie sie an der Macht bleiben (Goldberg 2015). Dass der Antisemitismus keine äußerliche Zutat, sondern die Basis von Machtentfaltung und Selbsterhalt des iranischen Regimes sein könnte, leugnete Obama ähnlich wie seine europäischen Partner, die den Antisemitismus des Regimes regelmäßig als Rhetorik, nicht als Wesen und effektive ideologische Waffe des Regimes bezeichnen.

Linke, Linksliberale und die iranische Theokratie

Die Revolution von 1979 wurde von der iranischen und globalen radikalen Linken – abgesehen von wenigen Ausnahmen[4] – mehrheitlich als Befreiung von einer ‚(kultur-)imperialistischen Marionettenherrschaft' begrüßt.[5] Ob der poststrukturalistische Theoretiker Michel Foucault (Afary/Anderson

4 Für eine der seltenen frühen linken Kritiken an der Islamischen Revolution: Subrealistische Bewegung (1979).

5 Siehe exemplarisch die Sondernummer der Zeitschrift *Autonomie* zum Iran unmittelbar nach dem Umsturz von 1979 mit vielen prominenten Namen der damaligen undogmatischen Linken (Autonomie 1979). Die Begründungen der traditionalistischen kommunistischen Gruppen waren anders, unterschieden sich aber nicht in der Unterstützung für den Khomeinismus.

2005), der maoistische „Kommunistische Bund Westdeutschland" (KVZ 1979) oder die Zeitschrift *Autonomie* als Organ der antiautoritären Spontis: Sie alle begannen angesichts von Ruhollah Khomeinis Machtübernahme hoffnungsfroh den Islam als vermeintlich sozialrevolutionäre Religion zu studieren. Andere fantasierten sich den Nexus einfach zusammen. Der spätere grüne Außenminister Joschka Fischer, damals linksradikaler Sponti, formulierte seine Hoffnung auf eine postindustrielle Revolution folgendermaßen:

> In Persien versuchen sich die Leute einer Entwicklung zu entziehen, an deren Anfang sie stehen; wir dagegen versuchen dasselbe vom Höhepunkt dieser Entwicklung aus. Und vom Höhepunkt dieser Entwicklung aus tritt mehr und mehr wieder etwas Wesentliches in unserem Leben in den Vordergrund, das auch in der persischen Revolution elementare Bedeutung besitzt. Ich meine die Religion und das Heilige. (Fischer 1979)

Der Katzenjammer setzte bereits kurze Zeit später während der brutalen Verfolgung der Linken im Iran durch das neue Regime ein. Als Khomeini 1989 seine Todesfatwa gegen den Schriftsteller Salman Rushdie erließ, waren es dann zunächst linksliberale Intellektuelle, die sich an Rushdies Seite stellten (Malik 2009). Noch zehn Jahre später gab es große Kritik von Linken am iranischen Regime – und an der Kooperation der Bundesregierung mit den sogenannten Reformislamisten unter dem Präsidenten Mohammed Khatami (Jänicke 2000).

Die trotzkistische *World Socialist Website* bietet aufgrund ihres Online-Archivs bis zurück ins Jahr 1999 einen Einblick in linke (und linksliberale) Iranpositionen, die weit über diese Kleinstorganisation hinaus eine gewisse Repräsentativität haben: Bis zum Amtseintritt von Mahmud Ahmadineschād wurde das Regime im Iran als arbeiterfeindliche Diktatur scharf kritisiert, die aufgrund von Profitinteressen vom Westen unterstützt werde (Reissner/Steinberg 2000). Auch der Antisemitismus der Islamischen Republik kam zur Sprache (Shaoul 2000).

Nach dem Sieg von Mahmud Ahmadineschād bei den vom Regime kontrollierten Wahlen 2005 änderte sich dieses Bild schrittweise: Zunächst wurde Ahmadineschād als Mann vorgestellt, der innerhalb eines bürgerlich-nationalistischen Regimes eine sozialpopulistische Position vertrete (Rippert/Jones 2005). Während des Aufstands im Iran gegen Ahmadineschād nach den Pseudowahlen von 2009 steigerte sich diese Position zu einer Anklage der Anhänger des (regimetreuen) Gegenkandidaten von Ahmadineschād, Mir Hossein Mussawi, wegen angeblichem Pro-Imperialismus. Wut löste der Verdacht aus, die reformislamistische Opposition wolle den Antizionismus fallen lassen oder relativieren. Ahmadineschāds Israelhass wurde als „leere[.] Demagogie" verharmlost, seine Holocaustleugnung als lediglich taktisch kritisiert: als Steilvorlage für Israel und die USA (Symonds 2009).

Die marxistisch-leninistische Wortwahl der Trotzkisten unterschied sich vom Duktus undogmatischer Linker, mit ihrer Inschutznahme Ahmadineschāds standen sie allerdings nicht allein. Jahrelang wurde in der Bundesrepublik eine Debatte darüber geführt, ob Ahmadineschāds Rede von der Vernichtung Israels in Wirklichkeit ein „Übersetzungsfehler" (Amirpur 2010) einer „völkerrechtlich korrekten Forderung" (Schramm 2008) sei.

Bemerkenswert ist, dass sich das Verständnis ausgerechnet an einer Figur festmachte, die wie kein anderer Führer der Islamischen Republik den „reinen" Antisemitismus vertritt. Im Gegensatz zu den meisten anderen Repräsentanten des Regimes kann der ehemalige Revolutionsgardist Ahmadineschād keine führende Position in der religiösen Hierarchie des schiitischen Islam vorweisen. Ihm fehlt somit gerade der Ausweis der theologisch-identitären Besonderheit des Regimes in Teheran. Stattdessen erlangte er vor allem mit seinen antisemitischen Tiraden und seiner Holocaustleugnung bei akademischen und Medienauftritten internationale Bekanntheit.

Universitäre Apologien von Islam und Islamismus als Widerstandspol gegen die westliche Moderne haben dagegen spätestens seit den medial inszenierten Massenverbrechen des ‚Islamischen Staats' und seit dem Terror der Islamischen Republik gegen die ‚Frau, Leben, Freiheit'-Bewegung 2022 an Attraktivität eingebüßt. Das Feld der Beschwerden gegen die westliche bürgerliche Welt wird nun von Postkolonialismus und Antirassismus dominiert. Ihr Fluchtpunkt war bereits lange vor dem 7. Oktober die Israelfeindschaft (Elbe 2020a; Gruber 2022; Stosberg 2022).

Rechtskonservative und rechtsextreme Positionen zur Islamischen Republik

Auch wenn es keine statistischen Erhebungen und wenig Literatur zu diesem Komplex gibt, existieren stichhaltige Hinweise darauf, dass unter den selbsternannten Islamkritikern der Alternative für Deutschland (AfD) die konsequenten Gegner der Islamischen Republik Iran eine kleine Minderheit sind.[6] Als die Trump-Regierung in den USA 2018 aus dem Atomdeal mit dem Iran ausstieg, verurteilte Alexander Gauland dies für die AfD-Bundestagsfraktion und warf Bundeskanzlerin Angela Merkel vor, kein Konzept zum Erhalt des Atomabkommens und zur Sicherung deutscher Wirtschaftsinteressen im Iran zu haben (Gauland 2018). Der AfD-Bundestagsabgeordnete René Springer überbot diese Position noch mit expliziter Regime-Apologie: Während der Protestwelle zum Jahreswechsel 2017/2018 im Iran verfasste er einen Tweet mit dem Titel: „Stabiles Mullah-Regime statt Bürgerkrieg im Iran". Die USA versuchten laut Springer, das iranische Regime zu destabilisieren. Dies schüre die Gefahr eines Bürgerkriegs im Iran und einer anschließenden Flüchtlingswelle Richtung Europa. Man müsse sich deshalb auf die Seite des Regimes stellen, das laut Springer die „legitime Regierung des Iran" ist (Springer 2018; kritisch Moussavi 2017).

Im rechtsidentitären Spektrum um den Verleger Götz Kubitschek und dessen Zeitschrift *Sezession* ist der Befund noch eindeutiger. Man bekundet Verständnis für die Anti-Immigrationsmotive der sich pro-israelisch gebenden Islamkritiker, lehnt aber selbst jeden positiven Bezug auf Israel ab. Ihre Israelkritik definieren Kubitschek und Konsorten kaum anders als linke Antiimperialisten: als Abweichung einer vermeintlich künstlichen und gewaltförmigen anstatt wie anderswo angeblich natürlich-organischen Nationsbildung. Der „identitäre" Staat Israel sei in einem Raum gegründet worden, „der allen Hasbara-Mythen zum Trotz, die sich in den Köpfen vieler hiesiger Israelfans festgesetzt haben, blöderweise bereits besiedelt war. Er konnte sich nur durch Gewalt, Terrorismus, Krieg und ethnische Säuberung konstituieren. [...] Die nüchterne Tatsache besteht, daß Israel als Nationalstaat auf einer schiefen Ebene errichtet wurde." (Lichtmesz 2020)

Der auch hierzulande rezipierte neurechte russische Publizist Alexander Dugin geht noch einen Schritt weiter und fordert im saudi-iranischen Kampf „Islam gegen Islam" eine klare Parteinahme für die Islamische Republik. Seine Begründung lautet, der in Saudi-Arabien herrschende sunnitische Wahhabismus sei ein fanatischer Dogmatismus, der bürokratisch und pedantisch an den religiösen Texten hänge und damit jede spirituell-mystische Dimension ausschließe. Die Islamische Republik sei dagegen ein weniger der buchstabengetreuen Auslegung des Koran als mehr einer politischen Theologie mit antiwestlicher Ausrichtung verpflichteter Staat. Der sunnitische Wahhabismus der Saudis repräsentiert für Dugin das ‚Fremde'

6 Hagedorny (2022). Zu den Einflüssen von Faschismus und Nationalsozialismus auf Islamismus und Panarabismus Thörner (2021).

am Islam, während sich ihm die schiitische Islamische Republik als Projektionsfläche für seinen eigenen antiliberalen Traditionalismus anbietet (Dugin 2017).

Die Bedeutung von Antizionismus und Antisemitismus für das Herrschaftssystem der Islamischen Republik Iran und als ideologischer Brückenkopf in den Westen

Das Programm des Islamismus scheint auf den ersten Blick eine totale Stagnation und Ablehnung der Geschichte seit der Ära Mohammeds zu sein. Doch mit dem Konzept von Welāyat-e Faqih, der Vormundschaft des islamischen Rechtsgelehrten, führte Khomeini eine bedeutende Innovation ein: Die Zentralität verschiebt sich von den heiligen Texten weg und hin zum religiösen Führer als Mittler zwischen Gott und den Massen.

Islam ist hier weniger ein Begriff der religiösen und mehr der politischen Theologie, erinnernd an die Termini des Kronjuristen des ‚Dritten Reichs', Carl Schmitt. Schmitt definierte das Politische als Unterscheidung zwischen Freund und Feind und den Souverän als die Instanz, die über den Ausnahmezustand entscheidet. In der Islamischen Republik ist dies der von Allah beauftragte religiöse Führer. Noch wichtiger als die religiösen Gesetze oder die Definition des Inhalts einer bestimmten religiösen Orthodoxie ist die Identifizierung von metaphysischen Feinden – ganz oben auf der Liste der Zionismus und der Staat Israel (Küntzel 2017).

Die politische Spiritualität, die Rechts- und Linksidentitäre an der Islamischen Republik begeistert, besteht gerade darin, außer der Feindbestimmung kaum einen konkreten kulturell-politischen Inhalt zu haben. Der innere Hauptfeind der Islamischen Republik sind die Frauen, die sich dem Gebot der Zwangsverschleierung widersetzen (Naghibzadeh 2008). Die Außenpolitik Teherans gewinnt ihre Dynamik und Zielrichtung in der Mission der Vernichtung Israels. Diese Stoßrichtung machte seit 1979 ein diverses Bündnisspektrum möglich – von internationalen Schiitenmilizen über das formell säkulare syrische Regime bis hin zu antiimperialistischen und Neonazi-Unterstützern. Diese Mission unterscheidet die Islamische Republik laut Ali Khamenei von den Sektierern des IS, welche die antizionistische Essenz des Djihadismus verrieten und sich damit als Agenten des Westens und der Zionisten entlarvten. In einer vom Islamischen Zentrum Hamburg publizierten Rede hat der iranische religiöse Führer Khamenei 2014 stolz erklärt, dass es die antisemitisch motivierte Israelfeindschaft des

Regimes sei, der die überkonfessionelle Einheit des Islam – und letztendlich aller Religionen und Kulturen – verbürge:

> Wir sind nicht Gefangener der konfessionellen Grenzen geworden. Wir haben nicht unterschieden zwischen den Rechtsschulen der Schiiten, Sunniten, Hanefiten, Hanbaliten, Schafiiten und Zaiditen. Alle Palästinenser müssen zur Befreiung von der Besatzung bewaffnet werden. (Islamisches Zentrum Hamburg 2014)

Die weltpolitische Stellung der Islamischen Republik nach dem 7. Oktober 2023

Als Zwischenfazit kann man sagen, dass die ‚islamische Essenz' der Islamischen Republik, die nach dem Umsturz im Iran 1979 sowohl in den Apologien linker Antimodernisten als auch im Entsetzen erster bürgerlicher Reaktionen im Westen (Naumann/Joffe 1980, Taheri 1993 [1987]) eine Rolle spielte, immer weiter in den Hintergrund getreten ist. Nach der ‚Frau, Leben, Freiheit'-Bewegung von 2022 noch auf das Kopftuch als vermeintlichen antisexistischen ‚Schutz' zu rekurrieren, erscheint zumindest schwieriger als je zuvor.[7] Umso dreister fallen die offenen Parteinahmen für die Islamische Republik in Bezug auf ihre Frontstellung gegen Israel aus.

Die außenpolitische strategische Ausrichtung des Regimes im Iran kommt dieser Verschiebung entgegen: Dem Wüten sunnitischer Islamisten gegen alles vermeintlich Unislamische stellen die Herrscher der Islamischen Republik einen singulären Fokus auf den antizionistischen Antisemitismus gegenüber und können damit auf der Klaviatur nie bewältigter antisemitischer Ressentiments im Westen spielen. Man vergleiche dies mit den Propagandabemühungen Chinas und Russlands: Die Autokorsos für Putin waren nach dem Überfall auf die Ukraine schnell Geschichte, und von einer auf europäischen Straßen gegen Taiwan randalierenden Xi-Jugend ist

7 Siehe beispielsweise den heftig diskutierten Artikel der Journalistin Julia Neumann (Neumann 2022) in der taz: Sie warf der iranischen Aktivistin Masih Alinejad wenige Wochen vor dem ‚Frau, Leben, Freiheit'-Aufstand im Iran 2022 vor, mit ihrem Kampf gegen die Zwangsverschleierung im Iran westliche reaktionäre und paternalistische Narrative gegen Menschen muslimischer Herkunft zu bedienen, die ihren Ausgangspunkt im europäischen Kolonialismus hätten. Der Text erntete scharfen Widerspruch – wie die Replik der Kulturwissenschaftlerin Naïla Chikhi (Chikhi 2022), die vor dem Hintergrund eigener Erfahrungen mit dem Islamismus in Algerien der taz-Autorin Ignoranz gegenüber den Kämpfen und Leiden der Frauen im Maghreb und in der gesamten islamischen Welt vorwarf.

nirgends etwas zu sehen. Dafür trenden seit dem 7. Oktober 2023 umso mehr ‚Free Palestine'- und ‚From the River to the Sea'-Parolen, die de facto in die Hände von Ali Khamenei spielen. Genau das hat er auch in seinem Lob der Palästina-Proteste im Westen für sich reklamiert. Khamenei kann stolz auf Fahnen der Islamischen Republik und der Hisbollah auf Palästina-Demonstrationen in den USA und Europa verweisen, so etwa in einem offenen Brief an die „amerikanischen Universitätsstudenten mit einem Gewissen" (Khamenei 2024). Die mit der Islamischen Republik verbündeten jemenitischen Houthis konnten so zum Role Model von antiisraelischen Akademikern und Kulturaktivisten werden, wie Parolen auf zahlreichen Palästina-Demonstrationen in Europa und den USA nach dem 7. Oktober dokumentieren (Campaign Against Antisemitism 2024). Dies kann nicht mehr mit sublimen Formen des Ressentiments, etwa einem derangierten linken Internationalismus oder Islamophilie, erklärt werden. Die heutigen Parteinahmen für Teheran im Westen entspringen offensichtlich unmittelbarem antisemitischen Hass.

Je offener sich die Islamische Republik als Inspirator, Organisator und Sponsor des größten antisemitischen Massakers nach 1945 zeigte, desto stärker wurde ihr Rückhalt im westlichen Palästina-Aktivismus. Einer der Höhepunkte nach 10/7 war der von Solidarisierungen im westlichen Aktivistenmilieu begleitete erste direkte konventionelle Angriff auf Israel aus dem Iran im April 2024, als die Parolen der Islamischen Republik in den USA in Workshops der „Antikriegsbewegung" in Gewerkschaftsräumlichkeiten zur Nachahmung gelehrt wurden (Reingold 2024).

Das falsifiziert alle westlichen Analysen, die den Antisemitismus des Regimes als taktisches Beiwerk betrachten. Im Gegenteil: Dieser Antisemitismus ist nicht nur der ideologische Kern der Islamischen Republik. Er erweist sich heute mehr denn je als strategische Waffe, die dem Regime Einfluss im gegnerischen Lager der westlichen Demokratien verschafft.

Der 7. Oktober 2023 war auch eine Konterattacke gegen den für das Regime lebensbedrohlichen ‚Frau, Leben, Freiheit'-Aufstand seit dem Herbst 2022. Das aus Teheran logistisch (Said/Lieber/Faucon 2023) mit vorbereitete und gefeierte[8] antisemitische Terrorpogrom von Hamas und anderen Djihadistengruppen hat der Islamischen Republik ideologische Entlastung

8 Siehe den direkt zu Beginn des Terrorpogroms am 7. Oktober 2023 abgesetzten Tweet von Religionsführer Khamenei mit einem Video der um ihr Leben rennenden Gäste des von der Hamas attackierten Nova-Musikfestivals (Khamenei 2023): "God willing, the cancer of the usurper Zionist regime will be eradicated at the hands of the Palestinian people and the Resistance forces throughout the region. #AlAqsaStorm"

verschafft, nachdem sie ein Jahr vorher wie nie zuvor in die politische Defensive geraten war.

Der neueste Antisemitismus

Bei der Frage nach dem Trigger der antisemitischen Welle im Westen muss man zurückgehen auf die Thesen zum Antisemitismus, die zum Ende des Zweiten Weltkriegs Jean-Paul Sartre sowie Max Horkheimer und Theodor W. Adorno fast zeitgleich entwickelten: Sie beschrieben die Antisemiten als konformistische Rebellen, die in Situationen zur Tat schreiten, in denen sie sich einerseits gesellschaftlich dazu legitimiert fühlen und andererseits keine Gegenwehr befürchten müssen. Horkheimer und Adorno konstatierten: „Die Wut entlädt sich auf den, der auffällt ohne Schutz." (Horkheimer/Adorno 1988: 180)

Dementsprechend entlud sich der Antisemitismus sofort nach dem Angriff der Hamas vom 7. Oktober, der den jüdischen Staat zunächst in die Defensive brachte und seine weltweite Schutzfunktion für die Juden infrage stellte. Man muss davon ausgehen, dass der globale Antisemitismus erst dann wieder dauerhaft halbwegs unter Kontrolle gebracht werden kann, wenn Israel und iranische Oppositionelle ihre islamistischen Gegner dauerhaft besiegen.

Erste Thesen über die Träger des neuesten Antisemitismus im Westen, das postmodern-postkoloniale akademische und kulturelle Milieu, können hier nur kursorisch behandelt werden: Sartre konnte in seinen *Überlegungen zur Judenfrage* 1946 noch selbstverständlich schreiben: „Vergleichen wir einen Augenblick lang die revolutionäre Idee des Klassenkampfes mit dem antisemitischen Manichäismus. Für den Marxisten ist der Klassenkampf keineswegs ein Ringen des Guten gegen das Böse: Er ist ein Interessenkonflikt zwischen menschlichen Gruppen." Das Ziel des Revolutionärs sei „die Veränderung der gesellschaftlichen Organisationsform", also eine – trotz aller ideologischen Verwerfungen der traditionellen Arbeiterbewegung – auf materielle Interessen gründende rational bestimmbare Perspektive (Sartre 1994: 28f).

Es wäre vulgärmaterialistisch, einen unmittelbaren Zusammenhang von ökonomischem ‚Sein' und gesellschaftlichem ‚Bewusstsein' zu unterstellen. Aber die weitgehende Absenz des unmittelbaren ökonomischen Interesses in den Politikfeldern der nach 1968 entstandenen und hauptsächlich in den Mittelschichten verorteten postmateriellen, linksalternativen Milieus der ‚Neuen sozialen Bewegungen' (Reichardt 2008) unterscheidet sie deutlich von der alten Arbeiterbewegung (auch wenn sich die ‚Neuen Linken' zumindest zu Anfang in ihrer Tradition sahen). Diese gesellschaftspolitische Konstellation war die Grundlage für die Transformation des ‚Klassenstandpunkts' in Menschheitsfragen wie ‚Ökologie' und ‚Frieden' einerseits, und für soziokulturell und zunehmend auch identitätspolitisch bestimmte ‚mikropolitische' Fragen nach alternativen Lebensformen (‚Politik in der ersten Person', ‚Authentizität', ‚Natürlichkeit', ‚Basisdemokratie', Reichardt 2008: 122) andererseits.

Die israelische Historikerin Shulamit Volkov hatte bereits 1985 den Antizionismus als ‚kulturellen Code' linker Milieus identifiziert, der bei allen Unterschieden strukturelle Ähnlichkeiten mit dem Antisemitismus als Bindeglied rechtsnationalistischer Gruppen im Deutschland des Wilhelminismus habe. Zur Debatte stünden hier gar nicht die tatsächlichen politischen Fragen, sondern „der symbolische Wert, ihnen gegenüber einen Standpunkt zu beziehen". Es sei dem linksalternativen Milieu der 1980er Jahre eher um eine „*Kultur*-Kritik der westlichen Gesellschaft", und nicht um eine „*politische* Ablehnung einer bestimmten Regierungsform" gegangen (Volkov 2000: 84ff).

War der Antizionismus in den 1980er Jahren noch ein Faktor in einem vielfältigen Set linker Themen, ist er nach dem 7. Oktober 2023 zum zentralen Bindeglied geworden, der andere Issues zum Teil vollständig ersetzt: Judith Butler hatte sich als prominente Vertreterin der Gender Studies für ihre Eingemeindung von Hamas und Hisbollah in die globale Linke (Archive Video Footage 2016) 2006 noch rechtfertigen müssen, nun wetteifert sie mit anderen um die konsequentesten Rechtfertigungen des djihadistischen ‚Widerstands' in Gaza (Feddersen 2024; Pfister 2024). ‚Queer for Palestine' ist angesichts der Verbrechen der Islamisten gegen homosexuelle und queere Menschen ein Oxymoron, was zahlreichen ‚queeren' Solidaritätserklärungen für die von Teheran geführte ‚Achse des Widerstands' keinen Abbruch tut (Chicagojewishalliance 2024). Mitglieder von ‚Black Lives Matter' (Propper/Oliveira 2023) und Aktivisten und Akademiker aus dem Milieu des militanten Antirassismus äußerten sich begeistert über die Morde an und Entführungen von Israelis durch die Hamas, so Professor Russell Rickford von der Cornell University in den USA, der die Angriffe der Hamas vom 7. Oktober als „exhilarating" und „energizing" bezeichnete (zit. n. O'Neill 2023). Ähnliches gilt für das Feld der postkolonialen Theorie, die immer ausschließlicher ihren Fluchtpunkt im Antizionismus findet.[9] Am augenfälligsten ist schließlich der Wandel bei Greta Thunberg, die nach dem 7. Oktober als bekannteste Aktivistin von ‚Fridays for Future' die Klimaschutzagenda fast völlig fallen bzw. sie in der antizionistischen Agitation aufgehen ließ (Symons/Corder 2023).

All diese Bewegungen tendieren dazu, ihre Leitmotive in Abgrenzung vom traditionellen, auf materiellen Interessen beruhenden linken Egalitarismus zu formulieren und stattdessen Leidenschaft und Empörung als Ausdruck identitärer Authentizität zu zelebrieren, deren Vehemenz im umgekehrten Verhältnis zur Radikalität ihrer Gesellschaftskritik steht. Das Kreisen um Gerechtigkeitsthemen verdrängt den hierarchischen Charakter der bürgerlichen Gesellschaft und unterstellt ihr stattdessen alle möglichen naturwüchsigen philanthropischen politischen Missionen. Diesen können dann in der Konsequenz dieses Mindsets nur noch bösartige und personalisierbare Machenschaften im Wege stehen, anstatt zu kritisierende gesellschaftliche Verhältnisse.

Der Bürgerrechtsbewegungsveteran und Marxist Adolph Reed Jr. machte sich bereits 2016 lustig über ein Ideal, dessen „einziger Maßstab für soziale Gerechtigkeit die Gegnerschaft zur Disparität in der Verteilung des Guten und Schlechten in einer Gesellschaft ist" – und das „die Ergebnisse kapitalistischer Marktkräfte naturalisiert, wenn sie nur gerecht entlang ‚rassischer' (und anderer identitärer) Linien verteilt sind" (Reed Jr. 2021: 385). Das Ideal des heutigen Antirassismus ist der Kampf gegen eine ‚white supremacy', der wie auf einer schiefen Ebene auf den Antisemitismus bzw. Antizionismus zurollt, da er Gesellschaftskritik durch das Ressentiment gegen vermeintliche unverdiente Privilegien ersetzt, wo aus dem ‚weißen' schnell ein ‚jüdisches Privileg' wird. In den Worten der Psychologin Pamela Paresky: „Social-work students are not taught that antisemitism is a conspiracy theory about Jews gaining unmerited success and power. They are taught that Jews, having been initiated into whiteness, have gained unmerited success and power." (Paresky 2021) Ähnlich jener Postkolonialismus, der das ganze Übel ‚kolonialer Herrschaft' im aus dem Kampf gegen den britischen Kolonialismus entstandenen Israel und ansonsten höchstens noch in den USA verortet, die aus einem antikolonialen Unabhängigkeitskrieg gegen Großbritannien hervorgegangen sind (kritisch dazu Elbe 2024). Der ‚Globale Süden' ist in dieser Feinderklärung nur eine abstrakte Chiffre, eine homogene

9 Siehe für Deutschland vor allem die als ‚Historikerstreit 2.0' in die deutsche Publizistik eingegangene Auseinandersetzung um die Reden und Schriften der postkolonialen Historiker Achille Mbembe und A. Dirk Moses, Chervel (2021a); Chervel (2021b).

postkoloniale Welt von Opfern, die seit der Unabhängigkeit der Kolonien scheinbar auf der Stelle tritt, keine Geschichte hat und keine Klassen. In großen Teilen der Kulturwissenschaften und der Gender Studies geht die postmoderne Subjekt- und Identitätskritik über in eine „Essenzialisierung des Nicht-Essenziellen" (Balzer 2024: 75). Als deren Resultat werden die Juden als die einzige ethno-religiöse Gruppe der Welt bestimmt, deren Wesen in einer diasporischen Existenz ohne Nationalstaat zu bestehen habe, wenn sie sich nicht dem Vorwurf aussetzen wollen, einen angeblich essenzialistischen und genozidalen Zionismus zu unterstützen: „Für Butler und Traverso ebenso wie für Alain Badiou und Edward Said ist der authentische Jude derjenige, der den jüdischen Partikularismus überwunden hat, der heute die Form nationaler Souveränität und der Unterstützung eines jüdischen Staates annimmt." (Chaouat 2024: 27)

In der Klimaschutzbewegung deuteten sich erste antisemitische Tendenzen 2019 an, als der Mitbegründer von *Extinction Rebellion* Roger Hallam die Shoah als „fast ein normales Ereignis" neben vielen anderen Genoziden bezeichnete, dessen Betonung die Deutschen lähme und sie von der Abwehr heutiger Gefahren für die Menschheit abhalte (Knuth 2019). Greta Thunberg ergänzte dies nach dem 7. Oktober mit dem auf Israel angewandten Spruch "No climate justice on occupied land", der den jüdischen Staat als zentrales Hindernis für die Rettung der Menschheit vor der Klimakatastrophe dämonisiert (Symons/Corder 2023).

Schon Sartre hatte dagegen die für ihn noch in der Arbeiterbewegung verortete aufklärerische Gesellschaftskritik scharf von einem Kampf von Schuldigen und Opfern um vermeintliche Gerechtigkeit abgehoben. Ein solcher Gut-Böse-Manichäismus jenseits jeglicher materialistischer und gesellschaftskritischer Begrifflichkeit öffnet die Tür zum Antisemitismus und bedient damit die Klaviatur, welche die Köpfe der antisemitischen Internationale in Teheran am besten für sich nutzen können.

Die Zuspitzung des Antizionismus beschränkt sich jedoch nicht allein auf die aktivistisch-kulturell-akademische Arena. Zu ihr gesellt sich im Parteienspektrum nicht nur die vehement israelfeindliche Neugründung Bündnis Sarah Wagenknecht (BSW) (Deutscher Bundestag 2024), sondern zumindest in Deutschland auch das rechtspopulistische und rechtsextreme Spektrum. Neben dem BSW ist auch die AfD für ein vollständiges deutsches Waffenembargo gegen Israel (WELT Nachrichtensender 2024), Funktionäre der Partei haben sich immer wieder apologetisch über die Islamische Republik geäußert. Vor allem AfD-Sprecher Tino Chrupalla hat seit dem Hamas-Überfall auf Israel zahlreiche Verlautbarungen gegen Israels Verteidigung gegen die ‚Achse des Widerstands' abgegeben (Chrupalla 2024) und sah seine diesbezügliche außenpolitische Position im Einklang mit dem Bundeskanzler der damaligen Ampel-Koalition, Olaf Scholz (AfD 2024).

Ausblick

Vor diesem Hintergrund muss die Radikalisierung des Antizionismus in der postmodernen Linken in einen gesamtgesellschaftlichen Kontext gestellt werden. Die oben beschriebenen Strömungen sind in den bürgerlich-demokratischen Gesellschaften vor allem in Akademie und Kulturszene einflussreich und strahlen von dort in parteipolitische Spektren aus. Eigenständige Wahlorganisationen mit relevanter Wahlklientel haben sie aber mit der Ausnahme von La France insoumise (Jasim 2024) selten – und ob das BSW in Deutschland ein solches Sammelbecken werden könnte, muss sich erst noch zeigen.

Es ist möglich, dass ein an identitären Themen orientierter postmodern-linker Kulturkampf sich in Zukunft lediglich als Durchlauferhitzer für einen dann scheinbar unaufhaltsamen Durchmarsch rechtsidentitärer Bewegungen und Parteien oder für ganz neue Bündnisse der politischen Regression erweist. Kulturrelativismus und Nativismus waren schließlich seit der Gegenaufklärung, die sich gegen die Französische Revolution konstituierte, die ureigene Domäne von modern-antimodernen rechten und Querfront-Bewegungen (Elbe 2020b).

Auch auf der anderen Seite der west-östlichen weltpolitischen Konstellation fanden in jüngster Vergangenheit bedeutende Veränderungen statt. Während der 7. Oktober zunächst als großer Propagandaerfolg für die antisemitische Ideologie und Praxis der Islamischen Republik erschien, haben Israels militärische Erfolge gegen die Hamas als palästinensischen und die Hisbollah als libanesischen Pfeiler der von Teheran geführten ‚Widerstandsachse' gegen Israel das Bild verändert. Diese Erfolge dürften wesentlich zum Sturz des ebenfalls mit der Islamischen Republik verbündeten Assad-Regimes im Dezember 2024 beigetragen haben. Der ‚Feuerring' der Bündnispartner der Islamischen Republik um Israel ist schwer beschädigt, mit unabsehbaren Auswirkungen auf die Stabilität des Regimes im Iran (George 2024).

Sympathien mit Israel haben sich vor allem unter Menschen aus dem Iran nach dem 7. Oktober verfestigt, und der Angriff der Hamas konnte die Kooperation Israels mit vielen arabischen Staaten nicht unterminieren, auch wenn sie momentan nicht so offen propagiert wird wie zuvor. Der von Teheran angeführten antisemitischen Internationale stehen Staaten und Bewegungen gegenüber, die ihre politischen Interessen vollkommen konträr zum islamistischen Antizionismus formulieren und sich damit einer scheinbar vorherbestimmten und unausweichlich antisemitisch definierten ‚Kultur des Nahen Ostens' entziehen. Mehr denn je fragt sich in dieser Situation, auf welcher Seite die westlichen Demokratien stehen.

Die theoretisch-praktische Kritik des heutigen Antisemitismus bleibt in dieser Situation von enormer Bedeutung; sie muss auch den strategisch-globalen Kontext des Antisemitismus im Westen bestimmen, um nicht in Selbstbezüglichkeit zu verfallen. Zur Bekämpfung des Antisemitismus auf Straße und Campus muss eine effektive Solidarität sowohl mit Israel als auch und vor allem mit der iranischen Freiheitsbewegung und den anderen Gegnern der Islamischen Republik und ihres antizionistischen Expansionismus treten.

Literatur

Afary, Janet/Anderson, Kevin B. (Hg.) (2005): Foucault and the Iranian Revolution: Gender and the Seductions of Islamism, Chicago: University of Chicago Press.

AfD – Alternative für Deutschland (2024): „Vor einem Jahr griff die Hamas Israel an und nahm Geiseln…, X, 07.10.2025, https://x.com/AfD/status/1843327899719377120.

Amirpur, Katajun (2010): Umstrittenes Zitat von Ahmadinedschad. Der iranische Schlüsselsatz, in: Süddeutsche Zeitung, 11.05.2010, https://www.sueddeutsche.de/kultur/umstrittenes-zitat-von-ahmadinedschad-der-iranische-schluesselsatz-1.287333.

Archive Video Footage (2016): Judith Butler Whitewashes Hamas and Hezbollah, YouTube, 27.10.2016 [2006], https://www.youtube.com/watch?v=amJNIcSNPco.

Augstein, Jakob (2012): Es musste gesagt werden, in: Der Spiegel, 06.04.2012, https://www.spiegel.de/politik/deutschland/jakob-augstein-ueber-guenter-grass-israel-gedicht-a-826163.html.

Autonomie (1979): Materialien gegen die Fabrikgesellschaft (Neue Folge), Nr. 1, 1979, https://autonomie-neue-folge.org/wp-content/uploads/2018/03/Autonomie-Nr.-1-1979.pdf.

Balzer, Jens (2024): After Woke, Berlin: Matthes & Seitz.

Benjamin, Walter (1977): Über den Begriff der Geschichte, in: Benjamin, Walter: Illuminationen, Ausgewählte Schriften 1, Frankfurt am Main: Suhrkamp, 251–261.

Benl, Andreas (2018): Cultural Relativism and Antisemitism. History, Encounters, and Consequences of Ethno-Religious Identity Politics in the Orient and the West, in: Lange, Armin/Mayerhofer, Kerstin/Porat, Dina/Schiffman, Lawrence H. (Hg.): Confronting Antisemitism in Modern Media, the Legal and Political Worlds, Berlin/ Boston: De Gruyter, 90–110.

Benl, Andreas (2024a): Die Kampfkonstellation. Die Islamische Republik zeigt ihren Willen, Israel zu vernichten, deutlicher denn je, in: Jungle World, 25.04.2024, https:/ /jungle.world/artikel/2024/17/iran-gegen-israel-die-kampfkonstellation.

Benl, Andreas (2024b): Protest an US-Unis: Die neue konformistische Rolle zwischen Teheran und New York, in: Jungle World, 28.04.2024, https://jungle. world/ blog/von-tunis-nach-teheran/2024/04/protest-us-unis-die-neue-konformistische-rolle-zwischen-teheran.

Campaign Against Antisemitism (2024): "Yemen, Yemen make us proud. Turn another ship around." Anti-Israel marchers are vocal in their support for the Houthi rebels..., X, 04.02.2024, https://x.com/antisemitism/status/1754082372059083223.

Chaouat, Bruno (2024): Ist Theorie gut für die Juden? Das fatale Erbe französischen Denkens, Berlin: Edition Tiamat.

Chervel, Thierry (2021a): Historikerstreit 2.0 – eine Chronologie, in: Perlentaucher, 20.06.2021, https://www.perlentaucher.de/essay/historikerstreit-2-von-achille-mbembe-zu-a-dirk-moses-eine-chronologie.html.

Chervel, Thierry (2021b): Historikerstreit 2.0, zweiter Teil, in: Perlentaucher, 20.06.2021, https://www.perlentaucher.de/essay/die-debatte-ueber-a-dirk-moses-katechismus-der-deutschen.html.

Chicago Jewish Alliance (2024): They dance in gimp suits, waving the red triangle of death, while playing Britney Spears and draped in Palestinian flags: "FROM NY TO GAZA, STONEWALL WAS AN INTIFADA", Instagram, 27.10.2024, https://www.instagram.com/p/DBm9ak9O8Gw/.

Chikhi, Naïla (2022): „Das bisschen Wind im Haar" kann uns das Leben kosten, in: Mena-Watch, 19.08.2022, https://www.mena-watch.com/wind-im-haar-kann-frauen-leben-kosten/.

Chrupalla, Tino (2024): Die USA, Frankreich und andere Staaten, aber auch Deutschland, haben in der UNO..., X, 26.09.2024, https://x.com/Tino_Chrupalla/status/1839292140116992099.

Deutscher Bundestag (2024): Gruppe BSW fordert Waffenembargo gegen Israel, 10.04.2024, https://www.bundestag.de/presse/hib/kurzmeldungen-997602.

Dugin, Alexander (2017): Islam against Islam, [2000], https://4threvolutionarywar.wordpress.com/2017/04/04/islam-against-islam-alexander-dugin/.

Elbe, Ingo (2020a): „it's not systemic". Antisemitismus im postmodernen Antirassismus, in: Elbe, Ingo: Gestalten der Gegenaufklärung. Untersuchungen zu Konservatismus, politischem Existentialismus und Postmoderne, Würzburg: Königshausen & Neumann, 242–276.

Elbe, Ingo (2020b): Ein „erschreckender Prophet unserer Zeit". Joseph de Maistres „Anti-Gesellschaftsvertrag", in: Elbe, Ingo: Gestalten der Gegenaufklärung, Untersuchungen zu Konservatismus, politischem Existentialismus und Postmoderne, Würzburg: Königshausen & Neumann, 37–45.

Elbe, Ingo (2024): Antisemitismus und postkoloniale Theorie. Der „progressive" Angriff auf Israel, Judentum und Holocausterinnerung, Berlin: Edition Tiamat.

Feddersen, Jan (2024): Oops, she did it again. Judith Butler feiert bei einem Auftritt in Paris die Hamas und die Hisbollah als antiimperiale Kräfte. Von Antisemitismus will sie nichts wissen, in: taz, 07.03.2024, https://taz.de/Judith-Butler-und-die-Hamas/!5996786/.

Fischer, Joschka (1979): Durchs wilde Kurdistan, in: Pflasterstrand, Nr. 47, 10.02.1979, 28–31.

Fischer, Joschka (2019): Trump im iranischen Irrgarten, Project Syndicate, 28.06.2019, https://www.project-syndicate.org/commentary/trump-losing-iran-strategy-by-joschka-fischer-2019-06/german?barrier=accesspaylog.

Gauland, Alexander (2018): Atom-Abkommen mit dem Iran einhalten, Pressemitteilung der AfD-Fraktion im Bundestag vom 14. Mai 2018, https://afdbundestag.de/gauland-atom-abkommen-mit-dem-iran-einhalten/.

George, Susannah (2024): Syria's collapse and Israeli attacks leave Iran exposed, in: Washington Post, 17.12.2024, https://www.washingtonpost.com/world/2024/12/17/iran-syria-assad-israel-attacks/.

Goldberg, Jeffrey (2015): The Middle East Interview: President Obama on ISIS, Iran, and Israel, in: The Atlantic, 21.05.2015, https://www.theatlantic.com/international/archive/2015/05/obama-interview-iran-isis-israel/393782/.

Grigat, Stephan (Hg.) (2017): Iran – Israel – Deutschland. Antisemitismus, Außenhandel und Atomprogramm, Berlin: Hentrich & Hentrich.

Grigat, Stephan/Hartmann, Simone Dinah (Hg.) (2010): Iran im Weltsystem. Bündnisse des Regimes und Perspektiven der Freiheitsbewegung, Innsbruck: Studienverlag.

Gruber, Alex (2022): Israel als Hindernis für die „Utopie der Weltreparatur". Achille Mbembes Begriff der „Nekropolitik" als Speerspitze des postkolonialen Antisemitismus, in: Elbe, Ingo/Forstenhäusler, Robin/Henkelmann, Katrin/Rickermann, Jan/Schneider, Hagen/Stahl, Andras (Hg.): Probleme des Antirassismus: Postkoloniale Studien, Critical Whiteness und Intersektionalitätsforschung in der Kritik, Berlin: Edition Tiamat, 405–447.

Hagedorny, Matheus (2022): Dem Eigenen fremd, dem Anderen vertraut. Über neurechte Perspektiven auf Islam und Muslime, in: Vukadinović, Vojin Saša (Hg.): Randgänge der Neuen Rechten. Philosophie, Minderheiten, Transnationalität, Bielefeld: transcript, 283–310.

Horkheimer, Max/Adorno, Theodor W. (1988): Dialektik der Aufklärung. Philosophische Fragmente, Frankfurt am Main: Suhrkamp.

Iran International (2024): Musk-Iranian meeting was a terrible idea, Trump's ex-Iran envoy says, in: Iran International, 12.12.2024, https://www.iranintl.com/en/202412129740.

Islamisches Zentrum Hamburg (2014): Ayatollah Chameneis Rede beim Treffen mit Teilnehmern des Internationalen Kongresses über Takfirismus, 25.11.2014, https://www.khamenei.de/imam_d/ansprachen/ansprachen2014.htm#25112014.

Jänicke, Ekkehard (2000): Der Iran und die Heinrich-Böll-Stiftung. Kritik an Reformbewegung unerwünscht. Bahman Nirumand als Handlanger deutscher Außenpolitik im Iran, in: Sozialistische Zeitung, Nr.12, 08.06.2000, 16, http://www.trend.infopartisan.net/trd0600/t230600.html.

Jasim, Dastan (2024): Mit der Kufiya paradieren. Der Umgang mit Antisemitismus im linken Wahlbündnis Nouveau Front populaire, in: Jungle World, 27.06.2024, https://jungle.world/artikel/2024/26/antisemitismus-frankreich-linkes-wahlbuendnis-nouveau-front-populaire-mit-der-kufiya-paradieren.

Kagan, Robert (2019): Israel and the decline of the liberal order, in: Washington Post, 12.09.2019, https://www.washingtonpost.com/opinions/2019/09/12/liberal-world-order-helped-israel-flourish-now-state-is-pushing-back/.

Khamenei, Seyyed Ali (2023): God willing, the cancer of the usurper Zionist regime will be eradicated at the hands of the Palestinian people and the Resistance forces throughout the region. #AlAqsaStorm…, X, 07.10.2023, https://x.com/khamenei_ir/status/1710752170096701778.

Khamenei, Seyyed Ali (2024): Leader's Letter to American University Students with a Conscience, 30.05.24, https://www.leader.ir/en/content/27338/Leader-s-Letter-to-American-University-Students-with-a-Conscience.

Knuth, Hannah (2019): Extinction Rebellion: „Fast ein normales Ereignis“, in: Die Zeit, 48/2019, 20.11.2019, https://www.zeit.de/2019/48/extinction-rebellion-roger-hallam-klimaaktivist.

Küntzel, Matthias (2009): Die Deutschen und der Iran. Geschichte und Gegenwart einer verhängnisvollen Freundschaft, Berlin: wjs.

Küntzel, Matthias (2012): Michael Lüders und „die reichen New Yorker Juden“. Wie der Nahostexperte den Irankonflikt erklärt, 03.07.2012, http://www.matthiaskuentzel.de/contents/michael-lueders-und-die-reichen-new-yorker-juden.

Küntzel, Matthias (2017): Tehran's Efforts to Mobilize Antisemitism: The Global Impact, 06.09.2017, http://www.matthiaskuentzel.de/contents/tehrans-efforts-to-mobilize-antisemitism-the-global-impact.

KVZ – Kommunistische Volkszeitung (1979): Der Islam. Seine Entstehung im Kampf gegen die Sklavenhalterherrschaft des byzantinischen Reiches und seine Renaissance im Kampf gegen den Imperialismus, Quellenhefte zum revolutionären Volksbildungsprogramm, Kommunistische Volkszeitung, 33/1979, 13.08.1979.

Lake, Eli (2016): Why Obama Let Iran's Green Revolution Fail. The president wanted a nuclear deal, not regime change, 24.08.2016, https://www.bloomberg.com/view/articles/2016-08-24/why-obama-let-iran-s-green-revolution-fail.

Lichtmesz, Martin (2020): Notizen über Israel und seine Parteigänger, in: Sezession, 30.01.2020, https://sezession.de/62071/notizen-ueber-israel-und-seine-parteigaenger.

Malik, Kenan (2009): From Fatwa to Jihad: The Rushdie Affair and Its Legacy, London: Atlantic Books

Marx, Karl/Engels, Friedrich (1959): Manifest der Kommunistischen Partei, in: Marx-Engels-Werke, Bd. 4, Berlin/DDR: Dietz [1848].

Mises, Ludwig von (1927): Liberalismus, Jena: Verlag von Gustav Fischer, https://cdn.mises.org/Liberalismus_2.pdf.

Moussavi, Kazem (2017): Die AfD-Iran-Russland-Connection, in: Jungle World, 22.09.2017, https://jungle.world/blog/von-tunis-nach-teheran/2017/09/die-afd-iran-russland-connection.

Naghibzadeh, Fathiyeh (2008): Die göttliche Mission der Frau. Zu Geschichte und Struktur des Geschlechterverhältnisses im Gottesstaat Iran, in: Grigat, Stephan/Hartmann, Simone Dinah (Hg.): Der Iran. Analyse einer islamischen Diktatur und ihrer europäischen Förderer, Innsbruck: Studienverlag, 102–110.

Naumann, Michael/Joffe, Josef (1980): Eine Revolution wird hingerichtet. Dokumente und Reportagen aus DIE ZEIT, München: Heyne.

Neumann, Franz (1988): Behemoth. Struktur und Praxis des Nationalsozialismus 1933–1944, Frankfurt am Main: Fischer [1942].

Neumann, Julia (2022): Das bisschen Wind im Haar. Kopftuch weg und dann wird alles gut? Die Protestaktionen der iranischstämmigen US-Aktivistin Masih Alinejad stehen für westliche Ideologien, in: taz, 11.08.2022, https://taz.de/Frauenrechte-im-Nahen-Osten/!5870604/.

Obama, Barack (2009): Obama's Speech in Cairo, New York Times, 04.06.2009, https://www.nytimes.com/2009/06/04/us/politics/04obama.text.html.

Paresky, Pamela (2021): Critical Race Theory and the „Hyper-White' Jew, in: SAPIR, https://sapirjournal.org/social-justice/2021/05/critical-race-theory-and-the-hyper-white-jew/.

Perthes, Volker (2008): Iran. Eine politische Herausforderung, Frankfurt am Main: Suhrkamp.

Petersdorff-Campen, Winand von (2024): USA nach der Wahl: Donald Trump steht der Mitte näher, als man denkt, FAZ, 22.11.2024, https://www.faz.net/aktuell/wirtschaft/mehr-wirtschaft/ist-donald-trump-gar-kein-extremist-110127913.html.

Pfister, René (2024): „Gender Trouble“ und Israelkritik: Judith Butler, in: Der Spiegel, 22/2024, 24.05.2024, https://wwwspiegel.de/kultur/judith-butler-gender-trouble-und-israel-kritik-die-leute-sagen-furchtbare-dinge-ueber-mich-a-c1 586aac-e744-400e-a51b-3f1ea27ec9e9.

Propper, David/Oliveira, Alex (2023): BLM Chicago under fire for pro-Palestinian post featuring paragliding terrorist: „Disgusting and disgraceful', New York Post, 10.10.2023, https://nypost.com/2023/10/10/blm-chicago-under-fire-for-pro-palestine-post-featuring-paragliding-terrorist/.

O'Neill, Jesse Cornell (2023): University professor calls Hamas terror attack „exhilarating" and „energizing", in: New York Post, 16.10.2023, https://nypost.com/2023/10/16/russell-rickford-says-hamas-terror-was-exhilarating-exciting/.

Reed Jr., Adolph (2021): „Umverteilung nach oben“. Warum die Rede vom Rassismus nicht dabei hilft, Polizeigewalt zu verstehen, in: Gerber, Jan (Hg.): Hallische Jahrbücher #1: Die Untiefen des Postkolonialismus, Berlin: Edition Tiamat.

Reichardt, Sven (2008): Authentizität und Gemeinschaftsbindung. Politik und Lebensstil im linksalternativen Milieu vom Ende der 1960er bis zum Anfang der 1980er Jahre, in: Forschungsjournal NSB, Jg. 21, 3/2008, 118–130.

Reingold, Olivia (2024): American Anti-War Activists Cheer for Iran's War, The Free Press, 14.04.2024, https://www.thefp.com/p/american-anti-war-activists-cheer.

Reissner, Ute/Steinberg, Stefan (2000): Die Geschäfte gehen vor. Massiver Polizeieinsatz gegen protestierende Exiliraner, in: World Sozialist Website, 11.07.2000, https://www.wsws.org/de/articles/2000/07/iran-j11.html.

Resolution678 (2008): Georg Schramm – Ahmadinejad-Rede, Auftritt von Georg Schramm in der ZDF-Sendung „Neues aus der Anstalt" vom 01.07.2008, https://www.youtube.com/watch?v=0UoAGUW0iPU

Rippert, Ulrich/Jones, Keith (2005): Die iranischen Präsidentschaftswahlen sind ein Vorbote sozialer und politischer Erschütterungen, in: World Sozialist Website, 08.07.2005, https://www.wsws.org/de/articles/2005/07/iran-j08.html.

Roth, Philip (2004): The Plot against America, London: Jonathan Cape.

Said, Summer/Lieber, Dov/Faucon, Benoit (2023): Hamas Fighters Trained in Iran Before Oct. 7 Attacks, in: Wall Street Journal, 25.10.23, https://www.wsj.com/world/middle-east/hamas-fighters-trained-in-iran-before-oct-7-attacks-e2a8dbb9.

Sartre, Jean-Paul (1994): Überlegungen zur Judenfrage, Reinbek bei Hamburg: Rowohlt [1946].

Scheit, Gerhard (2017): Völkischer und islamischer Behemoth. Die „Islamische Republik Iran" vor dem Hintergrund der Erfahrung des Nationalsozialismus und der kategorische Imperativ angesichts der Bedrohung Israels, in: Grigat, Stephan (Hg.): Iran – Israel – Deutschland. Antisemitismus, Außenhandel und Atomprogramm, Berlin: Hentrich & Hentrich, 92–113.

Seifert, Thomas (2009): Iran: Mit dem Flugzeug zurück ins Mittelalter, in: Die Presse 30.01.2009, https://www.diepresse.com/448664/iran-mit-dem-flugzeug-zurueck-ins-mittelalter.

Shaoul, Jean (2000): Teheran organisiert Schauprozess gegen dreizehn iranische Juden, in: World Socialist Web Site, 18.05.2000, https://www.wsws.org/de/articles/2000/05/iran-m18.html.

Springer, René (2018): Offener Brief zu meinem Iran-Statement, https://rene-springer.info/wp-content/uploads/2018/01/20180108_Offener_Brief_Iran_RS.pdf.

Stosberg, Tim (2022): „Once Victims Themselves": Edward Saids *Orientalism* als Wegbereiter des postkolonialen Antisemitismus, in: Elbe, Ingo/Forstenhäusler, Robin/Henkelmann, Katrin/Rickermann, Jan/Schneider, Hagen/Stahl, Andras (Hg.): Probleme des Antirassismus: Postkoloniale Studien, Critical Whiteness und Intersektionalitätsforschung in der Kritik, Berlin: Edition Tiamat, 552–577.

Subrealistische Bewegung (1979): Des Kaisers neue Kleider. Über die orientalische Revolution, Hamburg: Edition Nautilus.

Symonds, Peter (2009): Iranische Opposition demonstriert unter pro-imperialistischen Parolen, in: World Socialist Web Site, 22.09.2009, https://www.wsws.org/de/articles/2009/09/iran-s22.html.

Symons, Angela/Corder, Mike (2023): „No climate justice on occupied land“: Man grabs Greta Thunberg’s mic over pro-Palestinian chants, https://www.euronews.com/green/2023/11/13/no-climate-justice-on-occupied-land-man-grabs-greta-thunbergs-mic-over-pro-palentinian-cha.

Taheri, Amir (1993): Morden für Allah. Terrorismus im Auftrag der Mullahs, München: Knaur [1987].

Volkov, Shulamit (2000): Antisemitismus als kultureller Code: Zehn Essays, München: C.H.Beck.

WELT Nachrichtensender (2024): WELT TV-DUELL: Wagenknecht vs. Weidel – moderiert von WELT TV-Chefredakteur Jan Philipp Burgard, YouTube, 11.10.2024, https://www.youtube.com/watch?v=RDhTPJySUvU.

Israelbezogener Antisemitismus in Lateinamerika

Genese und Gegenwart

Christoph Joppich

Einsamkeit im Ergänzungsraum

Die Frage des israelbezogenen Antisemitismus in Lateinamerika ist massenmedial und popkulturell überformt: Die Kulturindustrie hat die antisemitischen Gesellschaften Amerikas auf die ‚Rattenlinien' – die Fluchtbewegungen deutscher Nationalsozialisten und europäischer Faschisten in den Südkegel (exemplarisch Goñi 2007) – reduziert. Die lateinamerikanische Verwicklung in Auschwitz wurde durch einschlägige Filme und Serien[1] warenförmig in ein „Artefakt Holocaust", wie Detlev Claussen es kritisch bezeichnet (2005: XII), eingefügt. In den alltagsreligiösen Vorstellungen wird der Gegenstand eurozentrisch vermittelt, die spezifische Vergesellschaftungsgeschichte Lateinamerikas – und mit ihr die parafaschistischen Regime, welche Adolf Eichmann, Ante Pavelić & Co. bereitwillig aufnahmen – verschwindet hinter einem europäischen Blickwinkel. Diese Reduktion hat einen materiellen Kern, den der kolumbianische Autor Gabriel García Márquez treffend als „die Einsamkeit Lateinamerikas" bezeichnete: Die Region wird nicht als neue Welt *sui generis*, sondern als das ‚andere Europa' oder die ‚anderen Vereinigten Staaten' dargestellt (Márquez 1997). Der Ursprung dieser Fremdbilder lässt sich bis hin zur Eroberung der Amerikas durch Spanien zurückführen: Wie Tzvetan Todorov rekonstruiert hat (1985), zeigten die Konquistadoren zwar ein großes Erkenntnisinteresse an den karibischen, mexikanischen und andinischen Kulturen, dieses hielt sie aber nicht davon ab, den Großteil dieser Bevölkerungen zu vernichten (ebd.: 155–176). Mehr noch, das „Verstehen" des Anderen war die Bedingung seines „Nehmen[s]" und „Zerstören[s]" (ebd.: 155). Gewaltsam wurde Lateinamerika zu einem Objekt größerer Herren verdinglicht und als Peripherie in die Dialektik der Aufklärung eingefügt.

---

1 Exemplarisch: The Boys from Brazil (1972), X-Men: First Class (2011), Operation Finale (2019) oder Hunters (2020).

So ist es kein Zufall, dass Lateinamerika in den außerregionalen antisemitismuskritischen und -theoretischen Auseinandersetzungen, wie sie etwa in Deutschland geführt werden, häufig durch Abwesenheit glänzt. Paradigmatisch taucht dieser Zusammenhang in der Einleitung von Dan Diners *Das Jahrhundert verstehen* auf: Diner begreift Lateinamerika als einen universalhistorischen „Ergänzungsraum" (2015: 17), gleichsam geprägt und doch unberührt von den großen weltgeschichtlichen Vorgängen. So treffend der Begriff des Ergänzungsraums zweifelsohne ist, so sehr verdichtet sich in ihm bereits das lateinamerikanische Dilemma des Ausgelassen-Werdens – denn Diner nimmt diese räumliche Partikularität zum Anlass, die Region aus seinen Überlegungen gänzlich auszusondern (ebd.). Anders *in* Lateinamerika: Zwar sind die Arbeiten, die sich der Thematik gewidmet haben, verhältnismäßig jung und spärlich. Die Beschäftigung mit dem Gegenstand ist jedoch naturgemäß durch ein breiteres Verständnis seiner Tiefendimensionen geprägt. Diese Auseinandersetzung aber wurde selbst zu einem Gegenstand universalhistorischer Überformungen: Erst das Ende des Kalten Krieges, das mit dem Abdanken zahlreicher rechter Stratokratien eine Demokratisierung mit umgekehrten Vorzeichen für Lateinamerika bedeutete, initiierte eine Aufarbeitung der Vergangenheit. Die vorangegangene Gewaltpraxis der Militärdiktaturen im späten Short Century[2] war ein schwerwiegender Einschnitt in den gesellschaftlichen Fortschritt der Region. Ihr plötzliches Schwinden eröffnete den Blick auf das sich schließende Jahrhundert; ein Blick, der erstmalig auch dessen antisemitische Wirklichkeit erhellte. Eine kleine Reihe von Autor:innen hat seither die zaghafte Aufarbeitung des Antisemitismus in Lateinamerika institutionalisiert.[3]

2 Der Begriff des Short Century periodisiert das ‚kurze' zwanzigste Jahrhundert von seiner Urkatastrophe, dem ersten Weltkrieg (1914), teilweise auch der Oktoberrevolution (1917), bis zum Ende des Kalten Krieges 1989 (Mauerfall) bzw. 1991 (Zerfall der Sowjetunion) (Hobsbawm 1995; Diner 2015: 9–12). Analog dazu hat Eric Hobsbawm die zeitliche Einordnung des vorherigen ‚langen' neunzehnten Jahrhunderts, zwischen der US-amerikanischen Unabhängigkeit 1776 und dem Ausbruch des ersten Weltkrieges, als Long Century etabliert (1989: 6–12).

3 Für Grundlagenwerke zur Geschichte des Antisemitismus in Argentinien siehe insbesondere Senkman (1986), Lvovich (2003), Goñi (2007) und Finchelstein (2014); für Brasilien siehe exemplarisch Carneiro (1989; 2008; 2014). Eine wichtige komparative Studie zur Entstehung der faschistischen Rechten in Argentinien, Brasilien und Chile wurde von Sandra McGee Deutsch vorgelegt (1999). Sehr interessant sind außerdem Claudio Lomnitz' Überlegungen zum Verhältnis von mexikanischer Revolution und Antisemitismus, die auf Moishe Postone zurückgreifen (2010) und Amy Kaminskys Analyse zum Verhältnis von Antisemitismus, Geschlecht und Nationalismus in Argen-

Diese Auseinandersetzung war allerdings von Beginn an auf das Short Century selber ausgerichtet und damit buchstäblich an einen Zeitkern gebunden. Die genannten Arbeiten überschreiten das entscheidende Jahr 1990 nur selten und konzentrieren sich auf die Entstehung ultranationalistischer Avantgarde-Bewegungen an der Schwelle zum Long Century 100 Jahre zuvor, die Entwicklungsdynamiken faschistischer Organisationen zur Mitte des Jahrhunderts und eben die Militärdiktaturen zur Zeit des Kalten Krieges. Verkürzend wurde der Gegenstand also nicht nur zeitlich, sondern auch politisch eingehegt: Denn während die liberale bis faschistische antisemitische Gewaltpraxis in großen Teilen rekonstruiert und damit kritikfähig gemacht werden konnte, wurden zeitgenössische Entwicklungsdynamiken israelbezogener Erscheinungsformen des Antisemitismus nahezu vollständig ausgelassen.

Die eurozentrische Antisemitismusforschung hat Lateinamerika also dem Schicksal der Einsamkeit überlassen, die Arbeiten der lateinamerikanischen Forschung hingegen übergehen den Antizionismus als hegemoniale Erscheinungsform des globalen Antisemitismus seit der zweiten Hälfte des Kalten Krieges. Der 7. Oktober hat die Situation verschärft: Einerseits hat der Antisemitismus massiv zugenommen, andererseits war die Forschung nicht fähig und willens, diesen Befund zu verarbeiten. Die hier dargelegten Überlegungen machen es sich zur Aufgabe, diese zweifache Leerstelle vermittelnd zu schließen und die Genese und Gegenwart des israelbezogenen Antisemitismus in Lateinamerika rekonstruierend zum Gegenstand einer wissenschaftlichen Kritik zu machen.

Oktober in Amerika

Das globale Hervorbrechen antisemitischer Gewalt seit dem 7. Oktober 2023, für das die „genozidale Botschaft der Hamas“ (Diner 2023) und die militärische Reaktion Israels die entsprechenden situativen Rahmenbedingungen bieten, erstreckt sich auch auf die lateinamerikanische Region. So berichtet die Delegación de Asociaciones Israelitas Argentinas (DAIA, „Zentralrat der Israelitischen Vereine Argentiniens“) in ihrem Antisemitismus-Report 2023, dass antisemitische Taten in Argentinien in diesem Jahr im Vergleich zu 2022 um 44 % angestiegen sind; 57 % der gemeldeten

tinien seit dem fin de siècle (2021). Für Überblicke zur ganzen Region siehe Kersffeld (2020), Roniger/Senkman (2023) und Joppich (2024).

Vorfälle ereigneten sich alleine im letzten Quartal (DAIA 2024: 20). Bemerkenswert ist insbesondere die Rolle von Bildungseinrichtungen: Sie waren Schauplatz von 14,7 % der dokumentierten Fälle und nehmen den dritten Rang hinter öffentlichen (15,8 %) und digitalen (48 %) Räumen ein (ebd.: 23).[4] Wie die DAIA berichtet, ist „die antizionistische Rhetorik und die Infragestellung des Verteidigungs- und/oder Existenzrechts Israels“[5] (ebd.) *das* raumübergreifende, dominierende Element der sich in Wort und Tat äußernden Gewalt (ebd.). Beim israelbezogenen Antisemitismus gab es eine Steigerung von 11,8 % in ganz 2022 auf 56,1 % im letzten Quartal 2023 (ebd.: 28). Als eine tragende Gruppe der antiisraelischen Agitation werden dabei Millenials und die Gen-Z identifiziert (ebd.: 32), was die Frage aufwirft, warum ausgerechnet jene Generationen, welche in einem demokratischen und pluralistischen, *nach*faschistischen Argentinien sozialisiert wurden, „diese alten antisemitischen Motive kanalisieren“ (ebd.).

Argentinien gilt gemeinhin als neuralgischer Punkt und damit als eine Art Index für die antisemitischen Konjunkturen Lateinamerikas: Daniel Lvovich sprach zur Jahrtausendwende mit Blick auf das 20. Jahrhundert davon, dass Argentinien das einzige Land der Region sei, in dem die „Judenfrage“ als ein Gegenstand nationaler Deutungskämpfe eine zentrale Rolle spielte (Lvovich 2003: 19). Prinzipiell ist diese These im Angesicht der antisemitischen Wucht, mit der viele der linkspopulistischen, sogenannten progressiven Regierungen ab spätestens Mitte der 2000er Jahre außen- wie innenpolitisch ihre Legitimationskrisen beantworteten, vom geschichtlichen Prozess überholt. Insbesondere das von Hugo Chávez und später Nicolás Maduro geführte, seit über einem Jahrzehnt vor dem Kollaps stehende Venezuela hat Argentinien diesen Rang abgelaufen. Seit der Etablierung des „Ölrentensozialismus“ (Lenhard 2007) 1998 hat die große Mehrheit der venezolanischen Jüdinnen:Juden das Land verlassen, jenseits der antisemitischen Alltagsrealität maßgeblich aufgrund der verheerenden ökonomischen Perspektivlosigkeit (Krusch o. J.). Die Confederación de Asociaciones Israelitas de Venezuela (CAIV, „Verbund der Israelitischen Vereine Venezuelas") veröffentlicht seit 2015 keine Antisemitismus-Reporte mehr; die Anzahl der im letzten Bericht dokumentierten Vorfälle übersteigt

4 Wie in den Vereinigten Staaten und Europa gab es auch an argentinischen Universitäten in Folge von 10/7 antiisraelische Camps, etwa an der Fakultät für Philosophie und Literatur der Universidad de Buenos Aires, der wohl renommiertesten Bildungseinrichtung in der Region (Resumen Latinoamericano 2024).

5 Alle Übersetzungen, sofern nicht anders gekennzeichnet, stammen vom Autor.

jene aus Argentinien aber bereits deutlich (CAIV 2015). Das jüdische Leben in Venezuela ist buchstäblich zusammengebrochen.[6]

Es zeigt sich, dass das Gravitationszentrum des Antisemitismus im 21. Jahrhundert eine Verlagerung vom rioplatensischen in den karibischen Raum um Venezuela (und auch Nicaragua und Kuba) erfahren hat. Die staatliche Gewaltpraxis gegen Juden, wie sie sich im klientelistischen Racketgeflecht Venezuelas entfalten konnte, sucht in Lateinamerika ihresgleichen und ist selbst einer Gegenwart *nach* dem 7. Oktober jahrelang voraus. Auch die Regionalmächte Mexiko und Brasilien, in denen große jüdische Gemeinden existieren, haben sprunghafte Anstiege antisemitischer Vorfälle zu verzeichnen: Im letzten Quartal 2023 sind sie um das eineinhalb- bzw. vierfache im Vergleich zu 2022 gestiegen und übertreffen damit ebenfalls die argentinische Situation.[7] Die DAIA argumentiert, dass die argentinische Erfahrung gleichfalls eine institutionalisierende Traditionsbildung hervorgebracht hat, welche – etwa im universitären Raum – „die Verbreitung und das Voranschreiten antisemitischer Ausdrücke abmildern konnte" (DAIA 2024: 32). So gesehen, auch mit Blick auf die konstant hohen Zahlen vor und nach dem 7. Oktober, ist die argentinische Problematik im regionalen Vergleich weniger eine bessere, denn eine besser eingeübte geworden.

Diese nationalen Differenzen verweisen auf Ungleichzeitigkeiten, die Länder wie Argentinien und Venezuela voneinander unterscheiden und die nicht unmittelbar aus der Statistik hervorgehen. Das gilt auch im globalen Vergleich: Die Wendung des Antisemitismus auf Israel seit dem Kalten

---

6 Für einen guten Überblick zur Entwicklung des Antisemitismus in Venezuela, insbesondere im Hinblick auf die Beziehungen zum Iran, siehe Caro/Rodríguez (2009) und Sépulveda (2018). Frühe ideologiekritische Analysen zur Charakteristik des chavistischen Regimes finden sich bei Lenhard (2007; 2008). Beides, die Realität Venezuelas und die Rolle des Antisemitismus, werden in der Zeitschrift *sans phrase* in einem Interview mit Sascha Kählß (Radonić/Scheit 2014) und in einem Bericht von Michaela Sivich (2019) geschildert.

7 In Mexiko wird das Monitoring von Antisemitismus durch die Tribuna Israelita („Israelitische Plattform") betrieben; ihr Report zu 2023 ist aktuell [letzter Stand: 28.01.2025] offline (zu den hier genannten Zahlen siehe DAIA 2024: 43). In Brasilien stellt die Confederação Israelita do Brasil (CONIB, „Israelitischer Verbund Brasiliens") seit 2022 ausführliche Antisemitismus-Berichte (für 2023 siehe CONIB 2024: 7f.) zur Verfügung. Mit dem Congreso Judío Latinoamericano (CJL, „Jüdisch-Lateinamerikanischer Kongress") gibt es zudem eine übernationale Föderation, welcher die meisten jüdischen Nationalorganisationen der Region angehören und die eigene Monitoring-Strukturen unterhält sowie veröffentlicht (für 2023 siehe Grosman/Seidler 2024). Bis auf wenige Ausnahmen sind die jüdischen Verbände Lateinamerikas zionistisch ausgerichtet.

Krieg und seine explosionsartige Zunahme seit dem 7. Oktober ereigneten sich weltweit, aber so, wie der Konflikt in Israel und Palästina den hierfür vorgeschobenen Bezugsrahmen bot und bietet, ist es die Besonderheit der Region Lateinamerika, welche die situativen Bedingungen für die jeweiligen judenfeindlichen Dynamiken bereitstellt. So wurde der Wahlkampf um das mexikanische Präsidentenamt 2024, ausgefochten zwischen der sozialdemokratischen Jüdin Claudia Sheinbaum und der nationalliberalen Xóchitl Gálvez Ruiz, von Untertönen begleitet, die ihrerseits partiell an den Gelegenheitsstrukturen des globalen Antisemitismus anhafteten. Von konservativer Seite wurde Sheinbaum durch ihren Vorgänger Vicente Fox als „jüdisch und ausländisch zugleich" (zit. n. Lidor 2024) denunziert, während Fox zur Wahl der „einzigen Mexikanerin" (zit. n. ebd.) Gálvez aufrief. Gálvez selbst stieß in die gleiche Kerbe und beschuldigte Sheinbaum, das nationalkatholische Symbol der Jungfrau von Guadalupe zur Wählermobilisierung auszuschlachten (ebd.). Gleichwohl hat sich ein Teil der jüdischen Gemeinde Mexikos von Sheinbaum abgewandt. Ihr medienwirksames Posieren mit einem Palästinensertuch, aber auch mit christlicher Ikonographie, sowie ein recht zögerliches Verurteilen des Massakers vom 7. Oktober, der Anschluss Mexikos an Südafrikas Genozid-Klage vor dem Internationalen Gerichtshof (ICJ) und ihr Aufruf zur Anerkennung eines palästinensischen Staates haben Misstrauen gestiftet und scharfe Kritik hervorgerufen (ebd.; Green 2024). Ihr Aufgreifen der palästinensischen Sache bewahrte Sheinbaum jedoch nicht davor, aus eben diesem Lager diskreditiert zu werden: Als Bürgermeisterin von Mexiko-Stadt hatte sie sich 2019 strikt gegen Israelboykotte ausgesprochen, die sie als antisemitisch bewertete, was ihr wiederum die Anschuldigung des antiisraelischen Lagers einbrachte, die ‚Palästinafrage' als Feigenblatt zu nutzen (Brancoli 2024).

Sheinbaum verfolgt einen pragmatischen Ansatz, wie er typisch für links-technokratische Politiker:innen in der Region ist, die sich diplomatisch von ihren radikaleren Bundesgenoss:innen abheben wollen: Dem Nahostkonflikt wird grundsätzlich nüchtern begegnet, eine Äquidistanz, die offenen israelbezogenen Antisemitismus zwar meidet, gleichzeitig aber davon absieht, entsprechende Potenziale – oder Praktiken – aus der eigenen Plattform zu streichen. Ersteres wird durch die jeweiligen Tabuisierungen und Etiketten der internationalen und innenpolitischen Beziehungen vorgegeben, letzteres ist notwendig, um die eigene Basis bei Laune zu halten. Sheinbaum ist keine Antisemitin und sieht sich antisemitischen Attacken rechter wie linker Provenienz ausgesetzt. Wie graduell der Übergang zwischen diesem äquidistanten Ansatz und der venezolanischen Dystopie aber realiter ist, wurde deutlich, nachdem Mexiko sich Südafrikas Klage vor dem ICJ anschloss: Eine antiisraelische Demonstration, getragen von bewegungslinken Kräften, randalierte vor der israelischen Botschaft und setzte sie letztendlich in Brand (The Jewish Chronicle 2024); Bilder, die düstere Assoziationen zum Hisbollah-Attentat auf die israelische Botschaft Argentiniens 1992 oder den parapolizeilichen Razzien in jüdischen Gemeindezentren Venezuelas weckten.

Die Genese des Antizionismus

So wie der moderne Antisemitismus Lateinamerikas ein Kind des Long Century war, mit seinen langwierigen und anachronistischen Nationsbildungen,[8] ist der Antizionismus ein Kind des Short Century. Die Situation der Region zur Jahrhundertmitte war mit jener Europas oder Asiens nicht zu vergleichen. Anders als selbst noch die Vereinigten Staaten im Norden war der Süden fast gänzlich unversehrt vom Zweiten Weltkrieg geblieben. Zwar gab es Andeutungen sozialer Polarisierungen in die globale Konfliktlinie Faschismus versus Antifaschismus, auf nationalstaatlicher Ebene aber schloss sich der Kontinent teils früh, teils spät den Alliierten an. Dass Lateinamerika die Zusammenbruchskrise der „Gesellschaft im Übergang" (Horkheimer 1972) verhältnismäßig demokratisch überstand, war sicherlich einer der zentralen Gründe hierfür. Die nationalpopulistischen Regime jener Zeit, die recht heterogene Phänomene wie die sozialistische mexikanische Revolution, den sozialliberalen Reformismus Uruguays oder den parafaschistischen Peronismus Argentiniens umfassten, gelang die Ausbildung moderner Massendemokratien durch sozialstaatliche Integration und die partielle Ablöse der monostrukturellen Exportökonomien durch importsubstituierende Industrialisierungsprozesse (Puhle 1994: 30–37). Sie stabilisierten die lateinamerikanischen Gesellschaften durch einen New Deal sui generis. Der zerstörerische Strudel, in den Kontinentaleuropa und

8 Obwohl diese Vorgänge eine gewisse Gleichzeitigkeit zur Genese des modernen Antisemitismus in Europa aufweisen, sind ihre Wege doch an den Besonderheiten der lateinamerikanischen Moderne genormt. Eine zentrale Rolle spielten etwa der Umschlag des liberalen Nationalismus in ethnonationalistische Formen, die spezifischen Krisenkonstellationen der oligarchischen Exportökonomien sowie die sprunghaften Aufstiege der sogenannten populären Klassen zur Wende vom 19. zum 20. Jahrhundert, welche die Hegemonie der liberalen Oligarchie von linker, sozialliberaler und rechter Seite herausforderten und in die sogenannten nationalpopulistischen Regime mündeten (dazu die in Fn. 2 genannten Arbeiten, in nuce bei Joppich 2024: 195–199).

auch Asien hineingezogen wurden, blieb damit aus – trotz aller Differenzen untereinander und zeitweilig autoritärer Ausschläge gerade in Argentinien oder Brasilien.

Auch wenn Antisemitismus eine Begleiterscheinung vieler Nationalpopulismen war (Roniger/Senkman 2023: 405–410), waren sie paradoxerweise stets auch eine historische Kraft, die den Antisemitismus, freilich unbeabsichtigt, eindämmte. Das erfolgreiche Modell der „weichen Krisenlösung", wie es Dan Diner am Beispiel Großbritanniens bezeichnet (2015: 143–157), entzog dem antisemitischen Gewaltversprechen eine seiner legitimationsideologischen Grundlagen. Die Nationalpopulismen übertrumpften die faschistischen (und auch kommunistischen) Parteien im Ringen um das zu integrierende Lumpenproletariat. Hinzu kam, dass gerade ihre achsennahen Varianzen sich nach der Niederlage des transnationalen Faschismus 1945 gezwungen sahen, mit der Zeit zu gehen und die eigene faschistische Genese in eine bipolare Gegenwart zu transformieren. Das peronistische Argentinien etwa entschied sich für die blockfreie Variante, als es versuchte, in der Berlinblockade zu vermitteln und nachträglich eine Annäherung an seine ehemaligen Hauptfeindbilder – die USA und die Sowjetunion – vollzog (Rapoport: 452f.). Ebenso interessant ist das Beispiel Kubas: Die Kubanische Revolution in ihrer ursprünglichen Form war ein Erbe des kubanischen Verfassungspatriotismus. Zentrale Protagonisten, wie etwa Fidel Castro, beriefen sich in ihrem revolutionären Handeln auf die kubanische Verfassung von 1940 (Castro et al. 2013), einer der fortschrittlichsten ihrer Zeit und ein spezifisches Produkt des sozialliberalen Nationalpopulismus Kubas (Sanchez 1994), der durch den Putsch des Autokraten Fulgencio Batista 1952 ausgehebelt wurde. Nach der Eroberung von Santa Clara, im Schatten des Kalten Krieges, schien es jedoch kaum noch möglich, unvermittelt zu dieser sozialliberalen Tradition zurückzukehren (Halperín Donghi 1994: 577–586). Es war der *jefe máximo* Castro selbst, der die Verfassung von 1940 liquidierte und aus der sozialpatriotischen eine staatskommunistische Revolution formte (ebd.)

Auf diesen verschlungenen Wegen entmischte sich der Antizionismus vom Antisemitismus. Das Doppeljahr 1959/1960 vermag diese Entwicklung ikonisch abzubilden: Am ersten Januar 1959 verkündete Castro den Sieg der Kubanischen Revolution, am 23. Mai 1960 verkündete David Ben Gurion die erfolgreiche Überführung Eichmanns von Argentinien nach Israel. Letzteres löste einen, heute kaum noch erinnerten, antisemitischen Widerhall in Argentinien aus. Die neonazistische, rechtsperonistische Terrorgruppe Movimiento Nacionalista Tacuara (MNT, kurz Tacuara) beging mehrere antisemitische Racheakte, welche sie in Zusammenhang mit der Überführung stellten (Padrón 2017: 204f.); Graffiti mit Slogans wie „wir wollen Eichmann zurück" (ebd.) tauchten auf jüdischen Einrichtungen auf. Nach Eichmanns Hinrichtung wurde die argentinische Jüdin Graciela Sirota entführt, ihr wurden Hakenkreuze in die Brust geritzt, und wenn sie bei Bewusstsein war, wurde ihr eingeschärft: „Es ist eure Schuld, dass sie Eichmann getötet haben." (zit. n. Gutman 2020)

Die Tacuara gilt als die „erste Stadtguerilla Argentiniens" (Gutman 2003). Ihr weltanschauliches Fundament war neonazistisch, aber ihre Praxis ähnelte bereits den folgenden Partisanenkämpfen von links. Letzlich kam es zu einer Aufsplitterung der Bewegung in linke und rechte Zerfallsprodukte, was durch die Kubanische Revolution aktiviert wurde: Einige Kader waren fasziniert vom national-antiimperialistischen Geist, der die Revolution zweifelsohne umgab. Diese Teile der Tacuara wandten sich dem Marxismus-Leninismus zu und schworen dem Antisemitismus ab. Postwendend deklarierten sie sich als Antizionisten, begeisterten sich für Nasserismus sowie Panarabismus und vermittelten ihre Judenfeindschaft über das Ersatzobjekt Israel (Finchelstein 2014: 105f.; Padrón 2017: 137). Gleichermaßen begegnete das rechte Lager der Tacuara dieser Umorientierung skeptisch und hielt dem völkischen Antibolschewismus wie Antisemitismus die Treue (Padrón 2017: 207–211). Später sollten sich beide Flügel, als linksradikale Guerilla einerseits und als rechtsextreme Todesschwadronen andererseits, in den bürgerkriegsähnlichen Konflikten Argentiniens zwischen 1973 und 1983 bewaffnet gegenüberstehen (Campos 2016: 127).

Die Kubanische Revolution wurde ihrerseits zum impulsgebenden Moment des Antizionismus. Noch vor dem Sechstagekrieg vollzog sie eine schleichende antiisraelische Wende, die in der Beteiligung am Jom Kippur-Krieg auf arabischer Seite mündete (Lerman 2022). Diese Entwicklung war keineswegs linear: Das nachrevolutionäre Kuba war dem jüdischen Staat, den es zunächst als antikolonialen Bundesgenossen begriff, durchaus freundlich gesinnt (ebd.: 228f.). Diese fragile Nähe zersetzte sich, nachdem auf der trikontinentalen Konferenz von Havanna 1966 die palästinensische Sache in einer antizionistische motivierten Abstimmung nahezu einstimmig[9] als *die* antikoloniale Befreiungsbewegung schlechthin etabliert wurde, was die Isolation Israels zur Folge hatte (ebd.: 229f.; Böckmann 2014; López

9 Es ist ein interessantes Detail, dass der chilenische Sozialist Salvador Allende die Enthaltung seiner Delegation mit Jugoslawien lobte (Jewish Telegraphic Agency 1966: 4). Weitere chilenische Vertreter aus dem christdemokratischen und kommunistischen

de la Torre 2015). Die mediale und politische Stimmung der Revolution färbte sich zunehmend antizionistisch (Lerman 2022) und so, wie die Revolution „die Grundgegebenheiten der lateinamerikanischen Geschichte radikal verändern sollte“ (Halperín Donghi 1994: 574), formte sie auch den kulturellen Code, den die regionalen Guerilla-Unternehmen ab den 1960er Jahren übernahmen.

Der Antizionismus wurde eine Planke in der Plattform der Guerilla. Eine enge Partnerschaft zwischen ihren – je nach nationalem Kontext sehr diversen – Vertretungen mit der Palästinensischen Befreiungsorganisation (PLO) ist gut dokumentiert.[10] Ihr Bündnis umfasste die militärische Ausbildung lateinamerikanischer Partisan:innen in Jordanien und später im Libanon, die gemeinsame Durchführung von antiisraelischen Terrorakten sowie Waffenlieferungen nach Lateinamerika (White House Digest 1983; Ronald Reagan Presidential Library o. J.). Jorge Mandi, Pressesprecher der nicaraguanischen Sandinistas, beschrieb diese Verbindung als „eine langjährige Blutsverwandtschaft zwischen uns und der palästinensischen Revolution“ (zit. n. White House Digest 1983: 2). Dieser biologisierende Internationalismus koinzidierte mit lokalen Gewaltpraktiken: Im Zuge der sandinistischen Revolution wurde die Synagoge von Managua angezündet und mit antijüdischer wie antizionistischer Propaganda beschmiert; nach 1979 wurden jüdische Besitztümer als erstes enteignet, der Vorsitzende der jüdischen Gemeinschaft musste öffentliche Zwangsarbeit verrichten[11], und die ohnehin kleine Gemeinde wurde ins Exil gezwungen (Ronald Reagan Presidential Library o. J.: 8–10). 1982 verübte die kolumbianische Guerilla Movimiento 19 de Abril (M-19, „Bewegung 19. April“) ein Attentat auf

Spektrum verurteilten die antiisraelische Resolution als antisemitisch (ebd.), auch aus der argentinischen Linken gab es Kritik (Böckmann 2014).

10 Wenngleich sie affirmativ geprägt ist. So gibt es eine Fülle an Aufsätzen und Büchern zum Thema, welche die Verbindung der Guerilla nach Palästina, ganz im Zeichen der trikontinentalen Dritte-Welt-Ideologie seit 1966, larmoyant rekonstruieren; siehe exemplarisch Cortese (2013), López de la Torre (2015) und Robledo (2018). Auf der anderen Seite gibt es, etwa in den USA oder Argentinien, geheimdienstliche Akten, welche die Bündnispolitik des transnationalen Linksterrorismus aus entgegengesetzter Perspektive dokumentierten; siehe exemplarisch Ronald Reagan Presidential Library (o. J.), White House Digest (1983) und Bonasso (2002). Ein allgemeiner, guter Überblick zur Thematik findet sich bei Böckmann (2014).

11 Abraham Gorn, damals über 70 Jahre alt, wurde des Landraubs bezichtigt und zu Straßenkehrdienst verurteilt. Sein Haus und ein von ihm betriebenes Kleinunternehmen wurden anschließend von der sandinistischen Revolution enteignet (Ronald Reagan Presidential Library o. J.: 10).

die israelische Botschaft in Bogota (Rodríguez 2023). Mit diesen Brückenschlägen verwirklichte die Guerilla eine der zentralen Implikationen der guevaristischen Weltanschauung, nämlich die Forderung nach einem völkisch aufgeladenen Weltkrieg der Subalternen „gegen den großen Feind des Menschengeschlechts: die Vereinigten Staaten von Nordamerika" (Guevara 2022) – zu dem Israel ab 1966 hinzugezählt wurde –, der ohne Rücksicht auf historische Erfahrung und wie „eine wirksame, gewaltsame, selektive und kalte Tötungsmaschine" (ebd.) geführt werden sollte.[12]

Der weltanschauliche Zusammenhang von Holocaust, Kaltem Krieg, Nationalismus, sozialer Revolution, Antiimperialismus und Antizionismus wird insbesondere am argentinischen Beispiel der Montoneros und Rudolfo Walsh deutlich. Die Montoneros waren – anders als etwa der orthodox-marxistische Ejército Revolucionario del Pueblo (ERP, „Revolutionäre Volksarmee") – aus dem sozialrevolutionären Peronismus hervorgegangen und amalgamierten Ideen der neuen Linken, des Nationalpopulismus, des Leninismus, aber auch befreiungstheologische Versatzstücke. Beide, ERP und Montoneros, hatten ihre Wurzeln in den linken Zerfallsprodukten der Tacuara (Finchelstein 2014: 107; Campos 2016: 120f.). Rodolfo Walsh, ein prominenter Intellektueller und investigativer Journalist, schloss sich den Montoneros zwischen 1973 und 1975 an und veröffentlichte Texte in ihrem Publikationsorgan, den *Noticias*, etwa den Essay *La Revolución Palestina* (2006). Hier reflektiert er eine Reise in den Nahen Osten, welche die Montoneros zum Zwecke einer militärischen Ausbildung im Libanon unternahmen, wofür ihre Ingenieure der PLO eine Bombenfabrik hinterließen (Bonasso 2002).

Der Text ist mit antizionistischen Motiven überladen. Ein zentrales Thema ist die Verteufelung Israels als Terrorstaat par excellence, dessen ewiger Selbstzweck „Genozid, Vertreibung, Krieg" (Walsh 2006: 18) und eine „bewaffnete Kolonialisierung" (ebd.: 15) des palästinensischen Volkes sei. So schreibt Walsh: „Der israelische Terrorismus hat sich zum Ziel gesetzt, ein Volk zu beherrschen, es zu Elend und Exil zu verdammen. Selbst in seiner vernünftigsten Repressalie ist diese Ursünde angelegt." (Ebd.: 40) Das zionistische Versprechen auf Emanzipation gilt ihm als „kleinbürgerliche Ideologie, die gleichwohl von jenen Bankern – wie den Rothschilds – genährt wurde, welche die Welle kommen sahen und wollten, dass ihre

12 So Che Guevara in seiner „Botschaft an die Trikontinentale" 1966 auf der Konferenz in Havanna, welche auch die berühmt gewordene Forderung nach „zwei, drei, vielen Vietnams" beinhaltete (Guevara 2022).

'Brüder' so weit wie möglich weggingen" (ebd.: 9). Mit „Welle" ist der Holocaust gemeint, der nach Walsh so nicht hätte stattfinden können, wenn sich mehr Juden den „revolutionären Bewegungen ihrer echten Länder" (ebd.) angeschlossen hätten. Heute seien Antisemitismus und Auschwitz für Israel kaum mehr als ein Faustpfand, mit dem noch jedes beliebige Verbrechen am palästinensischen Volk gerechtfertigt werden könne (exemplarisch: ebd.: 17, 37). Auschwitz selbst deutet Walsh als bloßen Moment einer allgemeinen Gewaltgeschichte, die erst in Palästina kulminiert, „als würden sich alle Ghettos der Welt zu einem noch größeren Ghetto vereinen, aber dieses Mal willentlich nach innen verschlossen" (ebd.: 14). An keiner Stelle wird dem demokratischen jüdischen Gemeinwesen abwägend begegnet, sein Existenzrecht wird durchgängig negiert.

Die Frage nach dem *warum* dieser idiosynkratischen Wortgewalt verweist auf ihre legitimationsideologische Grundlage. Walsh ist bemüht, eine teleologische Kontinuität zwischen emanzipativen Kämpfen herzustellen, zu der etwa die antikoloniale Befreiungsbewegung Algeriens, die Viet Minh, die PLO, die Montoneros (ebd.: 7), aber auch die französische *Resistance* und der Aufstand im Warschauer Ghetto zählen (ebd.: 51). Juden:Jüdinnen tauchen also – als offensichtliche Opfer des Nationalsozialismus – auf der 'guten' Seite auf, nur um als Zionisten und Israelis der 'bösen' zugerechnet zu werden: Die Vereinigten Staaten, die europäischen Kolonialmächte, die lateinamerikanischen Militärdiktaturen, und eben im Besonderen der Staat Israel. Die falsche Eindeutigkeit, mit der Walsh den jüdischen Staat als 'kolonial', 'militaristisch' oder 'terroristisch' dämonisiert, liest sich streckenweise wie eine Beschreibung des realexistierenden 'schmutzigen Krieges', mit dem die Montoneros und andere Guerillabewegungen im Kalten Krieg überzogen und vernichtet wurden (auch Walsh wurde 1977 vom argentinischen Militär ermordet). Der israelisch-arabische Realkonflikt wiederum wird projektiv als Rechtfertigung des eigenen geschichtlichen Handelns manipuliert; Israel wird mit der rechtsextremen Militärdiktatur Argentiniens und der Befreiungskampf des palästinensischen Volkes mit dem sozialrevolutionären Kampf der Guerilla identifiziert. Es ist folglich unterschiedslos, wer wie und warum für welche Ziele kämpft, ordnungsgebend ist allein die Aufspaltung der Welt in 'Unterdrückte' und 'Unterdrücker', wobei gegen letztere noch jedes Mittel recht ist – der Terror in Buenos Aires und der Terror in Israel richten sich im Prinzip gegen *einen* Feind. Der antisemitische Gehalt von Walshs Essays – und der Ideologie der Guerilla – besteht darin, dass eine hochkomplexe, bipolar überformte gesellschaftliche Wirklichkeit zugunsten eines ahistorischen, latent völkischen, schmittianischen Manichäismus aufgelöst wird und das zionistische Projekt, das sich mit seiner zu spät gekommenen und nachholenden national-bürgerlichen Emanzipation diesen Kategorien versperrt, aggressiv mit Gewalt versehrt wird.

Die schlechte Aufhebung der lateinamerikanischen Linken in der Gegenwart

Das Ende des Kalten Krieges und der Übergang ins 21. Jahrhundert haben die politische Landschaft Lateinamerikas tiefgehend umgegraben. Die Rechte sah sich für ihre Menschheitsverbrechen juristisch wie moralisch auf der Anklagebank und damit diskreditiert. Die zerschlagenen Reste der Guerilla wurden durch Verhandlungen befriedet und gingen mehrheitlich in sozialistischen Parteien auf. Liberale Kräfte konnten sich im Zuge der demokratischen Retransitionen, wie sie ab den 1980er Jahren erfolgten, als interessensausgleichende Vermittlung etablieren: Sie konsolidierten den Kurs ihrer stratokratischen Vorgänger und verfolgten die Schleifung der nationalpopulistischen Sozialstaaten, umfassende Privatisierungsprogramme und die Öffnung der lateinamerikanischen Märkte (Nohlen/Thibaut 1994). Gleichzeitig verfestigten sie die anlaufende Demokratisierung und restabilisierten damit die republikanische Souveränität, die trotz aller inneren Konfliktlinien ein Gründungsmoment der gesamten amerikanischen Region gewesen war (ebd.).

Diese neue Übergangsphase hatte ihren Preis. In den 1980er, 1990er und frühen 2000er Jahren kam es flächendeckend zu Wirtschaftskrisen und Staatsbankrotten, welche die lateinamerikanischen Partner des *Washington Consensus* delegitimierten und eine gigantische Protestbewegung nach sich zogen, die mitunter militant gegen Arbeitslosigkeit, Verelendung und Perspektivlosigkeit auf die Straße ging (Svampa 2020: 44–60). Die politische Deprivation spülte wiederrum eine altbekannte politische Kraft an die Oberfläche, nämlich jene neopopulistischen Parteien, die aus der Linken des Kalten Krieges entstanden waren (ebd.). Sie kapitalisierten die Nachfrage nach einer Regulierung der neoliberalen Krise und kaprizierten ein Armutsreduktionsprogramm, welches durch die Abschöpfung der monostrukturellen Exportrenten finanziert werden konnte (ebd.: 75–81). Hierfür waren sie auf die Protestbewegung als Basis angewiesen, während die neuen sozialen Bewegungen ihrerseits die progressiven Regierungen als Trittbrett nutzten, um eigene ökologistische, indigenistische oder feministische Ziele durchzusetzen (ebd.: 194–198).

Diese Beziehung stand seit jeher unter einem ungünstigen Stern, da die progressiven Regierungen zunehmend darauf angewiesen waren, ihr Modell durch extraktive und autoritäre Verschärfungen am Leben zu halten, nicht selten im gewaltsamen Widerspruch zu den partikularistischen Zielen der sozialen Bewegungen (ebd.: 174–179). Gleichzeitig schufen die etatistischen Auswüchse der Progressivismen mehr und mehr einen Trog, von dem große Teile der sozialen Bewegungen finanziell abhängig wurden; eine Dependenz, die den rätedemokratischen und staatskritischen Ansprüchen der Protestbewegung eigentlich zuwiderlief (ebd.: 191–194). Ein zentraler Unterschied zwischen diesen Polen – bewegungslinks und parteilinks – war lange Zeit, dass der Antisemitismus zur Sache der progressiven Regierungen wurde, während der größte Teil der neuen sozialen Bewegungen auf Distanz zur „Judenfrage" blieb; eine spezifische Differenz, die mit dem 7. Oktober aufgehoben wurde.

Die progressiven Regierungen

Der Antisemitismus der progressiven Regierungen, der in der Regel recht monothematisch am Beispiel Venezuelas herausgearbeitet wird, ist ein strukturelles Problem: Der Progressivismus bildet sich weltanschaulich um einen gegensouveränen Kern,[13] der unmittelbar an den Geist der Guerilla anknüpft. Das immanente Ziel ist es nach wie vor, den im Norden identifizierten imperial-kapitalistischen Hegemon durch einen korporatistischen Nationalismus nach innen und eine antiamerikanische Einheitsfront nach außen zu überwinden (Kersffeld 2020: 15; Svampa 161f.). Die enge Zusammenarbeit mit dem Iran ist nicht nur ein Merkmal Venezuelas, sie kennzeichnet ebenso die Progressivismen in Ecuador, Bolivien, Nicaragua und in weiteren Ländern (Caro/Rodríguez 2009; Lissardy 2020). In Bolivien gab es vermehrt pogromartige Angriffe auf jüdische Einrichtungen, die antiisraelischen Aussagen des ehemaligen Präsidenten Evo Morales (2003–2019) folgten (Iton Gadol: 2014); und in Managua gilt die iranische Botschaft als Scharnier für Aktivitäten der iranischen Revolutionsgarden sowie der Hisbollah (Caro/Rodríguez 2009: 32), also jener Akteure, welche die antisemitischen Attentate von Buenos Aires und Panama (1992, 1994) durchführten. Das vom Altsandinisten Daniel Ortega geführte Nicaragua

13 Zum hier verwendeten ideologiekritischen Begriff des ‚Gegensouverän' siehe Dahlmann (2006).

brach 2024 die diplomatischen Beziehungen mit Israel ab, unter Verweis auf „Völkermord, die Besatzung und die permanente Aggression [...] wodurch Frieden und Sicherheit in der Region und in der Welt gefährdet werden“ (zit. n. Deutsche Welle 2024).

China hat die Vereinigten Staaten als Haupthandelspartner der Region seit langem abgelöst (Svampa 2020: 162), ebenso haben die meisten Progressivismen eine Annäherung an Russland verfolgt (Kersffeld 2020: 15). Ihre als moderat beschworenen Vertreter haben sich sukzessive als Nebelkerzen entpuppt. Unmittelbar nach dem 7. Oktober traf sich Präsident Luiz Inácio Lula da Silva (Brasilien, 2002–2014 und seit 2023) medienwirksam mit Roger Waters (Käufer 2023). Er setzte Israels Militäroperation „Eiserne Schwerter“ mit dem Holocaust gleich; seit seiner ersten Amtszeit verfolgt Lula eine dezidiert iranfreundliche Politik (de Souza 2018: 124). Das gilt auch für Präsidentin Cristina Fernández de Kirchner (Argentinien, 2007–2015 und 2019–2023 Vizepräsidentin), die sich aktuell für ihre hindernde Rolle in der Aufarbeitung der Attentate von Buenos Aires erneut vor Gericht verantworten muss (Buenos Aires Times 2024).

Die Unerheblichkeit der Unterscheidung zwischen Progressivismen „hoher“ und „niedriger Intensität“ (Svampa 2020: 79) gilt auch für ihre zweite Generation. Paradigmatisch stehen hierfür die kritischen Äußerungen von Gabriel Boric (Chile, Präsident seit 2022) über seine autokratischen Bundesgenossen Kuba, Nicaragua und Venezuela, die er mit dem „Genozid- und Mörderstaat“ (zit. n. Clarín 2022) Israel verglich (El Mostrador 2018). Gemeinsam mit Luis Arce (Bolivien, Präsident seit 2020) und Gustavo Petro (Kolumbien, Präsident seit 2022) brach Chile in den Monaten nach dem 7. Oktober die diplomatischen Beziehungen zu Israel ab (Käufer 2023). Damit gibt es (inklusive des karibischen Halbmonds Kuba, Nicaragua und Venezuela) aktuell sechs bedeutende lateinamerikanische Staaten, die keine Botschaft innerhalb des jüdischen Staates unterhalten, während die Regionalmächte Mexiko und Brasilien mit Sheinbaum und Lula von progressiven Regierungen geführt werden, die Israel ablehnend bis offen feindselig gegenüberstehen. Während Arce den Beziehungsabbruch vollzogen hat, weil sein parteiinterner Konkurrent Morales durch Vorwürfe mangelnder Palästinasolidarität Druck ausübte (Käufer 2023), setzt die antiisraelische Agitation Petros neue Maßstäbe: Mehrfach rechtfertigte er den djihadistischen Überfall auf den jüdischen Staat (Rodríguez 2023), verglich Israel mit dem Nationalsozialismus und bezeichnete Gaza als Konzentrationslager (Käufer 2023). Petro war zudem Mitglied des M-19, also jener Guerilla, die 1982 ein Attentat auf die israelische Botschaft Kolumbiens verübte (Rodríguez 2023). Von der Hamas erhält er regelmäßig öffentlichen Zuspruch (ebd.; Käufer 2023).

Die neuen sozialen Bewegungen und Feminismos Populares

Das Verhältnis der neuen sozialen Bewegungen zum Antisemitismus war lange Zeit vor allem ein nicht-Verhältnis. Anders als ihr parteiförmiges Gegenstück verzichteten sie weitgehend auf antisemitische Deutungen der Wirklichkeit, was damit zusammenhängen dürfte, dass sie die alten weltanschaulichen Dogmen der Guerilla – Marxismus-Leninismus, Stalinismus, Maoismus, aber auch Castrismus und Guevarismus – zurückwiesen (Svampa 2020: 193) und so die antisemitische Traditionsbildung innerhalb der lateinamerikanischen Linken partiell hinter sich ließen. Dieser Bruch war allerdings unbewusst. Die sozialen Bewegungen vollzogen ihn nicht, weil sie eine Kritik des Antisemitismus entwickelten, sondern weil sie vom sozialrevolutionären Autoritarismus des Kalten Krieges desillusioniert waren. Dennoch tendierte diese undogmatische Haltung teils in antisemitismuskritische Richtungen, etwa 2009, als es landesweite – dezidiert feministische und israelsolidarische – Proteste gegen einen Besuch von Mahmoud Ahmadinejad in Brasilien gab (Caroll 2009). Gleichfalls gab es Ausfälle in die entgegengesetzte Richtung: Nora Cortiñas, Sozialpsychologin und Begründerin der Madres de la Plaza de Mayo (MDPM, „Mütter des Maiplatzes"), Argentiniens wichtigste und bekannteste Menschenrechtsorganisation, ist eine prominente BDS-Aktivistin (BDS 2020).

Damit waren in den sozialen Bewegungen die Bedingungen zur Möglichkeit angelegt, im Angesicht situativer Krisenerscheinungen hinter diese fragile nicht-Identität zum Antisemitismus zurückzufallen. Nur wenige Wochen nach dem Massaker vom 7. Oktober organisierte sich in Buenos Aires eine Massendemonstration mit zehntausenden Teilnehmenden, die von 55 einschlägigen sozialen Bewegungen (inklusive, an vorderster Stelle, der MDPM) getragen wurde. In einer gemeinsam unterzeichneten Rede, die der Nobelpreisträger Adolfo Pérez Esquivel vorlas, verdichtete sich die Bandbreite des antiisraelischen Jargons: Israel sei ein „Projekt ethnischer Säuberung, dass schon 75 Jahre laufe" (zit. n. Resumen Latinoamericano 2023), der Krieg das „Einlösen einer der zentralen Prämissen des zionistischen Vorhabens: Die größtmögliche Menge an Gebiet erobern, um die kleinstmögliche Menge an ursprünglichen Einwohnern übrig zu lassen" (zit. n. ebd.). Die Schuld liege außerdem bei der internationalen Gemeinschaft, die sich „der vom Imperialismus gestalteten Politik bedingungslos unterworfen“ (zit. n. ebd.) habe. Israel genieße einen „Freifahrtschein“, ausgestellt von den USA, Westeuropa und dem Sicherheitsrat der UN (zit. n. ebd.) – wie das damit zusammenpasst, dass Israel Palästina „zum Täter machen will, um in seiner Opferrolle zu bleiben“ (zit. n. ebd.), bleibt unbeantwortet. Vergleichbare Demonstrationen mit unterschiedslosen Inhalten haben in allen Ländern der Region stattgefunden (Weber 2023). Binnen weniger Wochen haben sich die neuen sozialen Bewegungen – die im Sinne historischer Kontingenz immerhin so etwas wie ein Hoffnungsträger waren, der List der Unvernunft zu widerstehen – dem transnationalen Antisemitismus von links gleichgeschaltet.

Noch einschneidender ist diese Regression beim Rückgrat der sozialen Bewegungen, den Feminismos Populares („Feminismus von unten“ oder „Massenfeminismus“), die das Resultat einer „Feminisierung von Kämpfen“ (Svampa 2020: 137) waren. Die Trägerinnen der sozialen Bewegungen ab den 1980er Jahren waren vornehmlich „indigene, afroamerikanische und arme Frauen [...] sowie Kleinbäuerinnen, Lesben und Trans“ (ebd.: 136); eine feministische Auslegung dieser Konstellation erfolgte erst nachträglich. Lange schien es, die Feminismos Populares würden nicht mit den ideologischen Fallstricken intersektionaler Deutungsmuster gehen, die Juden:Jüdinnen mit „dem falschen Universellen“ (Stögner 2019: 394) und als die „weiße hegemoniale Partikularität“ (ebd.: 385) zu identifizieren.

Wie ein Kartenhaus fiel auch diese Hoffnung nach dem 7. Oktober in sich zusammen. In einem internationalen Manifest, das maßgeblich von namenhaften Feministinnen aus Lateinamerika organisiert wurde, offenbarte sich eine hemmungslose Konkretisierung von Juden:Jüdinnen in sozialer Herrschaft aus feministischer Perspektive: Zwar drücken die Autorinnen Anerkennung und Anteilnahme „für den Schmerz jener Familien“ (Declaración Feminista 2023) aus, „deren Liebste ermordet oder als Geisel genommen wurden“ (ebd.). Der Angriff als solcher wird verurteilt – die gezielt zur psychischen Demütigung und physischen Vernichtung eingesetzte sexuelle Gewalt, wie sie sich am 7. Oktober und danach Bahn brach, wird jedoch vollständig dethematisiert und verschwiegen (ebd.). Stattdessen werden Feministinnen weltweit dazu aufgerufen, „palästinensischen Feministinnen, die heute wie gestern Widerstand“ (ebd.) gegen Israel leisten, Plattformen zu bieten. Zudem werden Appelle an israelische Feministinnen gerichtet, durch innenpolitischen Druck „dieser geplanten Zerstörung palästinensischer Leben“ Einhalt zu gebieten (ebd.). Die israelische Militäroperation wird als „Kollektivstrafe“ (ebd.) betitelt, mit den

NS-Vernichtungskriegen verglichen und die Freiheit Palästinas als „einziger Weg, durch den alle frei werden können" (ebd.) halluziniert. Wie rasch solche Worte sedimentieren, zeigte sich unter anderem am 8. März 2024 in Montevideo: Auf einer feministischen Demonstration wurde eine zum Teufel stilisierte jüdische Frau symbolisch ermordet und gedemütigt: Feministinnen spießten einen überdimensionalen Kopf, versehen mit klar weiblichen Gesichtszügen, Fangzähnen, blauen Augen und einem hellblauen Davidstern vor der Stirn auf eine riesige Lanze (El País Uruguay 2024); damit wurde ein Bild der Jüdin als unterdrückende „Super-Weiße" (Stögner 2019: 395) stilisiert, was die Täter-Opfer-Struktur des Holocausts faktisch umkehrt. Die Figur wurde durch die Straßen getragen, ohne jeglichen Protest seitens der Anwesenden (ebd.).

Ausblick

Konnte noch vor einigen Jahren hoffnungsvoll betont werden, dass die neuen sozialen Bewegungen ein kritisches Gegengewicht zur gegensouveränen Revolte der progressiven Regierungen bildeten, hat sich diese geschichtliche Offenheit in schlechte Eindeutigkeit aufgehoben. Die sozialen Bewegungen haben sich in den von ihnen so konsequent gescholtenen Populismus linker Provenienz eingereiht und ihr eigenes emanzipatives Potenzial moralisch und geistig verdorben.

Wenig Trost spenden die Wahlerfolge explizit israelfreundlich gesinnter Rechtspopulisten. Auch wenn die pro-israelische Aufmachung von Javier Milei (Argentinien, seit 2023), Jair Bolsonaro (Brasilien, 2018–2022), Nayib Bukele (El Salvador, seit 2019) oder Santiago Peña (Paraguay, seit 2023) dem jüdischen Staat wichtige Atempausen verschafft, ist die Integrität dieser neuen Allianzen, welche die DAIA treffend als „unbequeme Dilemmata" (DAIA 2024: 39) umschreibt, zweifelhaft:

> Wie sollten populistische Führungspersonen betrachtet werden, die philosemitisch und pro-israelisch sind? Besonders wenn ihre Bewegungen Antisemiten beherbergen, eine neonazistische Vergangenheit haben oder die Geschichte ihrer Nationen verzerren. Inwieweit kann der Kampf gegen den Hass auf Juden blind gegenüber dem Hass auf andere Minderheitengruppen sein und dennoch moralisch glaubwürdig bleiben? (ebd.)

Im Angesicht der fortlaufenden antisemitischen Radikalisierung des Progressivismus scheint es kontraintuitiv, ausgerechnet in den Reihen der progressiven Regierungen nach Hoffnungsschimmern zu suchen. Dennoch wurden mit dem Ökosozialisten Bernardo Arévalo (Guatemala, seit 2023) und dem Sozialdemokraten Yamandú Orsi (Uruguay, seit 2024) in jüngerer Zeit zwei Präsidenten gewählt, die dem jüdischen Staat nicht nur äquidistant, sondern explizit solidarisch gegenüberstehen und sich selbst als israelfreundlich bzw. zionistisch bezeichnen (Schumacher 2025). Es wird sich zeigen, wie zuverlässig diese neuen rechten und linken Verbindungen Lateinamerikas nach Israel sind; ob die rechte Israelnähe nur einem chauvinistischen Ticket entspricht und die neue Israelnähe von links sich nicht doch als Nebelkerze entpuppt.

Literatur

BDS – Boycott, Divestment and Sanctions (2020): Global South leaders call on UN to investigate Israeli apartheid, 30.09.2020, https://bdsmovement.net /news/global-south-leaders-call-un-investigate-israeli-apartheid.

Bonasso, Miguel (2002): Lo que sabía el 601, in: Página 12, 25.08.2002, https://www.pagina12.com.ar/diario/elpais/1-9327-2002-08-25.html.

Böckmann, Lukas (2014): Hochmütige Halbgötter. Antizionismus in der argentinischen Linken, in: Jungle World, 06.02.2014, https://jungle.world/artikel/2014/06/hochmuetige-halbgoetter.

Brancoli, Fernando (2024): From Palestine to Public Security: What We Can Expect from Claudia Sheinbaum's Presidency, 13.06.2024, https://www.securityincontext.org /posts/from-palestine-to-public-security-what-we-can-expect-from-claudia-sheinbaums-presidency.

Buenos Aires Times (2024): Supreme Court sends Cristina Fernández de Kirchner to trial for Iran memorandum, 05.12.2024, https://www.batimes.com.ar/news/arge ntina/supreme-court-sends-cristina-fernandez-de-kirchner-to-trial-for-iran-memorandum.phtml.

CAIV (2015) Antisemitismo en Venezuela. Informe 2014, Caracas, https://www.caiv.org /wp-content/uploads/ 2017/06/informe2014.pdf.

Campos, Esteban (2016): ¿De fascistas a guerrilleros? Una crítica a la historiografía del movimiento nacionalista Tacuara y sus derivas hacia la izquierda en la Argentina, in: Revista Tiempo Histórico 13(1), 117–134

Carneiro, Maria Luiza Tucci (1989): O Anti-Semitismo na Era Vargas – Fantasmas de Uma Geração (1930–1945), São Paulo: Editora Brasiliense

Carneiro, Maria Luiza Tucci (2008): O Anti-semitismo nas Américas: Memória e História, São Paolo: Editora da Universidade de São Paulo.

Carneiro, Maria Luiza Tucci (2014): Weltbürger. Brasilien und die Flüchtlinge des Nationalsozialismus, 1933–1948, Zürich/Wien: LIT.

Caro, Isaac/Rodríguez, Isabel (2009): La presencia de Irán en América Latina a través de su influencia en los países del ALBA, in: Revista Atenea 500(2), 21–40

Carroll, Rory (2009): Brazilian protests greet Ahmadinejad at start of South American tour, in: The Guardian, 23.11.2009, https://www.theguardian.com/world/2009/nov/23/ahmadinejad-brazil-protests-iran.

Castro, Fidel/Chibas, Raul/Pazos, Felipe (2013): Al Pueblo de Cuba, 17.01.2013, https://web.archive.org/web/20130117013342/http://www.chibas.org/raul_chibas_manifiesto.php [1957].

Clarín (2022): Interview mit Gabriel Boric, 21.01.2022, https://www.clarin.com/internacional/video-gabriel-boric-israel-genocida-asesino_3_co7h7r2iK.html.

Claussen, Detlev (2005): Grenzen der Aufklärung: Die gesellschaftliche Genese des modernen Antisemitismus, Frankfurt am Main: Fischer [1987].

CONIB (2024): Relatório Antissemitismo no Brasil 2023, São Paolo, https://combateaoantissemitismo.org.br/wp-content/uploads/2024/06/RELATORIO-ANTISSEMITISMO-2023-FINAL.pdf.

Cortese, Emilio (2013): ¿La organización vence al tiempo? El vínculoentre la OLP y Montoneros, in: XIV Jornadas Interescuelas, Departamento de Historia de la Facultad de Filosofía y Letras, Mendoza: Universidad Nacional de Cuyo 14/1, https://cdsa.aacademica.org/000-010/toc/28.

Dahlmann, Manfred (2006): Souveränität und Gegensouverän – Amerikanische und deutsche Form negativer Vergesellschaftung, in: Grigat, Stephan (Hg.): Feindaufklärung und Reeducation. Kritische Theorie gegen Postnazismus und Islamismus, Freiburg: ça ira, 237–261.

DAIA – Delegación de Asociaciones Israelitas Argentinas (2024): Informe sobre antisemitismo en la Argentina 2023, Buenos Aires: Centro de Estudios Sociales, https://daia.org.ar/wp-content/uploads/2024/08/Informe-Antisemitismo-2023-baja.pdf.

Declaración Feminista (2023): Como feministas decimos no al genocidio en Palestina, https://feministresearchonviolence.org/como-feministas-no-podemos-permanecer-en-silencio-como-feministas-decimos-no-al-genocidio-en-palestina-english-below-francais-en-bas-italiano-sotto-portugues-aba/.

De Souza, Bruno Mendelski (2018): A Comparative Study of Lula's Diplomacy in the Middle East and Ahmadinejad in Latin America, in: Austral: Brazilian Journal of Strategy & International Relations, 7(13), 120–158.

Deutsche Welle (2024): Nicaragua rompe relaciones con Israel, 12.10.2024, https://www.dw.com/es/nicaragua-rompe-relaciones-con-israel/a-70475801.

Diner, Dan (2015): Das Jahrhundert verstehen. Eine universalhistorische Deutung, München: Pantheon [1999].

Diner, Dan (2023): Sie stellen den Israelis den Vernichtungstod in Aussicht, in: Frankfurter Allgemeine Zeitung, 25.10.2023, https://www.faz.net/aktuell/ feuilleton/debatten/israel-krieg-hamas-stellen-israelis-den-vernichtungstod-in-aussicht-19265630.html.

El Mostrador (2018): Boric llama a la izquierda a condenar situación en Venezuela, Cuba y Nicaragua, 17.08.2018, https://www.elmostrador.cl/noticias/pais/2018/08/17/boric-llama-a-la-izquierda-a-condenar-situacion-en-venezuela-cuba-y-nicaragua-no-podemos-permitirnos-continuar-con-el-doble-estandar/.

El País Uruguay (2024): Institución de Derechos Humanos expresó preocupación por "expresiones de odio y antisemitismo" en marcha de 8M, in: El País Uruguay, 11.03.2024, https://www.elpais.com.uy/informacion/sociedad/institucion-de-derechos-humanos-expreso-preocupacion-por-expresiones-de-odio-y-antisemitismo-en-marcha-de-8m.

Finchelstein, Federico (2014): The Ideological Origins of the Dirty War. Fascism, Populism, and Dictatorship in Twentieth-Century Argentina, Oxford: University Press.

Goñi, Uki (2007): Odessa – die wahre Geschichte. Fluchthilfe für NS-Kriegsverbrecher, Berlin: Assoziation A [2006].

Green, Emily (2024): Claudia Sheinbaum will be Mexico's first president with Jewish heritage, in: South Carolina Public Radio, 29.09.2024, https://www.southcarolinapublic radio.org/2024–09–29/claudia-sheinbaum-will-be-mexicos-first-president-with-jewish-heritage.

Grosman, Ariel/Seidler, Ariel (2024): Antisemitismo en Internet, Informe Anual 2023, https://congresojudio. org/cjl-data/.

Guevara, Ernesto (2022): Botschaft an die Trikontinentale, https://progressive.international/wire/2022-06-14-guevara-mensaje-a-los-pueblos-del-mundo-a-travs-de-la-tricontinental/de [1966].

Gutman, Daniel (2003): Tacuara – historia de la primera guerilla urbana argentina, Buenos Aires: Ediciones B.

Gutman, Daniel (2020): Una cruz esvástica marcada en el pecho y la sombra de Eichmann. El estremecedor ataque a una joven judía, in: infobae, 17.01.2020, https://www. infobae.com/america/historia-america/2020/01/17/una-cruz-esvastica-marcada-en-el-pecho-y-la-sombra-de-eichmann-el-estremecedor-ataque-a-una-joven-judia/.

Halperín Donghi, Tulio (1994): Geschichte Lateinamerikas. Von der Unabhängigkeit bis zur Gegenwart, Frankfurt am Main: Suhrkamp.

Hobsbawm, Eric (1989): The age of empire. 1875–1914, New York City: Random House [1987].

Hobsbawm, Eric (1995): The age of extremes. The short twentieth century 1914–1991, London: Abacus.

Horkheimer, Max (1972): Gesellschaft im Übergang, Frankfurt am Main: Fischer/Athenäum.

Iton Gadol (2014): Un grupo judío americano pide al presidente de Bolivia que actúe contra el antisemitismo, 19.09.2014, https://itongadol.com/noticias/81569-un-grupo-judio-americano-pide-al-presidente-de-bolivia-que-actue-contra-el-antisemitismo.

Jewish Telegraphic Agency (1966): Anti-israel Resolution of Havana Parley Condemned in Chilean Senate, 08.04.1966, https://www.jta.org/archive/anti-israel-resolution-of-havana-parley-condemned-in-chilean-senate.

Joppich, Christoph (2024): La cuestión judía: Entstehung und Entwicklungen des modernen Antisemitismus in Lateinamerika, in: Zarbock, Luca/Richter, Salome/Seul, Marc/Thurau, Franziska/Borsch, Andreas/Gärtner, Luisa/Schmidt, Lennard/Seiler, Dorothea (Hg.): Antisemitismus zwischen Latenz und Leidenschaft. Kommunikations- und Äußerungsformen des Judenhasses im Wandel, Opladen: Barbara Budrich, 193–208.

Kaminsky, Amy (2021): The Other/Argentina. Jews, Gender, and Sexuality in the Making of a Modern Nation, New York: State University Press.

Käufer, Tobias (2023): Krieg im Nahen Osten. Warum sich Südamerika gegen Israel stellt, 04.11.2023, https://www.zdf.de/nachrichten/politik/ausland/israel-suedamerika-brasilien-kolumbien-gaza-kritik-nahost-konflikt-100.html.

Kersffeld, Daniel (2020): El Antisemitismo en América Latina. Principales conceptos y tendencias históricas, in: Revista Estudios, 40(2), https://revistas.ucr.ac.cr/index.php/estudios/article/view/42015/42330.

Krusch, David (o. J.): Venezuela Virtual Jewish History Tour, in: Jewish Virtual Library, https://www.jewishvirtual library.org/venezuela-virtual-jewish-history-tour#5.

Lenhard, Philipp (2007): Äquivalenzprinzip, Almosen, Antisemitismus. Venezuelas Petro-„Sozialismus des 21. Jahrhunderts", in: Bahamas, 52, https://redaktion-bahamas.org/hefte/52/%C3%84quivalenzprinzip-Almosen-Antisemitismus.html.

Lenhard, Philipp (2008): Caudillo voran! Venezuela auf dem Weg zum totalitären Volksstaat, in: Bahamas, 55, https://redaktion-bahamas.org/hefte/55/Caudillo-voran.html.

Lerman, Margarita (2022): Patria o Muerte im Nahen Osten. Der Junikrieg aus kubanischer Perspektive, in: Schmidt, Lennard/Borsch, Andreas/Richter, Salome/Seul, Marc/Zarbock, Luca/Heudtlaß, Nils (Hg.): Antisemitismus zwischen Kontinuität und Adaptivität. Interdisziplinäre Perspektiven auf Geschichte, Aktualität und Prävention, Göttingen: Vandenhoeck & Ruprecht, 227–242.

Lidor, Canaan (2024): Quietly Jewish scientist poised to win Sunday's Mexican presidential election, in: Times of Israel, 31.05.2024, https://www.timesofisrael.com/claudia-sheinbaum-a-quietly-jewish-secular-scientist-set-to-win-elections-in-mexico/.

Lissardy, Gerard (2020): La gran paradoja de las relaciones de Irán con América Latina, in: BBC Mundo, 13.01.2020, https://www.bbc.com/mundo/noticias-america-latina-51086716.

Lomnitz, Claudio (2010): El antisemitismo y la ideología de la revolución mexicana, Mexiko-Stadt: Centzontle.

López de la Torre, Carlos (2015): Encuentros solidarios en épocas revolucionarias. La Revolución Cubana y el Frente Sandinista de Liberación Nacional ante la causa palestina, in: Crítica y Emancipación 14(2), 45–106.

Lvovich, Daniel (2003): Nacionalismo y Antisemitismo en la Argentina, Buenos Aires: Javier Vergara Editor.

Márquez, Gabriel Garcia (1997): La Soledad de América Latina, in: Revista de la Red Intercátedras de Historia de América Latina Contemporánea 1(1), 9–13 [1982].

McGee Deutsch, Sandra (1999): Las Derechas. The Extreme Right in Argentina, Brazil, and Chile, 1890–1939, Stanford: University Press.

Nohlen, Dieter/Thibaut, Bernhard (1994): Trotz allem: Demokratie – Zur politischen Entwicklung Lateinamerikas seit den neunziger Jahren, in: Junker, Detlef/Nohlen, Dieter/Sangmeister, Hartmut (Hg.): Lateinamerika am Ende des 20. Jahrhunderts, München: C.H.Beck, 235–261.

Padrón, Juan Manuel (2017): „¡Ni yanquis, ni marxistas! Nacionalistas" Nacionalismo, militancia y violencia política: el caso del Movimiento Nacionalista Tacuara en la Argentina, 1955–1966, Los Polvorines: Editorial de la Universidad Nacional de General Sarmiento.

Poliakov, Léon (2022): Von Moskau nach Beirut. Essay über die Desinformation, Freiburg: ça ira [1983].

Puhle, Hans-Jürgen (1994): Unabhängigkeit, Staatenbildung und gesellschaftliche Entwicklung in Nord- und Südamerika, in: Junker, Detlef/Nohlen Dieter/Sangmeister, Hartmut (Hg.): Lateinamerika am Ende des 20. Jahrhunderts, München: C.H.Beck, 27–48.

Radonić, Ljiljana/Scheit, Gerhard (2014): Haz patria, mata un Judío. Leben im Sozialismus des 21. Jahrhunderts: Ein Interview über Venezuela mit Sascha Kählß, in: sans phrase. Zeitschrift für Ideologiekritik, 5, 216–224

Rapoport, Mario (2003): Historia económica, política y social de la Argentina (1880–2003), Buenos Aires: Emecé.

Resumen Latinoamericano (2023): Argentina. En Buenos Aires, decenas de miles de manifestantes llenaron la Plaza del Congreso exigiendo el cese del genocidio sionista contra las niñeces y el pueblo palestino, 03.11.2023, https://www.resumenlatinoamericano.org/2023/11/03/argentina-en-buenos-airea-decenas-de-miles-de-manifestantes-llenaron-la-plaza-del-congreso-exigiendo-el-cese-del-genocidio-sionista-contra-las-nineces-y-el-pueblo-palestino/.

Resumen Latinamericano (2024): Argentina. "Banderazo" por Palestina en un recinto universitario de la Capital, 24.05.2024, https://www.resumenlatinoamericano.org/ 2024/05/24/argentina-banderazo-por-palestina-en-un-recinto-universitario-de-la-capital/.

Robledo, Pablo (2018): Montoneros y Palestina. De la revolución a la dictadura, Buenos Aires: Planeta.

Rodríguez, José David (2023): María Fernanda Cabal recordó que el M-19, guerrilla en la que militó el presidente Petro, atentó contra la embajada de Israel, in: infobae, 12.10.2023, https://www.infobae.com/colombia/2023/10/12/maria-fernanda-cabal-recordo-que-el-m-19-guerrilla-en-la-que-milito-el-presidente-petro-atento-contra-la-embajada-de-israel/.

Ronald Reagan Presidential Library (o. J.): Palestinian Involvement in Central America 1/3, Box 57, https://www.reaganlibrary.gov/public/digitallibrary/smof/publicliaison/blackwell/box-057/40_047_7009056_057_003_2017.pdf.

Roniger, Luis/Senkman, Leonardo (2023): Shifting Patterns of Antisemitism in Latin America: Xenophobia, Exclusion, and Inclusion, in: Latin American Research Review, 58(2), 403–421.

Sánchez, Ignacio (1994): Cuban Property Rights and the 1940 Constitution, in: Florida State University Journal of Transnational Law & Policy, 3(1), 135–148.

Schumacher, Jörn (2025): Uruguays neuer Präsident ist Israelfreund, 02.01.2025, https://www.israelnetz.com/uruguays-neuer-praesident-ist-israelfreund/.

Senkman, Leonardo (1986): El antisemitismo en Argentina, Biblioteca Política Argentina, Band 146, Buenos Aires: Centro Editor de América Latina.

Sepúlveda, Margarita Figueroa (2018): La emergencia y aumento del antisemitismo en los gobiernos de Hugo Chávez y su relación con la profundización de las relaciones entre Venezuela e Irán (2005–2013), in: Revista de Relaciones Internacionales, Estrategia y Seguridad, 13(1), 239–268.

Sivich, Michaela (2019): Venezuela Anfang 2019. Blitzlichter auf den Sozialismus des XXI. Jahrhunderts, in: sans phrase. Zeitschrift für Ideologiekritik, 14, 30–36.

Stögner, Karin (2019): Wie inklusiv ist Intersektionalität? Neue soziale Bewegungen, Identitätspolitik und Antisemitismus, in: Salzborn, Samuel (Hg.): Antisemitismus seit 9/11. Ereignisse, Debatten, Kontroversen, Baden-Baden: Nomos, 385–402.

Svampa, Maristella (2020): Epochenwechsel in Lateinamerika. Progressive Regierungen, Extraktivismus und soziale Bewegungen, Münster: Unrast.

The Jewish Chronicle (2024): Rioters set fire to Israeli embassy in Mexico City, 29.05.2024, https://www.thejc.com/news/world/rioters-set-fire-to-israeli-embassy-in-mexico-city-tr3313lu.

Todorov, Tzvetan (1985): Die Eroberung Amerikas. Das Problem des Anderen, Frankfurt am Main: Suhrkamp [1982].

Walsh, Rudolfo (2006): La Revolución Palestina, Rosario: Kolectivo Editorial Ultimo Recurso [1974].

Weber, Hans (2023): Solidarität der sozialen Bewegungen in Lateinamerika mit Opfern von Gaza, in: amerika21, 10.11.2023, https://amerika21.de/2023/11/266753/lateinamerika-solidarisch-mit-palaestina.

White House Digest (1983): The PLO in Central America, 20.07.1983, https://www.cia.gov/readingroom/docs/CIA-RDP85M00363R001102530005-9.pdf.

Verschwörungsnarrative im türkischen Nationalismus

Akteur:innen der türkisch-islamischen Ideologie in Deutschland und ihre Rolle für den antiarmenischen Rassismus und Antisemitismus

Ismail Küpeli

Die türkisch-islamische Ideologie, die eine spezifische Kombination aus nationalistischen und religiösen Elementen darstellt, ist eine von zahlreichen nationalistischen Ideologien der vielfältigen Migrationsgesellschaft in Deutschland. Dabei sind aus der türkisch-islamischen Ideologie verschiedene Narrative, die in der Türkei entstanden sind, in die Diskursräume in Deutschland übertragen und angepasst worden, die im Kontext des antiarmenischen Rassismus und des Antisemitismus relevant sind. Bei dieser Übertragung kommt es auch zu Veränderungen in Ausformulierung und Funktion der einzelnen Narrative und zu Verschiebungen im Verhältnis des antiarmenischen Rassismus zum Antisemitismus. Um diese Veränderungen und Verschiebungen zu verstehen, müssen wir die historischen Ursprünge des türkischen Nationalismus und die Verknüpfung des Nationalismus mit religiösen Elementen betrachten.

Ursprünge der Verschwörungserzählungen im türkischen Nationalismus

Der türkische Nationalismus entstand als eine politische Bewegung, die das multiethnische und multireligiöse Osmanische Reich in einen türkischen Nationalstaat transformieren wollte und dabei die vielfältige Bevölkerung des Reichs in verschiedene Kategorien aufteilte. Neben den muslimischen Türken, welche die Herrschernation bilden sollten, wurde zwischen nichttürkischen Muslim:innen, die es zu turkisieren galt, und den Nicht-Muslimen, die a priori als nicht assimilierbar definiert wurden, unterschieden (Akçam 2004: 130–134). Insbesondere gegen die Nicht-Muslime, die damit Ziel von Vertreibung und Vernichtung wurden, griff der türkische Nationalismus bereits in seiner Gründungsphase auf Verschwörungsnarrative zurück. So beschuldigte im Ersten Weltkrieg die türkisch-nationalistische Staatsführung wahrheitswidrig die nicht-muslimischen Bevölkerungsgruppen, darunter insbesondere die Armenier:innen, dass sie das Osmanische

Reich verraten hätten und mit den Kriegsgegnern des Reichs zusammenarbeiten würden. Mit dieser „Dolchstoß"-Erzählung wurde der Genozid von 1915 legitimiert, bei dem über eine Million Armenier:innen im Osmanischen Reich ermordet wurden (Dabag/Platt 2015: 272–306). Der Genozid selbst wird von türkischen Nationalist:innen geleugnet und die Bestrebungen von Armenier:innen für die Anerkennung als Genozid werden von den Nationalist:innen als Bestätigung der fortwährenden Illoyalität der Armenier:innen gesehen. Nach dem Zusammenbruch des Osmanischen Reichs und der Gründung der Republik Türkei wurde das verschwörungsideologische Narrativ gegen die nicht-muslimischen Minderheiten eingesetzt, wie etwa bei der Vertreibung von über 1,2 Millionen Christ:innen aus dem Gebiet der heutigen Türkei 1923. Auch ihnen wurde aufgrund ihrer religiösen Identität unterstellt, keine loyalen Staatsbürger:innen sein zu können. So bleibt die türkische „Dolchstoß"-Legende bis heute wirkmächtig und hat sich zu einer gängigen Methode entwickelt, bei der für real existierende oder vorgestellte Probleme die Verschwörungen der äußeren und inneren Feinde gegen die türkische Nation verantwortlich gemacht werden.

In diesen Verschwörungserzählungen wird oft auf die Figur des „Dönme", des vermeintlichen Kryptojuden, der sich nach außen als Muslim tarnt, zurückgegriffen. Dabei wird behauptet, dass die „Dönme", eine kleine Gemeinschaft von Jüdinnen und Juden, die im 17. Jahrhundert im Osmanischen Reich zum Islam konvertiert sind (aber im nicht-öffentlichen Bereich jüdische Bräuche noch eine Zeitlang weiter pflegten), heute Politik, Gesellschaft und Medien in der Türkei kontrollieren würden (Bali 2010: 17–88). Weil die „Dönme" sich dabei nicht als Jüdinnen und Juden zu erkennen geben, sondern so auftreten würden, als seien sie Muslime, können türkische Nationalist:innen jeden verdächtigen, ein „Dönme" zu sein, und der Gegenbeweis ist schlicht nicht zu leisten. Wenn Krypto-Jüdinnen und -Juden, die sich als Muslime ausgeben, sich verschworen haben, um die Türkei aus dem Schatten heraus zu kontrollieren, wie das antisemitische Narrativ besagt, wie kann dann bewiesen werden, dass dies nicht stimmt? Jeder Hinweis, der dieses Narrativ in Frage stellt, würde von den türkischen Nationalist:innen als ein Trick der „Dönme" markiert werden, die weiter ihre Verschwörung geheim halten wollen. Diese antisemitische Erzählung funktioniert besonders gut, weil sie keine realen Anknüpfungspunkte für die Zuschreibung braucht. Aber nicht nur (reale oder frei erfundene) Juden gelten für türkische Nationalist:innen als der „innere Feind", sondern auch die Armenier:innen sind weiterhin im Visier. Dabei wird insbesondere das Bemühen um die Anerkennung und Aufarbeitung des Genozids von

1915 als eine Unterminierung und Infragestellung der positiven Geschichte der türkischen Nation und damit als ein Angriff auf die türkische Nation verstanden (Akçam 2004: 233–237).

Zusammenfassend lässt sich folgende Verschwörungserzählung als eine zentrale Säule des türkischen Nationalismus ausmachen: (a) Ausgehend von einer vermeintlich welthistorischen Bedeutung des Türkentums wird die reale Situation der Türkei und der türkischen Nation stets als mangelhaft und defizitär definiert. (b) Die Ursachen für diese Mängel und Defizite können a priori nicht in der türkischen Nation selbst liegen, sondern müssen die Schuld von „inneren" und „äußeren" Feinden sein. (c) So müssen stets diese Feinde und ihre Verschwörungen gegen die türkische Nation entdeckt, entlarvt und bekämpft werden. Dabei tauchen im Kontext des türkischen Nationalismus in der Türkei selbst antiarmenische und antisemitische Narrative häufig gleichzeitig auf, und diese Erzählungen erfüllen für die Mobilisierung innerhalb der Bewegung und für die Anschlussfähigkeit an andere politische Kräfte und für die breite Bevölkerung ähnliche Funktionen. So lässt sich eine Gleichzeitigkeit von antiarmenischem Rassismus und Antisemitismus im türkischen Nationalismus feststellen.

Türkisch-Islamische Synthese

Die ideologische Verzahnung zwischen dem Türkischen und dem Islamischen gelang spätestens in den 1970er Jahren mit der „Türkisch-Islamischen Synthese", die von rechtskonservativen und nationalistischen Intellektuellen formuliert wurde (Bilir 2004: 41–71). Die „Türkisch-Islamische Synthese" ist keineswegs als Bruch oder Paradigmenwechsel zu verstehen, sondern bedient sich gängigen und staatlich geförderten Narrativen seit der Zeit der Jungtürken, die von einer türkisch-islamischen Identität ausgehen. So wurde etwa der „Türkischen Geschichtsthese", in der von vor-islamischen türkischen Zivilisationen die Rede ist, nicht widersprochen. Stattdessen übernahmen die Vertreter der „Türkisch-Islamischen Synthese" diese Behauptung und ergänzten, dass der Islam die passende Religion zum türkischen Nationalcharakter wäre.

Die türkisch-islamische Ideologie war und ist stark geprägt von antisemitischen Elementen. Beispielhaft hierfür kann das Theaterstück *Mas-Kom-Yah*, dessen Titel sich aus den ersten Silben der Begriffe „Mason" („Freimaurer"), „Komünist" („Kommunist") und „Yahudi" („Jude") zusammensetzt, dienen, das 1975 von Recep Tayyip Erdoğan, dem heutigen

Staatspräsidenten der Türkei, verfasst wurde (Küpeli 2021a: 234–239). Das Stück zeigt in seiner eher schlichten und expliziten Sprache ideologische Elemente des islamischen Konservatismus und des Islamismus in der Türkei; beides Kräfte der türkischen Rechten. Auch offenbart es Verbindungen und Übergänge zwischen diesen beiden Strömungen. Besonders auffällig ist die Inszenierung des Islamismus als tatkräftiger Vertreter der islamischen Werte und Traditionen. Diese Rolle wird in mehreren zentralen Szenen thematisiert. Ebenso klar erkennbar und redundant ist die Verknüpfung zwischen Verwestlichung und sozialen Konflikten, die in dieser Erzählung zwangsläufig in eine jüdisch-kommunistische Diktatur münden. Die vermeintlich einzige Rettung für Islam und Türkentum bietet ein militanter Islamismus, der gegen die „Freimaurer" (Verwestlichung), den Kommunismus sowie gegen Juden kämpft.

Die islamistische Ideologie wird von einem türkischen Nationalismus begleitet, der ebenfalls kämpferisch auftritt. So wird in *Mas-Kom-Yah* immer wieder explizit auf das „Blut" der nationalistischen Märtyrer Bezug genommen, welche die Türkei vor einer nicht-muslimischen Fremdbesatzung bewahrt hätten. Dieses türkische Blut, das die türkische Erde flächendeckend durchtränkt, würde die Türkei wertvoller machen als jedes andere Land der Erde. Gleichzeitig ist dieser Bezug auf die nationalistischen Märtyrer, die ihr Leben für Nation und Glauben geopfert haben, eine Aufforderung an die heutigen Generationen, sich ähnlich und damit ebenfalls militant und aufopferungsvoll zu verhalten. Auch hier dient die Vergangenheit als Vorbild und Vorlage für die Zukunft, wodurch die Zukunftsvorstellungen des Islamismus und des türkischen Nationalismus zusammengeführt werden.

Einen Aspekt gibt es im Text, der heute weniger relevant ist als damals: Anders als 1975 stellt der Kommunismus aus der Perspektive der Islamisten heute keine große Gefahr mehr dar. Die Feindbilder in Bezug auf Juden und den Westen haben sich hingegen bis heute erhalten. Die Propagierung der eigenen, türkisch-islamischen Identität, die identitäre Ablehnung des Westens und eine antisemitische Grundhaltung, die sich heutzutage als islamistischer Antizionismus oder „Israel-Kritik" zeigt, sind weiterhin wirksame Elemente der Ideologie. Erdoğan und andere Akteure aus den Spektren des islamischen Konservatismus und des Islamismus wurden durch diese Narrative geprägt, und sie bestimmen ihr politisches Handeln. Dabei wirkt der Antisemitismus stets als Teil einer islamistischen und nationalistischen Ideologie und kann zeitweilig von anderen Ideologien überlagert werden. So waren etwa in den 1980er Jahren der Rassismus und die Hetze gegen Kurden deutlich präsenter und nahmen mehr Raum ein als die

Judenfeindschaft, da die Debatte sich auf den Krieg des türkischen Staates in den kurdischen Gebieten der Türkei verlagerte. Doch bedeutet das nicht, dass der Antisemitismus verschwand. Auch in diesen Jahren wurden antisemitische Elemente und verschwörungsideologische Narrative in den antikurdischen Diskurs mit eingewoben, etwa indem unterstellt wurde, dass die *Partiya Karkerên Kurdistan* (Arbeiterpartei Kurdistans, PKK), die einen bewaffneten Kampf gegen die Türkei führte, unter armenischer oder jüdischer Kontrolle stehen würde (Kaymaz 2007: 178–185).

Die „Türkisch-Islamische Synthese“ wurde spätestens mit dem Militärputsch 1980 und den darauffolgenden konservativ-nationalistischen Regierungen in die Staatsideologie integriert und führte damit zu der staatlich induzierten Re-Islamisierung der Gesellschaft. So wurde etwa mit der Verfassung von 1982, die von den Putschisten durchgesetzt wurde, der islamische Religionsunterricht zu einem Pflichtfach an den staatlichen Schulen. Neben der Schaffung und dem Ausbau von zusätzlichen religiösen Schulen wurden auch die Lehrbücher an den regulären staatlichen Schulen entsprechend der „Türkisch-Islamischen Synthese“ angepasst.

Re-Islamisierung in Deutschland

Diese Re-Islamisierung blieb nicht auf die Türkei beschränkt. Auch die Gründung der Diyanet İşleri Türk İslam Birliği (Türkisch-Islamische Union der Anstalt für Religion, DITIB) als ein Dachverband der türkischen Moscheen in Deutschland unter der Führung der türkischen Religionsbehörde Diyanet fällt in diese Phase. Die Aktivitäten der DITIB-Moscheen zeigen dabei bis heute, dass hier die Einheit des Türkischen mit dem Islamischen weiter Bestand hat. So werden in den Predigten und den kulturellen Aktivitäten immer wieder die türkisch-nationalistischen Narrative mit religiösen Inhalten zusammengebracht. Die militärischen Erfolge der türkischen Nation, etwa im Ersten Weltkrieg gegen den Westen, werden ebenso gefeiert wie der Angriffskrieg der Türkei in Nordsyrien. Obwohl diese Feierlichkeiten in Moscheeräumen seit vielen Jahren stattfinden, gab es erst im März 2018 eine öffentliche Empörung über Veranstaltungen in DITIB-Moscheen, in denen Kinder in Uniformen und Spielzeugwaffen die Schlacht von Gallipoli von 1915 zwischen dem Osmanischen Reich und der Entente reinszenierten (Küpeli 2018). Diese Veranstaltungen wurden damals in den Kontext der türkischen Offensive gegen die Afrin-Region in Nordsyrien gesetzt – und damit die Schlacht von Gallipoli 1915 und die

Afrin-Offensive 2018 als zwei Kämpfe der türkischen Nation gegen ihre Feinde inszeniert.

Graue Wölfe

Während staatliche und quasi-staatliche Akteur:innen wie etwa der DITIB-Moscheeverband für die Verbreitung des türkischen Nationalismus in Deutschland eine relevante Rolle spielen, ist in deutschen Debatten um den türkischen Nationalismus eine andere politische Kraft deutlich prominenter, nämlich die sogenannten Grauen Wölfe.

Die Ursprünge der Grauen Wölfe gehen auf die 1940er Jahre zurück. 1945 wurden zehn türkische Nationalisten, darunter der spätere Vorsitzende der türkisch-nationalistischen Milliyetçi Hareket Partisi (Partei der Nationalistischen Bewegung, MHP) und de facto Gründer der Grauen Wölfe-Bewegung Alparslan Türkeş, in der Türkei wegen Rassismus und als Anhänger der Ideologie des Turanismus (d. h. die Utopie eines großtürkischen Reichs) verurteilt. Durchaus nachvollziehbar argumentierten während der Gerichtsverhandlung die Angeklagten, ihre Ideologie weiche von dem offiziellen Staatsnationalismus kaum ab. Sie beriefen sich dabei auf Äußerungen führender Politiker der Türkei. Im Falle einer Verurteilung müsse die Staatsspitze ebenfalls vor Gericht – so lautete die Verteidigungsstrategie der Angeklagten (Guttstadt 2008: 181–182).

Es ist tatsächlich so, dass rassistische und turanistische Elemente auch im Staatsnationalismus zu finden sind und die Unterschiede zwischen den Äußerungen der Angeklagten und der Staatsführung eher marginal waren. Der Prozess endete mit milden Haftstrafen für die Angeklagten, die man nach kurzer Zeit wieder aufhob. Der Staat sah in den türkischen Nationalisten keinen politischen Gegner, sondern wollte vielmehr den extremen Nationalisten die Grenzen des Sagbaren deutlich machen. In den Folgejahren spielte dieser Konflikt zwischen den extremen Nationalisten und der Staatsführung in der türkischen Politik keine große Rolle mehr und wurde von anderen Konfliktlinien wie etwa mit der kemalistischen Cumhuriyet Halk Partisi (Republikanische Volkspartei, CHP) und den neu entstandenen religiös-konservativen Parteien überlagert (Aslan/Bozay 2012: 55–56).

Erst als das faktische Zweiparteiensystem der Nachkriegszeit von einem breiteren Parteienspektrum abgelöst wurde, kam es zu einer eigenständigen politischen Partei der extremeren Nationalisten. 1969 gründete Alparslan Türkeş die MHP. Aber die Beziehung zwischen dem türkischen Nationalstaat, dem dazugehörigen Staatsnationalismus und den extremeren nationalistischen Kräften, die sich selbst als eine notwendige Ergänzung der staatlichen Gewalt gegen die Feinde der Nation sahen, blieb im Grundsatz bis heute bestehen. In den 1970er Jahren waren die extremen Nationalisten mit ihrer Partei MHP Teil von Regierungskoalitionen. Gleichzeitig organisierten sie über die paramilitärischen Grauen Wölfe den Straßenterror gegen Linke und waren verantwortlich für hunderte politische Morde (ebd.: 65). Dieser Doppelcharakter der extremen Nationalisten als Regierungspartei und paramilitärischer Gewaltakteur führte dazu, dass die politischen Morde der Grauen Wölfe weitgehend ungestraft blieben.

Auch nach dem Militärputsch 1980, als die MHP wie alle anderen Parteien verboten wurde und einige Graue Wölfe inhaftiert wurden, änderte sich die Beziehung zwischen Staat und den radikalen Nationalisten nicht wirklich. Die Äußerungen von Alparslan Türkeş und anderen MHP-Politikern kurz nach dem Militärputsch, dass sie (d. h. MHP-Mitglieder) zwar im Gefängnis sitzen, aber ihre Ideologie die Regierungspolitik bestimmen würde (ebd.: 71–72), traf durchaus einen richtigen Punkt: Die „Türkisch-Islamische Synthese", die in den 1970er Jahren in rechten Intellektuellenkreisen entstand, war ab 1980 de facto die Staatsdoktrin der Türkei. Die Islamisierung der Gesellschaft und die Stärkung des Staatsnationalismus über die Religion ist sichtbar an der massiven Ausweitung der religiösen İmam-Hatip-Schulen und in den Lehrplänen an den übrigen staatlichen Schulen, die diese türkisch-islamische Ideologie weiterverbreitet haben. Insbesondere im blutigen Krieg im Osten und Südosten der Türkei gegen die PKK spielten die Grauen Wölfe eine wichtige Rolle. Sowohl als Angehörige der Armee, Polizei und Gendarmerie als auch mit eigenen Todesschwadronen und anderen paramilitärischen Gruppen terrorisierten sie die kurdische Zivilbevölkerung und ermordeten politisch aktive Kurdinnen und Kurden. Während diesbezüglich kaum Kritik in der türkischen Öffentlichkeit wahrzunehmen war, führten die kriminellen Aktivitäten der Grauen Wölfe in den westlichen Provinzen der Türkei – etwa im Drogenhandel – zu einiger Aufregung. So führte etwa 1996 der Susurluk-Skandal, der die Verwicklungen zwischen kriminellen Grauen Wölfen und der türkischen Regierung offenlegte, zum Rücktritt des damaligen Innenministers Mehmet Ağar (ebd.: 169–171).

Der Einsatz der Grauen Wölfe als Terrorinstrument verlor lediglich etwas an Relevanz, als der offene Konflikt in der Türkei nachließ. Aber spätestens ab 2015 mit der Rückkehr zum offenen Krieg kamen die Grauen Wölfe wieder verstärkt zum Einsatz, und die Symbole der Grauen Wölfe sind an den Häuserwänden in den zerstörten kurdischen Städten wie etwa Cizre sichtbar (Küpeli 2020c).

Ein Instrument gegen die linke Opposition

Diese Rolle als Handlanger und Hilfstruppe des türkischen Staates erfüllen die Grauen Wölfe auch in Deutschland, wenngleich in einer anderen Weise. Wegen des Militärputschs 1980 und der daraufhin einsetzenden Repression flohen viele aus der Türkei nach Europa, insbesondere nach Deutschland. Der türkische Staat befürchtete wiederum, geflüchtete türkische und kurdische Linke könnten unter den als unpolitisch angesehenen „Gastarbeitern" an Einfluss gewinnen. Um dies zu unterbinden, intervenierte die Türkei mit enormen finanziellen und organisatorischen Ressourcen. Der Aufbau des Moscheeverbands DITIB, die Gründung zahlreicher Moscheen in vielen deutschen Städten, der Ausbau der Strukturen der türkischen Botschaften und Konsulate erfolgte in jener Zeit ebenso wie die Stärkung der Grauen Wölfe, ihrer Moscheevereine und des Moscheeverbands Türk Federasyon. Sowohl die DITIB-Moscheen als auch die Moscheen der Türk Federasyon sorgten dafür, dass die konservativ und religiös geprägte Mehrheit der türkeistämmigen Bevölkerung in Deutschland im Zugriffsbereich des türkischen Staates und des türkischen Nationalismus blieb.

Der größte türkisch-nationalistische Akteur ist die MHP, die in der Türkei die Regierungspartei AKP unterstützt. Die Anhänger:innen der MHP bezeichnen sich als „Ülkücü" („Idealist"), etwas seltener wird die Bezeichnung „Grauer Wolf" verwendet. Nach dem Tod des langjährigen Parteiführers Alparslan Türkeş 1997 gab sich die MHP unter Devlet Bahçeli ein moderateres Auftreten und erreichte so auch eine größere Anhängerschaft in der Türkei (Aslan/Bozay 2012: 101–105). Die Wahlergebnisse liegen derzeit bei 16 % der Stimmen. In ihrem ideologischen Selbstverständnis ist die MHP eine konsequent nationalistische Partei, die auf die Stärke der türkischen Nation setzt und mit Staatsfeinden lieber offen kämpft als zu verhandeln. Dies zeigt sich beispielsweise in antikurdischen und antiarmenischen, aber auch antisemitischen Positionen, die von Anhängern der Grauen Wölfe vertreten werden. In Deutschland organisieren sich die MHP-Anhänger:innen hauptsächlich im Dachverband Almanya Demokratik Ülkücü Türk Dernekleri Federasyonu (Föderation der Türkisch-Demokratischen Idealistenvereine in Deutschland, ADÜTDF), auch bekannt unter der Kurzbezeichnung Türk Federasyon, in dem neben Moscheevereinen auch die „Ülkü Ocakları" („Idealistenclubs") organisiert sind. Die „Ülkü Ocakları" sind sozio-politische Zentren der MHP-Anhänger, insbesondere für die Jugend. Hier werden junge Graue Wölfe noch intensiver als in den Moscheevereinen ideologisch geschult und in die Partei- und Verbandsstrukturen eingebunden. Bundesweit hat die Türk Federasyon etwa 7.000 Mitglieder und ist damit die stärkste rechtsextreme Organisation in Deutschland, wenn man die Alternative für Deutschland (AfD) mit etwa 34.000 Mitgliedern außen vorlässt.

Die türkisch-nationalistische Bewegung reicht allerdings darüber hinaus und umfasst zwei weitere Verbände. Die Avrupa Türk-İslam Birliği (Union der Türkisch-Islamischen Kulturvereine in Europa, ATIB) ist eine Abspaltung von der ADÜTDF und versammelt etwa 120 Moscheevereine. Die ATIB konzentriert sich auf die Organisation der Gotteshäuser und gibt sich im Auftreten moderat. Sie bietet aber gerade dadurch für türkische Nationalist:innen, für welche die MHP und die ADÜTDF zu radikal sind, eine Möglichkeit, im größeren Milieu der Grauen Wölfe zu verbleiben. Die ATIB hat bundesweit mindestens 8000 Mitglieder. Deutlich kleiner fällt der Moscheeverband Avrupa Türk Kültür Dernekleri Birliği (Verband der türkischen Kulturvereine in Europa, ATB) aus, der etwa 20 Moscheevereine organisiert und der türkisch-islamistischen Büyük Birlik Partisi (Partei der Großen Einheit, BBP) in der Türkei nahesteht, die aber dort weitgehend bedeutungslos ist. Insgesamt stehen ATIB und ATB für einen stärker islamisch und islamistisch orientierten Teil im Spektrum der Grauen Wölfe (Küpeli 2020b).

Dabei sind die Moschee- und Vereinsverbände eine tragende Säule der türkisch-nationalistischen Bewegungen in Deutschland. Seit Jahrzehnten sind türkische Nationalist:innen in Deutschland aktiv und können über ihre lokalen Moscheevereine einen relevanten Teil der türkeistämmigen Bevölkerung in Deutschland erreichen und politisch beeinflussen. In den Einrichtungen, die den Moscheen angeschlossen sind (Seminarräume, Küchen, soziale Versammlungsräume usw.), wird die eigene Klientel politisch geformt und zusammengehalten. Dabei können sie gegenüber der deutschsprachigen Öffentlichkeit bisher erfolgreich den Anschein eines „ganz normalen" Moscheevereins wahren, dessen vereinsinterne Arbeit und Aktivitäten im Stadtteil keinerlei extremen Ideologien folgen würden. So ist es auch wenig überraschend, dass solche Vereine vielfach Teil der kommunalen Integrations- und Stadtpolitik sind.

Darüber hinaus waren und sind die Grauen Wölfe auch für gewaltsame Übergriffe auf türkische und kurdische Linke in Deutschland verantwortlich. Der Mord an dem türkischen Kommunisten Celalettin Kesim 1980 in Berlin ist lediglich einer der bekannteren Fälle. Andere Morde und Angriffe aus den 1980er und 1990er Jahren sind bis heute nicht gänzlich aufgearbeitet, wie etwa der Mord an Erol Ispir 1999 in Köln (Aslan/Bozay 2012: 252–253). In den letzten Jahren entstanden mit Osmanen Germania und Turan e.V. zwei Gruppierungen im Umfeld der Grauen Wölfe, die ebenfalls für zahlreiche Übergriffe verantwortlich sind. Auch wenn beide Gruppierungen inzwischen offiziell nicht länger existieren – Osmanen Germania wurde vom Innenministerium verboten und Turan e.V. löste sich selbst auf – tauchen ihre Symbole immer wieder in der Öffentlichkeit auf. So sind bei Demonstrationen der türkischen Nationalisten immer wieder Personen mit Symbolen von Osmanen Germania und Turan e.V. zu sehen. Die türkischen Nationalisten, die sich dort organisiert hatten, werden sich in Zukunft anders organisieren.

Insgesamt spricht nichts dafür, dass die Beziehungen zwischen dem türkischen Staat und den Grauen Wölfen sich in der nächsten Zeit auflösen werden. Im Kampf gegen die Grauen Wölfe müsste dies berücksichtigt werden, und so darf das Vorgehen gegen die Grauen Wölfe nicht als eine Bekämpfung einer randständigen und „extremistischen" Gruppe verstanden werden. Insbesondere in Deutschland bedeutet dies, dass ein Verbot der Grauen Wölfe nur sinnvoll ist, wenn es auch ein Verbot der Moscheeverbände der Grauen Wölfe wie etwa Türk Federasyon beinhaltet und von weiteren Maßnahmen begleitet ist (Küpeli 2020b). Auch der Umgang mit dem DITIB-Moscheeverband, der unter der Kontrolle der türkischen Religionsbehörde steht und einen weiteren Kanal für die Verbreitung der türkisch-islamischen Ideologie darstellt, müsste sich massiv ändern. Allerdings wird bisher der DITIB-Verband als ein Partner der deutschen Integrations- und Religionspolitik verstanden.

Anpassung des türkischen Nationalismus in Deutschland

Während türkische Nationalist:innen in der Türkei in einem gesellschaftlichen Kontext agieren können, in dem wichtige Bausteine ihrer Ideologie mehrheitsfähig und im Einklang mit der türkisch-islamischen Staatsideologie sind, gestaltet sich die Situation für türkische Nationalist:innen in Deutschland deutlich anders. Während türkische Nationalist:innen in der Türkei Mitglieder der Herrschernation und Teil der politischen, gesellschaftlichen und medialen Eliten sind – und große Teile der Gesellschaft in der Türkei sehr empfänglich für deren Ideologie sind – ist die Situation in Deutschland nahezu entgegengesetzt. Türkische Nationalist:innen in Deutschland sind Teil einer de facto Minderheit, die vielfach abgewertet und diskriminiert wird. Türkisch-nationalistische Kräfte müssen sich bedeckt halten, wenn sie in politischen, gesellschaftlichen und medialen Räumen agieren wollen, und die Mehrheitsgesellschaft in Deutschland steht dem türkischen Nationalismus eher feindlich gegenüber – bestenfalls werden türkische Nationalist:innen ignoriert.

Diese grundlegend unterschiedliche Situation hat vielfältige Konsequenzen. So verschiebt sich die Funktion des türkischen Nationalismus für die Anhänger:innen: während die Ideologie in der Türkei die politische Macht legitimiert und sichert, dient sie in Deutschland primär der Schaffung eines positiven Selbstbildes und einer Gruppenidentität, womit für türkische Nationalist:innen in Deutschland politische Organisierung überhaupt erst möglich wird. Aber auch die Ideologie selbst muss sich den gesellschaftlichen Realitäten in Deutschland anpassen. Dies ist in Bezug auf den antiarmenischen Rassismus und Antisemitismus besonders deutlich. Während der antiarmenische Rassismus für die Mobilisierung nach „innen" noch eine gewisse Relevanz hat und keineswegs verschwunden ist, besitzen antiarmenische Erzählungen in Bezug auf die deutsche Mehrheitsgesellschaft keinerlei Anschlussfähigkeit – vielmehr sorgen sie in der Kommunikation bei anderen politischen Akteur:innen für Irritationen und zusätzliche Probleme. Die antiarmenische Mobilisierung in Europa im Zuge des Bergkarabach-Krieges 2020, bei der türkische Nationalist:innen den Konflikt nutzten, um antiarmenische Angriffe etwa in Frankreich durchzuführen, erhielt keinerlei Unterstützung von politischen Kräften außerhalb der türkischen Nationalisten selbst. Vielmehr führten diese Angriffe zu einem stärkeren staatlichen Vorgehen gegen türkische Nationalist:innen in Frankreich und Deutschland.

Gänzlich anders stellt sich die Ausgangslage in Bezug auf den Antisemitismus dar, insbesondere hinsichtlich der Erscheinungsform des israelbezogenen Antisemitismus, der als eine Brückenideologie quer über gesellschaftliche Gruppen, politische Lager und identitäre Milieus funktioniert (Salzborn 2018: 139–144). Mithilfe antisemitischer Erzählungen können türkische Nationalist:innen in Austausch mit anderen politischen Akteur:innen (sowohl aus der Mehrheitsgesellschaft als auch aus anderen de facto Minderheiten) treten und sich an größeren Mobilisierungen beteiligen. So traten bereits bei den antiisraelischen Protesten in Deutschland im Mai 2021 türkische Nationalist:innen sehr öffentlichkeitswirksam auf und waren ein wichtiger Teil der Gesamtmobilisierung (Küpeli 2021c). Ihre Beteiligung an den Protesten wurde selbst vom eher linken Flügel der antiisraelischen Bewegung geduldet, und die Auseinandersetzungen und Diskussionen um Auftritte der türkischen Nationalist:innen drehten sich lediglich um Angriffe der türkischen Nationalist:innen auf linke Kurd:innen bei einzelnen Protesten, aber nicht um den Antisemitismus der türkischen Nationalist:innen. In solchen antisemitischen Mobilisierungen sind türkische Nationalist:innen nicht mehr randständig und minoritär, sondern Teil von größeren Allianzen und können sich entsprechend mit anderen Akteur:innen vernetzen.

Seit dem Terrorangriff der islamistischen Hamas am 7. Oktober 2023 und den darauffolgenden israelischen Militäraktionen hat sich die Situation für die türkischen rechten Akteure weiter verbessert. Der türkische Staatspräsident Recep Tayyip Erdoğan, weitere Politiker:innen der rechten Regierungsallianz in der Türkei und Vertreter der türkischen Religionsbehörde Diyanet, die den Moscheeverband DITIB in Deutschland kontrolliert, solidarisierten sich mit der Hamas, griffen Israel mit einer antisemitischen Rhetorik an und stellten das Existenzrecht Israels in Frage. Die türkische Rechte in Deutschland schloss sich diesen Äußerungen an und verbreitete sich innerhalb der israelfeindlichen Bewegung in Deutschland, die fälschlicherweise als „propalästinensich“ bezeichnet wird, weiter. Einen wichtigen Beitrag dafür liefern sowohl staatlich kontrollierte Medien wie etwa *TRT Deutsch*, der deutsche Ableger des staatlichen Fernsehsenders *TRT*, als auch türkische rechte Influencer:innen. Seit dem 7. Oktober 2023 fokussieren sich die medialen Aktivitäten der türkischen Rechten auf den israelbezogenen Antisemitismus, wobei Falschmeldungen und verzerrte Darstellungen über die Situation im Gazastreifen und in Israel gezielt für die antisemitische Propaganda eingesetzt werden. Allerdings führte diese Radikalisierung der Rhetorik der türkischen Rechten nicht, wie man hätte erwarten können, zu einer Distanzierung seitens des vermeintlich linken Flügels der israelfeindlichen Bewegung in Deutschland. Vielmehr werden unter anderem die Social Media-Äußerungen der türkischen Rechten auch von vielen links stehenden Personen geteilt und so den Rechten zu mehr Reichweite verholfen. Ebenso wird die Beteiligung der türkischen Rechten an den Protestaktionen, wie etwa an den Protestcamps an deutschen Hochschulen, inzwischen von der übrigen Bewegung gänzlich akzeptiert.

Der stärkere Rückgriff auf antisemitische Erzählungen, während gleichzeitig der antiarmenische Rassismus in der Kommunikation mit der Mehrheitsgesellschaft etwas in den Hintergrund tritt, ist für türkische Nationalist:innen durchaus einfach zu bewerkstelligen. Das verschwörungsideologische Denken und die manichäische Weltanschauung (in der stets zwischen „wir" und „der Feind" unterschieden wird) spielen sowohl beim antiarmenischen Rassismus als auch beim Antisemitismus eine zentrale Rolle (Küpeli 2021b: 43–45). Die Erfahrungen, die türkische Nationalist:innen in den letzten Jahren gesammelt haben, dürften dazu führen, dass auch in Zukunft antisemitische Narrative stärker eingesetzt werden. Aber der antiarmenische Rassismus wird dadurch keineswegs verschwinden, sondern innerhalb der türkisch-nationalistischen Bewegung in Deutschland weiterhin eine gewisse Relevanz behalten.

Welche Stärke die türkisch-islamische Ideologie unter den türkischsprachigen Muslimen in Deutschland besitzt, lässt sich indes anhand der weitverbreiteten Leugnung des Genozids von 1915 innerhalb der türkischsprachigen Communities in Deutschland aufzeigen. Dabei wäre es hierzulande problemlos möglich, sich umfassend über den Genozid zu informieren, die wissenschaftliche Forschung dazu wahrzunehmen und sich öffentlich im Sinne einer adäquaten Anerkennung und Aufarbeitung zu äußern. Diese Chancen haben die türkischsprachigen Muslime in der Türkei nicht, weil in der Öffentlichkeit das Reden über den Genozid immer noch verpönt ist, in den „wissenschaftlichen" Narrativen über 1915 die Leugnung des Genozids vorherrschend ist und die Forderung nach Anerkennung und Aufarbeitung zu massiven Anfeindungen bis hin zu Übergriffen führt. Der Mord am türkisch-armenischen Publizisten Hrant Dink durch türkische Nationalisten 2007 in Istanbul ist dafür nur ein Beispiel. In Deutschland könnten hingegen türkischsprachige Muslime sich im Sinne von Anerkennung und Aufarbeitung positionieren, ohne gleich in Gefahr zu geraten. Allerdings herrscht auch hier Genozidleugnung vor, was sich über die Prägung durch die türkisch-islamische Ideologie erklären lässt. Die Anerkennung und Aufarbeitung des Genozids würden sowohl die Grundlagen der türkisch-islamischen Ideologie als auch die Selbstidentität der türkischsprachigen Muslime erschüttern. Die ideologischen Vorstellungen über die türkische Nation und über die türkischen Muslime könnten über die Erkenntnis, dass die Schaffung der türkischen Nation auf unvorstellbaren Gewaltakten basiert, und die türkisch-muslimische Identität nur denkbar ist aufgrund von massiven Ausschlüssen und Vernichtungen, fragil und brüchig werden. Um diese Gefahr der Infragestellung der bisherigen, gewohnten Identität abzuwehren, setzen viele türkischsprachige Muslime darauf, weiter den Genozid von 1915 und andere gewaltsame Akte im Namen der türkischen Nation zu leugnen oder zumindest zu relativieren (Küpeli 2020a: 315–316).

Aus eigener Erfahrung weiß ich, dass in Deutschland kaum eine Veranstaltung zum Genozid an den Armenier:innen ohne Störungen durch türkische Genozidleugner stattfinden kann. Ebenso wurden die eher halbherzigen Versuche, den Genozid von 1915 im Rahmen des Geschichtsunterrichts an deutschen Schulen gesondert zu thematisieren, nach massiven Interventionen durch türkische Verbände wieder eingestellt. So stellt die Debatte um die Anerkennung und Aufarbeitungen des Genozids von 1915 sowohl für die türkischsprachigen Muslime als auch für die deutsche Gesellschaft insgesamt einen Art Lackmustest dar.

Fazit

Die türkisch-islamische Ideologie wirkt in Deutschland über verschiedene Akteur:innen, sowohl staatliche und quasi-staatliche Institutionen wie etwa den Moscheeverband DITIB als auch über Organisationen aus der Traditionslinie der Grauen Wölfe. Die so wirkmächtige Ideologie basiert auf Verschwörungsdenken und Feindbildkonstruktionen, die sich historisch gegen Armenier:innen und etwas später gegen Jüdinnen und Juden gerichtet haben. Diese Feindbilder dienen auch dazu, eine nationalistisch-religiöse Identität zu schaffen, auf die sich die verschiedenen Kräfte der türkischen Rechten gemeinsam beziehen können. In den letzten 40 Jahren, in denen sich die türkeistämmige Community in Deutschland stärker politisiert hat, hat sich die türkisch-islamische Ideologie in Deutschland ebenfalls verändert. Dabei gewinnt der Antisemitismus für Akteur:innen der extremen türkischen Rechten an Bedeutung, weil Judenfeindschaft deutlich anschlussfähiger in der Kommunikation mit der deutschen Mehrheitsgesellschaft ist und türkischen Nationalist:innen ermöglicht, bei politischen Mobilisierungen zu partizipieren und in Diskursräumen Einfluss zu nehmen. Der antiarmenische Rassismus als ein zentrales Element des türkischen Nationalismus gerät dabei etwas in den Hintergrund, ohne jedoch seine Relevanz insbesondere für das „Innenleben" der Grauen Wölfe zu verlieren. Mit diesen Einsichten ist es naheliegend, sich beim Thema Antisemitismus und antiarmenischem Rassismus der türkischen Nationalist:innen nicht auf anekdotische Beispiele zu verlassen, sondern die grundsätzliche Verzahnung des türkischen Nationalismus mit dem Hass auf Jüdinnen und Juden und Armenier:innen entlang von Verschwörungsdenken und Feindbildkonstruktionen zu analysieren.

Literatur

Akçam, Taner (2004): From Empire to Republic. Turkish Nationalism and the Armenian Genocide, London: Zed Books.

Aslan, Fikret/Bozay, Kemal (Hg.) (2012): Graue Wölfe heulen wieder. Türkische Faschisten und ihre Vernetzung in Deutschland, Münster: Unrast.

Bali, Rifat N. (2010): A Scapegoat for all Seasons. The Dönmes or Crypto-Jews of Turkey, Piscataway: Gorgias Press.

Bilir, Ünal (2004): Der Türkische Islam als politisches und religiöses Weltbild in seinem historischen Kontext von der II. Mesrûtiyyet-Periode bis zur Gegenwart, Hamburg: Universität Hamburg (Dissertation).

Dabag, Mihran/Platt, Kristin (2015): Die Armenier im Osmanischen Reich und der Völkermord von 1915/16, in: Dabag, Mihran/Platt, Kristin (Hg.): Verlust und Vermächtnis. Überlebende des Genozids an den Armeniern erinnern sich, Paderborn: Ferdinand Schöningh, 272–306.

Guttstadt, Corry (2008): Die Türkei, die Juden und der Holocaust, Berlin: Assoziation A.

Kaymaz, İhsan Şerif (2007): Emperyalizmin "Kürt" Kartı, in: Akademik Bakış 1/1, 155–194.

Küpeli, Ismail (2018): Afrin in Trümmern, 13.03.2018, in: Rosa Luxemburg Stiftung, https://www.rosalux.de/news/id/38542/afrin-in-truemmern.

Küpeli, Ismail (2020a): Der türkische Nationalismus als antipluralistische Ideologie, in: Jander, Martin/Kahane, Anetta (Hg.): Gesichter der Antimoderne. Gefährdungen demokratischer Kultur in der Bundesrepublik Deutschland, Baden-Baden: Nomos, 305–318.

Küpeli, Ismail (2020b): Ideologie aus der Moschee, 20.11.2020, in: nd, https://www.nd-aktuell.de/artikel/1144714.graue-woelfe-ideologie-aus-der-moschee.html.

Küpeli, Ismail (2020c): Die Männer fürs Grobe. Das Verhältnis zwischen dem türkischem Staat und den Grauen Wölfen, 10.12.,2020, in: Jungle World, https://jungle.world/artikel/2020/50/die-maenner-fuers-grobe.

Küpeli, Ismail (2021a): Für Türkentum und Islam, gegen Freimaurer, Kommunisten und Juden, in: Schafhausen, Nicolaus/Zadoff, Mirjam (Hg.): Tell me about yesterday tomorrow, München: ns doku, 234–239.

Küpeli, Ismail (2021b): Verschwörungsideologien, Antisemitismus und türkischer Nationalismus, in: Amadeu Antonio Stiftung (Hg.): Down the rabbit hole. Verschwörungsideologien: Basiswissen und Handlungsstrategien, Berlin: AAS, 43–45.

Küpeli, Ismail (2021c): So funktioniert die türkisch-islamische Staatsideologie als Quelle für Antisemitismus, 19.05.2021, in: Belltower.News, https://www.belltower.news/argumente-so-funktioniert-die-tuerkisch-islamische-staatsideologie-als-quelle-fuer-antisemitismus-115881/.

Salzborn, Samuel (2018): Globaler Antisemitismus. Eine Spurensuche in den Abgründen der Moderne, Weinheim: Belz Juventa.

Antisemitismusbekämpfung und Kollektividentitäten in Marokko

Islamismus und Panarabismus – Zivilgesellschaft und Geschlechterverhältnisse

Kim Robin Stoller

Die Frage nach dem Verhältnis von Antisemitismus, Geschlechterverhältnissen und politischen sowie religiösen (Kollektiv-)Identitäten bildet einen zentralen Ausgangspunkt für die Analyse gesellschaftlicher Dynamiken in der Region Naher Osten und Nordafrika (MENA-Region).[1] Nicht nur spielen Antisemitismus und Israelhass eine große Rolle in der politischen Identität zentraler politischer, zivilgesellschaftlicher und religiöser Akteur:innen; auch die jeweilig angestrebten und gelebten Geschlechterverhältnisse erweisen sich als prägend. Der Kampf gegen Antisemitismus ist eng mit dem Kampf um gesellschaftliche Normen und Zukunftsvisionen verbunden. Dieser Beitrag untersucht anhand verschiedener Akteur:innen und politischer Bewegungen deren Verhältnis zu Antisemitismus, Geschlechterverhältnissen sowie ethnisch-kulturellen, religiösen und nationalen Identitätskonstruktionen im marokkanischen Kontext. Dabei liegt der Fokus auf Islamist:innen, Panarabist:innen und auf Akteur:innen, die sich in Marokko gegen Antisemitismus engagieren.[2]

---

1 Geschlechterverhältnisse werden hier verstanden als gelebte und institutionalisierte Praktiken von Geschlechterrollen, Geschlechtsidentitäten, sexueller Orientierung und Heteronormativität. Den Zusammenhang zwischen nationaler Anrufung, der Etablierung einer genealogischen (Kollektiv-)Geschichte der Nation, des dazugehörigen Kollektivs sowie der Bedeutung von Ein- und Ausschlüssen haben beispielsweise Anthony Smith und Étienne Balibar (1990: 116–128) für westliche bürgerlich-kapitalistische Nationalstaaten theoretisch aufgezeigt. Während im republikanischen Modell ethnisch-religiöse Merkmale idealtypisch sekundär sind, basiert das ethnische/völkische Modell zentral auf Herkunfts- und Abstammungskategorien. Diese können ethnisch, religiös oder rassistisch geprägt sein. Auch das republikanische Modell reproduziert nationale Zugehörigkeit über genealogische Narrative, die immer wieder in antisemitische Ressentiments umschlagen (Sartre 1994; Horkheimer/Adorno 1988).

2 Der Fokus meiner Forschung liegt auf Akteur:innen, die sich gegen Antisemitismus engagieren. Die Datenerhebung basiert auf Interviews, teilnehmender Beobachtung und ergänzenden Recherchen. Künftige Studien sollten verstärkt Akteur:innen einbeziehen, die gegen Sexismus und Queerfeindlichkeit aktiv sind.

Außer auf bestehende Forschung[3] stütze ich mich auf die Ergebnisse meiner eigenen Untersuchung zu Antisemitismus und Antisemitismusbekämpfung in Marokko, für die ich 2011 bis 2025 mehr als hundert Interviews und Hintergrundgespräche sowie teilnehmende Beobachtungen in Marokko durchgeführt habe.

Im Folgenden möchte ich zunächst zur weiterführenden Einordnung den spezifischen Kontext der marokkanischen Gesellschaft sowie die Geschichte der Jüdinnen:Juden in Marokko erläutern und darlegen, warum Marokko ein relevanter Ausgangspunkt für entsprechende Analysen ist. Anschließend beschreibe ich Verbindungen zwischen kollektiven Identitäten, Religion, Politik, Antisemitismus und Geschlechterverhältnissen einerseits und dem Ringen um kollektive Identität und die Zukunft Marokkos andererseits. Dabei zeige ich, dass die jeweiligen Identitätsvorstellungen unterschiedlicher politischer und gesellschaftlicher Bewegungen und Akteur:innen mit spezifischen Vergangenheitsbildern sowie Wahrnehmungen von Jüdinnen:Juden, Minderheiten, dem Holocaust und Israel verknüpft sind. In diesem Zusammenhang thematisiere ich Antisemitismus sowie verschiedene Vorstellungen von Geschlechterverhältnissen, Religion, Gesellschaft und Kollektividentitäten. Ausgehend von einer antiisraelischen Massendemonstration gehe ich auf Unterschiede und Gemeinsamkeiten bei Antisemitismus und auf die Geschlechterverhältnisse islamistischer und panarabischer Akteur:innen ein und beleuchte deren Rolle innerhalb der jeweiligen Ideologie dieser Bewegungen. Danach analysiere ich die Rolle von Geschlechterverhältnissen in der politischen Arbeit und in den Zukunftsvisionen von Akteur:innen gegen Antisemitismus.

Kontext Marokko

Marokko blickt auf eine lange jüdische Geschichte zurück, die trotz vereinzelter Phasen relativer Stabilität von Perioden des militanten Antijudaismus und Antisemitismus geprägt war. Bis unmittelbar nach dem Zweiten Weltkrieg war Marokko in der MENA-Region das islamische Land mit

3 Hier sind insbesondere die Analysen zu arabischem Nationalismus und islamistischen Bewegungen in der MENA-Region und Marokko zu nennen (Herf 2009; Küntzel 2007; Laskier 1994; Wyrtzen 2015; Zeghal 2008; Webman 2015; Webman 2011; Bostom 2008; Krämer 2006; Küntzel 2020; Wistrich 2012; Wistrich 2010; Lewis 1987; Bartal 2021).

der größten jüdischen Gemeinde. Obwohl die jüdische Bevölkerung während der Vichy-Herrschaft und der spanischen Kolonialherrschaft massiver Repression und Diskriminierung ausgesetzt war, verließ die Mehrheit der über 250.000 Jüdinnen:Juden das Land erst nach der Staatsgründung Israels 1948, im Zuge der Dekolonisierung und schließlich nach der Unabhängigkeit Marokkos im Jahr 1956. Bereits kurz vor der Staatsgründung Israels sowie vor der Unabhängigkeit Marokkos hatten antisemitische und antizionistische Kampagnen islamistischer und arabisch-nationalistischer Gruppen zugenommen, die sich nach der marokkanischen Unabhängigkeit im Zusammenhang mit spezifischen Trigger-Ereignissen[4] weiter verschärften. Gründe für Auswanderungsdynamiken waren eine sich drastisch verschlechternde ökonomische und sicherheitspolitische Lage, antisemitische Mobilisierungen sowie ein absehbares Ende des Schutzes durch die französische Kolonialmacht. Spezifische Zeitpunkte waren auch abhängig davon, ob eine Auswanderung oder Flucht überhaupt möglich war. Darüber hinaus wurde durch die Gründung Israels und die Verschlechterung der Lebensbedingungen in Marokko die zionistische Bewegung im Land gestärkt (Laskier 1994; Abitbol 1989).

Die meisten marokkanischen Jüdinnen:Juden emigrierten oder flohen nach Israel, Europa oder Kanada (Abitbol 1989; Ben-Layashi/Maddy-Weitzman 2012; Laskier 1994; Maddy-Weitzman 2011a; Maddy-Weitzman 2022). Mit der Unabhängigkeit wurde Marokko konstitutionell als arabische und islamische Monarchie festgeschrieben. In den 1960er Jahren – infolge des erstarkenden panarabischen Einflusses – erfolgte eine Arabisierung des politischen und administrativen Apparates sowie eine kulturelle und sprachliche Arabisierung mit einhergehender Diskriminierung minorisierter Gruppen. Dies hatte – teilweise massive – Auswirkungen auf religiöse und ethnische Minderheiten wie Jüdinnen:Juden sowie auf die Ama-

4 Unter Trigger-Ereignissen verstehe ich situative Auslöser antisemitischer Artikulationen, bei denen reale oder imaginierte Angriffe auf die eigene religiöse, nationale oder sonstige kollektive Identität, auf symbolische Repräsentationen oder gesellschaftliche Ordnungsvorstellungen wahrgenommen werden. Dazu zählen insbesondere auch Ereignisse im Kontext des sogenannten „Nahostkonflikts". Wenn derartige Ereignisse antisemitische Reaktionen hervorrufen, zeigt sich, dass die häufig postulierte Trennlinie zwischen Antizionismus und Antisemitismus in der Praxis nur selten tragfähig ist. Vielmehr basiert der Antizionismus in diesen Fällen auf denselben strukturellen Dynamiken, Ressentiments und Exklusionsmechanismen wie der Antisemitismus selbst.

zigh-Bevölkerung, die knapp die Hälfte der Gesamtbevölkerung ausmacht.[5] Im deutschsprachigen Raum werden diese häufig als „Berber“ bezeichnet; eine Bezeichnung, die von vielen Amazigh-Aktivist:innen als rassistisch abgelehnt wird. Kritisiert wird dabei, dass der Begriff auf den pejorativen Begriff „Barbar“ zurückgeht. Weitere Minderheiten in Marokko sind u. a. Christ:innen, schiitische Muslim:innen und Menschen saharisch-hassanitischer Herkunft.

Heute leben nur noch etwa 2.000 bis 3.000 Jüdinnen:Juden in Marokko (Ben-Layashi/Maddy-Weitzman 2012; DellaPergola 2010: 66). In Israel hingegen leben knapp eine Million jüdische Personen mit marokkanischen Herkunftsbezügen (Central Bureau of Statistics 2009).

Das Verhältnis zwischen Marokko und Israel ist von einer langjährigen, nicht-öffentlichen Kooperation geprägt, auch wenn die diplomatischen Beziehungen nach antiisraelischen Massendemonstrationen und der Eskalation der zweiten Intifada im Jahr 2000 eingefroren wurden (Salama 2020; Laskier 2004). Seit 2007 haben sich in Marokko zudem vermehrt verschiedene Gruppen und Organisationen formiert, die sich gegen Antisemitismus und für Koexistenz einsetzen und zum Teil öffentlich diplomatische Beziehungen zu Israel einforderten. Gegen Kontakte mit Israelis und Israel, sei es wirtschaftlich, politisch oder zivilgesellschaftlich, wurden sogenannte Antinormalisierungsgruppen etabliert, die – unterstützt von islamistischen Bewegungen und panarabischen Akteur:innen – versuchten, jegliche öffentlichen oder nichtöffentlichen Kontakte mit Israel zu verhindern. Sie forderten, solche Kontakte gesetzlich unter Strafe zu stellen, bis hin zu Gefängnisstrafen. Die Gesetzesentwürfe wurden sowohl von Regierungs- als auch von Oppositionsfraktionen vorgelegt, konnten jedoch nicht erfolgreich umgesetzt werden (Parlement du Maroc 2013 a; b).

---

5 Vor der arabisch-islamischen Expansion lebten im Gebiet des heutigen Marokko sowohl Imazighen (plural von Amazigh) als auch Jüdinnen:Juden. Drei Hauptgruppen der Amazigh-Bevölkerung sind zu unterscheiden: Tamazight-Sprecher:innen im Mittleren Atlas, Tarifit-Sprecher:innen im Rif sowie Taschelhit-Sprecher:innen im Süden. Trotz Arabisierung haben sich Sprache und Kultur vielerorts erhalten (Chetrit 2019; Maddy-Weitzman 2011a: 2–4; Maddy-Weitzman 2022: 6–9; Ben-Layashi/Maddy-Weitzman 2012). Der Anteil der Amazigh an der Gesamtbevölkerung wird von Maddy-Weitzman (2022: 6) mit ca. 40–45 % angegeben. Andere Quellen sprechen von deutlich höheren Zahlen. Die Volkszählung von 2004 nennt 28 % alltäglichen Sprachgebrauch eines Tamazight-Dialekts, was von Aktivist:innen angezweifelt wird (Haut Commissariat au Plan du Maroc 2004). In der *Encyclopedia Britannica* wird der Anteil der Imazighen mit mehr als drei Fünfteln der Bevölkerung angegeben (Brett 2025).

Am 10. Dezember 2020 kündigte der damalige US-Präsident Donald Trump die baldige Wiederaufnahme der diplomatischen Beziehungen zwischen Marokko und Israel im Umfeld der Abraham Accords-Declaration an (Hespress 2020; Salama 2020). Die multilaterale Erklärung hatten kurz zuvor bereits Israel, die Vereinigten Arabischen Emirate und Bahrain unter Vermittlung der USA unterzeichnet. Sie stellte eine weitreichende Normalisierung der diplomatischen Beziehungen sowie die Aufnahme wirtschaftlicher Kooperationen in Aussicht.[6] Die Wiederaufnahme der diplomatischen Beziehungen zwischen Marokko und Israel führte zu einer offiziellen Normalisierung und einer engen Kooperation zwischen beiden Staaten (United States Department of State 2020 a; b).

Bereits vor der offiziellen diplomatischen Normalisierung reisten jedes Jahr Zehntausende Israelis sowie Jüdinnen:Juden aus aller Welt nach Marokko, um an religiösen Veranstaltungen teilzunehmen, ehemalige Familienorte zu besuchen oder aus touristischen, anderen religiösen oder beruflichen Gründen (Ben-Layashi/Maddy-Weitzman 2012). Die Normalisierung war gleichwohl bedeutsam, denn sie ermöglichte eine Reihe von Regierungsinitiativen und Programmen zwischen staatlichen Institutionen, aber auch zwischen zivilgesellschaftlichen Organisationen in beiden Ländern. Die wirtschaftliche, politische und militärische Zusammenarbeit zwischen Israel und Marokko hat seitdem stark zugenommen.

Das genozidale Massaker der Hamas und mit ihr verbündeter Terrorgruppen am 7. Oktober 2023 sowie die darauffolgenden Kriege machten jedoch viele der bis dahin kurzzeitig öffentlichen und offiziellen Kooperationen auf einen Schlag wieder unmöglich oder erschwerten sie massiv.

Identität, Geschichtsschreibung und die Zukunft Marokkos

Die kollektive Identität Marokkos und des marokkanischen Staates ist stark umkämpft (Maddy-Weitzman 2013; 2011b; Suárez Collado 2013). Seit Jahrzehnten findet in Marokko eine intensive Auseinandersetzung um Identitätsvorstellungen, die Geschichtsschreibung und die zukünftige Gesellschaftsordnung statt. Dabei ringen zentrale politische Akteur:innen um die Deutungshoheit. Im Mittelpunkt stehen Fragen wie die, ob sich Marokko in erster Linie als arabisch-islamische Nation oder als multiethni-

6 Auch der Sudan trat später dem Abkommen bei.

sche und multireligiöse Gesellschaft verstehen soll und welche Rolle die Religion, individuelle Freiheitsrechte und demokratische Rechte einnehmen sollen. Zu den beteiligten Akteur:innen zählen verschiedene politische Strömungen: monarchistische Kräfte, islamistische Bewegungen, (zum Teil linke) panarabische Gruppen, marokkanische Nationalist:innen sowie Vertreter:innen der Amazigh-Bewegung. Letztere setzen sich für die Anerkennung der Identität der Imazighen[7] sowie für eine pluralistische Gesellschaft ein.

Seit 2007 haben sich in Marokko zudem verschiedene Gruppen gegründet, die sich gegen Antisemitismus, für die Vermittlung der jüdischen Geschichte Marokkos und für eine „gemeinsame Erinnerung" einsetzen – insbesondere für eine Geschichtsschreibung und eine marokkanische Identität, die auch die Perspektiven von Minderheiten, Jüdinnen:Juden und Imazighen einbezieht. Beispielhaft sind die Gründung studentischer Initiativen wie des Mimouna Club (später Association Mimouna) im April 2007, die breit rezipierte Etablierung der Vereinigung Mémoire Collective („Gemeinsame Erinnerung"[8]) – auch bekannt als Amazigh-jüdische Freundschaftsorganisation – im Februar 2008 in Al Hoceïma sowie der Versuch, im Juni 2007 in Südmarokko die Sous al-'Ala Association for Jewish Amazigh Friendship ins Leben zu rufen. Von besonderer Bedeutung war darüber hinaus die Teilnahme prominenter Amazigh-Aktivist:innen an einer Konferenz der Organisation für Sicherheit und Zusammenarbeit in Europa (OSZE) und ihrem Büro für demokratische Institutionen und Menschenrechte (ODIHR) in Israel Ende 2007, die öffentliches Interesse und symbolische Aufmerksamkeit auf sich zog (Interviews mit den Gründer:innen).

Diese Auseinandersetzungen haben erheblichen Einfluss darauf, wie Jüdinnen:Juden sowie ethnische und religiöse Minderheiten und die Imazighen wahrgenommen werden. Die jeweiligen kollektiven Identitätskonstruktionen prägen stets auch den Blick auf historische Ereignisse wie den Holocaust sowie auf politische Konflikte, insbesondere den arabisch-israelischen

7 Einige Strömungen innerhalb der Amazigh-Bewegung vertreten die Auffassung, dass Marokko – oder weite Teile Nordafrikas – historisch als Amazigh-Gebiet zu verstehen sei, das im Zuge der arabischen Expansion kolonialisiert wurde. Diese Perspektive verweist auf einen tieferliegenden Konflikt um die Deutungshoheit der marokkanischen Kollektividentität.

8 Diese und nachfolgende Übersetzungen durch die Verfasserin.

Konflikt und den Streit um die Westsahara.[9] Letztlich geht es auch darum, ob und wie diese Sichtweisen in eine nationale Erzählung integriert werden (können).

Zentrale Ebenen der Auseinandersetzungen betreffen die Identität Marokkos (arabisch-islamisch, multiethnisch/multireligiös, Amazigh) zwischen verschiedenen Akteur:innen (König und königlicher Makhzen, Panarabismus, Islamismus, marokkanischer Nationalismus, Amazigh-Bewegung). Damit einher gehen spezifische Wahrnehmungen von Jüdinnen:Juden, Imazighen, dem Holocaust, Israel und der Westsahara. Geschlechterverhältnisse nehmen hierbei eine spezifische Rolle ein. Wie positionieren sich die Akteur:innen zu Frauenrechten und Rechten von lesbischen, schwulen (gay), bisexuellen, trans, intergeschlechtlichen und queeren Menschen (LGBTIQ) und zu patriarchalen Herrschaftsstrukturen?

Insbesondere islamistische Kräfte mobilisieren antisemitische Narrative und restriktiv-patriarchale und LGBTIQ-feindliche Positionen. Der Antisemitismus manifestiert sich etwa in massenmedial inszenierten Protesten und Demonstrationen, bei denen offen zur Zerstörung Israels aufgerufen und antisemitische Gewalt propagiert wird. Dem treten andere Kräfte entgegen – etwa Akteur:innen der seit 2007 gegründeten Organisationen, die sich für ein inklusiveres Marokko einsetzen. Diese hinterfragen und bekämpfen nicht nur antisemitische Narrative, sondern teilweise auch sexistische, homophobe und transphobe Diskurse. Forderungen nach Geschlechtergleichstellung sowie nach Rechten für sexuelle Minderheiten sind zunehmend integraler Bestandteil der gesellschaftspolitischen Vision einiger dieser Gruppen. Themen wie diese wurden beispielsweise auf Konferenzen in Marokko diskutiert, die sich insbesondere mit Antisemitismus befassten.[10]

Verschiedene nationale und religiöse Minderheiten kämpfen teils seit Jahrzehnten um Anerkennung durch den marokkanischen Staat, um Verfassungsreformen und – wie im Fall der Amazigh-Bewegung – um die

---

9 Die Westsahara ist eine umstrittene Region, die von Marokko beansprucht wird. Die Frente Polisario fordert mit Algeriens Unterstützung einen unabhängigen Staat.

10 Entsprechende Beobachtungen konnte ich bereits bei der Konferenz Rencontre nationale sur la tolérance im Juni 2014 machen (organisiert von ONG Dialogus in Kooperation mit dem IIBSA) sowie zuletzt im Dezember 2024 beim Nationalen Forum zu Hassverbrechen, Rassismus und Antisemitismus (الملتقى الوطني حول نبذ جرائم الكراهية و العنصرية و اللاسامية), einer zweitägigen Konferenz zu Hate Speech und Antisemitismus in Agadir, organisiert von der Organisation Maromed Initiatives, der Alamal Foundation for Development und dem IIBSA.

Anerkennung und Implementierung von Tamazight als nationale Hochsprache. Die Kämpfe der beteiligten Akteur:innen zeigten Wirkung: Im Zuge der Proteste in Nordafrika und des „Arabischen Frühlings" (seit Ende 2010) kam es ab Februar 2011 auch in Marokko zu einer Protestbewegung, der „Bewegung des 20. Februar", die nach dem Tod eines Fischers in Al Hoceïma entstand. Sie war Ausdruck sozialer Proteste im Kontext der weitergehenden Entwicklungen in der MENA-Region. Die Amazigh-Bewegung nahm eine wichtige Rolle bei der Entstehung der Bewegung des 20. Februar ein. Infolge massiver landesweiter Proteste wurde eine Verfassungsreform auf den Weg gebracht, die einige der Forderungen der „Bewegung des 20. Februar" aufgriff. Noch im selben Jahr wurde ein Verfassungsentwurf durch ein Referendum bestätigt. Einerseits erhielt das Parlament sowie der Premierminister weitergehende Rechte gegenüber dem König und dem Makhzen. Andererseits wurde die marokkanische ethnische, religiöse und kulturelle Identität neu definiert: Minderheiten und diskriminierte Bevölkerungsgruppen wie den Imazighen wurden mehr Rechte zugestanden (Maddy-Weitzman 2013).

Die neue Verfassung sieht zwar weiterhin den Islam als Staatsreligion und Arabisch als Amtssprache vor, doch auch Tamazight wurde erstmals als Amtssprache anerkannt (Art. 5). Die Präambel der Verfassung erwähnt neben anderen Einflüssen auch den „hebräischen Einfluss" als Bestandteil der Geschichte und Identität Marokkos. Dort heißt es, Marokko verstehe sich als „souveräner muslimischer Staat", dessen nationale Identität sich aus der Konvergenz „seiner arabisch-islamischen, amazighischen und saharisch-hassanitischen Komponenten" zusammensetze und durch „afrikanische, andalusische, hebräische und mediterrane" Einflüsse bereichert werde (Kingdom of Morocco 2011). Die Reform führte auch zu einer praktischen Veränderung: So wurden demokratische Institutionen wie der Premierminister oder das Parlament gestärkt, was zur Wahl des islamistischen Premiers Abdelilah Benkirane als Repräsentant der stärksten Fraktion führte. Auch der Unterricht von Tamazight wurde – wenn auch nicht erschöpfend – ausgebaut. Die Geschichte der Jüdinnen:Juden wurde einige Jahre später im Rahmen zivilgesellschaftlicher Aktivitäten und Initiativen des Makhzen in das Curriculum integriert.

Die Spannungen zwischen politischen Akteur:innen, die eine strikt arabisch-islamische Identität anstreben, und jenen, die sich für eine pluralistische und liberale Gesellschaft einsetzen, betreffen auch die Geschlechterverhältnisse. Sie prägen die politischen und gesellschaftlichen Visionen für Marokkos Zukunft maßgeblich. Zwar stärkte die Verfassungsreform von 2011 durch die verfassungsrechtliche Verankerung der Gleichstellung und Reformen im Familienrecht die Rechte von Frauen, doch zentrale Gleichstellungsfragen bleiben weiterhin hoch umstritten. Besonders deutlich wird dies im Bereich des islamischen Erbrechts, das Frauen weiterhin systematisch benachteiligt (Böttiger 2018). Auch das sogenannte Moudawana-Familiengesetz, das bereits 2004 grundlegend reformiert wurde, bleibt in der praktischen Umsetzung ambivalent: Zwar wurden einige patriarchale Bestimmungen abgeschwächt, etwa durch die Einführung der Zustimmung beider Ehepartner zur Eheschließung oder durch die Einschränkung der patriarchalen Polygamie, doch die Umsetzung bleibt lückenhaft und regional unterschiedlich. Zudem wird die Forderung nach praktischer Gleichstellung – etwa im Bereich des Sorgerechts, der Scheidung oder des Schutzes vor geschlechtsspezifischer Gewalt – von konservativen Kräften weiterhin massiv abgelehnt. Besonders prekär ist die rechtliche und gesellschaftliche Lage von LGBTIQ-Personen: Gleichgeschlechtliche Beziehungen stehen unter Strafe und können mit mehreren Jahren Gefängnis geahndet werden.

Antisemitismus und Geschlechterverhältnisse

Am Sonntag, dem 25. Oktober 2015, kam es in Casablanca zu einer Massenkundgebung mit mehreren zehntausend Teilnehmer:innen, die gegen Israel protestierten und ihre Solidarität mit den Palästinenser:innen bekundeten (VINnews 2015; JTA 2015b; 2015a; Mejdoub 2015). Anlass war die Eskalation der Gewalt im Rahmen der sogenannten „Messer-Intifada“[11]. Zum Protest aufgerufen hatten 35 zivilgesellschaftliche Organisationen, darunter sowohl panarabisch-linke als auch islamistische Gruppierungen.

Während die islamistischen Teilnehmer:innen auf der Demonstration nach Geschlechtern getrennt in Männer- und Frauenreihen marschierten, bewegten sich die zahlenmäßig kleineren Gruppen der Linken in gemischtgeschlechtlichen Reihen. Laut Aussagen meiner Interviewpartner:innen ist ein solches Bündnis zwischen islamistischen und panarabischen Kräften bei Demonstrationen gegen Israel oder die USA in Marokko keine Seltenheit.

Im Verlauf der Demonstration kam es wiederholt zu explizit antisemitischen Äußerungen. Besonders gewaltvoll war eine Inszenierung auf einer

11 Die „Messer-Intifada“ bezeichnet eine Welle von Messerangriffen gegen jüdische Israelis seit Herbst 2015.

Promenade, bei der Dutzende männliche Kinder, Jugendliche und junge Erwachsene – allesamt Teilnehmer der Demonstration – die Ermordung orthodoxer Juden durch Messerattacken nachstellten. Zuvor wurde in der Performance dargestellt, wie als orthodoxe Juden verkleidete Männer ein Modell des Felsendoms in Jerusalem zerstören. In weiteren Szenen wurden Angriffe mit Steinen auf Israelis inszeniert, die auf wehrlose Palästinenser:innen schießen. Auf dem Boden liegend ist eine wehrlose palästinensische Frau zu sehen, was als Allegorie für Palästina oder die palästinensische beziehungsweise islamische Gemeinschaft interpretiert werden kann. Die Darbietungen wurden von „Allahu Akbar"-Sprechchören begleitet. Am Schluss knieten die als orthodoxe Juden stilisierten Männer am Boden und warteten, von hinten mit Waffen am Kopf, auf ihre scheinbare Exekution (VINnews 2015; JTA 2015b; 2015a; Arutz Sheva Staff 2015; persönliche Kommunikation). Auf Transparenten standen laut Medienberichten Parolen wie: „Mit Seele und Blut opfern wir uns für dich, Al-Aqsa", „Die Intifada geht weiter, bis das Land frei ist", oder „Nein zur Judaisierung Jerusalems" (Mejdoub 2015).

Zur Rekonstruktion der Geschehnisse rund um die Demonstration und eine dagegen initiierte Protestpetition hatte ich im Anschluss verschiedene Interviews mit Aktiven gegen Antisemitismus geführt. Einer meiner Interviewpartner kommentierte die inszenierte Tötung der orthodoxen Juden: „We saw the video and there were even several young people with plastic Kalashnikovs and knives, enacting scenarios such as the killing of Moroccan Jews." (Kejji, M., Interview ID_155) Eine andere Interviewpartnerin, die feministische Aktivistin Mouna Izddine, die im Anschluss eine Petition gegen die Demonstration und Performance initiierte, betonte:

> They made a demonstration with young people looking like Palestinians. And trying to kill Jewish people who were attacking Al-Aqsa Mosque. [...] All the Jewish people and also Muslim people... all saw this... they were shocked. They said: "It is not Morocco. What are you doing right now? You are acting like Daesh, like ISIS." (Izddine, M., Interview ID_160_161)

Izddine verweist auf die strategische Dimension der Inszenierung:

> Islamist people, they are very strategic. They never do something just like that. They have always aims and goals... Now, they really performed killing Jewish people. And they said: 'No, they are not Jewish', they are only talking about the settlers. But... it is Jewish, like they were killing

> religious men. That's it. It is antisemitism. It has no name. [...] They also used the kids, the young people to do the performance... it was awful and we don't accept that. That's why we do this petition. (Ebd.)

Die Demonstration stellt einen performativen Akt dar, in dem antisemitische Narrative körperlich und visuell inszeniert wurden – mit geschlechtsspezifischer Choreografie und gezielter Einbindung von Jugendlichen. Kinder und Jugendliche werden dabei als heroisch mit Steinen kämpfend dargestellt, während Jüdinnen:Juden als hinterhältig agierende Angreifer inszeniert werden. Eine palästinensische Frau erscheint als hilfloses Opfer am Boden, als Symbol der Gemeinschaft oder Palästinas. Orthodoxe Juden, die als schwach und zerstörerisch stilisiert den Felsendom angreifen, werden in der Inszenierung von hinten erstochen – begleitet von „Allahu Akbar"-Rufen. Auffällig ist zudem der hohe Organisationsgrad der Islamist:innen, der sich nicht nur in der Beteiligung von Männern, sondern auch in der strukturierten Einbindung zahlreicher Frauenreihen zeigt.

Für die Mobilisierung von Antisemitismus und Israelhass in der MENA-Region sind insbesondere zwei Bewegungen relevant: der Islamismus und der Panarabismus. In beiden Bewegungen nehmen Antisemitismus und Israelhass über kollektive Identitätskonstruktionen, in denen Religion, ethnische oder kulturelle Zugehörigkeit sowie Sprache eine bedeutende Rolle spielen, eine zentrale Rolle ein.[12] Zwar existieren ideologische Überschneidungen beider Bewegungen – etwa im Antisemitismus –, aber auch klare Differenzen, etwa hinsichtlich des Verhältnisses zur Religion und teilweise zu Geschlechterverhältnissen.

Islamismus in Marokko

Islamistische Strömungen sind in Marokko seit den 1980er Jahren zentrale soziale und zum Teil gegen die Monarchie gerichtete Bewegungen. Zu den wichtigsten Akteur:innen zählen die Bewegung für Einheit und Reform (Mouvement Unité et Réforme, MUR) sowie die der MUR nahestehende Partei für Gerechtigkeit und Entwicklung (Parti de la Justice et du Dévelop-

12 Antisemitismus war konstitutiv für islamistische und panarabische Kollektividentitäts-Konstruktionen, häufig gekoppelt an koloniale, post-NS- und sowjetische Antizionismus-Narrative. In Marokko beeinflussten u. a. die Partei Istiqlal, islamistische Parteien und linke Nationalist:innen diesen Diskurs (Laskier 1994; Wyrtzen 2015: 179–218; Zeghal 2008: 11–30; Herf 2009; Küntzel 2007).

pement, PJD), die bis 2021 Regierungsverantwortung trug. Eine zentrale außerparlamentarische Kraft ist zudem die islamistische Bewegung al-Adl wal-Ihsan, die trotz ihres politischen Verbots über erhebliche gesellschaftliche Mobilisierungskraft verfügt.

Diese Gruppierungen stehen in ideologischer und teils personeller Nähe zur 1928 in Ägypten gegründeten transnationalen Muslimbruderschaft.[13] Besonders die MUR orientiert sich stark an deren ideologischen Konzepten und kooperierte mit der als palästinensischem Ableger der Muslimbruderschaft gegründeten Hamas sowie mit der türkischen AKP. Die Muslimbruderschaft hat über Jahrzehnte hinweg ein konservativ-islamisches Gesellschaftsmodell mit autoritären Geschlechterrollen, religiösem und politischem Antisemitismus sowie Widerstand gegen säkulare Ordnungen propagiert. Diese Einflüsse sind im marokkanischen Islamismus deutlich spürbar – insbesondere in der Verbindung religiöser Legitimationsstrategien mit einem dezidiert islamistischen Politikverständnis, das Gesellschaft und Staat nach der Scharia ausrichten möchte.

In der islamistischen Ideologie verschränken sich spezifische Koraninterpretationen mit Antisemitismus sowie einem restriktiven Verständnis von Geschlechterverhältnissen – inklusive patriarchaler Strukturen, Geschlechtertrennung und Homophobie. Die Ideologie des Islamismus legitimiert auch Rassismus gegenüber Schwarzen sowie anderen nicht-arabischen Gruppen. Islamist:innen betrachten Arabisch in der Regel als überlegene Sprache des Korans, weshalb sie andere Sprachen und kulturelle Minderheiten marginalisieren.

Hinsichtlich der Geschlechterverhältnisse dominiert im Islamismus ein binäres, heteronormatives Geschlechtermodell, in dem Frauen eine spezifische Rolle innerhalb von Familie, Religion und Gemeinschaft zugewiesen wird, die sie unter anderem für die Prokreation, die Weitergabe islamischer Erziehung und Moralvorstellung und die Organisation des Haushalts vorsieht; öffentliche Partizipation ist nur in einem engen Rahmen erwünscht. Gleichzeitig werden Frauen strategisch mobilisiert – etwa in geschlechtergetrennten Strukturen wie Frauenorganisationen, religiösen Bildungseinrichtungen für Mädchen oder eigenen Frauensektionen islamistischer Bewegungen. Frauen übernehmen teils auch politische Funktionen, etwa in Parlamenten oder bei Demonstrationen. Die Mobilisierungsfähigkeit islamistischer Frauen ist aufgrund eines hohen Organisationsgrades

13 Die Muslimbruderschaft prägte die islamistische Ideologie mit antisemitischen Texten wie Sayyid Qutbs *Our Struggle with the Jews* (Bartal 2021; Webman 2015).

und hierarchischer Strukturen besonders ausgeprägt. Sexualität außerhalb heterosexueller Normen wird sanktioniert und teils auf „westlichen“ oder „zionistischen“ Einfluss zurückgeführt.

Antisemitismus wird in islamistischen Bewegungen häufig religiös begründet. Die erfolgreiche Gründung des Staates Israel durch die Jüdinnen:Juden wird als Affront gegen eine islamische Herrschaft verstanden. Das „zionistische Gebilde“ sei zu zerstören, um islamische Herrschaft wiederherzustellen. Die bloße Existenz Israels empfinden Islamist:innen als Demütigung der Muslime, als Raub eines als islamisch verstandenen Territoriums. Zudem entziehen sich Jüdinnen:Juden durch die Existenz Israels dem ihnen im Islam traditionell zugewiesenen Status als „Dhimmi“[14]. Die Existenz Israels kann so als Kündigung des Dhimmi-Pakts gedeutet werden. Der gemeinsame Kampf der islamischen Umma gegen das „zionistische Gebilde“ fungiert als kollektive, identitätsstiftende Praxis islamistischer Muslim:innen.

Jüdinnen:Juden werden im Islamismus teilweise auch als Verursacher:innen von als negativ wahrgenommenen gesellschaftlichen Veränderungen dargestellt – etwa der Emanzipation von Frauen, der Auflösung patriarchaler Strukturen oder der Verbreitung von „Dekadenz“ und Homosexualität. Forderungen nach einer Gleichstellung ethnischer oder religiöser Minderheiten werden als Angriff auf die islamisch-arabische Gesellschaftsordnung verstanden.[15]

Panarabismus und arabischer Nationalismus

Der Panarabismus war in den 1950er bis 1970er Jahren eine zentrale ideologische Strömung in vielen Ländern der MENA-Region, auch in Marokko. Obwohl sein Einfluss heute geringer ist als der des Islamismus, existieren weiterhin arabisch-identitär orientierte Parteien und Bewegungen – etwa die marokkanische Partei Demokratischer Weg (La Voie Démocratique) oder die Partei des Fortschritts und des Sozialismus (Parti du Progrès et

14 Der Dhimmi-Status klassifizierte Jüdinnen:Juden im islamischen Recht als Schutzbefohlene mit eingeschränkten Rechten. Dieses Verhältnis war historisch ambivalent. Die islamische Expansion Nordafrikas veränderte die jüdische Lebenswelt tiefgreifend (Lewis 2004; Meddeb/Stora 2013; Stillman 1991).

15 Beispielhaft erklärte ein Spitzenkandidat der islamistischen PJD öffentlich seine Ablehnung der Amazigh-Schrift, was die Marginalisierung nicht-arabischer Gruppen verdeutlicht.

du Socialisme, PPS). In Teilen der Zivilgesellschaft wirkt der Panarabismus beziehungsweise arabische Nationalismus ebenfalls diskursiv weiter – etwa in Studierendenorganisationen, Gewerkschaften oder Menschenrechtsgruppen wie der Marokkanischen Menschenrechtsvereinigung (Association Marocaine des Droits Humains, AMDH). Identitäre Zuspitzungen zwischen Amazigh-Aktivist:innen und linken arabisch-nationalistischen Studierenden waren im vergangenen Jahrzehnt so konfrontativ, dass es zu Toten kam.

Im Zentrum der panarabischen Ideologie steht die Vorstellung einer Einheit aller Araber:innen jenseits nationalstaatlicher „kolonialer" Grenzen sowie einer kulturellen und politischen Einheit der arabischen Welt. Zum Teil wird in heute adaptierter Form die Solidarität der Araber:innen, respektive mit den arabischen Palästinenser:innen, beschworen. Israel wird als koloniales Projekt westlicher Mächte bzw. des Zionismus auf „arabischem Boden" verstanden. Antisemitismus und Israelhass fungieren als ideologische Bindeglieder der kollektiven arabisch-nationalistischen Identität.

Der Panarabismus basiert – ähnlich wie der Islamismus – auf der Idee einer umfassenden Gemeinschaft: Im Panarabismus ist es die arabische Nation, im Islamismus die islamische Umma. Teilweise wird im Panarabismus die politische Emanzipation von Jüdinnen:Juden in Aussicht gestellt – jedoch nur, wenn sie sich dem arabischen Nationalismus unterordnen und die Existenz Israels ablehnen. Und selbst dann ist ihr Status prekär.

Bezüglich der Geschlechterverhältnisse zeigt sich der Panarabismus ambivalent: Einerseits existieren emanzipatorische Traditionslinien – etwa durch weibliche Kämpferinnen in der antikolonialen Bewegung, Frauen in linken Parteien oder das Eintreten für Frauenrechte. Andererseits sind Führungsstrukturen meist patriarchal geprägt, sexuelle Diversität wird selten thematisiert oder sie wird offen abgelehnt. Jüdische, feministische oder queere Stimmen gelten teilweise als Ausdruck „westlicher" Einflüsse und werden abgewertet.

Überschneidungen und Konfliktlinien

Beide Ideologien – Islamismus und Panarabismus – teilen zentrale Elemente. Der Antisemitismus fungiert als ideologisches Bindeglied, über das islamistische und panarabische Akteur:innen Feindbilder konstruieren und im gemeinsamen Kampf gegen den „Zionismus" mobilisieren. Beide bedienen sich der Vorstellung einer bedrohten kollektiven Identität, die durch „Zionismus", „jüdischen" oder „westlichen Einfluss" untergraben werde.

Trotz dieser Gemeinsamkeiten bestehen fundamentale Unterschiede: Der Islamismus legitimiert sich über Religion und strebt eine islamische Ordnung an, während der Panarabismus beziehungsweise arabische Nationalismus teils ein säkular-nationalistisches Modell verfolgt. Diese Differenz führt zu Spannungen – etwa bei der Frage, ob Identität primär religiös (islamisch) oder sprachlich-kulturell/ethnisch (arabisch) bestimmt ist. Auch bei Themen wie Bildung, Religion im Staat oder Frauenrechten divergieren die Positionen.

Diese Spannungen zeigen sich etwa bei gemeinsamen Demonstrationen gegen Israel, bei denen panarabische Linke und islamistische Gruppen trotz gemeinsamer Feindbilder unterschiedliche Vorstellungen von Staat, Religion und Geschlechterrollen vertreten.

Die Rolle von Geschlechterverhältnissen bei antisemitismuskritischen Akteur:innen

Das Engagement gegen Antisemitismus stellt politische und zivilgesellschaftliche Akteur:innen in Marokko vor komplexe Herausforderungen. Insbesondere die enge Verflechtung von Identitätskonstruktionen, Religion, Geschlechterverhältnissen und politischen Machtstrukturen erschwert diese Arbeit. Seit 2007 wurden in Marokko Initiativen gestartet und Gruppen gegründet, die sich aktiv für eine Bekämpfung des Antisemitismus, einen Austausch mit in Israel lebenden Jüdinnen:Juden sowie für eine Normalisierung der Beziehungen zu Israel einsetzen. Diese Gruppen bestehen aus säkularen liberalen Muslim:innen, Amazigh-Aktivist:innen, Monarchist:innen, Feminist:innen, LGBTIQ-Aktivist:innen und Vertreter:innen jüdischer Gemeinden. Auch Vertreter:innen des Königshauses unterstützen teilweise entsprechende Initiativen.

Zahlreiche Akteur:innen, die gegen Antisemitismus aktiv sind, berichten in Interviews von massiven Anfeindungen, die in Einzelfällen bis zu physischen Übergriffen, Überfällen auf ihr Haus und Mordversuchen reichen. Zudem spielen sexistische und homophobe Diffamierungskampagnen sowie Vergewaltigungsdrohungen, denen einige der öffentlich aktiven Personen ausgesetzt waren, eine erhebliche Rolle. So wurde beispielsweise einer jungen Frau nach ihrer Rückkehr aus Israel angedroht, dass sie vergewaltigt werde. Vor allem Frauen und queere Aktivist:innen wurden zur Zielscheibe sexualisierter und sexistischer Anfeindungen. Aktivist:innen berichten ebenfalls von Versuchen, sie durch die Unterstellung homosexueller Praktiken – die in Marokko strafrechtlich verfolgt werden – zu diskreditieren.

Doch warum engagieren sich trotz dieser massiven Anfeindungen Personen in Marokko gegen Antisemitismus? Und welche Rolle spielen Antisemitismus und geschlechterpolitische Themen in ihrem Engagement? Die gesellschaftspolitischen Vorstellungen derjenigen, die sich gegen Antisemitismus, patriarchale Geschlechterverhältnisse sowie gegen Homophobie und Queerfeindlichkeit einsetzen, sind heterogen. Unter den Aktiven, die sowohl Antisemitismus als auch Geschlechterverhältnisse thematisieren, lassen sich jedoch idealtypisch vier Positionierungsmuster unterscheiden:

Typ 1: Akteur:innen, die ihr Engagement gegen Antisemitismus eng mit dem Einsatz für Geschlechtergleichstellung und individuelle Freiheitsrechte verknüpfen. Dabei betonen sie die Notwendigkeit, antisemitische, sexistische und homophobe Narrative gemeinsam zu bekämpfen. Wie Mouna Izddine erklärt: „If you have diversity, you are stronger to fight extremism and to fight fascism." (Interview ID_160_161)

Typ 2: Aktivist:innen, die in ihrem Eintreten für Frauenrechte und sexuelle Diversität einen zentralen Baustein für eine offene Gesellschaft sehen. Für sie ist das Engagement gegen Antisemitismus ein Kampf um normativen Wandel.

Typ 3: Personen, die gesellschaftliche Vielfalt und persönliche Freiheiten – etwa das Recht, während des Ramadans nicht zu fasten oder eine andere sexuelle Orientierung offen zu leben – als grundlegende Bestandteile eines pluralistischen Marokko begreifen. In dieser Logik ist die Ablehnung von Antisemitismus und Israelhass auch eine Verteidigung individueller Rechte (inklusive des Rechts, Kontakte zu Israelis zu haben oder nach Israel zu reisen).

Typ 4: Akteur:innen, die individuelle Freiheiten als zentral für eine Demokratisierung sehen. Sie sehen Antisemitismus, Sexismus und Homophobie als Elemente extremistischer Ideologien, die von Islamist:innen und Panarabist:innen zur Einschränkung ihrer Rechte genutzt werden: „No kind of power – socially or officially – should control the liberties. Sexually, religiously, etc. This is the definition of democracy." (Interview Omar, ID_143)

Diese Perspektiven zeigen: Der Kampf gegen Antisemitismus in Marokko ist – zumindest für einige Akteur:innen – eng mit einem Kampf um gesellschaftliche Normen und Zukunftsvisionen verbunden. Geschlechterverhältnisse sind dabei nicht nur ein Nebenschauplatz, sondern zentraler

Bestandteil politischer Auseinandersetzung. Die Ablehnung patriarchaler Strukturen ist in vielen Fällen gleichzeitig eine Ablehnung antisemitischer Deutungsmuster, die auf binären und exklusiven Weltbildern beruhen. Wie ein Interviewpartner es zusammenfasst: „Everyone has their own story. We also have many people from an Amazigh background. Or homosexuals. They feel segregated too. They can find themselves in the same field." (Interview Rachid, ID_163)

Fazit

Die Analyse der Intersektion von Antisemitismus und Geschlechterverhältnissen im marokkanischen Kontext zeigt, dass antisemitische Narrative, nationalistische und religiös-islamistische Identitätskonstruktionen sowie patriarchale Geschlechterbilder häufig ineinander verwoben sind. Sowohl islamistische als auch panarabische Strömungen nutzen Antisemitismus als kollektive Abgrenzungsideologie, in der Frauen- und Geschlechterrollen ebenfalls strategisch aufgeladen sind.

Demgegenüber stehen zivilgesellschaftliche Akteur:innen, die sich für die Bekämpfung von Antisemitismus, für ein pluralistisches Marokko sowie für Geschlechtergerechtigkeit und individuelle Rechte einsetzen. Ihr Engagement ist mit hohen persönlichen Risiken verbunden, insbesondere wenn sie sich offen gegen religiösen Extremismus, Antisemitismus, Homophobie oder autoritäre Strukturen positionieren.

Die vorliegende Analyse hat verdeutlicht, dass Antisemitismus in Marokko nicht isoliert als religiöses oder politisches Phänomen zu begreifen ist, sondern vielmehr tief in ideologische, kulturelle und gesellschaftliche Ordnungen eingebettet ist. Insbesondere im Kontext islamistischer und panarabischer Bewegungen fungiert Antisemitismus als identitätsstiftendes Element der eigenen Kollektivkonstruktion. Dabei dienen antisemitische Narrative nicht nur der Externalisierung eines imaginierten Feindes, sondern auch der Konstituierung der eigenen Identität. Die Beispiele aus islamistischen Bewegungen zeigen, wie religiöse Deutungsmuster genutzt werden, um Antisemitismus zu legitimieren und gleichzeitig patriarchale Strukturen zu verfestigen.

Gleichzeitig wurde deutlich, dass sich in Marokko seit den 2000er Jahren zivilgesellschaftliche Kräfte formiert haben, die diesen ideologischen Verschränkungen etwas entgegensetzen. Ihr Engagement gegen Antisemitismus ist häufig mit dem Einsatz für pluralistische Gesellschaftsvisionen verbunden, der Geschlechtergerechtigkeit und individuelle Rechte einschließt. Diese Akteur:innen leisten unter teils widrigen Bedingungen – geprägt von politischem Druck, sozialer Ächtung und persönlichen Bedrohungen – wertvolle Beiträge zur Transformation gesellschaftlicher Normen. Ihre Arbeit zeigt, dass die Bekämpfung von Antisemitismus in Marokko zugleich eine Auseinandersetzung um die Zukunft des gesellschaftlichen Zusammenlebens ist.

Die Analyse der verschiedenen Akteur:innenprofile verdeutlicht, dass sich im Feld der Antisemitismusbekämpfung unterschiedliche gesellschaftspolitische Strategien und Vorstellungen artikulieren. Während einige Gruppen antisemitische Narrative direkt konfrontieren und dabei aktiv feministische und queere Perspektiven einbinden, verfolgen andere eher pragmatisch-nationale oder religiös legitimierte Ansätze.

Die Ergebnisse dieser Untersuchung legen nahe, dass eine intersektionale Perspektive auf Antisemitismus im Kontext der MENA-Region dringend erforderlich ist – insbesondere unter Berücksichtigung von Geschlecht, Sexualität, ethnischer und religiöser Identität sowie postkolonialer Dynamiken. Zukünftige Studien sollten stärker untersuchen, wie antisemitische Diskurse in politischen Bewegungen mit geschlechterpolitischen Themen und LGBTIQ-Feindlichkeit verwoben sind, wie sich diese in öffentlichen Räumen (etwa auf Demonstrationen, in sozialen Medien oder Bildungsinstitutionen) artikulieren und wie alternative, inklusive Narrative in diesen Räumen aufgebaut werden können.

Zudem erscheint es lohnenswert, die Rolle transnationaler Einflüsse – etwa durch die Muslimbruderschaft, diasporische Netzwerke oder israelisch-marokkanische Kontakte – systematischer zu analysieren. Nicht zuletzt stellt sich die Frage, wie die Etablierung von neuen Organisationen, neuen Netzwerken, politischer Bildung, zivilgesellschaftlichem Empowerment und internationaler Zusammenarbeit zur Stärkung dieser emanzipatorischen Bewegungen beitragen kann – und welche Rolle die Bekämpfung von Antisemitismus dabei als Bestandteil einer umfassenden Demokratisierung spielt.

Literatur

Abitbol, Michel (1989): The Jews of North Africa During the Second World War, Detroit: Wayne State University Press.

Arutz Sheva Staff (2015): Watch: Morocco protesters hold 'execution' of Jews, in: The Israel National News, 27.10.2015, http://www.israelnationalnews.com/news/202522.

Balibar, Étienne (1990): Die Nation-Form. Geschichte und Ideologie, in: Balibar, Étienne/Wallerstein, Immanuel (Hg.): Rasse, Klasse, Nation. Ambivalente Identitäten, Hamburg: Argument, 107–130.

Bartal, Shaul (2021): The Muslim brotherhood's perception of Israel, in: Israel Affairs, 27(6), 1190–1199, https://www.tandfonline.com/doi/full/10.1080/13537121.2021.1993005.

Ben-Layashi, Samir/Maddy-Weitzman, Bruce (2012): Myth, History and Realpolitik: Morocco and its Jewish Community, in: Ma'oz, Moshe (Hg.): Muslim Attitudes to Jews and Israel: The Ambivalences of Rejection, Antagonism, Tolerance and Cooperation, Brighton/Chicago/Toronto: Sussex Academic Press, 126–141.

Bostom, Andrew G. (2008): The legacy of Islamic antisemitism. From sacred texts to solemn history, Amherst/New York: Prometheus Books.

Böttiger, Leonie (2018): Die Gleichberechtigung der Frau in Marokko – Stagnation oder Fortschritt? Länderbericht Marokko der Konrad Adenauer Stiftung (Hg.), https://www.kas.de/de/web/marokko/laenderberichte/detail/-/content/die-gleichberechtigung-der-frau-in-marokko1.

Brett, Michael (2025): Berber, in: Encyclopedia Britannica, 07.07.2025, https://www.britannica.com/topic/Berber.

Central Bureau of Statistics (2009): Statistical Abstract of Israel 2009, Nr. 60, Kategorie 2, Tabelle 24, https://www.cbs.gov.il/en/publications/Pages/2009/Population-Statistical-Abstract-of-Israel-2009-No60.aspx.

Chetrit, Joseph Yossi (2019): Intimacy, Cooperation and Ambivalence: Social, Economic and Cultural Interaction between Jews and Berbers in Morocco, in: European Judaism 52(2), 18–31, https://go.gale.com/ps/i.do?p=AONE&sw=w&issn=00143006&v=2.1&it=r&id=GALE%7CA606751321.

DellaPergola, Sergio (2010): World Jewish Population, 2010, hg. von: Mandell L. Berman Institute – North American Jewish Data Bank, https://www.jewishdatabank.org/api/ download/?studyId=633&mediaId=World_Jewish_Population_2010.pdf.

Herf, Jeffrey (2009): Nazi propaganda for the Arab world, New Haven/London: Yale University Press.

Hespress (2020): ترامب يعلن علاقات المملكة مع إسرائيل ويعترف بمغربية الصحراء [Trump kündigt Beziehungen des Königreichs zu Israel an und erkennt marokkanischen Status der Sahara an], in: Hespress, 10.12.2020, https://www.hespress.com/ترامب-يعلن-علاقات-المملكة-مع-إسرائيل-و-744315.html.

Horkheimer, Max/Adorno, Theodor W. (1988): Elemente des Antisemitismus. Grenzen der Aufklärung, in: Horkheimer, Max/Adorno, Theodor W.: Dialektik der Aufklärung. Philosophische Fragmente, Frankfurt am Main: Fischer, 177–217.

JTA (2015a): Morocco pro-Palestinian event pretends to hold Jews at gunpoint, in: Times of Israel, 26.10.2015, http://www.timesofisrael.com/morocco-pro-palestinian-event-pretends-to-hold-jews-at-gunpoint.

JTA (2015b): Wiesenthal Center condemns 'disturbing' anti-Semitism in Morocco, in: Times of Israel, 27.10.2015, http://www.timesofisrael.com/wiesenthal-center-condemns-disturbing-anti-semitism-in-morocco/.

Kingdom of Morocco (2011): Dahir n° 1-11-91 du 27 chaabane 1432 (29 juilett 2011) portant promulgation du texte de la Constitution [Verfassung Marokkos vom 29. Juli 2011], Bulletin Officiel Nr. 5964 bis, 30.07.2011, https://www.maroc.ma/en/morocco/constitution.

Krämer, Gudrun (2006): Anti-Semitism in the Muslim World. A Critical Review, in: Die Welt des Islams 46(3), 243–276, https://brill.com/abstract/journals/wdi/46/3/article-p243_1.xml.

Küntzel, Matthias (2007): Jihad and Jew-hatred. Islamism, Nazism and the roots of 9/11, New York: Telos Press Pub.

Küntzel, Matthias (2020): Islamic Antisemitism. Characteristics, Origins, and Current Effects, in: Israel Journal of Foreign Affairs 14(2), 29–239, https://doi.org/10.1080/23739770.2020.1793275.

Laskier, Michael M. (1994): North African Jewry in the twentieth century. The Jews of Morocco, Tunisia, and Algeria, New York: New York University Press.

Laskier, Michael M. (2004): Israeli-Moroccan Relations and the Arab-Israeli Conflict, 1977–2002, in: Israel Affairs 10(3), 41–73.

Lewis, Bernard (1987): The Jews of Islam, Princeton University Press.

Lewis, Bernard (2004): Die Juden in der islamischen Welt. Vom frühen Mittelalter bis ins 20. Jahrhundert, München: C.H.Beck.

Maddy-Weitzman, Bruce (2011): The Berber identity movement and the challenge to North African states, Austin: University of Texas Press.

Maddy-Weitzman, Bruce (2013): The Amazigh factor: state-movement relations under Mohammed VI, in: Maddy-Weitzman, Bruce/Zisenwine, Daniel (Hg.): Contemporary Morocco. State, Politics and Society under Mohammed VI, Oxon: Routledge Chapman & Hall, 109–119.

Maddy-Weitzman, Bruce (2022): Amazigh Politics in the Wake of the Arab Spring, University of Texas Press.

Meddeb, Abdelwahab/Stora, Benjamin (Hg.) (2013): A History of Jewish-Muslim Relations. From the Origins to the Present Day, Princeton: Princeton University Press.

Mejdoub, Khalid (2015): المغرب.. الآلاف يشاركون في مظاهرة بالدار البيضاء دعماً للشعب الفلسطيني [Marokko: Tausende nehmen an einer Demonstration in Casablanca zur Unterstützung des palästinensischen Volkes teil], in: شركة تركية مساهمة [Anadolu Agentur], 26.10.2015, https://www.aa.com.tr/ar/الدول-العربية/المغرب-الآلاف-يشاركون-في-مظاهرة-بالدار-البيضاء-دعماً-للشعب-الفلسطيني/455907.

OSZE – Organisation für Sicherheit und Zusammenarbeit in Europa (2007): 2007 OSCE Mediterranean Seminar "Combating Intolerance and Discrimination and Promoting Mutual Respect and Understanding", Tel Aviv Israel, 18–19 December 2007, Consolidated Summary, 23.01.2008, https://www.osce.org/files/f/documents/2/9/30438.pdf.

Parlement du Maroc (2013a): مقترح قانون يتعلق بتجريم التطبيع مع الكيان الإسرائيلي [Gesetzesvorschlag, der die Normalisierung der Beziehungen mit dem israelischen Staatsgebiet unter Strafe stellt], Gesetzesvorschlag Nr. 92 vom 29. Juli 2013, abrufbar in arabischer Sprache auf der Website des Commitee of Justice Legislation and Human Rights des marokkanischen Repräsentantenhauses, https://www.chambredesrepresentants.ma/en/node/302551?q=ar/node/302551.

Parlement du Maroc (2013b). مقترح قانون يقضي بتجريم التطبيع مع الكيان الإسرائيلي [Gesetzesvorschlag, der die Normalisierung der Beziehungen mit dem israelischen Staatsgebiet unter Strafe stellt], Gesetzesvorschlag Nr. 94 vom 1. August 2013.

Haut Commissariat au Plan du Maroc (2004): Recensement General de la Population et de l'Habitat de 2004, https://web.archive.org/web/20120724191316/lavieeco.com/documents_officiels/Recensement%20population.pdf.

Salama, Vivian (2020): Israel and Morocco: Trump announces Israel and Morocco to normalize relations, in: CNN, 10.12.2020, https://edition.cnn.com/2020/12/10/politics/trump-israel-morocco/index.html.

Sartre, Jean-Paul (1994): Überlegungen zur Judenfrage, Reinbek bei Hamburg: Rowohlt.

Smith, Anthony D. (1991): National Identity, London: Penguin.

Stillman, Norman A. (1991): The Jews of Arab Lands in Modern Times, Philadelphia: The Jewish Publication Society.

Suárez Collado, Ángela (2013): El Movimiento Amazigh en el Rif: Identidad, Cultura y Política en las Provincias de Nador y Alhucemas, Universidad Autónoma de Madrid: Madrid.

United States Department of State (2020a): Joint Declaration – The Kingdom of Morocco, the United States of America and the State of Israel, https://www.state.gov/wp-content/uploads/2021/01/Joint-Declaration-US-Morrocco-Israel.pdf.

United States Department of State (2020b): The Abraham Accords, https://www.state.gov/the-abraham-accords/.

VINnews (2015): Casablanca – Demonstrators "Execute" Fake Ultra-Orthodox Jews At Pro-Palestinian Protest In Morocco, in: VINnews, 26.10.20215, https://vinnews.com/2015/10/26/casablanca-demonstrators-execute-fake-ultra-orthodox-jews-at-pro-palestinian-protest-in-morocco/.

Webman, Esther (2011): Adoption of the Protocols in the Arab Discourse on the Arab-Israeli Conflict, Zionism and the Jews, in: Webman, Esther (Hg.): The Global Impact of the Protocols of the Elders of Zion. A Century-Old Myth, Routledge Chapman & Hall, 175–195.

Webman, Esther (2015): The "Jew" as a Metaphor for Evil in Arab Public Discourse, in: The Journal of the Middle East and Africa, 6(3–4), 275–292, https://doi.org/10.1080/21520844.2015.1086966.

Wistrich, Robert S. (2010): A Lethal Obsession. Anti-Semitism from Antiquity to the Global Jihad, New York: Random House.

Wistrich, Robert S. (2012): Muslimischer Antisemitismus. Eine aktuelle Gefahr, Studien zum Antisemitismus, Band 2, Berlin: Edition Critic.

Wyrtzen, Jonathan (2015): Making Morocco. Colonial intervention and the politics of identity, Ithaca: Cornell University Press.

Zeghal, Malika (2008): Islamism in Morocco. Religion, authoritarianism, and electoral politics, Princeton, NJ: Wiener.

Gemessener Antisemitismus

Umfragen zu antisemitischen Einstellungen unter Muslim:innen in Europa und den USA

Günther Jikeli

Wie verbreitet sind antisemitische Einstellungen unter Muslim:innen in westlichen Gesellschaften? Diese Frage wird gesellschaftlich kontrovers diskutiert, empirisch jedoch unzureichend fundiert beantwortet. Die vorliegende Analyse systematisiert die verfügbaren Umfragedaten aus 35 Studien in 16 Ländern mit insgesamt etwa 40.000 muslimischen Befragten sowie repräsentativen Stichproben aus der jeweiligen Gesamtbevölkerung.

Antisemitismus unter Muslim:innen resultiert aus einem komplexen Geflecht religiöser, politischer, sozialpsychologischer und historischer Faktoren. Islamistische Bewegungen konstruieren seit dem frühen 20. Jahrhundert ‚die Juden' als Hauptfeinde des Islam und instrumentalisieren den Nahostkonflikt zur ideologischen Mobilisierung. Solche Vorstellungen finden sich bei Vordenkern wie Hassan al-Banna, Said Qutb oder Ruhollah Khomeini und reichen bis zu heutigen Gruppen wie der Hamas. Parallel dazu gelangten europäische antisemitische Stereotype – von der Ritualmordlegende bis zur NS-Propaganda – in muslimisch geprägte Gesellschaften und verschmolzen mit lokalen Traditionen.

Die historischen muslimisch-jüdischen Beziehungen waren vielschichtig. In islamischen Gesellschaften wurden Juden (wie auch Christen) als religiöse Minderheiten geduldet, solange sie die Kopfsteuer (Dschizya) zahlten und ihre gesellschaftliche Unterordnung akzeptierten. Die Lebensbedingungen jüdischer Gemeinden schwankten beträchtlich je nach Herrscher, Region und Epoche – von Zeiten relativer Sicherheit und wirtschaftlichen Erfolgs bis hin zu Phasen drastischer Diskriminierung und sporadischer Gewalt. Der Koran und die Hadith-Sammlungen enthalten Textpassagen, die antijüdische Interpretationen ermöglichen oder sogar nahelegen – vor allem bei ahistorischen, nicht-kontextualisierten Lesarten.

Diese historischen Entwicklungen wirken bis heute nach und haben auch einen Einfluss auf Einstellungen unter Muslim:innen in Europa. 2016 lebten laut Pew Research etwa 25,8 Millionen Muslim:innen in Europa

(4,9 Prozent der Bevölkerung), mit den größten Communities in Frankreich, Deutschland und Großbritannien. In Deutschland stammt die Mehrheit aus der Türkei, und etwa eine Million aus Syrien.

Auch wenn jihadistische Täter:innen oder antisemitische Demonstrierende keinesfalls repräsentativ für Muslim:innen insgesamt sind, gehen seit den 2000er Jahren viele antisemitische Vorfälle von Muslim:innen aus. Die Vorstellung einer ewigen Feindschaft zwischen Muslim:innen und Jüdinnen und Juden ist jedoch historisch unhaltbar und essentialisierend. Empirische Daten sind für eine sachliche Diskussion unerlässlich. Die folgende Auswertung zeigt Häufigkeiten, regionale Unterschiede und mögliche Einflussfaktoren antisemitischer Haltungen unter Muslim:innen auf.

Herausforderungen bei Umfragen

Internationale Umfragen, die einen Vergleich zwischen Ländern mit und ohne muslimische Mehrheiten in der Bevölkerung erlauben, sind eindeutig. In einer 2024 in über 100 Ländern durchgeführten Umfrage war unter den 20 Ländern mit den höchsten Antisemitismuswerten nur ein Land (Russland, an 20. Stelle), dessen Bevölkerung nicht mehrheitlich muslimisch ist. Mindestens drei Viertel der Bevölkerung in Algerien, Bahrain, Ägypten, Indonesien, Irak, Jordanien, Kuwait, Libanon, Libyen, Malaysia, Oman, Saudi-Arabien, Tunesien, der Türkei, den Vereinigten Arabischen Emiraten sowie im Westjordanland und im Gazastreifen stimmten mindestens sechs der abgefragten elf antisemitischen Aussagen zu. In einigen Ländern sogar weit über 90 Prozent (ADL 2025). In diesen Ländern sind antisemitische Auffassungen eher die Norm als die Ausnahme. Eine zehn Jahre zuvor durchgeführte Umfrage kam zu ähnlichen Ergebnissen (ADL 2014).

Repräsentative Umfragen gestalten sich allerdings schwieriger, wenn sie nicht auf die Gesamtbevölkerung zielen, sondern auf eine kleine religiöse Minderheit, für die Zensusdaten fehlen, die eine Gewichtung von Stichproben ermöglichen würden. Die Religionszugehörigkeit wird in der Regel nicht erfasst. Repräsentative Stichproben von Muslimen in westlichen Ländern zu erhalten, ist extrem aufwendig – das heißt: teuer –, sodass Forschende meist approximative Methoden nutzen oder sich auf Teilgruppen (wie beispielsweise muslimische Schüler:innen in einer Stadt) konzentrieren. Weitere Herausforderungen bestehen in der Gestaltung der Fragebögen, sodass keine kulturell oder sprachlich bedingten Verzerrungen entstehen.

Der hier vorgenommene Vergleich verschiedener Umfragen wird durch die oft unterschiedlichen Items erschwert, die zur Erfassung von antisemitischen Einstellungen verwendet werden. Daher werden nicht nur die Umfrageergebnisse der muslimischen Befragten, sondern – soweit vorhanden – auch jene der Kontrollgruppe aus Gesamtbevölkerung dargestellt. Falls ein direkter Vergleich möglich ist, berechne ich den Faktor, mit dem sich muslimische und nicht-muslimische Befragte in ihren Einstellungen unterscheiden. Generell spiegeln Umfragen nur Tendenzen zu einem bestimmten Zeitpunkt wider. Ihre Aussagekraft steigt jedoch, wenn verschiedene Studien zu ähnlichen Ergebnissen kommen.

Internationale Umfragen zu antisemitischen Stereotypen unter Muslim:innen

Alle internationalen Umfragen aus nicht mehrheitlich muslimischen Ländern zeigen, dass Muslim:innen antisemitischen Aussagen häufiger zustimmen als die Gesamtbevölkerung in den jeweiligen Ländern. Allerdings ist die Zahl der muslimischen Befragten in vielen der internationalen Umfragen zu gering, um repräsentative Ergebnisse für die einzelnen Länder zu erzielen.

Im September 2018 führte Savanta im Auftrag von CNN eine Studie in Deutschland, Frankreich, Großbritannien, Österreich, Polen, Schweden und Ungarn durch. 7.092 Personen (1.006 – 1.020 pro Land) wurden befragt, darunter 165 Muslim:innen. Insgesamt hatten zehn Prozent der Gesamtbevölkerung eine ablehnende Haltung gegenüber Jüdinnen und Juden sowie 22 Prozent der Muslim:innen. Dies spiegelt sich in der Zustimmung zu neun antisemitischen Stereotypen wider. Muslim:innen stimmen diesen etwa doppelt so häufig (1,9-fach) zu wie die Bevölkerung insgesamt. Auch die Einstellung zu Israel ist unter Muslim:innen deutlich negativer als in der Allgemeinbevölkerung. Im Durchschnitt haben 36 Prozent der Allgemeinbevölkerung der sieben Länder eine negative Einstellung zu Israel,[1] während 62 Prozent der muslimischen Befragten eine solche Meinung haben. Neun Prozent der Bevölkerung sind der Meinung, Israel habe kein Recht, als jüdischer Staat zu existieren. Unter den muslimischen Befragten sind es 30 Prozent (ComRes for CNN 2018).

---

1 Die Umfrage unterscheidet zwischen negativen Einstellungen zu Israel „als Land“ und Israel „als Staat.“ Die Zahlen beziehen sich hier auf ersteres.

Die Anti-Defamation League (ADL) gab 2019 und 2015 zwei Umfragen in Auftrag. An der Umfrage von 2019 nahmen 3.518 Personen aus Belgien, Deutschland, Frankreich, Großbritannien, Italien, Russland und Spanien teil, darunter 190 Muslim:innen.[2] Ähnlich wie bei der CNN-Umfrage war die Stichprobengröße der Muslim:innen klein und kann nur Anhaltspunkte, aber keine zuverlässigen Zahlen liefern. Die Unterschiede sind jedoch für alle elf antisemitischen Aussagen signifikant und reichen von einem Faktor von 1,15 bis 4,62 mit einem Durchschnitt von 2,29. Das bedeutet, dass Muslim:innen ähnlich wie bei der CNN-Studie etwa doppelt so häufig einer antisemitischen Aussage zustimmen wie die Gesamtbevölkerung. Auch die Wahrscheinlichkeit, sechs oder mehr antisemitischen Aussagen zuzustimmen, ist bei Muslim:innen mit 50 Prozent mehr als doppelt so hoch wie im Gesamtdurchschnitt mit 21 Prozent (ADL 2019).

Die ADL-Umfrage von 2015, die eine muslimische Stichprobe in Belgien, Frankreich, Deutschland, Italien, Spanien und Großbritannien mit jeweils 100 Befragten umfasste, kam zu ähnlichen Ergebnissen. 21 Prozent aller 3.000 Befragten aus der Gesamtbevölkerung in den sechs genannten Ländern und 59 Prozent der 600 muslimischen Befragten stimmten sechs oder mehr antisemitischen Stereotypen zu. Die Fehlermarge für den Durchschnitt der westeuropäischen muslimischen Stichprobe, die alle sechs Länder umfasst (n = 600), liegt bei 4,0 Prozent (ADL 2019). Im Ländervergleich sind die Unterschiede bei Muslim:innen im Gegensatz zu den Unterschieden bei den Gesamtbevölkerungen gering und liegen meist innerhalb der Fehlermarge.

Eine weitere internationale Befragung wurde 2008 vom Wissenschaftszentrum Berlin für Sozialforschung (WZB) durchgeführt. An ihr nahmen 8.921 Personen aus Belgien, Deutschland, Frankreich, den Niederlanden, Österreich und Schweden teil, darunter 3.344 Personen türkischer und 2.204 marokkanischer Herkunft. Die große Mehrheit der türkischen und marokkanischen Befragten (97 Prozent) bezeichnete sich als Muslim:innen. Die Stichprobengröße für jedes Land und für jede der drei Gruppen „Einheimische“, „Türkischstämmige“ und „Marokkanischstämmige“ lag zwischen 479 und 661 gültigen Antworten (Ersanilli/Koopmans 2013). In Österreich und Schweden wurden keine Marokkaner:innen be-

2 Die Zahl der muslimischen Teilnehmenden basiert auf eigenen Berechnungen aus dem prozentualen Anteil der Muslim:innen in jeder der sieben Stichproben. Die ADL macht keine Angaben zur Gesamtzahl der Muslim:innen. Es können Rundungsfehler auftreten.

fragt, da die marokkanischen Communities in diesen Ländern sehr klein sind (Koopmans 2015). Nur eine Frage („Stimmen Sie zu oder nicht, dass man Juden nicht trauen kann?") bezog sich direkt auf Antisemitismus. Es wird also nur ein Teilaspekt antijüdischer Einstellungen erfasst. Allerdings ist die Stichprobe der muslimischen Befragten in dieser Erhebung deutlich größer als in den anderen oben genannten internationalen Erhebungen. Ein Vergleich zwischen selbsterklärten Christ:innen (70 Prozent der einheimischen Stichprobe) und selbsterklärten Muslim:innen zeigt erhebliche Unterschiede. Während die Zustimmung zu der Aussage „Den Juden kann man nicht trauen" unter Christ:innen je nach Land bei etwa 10 Prozent lag, betrug die Zustimmung unter Muslim:innen zwischen 28 und 64 Prozent. Die Zustimmung variierte auch nach ethnischer und konfessioneller Zugehörigkeit. Am höchsten war sie bei Sunnit:innen türkischer Herkunft (52 Prozent), gefolgt von Sunnit:innen marokkanischer Herkunft (37 Prozent) und relativ gering ausgeprägt bei Alevit:innen türkischer Herkunft (29 Prozent). Interessanterweise erzielten „sehr religiöse, fundamentalistische" Muslim:innen die höchsten Werte (über 70 Prozent), während weniger als 30 Prozent der „sehr religiösen, nicht-fundamentalistischen" Muslim:innen der Aussage zustimmten.

Dies deutet darauf hin, dass eine fundamentalistische Auslegung des Islam ein noch wichtigerer Faktor ist als die Religiosität selbst. Rund 20 Prozent der „nicht sehr religiösen" Muslim:innen glauben, dass man „Juden nicht trauen kann" (Koopmans 2015: 50). Die Studie fand keinen signifikanten Zusammenhang zwischen „Fundamentalismus" (einschließlich Antisemitismus) und wahrgenommener Diskriminierung oder rechtlichen Einschränkungen bei der Ausübung des Islam. Demografische und sozioökonomische Variablen konnten zwar Unterschiede innerhalb der Gruppe der Muslim:innen und Christ:innen erklären, verringerten aber nicht den Unterschied zwischen den beiden Gruppen. Innerhalb der muslimischen Gruppe erklären sie außerdem nicht den deutlich geringeren Fundamentalismus unter den Alevit:innen.

Das Pew Global Attitudes Project führte kurz vor dem Libanonkrieg zwischen Israel und der Hisbollah im Sommer 2006 eine Umfrage in europäischen Ländern durch. In Deutschland, Frankreich, Großbritannien und Spanien wurden muslimische Teilstichproben erhoben. Die Gesamtstichprobengröße lag je nach Land zwischen 902 und 979, die Fehlertoleranzen zwischen 4 und 6 Prozent. Die Größe der muslimischen Teilstichproben lag zwischen 400 und 413 mit Fehlermargen zwischen 5 und 6 Prozent. Muslim:innen hatten in allen Ländern mindestens doppelt so häufig negative

Einstellungen gegenüber Jüdinnen und Juden (Pew Global Attitudes Project 2006). Neben den internationalen Umfragen wurden zahlreiche Umfragen in einzelnen Ländern durchgeführt.

Belgien

Joël Kotek, Joël Tournemenne und Iannis Roder führten von Dezember 2018 bis Mai 2019 eine Umfrage an Schulen in Brüssel durch. Von den 115 französischsprachigen Schulen in der Region Brüssel wurden 60 Schulen nach dem Zufallsprinzip ausgewählt. Von diesen 60 Schulen waren 38 bereit, an der Studie teilzunehmen. Insgesamt nahmen 1.672 Schüler:innen teil, darunter 451 Atheist:innen, 217 nicht praktizierende Katholik:innen, 201 praktizierende Katholik:innen, 122 nicht praktizierende Muslim:innen und 527 praktizierende Muslim:innen. Muslimische Schüler:innen stimmten den antisemitischen Aussagen im Durchschnitt 2,4-mal häufiger zu als deren katholische und atheistische Mitschüler:innen (Kotek/Tournemenne/Roder 2020).[3]

In flämischsprachigen Schulen in Brüssel war der Unterschied noch größer. Unter 1.967 befragten Schüler:innen waren 25 Prozent christlich, 46 Prozent muslimisch, 24 Prozent atheistisch und 5 Prozent gehörten einer anderen Religion an. Muslim:innen stimmten den abgefragten vier antisemitischen Aussagen im Durchschnitt 4,9-mal öfter zu als Nicht-Muslim:innen (Elchardus 2011).

Eine vergleichbare Umfrage unter 3.805 Schüler:innen, darunter 1.151 Muslim:innen, wurde 2012 in Gent und Antwerpen durchgeführt und kam zu ganz ähnlichen Ergebnissen. Im Durchschnitt stimmten die muslimischen Teilnehmenden 3,6-mal häufiger antisemitischen Stereotypen zu als nicht-muslimische Schüler:innen (Vettenburg et al. 2013: 191).[4]

---

3 Zur Berechnung des Faktors 2,4 wurden die Zustimmungszahlen von Atheist:innen, praktizierenden und nicht-praktizierenden Katholik:innen sowie die Zustimmungszahlen von praktizierenden und nicht-praktizierend Muslim:innen zusammengerechnet.

4 Es wurden acht Items verwendet, von denen zwei positive Aussagen über Jüdinnen und Juden sind. Zur Berechnung des Faktors wurde die Ablehnung dieser Aussagen verwendet.

Deutschland

Die bis heute fundierteste Umfrage in Deutschland zur Erfassung von Einstellungen von Muslim:innen zu Jüdinnen und Juden wurde vom Institut für Demoskopie Allensbach im Auftrag des American Jewish Committee Berlin durchgeführt. 1.025 deutschsprachige Erwachsene und 561 deutschsprachige erwachsene Muslim:innen wurden von Ende Dezember 2021 bis Mitte Januar 2022 online befragt. Die Auswahl der Stichproben beruhte auf einer zufälligen Auswahl aus Mitgliedern eines Online-Panels. Die Ergebnisse wurden für die deutschsprachige Bevölkerung auf Basis des Mikrozensus 2020 gewichtet. Eine Gewichtung der Ergebnisse für die Stichprobe der Muslim:innen erfolgte auf Grundlage der soziodemographischen Daten der Studie *Muslimisches Leben in Deutschland 2020* (Pfündel/Stichs/Tanis 2021). Antisemitische Einstellungen waren unter Muslim:innen deutlich häufiger verbreitet als in der Bevölkerung insgesamt, sogar etwas häufiger als unter Anhänger:innen der Alternative für Deutschland (AfD). Im Durchschnitt stimmten Muslim:innen 2,2-mal häufiger als Nicht-Muslim:innen den neun Aussagen zu, die Rückschlüsse auf antisemitische Haltungen zulassen (AJC 2022).

Die Studie zeigt, dass ein negatives Bild von Israel häufig mit antisemitischen Einstellungen einhergeht. Diese statistisch relevante Korrelation ist in der Gesamtbevölkerung stärker als unter Muslim:innen. Unter Muslim:innen steigen antisemitische Einstellungen mit der Häufigkeit des Gottesdienstbesuchs in der Moschee. Während knapp ein Viertel der deutschen Bevölkerung ein schlechtes oder sehr schlechtes Bild von Israel hat, sind dies in der muslimischen Bevölkerung zwei Drittel. Schon eine Umfrage von 1997 gab Hinweise auf einen verbreiteten israelbezogenen Antisemitismus. 33,2 Prozent der befragten türkischstämmigen Jugendlichen glaubten, dass der Zionismus den Islam bedrohe (Heitmeyer/Müller/Schröder 1997: 181, 271).

Das Institut für Demoskopie Allensbach befragte Anfang 2024 1.300 Personen in Nordrhein-Westfalen, darunter 300 Personen muslimischen Glaubens. Letztere zeigten deutlich höhere Werte auf der Antisemitismusskala als katholische, evangelische, orthodoxe und atheistische Befragte (Beyer et al. 2024).

Eine Auswertung der Umfragedaten des Deutschen Integrationsbarometers 2020 ergab ebenfalls einen deutlichen Unterschied zwischen muslimischen und nicht-muslimischen Befragten. Von November 2019 und August 2020 wurden etwa 8.500 Menschen befragt, 10,5 Prozent waren muslimisch. Etwa 35 Prozent der Muslim:innen stimmten den klassischen antisemitischen Aussagen stark zu. Besonders hoch war die Zustimmung unter sehr religiösen und weniger gebildeten Muslim:innen (Beyer et al. 2024).

Jürgen Mansel und Viktoria Spaiser stellten eine Korrelation zwischen antisemitischen Einstellungen und religiösem Fundamentalismus unter Muslim:innen fest. 2010 befragten sie 2.404 Schüler:innen in Bielefeld, Köln, Berlin und Frankfurt, darunter 809 Muslim:innen. Antisemitische Einstellungen in Bezug auf Israel, religiöser Antisemitismus, klassischer Antisemitismus und Gleichsetzungen zwischen Israel und den Nazis waren bei muslimischen und insbesondere arabischen Schüler:innen um ein Vielfaches höher. Religiös begründeter Antisemitismus wurde mit zwei Items erfasst. 15,2 Prozent der Schüler:innen mit türkischem Hintergrund, 18,2 Prozent derjenigen mit arabischem Hintergrund und 20,8 Prozent derjenigen mit kurdischem Hintergrund stimmten der Aussage „In meiner Religion wird davor gewarnt, Juden zu vertrauen" voll zu. Nur 2,8 Prozent der Befragten ohne Migrationshintergrund stimmten dieser Aussage voll zu. Ebenso stimmten 15,9 Prozent der Schüler:innen mit türkischem Hintergrund, 25,7 Prozent der Schüler:innen mit arabischem Hintergrund und 16,7 Prozent derjenigen mit kurdischem Hintergrund der Aussage voll zu: „In meiner Religion sind es die Juden, die die Welt ins Unheil treiben." Unter Befragten ohne Migrationshintergrund waren dies 2,5 Prozent. Der sekundäre Antisemitismus wurde anhand zweier Items erfasst. Schüler:innen türkischer, nicht jedoch arabischer Herkunft zeigten etwas weniger antisemitische Einstellungen als Schüler:innen ohne Migrationshintergrund bei dem Item: „Ich bin es leid, immer wieder von den Verbrechen an den Juden zu hören". Bei dem anderen Item („Viele Juden versuchen, aus der Vergangenheit heute ihren Vorteil zu ziehen") war die Zustimmung unter türkischen und arabischen Jugendlichen jedoch deutlich höher (Mansel/Spaiser 2010).

In der Analyse des Berlin Monitors, basierend auf einer Berlin-weiten Umfrage im Jahr 2019 mit 2.005 Teilnehmenden, darunter jedoch lediglich 63 Muslim:innen, zeigte sich, dass die Identifizierung als Muslim:in der relevanteste Prädiktor für Formen des tradierten und israelbezogenen Antisemitismus ist, noch vor Faktoren wie der Unterstützung der AfD, einem niedrigen Bildungstand, einer Verschwörungsmentalität und einem Migrationshintergrund. Für die erfassten Formen des sekundären Antisemitismus spielte er allerdings keine Rolle (Pickel/Reimer-Gordinskaya/Decker 2019, 62–65).[5]

Katrin Brettfeld und Peter Wetzels nahmen ein Item zum Antisemitismus in ihren Fragebogen auf, der von 2.683 Schüler:innen, darunter 500 Muslim:innen, in Köln, Hamburg und Augsburg in den Jahren 2005 und 2006 ausgefüllt wurde. 15,7 Prozent der Muslim:innen mit Migrationshintergrund, 7,4 Prozent der Nicht-Muslim:innen mit Migrationshintergrund und 5,4 Prozent der Nicht-Muslim:innen ohne Migrationshintergrund waren der Meinung, dass „Menschen jüdischen Glaubens überheblich und geldgierig sind" (Brettfeld/Wetzels 2007: 274–275).

Eine weitere Studie, die ebenfalls vom deutschen Innenministerium in Auftrag gegeben wurde, konzentrierte sich auf die Radikalisierung junger Muslim:innen (14–32 Jahre) und befragte 200 deutsche Muslim:innen, 517 nicht-deutsche Muslim:innen und eine repräsentative Stichprobe von 206 jungen nicht-muslimischen Deutschen in den Jahren 2009 und 2010. Der Fragebogen enthielt zwei Items zu antisemitischen Einstellungen, die sich beide auf Israel bezogen: (1) „Israel ist allein schuldig an der Entstehung und Aufrechterhaltung der Konflikte im Nahen Osten“ und (2) „Es wäre besser, wenn die Juden den Nahen Osten verlassen würden.“ Etwa 25 Prozent der deutschen und nicht-deutschen Muslim:innen und weniger als 5 Prozent der Nicht-Muslim:innen stimmten beiden Punkten zu. Antisemitische Einstellungen variieren zwischen verschiedenen ethnischen und religiösen Gruppen (Frindte et al. 2011: 227–247).

In einer Studie aus dem Jahr 2012 befürworteten die muslimischen Teilnehmenden klassische antisemitische Äußerungen häufiger als Nicht-Muslim:innen. Die Zustimmung zu sekundärem Antisemitismus, der sich auf den Holocaust bezieht, war etwas schwächer. Die Studie fand primären Antisemitismus bei 12 Prozent der Gesamtbevölkerung und 17 Prozent der Muslim:innen, 24 Prozent sekundären Antisemitismus in der Gesamtbevölkerung und 21 Prozent unter Muslim:innen. An der Umfrage nahmen jedoch nur 86 Muslim:innen aus einer Stichprobe von 2.510 Personen teil, sodass die Differenzen innerhalb der Fehlermarge liegen und daraus keine verallgemeinerbaren Schlüsse gezogen werden können (Decker/Kiess/Brähler 2012).

5 Dieser wurde erfasst mit den Zustimmungsraten zu der Aussage: „Reparationsforderungen an Deutschland nutzen oft gar nicht den Opfern, sondern einer Holocaust-Industrie von findigen Anwälten.“

Eine Umfrage aus Bayern unter 779 Geflüchteten (84 Prozent muslimisch) aus Syrien, Irak, Eritrea und Afghanistan im Sommer 2016 zeigt deutliche Unterschiede in der antijüdischen Einstellung zwischen muslimischen und christlichen Geflüchteten. Insgesamt stimmten 52 Prozent der syrischen und 54 Prozent der irakischen Befragten der Aussage „Juden haben zu viel Einfluss in der Welt“ zu. In der deutschen Bevölkerung schwankten die Zustimmungsraten zu dieser oder ähnlichen Aussagen um das Jahr 2016 herum zwischen 15 und 25 Prozent (Deutscher Bundestag 2017: 55–65). Muslimische Geflüchtete stimmten der Aussage mit über 50 Prozent deutlich häufiger zu als christliche Geflüchtete mit 22 Prozent (Haug et al. 2017: 68–69).

Dänemark

Eine dänische Studie des Instituts für Politikwissenschaft der Universität Aarhus aus dem Jahr 2009 umfasste Interviews mit 1.503 Einwander:innen mit türkischem, pakistanischem, somalischem, palästinensischem und (ehemals) jugoslawischem Hintergrund sowie mit 300 autochthonen Dän:innen. Antisemitisches Gedankengut, abgefragt mit den drei Items: „Man kann nicht vorsichtig genug sein mit dänischen Juden“, „Ich mag es nicht, wenn Familienmitglieder mit einem dänischen Juden verheiratet sind“, und „Es gibt zu viele Juden in Dänemark“, war unter Einwander:innen weiter verbreitet als unter ethnischen Dän:innen. Die Zustimmungsraten unter Muslim:innen zu den ersten zwei Items lagen zwischen 52 und 91 Prozent und zwischen 15 und 18 Prozent unter autochtonen Dän:innen. Dass es zu viele Jüdinnen und Juden in Dänemark gebe, meinten 13 Prozent der Dän:innen und mindestens 39 Prozent aller muslimischen Gruppen – bis auf die der türkischen Muslim:innen mit 10 Prozent, von denen sich jedoch viele bei dieser Frage enthielten. Die Zustimmungsraten waren am höchsten bei pakistanischen und palästinensischen Muslim:innen, gefolgt von somalischen und türkischen Muslim:innen und Muslim:innen aus dem ehemaligen Jugoslawien. Antisemitische Einstellungen waren relativ weniger verbreitet unter palästinensischen Christ:innen und Christ:innen aus dem ehemaligen Jugoslawien (Nannestad 2009).

Frankreich

Eine im Dezember 2021 durchgeführte Umfrage umfasst eine repräsentative Stichprobe der französischen Bevölkerung von 1.509 Personen sowie eine Stichprobe von 501 Muslim:innen, die auf Basis einer früheren Umfrage mit über 15.000 Menschen in Frankreich gewichtet werden konnte. 51 Prozent der Muslim:innen und 26 Prozent aller französischen Teilnehmenden stimmten bei der Frage zu, ob „Juden zu viel Macht in der Wirtschaft und im Finanzenwesen" haben. 15 Prozent der Muslim:innen und 5 Prozent der Gesamtbevölkerung gaben zu, eine Antipathie gegen Jüdinnen und Juden zu haben. Mehr als ein Drittel der befragten Muslim:innen ist der Meinung, dass zu viel über Antisemitismus gesprochen wird (36 Prozent), gegenüber 15 Prozent in der französischen Bevölkerung insgesamt (Legrand et al. 2022). Im Durchschnitt stimmten Muslim:innen 1,9-mal häufiger als Nicht-Muslim:innen den neun Aussagen zu, die Rückschlüsse auf antisemitische Haltungen zulassen.[6]

Dies bestätigt die Ergebnisse einer früheren Umfrage aus dem Jahr 2014, bei der eine repräsentative Stichprobe von 1.005 Personen über 16 Jahren online sowie 575 Personen muslimischer Herkunft in persönlichen Gesprächen befragt wurden. Ein direkter Vergleich zwischen den beiden Stichproben stellt eine methodische Herausforderung dar, da unterschiedliche Erhebungsmethoden verwendet wurden. Die Unterschiede in den Antworten zwischen der repräsentativen Stichprobe für Frankreich und der muslimischen Bevölkerung sind jedoch erheblich (Reynié 2014). Im Durchschnitt stimmten muslimische Befragte 2,4-mal häufiger als nicht-muslimische den sechs abgefragten antisemitischen Aussagen zu. Das heißt, dass die Unterschiede trotz methodischer Unsicherheiten des Vergleichs als signifikant angesehen werden können.

In einer weiteren Studie aus dem Jahr 2015 wurden 500 Muslim:innen befragt und die Ergebnissen mit einer repräsentativen Umfrage von Juli 2014 mit 1.005 Personen verglichen. Insgesamt 36 Prozent der allgemeinen Bevölkerung und 51 Prozent der Muslim:innen stimmen fünf bis acht antisemitischen Stereotypen zu. Im Durchschnitt meinten Muslim:innen 1,2-mal häufiger als Nicht-Muslim:innen, dass die acht abgefragten antisemitischen Aussagen wahr seien. 2,5-mal häufiger hielten Muslim:innen die Aussagen für „vollkommen wahr" (Bordes et al. 2016).

---

6 Für die Berechnung des Faktors wurde das Ergebnis bezüglich der Frage, ob Jüdinnen und Juden zu Unrecht attackiert werden, invertiert.

Großbritannien

Das Institute for Jewish Policy Research führte zwischen dem 28. Oktober 2016 und dem 24. Februar 2017 eine Umfrage in einer Kombination aus persönlichen Interviews und einer Online-Umfrage durch. Insgesamt nahmen 4.005 Personen teil, darunter 995 Muslim:innen. Britische Muslim:innen stimmen antisemitischen Aussagen 2,6-mal häufiger, beziehungsweise positiven Aussagen über Jüdinnen und Juden seltener zu als die Allgemeinbevölkerung. Unter religiösen Muslim:innen war der Faktor 3,4. 9 Prozent der Allgemeinbevölkerung sind stark israelfeindlich eingestellt (Zustimmung zu sieben bis neun israelfeindlichen Aussagen), gegenüber 35 Prozent der muslimischen Bevölkerung (Staetsky 2017).

In einer im Frühjahr 2015 durchgeführten Umfrage mit 1.008 Personen aus der Allgemeinbevölkerung und 1.081 Muslim:innen war Antisemitismus unter Muslim:innen je nach Item zwei- bis viermal und im Durchschnitt 3,1-mal so weit verbreitet wie in der Bevölkerung insgesamt (ICM Unlimited 2016). Ende 2019 wurden 750 Muslim:innen befragt (Ehsan 2020). Drei der Fragen zu antisemitischen Einstellungen ähneln einer repräsentativen Umfrage im gleichen Zeitraum (ICM Unlimited 2019). Die Zustimmung zu antisemitischen Aussagen war in der Umfrage unter Muslim:innen deutlich höher (zwischen 32 und 44 Prozent) als in der Allgemeinbevölkerung (zwischen 14 und 24 Prozent).

Eine der zuverlässigsten Erhebungen in Bezug auf die Repräsentativität der Einstellungen britischer Muslim:innen wurde von ICM für Policy Exchange im Sommer 2016 in persönlichen Interviews durchgeführt. Die Daten wurden so gewichtet, dass sie für Muslim:innen repräsentativ sind, und zwar nach Alter, Geschlecht, Arbeitsstatus, Region und ob sie in Großbritannien geboren sind oder nicht. Sie beruhen auf 3.040 Interviews mit einer Fehlermarge von 1,8 Prozent bei einem Konfidenzintervall von 95 Prozent. Am 24. und 25. August 2016 wurde eine „Kontrollumfrage" in der Gesamtbevölkerung durchgeführt (Frampton/Goodhart/Mahmood 2016). Die Umfrage enthielt jedoch nur eine Frage, die Rückschlüsse auf die Einstellung britischer Muslim:innen gegenüber Jüdinnen und Juden zulässt, nämlich eine verschwörerische Denkweise über 9/11. Ein relativ großer Prozentsatz der Muslim:innen machte die amerikanische Regierung (31 Prozent) oder Jüdinnen und Juden (7 Prozent) dafür verantwortlich und nicht die Al-Qaida-Terroristen (4 Prozent). In der allgemeinen Bevölkerung waren dies 10 bzw. 1 Prozent.

Norwegen

Eine Umfrage aus Norwegen von 2017 umfasste 586 muslimische und 162 jüdische Befragte sowie eine Stichprobe von 1.575 Menschen aus der Gesamtbevölkerung. Eine Folgeumfrage von Ende 2021/Anfang 2022 umfasste 821 muslimische und 134 jüdische Befragte sowie eine Stichprobe von 1.653 Menschen aus der Gesamtbevölkerung. Muslim:innen stimmten 2021/22 neun antisemitischen Aussagen im Schnitt 1,9-mal (2,1 in 2017) häufiger zu, distanzierten sich 1,1-mal (1,2 in 2017) häufiger von möglichen jüdischen Freund:innen oder Nachbarn und gaben 1,3-mal (1,2 in 2017) häufiger eine offene Abneigung gegen Jüdinnen und Juden an als die allgemeine Bevölkerung (Moe 2023).

Österreich

Eine Umfrage von 2018 enthielt drei Stichproben. Die erste, mit 2.128 Befragten, ist repräsentativ für die österreichische Bevölkerung. Die zweite umfasste 302 türkischsprachige und die dritte 301 arabischsprachige Befragte. Türkisch- und arabischsprachige Befragte stimmten 16 antisemitischen Aussagen 2,5- bzw. 2,3-mal häufiger zu (Zeglovits/Unterhuber/Sommer 2019). Eine Folgestudie Ende 2022 mit einem für Österreich repräsentativen Sample von 2.000 Personen sowie 974 Personen mit türkischem oder arabischem Migrationshintergrund kam zu ähnlichen Ergebnissen(Zeglovits/Dawid 2023).

In Wien wurden 2014/2015 Einstellungen von Jugendlichen in Jugendeinrichtungen erfasst. Unter den 401 befragten Jugendlichen im Alter zwischen 14 und 24 Jahren waren 213 muslimisch. 7 Prozent der katholischen, 27 Prozent der christlich-orthodoxen und 47 Prozent der muslimischen Befragten gaben an, ein negatives oder sehr negatives Bild von Jüdinnen und Juden zu haben (Scheitz et al. 2016).

Schweden

Unter Beteiligung des schwedischen Forums für lebendige Geschichte wurden drei große Umfragen durchgeführt. Im Herbst 2003 wurden 10.246 Schüler:innen befragt, darunter 571 Muslim:innen. 5,8 Prozent der Schüler:innen insgesamt und 8,3 Prozent der muslimischen Schüler:innen erzielten auf einer aus verschiedenen Fragen entwickelten „Intoleranzskala" gegenüber Jüdinnen und Juden hohe Werte (Ring/Morgentau 2004: 134).

In einer repräsentativen Umfrage zwei Jahre später gab es unter den 2.956 Teilnehmenden lediglich 70 Muslim:innen. Letztere erzielten jedoch in allen Antisemitismus-Indizes höhere Werte als Christ:innen und Atheist:innen (Bachner/Ring 2005).

Im Schuljahr 2009/2010 wurden 4.674 Schüler:innen in 154 Sekundarschulen im ganzen Land befragt, darunter bezeichneten sich 7 Prozent als muslimisch. Die Studie umfasst einen Index der Einstellungen gegenüber Jüdinnen und Juden in drei vereinfachten Kategorien: positiv, ambivalent und negativ, basierend auf der Zustimmung/Ablehnung antisemitischer Aussagen. Die Mehrheit der muslimischen Schüler:innen (55 Prozent) hat eine negative Einstellung zu Jüdinnen und Juden, im Gegensatz zu 12 Prozent der Christ:innen, die der schwedischen Kirche angehören, 26 Prozent der anderen christlichen Schüler:innen und 18 Prozent der Schüler:innen ohne Religionszugehörigkeit (Löwander/Lange 2011).

Vereinigte Staaten von Amerika

2017 wurden 3.600 Amerikaner:innen und 805 amerikanische Muslim:innen befragt mit einer Fehlermarge von 1,6 bzw. 3 Prozent. 6 Prozent der Allgemeinbevölkerung und 38 Prozent der muslimischen Bevölkerung stimmten sechs oder mehr von elf antisemitischen Aussagen zu. 4 Prozent der US-Bevölkerung und 10 Prozent der befragten muslimischen Bevölkerung gaben an, dass sie ein negatives Bild von Jüdinnen und Juden haben. Im Durchschnitt stimmten Muslim:innen 4,2-mal häufiger als Nicht-Muslim:innen den einzelnen abgefragten antisemitischen Aussagen zu.[7]

Die Nationscape-Umfrage, die in mehreren Wellen von Mitte 2019 bis Anfang 2021 durchgeführt wurde, umfasste 341.481 Befragte, darunter 4.704 Muslim:innen, die auf die Frage nach Einstellungen gegenüber Jüdinnen und Juden antworteten. 11 Prozent der Gesamtbevölkerung und 26 Prozent

7 Die Umfrageergebnisse wurden bisher nur teilweise in einer Pressemitteilung des ADL veröffentlicht (ADL 2017). Die Zahlen basieren auf Rohdaten der Umfrage, die der Autor erhalten hat.

der muslimischen Befragten hatten ein negatives Bild von Jüdinnen und Juden.[8]

Signifikante Faktoren für antisemitische Haltungen unter Muslim:innen

Einige Umfragen geben Hinweise auf Faktoren für antisemitische Einstellungen, indem sie mögliche Korrelationen mit demografischen und sozioökonomischen Faktoren wie Alter, Geschlecht, Bildung und Haushaltseinkommen oder Korrelationen mit anderen Einstellungen wie der Religiosität untersuchen. Bei nicht-muslimischen Befragten korreliert in den meisten Ländern eine niedrigere Bildung, ein höheres Alter und das männliche Geschlecht positiv mit antisemitischen Einstellungen (ADL 2019; Cohen 2022; ComRes for CNN 2018, 100; Zeglovits/Unterhuber/Sommer 2019: 10–39). Dies ist bei muslimischen Befragten nur zum Teil der Fall.

Der größte Korrelationsfaktor für antisemitische Einstellungen in allen Erhebungen mit muslimischen und nicht-muslimischen Stichproben ist die muslimische Identität. Einige demografische und sozioökonomische Variablen können zwar Unterschiede innerhalb beider Gruppen erklären, nicht aber die Unterschiede im Ausmaß antisemitischer Einstellungen zwischen Muslim:innen und Nicht-Muslim:innen. Mit anderen Worten: Eine Untersuchung mittels Kovarianzanalysen, inwieweit die Unterschiede in den Einstellungen durch soziodemografische Merkmale zwischen Muslim:innen und Nicht-Muslim:innen verursacht werden, ergibt, dass die Unterschiede in den antijüdischen Einstellungen auch dann bestehen bleiben, wenn soziodemografische Daten berücksichtigt werden (Cohen 2022; Frindte et al. 2011; Haug et al. 2017; Koopmans 2015: 226; Czymara et al. 2025).

Alter: Junge Muslim:innen neigen dazu, antisemitische Ansichten seltener zu vertreten als ältere Muslim:innen, aber die Daten hierzu sind spärlich und nicht ganz eindeutig. In einer Umfrage aus Frankreich aus dem Jahr 2021 waren 34 Prozent der 18- bis 24-jährigen Muslim:innen der Meinung, dass „Juden zu viel Macht in den Bereichen Wirtschaft und Finanzen haben". Dieser Prozentsatz stieg sukzessive auf 59 Prozent in der Altersgruppe 50+ (Legrand et al. 2022: 21). Eine Studie aus Deutschland zeigte jedoch, dass sowohl muslimische als auch nicht-muslimische Befragte im

8 Die vollständigen Daten können unter www.voterstudygroup.org abgerufen werden. Ich bin Jeffrey Cohen dankbar für die Bereitstellung der relevanten Teilmenge der Daten auf www.dataverse.harvard.edu.

Alter von 14 bis 25 Jahren ein höheres Maß an Antisemitismus aufwiesen als Befragte im Alter von 26 bis 32 Jahren (Frindte et al. 2011: 224).

Bildung: Was den Einfluss der Bildung angeht, ist das Bild ebenfalls nicht eindeutig. In einer französischen Umfrage waren die niedrigsten Zustimmungswerte zu der Frage „Haben Juden zu viel Macht in den Bereichen Wirtschaft und Finanzen?“ unter Muslim:innen mit einer zweijährigen Universitätsausbildung (DEUG) zu finden. Diejenigen mit einem höheren oder niedrigeren Abschluss hatten höhere Zustimmungswerte. Dies könnte damit zusammenhängen, dass die Zustimmung bei Angestellten geringer und bei Muslim:innen im Management oder im „gehobenen intellektuellen Bereich“ um 10 Prozent höher lag. Befragte, die angaben, beruflich nicht aktiv zu sein, lagen nur 2 Prozentpunkte über dem durchschnittlichen Zustimmungsniveau (Legrand et al. 2022: 21). Eine ADL-Umfrage aus dem Jahr 2015 ergab, dass im Gesamtdurchschnitt der 19 untersuchten Ländern, die auch die mehrheitlich muslimischen Länder Iran und Türkei umfassen, ein höheres Bildungsniveau unter Muslim:innen einhergeht mit einer höheren Wahrscheinlichkeit, antisemitischen Aussagen zuzustimmen. Das Gegenteil ist der Fall bei Christ:innen und Atheist:innen. In den sechs untersuchten europäischen Ländern, in denen Daten zu Einstellungen unter Muslim:innen erhoben wurden, sank jedoch mit steigendem Bildungsniveau (beziehungsweise Alter beim Beenden der Schullaufbahn) die Wahrscheinlichkeit, antisemitischen Aussagen zuzustimmen (ADL 2015: 18, 42). Eine Auswertung der Integrationsbarometer 2020-Umfrage zeigte ebenfalls, dass der Bildungsgrad positiv mit niedrigeren antisemitischen Einstellungen korreliert (Czymara et al. 2025).

Geschlecht: Ähnlich wie bei nicht-muslimischen Befragten ist die Wahrscheinlichkeit, dass männliche muslimische Befragte antisemitische Ansichten vertreten, tendenziell höher als bei weiblichen Befragten. In einer Umfrage in Brüssel machten 32 Prozent der muslimischen Schüler und 25 Prozent der muslimischen Schülerinnen den Mossad und die CIA für die Terroranschläge vom 11. September 2001 verantwortlich. Bei Zustimmung zu der Aussage, dass die Shoah übertrieben worden sei, gab es allerdings keinen Unterschied zwischen muslimischen weiblichen und männlichen Befragten (21 Prozent) (Kotek/Tournemenne/Roder 2020: 42). In Frankreich waren 53 Prozent der männlichen und 48 Prozent der weiblichen muslimischen Befragten der Meinung, dass „Juden zu viel Macht in den Bereichen Wirtschaft und Finanzen haben“ (Legrand et al. 2022: 21).

Nationale Herkunft und erste und zweite Generation: Einige Umfragen deuten darauf hin, dass die nationale Herkunft von Muslim:innen ein wichtiger Faktor für antisemitische Einstellungen ist. Pakistanische und palästinensische Muslim:innen in Dänemark stimmen antisemitischen Aussagen mit größerer Wahrscheinlichkeit zu als somalische und türkische Muslim:innen. Muslim:innen aus dem ehemaligen Jugoslawien bilden diejenige muslimische Gruppe, die antisemitischen Aussagen am wenigsten zustimmt; sie stimmt jedoch eher zu als palästinensische Christ:innen und Christ:innen aus dem ehemaligen Jugoslawien (Nannestad 2009: 50). Ruud Koopmans stellte in seiner Umfrage in sechs europäischen Ländern fest, dass das Misstrauen gegenüber Jüdinnen und Juden mit ethnischen Hintergründen und unterschiedlichen islamischen Ausrichtungen korreliert. Am höchsten war es bei Sunnit:innen türkischer Herkunft (52 Prozent stimmten zu, dass man „Juden nicht trauen kann"), gefolgt von Sunnit:innen marokkanischer Herkunft (37 Prozent) und relativ weniger ausgeprägt bei Alevit:innen türkischer Herkunft (29 Prozent) (Koopmans 2015: 48). Eine Umfrage unter 1.129 Muslim:innen in Österreich ergab je nach Frage erhebliche Unterschiede zwischen verschiedenen muslimischen Gruppen. Mehr als 80 Prozent der Befragten fast aller ethnischer Herkünfte gaben an, sie hätten keine Probleme damit, jüdische Nachbarn zu haben. Somalier bildeten die Ausnahme. 38 Prozent stimmten der Aussage, keine jüdischen Nachbarn zu wollen, „sehr" zu. Deutlich mehr Uneinigkeit herrschte bezüglich des antisemitischen Stereotyps des jüdischen Einflusses in der Welt. Mehr als 60 Prozent der in Syrien und in der Türkei Geborenen stimmten zu, im Gegensatz zu 18 Prozent unter Iraner:innen und 35 Prozent unter Bosnier:innen. Die Studie ergab jedoch auch, dass das Ausmaß des Antisemitismus in der zweiten Generation geringer ist als in der ersten Generation, sowohl bei den bosnischen als auch bei den türkischen Befragten (Filzmaier/Perlot 2017: 36). Koopmans kam zu ähnlichen Ergebnissen. In seiner Studie über Muslim:innen in sechs Ländern glauben weniger als 40 Prozent der Muslim:innen der zweiten Generation, dass man Jüdinnen und Juden nicht trauen kann, während es bei den Muslim:innen der ersten Generation über 47 Prozent waren (Koopmans 2015: 47). Frindte, Boehnke, Kreikenbom und Wagner fanden keine statistisch relevanten Unterschiede im Ausmaß der antisemitischen Einstellungen zwischen Muslim:innen in Deutschland mit und ohne deutsche Staatsangehörigkeit. Muslim:innen, die in den Balkanländern, Afghanistan, Irak, Iran oder Pakistan geboren wurden, äußerten sich weniger häufig antisemitisch als Muslim:innen, die in Deutschland, der Türkei, (Nord-)Afrika oder im Nahen Osten geboren wurden (Frindte et al. 2011: 220, 228–229). Eine Auswertung der Integrationsbarometer 2020 Umfrage zeigte keine oder kaum Auswirkungen der Länge der Aufenthaltsdauer in Deutschland (Czymara et al. 2025).

Islamische Praxis und Religiosität: Einige Umfragen zeigen eine positive Korrelation zwischen antisemitischen Einstellungen und islamischer Praxis und Religiosität. Die Umfrage von Kotek, Tournemenne und Roder unter französischsprachigen Schüler:innen in Brüssel zeigt, dass praktizierende Muslim:innen je nach Frage mit etwas höherer Wahrscheinlichkeit antisemitisch eingestellt sind als nicht praktizierende Muslim:innen. Das Gleiche gilt für praktizierende und nicht praktizierende Katholik:innen (Kotek/Tournemenne/Roder 2020: 45). Koopmans unterscheidet zwischen „sehr religiösen, fundamentalistischen", „sehr religiösen, nicht-fundamentalistischen" und „nicht sehr religiösen" Muslim:innen. In der ersten Gruppe war das Misstrauen gegenüber Jüdinnen und Juden am größten (über 70 Prozent). Weniger als 30 Prozent der „sehr religiösen, nicht-fundamentalistischen" Muslim:innen und etwa 20 Prozent der „nicht sehr religiösen" Muslim:innen glauben, dass man Jüdinnen und Juden nicht trauen könne (Koopmans 2015). Die Fondapol Studie aus Frankreich von 2014 zeigt einen starken Zusammenhang. 60 Prozent der gläubigen und praktizierenden Muslim:innen, 43 Prozent der gläubigen Muslim:innen und 30 Prozent der Befragten muslimischer Herkunft stimmten mindestens vier von sechs antisemitischen Aussagen zu. Der Durchschnitt bei der Bevölkerung insgesamt lag bei 15 Prozent (Reynié 2014). Die Allensbach Umfrage von 2022 in Deutschland stellte einen ähnlichen Zusammenhang fest. Muslim:innen, die häufig den Gottesdienst besuchen, stimmen signifikant häufiger antisemitischen Aussagen zu als Muslim:innen, die nur gelegentlich, selten, oder nie einen islamischen Gottesdienst besuchen (AJC 2022). Die Integrationsbarometer-Daten zeigen, dass sehr religiöse Muslim:innen besonders häufig antisemitische Einstellungen haben (Czymara et al. 2025).

Islamische Ausrichtungen: In einigen Umfragen wurden Unterschiede zwischen Sunnit:innen, Schiit:innen und Alevit:innen festgestellt. Ein wissenschaftliches Team um Frindte fand Unterschiede zumindest bei einem der abgefragten Items. Während 48 Prozent der schiitischen und 42 Prozent der sunnitischen Befragten der Aussage zustimmten, dass „Israel allein für die Entstehung und Aufrechterhaltung der Konflikte im Nahen Osten verantwortlich ist", waren nur 10 Prozent der alevitischen Befragten dieser Meinung (Frindte et al. 2011: 240).

Kontakte zu Jüdinnen und Juden: Eine ADL-Umfrage aus dem Jahr 2015 stellte eine Korrelation zwischen Kontakten zu Jüdinnen und Juden und geringeren antisemitischen Einstellungen fest (ADL 2015: 46). Eine

Studie aus Frankreich hingegen kam zu einem weniger klaren Ergebnis. In der Gesamtbevölkerung und unter Muslim:innen stimmten Befragte mit persönlichen Verbindungen zu Jüdinnen und Juden zwar etwas weniger häufig antisemitischen Aussagen zu. Allerdings lehnten Befragte ohne persönliche Verbindungen zu Jüdinnen und Juden häufiger als andere antisemitische Aussagen ab. Außerdem konnten Unterschiede festgestellt werden, je nachdem ob die persönlichen Verbindungen eher im engen Freundeskreis, im Bekanntenkreis, bei Familienmitgliedern oder unter Kolleg:innen vorhanden sind. Muslim:innen, die Jüdinnen und Juden zu ihren engen Freund:innen zählten, stimmten seltener antisemitischen Aussagen zu und lehnten häufiger antisemitische Aussagen ab als Muslim:innen, die Jüdinnen und Juden im Bekannten- oder Kollegenkreis haben (Reynié 2014).

Fazit und Zusammenfassung

Diese Übersicht basiert auf 35 Umfragen aus 16 europäischen Ländern und den USA, die Stichproben von Muslim:innen und in den meisten Fällen Vergleichsstichproben aus der Gesamtbevölkerung enthalten. Die Gesamtzahl der befragten Muslime beläuft sich auf fast 40.000.

Auch wenn einige der Umfragen Schwächen aufweisen, lassen sich doch sehr klare Tendenzen erkennen. Muslim:innen in Europa und den USA stimmen antisemitischen Aussagen etwa mehr als doppelt so häufig zu wie die Gesamtbevölkerung. Diese Tendenz zeigt sich bei fast allen Items und in allen Themenbereichen, auch bei Fragen zum sogenannten sekundären Antisemitismus. Die Zustimmungswerte zu antisemitischen Aussagen schwanken je nach Erhebungsdesign und Fragestellung, liegen aber in den meisten Erhebungen zwischen 30 und 50 Prozent. Es ist also davon auszugehen, dass für einen großen Teil der Muslim:innen, wenn auch längst nicht für alle, antisemitische Vorstellungen zur Norm im sozialen Umfeld gehören.

Einige Umfragen liefern Hinweise auf Faktoren für antisemitische Einstellungen unter Muslim:innen, indem sie mögliche Korrelationen mit demografischen und sozioökonomischen Faktoren untersuchen. Der wichtigste Korrelationsfaktor für antisemitische Einstellungen ist jedoch die muslimische Identität. Während demografische und sozioökonomische Variablen Unterschiede innerhalb der Muslim:innen und der Allgemeinbevölkerung erklären können, erklären sie nicht die Unterschiede zwischen Muslim:innen und Nicht-Muslim:innen.

Alter, niedrige formale Bildung und die Identifikation mit dem männlichen Geschlecht korrelieren in der Gesamtbevölkerung in den meisten Ländern positiv mit antisemitischen Einstellungen, bei Muslim:innen ist dies jedoch nur teilweise der Fall. Die Daten zum Einfluss des Alters sind nicht eindeutig, beziehungsweise können nach Altersgruppe schwanken. Tendenziell sind jedoch unter jungen Muslim:innen weniger häufig antisemitische Ansichten verbreitet als unter älteren. Musliminnen weisen nur in wenigen Umfragen geringere antisemitische Einstellungen auf als männliche Muslime. Ein unklares Bild ergibt sich auch bei der Frage nach dem Einfluss der Bildung. Bei muslimischen Befragten korreliert ein höheres Bildungsniveau nicht unbedingt mit geringeren antisemitischen Einstellungen, sondern erhöht diese in einigen Umfragen sogar.

Auch die ethnische oder nationale Herkunft kann eine Rolle spielen. Beispielsweise sind pakistanische und palästinensische Muslim:innen in Dänemark mit größerer Wahrscheinlichkeit antisemitisch eingestellt als somalische und türkische Muslim:innen. Studien deuten auch darauf hin, dass eine fundamentalistische Auslegung des Islam ein wesentlicher Faktor für den höheren Grad an Antisemitismus unter Muslim:innen ist. Mehrere Studien haben eine starke Korrelation zwischen antisemitischen Einstellungen und islamischer Praxis, der Häufigkeit von Moscheebesuchen oder Religiosität festgestellt. Ob dies auf den Einfluss islamistischer Vereine, die in einigen Moscheen aktiv sind, zurückzuführen ist, sollte weiter untersucht werden.

Antisemitismus ist zumindest in einer Umfrage unter muslimischen Einwander:innen der zweiten Generation geringer verbreitet als unter jenen der ersten Generation, was ein Zeichen dafür sein könnte, dass negative Einstellungen gegenüber Jüdinnen und Juden langfristig abnehmen. Eine andere Umfrage stellt keinen Unterschied hinsichtlich der Aufenthaltsdauer im Land fest. Zu Antisemitismus unter Muslim:innen der dritten und vierten Generation gibt es keine belastbaren Daten. Allerdings gibt es eine Zunahme der Religiosität unter jungen Muslim:innen, die wiederum mit höheren antisemitischen Einstellungen korreliert. Das Ausmaß antisemitischer Einstellungen ist in Ländern mit muslimischer Bevölkerungsmehrheit jedoch wesentlich höher als unter Muslim:innen in europäischen Ländern und den USA.

Die öffentlichen Diskurse über Jüdinnen und Juden und Israel sind jedoch in einigen arabischen Ländern spätestens seit den Abraham-Abkommen dynamischer als in den Jahrzehnten zuvor. Während die Dämonisierung Israels und des jüdischen Volkes fester Bestandteil der Diskurse nicht nur von Islamisten, sondern auch von arabischen Nationalisten ist, öffnen sich einige Staaten nun für Reformen in Bezug auf die Beziehungen zu Israel, die eigene jüdische Geschichte und Bildungsreformen, die ein positiveres Bild von Jüdinnen und Juden beinhalten. Die Umfragen des Arab Barometer, die von Oktober 2021 bis Juli 2022 durchgeführt wurden, zeigen, dass sich das Bild von Israel in den Ländern, die an den Abraham-Abkommen teilnehmen, positiv verändert (Arab Barometer 2022). Wie sich solche Dynamiken im Nahen Osten angesichts des jüngsten Gazakrieges in Folge des 7. Oktobers entwickeln, bleibt abzuwarten.

Literatur

ADL – Anti-Defamation League (2014): ADL GLOBAL 100, http://global100.adl.org.

ADL – Anti-Defamation League (2015): ADL GLOBAL 100. 2015 Update in 19 Countries, https://global100.adl.org/about/2015.

ADL – Anti-Defamation League (2017): In First, New ADL Poll Finds Majority of Americans Concerned About Violence Against Jews and Other Minorities, Want Administration to Act, 06.042017, https://www.adl.org/resources/press-release/first-new-adl-poll-finds-majority-americans-concerned-about-violence.

ADL – Anti-Defamation League (2019): ADL GLOBAL 100. 2019 Update in 18 Countries, https://global100.adl.org/about/2019.

ADL – Anti-Defamation League (2025): The ADL GLOBAL 100: Index of Antisemitism, https://www.adl.org/adl-global-100-index-antisemitism.

AJC – American Jewish Committee Berlin Lawrence and Lee Ramer Institute (2022): Antisemitismus in Deutschland. Eine Repräsentativbefragung durchgeführt vom Institut für Demoskopie Allensbach, Berlin: AJC, https://ajcgermany.org/de/media/126.

Arab Barometer (2022): Wave VII – Arab Barometer. October 2021–July 2022, https://www.arabbarometer.org/survey-data/data-downloads/.

Bachner, Henrik/Ring, Jonas (2005): Antisemitiska attityder och föreställningar i Sverige, Stockholm: Forum för levande historia.

Beyer, Heiko/Rensmann, Lars/Brögeler, Hanna/Jäger, David/Schulz, Carina (2024): Antisemitismus in der Gesamtgesellschaft von Nordrhein-Westfalen im Jahr 2024, Düsseldorf: Die Antisemitismusbeauftragte des Landes Nordrhein-Westfalen, https://www.land.nrw/media/33477.

Bordes, Chantal/Schnapper, Dominique/Teinturier, Brice/Mercier, Etienne (2016): Perceptions et attentes de la population juive. Le rapport à l'autre et aux minorités. Ipsos and Fondation du Judaïsme Français, http://www.ipsos.fr/decrypter-societe/2016-01-31-complement-perceptions-et-attentes-population-juive-rapport-l-autre-et-aux-minorites.

Brettfeld, Katrin/Wetzels, Peter (2007): Muslime in Deutschland, Berlin: Bundesministerium des Inneren, https://www.deutsche-islam-konferenz.de/SharedDocs/Anlagen/DE/Downloads/WissenschaftPublikationen/muslime-in-deutschland-lang-dik.pdf?__blob=publicationFile&v=4.

Bundesamt für Verfassungsschutz (2022): Lagebild Antisemitismus 2020/21, Berlin: Bundesministerium des Innern und für Heimat, https://www.verfassungsschutz.de/SharedDocs/publikationen/DE/allgemein/2022-04-lagebild-antisemitismus.pdf?__blob=publicationFile&v=3.

Cohen, Jeffrey E. (2022): American Muslim Attitudes toward Jews, in: Religions, 13(5): 441, https://doi.org/10.3390/rel13050441.

ComRes for CNN (2018): Anti-Semitism in Europe Poll, https://edition.cnn.com/interactive/2018/11/europe/antisemitism-poll-2018-intl/.

Czymara, Christian S./Eisentraut, Marcus/Kolkwitz-Anstötz, Pascal/Davidov, Eldad/Schmidt, Peter (2025): Antisemitism among Muslims in Germany, in: European Sociological Review, 41(4), 607–625, jcaf017, https://doi.org/10.1093/esr/jcaf017.

Decker, Oliver/Kiess, Johannes/Brähler, Elmar (2012): Die Mitte Im Umbruch. Rechtsextreme Einstellungen in Deutschland 2012, Friedrich-Ebert-Stiftung, Bonn: Dietz, https://www.theol.uni-leipzig.de/fileadmin/Fakult%C3%A4t_Theologie/Fotos/KreDo/Mitte_Studie_2012.pdf.

Deutscher Bundestag (2017): Bericht des Unabhängigen Expertenkreises Antisemitismus. Drucksache 18/11970, 18. Wahlperiode, Berlin, https://www.bmi.bund.de/SharedDocs/downloads/DE/publikationen/themen/heimat-integration/expertenkreis-antisemitismus/antisemitismus-in-deutschland-bericht.html.

Ehsan, Rakib (2020): Muslim Anti-Semitism in Contemporary Great Britain, London: The Henry Jackson Society, https://henryjacksonsociety.org/wp-content/uploads/2020/08/HJS-British-Muslim-Anti-Semitism-Report-web-1.pdf.

Elchardus, Mark (2011): Antisemitisme in de Brusselse Scholen, in: Vettenburg, Nicole/Elchardus, Mark/Put, Johan (Hg.): Jong in Brussel. Bevindingen Uit de Jop-Monitor Brussel, Leuven/Den Haag: Acco, 265–296.

Ersanilli, Evelyn/Koopmans, Ruud (2013): The Six Country Immigrant Integration Comparative Survey (SCIICS) – Technical Report, Discussion Paper SP VI 2013–102, Berlin: WZB für Sozialforschung.

European Union Agency for Fundamental Rights (2017): Second European Union minorities and discrimination survey. Muslims: selected findings, LU: Publications Office, https://data.europa.eu/doi/10.2811/67149.

Filzmaier, Peter/Perlot, Flooh (2017): Muslimische Gruppen in Österreich. Einstellungen von Flüchtlingen, ZuwanderInnen und in Österreich geborenen MuslimInnen im Vergleich, ÖIF-Forschungsbericht, Wien: Österreichischer Integrationsfonds, https://www.integrationsfonds.at/fileadmin/content/AT/Fotos/Publikationen/Forschungsbericht/Forschungsbericht_Muslimische_Gruppen_in_OEsterreich_web.pdf.

Frampton, Martyn/Goodhart, David/Mahmood, Khalid (2016): Unsettled Belonging: A Survey of Britain's Muslim Communities, London: Policy Exchange.

Frankel, Jonathan (1997): The Damascus Affair. „Ritual Murder," Politics, and the Jews in 1840, Cambridge/New York: Cambridge University Press.

Frindte, Wolfgang/Boehnke, Klaus/Kreikenbom, Henry/Wagner, Wolfgang (2011): Lebenswelten junger Muslime in Deutschland, Berlin: Bundesministerium des Inneren.

Halm, Dirk/Sauer, Martina (2017): Muslime in Europa. Integriert, aber nicht akzeptiert? Religionsmonitor, Gütersloh/Berlin: Bertelsmann Stiftung.

Haug, Sonja/Currle, Edda/Lochner, Susanne/Huber, Dominik/Altenbuchner, Amelie (2017): Asylsuchende in Bayern. Eine quantitative und qualitative Studie. Abschlussbericht, München: Hanns-Seidel-Stiftung.

Heitmeyer, Wilhelm/Müller, Joachim/Schröder, Helmut (1997): Verlockender Fundamentalismus: Türkische Jugendliche in Deutschland, Frankfurt am Main: Suhrkamp.

ICM Unlimited (2016): Survey of Muslims 2015. Prepared for Channel 4 and Juniper Television, https://www.icmunlimited.com/wp-content/uploads/2016/04/Mulims-full-suite-data-plus-topline.pdf.

ICM Unlimited (2019): Islamophobia and Anti-Semitism Poll. Prepared for Avaaz, https://www.icmunlimited.com/wp-content/uploads/2019/12/ICM-Omnibus-Avaaz-Islamophobia-Anti-Semitism-Poll-Tables.xlsx.

Koopmans, Ruud (2015): Religious Fundamentalism and Hostility against Out-Groups: A Comparison of Muslims and Christians in Western Europe, in: Journal of Ethnic and Migration Studies, 41(1): 33–57, https://doi.org/10.1080/1369183X.2014.935307.

Kotek, Joël/Tournemenne, Joël/Roder, Iannis (2020): Libéralisme Culturel, Conservatisme et Antisémitisme : En Immersion Chez La Jeunesse Belge, Fondation Jean-Jaurès.

Legrand, François/Sebban-Bécache, Anne-Sophie/Rodan-Benzaquen, Simone/Reynié, Dominique (2022): An Analysis of Antisemitism in France. 2022 Edition, Fondation pour l'innovation politique and the American Jewish Committee (survey conducted by IFOP Institute).

Löwander, Birgitta/Lange, Anders (2011): The Many Faces of Intolerance. A Study of Swedish Upper Secondary School Students' Attitudes in Sweden in the 2009/2010 School Year, Stockholm: The Living History Forum, https://www.ccme.org.ma/images/documents/fr/2014/10/report.pdf.

Mansel, Jürgen/Spaiser, Viktoria (2010): Abschlussbericht und insbesondere Tabellenanhang des Forschungsprojekts (Final Research Project Report) „Soziale Beziehungen, Konfliktpotentiale und Vorurteile im Kontext von Erfahrungen verweigerter Teilhabe und Anerkennung bei Jugendlichen mit und ohne Migrationshintergrund", http://www.vielfalt-tut-gut.de/content/e4458/e8260/Uni_Bielefeld_Abschlussbericht_Forschungsprojekt.pdf; http://www.vielfalt-tut-gut.de/content/e4458/e8277/Uni_Bielefeld_Tabellenanhang.pdf.

Moe, Vibeke (2023): Attitudes Towards Jews and Muslims in Norway 2022. Population Survey, Minority Survey and Youth Study, Norwegian Center for Holocaust and Minoritiy Studies, https://www.hlsenteret.no/english/research/jewish-history-and-antisemitism/population-survey/2022/attitudes-towards-jews-and-muslims-in-norway-2022.pdf.

Mogahed, Dalia/Ikramullah, Erum (2020): American Muslim Poll 2020: Amid Pandemic and Protest, Institute for Social Policy and Understanding, https://www.ispu.org/american-muslim-poll-2020-full-report/.

Mohamed, Besheer (2021): Muslims Are a Growing Presence in U.S., but Still Face Negative Views from the Public, Pew Research Center (blog), 01.09.2021, https://www.pewresearch.org/fact-tank/2021/09/01/muslims-are-a-growing-presence-in-u-s-but-still-face-negative-views-from-the-public/.

Nannestad, Peter (2009): Frø af ugræs? Antijødiske holdninger i fem ikke-vestlige indvandrergrupper i Danmark, in: Brems, Tonny/Knudsen, Jørgen/Pedersen, Dige/Sørensen, Georg (Hg.): Danmark og de fremmede: om mødet med den arabisk-muslimske verden, Århus: Academica, 43–62.

Öztürk, Cemal/Pickel, Gert (2021): Der Antisemitismus der Anderen: Für eine differenzierte Betrachtung antisemitischer Einstellungen unter Muslim:innen in Deutschland, in: Zeitschrift für Religion, Gesellschaft und Politik, 6(1): 189–231, https://doi.org/10.1007/s41682-021-00078-w.

Pew Global Attitudes Project (2006): Europe's Muslims More Moderate. The Great Divide: How Westerners and Muslims View Each Other. Full Dataset, https://www.pewresearch.org/global/2006/06/22/the-great-divide-how-westerners-and-muslims-view-each-other/.

Pew Research Center (2017): Europe's Growing Muslim Population, https://www.pewresearch.org/religion/wp-content/uploads/sites/7/2017/11/FULL-REPORT-FOR-WEB-POSTING.pdf.

Pfündel, Katrin/Stichs, Anja/Tanis, Kerstin (2021): Muslimisches Leben in Deutschland 2020: Studie im Auftrag der Deutschen Islam-Konferenz. Stand 04/2021. Forschungsbericht / Bundesamt für Migration und Flüchtlinge, 38, Nürnberg: Bundesamt für Migration und Flüchtlinge.

Pickel, Gert/Reimer-Gordinskaya, Katrin/Decker, Oliver (2019): Der Berlin-Monitor 2019. Vernetzte Solidarität – Fragmentierte Demokratie, Springe: zu Klampen, https://berlin-monitor.de/wp-content/uploads/2019/08/Berlin-Monitor-2019.pdf.

Reynié, Dominique (2014): L'antisémitisme dans l'opinion publique française. Nouveaux éclairages." Paris, France: Fondapol.

Ring, Jonas/Morgentau, Scarlett (2004) Intolerans: antisemitiska, homofobiska, islamofobiska och invandrarfientliga tendenser bland unga, Stockholm: Brottsförebyggande Rådet [u. a.].

Scheitz, Irina/Schnell, Philipp/Nafs, Caroline Nik/Güngör, Kenan/Riffer, Florian (2016): Jugendliche in der offenen Jugendarbeit. Identitäten, Lebenslagen & abwertende Einstellungen, Wien: think.difference im Auftrag der Stadt Wien.

Staetsky, Daniel L. (2017): Antisemitism in Contemporary Great Britain. A Study of Attitudes towards Jews and Israel, London: Institute for Jewish Policy Research.

Statistisches Bundesamt (2023): Bevölkerung und Erwerbstätigkeit. Bevölkerung mit Migrationshintergrund – Ergebnisse des Mikrozensus 2021. Endergebnisse: 2010220217004, Wiesbaden: Statistisches Bundesamt.

Vettenburg, Nicole/Elchardus, Mark/Put, Johan/Pleysier, Stefaan (2013): Jong in Antwerpen En Gent. Bevindingen Uit de JOP-Monitor Antwerpen-Gent, Leuven/Den Haag: Acco, https://www.jeugdonderzoeksplatform.be/files/Jong_in_Antwerpen_en_Gent.pdf.

Zeglovits, Eva/Dawid, Evelyn (2023): Antisemitismus 2022. Gesamtergebnisse. Langbericht. Studie im Auftrag des österreichischen Parlaments, Ifes, Demox Research und Telemark, https://www.parlament.gv.at/fachinfos/rlw/Antisemitismus-2022.

Zeglovits, Eva/Unterhuber, Paul/Sommer, Franz (2019): Antisemitismus in Österreich 2018. Analysebericht, Ifes, Demox Research und Telemark, https://www.antisemitismus2018.at/wp-content/uploads/Antisemitismus-in-%C3%96sterreich-2018_Analysebericht.pdf.

IV.
ISRAELHASS IN THEORIE UND GESCHICHTE

Angela Davis und Queer BDS

Was hat Palästina mit Feminismus zu tun?

Karin Stögner

Der Angriff der Hamas auf Israel am 7. Oktober 2023 war nicht nur das größte Massaker an jüdischem Leben seit dem Holocaust, sondern auch Demonstration einer monströsen ideologischen Gemengelage, in der exterminatorischer Antisemitismus und extreme Misogynie sich gegenseitig durchdrangen. Die islamistischen Mörder vergewaltigten zahlreiche Frauen und Mädchen auf bestialische Weise, bevor (und nachdem) sie sie töteten oder entführten, und verbreiteten Fotos und Videos online, die offensichtlich vergewaltigte, im Schritt blutende Frauen zeigten, deren verrenkte Körper einer johlenden Männermenge zur Schau gestellt, von ihnen verhöhnt, bespuckt und an den Haaren gerissen wurden – alles islamistisch-misogyne Manifestationen des Hasses auf eine selbstbestimmte Sexualität von Frauen. Dieser Abgrund des Grauens hätte einen weltweiten feministischen Aufschrei erwarten lassen, der die Hamas eindeutig und unmissverständlich als antisemitisch-misogyne Mörder und Vergewaltiger verurteilt, die sofortige und bedingungslose Freilassung der Geiseln fordert, sich solidarisch mit Israel erklärt und dessen Recht auf Selbstverteidigung betont. Während israelische Frauenorganisationen in akribischer forensischer Arbeit das Ausmaß der sexuellen Gewaltkomponente in der antisemitischen Tat des 7. Oktober aufzuarbeiten versuchten (Haaretz Podcast 2023), blieben maßgebliche internationale Frauenorganisationen (etwa der UN) über Wochen, wenn nicht Monate hinweg still. Während vereinzelt feministische Stimmen in Solidarität mit den israelischen Frauen zu hören sind, melden sich viel lauter insbesondere auf Social Media jene vorgeblich feministischen Gruppen zu Wort, die im Einklang mit der Kampagne Boycott, Divestment, Sanctions (BDS) und in falsch verstandener Palästina-Solidarität eine Opfer-Täter-Umkehr vornehmen, die antisemitisch-misogyne Gewalt der Hamas zuweilen sogar als legitime Widerstandshandlung gegen eine angebliche israelische Besatzung des Gazastreifens framen und ein Palästina „from the river to the sea" fordern (siehe z. B. Palestinian Feminist Collective 2023).

Solche Reaktionen von Seiten intersektionaler und queer-feministischer Bewegungen in den USA und in Europa sind erschreckend, jedoch nicht ganz unerwartet. Sie entsprechen vielmehr einem seit etwa zwei Jahrzehnten andauernden internationalen Trend der feministischen Palästinasolidarität: Intersektionale und queere feministische Bewegungen bekennen sich zur BDS-Kampagne und unterstützen damit die Politik, mittels akademischer, kultureller und ökonomischer Boykotte Israel zur Aufgabe der „Besetzung und Kolonisation allen arabischen Landes" und zur Anerkennung „der Rechte der palästinensischen Flüchtlinge, in ihre Heimat und zu ihrem Eigentum zurückzukehren" (BDS 2005), zu zwingen. Laut eigenen Angaben entstand BDS 2005 als Initiative zahlreicher palästinensischer Organisationen und gibt sich so als ein authentischer Aufschrei und als ein Empowerment der unterdrückten Palästinenser:innen in Israel und den besetzten Gebieten. Wie David Hirsh nachzeichnet, wurde BDS allerdings nicht von Palästinenser:innen initiiert, sondern 2002 von britischen Akademiker:innen (Hirsh 2017: 100).

Die spezifische Allianz zwischen intersektionalen und queer-feministischen Bewegungen und NGOs mit BDS läuft unter dem Label Queer-BDS oder Queers for BDS (Davis 2012; Shulman 2012). Grundlage dieser Allianz ist ein bestimmtes Verständnis von Intersektionalität, wonach Frauen nicht nur Sexismus, sondern auch andere Formen von Unterdrückung bekämpfen müssen. So ist auch Antirassismus ein feministisches Anliegen. Hintergrund dieser berechtigten Forderung ist, dass Frauen selbst keine homogene Gruppe bilden, sondern weltweit von unterschiedlichen Formen von Diskriminierung, Ausbeutung und Unterdrückung betroffen sind. Dieser Zugang macht zunächst Sinn, da er die Multidimensionalität von Herrschaft und Unterdrückung im globalen Maßstab fokussiert. Er birgt jedoch die negative Konsequenz in der Praxis der Debatten, dass der Schutz einer patriarchalen (Minderheits-)Kultur die Kritik an patriarchaler Geschlechterungleichheit innerhalb dieser Kulturen überlagert und zuweilen aushebelt. Ist das der Fall, gleitet der Diskurs ab in Kulturrelativismen, welche Geschlechterungleichheit als authentischen Ausdruck einer Kultur legitimieren und die systematische Gewalt gegen Frauen und sexuelle Minderheiten verschweigen.

Queer-BDS operiert zentral mit Vorwürfen des Homonationalismus und des Pinkwashing: Diese besagen, dass die liberale israelische Gesetzgebung im Hinblick auf die Rechte von LGBTIQ*-Personen lediglich ein Vorwand sei, um von Menschenrechtsverletzungen und der Besatzung abzulenken. Die LGBTIQ*-Politik Israels wird als bloße Täuschung, neoliberale Maske und Herrschaftsstrategie delegitimiert, hinter der die imperialistische Agenda stehe, die westlichen liberalen Vorstellungen den arabischen und muslimischen Communities aufzuoktroyieren und diese Communities aufgrund fehlender LGBTIQ*-Rechte als homophob abwerten zu können (Puar/Mikdashi 2012; Schotten/Maikey 2012; kritisch dazu Blackmer 2019). Ausgeblendet und delegitimiert wird damit nicht nur der jahrzehntelange Kampf israelischer LGBTIQ* für ihre Rechte, sondern auch das Freiheitsbegehren palästinensischer LGBTIQ*.

Die Instrumentalisierung von Intersektionalität zur Legitimierung von Antizionismus und BDS greift insbesondere in den USA und in Großbritannien um sich: Eine wachsende Zahl von Gender Studies Departments sowie individuelle Feminist:innen und Wissenschaftler:innen der Gender Studies stellen sich zunehmend hinter BDS und schließen damit auch queere und feministische israelische Wissenschaftler:innen und Künstler:innen aus, wenn diese in irgendeiner Weise finanzielle Unterstützung seitens offizieller israelischer Stellen erhalten, was im Wissenschafts- und Kunstbetrieb die Regel ist. BDS scheint mittlerweile in weiten Teilen der globalen Linken zu einem kulturellen Code geworden zu sein: Wer sich als links, antikolonial und antirassistisch definiert, unterstützt quasi automatisch BDS. Selten wird dann von den Followern noch gefragt, worum es eigentlich geht und was die genauen historischen und politischen Hintergründe des Nahostkonflikts sind. So wird als Kontext der Massaker der Hamas die vorgebliche israelische Besatzung palästinensischer Gebiete eingemahnt (Butler 2023), wodurch die Israelis an dem Massaker, das an ihnen verübt wurde, zumindest als mitschuldig gesehen werden, während der Kontext des globalen Antisemitismus, der die Staatsgründung Israels von jeglicher Form des Siedler-Kolonialismus unterscheidet, ebenso ausgeblendet wird wie jener Kontext, dass Amin al-Husseini, der Mufti von Jerusalem, die Nazis unterstützt und ihren exterminatorischen Antisemitismus geteilt hat (Illouz 2023; Küntzel 2024). Solche selektive Kontextualisierung ist Teil eines postkolonialen und antiimperialistischen Tickets. Dass sich dieses Narrativ innerhalb der letzten 15 Jahre in weiten Teilen der Linken, aber auch im globalen Feminismus, durchgesetzt hat, ist ein Erfolg der internationalen Anti-Israel-Lobby.

BDS beruht ideologisch auf einem bestimmten Verständnis des Antiimperialismus, verbunden mit einer Dämonisierung und einer massiven Abwehr einer imaginären Konstruktion des Westens, die in einem manichäischen Weltbild fundamental den als authentisch repräsentierten unterdrückten Völkern des globalen Südens entgegengesetzt wird. Ein vorgeblich authentisches Gemeinschaftsgefühl wird einem kalten westlichen Individualismus gegenübergestellt. Dabei werden Kulturen und Völker zu einheitlichen Blöcken geschmiedet, die inneren Widersprüche und Konflikte ausgeblendet und globale Ungleichzeitigkeiten ignoriert – etwa diejenige, dass Muslime im Westen eine Minderheit sind, die zuweilen rassistischer Gewalt ausgesetzt sind, im arabischen Raum aber die Mehrheit, die mitunter andere Minderheiten unterdrückt. In einem einseitigen Weltbild steht zudem die unterdrückte Kultur bzw. Bevölkerung als solche im Vordergrund, weniger die Individuen, die in diesen Kulturen leben und mannigfaltige und ineinandergreifende Formen der Unterdrückung und Ausbeutung erfahren. So geht es auch BDS nicht um die individuellen Rechte auf (sexuelle) Selbstbestimmung, sondern um das kollektive Recht auf nationale Selbstbestimmung. Eine universalistische Vorstellung individueller Rechte, die mit kollektiven Gruppenzugehörigkeiten in Konflikt treten kann, wird ideologisch in eine westliche Bevormundung umgedeutet, zu deren Abwehr ein Kulturkampf geführt wird, der den Westen als seicht und seelenlos materialistisch zeichnet (Fine 2010). BDS gibt sich ebenso antiuniversalistisch wie antiliberal – Ausdruck findet beides in kollektivierenden Tendenzen und der Schmähung des Individualismus als einzig und allein durch neoliberale Politik und Ökonomie bewerkstelligte Vereinzelung zur Unterminierung eines authentischen Gemeinschaftsgefühls.

Angela Davis: Intersectionality of Struggles

Diese Tendenzen lassen sich am Wirken und Schreiben der feministischen Theoretikerin und Black Lives Matter-Aktivistin Angela Davis verdeutlichen, einer Ikone der Bürgerrechtsbewegung und des Black Feminism, die zugleich vehemente Verteidigerin des autoritären Staatssozialismus der Deutschen Demokratischen Republik (DDR) und der Sowjetunion war. Bereits in den frühen 1970er Jahren beschäftigte sie sich mit dem Ineinandergreifen von Rassismus, Sexismus und Klassenherrschaft (Davis 1983) und hat damit als eine der ersten den spezifisch intersektionalen Charakter moderner Herrschaftsstrukturen explizit benannt. In den 1960er Jahren studierte sie bei Herbert Marcuse in San Diego und bei Theodor W. Adorno und Max Horkheimer in Frankfurt. Sie engagierte sich führend in der Kommunistischen Partei der USA mit engen Beziehungen zur Black Panther Party. 1970 wurde sie verhaftet und wegen „Unterstützung des Terrorismus“ angeklagt; ihr drohte die Todesstrafe. Eine weltweite Solidaritätsbewegung setzte ein, im Zuge derer tausende Menschen aus der DDR unter dem Motto „Eine Million Rosen für Angela Davis" Postkarten ins Gefängnis schickten. Nach zwei Jahren wurde sie im Juni 1972 in allen Punkten der Anklage freigesprochen.

Heute ist Angela Davis prominente Unterstützerin von Queer BDS und bringt in Vorträgen und Interviews regelmäßig BDS-Positionen gegen Israel vor. Dafür hat sie einen neuen Zugang zu Intersektionalität entworfen – die „intersectionality of movements and struggles" (Davis 2016a: 16), ein prominentes Beispiel für den politischen Gebrauch des Intersektionalitätskonzepts. Sie sieht regionale Kämpfe gegen Unterdrückung im globalen Maßstab intersektional verbunden, weniger die Unterdrückungsformen selbst. Dabei weicht die gesellschaftstheoretische und historisch eingebettete Analyse von Rassismus und Sexismus einer politisch grundierten Willkür in der Auswahl der Kämpfe, die intersektional verbunden sein sollen.

Wie viele postkoloniale Autor:innen stützt auch Davis ihr Konzept von Intersektionalität auf eine Ablehnung von Universalismus und Individualismus als westlich-eurozentrische Ideen. Sie spricht von einer „tyranny of the universal" (ebd.: 81–91) als Zeichen einer globalen weißen Vorherrschaft. Demgegenüber betont sie das Partikulare, das sie in globaler Opferposition verortet und im Geist von Gemeinschaften verkörpert sieht. In einem Vortrag im Panel „Queer Visions" beim „World Social Forum: Free Palestine" in Porto Allegre im Dezember 2012 sagte sie: „It is refreshing to be out of the USA where we don't always have to challenge the constant individualization that happens especially under the impact of neoliberal ideologies. We talk about collectivities and communities." (Davis 2012: 05:08)

In Davis' Darstellung treten die Rechte der Individuen *in* den Gemeinschaften konsequent in den Hintergrund. Individualität generell tritt hinter der Rolle von Menschen als Mitglied einer Gruppe oder Gemeinschaft zurück, wodurch die kritische Reflexion der widersprüchlichen und spannungsgeladenen Relation von Subjekt und Gesellschaft ausfällt. Die Betonung des Partikularen führt so, gerade weil die Vermittlung mit dem Allgemeinen ausfällt, zu einer Abstraktion von Subjekten und Individuen als eigentliche Träger:innen des Besonderen. Das Partikulare wird abstrahiert, während die Communities selbst einer falschen Konkretion unterzogen werden.

Das zeigt sich daran, dass Davis in ihrer Auslegung der intersectionality of struggles den Kampf um Selbstermächtigung auf Minoritäten gegenüber Majoritäten einschränkt, die Kämpfe innerhalb der Minoritäten aber ausblendet, was einer intersektionalen Analyse von Kämpfen widerspricht.

Intersektional müssten die unterschiedlichen, ineinandergreifenden und sich auch widersprechenden Ebenen von Kämpfen benannt werden: gegen Rassismus *und* gegen Sexismus, gegen die Unterdrückung seitens der Majoritätskultur *und* gegen die Unterdrückung innerhalb der Minoritätskultur (Crenshaw 2012). Wird die Vielschichtigkeit von Kämpfen nicht als Ausgangspunkt einer Mehrebenen-Kritik genommen, sondern die Komplexität der realen gesellschaftlichen Situation reduziert, kann die spezifische Lage von Mehrfachdiskriminierten nicht erfasst werden. Eine Kritik an Rassismus und Sexismus seitens der Majorität gegenüber einer Minorität bleibt für Mehrfachdiskriminierte aber abstrakt und unzulänglich, wenn sie nicht mit einer Binnensicht vermittelt wird, also mit einer Kritik der Verhältnisse innerhalb der Minorität. Solche multidimensionalen Perspektiven bringen Gewissheiten ins Wanken und rütteln an vereindeutigten Bezugsrahmen. Demgegenüber gerinnen bei Davis Kulturen zu homogenen Blöcken, die Subjekte werden negiert und die Kritik wird abstrakt.

Das gesellschaftliche Ganze zerfällt bei Davis in klar umrissene *special interests*, die nicht mit der subjektiven Ebene vermittelt, jedoch gegen die hegemoniale Majorität affirmiert werden. Dabei ist Davis sich der Problematik bewusst, dass durch solche identitätspolitische Fragmentierung von unterschiedlichen *special interests* ein gemeinsames Interesse und die Idee von Solidarität verloren gehen. Auf dem „World Social Forum: Free Palestine" plädierte sie deshalb für eine Überwindung der Vereinzelung, die mit identitätspolitischer Intersektionalität einhergeht: „The more we try to complicate ideas of struggle using concepts of race, class, gender, sexuality, nation, ability etc., it seems that we move from broad categories to more restrictive ones. It seems that we are constantly narrowing our focus." (Davis 2012: 06:03)

Um die Idee der Solidarität und einen Begriff vom Ganzen gegenüber intersektionaler Kleinteiligkeit aufrechterhalten zu können, erweitert Davis den Fokus von Intersektionalität auf global weit auseinander liegende Kämpfe (Davis 2016a: 16). Die Auswahl der Kämpfe, die sie als intersektional verbunden anführt, folgt aber keiner inneren Logik dieser Kämpfe, sondern einer antizionistischen und antiwestlichen Agenda, ungeachtet historischer, politischer, religiöser und sozialer Unterschiede. Sie zieht eine direkte Verbindung zwischen den Kämpfen gegen Rassismus in den USA (Ferguson) und den Kämpfen der Palästinenser:innen für nationale Selbstbestimmung. Als Beleg dafür, dass diese beiden Kämpfe miteinander verflochten seien, führt Davis die Tatsache an, dass BDS die Demonstrant:innen in Ferguson kontaktiert und Solidarität ausgedrückt habe (Davis et al.

2019), dass sowohl in den USA als auch in der West Bank Tränengas eingesetzt werde (hergestellt von der US-Firma *Combined Systems*), und dass die US-Polizeieinheiten von israelischen Einheiten ausgebildet worden seien (Davis 2016a). Es werden keine anderen historischen, politischen oder religiösen Verbindungen erwähnt, die diese besondere Überschneidung der Kämpfe plausibel machen würden. Intersektionalität wird hier zu einem aktivistischen Schlagwort und, mehr noch, zu einem ideologischen Kitt, der unterschiedliche Momente miteinander verkettet mit dem klaren Ziel, eine antiisraelische Agenda durchzusetzen (Nelson 2016).

Während Davis die *special interests* unterdrückter Minoritäten in den Fokus ihres politischen Handelns rückt, weigert sie sich beharrlich, jüdische *special interests* anzuerkennen, insbesondere wenn diese sich an Israel heften, das nach der Shoah und der Erfahrung, dass die Welt nichts dagegen unternommen hatte, als potentieller sicherer Hafen für Juden:Jüdinnen weltweit firmiert. Dieser authentische Ausdruck jüdischer *special interests* findet keine Berücksichtigung, sondern diese werden implizit mit dem hegemonialen und repressiven Universellen, der „tyranny of the universal" identifiziert, die Minderheiten unterdrückt und die weiße Vorherrschaft repräsentiert. Durch diese Identifikation fallen jüdische *special interests* aus dem Rahmen intersektionaler Relevanz hinaus (Stögner 2020; Berkovits 2018).

Davis' Vorstellung von Intersektionalität fokussiert die Kämpfe ethnischer und kultureller Minderheiten und solcher Bevölkerungen, die als Opfer von westlichem Imperialismus und Kolonialismus gelten. Juden und Jüdinnen fallen für sie nicht unter eine dieser Kategorien, und auch den Zionismus sieht sie nicht als Befreiungskampf des jüdischen Volkes mit einem bestimmten historischen Hintergrund – der Shoah und der antisemitischen Verfolgungen in den arabischen und muslimischen Ländern (Weinstock 2019; Bensoussan 2019). Der Zionismus ist für sie eine rassistische Apartheitsideologie, Israel folglich eine Bastion des westlichen Imperialismus und Kolonialismus (Davis 2016a: 8). Juden:Jüdinnen sind in dieser Perspektive keine Minderheit mit besonderen Interessen, die geschützt und gefördert werden müssen, sondern erscheinen implizit als Vertreter:innen der weißen Vorherrschaft, das heißt der repressiven Universalität, die der primäre Angriffspunkt einer so (miss-)verstandenen Intersektionalität ist.

Hintergrund dieser Sichtweise ist ein mangelndes Verständnis von Antisemitismus. Wo der Kampf gegen diesen bei Davis überhaupt Erwähnung findet, wird er gegen Israel gerichtet:

> And I evoke the spirit of the South African Constitution and its opposition to racism and anti-Semitism as well as to sexism and homophobia. This is the context within which I join with you once more to intensify campaigns against another regime of apartheid and in solidarity with the struggles of the Palestinian people. As Nelson Mandela said "We know too well that our freedom is incomplete without the freedom of the Palestinians." (Davis 2016a: 52f.)

Der Antisemitismus wird als globale Bedrohung für Juden:Jüdinnen verharmlost und als konkretes aktuelles Problem im Nahostkonflikt ausgeblendet. Dieser Konflikt wird entkontextualisiert und derart aufgeblasen, dass von seiner Lösung der Weltfrieden abhängen soll. Die Schaffung von Frieden in der Welt ist mit der Überwindung von Rassismus und Antisemitismus verbunden, was Angela Davis wiederum explizit von einem Ende der „Besatzung Palästinas" abhängig macht: „We cannot call for an end to racism and to antisemitism without calling for an end to the occupation of Palestine," (Davis 2016b) sagte sie in einem Vortrag im Mai 2016 in Paris bei der für ihren Israelhass bekannten Gruppe Indigènes de la République.

In dieser Diskursstrategie wird Israel implizit für den Antisemitismus und Rassismus in der Welt verantwortlich gemacht – eine klassische Figur von Täter-Opfer-Umkehr und *victim blaming*. Das Ende von Rassismus und Antisemitismus wird zudem an die Lösung der „Israel-Frage" geknüpft – eine neue Variante der alten „Judenfrage" (Fine/Spencer 2018). Genau darin erscheint die diffuse und zersetzende Macht, die im Antisemitismus den Juden:Jüdinnen zugeschrieben wird, auf Israel umgelegt. Auch hier ist das Verhältnis von Universellem und Partikularem relevant, denn während in der Periode der Aufklärung die „Judenfrage" auf jüdische Partikularität zielte – Juden:Jüdinnen würden nicht den Kriterien des Universellen entsprechen, das implizit weiß, männlich und christlich markiert war –, ist in Davis' Sichtweise das Verhältnis umgekehrt: Sie identifiziert in der neuen „Israel-Frage" Juden:Jüdinnen implizit mit dem Universellen, das die Partikularität imperialistisch unterdrückt.

Diese Sicht ist wieder implizit mit einem unvermittelten Gegensatz von Mehrheit und Minderheit verbunden: Israelis erscheinen als die zu bekämpfende Majorität, Palästinenser:innen hingegen als Minderheit. Das reproduziert einen westlichen Blick auf den Nahostkonflikt, der die muslimischen Staaten in der Region als Player in dem Konflikt schlicht ignoriert. Auch hier fällt die Reflexion auf Ungleichzeitigkeiten und Widersprüche aus: dass die israelische Position zwar in Israel und der Westbank die Majorität, im größeren Nahen und Mittleren Osten jedoch eine Minderheitenposition ist, die sich der Majorität islamisch geprägter Länder gegenübersieht, von denen viele nach wie vor Israel das Existenzrecht absprechen. Israel selbst wäre aus dieser Sicht eine zu unterstützende Minderheit.

Solche Widersprüche analytisch zu durchdringen wäre Aufgabe eines Intersektionalitätstheorems, welches das Ineinandergreifen von Unterdrückungsformen und die Kämpfe dagegen ernst nimmt. Bei Angela Davis hingegen wird Intersektionalität zum Instrument politischer Agitation.

Queering Queer BDS

Die Strategie von Queer BDS besteht darin, mit einem zum Schlagwort reduzierten Intersektionalitätstheorem die eigene politische Agenda sowohl zu stützen als auch zu verschleiern. Die Kampagne ist geschickt darin, Aufstände im Globalen Süden (insbesondere in Lateinamerika) gegen repressive politische Systeme und gegen repressive patriarchale Kulturen zu kapern und mit der Agenda von BDS zu verknüpfen. Queer BDS beruht auf der Behauptung, dass der weltweite Kampf von LGBTIQ*-Communities für sexuelle Selbstbestimmung intersektional mit dem palästinensischen Kampf für nationale Selbstbestimmung gegen Israel verbunden sei. In der Praxis gilt das Interesse jedoch nicht in erster Linie den palästinensischen Queers, sondern der Feindschaft gegen Israel, wie auch Angela Davis deutlich macht:

> Queers for BDS not only directs its message at people who identify into LGBTQ communities and it's important to direct our messages in that direction. But it is not a question of saying simply support queer individuals in Palestine and in fact it's clear about not wanting support from those who refuse to see that cynicism and that contemptuousness behind Israel's pro-gay image, but rather it directs its message at anyone who is a potential supporter of BDS. (Davis 2012: 07:20)

Damit wird die Solidarität mit israelischen Queers verunmöglicht, während auch palästinensische Queers in den Hintergrund gedrängt werden. Dementsprechend folgte etwa die brasilianische queere Künstlerin Linn da Quebrada im Mai 2018 der öffentlichen Aufforderung von Angela Davis, ein queeres Filmfestival in Tel Aviv zu boykottieren, auf dem ihre Arbeit geehrt werden sollte. Sie sprach ihre Solidarität in der Folge nicht explizit gegenüber palästinensischen Queers aus, die sie ohnehin nur „palästinensische Körper" nannte, sondern gegenüber Palästina ganz allgemein, also offensichtlich auch gegenüber der palästinensischen Führung und islamistischen Gruppen wie der Hamas, die bekanntermaßen feindlich und hasserfüllt gegenüber queeren Lebensweisen eingestellt sind und das Leben von LGBTIQ* Personen existentiell bedrohen.[1]

Auch Jasbir Puar, Ikone der amerikanischen *Postcolonial Studies,* bestätigt, dass es bei Queer BDS nicht in erster Linie um den Schutz queerer Palästinenser:innen vor jeglicher Form von Homophobie geht: „Palestinian Queers for BDS members point out that it is irrelevant whether Palestinian society is homophobic or not, and that the question of homophobia within Palestinian society has nothing to do with the fact that the occupation must end." (Puar 2012)

Damit treten Individuen und ihre Rechte auf sexuelle Selbstbestimmung nicht nur konsequent in den Hintergrund, sie werden zudem zu abstrakten Spielfiguren im antizionistischen Aktivismus. Die „Israel-Frage" hat Vorrang vor der Sexualitäts- und Geschlechterfrage. Mit diesem Schritt versuchen Davis und Puar, die offensichtlichen Widersprüche und Unstimmigkeiten einer Koalition zwischen LGBTIQ*-Aktivismus und BDS zu kitten.

Die Argumentation erinnert aber auch an vergangene Debatten um Haupt- und Nebenwiderspruch innerhalb der Linken, gegen die sich insbesondere intersektionale Feministinnen immer zur Wehr gesetzt hatten. Umgelegt auf Queer BDS impliziert diese Debatte, dass ein Beharren auf der vorgeblichen Nebenachse der Geschlechter- und Sexualitätswidersprüche die Bewegung als Ganze schwächen würde. Wäre die nationale Befreiung erst erreicht, so die implizite Argumentation, dann würde sich die Frage nach Sexualität und Geschlecht von selbst lösen. Als revolutionär gilt nur die Forderung nach nationaler Selbstbestimmung, während die Forderung nach individueller Selbstbestimmung als reaktionär und vom Westen/Zionismus gesteuert verunglimpft wird. Daran zeigt sich, dass (postkoloniales) *Nation-Building* Gewalt nicht nur nach außen erfordert, sondern auch nach innen. Anstatt diese Widersprüche zum Anlass von Reflexion und Kritik zu nehmen, werden sie von Queer BDS ideologisch übertüncht, um die repressive Einheit herstellen zu können.

Die Instrumentalisierung von Intersektionalität zur Delegitimierung Israels ist in den letzten Jahren auf internationaler Ebene in vielen Strängen

1 https://twitter.com/linndaquebrada/status/1001273938125705221, 29.05.2018.

des Feminismus und der akademischen Geschlechterforschung paradigmatisch geworden, wie anhand des Palestinian Feminist Collective (PFC), eines in den USA ansässigen Netzwerks palästinensischer und arabischer Frauen und Feministinnen, exemplarisch aufgezeigt werden kann. Im Oktober 2023 verabsäumte es das PFC, das von der Hamas verübte antisemitische Pogrom und die Vergewaltigungen jüdischer Frauen zu verurteilen. Stattdessen legitimierte das PFC die Massaker auf seiner Facebook-Seite als legitime Widerstandshandlung und verurteilte die israelische Gegenwehr als Genozid.

Schon 2021 forderte das PFC in einer Erklärung „a truly intersectional and decolonial feminist vision for the United States, Palestine and our world" (PFC 2021). Eine solche intersektionale Vision wahrt

> the legacies of solidarity between Palestinian, Black, Indigenous, Third World feminist, working class, and queer communities who have struggled side-by-side within larger anti-colonial, anti-capitalist, and antiracist movements in the US and globally. This stands in contrast to liberal feminist traditions in the U.S. that continue to weaponize feminist discourses against Palestinians and other marginalized communities by failing to confront the structural forms of gendered and sexual violence inherent to settler/colonialism, imperialist wars, racial capitalism, and global white supremacy. Liberal and Zionist feminisms rely on Orientalist discourses to silence and undermine the collective aspirations of Palestinian women and their co-strugglers, contributing to intensified political repression that criminalizes free speech on Palestine and Palestinian liberation. (Ebd.)

So steht für das PFC fest: „Palestine is a feminist issue" – aber dies schrumpft zu einem bloßen Slogan, ebenso wie die geforderte Auseinandersetzung mit strukturellen Formen geschlechtsspezifischer und sexueller Gewalt vage bleibt, da sie in einem okzidentalistischen Überschuss (der selbst in Neo-Orientalismen mündet) keine Kritik an den palästinensischen Behörden, der Hamas, dem Islamischen Jihad oder den patriarchalen sozialen Verhältnissen in der palästinensischen Gesellschaft zulässt. Gerade solche Kritik aber wäre von einer feministischen Perspektive gefordert, selbst wenn sie kritisch gegenüber liberal-feministischen Traditionen und gegenüber der Politik Israels ist. Antiintersektional und schlichtweg falsch wird die Intervention des PFC, weil sie die Geschlechterunterdrückung in der palästinensischen Gesellschaft einzig auf den sogenannten Siedlerkolonialismus und den strukturellen Rassismus im Westen zurückführt, demgegenüber die misogyne Gewalt der Hamas und des Islamischen Jihad unerwähnt lässt, während die Kritik an extrem konservativen und patriarchalen Strukturen der palästinensischen Gesellschaft als westlicher Kulturimperialismus delegitimiert wird.

Die Idee von Palästina verkommt hier zu einer leeren Hülse, ohne konkreten politischen und historischen Inhalt, sie wird von jeglichem inneren Konflikt gereinigt, so als wäre die palästinensische Gesellschaft ein widerspruchsfreier, homogener Block und wären nicht Palästinenser:innen selbst Opfer von Hamas und Islamischem Jihad. Palästina als solches wird als Inbegriff des reinen Opfers eines universellen Bösen imaginiert und personalisiert. Das universelle Übel in Form von Imperialismus, Kapitalismus, Rassismus und Sexismus wird ausdrücklich mit Israel identifiziert. In dieser Perspektive würde ein von Israel befreites Palästina auf eine befreite Menschheit hinauslaufen, so das PFC:

> We are re-imagining and recreating a world free from systems of gendered, racial and economic exploitation that commodify human life and land. Ours is a vision for a radically different future based on life-affirming interconnectedness, empowering the working classes, and love for each other, land, life and the planet itself. For these reasons, we pledge, today and everyday, to recognize Palestine as a feminist issue and to uphold this commitment in our daily lives and organizing praxis. (PFC 2021)

Hier ist der Kampf gegen Israel mit einem weltweiten Kampf gegen den Kapitalismus und die Kommodifizierung des gesellschaftlichen Zusammenlebens verbunden, bei dem der „Planet selbst" auf dem Spiel steht. Ein Sieg über Israel würde eine „radikal andere Zukunft" nicht nur für die Palästinenser:innen, sondern für den gesamten Planeten bedeuten. Diese Argumentation entspricht der klassischen antisemitischen Ideologie, dass die Juden:Jüdinnen das ganze Unglück der Welt verkörpern würden und geht sogar noch weiter, indem sie impliziert, dass die Welt nur durch die Zerstörung Israels von ihren Übeln befreit werden könne. Diese Interpretation wird durch die Tatsache gestützt, dass das PFC nicht nur die Westbank und Gaza, sondern das gesamte israelische Staatsgebiet als „occupied land" und als illegitimen „Siedlerstaat" bezeichnet (PFC o.J.), der den Palästinenser:innen ihr „right to return home" verweigern würde (PFC 2021). Ein freies Palästina schließt in dieser Perspektive eine Zwei-Staaten-Lösung aus und läuft auf die Zerstörung Israels hinaus. Dies steht im Einklang mit der Forderung von BDS nach einem Palästina „from the river to the sea“, also vom Jordan bis zum Mittelmeer, was die Zerstörung Israels als jüdischer Staat und damit das Ende Israels als möglicher sicherer Hafen für Juden:Jüdinnen weltweit bedeutet.

Initiativen wie das PFC wären nicht so besorgniserregend, wenn nicht innerhalb weniger Wochen mehr als 250 Women Studies-Programme und andere relevante Organisationen (und mehr als 4.000 Einzelpersonen) in den Vereinigten Staaten, aber auch anderswo, diesen Aufruf anlässlich des Gaza-Krieges im Mai 2021 unterzeichnet hätten. Auch 2023 erfüllte das PFC seine Rolle als antisemitischer Scharfmacher, der den Feminismus zugunsten der Hamas aufkündigt und Vergewaltigung implizit legitimiert. Diesem Kollektiv geht es nicht um die Rechte queerer Subjekte auf sexuelle Selbstbestimmung gegenüber jeglicher heteronormativen patriarchalen Einschränkung, sondern ausschließlich um einen Kampf für die nationale Selbstbestimmung Palästinas, für welche die Frage nach Rassismus und Sexismus im Westen instrumentalisiert wird. Die aus feministischer Sicht hingegen naheliegende Frage, welche Position die Hamas, der Islamische Jihad oder auch die Palästinensische Autonomiebehörde (PA) zu Geschlechtergleichheit und sexueller Selbstbestimmung einnehmen, wird konsequent ausgespart. Betrachtet man das Thema jedoch aus einem tatsächlich intersektionalen Blickwinkel, wird deutlich, dass nationale Befreiung nicht per se zu sexueller Befreiung führt, sondern dieser womöglich sogar entgegensteht.

Die Frage nach Sexismus und Homophobie seitens der PA, der Hamas und des Islamischen Jihad zu stellen, wird von Queer BDS als Folge von Pinkwashing und Homonationalismus abgewehrt. So behaupten westliche postkoloniale Starautor:innen wie Joseph Massad[2] und Jasbir Puar, dass in der Kritik an arabischer Homophobie dem muslimischen Anderen homonormative und homonationalistische Prämissen einer sogenannten „Gay International“ aufgezwungen würden. Nach Joseph Massad würde die Gay International Schwule und Lesben dort produzieren, wo sie gar nicht existieren würden: nämlich in den arabischen/muslimischen Kulturen (zit. n. Dhawan 2015: 43; siehe auch Puar 2007; Schulmann 2012). Auffällig ist,

2 Am 8. Oktober 2023, einen Tag nach dem antisemitischen Massenmord der Hamas im Süden Israels, feierte Joseph Massad den Angriff der Hamas als „awesome“ und als „stunning victory“. Er schrieb: “The sight of the Palestinian resistance fighters storming Israeli checkpoints separating Gaza from Israel was astounding. Perhaps the major achievement of the resistance in the temporary takeover of these settler-colonies is the death blow to any confidence that Israeli colonists had in their military and its ability to protect them.“ (Zit. n. Johnson 2023)

dass hier der muslimische Andere völlig abstrakt konstruiert wird. In Massads Perspektive ist Homosexualität als sexuelle Identität mit Forderungen nach Selbstbestimmung und individuellen Rechten etwas durch und durch Westliches, das der muslimischen und arabischen Welt fremd sei. Dort, so schreibt Massad von der Columbia University in New York aus, habe Sexualität nichts mit Identität zu tun, sondern werde als eine kulturelle Komposition von Praktiken und Wünschen verstanden, die nicht-identisch bleiben (Dhawan 2015). Mit anderen Worten: Sie bleiben unbenannt und klandestin. Homosexualität, so wird argumentiert, sei in den arabischen Ländern immer praktiziert worden, die Araber:innen und Muslim:innen würden sich nur nicht offen dazu bekennen und keine Identität darauf aufbauen, da dies individualistisch, westlich und damit unislamisch sei. So erscheinen Homosexuelle, Lesben und Queers selbst als westlich, fremd und feindlich gegenüber der muslimischen Welt, und die Einführung ihrer individuellen Rechte als neokolonialistischer Akt.

In ähnlicher Weise gilt der Diskurs über Frauenrechte und Feminismus als „antirevolutionary, as it relies too much on notions of tolerance, equality, and normality", so die palästinensische BDS-Aktivistin Haneen Maikey (Hochberg et al. 2010: 609; siehe auch Eigenmann 2013). Aber selbst wenn wir den Begriff der Normalität hinterfragen und kritisieren, kann man, wie Nikita Dhawan treffend bemerkt hat, „Rechte nicht *nicht* wollen" (Dhawan 2015: 45).

Der postkoloniale Vorwurf an die sogenannte Gay International lautet, dass in einem neuen Imperialismus und Kolonialismus weiße Queers/Schwule braune Queers vor dem braunen homophoben Mann retten wollten. Wird das zu Ende gedacht, dann verunmöglicht das jede Form der aktiven Solidarität mit den Befreiungskämpfen von Frauen und LGBTIQ* gegen Kulturen, die nicht westlich sind. Kulturrelativismus führt zu Empathielosigkeit gegenüber dem spezifischen Leiden von Menschen in „anderen" Kulturen. Solchen Mangel an Solidarität seitens westlicher intersektionaler Feministinnen mussten 2022 auch die iranischen Frauen in ihrem Aufstand gegen das autoritär-patriarchal-islamistische Mullah-Regime erfahren (vgl. Stögner 2023).

Queer BDS will die Idee einer authentischen arabischen/muslimischen Sexualität vor der Verwestlichung und damit vor der Identifizierung als schwul oder queer retten, ohne sich um das tatsächliche Leben, die Probleme und Erfahrungen von LGBTIQ*-Personen in arabischen/muslimischen Ländern zu kümmern. Das Bild einer reinen, nicht identitätsbasierten, nicht-westlichen arabischen Sexualität ist ein Produkt eines westlichen

Neo-Orientalismus – und eine Projektionsfläche für westliche Sehnsüchte nach Authentizität (Kerner 2020).

In einem Furor negativer Eindeutigkeit wird eine vorgeblich authentische muslimische Sexualität gegen eine künstliche und individualistische, schwule und queere Sexualität in Israel und im Westen ganz generell gewendet. Diese arabische Authentizität wird benötigt, um eine vorgebliche israelische Künstlichkeit abzuwehren. Das korrespondiert mit der antisemitischen Unterstellung, dass Israel ein künstliches Staatsgebilde und Fremdkörper innerhalb einer authentischen arabischen Welt sei, wie überhaupt die Geschichte des modernen Antisemitismus hindurch die Lebensweise von Juden:Jüdinnen als künstlich und unauthentisch gegenüber der verwurzelten Lebensweise der antisemitischen Volksgemeinschaft konstruiert wurde (Stögner 2014). Diese Dichotomie unterstützt das rassistisch-sexistische Narrativ der Unvereinbarkeit von arabischen/muslimischen und queeren Identitäten und fungiert als Projektionsfläche für die Vorwürfe des Homonationalismus und des Pinkwashings.

Dies ist wiederum eine vorwiegend westliche Sichtweise, die kaum mit dem Kampf queerer Palästinenser:innen vereinbar ist, die sich der Legitimität beraubt sehen, den Schutz ihrer individuellen Rechte auf sexuelle Selbstbestimmung zu fordern. Im Gegenteil sehen sie sich mit der Forderung konfrontiert, authentisch muslimisch zu sein. Queer zu sein, so wird ihnen zu verstehen gegeben, wäre unislamisch und Verrat an der gemeinsamen palästinensischen Sache. Für Samira Saraya, Aktivistin in der palästinensischen queer-feministischen Gruppe Aswat, ist dies ein „abuse of the occupation as an excuse for not supporting our fight“ (Hochberg et al. 2010: 606). Sie führt weiter aus:

> Does it mean that this idea doesn't move around like other ideas? Cultures don't exist in isolation from each other; there is always mobility of ideas, concepts, and terms across cultures. So to me this kind of argument functions so as to delegitimize our struggle as Palestinian LGBTQ, not really to save any authentic sexuality. It harms our struggle against homophobia. [...] For those of us who are worried about the negative impacts of the imperial West on Arabic culture I say, too late. Arab queers are already here. So you can stop worrying. (Ebd.)

Angesichts der Tatsache, dass sich queere Aktivist:innen weltweit seitens BDS für eine Sache instrumentalisiert sehen, die eigentlich nicht die ihre ist, und einen enormen Druck verspüren, sich der single-issue-Antiisrael-Policy von BDS zu beugen, kritisiert selbst der palästinensische Theoretiker und Queer-Aktivist Sa'ed Atshan, der ebenso wenig wie Samira Saraya im Verdacht steht, pro-israelisch zu sein, grundsätzlich Pinkwashing-Vorwürfe, weil sie die reale Situation von Queers ausblenden:

> Just as it is a form of epistemic coercion to attempt to impose queer discourses on particular individuals, it is also presumptuous to assume that such individuals must forgo queer politics in the name of anti-imperialism. I am weary when the latter impulse elides the cry for the amelioration of queer suffering. Such neglect contributes to the normalization of structural homophobia and the bolstering of the social and political pressures of heteronormativity. (Atshan 2020: 213)

Muslimische Homophobie ist weniger eine Zuschreibung seitens des Westens, wie Jasbir Puar (2007) glauben macht, sondern vielmehr ein Mittel, das Teile des Nicht-Westens einsetzen, um sich vom Westen abzugrenzen. Dies zu thematisieren würde nicht zuletzt bedeuten, nicht-westliche Akteur:innen ernst zu nehmen.

Palästinensische LGBTIQ*-Aktivist:innen sind in der Westbank permanent bedroht. Im Jahr 2019 wurde die queer-feministische Gruppe alQaws von der Palästinensischen Autonomiebehörde verboten. AlQaws reagierte darauf folgendermaßen:

> The police claimed it goes against "traditional Palestinian values" accusing us as "foreign agents". The statement went further, calling on citizens to complain about any "suspicious" activities and for the persecution of alQaws staff and activists. [...] This recent backlash is in direct response to the dismantling of societal denial regarding the existence of LGBTQ Palestinians! (AlQaws 2019)

Die Gruppe musste sich aus der West Bank nach Israel zurückziehen, wo sie in Haifa tätig ist.

Diese und viele andere kritische Äußerungen von queeren Palästinenser:innen sind nicht als pro-israelische oder pro-westliche Haltung misszuverstehen. Im Gegenteil, diese Aktivist:innen stehen der israelischen Politik äußerst kritisch gegenüber und lehnen mitunter Israel als Ganzes ab. Dennoch werden sie aufgrund ihrer Forderung nach sexueller Selbstbestimmung als Verräter:innen an der palästinensischen Sache gesehen.

Die ethnisierenden Homonationalismus- und Pinkwashing-Vorwürfe zielen darauf ab, Israel mit zweierlei Maß zu messen und damit von allen anderen Nationalstaaten abzuheben. Auch Homophobie in nicht-westlichen Ländern wird mit einem anderen Maß gemessen. Solches Anlegen von Double-Standards ist jedoch eine koloniale Praxis par excellence. Postkoloniale Aktivist:innen im Westen bewerten den Widerstand gegen die Rechte von Homosexuellen in nicht-westlichen Ländern nicht als homophob im klassischen Sinn, sondern sehen ihn „grounded in communitarian claims of difference, specificity, cultural authenticity, and history" (Stychin 2004: 957). Diese Behauptungen wiederum werden begründet „in the language of rights of self-determination of a people" (ebd.). Dem liegt die Idee der Homogenität einer Nation zugrunde, während reale Konflikte innerhalb der nationalen Gemeinschaft ausgeblendet werden. Die Souveränität einer solchen homogen gefassten Nation gilt nicht nur gegenüber anderen Nationen, sondern auch gegenüber den Freiheitsansprüchen der Menschen. Wie Max Horkheimer einmal schrieb, ist „die Souveränität eines Landes [...] etwas anderes als die Freiheit derer, die in ihm leben" (Horkheimer 1996: 491).

Fazit

Die Antwort auf die Frage, was Palästina mit Feminismus und Intersektionalität zu tun habe, ist einfach und komplex zugleich: Es hat viel damit zu tun, aber auf andere Weise als von Queer BDS vorgebracht. Die Forderungen, die Queer BDS stellt, geben mehr Aufschluss über die Ideologie von BDS als über die Belange von Queers. Diese ernst zu nehmen würde bedeuten, sich in den Widersprüchen von Individuum und Gesellschaft kritisch zu bewegen, anstatt sie nach einer Seite hin aufzulösen. Dann erscheinen die Kämpfe, in die Menschen verstrickt sind, nicht monokausal, sondern multidirektional – gegen unterschiedliche Formen der Unterdrückung auf unterschiedlichen Ebenen von Vergesellschaftung. Abhanden kommt dabei das Vertrauen in das personifizierte Gute wie Böse, auf welchen das manichäische Weltbild von BDS beruht – solcher falschen und irreführenden Eindeutigkeit entwindet sich ein dialektischer Blick. Ein Queering von Queer BDS ist deshalb dringend nötig, das einseitige nationalistische Identifikationen aufdeckt und kritisiert, wie diese nicht nur palästinensischen, sondern Queers weltweit auf den Leib geschrieben werden. Eine Rückbesinnung auf die Kritik eingeschränkter Identitätslogik im Hinblick auf Gender, Race und Nation, welche die Queer Theory – im Anschluss an die kritische Theorie – früher stark gemacht hat, steht einer reflektierten und prozesshaften Identitätsbildung nicht im Weg, sondern ermöglicht diese erst in lebendiger Auseinandersetzung mit der Komplexität der gesellschaftlichen, politischen und historischen Hintergründe des Nahostkonflikts.

In Angela Davis' aktivistischem Gebrauch von Intersektionalität dominiert eine Überbetonung des Systems und der strukturellen Verhältnisse, die aufgrund der fehlenden Vermittlung mit der subjektiven Ebene ganz abstrakt und falsch repräsentiert werden. Werden die Subjekte und ihr Anspruch auf Glück ausgeblendet, weil das System, das Rassismus und Sexismus erzeugt, so übermächtig ist, so droht Adornos kritisches Diktum vom Überhang des Systems gegenüber den Individuen ins Positive gekehrt und noch einmal wiederholt zu werden. Das zeigt sich darin, dass die übergeordneten Ziele von Queer BDS weniger aus den Autonomie- und Glücksansprüchen unterdrückter Menschen, hier den Queers, erwachsen, sondern schematisch gegen individuelle Ansprüche gewendet werden. Das Unrecht des Systems beruht auf ebensolchen falschen Abstraktionen vom Besonderen. Komplexitätsreduktionen mögen aus dem politischen Kampf erklärbar sein, es sollten jedoch die Opfer benannt und die eigene Agenda offengelegt werden, anstatt die Widersprüche ideologisch zu übertünchen. Eine kritische Analyse hält an einer universell geteilten und universell teilbaren Idee von Emanzipation fest, welche die Individuen und ihre Sehnsucht nach Glück in den Mittelpunkt stellt.

Eine wahrhaftige Intersektionalität von Kämpfen nimmt ihren Ausgang bei der Vielschichtigkeit der Konflikte, in denen queere Menschen leben und kämpfen, insbesondere innerhalb der palästinensischen Gesellschaft, die alles andere als homogen ist. Indem Queer BDS aber die prekäre Situation palästinensischer Frauen und LGBTIQ* einzig auf die israelische Besatzung zurückführt bzw. diese als primäres Hindernis von Freiheit ausmacht, bleibt Herrschaft innerhalb der palästinensischen Gesellschaft unbenannt und wird so noch einmal gestärkt. Der Antisemitismus der Queer BDS-Kampagne zeigt, dass Intersektionalität zum bloßen Schlagwort verkommt und zum Vorwand für eine antiisraelische Agitation wird.

Richtig verstanden kann Intersektionalität dazu beitragen, Emanzipation als Menschheitsprojekt voranzubringen, indem sie auf die komplexe Beschaffenheit von Herrschaft fokussiert und sich weder von ihren Widersprüchen noch, in Anlehnung an Adorno, von der eigenen Ohnmacht irre machen lässt. Dafür muss sie aber die Kampagnen, die unter ihrem Namen laufen, selbst ideologiekritisch durchdringen und kritisieren, wenn Intersektionalität für eine Verschleierung von Antisemitismus genutzt oder auf eine single-issue-policy eingeschränkt wird, die selbst zu Sexismus und Homophobie führt.

Literatur

AlQaws (2019): Response to the PA Police Statement, 18.08.2019, http://alqaws.org/articles/AlQaws-response-to-the-PA-police-statment.

Atshan, Sa'ed (2020): Queer Palestine and the Empire of Critique, Redwood City: Stanford University Press.

BDS (2005): Palestinian Civil Society Calls for Boycott, Divestment and Sanctions against Israel Until it Complies with International Law and Universal Principles of Human Rights, 08.07.2005, https://bdsmovement.net/call.

Benhabib, Seyla (2013): Ethics Without Normativity and Politics Without Historicity. On Judith Butler's Parting Ways. Jewishness and the Critique of Zionism, in: Constellations, 20(1), 2013, 150–163.

Bensoussan, Georges (2019): Die Juden der arabischen Welt. Die verbotene Frage, Leipzig: Hentrich & Hentrich.

Berkovits, Balázs (2018): Critical Whiteness Studies and the "Jewish Problem", in: Zeitschrift für kritische Sozialtheorie und Philosophie, 5(1), 2018, 86–102.

Blackmer, Corinne E. (2019): 'Pinkwashing', in: Israel Studies, 24(2), 171–81.

Butler, Judith (2023): The Compass of Mourning, in: London Review of Books, 45(20), 19.10.2023. https://www.lrb.co.uk/the-paper/v45/n20/judith-butler/the-compass-of-mourning.

Crenshaw, Kimberlé (2012): From Private Violence to Mass Incarceration: Thinking Intersectionally About Women, Race, and Social Control, in: UCLA Law Review, 59, 418–1472.

Davis, Angela (1983): Women, Race, and Class, New York: Vintage Books.

Davis, Angela (2012): What Is Queer BDS? Pinkwashing, Intersections, Struggles, Politics, 21.12.2012, https://www.youtube.com/watch?v=M4VX6z5FV4Y.

Davis, Angela (2016a): Freedom is a constant struggle: Ferguson, Palestine, and the foundations of a movement, Chicago, IL: Haymarket Books.

Davis, Angela (2016b): Race et impérialisme, intervention lors des 10 ans de la Parti des Indigènes de la République (PIR), Paris, 8. Mai 2016, http://indigenes-republique.fr/race-et-imperialisme-intervention-dangela-davis-race-et-imperialisme-lors-des-10-ans-du-pir/.

Davis, Angela/Spivak, Gayatri C./Dhawan, Nikita (2019): Planetary Utopias: Angela Davis and Gayatri Chakravorty Spivak in Conversation with Nikita Dhawan, in: Radical Philosophy, 2(5), 72–73, 2019.

Dhawan, Nikita (2015): Homonationalismus und Staatsphobie: Queering Dekolonisierungspolitiken, Queer-Politiken dekolonisieren, in: Femina Politica, 24(1), 38–51.

Eigenmann, Laura (2013): Zur Kritik der Homonationalismus-Kritik: Eine Analyse der Leerstellen und Machteffekte der Homonationalismus-Kritik anhand ihrer Rezeption durch libanesische und palästinensische Queer-und LGBT-Aktivist_innen, Masterarbeit Universität Basel, Zentrum Gender Studies.

Fine, Robert (2010): Nationalism, Postnationalism, Antisemitism: Thoughts on the Politics of Jürgen Habermas, in: Österreichische Zeitschrift für Politikwissenschaft, 39(4), 409–420.

Fine, Robert/Spencer, Philip (2018): Antisemitism and the Left. On the Return of the Jewish Question, Manchester: Manchester University Press.

Haaretz Podcast (2023): Why Is the Cruel Sexual Violence of the October 7 Hamas Attack Being Ignored?, Haaretz Podcast, 14.11.2023, https://www.haaretz.com/israel-news/podcasts/2023-11-14/ty-article-podcast/why-is-the-cruel-sexual-violence-of-the-october-7-hamas-attack-being-ignored/0000018b-cdbe-d423-affb-ffbfe0d20000.

Hochberg, Gil Z./Maikey, Haneen/ Rima/Saraya, Samira (2010): No Pride in Occupation: A Roundtable Discussion, in: GLQ: A Journal of Lesbian and Gay Studies, 16(4), 599–610.

Horkheimer, Max (1996): Brief an Hans Dollinger, Redaktion der Zeitschrift „Die Kultur", München, 03.11.1960, in: Horkheimer, Max: Briefwechsel 1949–1973, Gesammelte Schriften, Bd. 18, Frankfurt am Main: Fischer, 490–491.

Illouz, Eva (2023): Wir, die Linken? Nicht mehr, in: Süddeutsche Zeitung, 27.10.2023.

Johnson, Alan (2023): 'Progressives' and the Hamas Pogrom: An A-Z Guide, in: Fathom. For A Deeper Understanding of Israel and the Region, October 2023, https://fathomjournal.org/progressives-and-the-hamas-pogrom-an-a-z-guide.

Kerner, Ina (2020): Provinzialismus und Semi-Intersektionalität: Fallstricke des Feminismus in postkolonialen Zeiten, in: Feministische Studien, 38(1), 76–93.

Küntzel, Matthias (2024): Nazis, Islamic Antisemitism and the Middle East, London: Routledge.

Massad, Joseph: Desiring Arabs, Chicago: University of Chicago Press, 2007.

Nelson, Cary (2016): The Intersectionality Muddle, 14.2.2016 https://www.insidehighered.com/views/2016/02/15/concept-intersectionality-mutating-and-becoming-corrupted-essay.

Palestinian Feminist Collective (2021): Pledge that Palestine is a Feminist Issue, https://actionnetwork.org/petitions/pledge-declaring-palestine-is-a-feminist-issue.

Palestinian Feminist Collective (2023): All Out For Palestine. Stop the Genocide! End U.S. Aid to Israel! Free Palestine! October 2023, https://actionnetwork.org/user_files/user_files/000/098/772/original/All_Out_Palestine_Toolkit_3.0.pdf.

Palestinian Feminist Collective (o.J.): Free Khalida Jarrar, End the Global Prison-Industrial Genocide, https://palestinianfeministcollective.org/free-khalida-jarrar-end-the-global-prison-industrial-genocide/.

Puar, Jasbir K. (2007): Terrorist Assemblages: Homonationalism in Queer Times, Durham: Duke University Press.

Puar, Jasbir K. (2012): The Golden Handcuffs of Gay Rights: How Pinkwashing Distorts both LGBTIQ and Anti-Occupation Activism, in: Jadaliyya, 07.02.2012, https://www.jadaliyya.com/Details/25229.

Puar, Jasbir K./Mikdashi, Maya (2012): Pinkwatching and Pinkwashing: Interpenetration and its Discontents, in: Jadaliyya, 09.08.2012, https://www.jadaliyya.com/Details/26818.

Schotten, Heike/Maikey, Haneen (2012): Queers Resisting Zionism: On Authority and Accountability Beyond Homonationalism, in: Jadaliyya, 10.10.2012, https://www.jadaliyya.com/Details/27175/Queers-Resisting-Zionism-On-Authority-and-Accountability-Beyond-Homonationalism.

Schulman, Sarah (2012): Israel/Palestine and the Queer International, Durham, N.C.: Duke University Press.

Stögner, Karin (2014): Antisemitismus und Sexismus. Historisch-gesellschaftliche Konstellationen, Baden-Baden: Nomos.

Stögner, Karin (2020): Intersectionality and Antisemitism. A New Approach, in: Fathom. For A Deeper Understanding of Israel and the Region, https://fathomjournal.org/intersectionality-and-antisemitism-a-new-approach.

Stögner, Karin (2023): Kritische Theorie und feministisches Urteilen heute, in: Zeitschrift für kritische Theorie, 29(56/57), 202–216.

Stychin, Carl F. (2004): Same-Sex Sexualities and the Globalization of Human Rights Discourse, in: McGill Law Journal Revue de droit de McGill, 49(4), 951–968.

Weinstock, Nathan (2019): Der zerrissene Faden. Wie die arabische Welt ihre Juden verlor. 1947–1967, Freiburg: ça ira.

Mit Aimé Césaire gegen Israel?

(Dis-)Kontinuitäten des israelbezogenen Antisemitismus in antikolonialer und postkolonialer Theorie

Randi Becker

Seit dem 7. Oktober entdecken palästinensische Aktivist:innen und zeitgenössische postkoloniale Theoretiker:innen Vordenker anti- und postkolonialer Theorien wieder oder neu: Mit Bezügen auf Edward Said oder Frantz Fanon wird das Massaker der Hamas und anderer palästinensischer Terrorgruppen in Südisrael als antikolonialer Widerstand gedeutet und eine lange Denktradition dieser antisemitischen und antizionistischen Vorstellungen von „Widerstand" und „Befreiung" behauptet. Unter diesen neu- oder wiederentdeckten Autoren befindet sich auch der martinikanische Dichter und Denker Aimé Césaire. So glaubt etwa John Eperjesi, Professor des Departments of English Linguistics and Literature der Kyung Hee University in Seoul, seine eigene Sicht auf Israel mit Theorien Césaires verbinden zu können: Der Staat Israel würde Praktiken des Rassismus, der Apartheid, des Siedlerkolonialismus, der ethnischen Säuberung und des Genozids, finanziert durch die USA, anwenden und sei auf seine Praktiken auch noch stolz. Menschen auf der ganzen Welt seien entsetzt und würden nun ältere postkoloniale Texte hervorholen, um die Situation in Gaza zu verstehen. Eperjesi schlägt die Lektüre Césaires vor, denn dessen *Über den Kolonialismus* helfe, die Barbarei zu verstehen, die nicht etwa am 7. Oktober stattfand, sondern die Eperjesi in der US-amerikanischen Unterstützung des israelischen Militärs sieht (Eperjesi 2024).

Häufig sind solche Beispiele gespickt mit antisemitischer Rhetorik: Israel wird unterstellt, einen Genozid zu begehen,[1] als Apartheidsstaat und Kolonialregime bezeichnet.[2] Gleichzeitig werden solche antisemitischen Erzählungen rund um Bezüge zu Aimé Césaire konstruiert. Doch warum avanciert er in aktuellen postkolonialen Versuchen des Theoretisierens um den 7. Oktober zum Stichwortgeber für israelbezogenen Antisemitismus?

1 Zum antisemitischen Gehalt des Genozidvorwurfs siehe Lelle (2025).
2 Zum Vorwurf an Israel, Kolonialregime zu sein, siehe Schneider (2023).

Im Folgenden stelle ich Césaire vor und frage, wie sein Werk vor und nach dem 7. Oktober für antisemitische Argumentationen genutzt wurde und wird und kontrastiere dies mit Césaires eigenen Thesen zum sogenannten Nahostkonflikt. Am Beispiel von Césaire und seiner Rezeption vor und nach dem 7. Oktober lassen sich Widersprüche zwischen Originalwerk und Rezeption herausarbeiten, die grundsätzliche Fragen nach zeitgenössischer postkolonialer Theorie-Geschichtsschreibung aufwerfen.

Poet, Pragmatiker, Politiker

Aimé Césaire wird 1913 in Basse-Pointe, einer kleinen Stadt im Nordosten der Insel Martinique, damals französische Kolonie, später französisches Département und Region, geboren. Er besucht das Lycée in Fort-de-France, Martiniques Hauptstadt, und kann ab 1931 ein Elitegymnasium in Paris besuchen. 1932 beginnt er sein Studium an der Sorbonne. Die Zeit in Paris, ursprünglich als Befreiung aus den engen, kleinkarierten Verhältnissen Martiniques empfunden, wird für ihn zu einer Begegnung mit schwarzer Kultur und Geschichte: Césaire trifft hier andere schwarze Studierende aus verschiedensten afrikanischen Ländern, lernt durch sie afrikanische Kultur und Geschichte kennen und gründet die Gruppe „L'Étudiant noir" sowie die gleichnamige Zeitschrift. Er beginnt, Gedichte und Essays zu schreiben und reflektiert Fragen der schwarzen Selbstbewusstwerdung: Wie können Schwarze in den ganz unterschiedlichen Ländern angesichts des Kolonialismus ein Bewusstsein für die eigene Identität, Kultur und Geschichte entwickeln? 1939 kehrt er nach Martinique zurück und gründet die antikoloniale Zeitschrift *Tropiques*, in der auch gegen das Vichy-Regime protestiert wird, woraufhin die Publikation verboten wird. Als aufstrebender linker Denker und Poet wird er von der Parti communiste français (PCF), der Kommunistischen Partei Frankreichs, entdeckt und 1945, für ihn selbst überraschend, zum Bürgermeister der martinikanischen Hauptstadt gewählt, was er bis 2001 bleibt, sowie zum Vertreter Martiniques in der französischen Nationalversammlung. Mit den Parteikommunisten bricht Césaire allerdings früh: Er tritt 1956 mit einem offenen Brief aus der PCF aus, in dem er neben deren fehlendem Bewusstsein für die Situation der Schwarzen auch die Verbrechen Stalins, dessen Antisemitismus und die fehlende Kritik der französischen Linken daran kritisiert (Césaire 2016a: 387–394). Er gründet daraufhin in Martinique die Parti Progressiste Martiniquais (PPM) und ist für sie bis zu seinem Tod aktiv. Als Poet veröffentlicht er im Laufe seines Lebens zahlreiche Gedichte, Theaterstücke, Essays und Bücher. Er wird insbesondere für die Idee der „Négritude" berühmt, einem Plädoyer der schwarzen Bewusstwerdung der eigenen Geschichte und Kultur, als „eine Art und Weise, dem Wert, der Würde und der Bedeutung der afrikanischen Zivilisationen gerecht zu werden" (Césaire 2018: 172).[3] Seine flammende Rede *Über den Kolonialismus*, ab 1950 geschrieben, ist seine meist rezipierte Schrift: ein Aufschrei gegen den Kolonialismus, häufig als Abrechnung mit Europa interpretiert, samt vieler relativierender Vergleiche zwischen Kolonialismus und Nationalsozialismus. Seine weniger rezipierten Schriften und politischen Reden vermitteln ein differenzierteres Bild: das eines Linken, der an den Werten *Liberté*, *Égalité* und *Fraternité* festhalten, aber ihre Verwirklichung für alle erstreiten will. Als Bürgermeister und Politiker steht er für eine undogmatische Politik, die sich zuallererst auf die Verbesserung der realen Lebensbedingungen der martinikanischen Bevölkerung bezieht. So hat er als dezidiert antikolonialer Politiker trotzdem nie die Unabhängigkeit Martiniques von Frankreich gefordert, sondern sich stets für einen Status der Insel eingesetzt, der nicht symbolisch, sondern ganz praktisch das Leben der Bevölkerung verbessert, zuerst 1946 als Département, später als Region von Frankreich.

Césaire-Rezeptionen gegen Israel

Sein Werk wird in postkolonialen Theorien breit rezipiert und häufig zur Untermalung antisemitischer Erzählungen verwendet. Joseph A. Massad, Professor für Modern Arab Politics and Intellectual History der Columbia University und pro-palästinensischer Aktivist, nutzt Césaire-Bezüge, um Juden:Jüdinnen als Weiße zu markieren. Massad selbst hatte am 8. Oktober 2023 einen Artikel auf der Seite *Electronic Intifada* veröffentlicht, in dem er das Massaker als „innovative Palestinian resistance" bezeichnete. Er sprach von „stunning videos" der gleitschirmfliegenden Terroristen als „air force of the Palestinian resistance" (Massad 2023).

Schon vor dem 7. Oktober bezog Massad sich auf Césaire, etwa in seiner Rede „Die letzten Semiten" anlässlich der „zweiten Palästina-Solidaritätskonferenz" 2013 in Stuttgart, in der er das Wort „Antisemitismus" vollständig von Juden:Jüdinnen und der Feindschaft gegen sie ablöst und darunter

3 Wenn nicht anders angegeben stammen alle Übersetzungen von der Autorin.

in Anlehnung an „semitische Sprachen“ eine Feindschaft gegen „Semiten“ versteht. Im „jüdischen Holocaust“ seien die Juden umgebracht worden, die den Zionismus bekämpft hätten, sodass heute nur noch die „letzten Semiten“, die Palästinenser:innen, übrig seien, um den Kampf gegen den Antisemitismus und Zionismus zu führen (Massad 2013). Zionismus sei so gleich Antisemitismus und Palästinenser:innen Opfer von Antisemitismus seitens der Zionist:innen. Allein der palästinensische Widerstand sei es, „der dem vollständigen Sieg des europäischen Antisemitismus im Nahen Osten und auf der ganzen Welt im Wege“ (ebd.) stünde. Diese Argumentationsfigur fußt auf Massads Verschwörungserzählung einer „antisemitischen Basis des Zionismus und ihren Allianzen mit Antisemiten“ vor und während des Nationalsozialismus (ebd.). Nach 1945 hätten „die Vereinigten Staaten und einige europäische Länder einschließlich Deutschland [...] die pro-zionistischen Strategien der Nazis“ fortgesetzt (ebd.). Im Versuch, diese behauptete Gemengelage prozionistischer Positionierungen noch in postkoloniale Begriffe zu kleiden, geht Massad davon aus, Juden:Jüdinnen seien nach 1945 in medialen Darstellungen „weiß gemacht“ worden, um die Identifikation mit ihnen als Opfer des Holocaust zu erleichtern und so „posthum in die Kultur weißer Europäer integriert worden“ (ebd.). Nur wegen dieser Weißmachung würden nun in einem Land wie den USA, „das mit der Abschlachtung europäischer Juden nichts zu tun hatte“, zahlreiche Holocaustgedenkstätten existieren, während der „Holocaust an den amerikanischen Ureinwohnern oder an den Afro-Amerikanern“ nicht erinnert würde (ebd.). Dies sei, mit Césaire, eine koloniale Kontinuität: Nach Massad sah Césaire

> die Kriege der Nationalsozialisten und den Holocaust als nach innen gerichteten europäischen Kolonialismus [...]. Aber seitdem die Opfer des Nazismus als weiße Bürger rehabilitiert sind, führen Europa und sein amerikanischer Komplize ihre Nazipolitik der Gräueltaten an nicht-weißen Völkern auf der ganzen Welt fort, so in [...] Palästina, im Iran sowie im Irak und in Afghanistan. (Ebd.).

Kolonialismus würde sich auch in der Staatsgründung Israels ausdrücken, einem „Kolonialstaat von Siedlern weit weg von Europa“ mit „antisemitische[m] Programm des Zionismus der Assimilierung von Juden in die weiße Gesellschaft“ (ebd.). Der Staat Israel wird hier zum „zionistische[n] Kolonialismus“, der fälschlicherweise für sich in Anspruch nähme, Staat von Holocaustüberlebenden zu sein, der Milliardenbeträge für die „Wiedergutmachung für den Holocaust“ erhalte, obwohl weder Israel noch der

Zionismus die Opfer des Holocaust gewesen seien, sondern ausschließlich antizionistische Juden:Jüdinnen (ebd.).

Massad verbindet in dieser irren Rede sekundär-antisemitische mit israelbezogen-antisemitischen Motiven, die er mit Bezügen auf Césaires *Über den Kolonialismus* anreichert. Nur die geübte Césaire-Leserin kann dabei filtern, welche Teile der Argumentation sich auf Césaire beziehen und welche Teile Massad ergänzt. Es entsteht der Eindruck, schon Césaire habe Israel als zionistischen Kolonialstaat verstanden, Araber:innen und Muslim:innen als neue Juden:Jüdinnen markiert und aktuellen Antisemitismus gegen Juden:Jüdinnen negiert. Massad kann so die eigenen antisemitischen Positionen mit Verweisen auf Césaire als Teil einer vermeintlich langen Theorietradition ausgeben.

Houria Bouteldja gegen den „Deal with the devil"

Houria Bouteldja, eine französisch-algerische Aktivistin und Autorin, die sich für die BDS-Kampagne engagiert (Stop Antisemitism 2023), nutzt Césaire-Bezüge vor allem, um eine generelle Schuldigkeit jeder Israelin und jedes Israeli zu behaupten. Zu ihren eigenen vielfältigen antisemitischen Äußerungen zählen etwa eine Rede von 2017, in der Bouteldja äußerte, sie „could not care less" hinsichtlich der Ermordung der Jüdin Sarah Halimi in Paris, weil Halimi „a colonizer" sei (ebd.), sowie ein Interview von 2013, in dem sie angibt, Zionismus sei eine kriminelle Ideologie, die dieselbe DNA wie der Nationalsozialismus teile (ebd.). Ihre Vernichtungsfantasien kulminieren in Aussagen wie: „Killing an Israeli is killing two birds with one stone – eliminating the oppressor and the oppressed" (ebd.), eine Anlehnung an den Satz aus Jean-Paul Sartres Vorwort zu Fanons *Die Verdammten dieser Erde*: „In the first phase of the revolt, killing is a necessity: killing a European is killing two birds with one stone, eliminating in one go oppressor and oppressed: leaving one man dead and the other man free." (Sartre 1961)

In ihrem Buch *Whites, Jews, and Us: Toward a Politics of Revolutionary Love* (2016) entfaltet sie ihre Hauptthese: Im Gegensatz zu Araber:innen und Schwarzen hätten Juden:Jüdinnen „ideological choices" getroffen, die zu einer Allianz von Juden:Jüdinnen mit dem westlichen Imperialismus führen würden – dem „deal with the devil". Der Westen könne so durch sie die weiße, moralische Legitimitätskrise nach dem Nationalsozialismus bewältigen und Rassismus auslagern (Bouteldja 2016: 54f.). Juden:Jüdinnen hätten so den Kampf gegen die „white supremacy" verraten, was sich insbesondere in der Staatsgründung Israels spiegele: Der Zionismus sei der Inbegriff jüdischen Verrates und Kapitulation vor der „white supremacy" (ebd.: 57). Juden:Jüdinnen könne Bouteldja immer und überall an ihrer Bereitschaft, mit dem Weißsein zu verschmelzen, ihre Unterdrücker zu unterstützen und daran, den Kanon der Moderne verkörpern zu wollen, erkennen (ebd.: 53f.). Sie inszeniert den Staat Israel als kolonialen, rassistischen Staat, zu dem sich alle Juden:Jüdinnen positionieren müssten: „whiteness or decolonization, Zionism or anti-Zionism" (ebd.: 68).

Césaire dient ihr vor allem zu holocaustrelativierenden Argumentationen. Zum einen sei die Shoah für den globalen Süden „nothing but a ‚detail'", nicht wirklich dessen eigene Geschichte, Antisemitismus sei europäisch (ebd.: 59). Versuche, Nicht-Weiße antisemitisch zu markieren, würden Antisemitismus unrechtmäßig universalisieren (ebd.: 61). Gleichzeitig schreibt sie mit Bezug auf Césaire, die Shoah sei in einem „decolonial reading of the Nazi genocide" ein Resultat des Kolonialismus: Techniken des Massenmords seien vor den Konzentrationslagern an Schwarzen im Rahmen von „tropischen Genoziden" getestet worden, vor denen die europäische Bevölkerung die Augen verschlossen habe (ebd.: 63). Césaire werfe so auch die Frage nach einer Einzigartigkeit der Shoah auf, zu der Bouteldja sinniert, Erinnerungskultur sei insbesondere dadurch gefährdet, dass sie bereits eine „European civil religion" geworden sei (ebd.: 63).

Diese Idee taucht später auch im zweiten Historikerstreit bei A. Dirk Moses' Vorstellung eines „Katechismus der Deutschen" wieder auf: Erinnerungskultur sei eine Art Alltagsreligion geworden, eine „Heilsgeschichte, in der die ‚Opferung' der Juden durch die Nazis im Holocaust die Voraussetzung für die Legitimität der Bundesrepublik" darstelle (Moses 2021). Juden:Jüdinnen sollten nach Bouteldja endlich aufhören, sich als „supreme victims" zu verstehen und „Hierarchien des Horrors" zu erschaffen (ebd.: 64). Die Einzigartigkeit der Shoah mache sie neidisch, schreibt sie entlarvend: „If we are jealous of you, it is because we covet your place in the heart of white people." (Ebd.: 71) Die Betonung der Einzigartigkeit der Shoah sei aber nicht nur Ausdruck der Privilegierung von Juden:Jüdinnen durch Weiße, sondern auch eine nicht zu tolerierende Instrumentalisierung und Stütze des israelischen Nationalismus (ebd.: 66f.). Césaire dient ihr dabei als legitimierende Autorität für ihre eigenen sekundär- und israelbezogenantisemitischen Erzählungen: „I'll give Césaire a try. Who knows, perhaps he will find the words to convince you." (Ebd.: 62)

Mit Césaire gegen die Schönheitskönigin Benayoum

Im Dezember 2020 entwickelt Bouteldja ihre These des grundsätzlichen „israelischen Schuldig-Seins" am konkreten Beispiel weiter: Auf der linken Website *Mediapart* veröffentlicht sie einen Artikel, in dem sie zur antisemitischen Kampagne gegen die Miss Provence und Miss World France April Benayoum Stellung bezieht. Diese war Ziel von antisemitischen Angriffen auf Social Media geworden, nachdem bekannt wurde, dass ihr Vater Israeli ist. Bouteldja argumentierte, sie sei zwar nicht verantwortlich für die Identität ihres Vaters, aber für ihre eigene, und müsse anerkennen, was diese Identität für Millionen vertriebener Palästinenser:innen bedeute (Cohen 2020). Benayoum müsse sich zu Israel positionieren: „One can be the daughter of an Israeli and position oneself against the colonial reality of Israel. One cannot be Israeli innocently." (Zit. n. Lentin 2021) Damit paraphrasiert Bouteldja Césaires Ausspruch: „No one colonises innocently, and no one can colonise without impunity." (Zit. n. ebd.) Ihr Text wurde nach Kritik von der Seite *Mediapart* wieder gelöscht, dann durch die Union juive française pour la paix erneut veröffentlicht (Bouteldja 2021). Sie selbst bezeichnet dies als „Zensur", die „den Antizionismus zu einem strafbaren Meinungsdelikt machen und jeglichen Widerstand ihrer okzidentalistischen Weltsicht unterwerfen wolle" (ebd.). Antikolonialismus müsse jedoch notwendigerweise auch Israelfeindschaft einschließen. Die französische Linke habe grundsätzlich ein Problem der Inkonsistenz im Hinblick auf antikolonialistische Politiken und hätten Césaires These der kolonialen Schuld nicht verstanden, was am Beispiel des Zionismus besonders augenfällig werde. Césaire dient ihr als Stichwortgeber für ein generelles Einfordern antizionistischer Positionen im postkolonialen Aktivismus der französischen Linken: Da Israel ein Kolonialstaat sei, seien weder seine Bürger:innen noch diejenigen, die sich auf ihn berufen, unschuldig (ebd.). So teile Miss Provence „die Verantwortung für den israelischen Kolonialismus: d. h. die Vertreibung der Palästinenser im Jahr 48, die unaufhörliche Kolonisierung der palästinensischen Gebiete, die regelmäßigen Bombardierungen des Gazastreifens" (ebd.).

Césaire dient Bouteldja auch als Referenz für die Relativierung islamistischer Anschläge: Eine der meistzitierten Stellen aus *Über den Kolonialismus* ist Césaires Vorwurf an den „ach so humanistischen, ach so christlichen Bourgeois des 20. Jahrhunderts", dass dieser „selbst einen Hitler in sich trägt, ohne es zu wissen, dass Hitler ihn bewohnt" (Césaire 2021: 34), dass Europäer:innen die „Rassentheorien" und koloniale Gewalt mitgetragen haben. Während Césaire in *Über den Kolonialismus* durchaus verkürzend und relativierend Parallelen zwischen Kolonialismus und Holocaust behauptet, geht es ihm in dieser Problematisierung des „Hitler inside" darum, dass der „Pseudohumanismus [...] die Menschenrechte allzu lange beschränkt hat, dass er eine enge, fragmentarische, eine partielle und parteiische und [...] rassistische Auffassung von ihnen gehabt hat und immer noch hat" (ebd.: 35). Das Problem besteht für ihn darin, dass die Menschenrechte nicht universell sind. Bei Bouteldja wird dieser „Hitler inside" zur argumentativen Brücke, um Terrorattentate zu relativieren: Diese seien nur der Spiegel der Barbarisierung der Weißen im Kolonialismus, deren „Hitler inside". Terrorattentate wie auf die Redaktion von *Charlie Hebdo* oder den Club Bataclan seien zwar Resultate von Barbarisierung, diese hänge aber immer mit rassistischer Unterdrückung zusammen und sei so im Kern weiß. Barbarische Akte von Schwarzen seien nur der Spiegel weißer Barbarei, schwarze Barbarisierte nur aufgrund eines Übermaßes an Weißsein barbarisiert (Bouteldja 2019). So sei der Westen selbst für Terroranschläge verantwortlich. Antisemitismus bei Muslimen oder Nicht-Weißen existiere zwar, sei aber von einem Philosemitismus des Staates überlagert, den es zuallererst zu bekämpfen gelte (ebd.). Césaire dient ihr als Ausgangspunkt, um islamistische Terroranschläge als Resultat des Kolonialismus zu verharmlosen und einen antizionistischen Antirassismus zu fordern.

Der 7. Oktober als Rache der Kolonisierten

2024 schreibt Bouteldja unter dem vielsagenden Titel „Die Juden der Geschichte zurückgeben oder das Ende der Unschuld", das Massaker des 7. Oktober sei eine „Explosion, die eine ultimative Wahrheit wiederherstellt" (Bouteldja 2024: 151). Sie verharmlost die massive Gewalt, wenn sie das Massaker als Ereignis begreift, mit dem die Palästinenser:innen sich gegen ihr Schicksal gewehrt hätten, ein ausgerottetes Volk zu werden. Sie hätten diesen Widerstand in der „einzigen Form ausgedrückt, die ihm seine Henker gelassen haben" (ebd.). Der Zionismus fülle für Juden:Jüdinnen „dieses existenzielle Unbehagen aus: Rache an der Geschichte nehmen, Superweiße werden und gleichzeitig vorgeben, man selbst zu bleiben. Besiegte mit Siegermasken." (Ebd.: 160). Bouteldja zufolge hätten alle Israelis eine umfängliche Verantwortung für die „Massaker ihrer Regierung", da die „zionistische Kolonialherrschaft" Israel seit der Staatsgründung 1948 ausmache und die politische Gesellschaft auf diesem Verbrechen basiere. Alle, die davon profitierten (i. e. Israelis, mit Ausnahme von Kindern), seien demnach moralisch dafür mitverantwortlich. „Wie Césaire sagte, kolonisiert niemand unschuldig. Folglich ist niemand unschuldig Israeli". Ebd.: 162) Ihre Ausführungen schließt sie mit der Feststellung, als palästinensischer „Märtyrer" müsse man notgedrungen immer auch den Juden treffen, wenn man den „israelischen Kolonisten" treffen wolle. Palästinenser:innen müssten sich endlich „von der Judenfrage befreien" durch die endgültige Zerschlagung des Staates Israel:

> Das palästinensische Volk wird so lange in der weißen Moralfalle gefangen bleiben, wie die Judenfrage als Alibi für die Aufrechterhaltung der westlichen Vorherrschaft dient – durch Israel als ihren Vorposten. Die Palästinenser von der Judenfrage zu befreien, bedeutet nicht nur, ihr Recht auf Widerstand in all seinen Formen zu verteidigen, sondern auch endgültig anzuerkennen, dass das, was einen Israeli grundsätzlich kennzeichnet, nicht so sehr sein Judentum ist, [...] sondern, dass er ein Besatzer ist. (Ebd.: 170f.)

Auch andere Autor:innen beziehen sich nach dem 7. Oktober auf Césaire und nutzen dafür insbesondere dessen Figur des Bumerangs: Césaire hat in *Über den Kolonialismus* vom *Choc en retour* geschrieben, dem zurückkehrenden Schock, um zu beschreiben, dass das aufklärerische Gleichheitsversprechen nicht für alle gelte, koloniales „Rassedenken" und auch die nationalsozialistische Ideologie ermögliche, und dass der Verrat der Menschlichkeit und Gewaltanwendung weit weg auf Europa zurückwirke. Dieser *Choc en retour*, ursprünglich wenig konkret gefasst, wurde in den Übersetzungen bereits als Bumerang missinterpretiert. Nach dem 7. Oktober dient diese Figur des Bumerangs als Bestätigung einer Unschuld der Palästinenser:innen an den Morden des 7. Oktober: Der Angriff der Hamas sei eine Demonstration antikolonialer Gewalt gewesen und nur die Antwort auf Israels „Provokationen, ein anderes Volk zu besetzen, zu belagern und ihm das Recht auf Selbstbestimmung zu verweigern" (Baconi 2024). Das Massaker des 7. Oktober sei Ausdruck von Widerstand gegen die „israelische Apartheit" gewesen, wobei die Lehre daraus sei, dass eben jene nicht unbesiegbar ist (ebd.). Südafrika sei mit seiner Genozidklage gegen Israel vor dem Internationalen Gerichtshof ein Beispiel des Widerstandes des globalen Südens gegen die westliche Hegemonie, die historisch die „zionistische Kolonisierung Palästinas" möglich gemacht habe. Die jetzige globale Mobilisierung gegen „Israels Genozid" zeige, dass Gaza der Dreh-

und Angelpunkt sei. In Anlehnung an Césaire würde der „koloniale Bumerang“ durch Gaza zurück in die Metropole geschleudert (ebd.). Mit der Figur des Bumerangs wird das Massaker zum antikolonialen Widerstand, der sich nicht nur gegen Israel richte, sondern der erste Schritt hin zu einer neuen dekolonialen Welt sei. Mit dem Bezug auf Césaire kann Baconi seine Verharmlosung eines Massakers in eine vermeintlich lange und seiner Argumentation nahen Theorietradition einreihen.

Ganz ähnlich nutzt auch Noura Erakat, Professor für Africana Studies an der Rutgers University, New Brunswick, die Césairesche Figur des Bumerangs: So gäbe es einen Zusammenhang von US-amerikanischen Zuständen und denen in Gaza: Was in kolonialer Manier in der Peripherie angewendet würde, schlage nach Césaire auf die Metropole zurück, etwa in Anti-Terrorismus-Gesetzen, Zensur von Büchern und der Autorisierung von Polizei auf amerikanischem Universitätsgelände (Erakat 2024). Mit der Figur des Bumerangs möchte sie auf den vermeintlichen Zusammenhang der Unterdrückung von Schwarzen in den Vereinigten Staaten und dem Umgang mit Palästinenser:innen in Gaza aufmerksam machen und mit Césaire die eigene Sicht auf Israel als vermeintlich rassistischen und genozidalen Kolonialstaat legitimieren.

Césaire über Israel

Häufig wird Césaire in postkolonialen Theorien vor und nach dem 7. Oktober als Vordenker israelbezogen-antisemitischer Erzählungen dargestellt. Seine Rezipient:innen suggerieren durch gezieltes Einbinden von Césaire-Zitaten den Eindruck eines Konsens der Israelfeindschaft ihrer und der césairschen Positionen, zitieren dabei aber nie direkt israelfeindliche Stellen Césaires.

Césaire hebt sich von den meisten zeitgenössischen postkolonialen Denker:innen dadurch ab, dass in seinem Werk Israel gar nicht vorkommt. Um sich mit dem Kolonialismus und seinen Nachwirkungen zu beschäftigen, reichen Césaire die Beschäftigung mit der Geschichte Martiniques und Fragen nach dem bestmöglichen politischen Status der Insel für das konkrete Wohl der dort lebenden Menschen völlig aus. Césaire war kein Ideologe, sondern pragmatischer Politiker, der als Vertreter Martiniques in der französischen Nationalversammlung die Lebensbedingungen der Martinikaner:innen verbessern wollte.

Zum Nahostkonflikt äußert er sich nur in wenigen Interviews auf explizite Nachfrage. Anfang der 2000er Jahre sagt er im Gespräch mit William F. S. Miles:

> We hear on the radio that Israelis are racist, [...] as if they are fighting the Arabs out of racism. This confuses the matter. They are fighting the Arabs because they have the sentiment, whether right or wrong, that the new state they have constructed – the state called "Jewish" – is threatened in its very existence. [...] ‚It is not that I am especially for the Israelis,' reflected the man whose brother was killed in a Palestinian terrorist explosion aboard an airliner, "but it's necessary to put the matter justly. What motivates them is not racism but nationalism – it's not the same thing [...] The roots [of the conflict] are historic, not racial. [...] Israel's essential motivation is its will to exist. It is anguished to see its future threatened." (Miles 2009: 6)

Der Interviewer ergänzt in einer Fußnote, Césaires Bruder George sei am 20. Februar 1970 auf dem Weg zu einer internationalen Konferenz durch einen Terroranschlag auf sein Flugzeug ums Leben gekommen (ebd.: 8). Der Anschlag wurde vermutlich von der Volksfront für die Befreiung Palästinas (PFLP) verübt (LAGIS 2023). Miles fragt im Interview gezielt nach der (in weiten Teilen antisemitischen) Weltkonferenz gegen Rassismus in Durban von 2001 (Mena-Watch 2024), zitiert den Vorwurf „Zionismus ist Rassismus" und die Forderung nach Reparationen für die Sklaverei. Césaire nimmt keinen Bezug auf die Äußerungen zum Zionismus, wendet sich aber gegen Reparationen mit dem Verweis, dass Leid nicht wieder gut gemacht werden könne. Auf die implizite Einladung des Interviewers, sich den antizionistischen Positionen der Durbankonferenz anzuschließen, geht Césaire nicht ein. Nach dem Zustand der Welt nach dem 11. September 2001 gefragt, plädiert Césaire für Humanismus und echte Zivilisation, wenn er sagt:

> Die Welt hat so lange gebraucht, bestimmte Werte zu entwickeln. Es wäre ein ungeheurer Rückschlag für die Zivilisation, das Ende der Welt, wenn die Situation sich noch verschlimmern würde. Wir müssen uns alle gegen die Furcht und Angst wehren. Wir müssen danach streben, Hoffnung und den Willen zu Leben zu kultivieren. (Zit. n. Miles 2003: 180f.)

Auch zum Islamismus positioniert sich Césaire klar: 2004 parallelisiert er diesen mit dem Nationalsozialismus:

> Leider ist die Art, wie Leute erzogen wurden, und wie sie auch heute noch erzogen werden, Teil des Problems. Wo hat Hitler den Rassismus gelernt? Und würden Sie nicht sagen, dass islamischer Radikalismus auch gefährlich ist? Ich denke das. Manche Formen des Islam verletzen sogar Afrika. [...] Die Araber waren unerbittliche Kolonisatoren und Sklavenhändler. (Césaire 2020: 41)

Césaire hat die Gründung Israels und den Nahostkonflikt nie als koloniale oder rassistische Situation bezeichnet, sondern im Gegenteil sehr deutlich darauf hingewiesen, dass diese (postkolonialen) Kategorien für Israel unpassend sind. Ebenso hat er Islamismus nie verharmlost oder als antikolonialen Widerstand bezeichnet. Trotzdem wird ihm dies von seinen Rezipient:innen häufig in den Mund gelegt. Aber warum?

Vom Theory Building der postkolonialen Studien[4]

Israelbezogener Antisemitismus gehört heute zum Mainstream postkolonialen Theoretisierens.[5] Am Beispiel von Césaire und der Rezeption seiner Thesen kann jedoch festgehalten werden, dass israelfeindliche Momente in seiner Theorie nicht enthalten sind, seine Theorien in der Theorieentwicklung aber als Legitimation für eben solche israelfeindlichen Argumente instrumentalisiert wurden. Er wird zu Unrecht zum Stichwortgeber für (aktuellen) israelbezogenen Antisemitismus. Eine ähnliche Instrumentalisierung macht Jan Gerber in Michael Rothbergs Rezeption des amerikanischen Historikers, Soziologen und Vordenkers der schwarzen Bürgerrechtsbewegung W. E. B. Du Bois aus, der bei Rothberg zum Stichwortgeber für dessen Konzept der multidirektionalen Erinnerung wird (Gerber 2024). Gerber betont, der historische Kontext des Du Boisschen Werks bleibe unbeachtet und der Text der Rede werde überstrapaziert (ebd.: 252).

4 Die Beobachtung eines „Theory Buildings" geht u. a. auf meinen Austausch mit Jan Gerber zurück, dessen Beobachtungen zur W.E.B. Du Bois Rezeption viele Parallelen zur Rezeption Aimé Césaires aufweisen (Gerber 2024). Jan Gerber gilt mein herzlichster Dank für seine Anregungen.

5 Anhand vieler Beispiele kann dies etwa Ingo Elbe (2024) in *Antisemitismus und postkoloniale Theorie* nachweisen.

Ähnliches lässt sich über die Rezeption von Césaires *Über den Kolonialismus* sagen: Einzelne Passagen, wie die Idee einer abstrakten Gemeinsamkeit von „Rassenhass" in Kolonialismus und Nationalsozialismus sowie die Idee, dass der Verrat von Menschenrechten in den Kolonien im *Choc en retour* auf die Metropole zurückwirkt, werden für eigenes Theoretisieren überstrapaziert. Das Gesamtwerk Césaires wird nicht beachtet, um ihn in die Geschichtsschreibung der eigenen Bewegung oder Denktradition einzugemeinden. Zwar finden sich in Césaires Rede zahlreiche die Unterschiede von Holocaust und Kolonialismus einebnende Vergleiche sowie allgemeine Formulierungen über koloniale Praktiken und Kolonisten, die es leicht machen, diese auf andere Kontexte zu übertragen. In seinem Gesamtwerk lässt sich aber unschwer feststellen, dass es Césaire mit diesen Stellen weder um eine Relativierung der Barbarei des Nationalsozialismus noch darum ging, alle Konflikte der Welt als koloniale zu deuten oder Islamismus zu relativieren. Dass genau dies aber in der Rezeption behauptet wird, entspringt dem Bedürfnis, theoretische Kontinuitäten zu suggerieren: Gerber nennt dies einen „historiographischen Utopismus", die Bemühung eines Nicht-Ortes, den es in der Form nie gegeben hat (Gerber 2024: 253). Robert Gerwarth und Stephan Malinowski haben Ähnliches für die postkoloniale Rezeption Hannah Arendts nachgewiesen, die zwar als Mutter der Kontinuitätsthese zwischen Afrika und Auschwitz bezeichnet werde, die aber selbst die Wurzeln des Nazismus nicht in Afrika verortete (Gerwarth/Malinoswki 2009: 299).

Wieso behaupten also aktuelle postkoloniale Theoretiker:innen solche Kontinuitäten zu ihren vermeintlichen Vordenker:innen? Felix Axster und Jana König geben im Nachwort der Rothbergschen *Multidirektionalen Erinnerung* ungewollt eine Antwort darauf: Es solle ein „beeindruckende[s] Panorama einer über Jahrzehnte andauernden Denktradition" behauptet werden, welches die eigenen israelfeindlichen Thesen untermauert, oder bei Rothberg „die gewohnte Einteilung von auf den Holocaust und den Kolonialismus bezogenen erinnerungspolitischen Konjunkturen und disziplinären Grenzen herausfordert" (Axster/König 2021: 370).

Theorieströmungen müssen sich selbst als Theorieströmung etablieren, um Verbreitung und akademische oder politische Anerkennung zu erfahren. Postkoloniale Theorien greifen dabei häufig auf ihre vermeintlichen Vordenker aus dem Antikolonialismus zurück, um eine lange Tradition und Kontinuität des eigenen Denkens zu behaupten. So können eigene, die Grenzen des bisher Sag- oder Schreibbaren überschreitende (antisemitische und antiisraelische) Aussagen anderen Theorieautoritäten in den

Mund gelegt und mit Verweis auf die vermeintlich lange Geschichte und die Prominenz des Autors als unangreifbar postuliert werden. Michael Rothberg kann als Paradebeispiel für solch einen Umgang mit vermeintlichen Vordenker:innen dienen. In seinem Konzept der multidirektionalen Erinnerung macht er die Differenzen zwischen seinem Denken und jenem der von ihm Zitierten kaum kenntlich. Seine Interpret:innen können nur über tendenziöses und assoziatives Auslegen unterschiedlicher Theoretiker:innen mit bewusster Ausblendung diverser Widersprüche eine „über Jahrzehnte andauernde Denktradition" (ebd.) der multidirektionalen Erinnerung behaupten.

Dabei werden aber zentrale Differenzen zwischen „Vordenkern" und Rezipient:innen ausgeblendet, insbesondere deren Verhältnis zu Europa und „zum Westen". Dieses Verhältnis wird bei Césaire noch in seiner Dialektik reflektiert, emanzipatorische Werte für alle zu versprechen, wichtige Ideen der Menschenrechte und der Humanität zu postulieren, aber nicht für alle einzulösen. Europa ist für Césaire beides: Ursprung des „Rassenhasses" und intellektuelle Heimat seines Humanismus. Césaire bezieht sich emphatisch auf die Werte der französischen Revolution, kritisiert an der französischen und westlichen Politik die mangelnde universelle Gültigkeit dieser Werte und macht auf deren Nicht-Umsetzung in den Kolonien aufmerksam. Er fordert eine humanistischere Welt für alle, in der Weiße, Schwarze, Juden:Jüdinnen gleich, frei und solidarisch miteinander leben. So beschreibt er die Ideologie der Alliierten im Kontrast zur nazistischen Ideologie als eine, „die sich weigert, die Ideen, die von der großen französischen Revolution von 1789 gesät wurden, als veraltet zu betrachten" und die erkennt,

> dass die einzige Chance zur Rettung der Welt in einer neuen sozialen und politischen Organisation besteht, [...] in der alle Menschen, egal ob reich oder arm, weiß, gelb oder schwarz, christlich, protestantisch oder jüdisch, alle aufblühen können, in der alle „stolz unter der Sonne gehen" können. (Césaire 2016a: 258)

Viele seiner postkolonialen Rezipient:innen haben dieses dialektische Verhältnis zur Aufklärung zugunsten einer Dämonisierung alles Westlichen aufgegeben, die den Staat Israel mit einschließt: Anstatt wie Césaire Humanismus, Freiheit und Gleichheit zum Maßstab der Bewertung zu machen, dient ausschließlich die Schablone westlich/nicht-westlich, kolonial/kolonisiert der Bewertung politischer Zustände. Sie nutzen Césaire-Bezüge darin, um eine Kontinuität israelfeindlichen Denkens und einer Theorietradition zu behaupten, die so nie existiert hat.

Postkoloniale Theoretiker:innen weisen oft und gerne darauf hin, dass es *die* postkoloniale Theorie nicht gebe, um den Verweis auf Antisemitismus in dieser Theorieströmung abzuwehren. Ingo Elbe hat zu Recht darauf hingewiesen, dass diese „Simulation von Überkomplexität" der Abwehr der Feststellung dient, dass sich diese Akteur:innen durchaus systematisch und hegemonial unter der Flagge zentraler Argumentationsmuster versammelt haben, nämlich der „Eskamotierung des Antisemitismus, Relativierung der Shoah, Dämonisierung des Zionismus, De-Thematisierung des Antisemitismus der ‚Anderen'" (Elbe 2024: 20). Dass es *die* postkoloniale Theorie nicht gibt, ist aber insofern richtig, als dass die Geschichte dieses Versammelns unter der Flagge des Antisemitismus und Antizionismus jüngeren Datums ist, als es uns einige Theoretiker:innen glauben machen wollen: Sie geht nicht bereits auf W. E. B. Du Bois, Aimé Césaire oder Frantz Fanon zurück, auch wenn diese Stichworte für spätere Diskurse liefern, sondern entwickelt sich durch das gezielte Setzen antisemitischer und antizionistischer Erzählungen politisch motivierter Aktivist:innen wie Edward Said und Nachfolgenden, die unwidersprochen bleiben, bereitwillig in das Theoretisieren Anderer aufgenommen werden und im Rückblick als immer schon Dagewesene erzählt werden. Nur so kann es so scheinen, als sei die Rothbergsche multidirektionale Erinnerung oder der Bouteldjasche Antizionismus eine lange Denktradition seit Fanon und Césaire.

Für die Antisemitismuskritik muss dies heißen, postkoloniale Theorien insofern ernst zu nehmen, als sie einer ausführlichen Analyse unterzogen werden sollten, um die (antisemitischen) Kontinuitäten herauszuarbeiten, aber auch Brüche sichtbar zu machen, um eine postkoloniale Geschichtsschreibung zu verhindern, die einen einheitlichen und immer schon dagewesenen Konsens anti- und postkolonialer Denker:innen gegen Israel behauptet. Césairescher Humanismus kann auch antisemitismuskritisch und antikolonial gedacht werden und mit der *Négritude* Juden und Jüdinnen einschließen:

> Rassismus ist [...] die Verzweckung des Anderen, des Negers oder des Juden, die Ersetzung des Anderen durch die Karikatur des Anderen, eine Karikatur, die als absolut angesehen wird. [...] Und das ist [...] der Dienst, den die Négritude der Welt geleistet hat. Es war ein Beitrag zum Aufbau eines echten Humanismus, eines universellen Humanismus,

denn schließlich gibt es keinen Humanismus, wenn er nicht universell ist. (Césaire 2016b: 220)

Literatur

Axster, Felix/König, Jana (2021): Nachwort: Multidirektionale Erinnerung in Deutschland, in: Rothberg, Michael: Multidirektionale Erinnerung. Holocaustgedenken im Zeitalter der Dekolonisierung, Berlin: Metropol, 361–380.

Baconi, Tareq (2024): Hamas contained. A History of Palestinian Resistance, Author's statement 2024, https://www.sup.org/books/middle-east-studies/hamas-contained/excerpt/author.

Bouteldja, Houria (2017): Whites, Jews, and Us. Towards a Politics of Revolutionary Love, South Pasadena: Semiotext(e).

Bouteldja, Houria (2019): White Innocence and the Barbarisation of the Racialised: letting the sleeping monster lie, März 2019, https://houriabouteldja.fr/white-innocence-and-the-barbarisation-of-the-racialised--letting-the-sleeping-monste-lie.

Bouteldja, Houria (2021): Clavreul, Césaire et moi. De l'Innocence des uns et de la Conscience des autres, veröffentlicht durch die Union juive française pour la paix, 01.01.2021, https://ujfp.org/clavreul-cesaire-et-moi-de-linnocence-des-uns-et-de-la-conscience-des-autres/.

Bouteldja, Houria (2024): Rendre les juifs à l'Histoire ou la fin de l'innocence, in: Butler, Judith/Azoulay, Ariella Aïsha/Budgen, Sebastian/Fischer, Leandros/Benatouil, Maxime/Bouteldja, Houria/Vergés, Françoise/Lordon, Frédéric/Klein, Naomi: Contre l'antisémitisme et ses instrumentalisations, Paris: La fabrique éditions.

Césaire, Aimé (2016a): Écrits politiques 1935–1956, Édition établie et présentée par Édouard de Lépine, Paris: jean michel place.

Césaire, Aimé (2016b): Écrits politiques 1957–1971, Édition établie et présentée par Édouard de Lépine, Paris: jean michel place.

Césaire, Aimé (2018): Écrits politiques 1988–2008, Édition établie et présentée par Édouard de Lépine, Paris: jean michel place.

Césaire, Aimé (2020): Resolutely Black. Conversations with Francoise Vergès, Cambridge: Polity Press [2005].

Césaire, Aimé (2021): Über den Kolonialismus, kommentierte Neuausgabe, Berlin: Alexander.

Cohen, Ben (2020): French-Algerian Activist Faces Potential Legal Action for Defending Antisemitic Campaign Against Beauty Queen, in: the algemeiner, 30.12.2020, https://www.algemeiner.com/2020/12/30/french-algerian-activist-faces-potential-legal-action-for-defending-antisemitic-campaign-against-beauty-queen/.

Elbe, Ingo (2024): Antisemitismus und postkoloniale Theorie. Der „progressive" Angriff auf Israel, Judentum und Holocausterinnerung, Berlin: Edition Tiamat.

Eperjesi, John (2024): Chilling parallels from Korea's past unfold as a current war drags on, in: Korean Quarterly, Winter 2024, https://www.koreanquarterly.org/tag/aime-cesaire/.

Erakat, Noura (2024): Five things we've learned since October 7, in: Mondoweiss, 08.10.2024, https://mondoweiss.net/2024/10/five-things-weve-learned-since-october-7/.

Gerber, Jan (2024): W.E.B. Du Bois und der Aufstand im Warschauer Getto. Eine Urszene „multidirektionaler Erinnerung"?, in: Viertelsjahrshefte für Zeitgeschichte, 72(2), 223–253.

Gerwarth, Robert/Malinowski, Stephan (2009): Hannah Arendt's Ghosts: Reflections on the Disputable Path from Windhoek to Auschwitz, in: Central European History, 42(2), 279–300, http://www.jstor.org/stable/40600596.

LAGIS – Landesgeschichtliches Informationssystem Hessen (2023): Bombe palästinensischer Terroristen beschädigt ein in Frankfurt gestartetes Flugzeug der Austrian Airlines, 21. Februar 1970, in: Zeitgeschichte in Hessen, https://www.lagis-hessen.de/de/subjects/xsrec/current/4/sn/edb?q=YToxOntzOjExOiJzYWNoYmVncmlmZiI7czoxMToiVGVycm9yaXNtdXMiO30=.

Lelle, Nikolas (2025): Was haben Genozid-Vorwürfe gegen Israel mit Antisemitismus zu tun?, in: Belltower.News, 17.02.2025, https://www.belltower.news/strategien-was-haben-genozid-vorwuerfe-gegen-israel-mit-antisemitismus-zu-tun-158283/.

Lentin, Alana (2021): Why are anticolonial academics being accused of antisemitism?, in: Vashtimedia, 09.02.2021, https://vashtimedia.com/anticolonial-academics-antisemitism-antizionism-holocaust-israel-palestine/.

Massad, Joseph A. (2013): Die letzten Semiten. Rede auf der zweiten Palästina-Solidaritätskonferenz in Stuttgart 10. -12. Mai 2013, https://senderfreiespalaestina.de/pdfs/joseph-massad-die-letzten-semiten-de.pdf.

Massad, Joseph A. (2023): Just another battle or the Palestinian war of liberation?, in: Electronic Intifada, 08.10.2023, https://electronicintifada.net/content/just-another-battle-or-palestinian-war-liberation/38661.

Mena-Watch (2024): Die Durban-Konferenz (2001), 20.11.2024, https://www.mena-watch.com/lexikon-durban-konferenz-2001/.

Miles, William F. S. (2003): Aimé Césaire and My Jewish Question, in: Wadabagei: A Journal of the Caribbean and its diaspora, 6(1), 171–182.

Miles, William F. S. (2009): Aimé Césaire as Poet, Rebel, Statesman, in: French Politics, Culture & Society, 27(3), Special Issue: Aimé Césaire: Man of the World, Master of the Word, 1–8.

Moses, A. Dirk (2021): Der Katechismus der Deutschen, in: Geschichte der Gegenwart, https://geschichtedergegenwart.ch/der-katechismus-der-deutschen.

Rothberg, Michael (2021): Multidirektionale Erinnerung. Holocaustgedenken im Zeitalter der Dekolonisierung, Berlin: Metropol.

Sartre, Jean-Paul (1961): Preface to Frantz Fanon's "Wretched of the Earth", in: Marxists Internet Archive (o. J.), https://www.marxists.org/reference/archive/sartre/1961/preface.htm.

Schneider, Paul (2023): Israel ist kein ‚siedlerkolonialistisches Projekt', in: Mena-Watch, 01.01.2023, https://www.mena-watch.com/israel-ist-kein-siedlerkolonialistisches-projekt/.

Stop Antisemitism (2023): Houria Bouteldja, 07.04.2023, https://stopantisemitism.org/as-week/houria-bouteldja/.

Ambivalente Projektionen

Neurechte Israel- und Islamdebatten vor dem 7. Oktober

Matheus Hagedorny

Bis heute streiten deutsche Neue Rechte über Israel und den Islam. Ein großer Teil dieser politischen Subkultur zwischen radikaler und extremer Rechter pflegt Ambivalenzen gegenüber dem Jüdischen und Muslimischen. Ihr Denken kreist um das Wiedergewinnen angeblich verlorener Souveränität nach der militärischen Niederlage des Nationalsozialismus. Neurechte Vordenker:innen verstehen die Ausrichtung Deutschlands an universalistischen Ordnungen des Kommunismus und Liberalismus als Quell der Dekadenz. Als Gegenprogramm beziehen sie sich auf den paradox anmutenden Begriff „Konservative Revolution", mit welchem der neurechte Vordenker Armin Mohler (1920–2003) antidemokratische Rechte der Weimarer Republik bezeichnete (Mohler 1950; 1972). Mohler habe eine „piece de resistance gegen die Verwestlichung des deutschen Geistes" (Sander 1989: 94) geschaffen. Die Weimarer Rechte soll als unbelasteter ideeller Vorläufer dienen, gleichwohl sie nicht klar vom Nationalsozialismus zu unterscheiden ist (Breuer 2005; Weiß 2015). Mit diesem Ideenarsenal soll die Westernisierung der Nachfolgegesellschaften des Nationalsozialismus sabotiert werden. Westernisierung meint dabei nicht nur geopolitische Westbindung, sondern auch liberale Demokratisierung, intervenierende Wirtschafts- und Sozialpolitik und ein selbstkritisches nationales Geschichtsbild (Doering-Manteuffel 2019). Im Zuge dieser metapolitischen Obstruktion loten einige von ihnen ideologische Schnittmengen mit islamistischen Kräften aus, während andere Israel zu einem bis an die Zähne bewaffneten Bollwerk gegen „Islamisierung" verklären.

Seit den 2010er Jahren tragen Neurechte den Streit um diese Positionen insbesondere entlang des Themenkreises „Islamisierung" offen aus (Weiß 2017: 16–23). Mit dem Aufkommen einer ausdrücklich antimuslimischen Rechten in den 2000ern wurde es zur Reizfrage, ob die proklamierten Werte westlicher Demokratien gegen „Islamisierung" mobilisiert werden sollen.

Es liegt nahe, neurechte Debatten um Israel und den Islam analog zum Verhältnis von Antisemitismus und Rassismus zu beleuchten. Laut Samuel Salzborn (2014/15) wird hier das Judentum als das heimatlos „Andere" identifiziert und das Muslimische als das Raumfremde exotisiert, dem ein anderes Territorium zugestanden wird. Tatsächlich ist Antisemitismus „kleinster gemeinsamer Nenner" der gesamten äußersten Rechten (Botsch 2024). Unübersehbar durchzieht auch Rassismus diese politische Richtung (Müller 2023). Allerdings gehen beide Ideologeme im Segment der Neuen Rechten nicht immer in einem totalen Antagonismus zwischen Deutschen auf der einen und Juden:Jüdinnen und Muslim:innen auf der anderen Seite auf.

Ambivalenzen zeigten sich bereits in der Alten Rechten bis 1945. Zwar blieb eliminatorischer Erlösungsantisemitismus der unverhandelbare Kern des Nationalsozialismus, der nationalsozialistische Rassismus zeigte sich allerdings in Bezug auf vermeintliche und tatsächlich muslimische Personen flexibel. So stand die Bewunderung des Islam neben der rassistischen Abwertung von Muslimen. Diese wurden während des Zweiten Weltkriegs zu Zehntausenden in die Wehrmacht und die als Elitetruppe angelegte Waffen-SS integriert (Petke 2021; Motadel 2017). Obwohl sich deutlich mehr Muslime am alliierten Abwehrkampf gegen Nazideutschland beteiligten, befestigte die Erinnerung an die deutsch-muslimische „Waffenbrüderschaft" vor allem im neonazistischen Spektrum positive Islambezüge (Virchow 2006: 188–191, 208–210, 410–11). Nach 1945 sieht sich die äußerste Rechte infolge von Tabus und Repression einerseits zu indirekter Artikulation von Judenfeindschaft gezwungen, wobei sich teils auch eine Diversifizierung des Antisemitismus erkennen lässt. Auch die Sicht auf Islam und Muslim:innen wandelte sich, insbesondere durch die millionenfache Einwanderung von Menschen aus islamisch geprägten Gesellschaften und den wachsenden Einfluss des politischen Islam.

Wie dieser Beitrag zeigen wird, sind Jüdinnen:Juden nicht nur Projektionsflächen für Ressentiments und Objekte des Hasses, sondern in Einzelfällen auch Akteure in dieser Strömung der äußersten Rechten. Der Staat Israel gilt hier vereinzelt auch als Aktivposten gegen den Islam. Auch Islam und Muslim:innen spielen eine ambivalentere Rolle (Thörner 2021) und sind vereinzelt ebenso Akteure (Göpffarth/Özyürek 2020). Zwar spricht viel für die These, dass von Neurechten „alter Faschismus in neuen Schläuchen" ausgeht (Wölk 2020), gleichwohl hat der Wandel von der nationalsozialistisch orientierten Alten zur Neuen Rechten Nischen geschaffen, in denen etwa pro-israelische und pro-muslimische Positionen Platz haben.

Diese Vielschichtigkeit neurechter Israel- und Islamdebatten wird im Folgenden ideologiegeschichtlich eingeordnet.

Die Entstehung der Neuen Rechten

Im Laufe der 1960er Jahre entstand eine bundesdeutsche Neue Rechte. Kennzeichnend für diese Verknüpfung von Zeitschriftenprojekten, Gesprächszirkeln, Gruppen und Einzelpersonen war ihre antiliberal-nationalistische Ausrichtung und Distanz zu Parteiprojekten. Den parteiförmigen Rechtsextremismus der frühen Bundesrepublik sah sie spätestens nach dem 1969 knapp verpassten Einzug der NPD in den Bundestag als gescheitert an. Der postideologisch auftretende und an Westbindung gekoppelte Liberalkonservatismus der CDU/CSU galt ihnen als nationaler Verrat. Zentraler strategischer Ansatz der Neuen Rechten war die Einflussnahme auf den vorpolitischen Raum, der sich flexibler, diffuser und weniger organisationsfixiert vollzog als bisher (Müller/Müller-Zetzsche 2024). Ein Einstellungswandel in Kultur, Medien und Bildungswesen sollte schließlich den Boden für die breite gesellschaftliche Akzeptanz eines rechtsautoritären Regimes bereiten (Langebach/Raabe 2016; Gebhardt 2024). Die Gesinnungsgemeinschaft gruppierte sich um Periodika wie *Junges Forum* (1964–2009) die *Herderbücherei Initiative* (1974–1988) und *wir selbst* (seit 1979). Am nachhaltigsten prägend wirkte allerdings die aus München kommende *Criticón* (1970–2005), deren Schlüsselfiguren Caspar von Schrenck-Notzing (1927–2009) und Armin Mohler waren (Dittrich 2008). Das von beiden federführend betriebene Vierteljahresheft ist das Vorbild für die heute maßgeblichen neurechten Periodika *Junge Freiheit* (seit 1986) und *Sezession* (seit 2003). *Criticón* versammelte ein internationales Spektrum von rechten Positionen, das vom Rechtsliberalismus über diverse Varianten des Konservatismus bis hin zu nationalrevolutionären Ideen reichte. In religiöser Hinsicht umschloss das Magazin christliche, paganistische, esoterische und atheistische Positionen. Es trug maßgeblich dazu bei, das deutsche Konservatismusverständnis antiliberal und nationalistisch aufzuladen (Steber 2017: 286–308). Indem es sich „ideologisch eingeschränkt pluralistisch" (Pfahl-Traughber 1998: 202) aufstellte, reagierte es auf Demokratisierungsprozesse im Postnazismus. Der spätere Herausgeber der *Criticón*, Caspar von Schrenck-Notzing, sah sich als Kurator eines internationalen gegenintellektuellen Milieus, für das er bereits 1962 einen Rahmen gesetzt hatte: „Nichtchristliche und nichtfreiheitliche Gesellschaften sind heute mindestens gleichberechtigte Traditionsquellen der sich herausbildenden industriellen Erdumfangskultur" (Schrenck-Notzing 1962: 59). Die rechtsintellektuelle „Suche nach dem Eigenen" (Backes 2013: 406) nach 1945 begünstigte eine antiliberale Weltoffenheit. Dadurch fanden auch Repräsentationen des Jüdischen und Muslimischen ihren Platz.

Jüdisches und Zionistisches in der Neuen Rechten

Der jüdische Beitrag zur Ideengeschichte der Neuen Rechten ist klein, aber nicht unbedeutend. Zu ihren kanonischen Autoren zählt, post mortem, der nationalkonservative Monarchist Hans-Joachim Schoeps (1909–1980). In den 1950ern und 1960ern wurde der zur „Konservativen Revolution" gezählte Schoeps als Professor für Religions- und Geistesgeschichte an der Universität Erlangen zum akademischen Lehrer für eine ganze Reihe neurechter Autoren wie Hellmut Diwald (1924–1993), Robert Hepp (*1938) und Hans-Dietrich Sander (1928–2017). Schoeps' Beiträge zur Apologie des Preußentums gehören heute zum Kanon der Szene (Lehnert 2019). Zu seinen Lebzeiten fügte sich der Solitär Schoeps mit seiner offensiven Apologie des homosexuellen Männerbunds und dem offensiven Bekenntnis zu Preußen aber kaum in das Modernisierungsprojekt der Neuen Rechten (Brumlik 2019). In diesem Lager tatsächlich aktiv war die Schweizer Schriftstellerin Salcia Landmann (1911–2002). Sie hatte mit *Der jüdische Witz* (1960) einen Millionenbestseller zum Untergang des Judentums in Mittelosteuropa geschrieben und bewegte sich nach dem Buch *Die Juden als Rasse – Das Volk unter den Völkern* (1967) zunehmend in der äußersten Rechten. Landmann brachte jüdisch beeinflussten Konservatismus und pro-zionistische Positionen in die neurechte Publizistik ein. Von Interesse waren dabei etwa ihre Kritik eines angeblich heterodox-jüdisch inspirierten „Sexual-Messianismus" von Herbert Marcuse und ihre starke Betonung der ordnungsliebenden Kräfte im Judentum (Landmann 1972; 1973; 1975). Im nationalistisch aufgeladenen Widerstand gegen die Liberalisierung der Bundesrepublik erfüllten sowohl Schoeps als auch Landmann legitimierende Funktionen. Die Vernichtung der europäischen Juden war das verdrängte Kernproblem bei der Konsolidierung einer vom Nationalsozialismus scheinbar unbelasteten Neuen Rechten in Deutschland. Jüdische Diskursteilnehmer:innen sollten eine neue Normalität in der deutschen Rechten belegen, in der Judenfeindschaft passé sei. Schoeps und Landmann fungierten als Kronzeug:innen für deutsch-jüdische Gespräche, die vom Abgrund der Shoah unbeeindruckt schienen. Zugleich ließ auch dieser Teil der äußersten Rechten nicht vom Kampf gegen die Aufarbeitung der NS-Verbrechen ab. Die sogenannte Vergangenheitsbewältigung galt als zentrales Hindernis für die Rekonstruktion nationaler Souveränität. Anders als die Alte Rechte vermieden neurechte Autor:innen zumeist offene Holocaust-Leugnung und judenfeindliche Aussagen. Zugleich blieben selbstbewusste Jüdinnen:Juden auch im neurechten Denken, wenn auch eher implizit, zentrale Antagonist:innen deutscher Souveränität (Weber 2025).

Im Unterschied zu stärker revisionistischen Organen wie *Nation Europa* (Botsch 2013) übte das *Criticón*-Lager Zurückhaltung gegenüber dem jüdischen Staat. Autor:innen zeigten hier Verständnis für Israels Position in feindlicher Umgebung und übten Kritik am Antizionismus – allerdings auf die Neue Linke beschränkt, der ein weltfremder Blick auf den Panarabismus bescheinigt wurde (Landmann 1976; Sauerzapf 1973; Rassem 1978). Von der Kritik verschont blieben der rechte Antisemitismus und Antizionismus. Gerade die Sympathiebekundungen zeigten Israel als Projektionsfläche für den ständig im Mittelpunkt stehenden Souveränitätsverlust der Deutschen nach 1945 (Weber 2022).

Das zeigte sich im eigentümlichen Lob, das der nicht-jüdische Autor Hans-Dietrich Sander (1928–2017) für den Wahlsieg des Likud-Blocks bei den Wahlen zur Knesset 1977 fand. Durch den Erfolg der israelischen Rechtsnationalisten, der die jahrzehntelange Dominanz der sozialistischen Arbeitspartei brach, werde „das traditionelle Bündnis des Judentums mit dem Linksliberalismus in Frage gestellt". Dass der frühere zionistische Partisan Menachem Begin Premierminister des jüdischen Staates wurde, war für Sander ein ermutigendes Zeichen, die „Herrschaft der Minderwertigen" zu überwinden, wie Sander den Parlamentarismus in Anlehnung an den Weimarer Rechten Edgar Julius Jung (1894–1934) nannte. Die in Israel angeblich von rechts „schmetternden Fanfaren gegen die Verzichtspolitik" (Sander 1977) ließen sich für Zeitgenossen leicht als Seitenhieb auf die auf Ausgleich bedachte bundesdeutsche Ostpolitik lesen. So taugte der in Israel erkannte neue politische Stil als Inspiration, auch wenn sein Anführer Begin weiterhin größte Skepsis gegenüber Deutschland behielt. Entscheidend war, dass Israel sich in Sanders Augen vom kosmopolitisch konnotierten Judentum und den liberalen USA entfernte. In diesem Gedanken spiegelte sich eine – von antisemitischen Ressentiments durchzogene – Sympathie für nationalisierte „Ausnahmejuden" (Schreiter 2022a). Israel war so lange akzeptabel, wie es als nicht-jüdischer Jude unter den Staaten gesehen werden konnte. Dieses Denken ist grundlegend für bis heute aufkommende pro-israelische Statements in der Neuen Rechten.

Islam in der neurechten Identitätspolitik

Die heute als selbstverständlich erscheinende antimuslimische Agitation in der Rechten war in den 1960ern und 1970ern indes noch nicht ausgebildet. Aufgeschlossenheit gegenüber der islamischen Welt gehörte zu den identitären Suchbewegungen abseits des Jüdischen und Christlichen. So widmete sich die Kulturzeitschrift *Antaios* (1959–1971), die von Ernst Jünger und Mircea Eliade herausgegeben wurde, auch den Religionen, Riten und Mythen, die durch das Christentum marginalisiert wurden (van Loyen 2014). In *Antaios* präsentierte etwa Mohammed Rassem (1922–2000) das islamische Waqf-Stiftungssystem als alternatives Ordnungsmodell zwischen kapitalistischem Privateigentum und kommunistischem Kollektiveigentum (Rassem 1960). Rassem, ein früher Mitstreiter von Schrenck-Notzing und Mohler, besorgte auch die ersten Übersetzungen von Eliades Religionsphilosophie aus dem Französischen und machte so auch dessen scharfe Abgrenzung von jüdischen und christlichen Geschichts- und Traditionsverständnissen im deutschsprachigen Raum bekannt (Rassem 2007). Die frühere NS-Rassenideologin Sigrid Hunke (1913–1999) publizierte 1960 den Millionenbestseller *Allahs Sonne über dem Abendland.* Über das Aufwerten des arabisch-muslimischen Kulturtransfers marginalisierte sie jüdische und christliche Einflüsse in der europäischen Kulturgeschichte. Damit beeinflusste sie auch die neuheidnische Ausrichtung der deutschen und französischen Neuen Rechten (Wiedemann 2009). Die ehemalige Nationalsozialistin Hunke, Schülerin des zum Islam konvertierten Rassenideologen Ludwig Ferdinand Clauß (1892–1974), wurde darüber hinaus zu einer anerkannten Kulturvermittlerin zwischen Deutschland und der arabischen Welt (Ebert 2023).

Die Offenheit für das muslimische „Andere“ zeigte sich in der *Criticón*-Rechten auch in Projektionen auf eine verheißungsvolle „preußische Konstellation in der Dritten Welt“, die auch Diktaturen in muslimisch geprägten Ländern einschloss. Solche Referenzen zeigten, dass die Distanz zum eurozentristischen Konzept des christlichen Abendlands mehr als Rhetorik war (Splett 1975b; 1972; 1975a). Der Machtzuwachs muslimisch geprägter Länder insbesondere nach dem Jom-Kippur-Krieg 1973 veranlasste gleichwohl gemischte Reaktionen. Die neue Macht der gegen Israel vereinten arabischen Ölrenten-Staaten ließ den Gedanken aufkommen, dass arabischer Druck auf Deutschland eine günstige Gelegenheit sein könnte, von weiterer finanzieller „Wiedergutmachung“ für Israel und jüdische Organisationen abzusehen (Bandulet 1975). Andererseits vertiefte der wachsende Einfluss islamisch geprägter Staaten und die Renaissance des politischen Islam auch die Sorge, dass Europa einem grenzüberschreitenden Phänomen entgegengeht, das unberechenbar sei (Manousakis 1979).

Wendejahr 1979

Die empfundene Unberechenbarkeit des politischen Islam setzte im neurechten Denkmilieu Opportunitätserwägungen und Ängste frei. Das zeigte sich insbesondere nach dem ereignisreichen Jahr 1979. Im Februar 1979 hatten Massenproteste das Schah-Regime im Iran gestürzt, das schließlich durch einen schiitischen Gottesstaat unter Ayatollah Ruhollah Khomeini abgelöst wurde. Die Islamische Republik Iran brach mit dem bis dahin engsten Verbündeten USA, erklärte Israel zum Todfeind, unterdrückte allen voran die weibliche Bevölkerung mit terroristischen Mitteln und zielte auf einen Export der „Islamischen Revolution“. Durch eine Geiselnahme in der US-Botschaft von Teheran zwischen 1979 und 1981 führte das islamistische Regime die Weltmacht vor, was unter Neurechten Häme auslöste (Sander 1979). Im islamistisch beherrschten Iran wurde ein „völkischer Fundamentalismus“ erkannt, der vorbildhaft die globale Vorherrschaft des westlichen Liberalismus in Frage stellte (Strauß 1980). Wo auch immer die Autor:innen standen, galt die Islamische Revolution mit ihrem globalen Sendungsbewusstsein als faszinierende Herausforderung der bipolaren Weltordnung des Kalten Kriegs (Zinsser 1979).

Das zweite Element dieses Wendejahres 1979 war der Widerstand gegen den Einmarsch der sowjetischen Armee in Afghanistan. Was im Dezember 1979 als Militäreinsatz zugunsten des kommunistischen Regimes in Kabul begann, entwickelte sich im Laufe der 1980er Jahre zu einem vor allem für die Zivilbevölkerung verlustreichen asymmetrischen Krieg. Auf einer Linie mit dem größten Teil der bundesdeutschen Öffentlichkeit war es rechter Konsens, den islamisch geprägten Widerstand gegen die sowjetische Besatzung zu unterstützen (Schmeidel-Roelman 1982; Assadi 1984). Hierfür war Antikommunismus ausschlaggebend, wie er sich auch in der Sympathie für die muslimisch geprägte Opposition in den kaukasischen und zentralasiatischen Sowjetrepubliken manifestierte (Strauß 1976; Stahl 1980).

Doch das Primat der deutschen Souveränität lag teils quer zum Antikommunismus und Vorbehalten gegenüber dem Islam. Armin Mohler sah im Bündnis mit muslimisch geprägten Staaten aus der „Dritten Welt" auch Chancen für die Wiedergewinnung deutscher Souveränität:

> Das Primat der Außenpolitik schließt nicht nur eine Partnerwahl nach rein wirtschaftlichen Gesichtspunkten aus, sondern läßt auch keine Exklusionen ideologischer oder ethnisch-kultureller Art zu. Genau so wie jeder kommunistische Staat, der sich mit Moskau überworfen hat, ist auch jedes Entwicklungsland ein möglicher Partner. Zwar versuchen im Sinne des russisch-amerikanischen Kondominiums tätige Politologen auf diesem Feld die Zahl der möglichen Partner durch das reichliche Verteilen des Etiketts ‚crazy states' zu verringern. Solche Abwertungen sind kritisch zu prüfen, selbst im Falle Ghaddafis und Khomeinis. Und wenn sich herausstellen sollte, daß ein solcher Partner höchstens den Wert einer Proteststimme hätte, so wäre auch das nicht zu verachten in einer Zeit, in der geschickt eingesetzte Massenmedien ganze Armeen ersetzen. (Mohler 1982: 73)

Diese an Carl Schmitt geschulte Souveränitätslehre bedeutete, in der Politik keinerlei Rücksichten auf moralische und ökonomische Logiken zu nehmen. Wer dieser amoralischen Mechanik von Partnerschaft und Feindschaft folgt, erkennt kein Problem darin, mit dem Iran und Israel gleichzeitig zu paktieren. Prinzipielle Feindschaft gilt einzig denen, die diese souveräne Außenpolitik durch eine Politik in weltrevolutionärer und weltbürgerlicher Absicht untergraben würden. Dieser absolute Feind ist oftmals antisemitisch codiert (Weiß 2017: 211–216).

Das Magazin *wir selbst*, das den nationalrevolutionären Strang der Neuen Rechten repräsentierte, trieb die Idee von Allianzen mit den „crazy states" weiter voran.[1] So besuchten Mitarbeiter von *wir selbst* den libyschen Machthaber Muammar al-Gaddafi 1983 „in einem Beduinenzelt in der Nähe Benghasis", wo Gaddafi anregte, dass auch Deutschland wie Libyen „eine Volksrepublik der Volksmassen" werden könnte. Der „Revolutionsführer" führte das nordafrikanische Land tatsächlich autokratisch und auf Basis einer antiimperialistischen Ideologie, die Panarabismus, Sozialismus und

1 Die Theorie der „crazy states" stammte aus dem gleichnamigen Buch des israelischen Politikwissenschaftlers Yehezkel Dror (1971), der darin die Erosion berechenbarer internationaler Politik kritisierte. Dessen deutsche Übersetzung wurde im rechtslastigen Seewald Verlag publiziert, in dem auch etliche Bücher von Armin Mohler erschienen (Dror 1975).

islamische Elemente verknüpfte. Im Interview mit den Neurechten geißelte er eine in Deutschland erkannte „Gehirnwäsche der Siegerstaaten", welche die „Grundlage der Kolonisierung und Teilung Deutschlands" bilde, relativierte den Holocaust und verglich Israels Politik mit dem Nationalsozialismus (wir selbst 1983: 6–7). Der libysche Autokrat lieferte den aus Westdeutschland angereisten Nationalrevolutionären die passenden Stichworte, um die angenommenen Feinde deutscher Souveränität zu denunzieren. Sein von linken wie rechten Antiimperialisten rezipiertes Pamphlet *Das Grüne Buch – Die dritte Universaltheorie* wurde einige Jahre später auch von einem neurechten Verlag vertrieben (Al Qaddafi 1990).

Der bange Respekt vor den „crazy states" zeigte sich auch während der internationalen Affäre um das Buch *Die Satanischen Verse* des britisch-indischen Schriftstellers Salman Rushdie, das sich unter anderem mit der Frühgeschichte des Islam befasste. Khomeini erließ am 14. Februar 1989 ein religiöses Gutachten (Fatwa), das einem Todesurteil für den Autor und all jene gleichkam, die die Veröffentlichung des Romans ermöglichten. Kein:e Autor:in der *Criticón*-Rechten solidarisierte sich mit dem Recht auf die Kunstfreiheit des vermeintlich blasphemischen Schriftstellers, auch nicht derjenige, der den Islam als einziger als „totalitäre" Religion scharf kritisierte (Schrenck-Notzing 1989; Schwartz 1989; Manousakis 1989). 1995, als die prominente Islamwissenschaftlerin Annemarie Schimmel das Buch *Die satanischen Verse* scharf kritisierte und damit die Rushdie-Kontroverse wiederbelebte, warnte Martin Pabst das rechte Lager vor dem Einschwenken in einen liberalen „Menschenrechts-Fundamentalismus" und plädierte für einen „Menschenrechts-Pluralismus" genannten Kulturrelativismus (Pabst 1995). Einem anderen Autor zufolge galt es, „die besonders von den USA aber auch von einigen westeuropäischen Staaten ausgehende Verketzerung und Ausgrenzung der Islamischen Republik als fundamentalistischer Staat" (Spanik 1996: 210) zu beenden.

„Islamisierung" der Migrationsdebatte

Migration wurde in der Neuen Rechten erst in den frühen 1980ern eingehend behandelt. In ihren Stellungnahmen spiegelte sich die in der politischen Kultur allgemein aufkommende „Islamisierung" der Einwanderungsdebatte wider (Tiesler 2007). Sukzessive verschob sich der bis dahin auf Nationalitäten fixierte Diskurs auf ein national nicht mehr klar abgrenzbares Muslimisches, das im Widerspruch zu einheimischen Werten und

Normen liege. Als faktischer Anlass für diese Wahrnehmung fungierte auch unter Neurechten der transnationale Charakter des politischen Islam (Studnitz 1980).

Die empfundene Unterdrückung deutscher Identität durch „Vergangenheitsbewältigung" beeinflusste die neurechte Debatte um Einwanderung. Das Lager sah sich in einer doppelten Front: Einerseits galt es, unkontrollierte Einwanderung zu beklagen und sie auf den nationalen Souveränitätsverlust zurückzuführen. Ein „Ausländerproblem" adressierten auch neurechte Autoren mit Migrationsgeschichte und bemängelten dabei, dass die Integration nicht gelinge (Manousakis 1985; Rassem 1980). Allerdings wollten sich Neurechte selbst nicht in den liberal-universalistisch orientierten „Normenkäfig" der Bundesrepublik (Pflüger 1980) integrieren, von dem aus eine angebliche Inkompatibilität türkeistämmiger Einwander:innen begründet wurde. Die völkisch-rassistische Paranoia vor dem „Volkstod" richtete sich nicht nur gegen die Einwander:innen, sondern auch gegen die autochthonen Ermöglicher:innen (Botsch/Kopke 2019). Auch viele Neurechte wollten sich nicht in die bundesrepublikanische Gesellschaft integrieren.

Sie sahen das deutsche „Eigene" oft von sich entfremdet und das „Andere" mitunter als vertrauter. Das Deutschland, in dem sie sich und die Migrant:innen unterwerfen würden, war in ihren Augen noch nicht existent. Dementsprechend ambivalent wurde die apokalyptische Vorstellung aufgenommen, dass die migrantischen „Anderen" die durch Dekadenz identitätsschwachen Deutschen ersetzen könnten. So phantasierte Robert Hepp 1982 in einem rassistischen Text über die liberalisierten „Neuen Deutschen" von einem Untergang, der schließlich in einer nationalen Erneuerung durch Türkeistämmige enden könnte: „Vielleicht werden schon unsere Enkel die türkische Armee der Bundesrepublik Deutschland erleben, die mit der schwarz-weiß-roten Fahne durchs Brandenburger Tor zieht und die Russen hinauswirft. Es lebe das Ewige Deutschland!" (Hepp 1980: 184)

Muslimisch gelesene Migrant:innen wurden als identitätsbewusster und exkludierender und dahingehend als rechter als die autochthone Bevölkerung Deutschlands beschrieben (Schüßlburner 1992; Eibl-Eibesfeldt/Zabel 1999). Trotz rassistischer Gewaltwellen seit Mitte der 1970er Jahre sah sich die Neue Rechte der Ausprägung einer multikulturellen Einwanderungsgesellschaft machtlos gegenüber. Der von den vermeintlichen Feinden Deutschlands gesteuerte Multikulturalismus schien gegen Ende der 1990er kaum mehr aufhaltbar, wie Günter Rohrmoser 1998 konstatierte:

> Wenn die Entwicklung in unserem Lande so weitergeht, wird das morgen die islamische Kultur und Religion sein und nicht die christliche. Vielleicht wäre es sogar besser, daß hier wieder ein gottesgläubiges und gottesfürchtiges Volk Einfluß auf die Dinge nimmt, als dieser bodenlose zynische Nihilismus, der im Zeichen der Zerstörung aller kulturellen Überlieferung und Substanzen steht. (Rohrmoser 1998: 48)

Gegen „Israelische Beobachter"

Wichtiger Anlass für die Herausbildung neurechter Zeitschriftenprojekte war eine zunehmende liberale, transatlantische und NS-kritische Tendenz in deutschen Leitmedien. Entsprechend gespannt war das Verhältnis zum Axel Springer Konzern, der seine pro-amerikanische und pro-israelische Position auch aus einer historischen Verantwortung für die deutschen Verbrechen während des Nationalsozialismus heraus begründete (Hoeres 2012). Laut Armin Mohler (Deutsches Literaturarchiv 1985) übernahm die Tageszeitung *Die Welt* die „Rolle eines ISRAELISCHEN BEOBACHTERS", statt sich der Wiedergewinnung deutscher Souveränität in Politik und Geschichtsschreibung zu verschreiben. Dass *Criticón* Holocaustleugnung diskutieren würde, wollte Schrenck-Notzing vermeiden. Auch deswegen sollten sich Teile des Milieus, wie Armin Mohler und Hans-Dietrich Sander, ab den späten 1980ern dem offen antisemitischen und negationistischen Teil der äußersten Rechten zuwenden.

Dass die Aufarbeitung der Shoah und die daraus abgeleitete Solidarität mit Israel zentrale Störfaktoren für die von Neurechten ersehnte Souveränität waren, zeigte sich exemplarisch an dem Herausgeberwechsel von *Criticón* ab 1999. Nachfolger des Gründungsherausgebers Schrenck-Notzing wurde Gunnar Sohn. Der rechtsliberale Publizist mit jüdischen Vorfahren attackierte den Rekurs auf die „Konservative Revolution", distanzierte sich vom Nationalismus und Antiamerikanismus der Neuen Rechten und bekannte sich zum jüdischen Staat (Sohn 2000a; 2000b). Dabei verletzte er auch das ungeschriebene Gesetz der Neuen Rechten, sich bei allen habituellen Unterschieden nicht offen von anderen rechten Strömungen zu distanzieren (Sohn 2002). Statt deutscher Souveränität lautete das Leitbild der neuen *Criticón* nach dem 11. September 2001 „Go West" (Sohn 2001; 2003). Über diesen als Verrat empfundenen Personal- und Richtungswechsel kam es zum Bruch mit vielen Weggefährt:innen der Zeitschrift (Weißmann 2009; Lichtmesz 2010). Fortan gruppierte sich die Neue Rechte primär um die *Junge Freiheit* und das Netzwerk im sachsen-anhaltinischen Dorf Schnellroda – bestehend aus dem Institut für Staatspolitik (2000–2024), dem Verlag Antaios (seit 2000) und der Zeitschrift *Sezession* (seit 2003). Doch auch innerhalb dieses neugruppierten Milieus wurde der Streit um den Islam und Israel nach der Zweiten Intifada und dem 11. September 2001 kontrovers geführt (Harwardt 2019: 381–468).

Die antimuslimische Rechte der frühen 2000er war ein Novum, in dem sich Islamfeindschaft und Pro-Israelismus verband. Mit ihr wurde ein dezidiert antimuslimischer Rassismus zum Mobilisierungsfaktor für die Rechte (Attia et al. 2014), der oft mit einem selbstlegitimierenden Bekenntnis zu Israel verbunden wurde. Kennzeichen dieser sich seit Anfang der 2000er maßgeblich online verbreitenden transatlantischen Strömung war die Integration von liberalen und säkularen Versatzstücken in ihre Doktrinen (Berntzen 2020; Wäckerlig 2019). Internationale Galionsfigur des internationalen Counter-Djihad war die britisch-jüdische Autorin Gisèle Littman (*1933), die unter dem Namen Bat Ye'or die demographische Transformation Europas zu „Eurabien“ anprangerte (Ye'or 2005; dazu kritisch: Bangstad 2019). Im deutschsprachigen Raum war hierbei der promovierte Islamwissenschaftler Hans-Peter Raddatz (*1941) prägend (Riexinger 2010). Der frühere Schüler von Annemarie Schimmel warnte vor einer „Islamisierung“ Europas durch Migration und demographischen Wandel, die von der Preisgabe christlicher Werte an die „Anderen“ ermöglicht werde (Raddatz 2001a). Dabei kritisierte er traditionsvergessene Islamapologie von der äußersten Linken bis zur äußersten Rechten (Raddatz 2003/2004). Angesichts der befürchteten islamischen Expansion sollten auch Frauenrechte, die für den Katholiken ansonsten nicht von Belang waren, verteidigt werden (Raddatz 2004). Im Unterschied zur bisherigen neurechten Polemik gegen den westlich-liberalen „Normenkäfig“ stand Raddatz dafür, Aspekte der Westernisierung der deutschen Gesellschaft als Identitätsmerkmale zu integrieren. Seine von Homogenisierungen und Dichotomisierungen geprägten Positionen gegen das Muslimische begründete er ausdrücklich mit dem Schutz von Israel und den Jüdinnen:Juden in Deutschland (Raddatz 2003a; 2003b). Allerdings zeugte sein Bild vom vermeintlichen Kartell der Islamapologeten teils auch von antisemitischen Denkweisen. So würde es „den kreativen Kräften der Neuen Weltordnung“ zuarbeiten, zu denen er die in Verschwörungserzählungen notorischen „Bankiersgruppierungen um Rockefeller und Rothschild“ (Raddatz 2001b: 358) zählte. Diese verschwörungsideologisch aufgeladene Perspektive auf „Islamisierung“ erreichte um 2010 auch die Neue Rechte (Fjordman 2011; Kleine-Hartlage 2010).

Die Neue Rechte zwischen antimuslimischen und antisemitischen Prioritäten

Mit diesem antimuslimischen Fokus ergänzten etliche Rechtsaußenparteien seit Mitte der 2000er Jahre ihr Programm. In Österreich übernahm die FPÖ seit Mitte der 2000er die Rhetorik eines „christlich-jüdischen" Abendlandes (Weidinger 2021). Die antiklerikale und antizionistische Stoßrichtung der Partei, die der langjährige Parteiführer Jörg Haider bis in die frühen 2000er verkörperte (Peri 2001), wurde durch den neuen FPÖ-Chef Heinz-Christian Strache deutlich abgemildert. In Deutschland profilierten sich Ende der 2000er mit der PRO-Bewegung und der Partei Die Freiheit zwei parteipolitische Angebote mit antimuslimischem Populismus (Häusler 2019; 2012). Die antimuslimische Wende ging auch in anderen Rechtsaußenparteien mit einer scheinbaren pro-israelischen Wende zusammen. Diesen Wandel sollte die sogenannte „Jerusalemer Erklärung" von 2010 markieren, die unter anderen die Vorsitzenden der FPÖ, die belgische Regionalpartei Vlaams Belang, die Schwedendemokraten und Die Freiheit unterzeichneten. Das Manifest unterstrich das Existenzrecht Israels und erkannte einen Kampf um die „jüdisch-christlichen kulturellen Werte", die gegen einen islamischen Totalitarismus geschützt werden sollten. Trotz des symbolträchtigen Ortes der Zusammenkunft, die starke Distanz zum Nazismus und Faschismus suggerieren sollte, thematisierte die gemeinsame Erklärung weder die Shoah noch Antisemitismus. Vor diesem Hintergrund läutete der in aller Regel taktische Pro-Israelismus dieser Rechtsaußenparteien eine neue Phase der Kritikabwehr ein. Zwar kritisierten sie andere Parteien scharf für blinde Flecken in der Bekämpfung des zumeist muslimisch konnotierten Antisemitismus, allerdings wollten sich auch diese scheinbar geläuterten Organisationen nicht mit den Ursachen und dem Ausmaß des europäischen Antisemitismus befassen, wo er ihr eigenes Lager betraf. Notorisch wird diese Immunisierungsstrategie in der AfD, in dem performativer Pro-Israelismus mit Post-Shoah-Antisemitismus und antisemitisch grundierten Verschwörungslegenden über einen „Großen Austausch" zusammengehen. Zugleich bleibt israelbezogener Antisemitismus allen Diskursstrategien zum Trotz fester Teil des Parteidiskurses (Dietl 2025; Schreiter 2022b; Rensmann 2020). Auch die zahlenmäßig sehr kleine Parteigliederung „Juden in der AfD", die sich für eine pro-israelische Ausrichtung stark macht, erweist sich seit ihrer Gründung primär als Legitimationsmittel für Migrationsfeindlichkeit und als Feigenblatt gegen Antisemitismusvorwürfe (Botsch 2020).

Bei allen Anpassungen an antimuslimische Ressentiments in der Bevölkerung blieb für das Kernmilieu der Neuen Rechten ein Punkt entscheidend: Deutsche Identität sei nicht mit Liberalisierung und Demokratisierung zu verknüpfen, wozu auch immer eine Aufklärung über die deutschen Verbrechen während des Nationalsozialismus gehört. Exemplarisch hierfür ist das Agieren des neurechen Aktivistennetzwerks Identitäre Bewegung. Sie gab die Losung „Weder Kippa noch Palituch" aus und betonte, dass ihre Äußerungen nicht als liberal-universalistische Kritik am Islam verstanden werden dürften (Identitäre Bewegung Deutschland e.V. 2012; 2017). Im Sinne der Lehre kollektiver Souveränität von Carl Schmitt versuchen Neurechte, deutsche Interessen niemals moralisch und historisch zu stark für oder gegen Israel oder für oder gegen den Islam zu verkoppeln. Aus dieser Perspektive wandte sich der einflussreiche Ideologe Götz Kubitschek scharf gegen „Islamhaß" antimuslimischer Rechter, denen er Unterwerfung unter den Liberalismus vorwarf (Kubitschek 2019). Aus dem gleichen Impuls heraus kritisierte er auch den partiellen Pro-Israelismus der AfD (Kubitschek 2020).

Die Debatte um Israel und den Islam verstummte seither nicht. In Kubitscheks Verlag Antaios schlug Simon Kießling in seinem Pamphlet *Das neue Volk* (2022) vor, eine völkische Verschmelzung mit traditionsbewussten Migrant:innen zuzulassen. Ähnlich hatte sich bereits 2009 der neurechte Geschichtsdenker Ernst Nolte in seinem Buch über den Islamismus geäußert (Nolte 2009: 376), den er als zeitgemäße Widerstandsbewegung gegen die Moderne – und nicht zuletzt den Zionismus – qualifizierte. Starke Reaktionen in der neurechten Szene löste das Buch *Feindbild Islam als Sackgasse* aus, in dem Frederic Höfer eine postmigrantische Revierverteilung Deutschlands vorschlug, bei dem autochthone Rechtsextreme im Einvernehmen mit Islamisten und nicht-deutschen Nationalist:innen Terrains absteckten (Höfer 2023). Obwohl diese Positionen selbst innerhalb der neurechten Subkultur hochumstritten und auf absehbare Zeit kaum in AfD-Programme übersetzt werden dürften, zeigt dieser Pluralismus in antiegalitärer Absicht auf die Aufgabe der Neuen Rechten: Ideologie für verschiedene innen- und geopolitische Szenarien zu produzieren, auf die sich die um die AfD gruppierte äußerste Rechte vorbereitet.

Bis heute drehen sich neurechte Kontroversen um Israel und den Islam und um strategische Prioritäten. Durch die Kontroversen der 2010er Jahre wurden in der Neuen Rechten einige Grenzen abgesteckt: Die Bekämpfung des Muslimischen dürfe sich nicht auf die Mobilisierung liberal-demokratischer Werte stützen. Jede Position gegenüber Israel müsse unabhängig von der vermeintlich souveränitätsbeschneidenden „Vergangenheitsbewältigung" erfolgen. Ausgehend davon wird über Strategien und Akzente gestritten (Waldstein 2016; Gerlich 2018; Gruber 2019). Zu klaren Spaltungen führten diese Kontroversen bislang nicht. Vielmehr versucht die Neue Rechte, die Spannungen durch Formelkompromisse und die Moderation von Kontroversen zu überdecken (Institut für Staatspolitik 2015).[2] Dieses kultivierte Nebeneinander von Widersprüchen folgt aus der Struktur neurechter Ideologie. Sie kreist um einen Gegenentwurf zu Aufklärung und liberalem Universalismus. Ungelöste Widersprüche durchzieht ihr Denken. Neurechte produzieren ständig Inkonsistenzen, ohne dass diese ihren Zusammenhalt gefährden. Sie sammeln sich um Narrative des Niedergangs und bilden eine affektive „Gefühlsgemeinschaft" (Schilk 2024; Spissinger 2024). Statt herrschaftsfreiem Diskurs der Individuen ist ihr Leitbild der ewige Kampf ums Dasein des zumeist national gefassten Kollektivs. Dieser am faschistischen Denker Carl Schmitt geschulte politische Existenzialismus ist höchst flexibel und agiert opportunistisch (Elbe 2015: 216–324). Scheinbar essenzielle Unterschiede zwischen Gruppen und Völkern können demnach Feindschaft begründen, aber bei veränderter Interessenlage und politischer Situation kann diese auch wieder umgedeutet, relativiert oder ignoriert werden (Schmitt 2009). Das bedeutet mitnichten, dass Antisemitismus und Rassismus in der Neuen Rechten obsolet werden oder an Gefährlichkeit einbüßen. Gewalt ist inhärenter Bestandteil neurechter Ideologieproduktion. Die Ideologiegeschichte neurechter Islam- und Israeldebatten mahnt vielmehr zum genauen Hinsehen. Demokratische Gegenstrategien müssen die Schattierungen von Feindschaft und Vereinnahmung kennen, die alle Menschen betreffen, die für jüdisch, israelisch oder muslimisch gehalten werden.

2 Dies war auch der Zweck des im Weblog *Sezession im Netz* publizierten „ausgedehnten Briefwechsels" zwischen dem Vordenker der „Juden in der AfD", Artur Abramovych, und dem israelfeindlichen *Sezession*-Autor Martin Lichtmesz (eigentlich: Martin Semlitsch) vom Herbst 2023 (Redaktion Sezession im Netz 2023).

Literatur

Al Qaddafi, Muammar (1990): Das grüne Buch. Die dritte Universaltheorie, Koblenz: Bublies.

Assadi, Abdul Rassul (1984): Die Sowjets und Afghanistan. Interview, in: Criticón (86), 256–257.

Attia, Iman/Häusler, Alexander/Shooman, Yasemin (2014): Antimuslimischer Rassismus am rechten Rand, Münster: Unrast.

Backes, Uwe (2013): Die extreme Rechte in der Bundesrepublik Deutschland und die muslimische Welt – eine Entwicklungsskizze, in: Gallus, Alexander (Hg.): Deutsche Kontroversen, unter Mitarbeit von Eckhard Jesse, Baden-Baden: Nomos, 393–408.

Bandulet, Bruno (1975): Wiedergutmachung. Mehr Angst vor Allah als vor Jahwe, in: Criticón (29), 101.

Bangstad, Sindre (2019): Bat Ye'or and Eurabia, in: Sedgwick, Mark (Hg.): Key thinkers of the radical right. Behind the new threat to liberal democracy, New York: Oxford University Press, 170–184.

Berntzen, Lars Erik (2020): Liberal roots of far right activism. The anti-Islamic movement in the 21st century, Abingdon Oxon/New York: Routledge.

Botsch, Gideon (2013): Nation Europa (seit 1951), in: Benz, Wolfgang (Hg.): Handbuch des Antisemitismus, Bd. 6: Publikationen, Berlin: De Gruyter, 473–475.

Botsch, Gideon (2020): Die „Juden in der AfD" und der Antisemitismus, in: Mitteilungen der Emil Julius Gumbel Forschungsstelle am Moses Mendelssohn Zentrum (7), 1–15, https://www.mmz-potsdam.de/files/MMZ-Potsdam/Download-Dokumente/EJG_Mitteilungen_2020_01.pdf.

Botsch, Gideon (2024): Antisemitismus im Rechtsextremismus: Der gemeinsame Nenner, in: Bundesverband RIAS (Hg.): Rechtsextremismus und Antisemitismus. Historische Entwicklung und aktuelle Ausdrucksformen, 12–25, https://report-antisemitism.de/documents/24-12-11_BVRIAS_Rechsextremismus_Antisemitismus.pdf.

Botsch, Gideon/Kopke, Christoph (2019): „Umvolkung" und „Volkstod". Zur Kontinuität einer extrem rechten Paranoia, Ulm: Klemm+Oelschläger.

Breuer, Stefan (2005): Anatomie der konservativen Revolution, Darmstadt: wbg.

Brumlik, Micha (2019): Preußisch, konservativ, jüdisch. Hans-Joachim Schoeps' Leben und Werk, Göttingen: Böhlau Köln.

Deutsches Literaturarchiv (o. J.): Nachlass Armin Mohler: Armin Mohler an Günter Zehm, 08.05.1985.

Dietl, Stefan (2025): Antisemitismus und die AfD, Berlin: Verbrecher.

Dittrich, Sebastian (2008): Zeitschriftenporträt: Criticón, in: Extremismus & Demokratie, 19, 263–288.

Doering-Manteuffel, Anselm (2019): Westernisierung. Politisch-ideeller und gesellschaftlicher Wandel in der Bundesrepublik bis zum Ende der 60er Jahre, in: Angster, Julia/Conze, Eckart/Esposito, Fernando/Mende, Silke/Doering-Manteuffel, Anselm (Hg.): Konturen von Ordnung. Ideengeschichtliche Zugänge zum 20. Jahrhundert. Die Ordnungssysteme. Studien zur Ideengeschichte der Neuzeit, Bd. 54, Berlin/Boston: De Gruyter Oldenbourg, 357–391.

Dror, Yeḥezḳel (1975): Verrückte Welt. Politischer Wahnsinn und seine Bekämpfung, Stuttgart: Seewald.

Ebert, Marco (2023): Nach dem Untergang. Transformation der völkisch-rassistischen Ideologie in der Bundesrepublik am Beispiel Sigrid Hunke, in: Vukadinović, Vojin Saša (Hg.): Rassismus. Von der frühen Bundesrepublik bis zur Gegenwart, Berlin/Boston: De Gruyter Oldenbourg, 123–144.

Eibl-Eibesfeldt, Irenäus/Zabel, Wolfram (1999): *Criticón*-Interview mit dem Verhaltensforscher Irenäus Eibl-Eibesfeldt zu den Themen: doppelte Staatsbürgerschaft, deutsche Identität, Integrationsfähigkeit von Ausländern und deren Auswirkungen auf den inneren Frieden, in: Criticón (161), 43–45.

Elbe, Ingo (2015): Paradigmen anonymer Herrschaft. Politische Philosophie von Hobbes bis Arendt, Würzburg: Königshausen & Neumann.

Fjordman (2011): Europa verteidigen. Zehn Texte, hg. von Martin Lichtmesz und Manfred Kleine-Hartlage, Schnellroda: Edition Antaios.

Gebhardt, Richard (2024): Die Neue Rechte in der Bundesrepublik Deutschland, in: Virchow, Fabian/Hoffstadt, Anke/Heß, Cordelia/Häusler, Alexander (Hg.): Handbuch Rechtsextremismus, Wiesbaden: Springer VS.

Gerlich, Siegfried (2018): Antithesen zum Islam. Erwiderung auf v. Waldstein, in: Sezession im Netz, 04.04.2018, https://sezession.de/58378/antithesen-zum-islam-eine-freie-erwiderung-auf-thor-v-waldsteins-thesen-zum-islam-i.

Göpffarth, Julian/Özyürek, Esra (2020): Spiritualizing reason, rationalizing spirit: Muslim public intellectuals in the German far right, in: Ethnicities (3), 498–520.

Gruber, Bettina (2019): Anmerkungen zur Islam-Debatte, in: Sezession im Netz, 02.07.2019, https://sezession.de/61353/anmerkungen-zur-islam-debatte.

Harwardt, Darius (2019): Verehrter Feind. Amerikabilder deutscher Rechtsintellektueller in der Bundesrepublik, Frankfurt am Main: Campus.

Häusler, Alexander (2012): Feindbild Moslem: Türöffner von Rechtsaußen hinein in die Mitte?, in: Botsch, Gideon/Glöckner, Olaf/Kopke, Christoph/Spieker, Michael (Hg.): Islamophobie und Antisemitismus – ein umstrittener Vergleich. Berlin/Boston: De Gruyter, 169–190.

Häusler, Alexander (2019): Antimuslimischer Populismus. Rechter Rassismus in neuem Gewand, Berlin: Aktion Courage e.V.

Hepp, Robert (1980): Die Neuen Deutschen. Zur Euthanasie eines Volkes, in: Criticón (60/61), 179–184.

Hoeres, Peter (2012): Reise nach Amerika. Axel Springer und die Transformation des deutschen Konservatismus in den 1960er- und 1970er-Jahren, in: Zeithistorische Forschungen (9), 54–75.

Höfer, Frederic (2023): Feindbild Islam als Sackgasse. Plädoyer für einen rechten Kurswechsel, Dresden: Jungeuropa.

Hunke, Sigrid (1960): Allahs Sonne über dem Abendland. Unser arabisches Erbe, Stuttgart: DVA.

Identitäre Bewegung Deutschland e.V. (2012): Weder Kippa noch Palituch, https://identitaerebewegung.wordpress.com/positionierungen/weder-kippa-noch-palituch/.

Identitäre Bewegung Deutschland e.V. (2017): Kritik der Islamkritik, 09.07.2017, http://web.archive.org/web/20240517101315/https://www.identitaere-bewegung.de/neuigkeiten/kritik-der-islamkritik/.

Institut für Staatspolitik (2015): Ist der Islam unser Feind? Eine Lageanalyse, Steigra: IfS.

Kießling, Simon (2022): Das neue Volk, Schnellroda: Antaios.

Kleine-Hartlage, Manfred (2010): Das Dschihadsystem. Wie der Islam funktioniert, Gräfelfing: Resch.

Kubitschek, Götz (2019): Lübcke, Tauber, Berger – eine Klarstellung, in: Sezession im Netz, 19.06.2019, https://sezession.de/61308/luebcke-tauber-berger-eine-klarstellung.

Kubitschek, Götz (2020): Die peinlichen Musterschüler, in: Sezession im Netz, 24.01.2020, https://sezession.de/61970/die-peinlichen-musterschueler.

Landmann, Salcia (1960): Der jüdische Witz. Soziologie und Sammlung. Mit einem Geleitwort von Carlo Schmid, Freiburg: Olten.

Landmann, Salcia (1967): Die Juden als Rasse. Das Volk unter den Völkern, Freiburg: Olten.

Landmann, Salcia (1972): Eher konservativ denn revolutionär. Marginalien zur jüdischen Geschichte, in: Criticón (10), 62–67.

Landmann, Salcia (1973): Herbert Marcuse und der jüdische Sexual-Messianismus des 17. Jahrhunderts, in: Criticón (16), 78–80.

Landmann, Salcia (1975): Walter Laqueur: Der Weg zum Staat Israel. Geschichte des Zionismus, Wien 1975. Rezension, in: Criticón (32), 279–280.

Landmann, Salcia (1976): Der Antisemitismus wandert nach links. Ernst Vogt: Israel. Kritik von links. Dokumentation einer Entwicklung, Wuppertal 1976. Rezension, in: Criticón (36), 196–197.

Langebach, Martin/Raabe, Jan (2016): Die ‚Neue Rechte' in der Bundesrepublik Deutschland, in: Virchow, Fabian/Langebach, Martin/Häusler, Alexander (Hg.): Handbuch Rechtsextremismus, Wiesbaden: Springer VS, 561–592.

Lehnert, Erik (2019): Schoeps, Hans-Joachim, in: Lehnert, Erik/Weißmann, Karlheinz (Hg.): Staatspolitisches Handbuch, Band 3: Vordenker, Steigra/Schnellroda: Antaios, 205–207.

Lichtmesz, Martin (2010): Criticón, Staatsbriefe, Junge Freiheit, in: Sezession (38), 34–35.

Manousakis, Gregor M. (1979): Was bedeutet die Re-Islamisierung? Konservative Elemente in der anti-westlichen Bewegung, in: Criticón (54), 165–167.

Manousakis, Gregor M. (1985): Wie das Ausländerproblem entstand, in: Criticón (87), 27–28.

Manousakis, Gregor M. (1989): Der Islam – eine totalitäre Religion, in: Criticón (112), 61–62.

Mohler, Armin (1950): Die konservative Revolution in Deutschland 1918–1932. Grundriß ihrer Weltanschauungen, Stuttgart: Friedrich Vorwerk.

Mohler, Armin (1972): Die konservative Revolution in Deutschland 1918–1932. Grundriß ihrer Weltanschauungen, 2. neu bearb. und erw. Fassung, 2 Bände. Stuttgart: Friedrich Vorwerk.

Mohler, Armin (1982): Deutsche Außenpolitik. Oder: die Bundesrepublik hat Gliederzerren, in: von Schrenck-Notzing, Caspar/Mohler, Armin (Hg.): Deutsche Identität, Krefeld: Sinus, 59–73.

Motadel, David (2017): Für Prophet und Führer. Die islamische Welt und das Dritte Reich, Stuttgart: Klett-Cotta.

Müller, Corinna (2023): Rassismus in rechten Diskursen, Marburg: Philipps-Universität Marburg, https://data.uni-marburg.de/server/api/core/bitstreams/bc655e67-28b2-44fb-bcb8-d82dd7cbff22/content.

Müller, Yves/Müller-Zetzsche, Marie (2024): Rechtsradikale Literaturpolitik als metapolitische Praxis in den 1950er und 1960er Jahren, in: Deutsche Vierteljahrsschrift für Literaturwissenschaft und Geistesgeschichte 98(4), 479–498, DOI: 10.1007/s41245-024-00260-x.

Nolte, Ernst (2009): Die dritte radikale Widerstandsbewegung: der Islamismus, Berlin: Landt.

Pabst, Martin (1995): Anatomie eines Rufmords, in: Criticón (147), 162–163.

Peri, Anat (2001): Jörg Haider‘s Antisemitism, in: acta – Analysis of current trends in antisemitism (18).

Petke, Stefan (2021): Muslime in der Wehrmacht und Waffen-SS. Rekrutierung – Ausbildung – Einsatz, Dissertation, Berlin: Metropol.

Pfahl-Traughber, Armin (1998): Konservative Revolution und Neue Rechte. Rechtsextremistische Intellektuelle gegen den demokratischen Verfassungsstaat, Wiesbaden: VS Verlag für Sozialwissenschaften.

Pflüger, Robert (1980): Identität als Oktroi. Deutschland im Normenkäfig, in: Criticón (60/61), 213–215.

Raddatz, Hans-Peter (2001a): Toleranz als Prinzip der Selbstauflösung, in: Criticón (171), 32–33.

Raddatz, Hans-Peter (2001b): Von Gott zu Allah? Christentum und Islam in der liberalen Fortschrittsgesellschaft, München: Herbig.

Raddatz, Hans-Peter (2003a): EccE! Blick auf die Zeit, in: Criticón (177), 27.

Raddatz, Hans-Peter (2003b): EccE! Blick auf die Zeit, in: Criticón (178/179), 60.

Raddatz, Hans-Peter (2003/2004): EccE! Blick auf die Zeit, in: Criticón (180), 33.

Raddatz, Hans-Peter (2004): EccE! Blick auf die Zeit, in: Criticón (181), 31.

Rassem, Mohammed (1960): Die Stiftung als Modell, in: Antaios (6), 485–501.

Rassem, Mohammed (1978): Anfragen an den Terrorismus: Wahrnehmung des Terrors, in: Criticón (46), 65–68.

Rassem, Mohammed (1980): Zerklüftung und Vermittlung. Ein Fragment zur deutschen Anamnese, ohne Prognose, in: Criticón (60/61), 205–211.

Rassem, Mohammed (2007): Erinnerungen an Mircea Eliade. Erstveröffentlichung eines Typoskripts für den ORF, gesendet am 30. April 1986, in: Sezession (16), 44–45.

Redaktion Sezession im Netz (2023): Streit um Israel – Teil 1 eines ausgedehnten Briefwechsels. In: Sezession im Netz, 18.10.2023, https://sezession.de/68254/streit-um-israel-teil-1-eines-ausgedehnten-briefwechsels.

Rensmann, Lars (2020): Die Mobilisierung des Ressentiments. Zur Analyse des Antisemitismus in der AfD, in: Heller, Ayline/Decker, Oliver/Brähler, Elmar (Hg.): Prekärer Zusammenhalt. Die Bedrohung des demokratischen Miteinanders in Deutschland, Gießen: Psychosozial-Verlag, 309–342.

Riexinger, Martin (2010): Hans-Peter Raddatz: Islamkritiker und Geistesverwandter des Islamismus, in: Schneiders, Thorsten Gerald (Hg.): Islamfeindlichkeit. Wenn die Grenzen der Kritik verschwimmen, Wiesbaden: VS Verlag für Sozialwissenschaften, 471–481.

Rohrmoser, Günter (1998): Geistiges Vakuum in Kultur und Politik, in: Criticón (159), 46–55.

Salzborn, Samuel (2014/15): Religionsverständnisse im Rechtsextremismus. Eine Analyse am Beispiel des neurechten Theorieorgans Sezession, in: Jahrbuch für Öffentliche Sicherheit, 285–301.

Sander, Hans-Dietrich (1979): Abschied von Tocqueville, in: Criticón (56), 264.

Sander, Hans-Dietrich (1989): Die Konservative Revolution, Rezension zu Armin Mohler: Die Konservative Revolution in Deutschland 1918–1932. Ein Handbuch, Darmstadt 1989, in: Criticón (112), 94–95.

Sauerzapf, Rolf (1973): Rezension zu Julius Schoeps (Hg.): Zionismus. 34 Aufsätze, München 1973, in: Criticón (20), 274.

Schilk, Felix (2024): Die Erzählgemeinschaft der Neuen Rechten. Zur politischen Soziologie konservativer Krisennarrative, Bielefeld: transcript.

Schmeidel-Roelman, G. Franz (1982): Literatur zur sowjetischen Okkupation Afghanistans, in: Criticón (70), 86.

Schmitt, Carl (2009): Der Begriff des Politischen. Text von 1932 mit einem Vorwort und drei Corollarien, Berlin: Duncker & Humblot.

Schreiter, Nikolai (2022a): Antisemitismus, Antizionismus und Ausnahmen: positive Bezüge auf Israel und Zionismus von rechts in historischer Perspektive, in: Aschkenas 32(2), 233–277, DOI: 10.1515/asch-2022-2014.

Schreiter, Nikolai (2022b): Nicht an der Seite, an der Stelle Israels wollen sie sein. Neurechte Projektionen auf Israel, Angstlust und Sehnsüchte nach einer starken Nation, in: Vukadinović, Vojin Saša (Hg.): Randgänge der Neuen Rechten. Philosophie, Minderheiten, Transnationalität, Bielefeld: transcript, 253–281.

Schrenck-Notzing, Caspar von (1962): Wider die Gefühlspolitik, in: Der Monat (165), 56–59.

Schrenck-Notzing, Caspar von (1989): Editorial, in: Criticón (112), 51.

Schüßlburner, Josef (1992): Deutschfeindlichkeit und Ausländerexotismus. Zur Ideologie der multikulturellen Gesellschaft, in: Criticón (134), 277–282.

Schwartz, Mladen (1989): Rushdie und Štedul, in: Criticón (112), 55–56.

Sohn, Gunnar (2000a): Bimbes, Dada und die konservative Revolte, in: Criticón (165), 21–23.

Sohn, Gunnar (2000b): Editorial: Der Geist von Fiume im Vereinslokal. Gespräch von W. Zabel mit G. Sohn, in: Criticón (165), 3.

Sohn, Gunnar (2001): Planet Eumeswil. Empfehlungen für Anarchen und Waldgänger, in: Criticón (172), 9–11.

Sohn, Gunnar (2002): Trittin-Ministerium schmeißt mit Dreck. Kritische Berichterstattung über das Müll-Netzwerk des Grünen Punktes soll unterdrückt werden. Interview, in: Criticón (173), 34–36.

Sohn, Gunnar (2003): Der Irakkrieg und das folgenlose Empörungsgelaber der Medienmaschine, in: Criticón (177), 4.

Spanik, Stefan W. D. (1996): Die Islamische Republik Iran. Bedeutendste Macht zwischen Kuwait und Kreml – zwischen Anatolien und Afghanistan, in: Criticón (152), 210–212.

Spissinger, Florian (2024): Die Gefühlsgemeinschaft der AfD, Opladen: Barbara Budrich.

Splett, Oskar (1972): Literaturbrief aus Algerien, in: Criticón (9), 24–25.

Splett, Oskar (Hg.) (1975a): Dialog mit der Arabischen Welt. Die Deutsch-Arabische Kulturwoche in Tübingen 1974. Dokumentation. Deutsch-Arabische Kulturwoche, Tübingen/Basel: Horst Erdmann.

Splett, Oskar (1975b): Die preußische Konstellation der Dritten Welt. Ein weltpolitisches Streiflicht, in: Criticón (29), 110–112.

Stahl, Volker (1980): „Der Glaube wächst, wo es Märtyrer gibt", Rezension zu Wolfgang Strauss: Bürgerrechtler in der UdSSR, Freiburg 1979, in: Criticón (57), 48–50.

Steber, Martina (2017): Die Hüter der Begriffe. Politische Sprachen des Konservativen in Großbritannien und der Bundesrepublik Deutschland, 1945–1980, Berlin/Boston: De Gruyter.

Strauß, Wolfgang (1976): Widerstand unter dem Sowjetstern, in: Criticón (35), 106.

Strauß, Wolfgang (1980): Völkischer Fundamentalismus. Leserbrief, in: Criticón (58), 92–93.

Studnitz, Hans-Georg von (1980): Die Bundesrepublik als Einwanderungsland, in: Criticón (58), 66.

Thörner, Marc (2021): Rechtspopulismus und Dschihad. Berichte von einer unheimlichen Allianz, Hamburg: Edition Nautilus.

Tiesler, Nina Clara (2007): Europäisierung des Islam und Islamisierung der Debatte, in: Aus Politik und Zeitgeschichte (26/27), 24–32.

van Loyen, Ulrich (2014): Antaios. Zeitschrift für eine freie Welt (1959–71), in: Schöning, Matthias (Hg.): Ernst Jünger-Handbuch. Leben – Werk – Wirkung, Stuttgart, Weimar: J. B. Metzler, 223–225.

Virchow, Fabian (2006): Gegen den Zivilismus. Internationale Beziehungen und Militär in den politischen Konzeptionen der extremen Rechten, Wiesbaden: VS Verlag für Sozialwissenschaften.

Wäckerlig, Oliver (2019): Vernetzte Islamfeindlichkeit. Die transatlantische Bewegung gegen „Islamisierung": Events – Organisationen – Medien, Bielefeld: transcript.

Waldstein, Thor von (2016): Thesen zum Islam, in: Compact Spezial (10), 76–79.

Weber, Fabian (2022): Deutsche Schuld und planetarischer Größenwahn. Die Neue Rechte und der Störfaktor Israel, in: Vukadinović, Vojin Saša (Hg.): Randgänge der Neuen Rechten. Philosophie, Minderheiten, Transnationalität, Bielefeld: transcript, 387–416.

Weber, Fabian (2025): Armin Mohler, die Neue Rechte und der Antisemitismus 1950 bis 1995, in: Vierteljahrshefte für Zeitgeschichte 73(2), 253–289.

Weidinger, Bernhard (2021): Vom Säkularismus zum kämpferischen „Kulturchristentum": Die Freiheitliche Partei Österreichs und die Politisierung von Religion, in: allemagne 53(1), 249–262, DOI: 10.4000/allemagne.2729.

Weiß, Volker (2015): Die „Konservative Revolution". Geistiger Erinnerungsort der „Neuen Rechten", in: Langebach, Martin/Sturm, Michael (Hg.): Erinnerungsorte der extremen Rechten, Wiesbaden: Springer VS, 101–120.

Weiß, Volker (2017): Die autoritäre Revolte. Die Neue Rechte und der Untergang des Abendlandes, Stuttgart: Klett-Cotta.

Weißmann, Karlheinz (2009): Caspar von Schrenck-Notzing und Criticón, in: Sezession im Netz, 04.02.2009, https://sezession.de/580/caspar-von-schrenck-notzing-und-criticon.

Wiedemann, Felix (2009): „Allahs Sonne" und „Europas eigene Religion". Die Verschränkung von Arabophilie und Neuheidentum in der rechtsextremen Ideologie Sigrid Hunkes, in: Zeitschrift für Geschichtswissenschaft 57(11), 891–912.

wir selbst (1983): Kampf für deutsche Einheit und Sozialismus. Interview mit dem libyschen Revolutionsführer Muammar al-Khadafi, in: wir selbst (2), 4–7.

Wölk, Volkmar (2020): Alter Faschismus in neuen Schläuchen? Auf den Spuren der „Neuen" Rechten: Ideologische Zeitreise von Dresden nach Italien und zurück, in: Burschel, Friedrich (Hg.): Das faschistische Jahrhundert. Neurechte Diskurse zu Abendland, Identität, Europa und Neoliberalismus, Berlin: Verbrecher, 165–228.

Ye'or, Bat (2005): Eurabia. The Euro-Arab axis, Madison: Fairleigh Dickinson University Press.

Zinsser, Christian (1979): Persische Metamorphosen. Islamische, demokratische oder Volksrepublik?, in: Criticón (52), 77–84.

Arabischer Antisemitismus und die Entstehung des Nahostkonflikts

Der Mufti, frühe deutsch-arabische Kooperationen und die verheerenden Konsequenzen

Martin Cüppers

Dämonisierungen, Delegitimierungen und Doppelstandards werden im Zuge des Nahostkonflikts permanent gegen Israel in Anschlag gebracht. Wissenschaftlich überzeugend analysiert und facettenreich belegt handelt es sich um zentrale Merkmale eines israelbezogenen Antisemitismus. Trotzdem werden derartige Vorurteilsmuster international kaum geächtet (Elbe 2024; Grigat 2023; Cüppers 2013b). Während sich radikale Fraktionen der palästinensischen Nationalbewegung hinter der eigenen Gesellschaft verstecken, um nicht als verantwortliche Akteure, sondern lediglich als Opfer im Konfliktgeschehen wahrgenommen zu werden, zeugen irritierende Begriffe wie „Israelkritik" von der existenziellen Negation einer ganzen Nation. Bezeichnenderweise liefert eine Suchmaschine der virtuellen Welt 146.000 Treffer für die Wortschöpfung „Israelkritik", während „Palästinakritik" gerade einmal 282 Ergebnisse zutage fördert, was verzerrte Wahrnehmungen im Konflikt erahnen lässt.

Faktisch wird wohl kein anderes demokratisches Staatswesen so ausgiebig kritisiert wie Israel. Palästinensische politische Führungen, die bei entsprechender Kompromissbereitschaft vermutlich längst einem eigenen Staat vorstehen könnten, ließen genau diese Bereitschaft substanziell selten erkennen und formulierten stattdessen in aller Regel irreale Maximalforderungen. Gleichzeitig wird unangemessene Selbstviktimisierung zelebriert, ohne sich dafür ernsthaft rechtfertigen zu müssen. Von außen wird das Geschehen seit Jahrzehnten mit Simplifizierungen begleitet, die Palästinenserinnen und Palästinenser nicht als handelnde Subjekte, sondern nur als bloße Opfer Israels identifizieren. Dabei wird trotz vielfältiger historischer Belege faktisch negiert, wie die Menschen seit 100 Jahren unter ihrer eigenen radikalen, hasserfüllten, kompromisslosen und korrupten politischen Führung leiden (Morris 2001; Schiller 1982; Bethell 1979).

Die angedeuteten Konstellationen ziehen sich in bemerkenswerter Kontinuität durch das Konfliktgeschehen, weshalb es geboten erscheint, eine erkenntnisleitende historische Verortung von Prämissen, Dynamiken und prägenden Akteuren des Nahostkonflikts anzubieten, um politisch bedingten Verzerrungen zu begegnen. Dazu unterstreicht der vorliegende Beitrag insbesondere zwei Aspekte: Erstens hat der Nahostkonflikt nicht, wie fälschlicherweise auch gegenwärtig regelmäßig insinuiert wird, erst 1948 mit der Gründung des jüdischen Staates begonnen. Vielmehr liegt die entscheidende und stilbildende Phase in den drei Jahrzehnten davor. Während dieser Zeit schwanden existierende Perspektiven eines friedlichen Zusammenlebens der Konfessionen, während radikale arabische Fraktionen gleichzeitig kontinuierlich an Einfluss gewannen und sich oft genug überaus gewaltsam gegen moderatere Haltungen durchsetzten.

Zweitens markiert der Nationalsozialismus in den 1930er und frühen 1940er Jahren einen entscheidenden ideologischen und machtpolitischen Faktor, ohne den das Konfliktgeschehen bis in seine heutige Prägung schlicht nicht denkbar ist. Den radikalen Fraktionen der palästinensischen Nationalbewegung lieferten die Nationalsozialisten mit ihrem Vernichtungsantisemitismus die wesentliche inhaltliche Orientierung, wofür diese sich im Gegenzug mit verbreiteter Bewunderung, der Realisierung enger Beziehungen und damit einhergehender Kollaborationsversprechen bedankten. Das kulminierte in der zugespitzten Lage des Sommers 1942, als die Deutschen konkret beabsichtigten, die in Europa längst begonnene Judenvernichtung auch in den Nahen Osten zu exportieren. Abgesehen davon realisierten die Nationalsozialisten mit der Ermordung von sechs Millionen Menschen im Holocaust erst den vorher nicht existenten Machbarkeitsbeweis, wie Antisemitismus in radikalster Deutung praktisch verwirklicht werden kann. Das prägte fortan jede weitere Form von Judenhass mit und befeuerte ab 1948 auch die Feindschaft gegen Israel ganz entscheidend. In ihrer realen und bis in die Gegenwart reichenden Virulenz erscheinen solche historischen Zusammenhänge aber noch immer unterbewertet, weil geographische Räume historisch verinselt und der fatale Stellenwert von Beziehungen, Wechselwirkungen und Kontinuitäten unangemessen kleingeredet wird (exemplarisch Flores 2012; Asseburg 2024; Bartov 2023).

Judenhass – politisches Sektierertum

Im frühen 20. Jahrhundert zeigte sich der Nahe und Mittlere Osten längst nicht in dem Maß von Judenhass geprägt, wie das Jahrzehnte später zur Alltagserscheinung werden sollte. Vielmehr wiesen manche politischen Vorzeichen in eine ganz andere, heute kaum mehr wahrgenommene Richtung. Vor allem der Ausgang des Ersten Weltkriegs sorgte dafür, dass sich für die im Osmanischen Reich über Jahrhunderte eher in einem peripheren Dämmerzustand verharrende Region mit einem Mal hoffnungsvolle Perspektiven abzuzeichnen begannen. Mit jüdischer Immigration auf Grundlage der noch jungen Ideen des Zionismus ging auch die Ankunft moderner landwirtschaftlicher Methoden und ein damit verbundenes Prosperitätsversprechen einher. Gleichzeitig erkannten arabische Politiker sich bietende Optionen und formulierten selbstbewusst eigene Ansprüche, die bei Dialogpartnern sehr wohl ernst genommen wurden (Karsh 2007: 195f.; Cohen 2008: 16f.).

So signalisierten die Haschemiten unter Hussein ibn Ali sowie dessen Söhne Abdallah und Faisal im Ersten Weltkrieg ihre Bereitschaft, sich gegen die Osmanen zu positionieren und auf britischer Seite am Krieg teilzunehmen. Als dann auch im Zuge dieses arabischen Seitenwechsels das Osmanische Reich endete, bewiesen machtbewusste Akteure vor Ort schnell ihre Fähigkeit, die veränderte Situation für eigene Ambitionen zu nutzen. In Syrien proklamierte der dortige Nationalrat Faisal zum König eines neuen Reichs, das sich über Teile des Nahen und Mittleren Ostens erstreckte. Südlich davon, in Jerusalem, und damit in einer geographisch ungleich überschaubareren Region, die dennoch so bedeutsam für drei Weltregionen war, demonstrierten Muslime gleichzeitig für einen sofortigen Anschluss ihres Landstrichs an das neue Königreich (Karsh 2007: 196–199; Khoury 1987).

Im Vorfeld hatte Faisal bemerkenswerte und nicht unbedingt naheliegend erscheinende Kommunikationsfäden geknüpft. Adressat war die zionistische Bewegung gewesen, mit welcher der spätere Regent Anfang 1919 das sogenannte Faisal-Weizmann Abkommen vereinbarte. Darin wurde eine verstärkte zionistisch geprägte Einwanderung ausdrücklich begrüßt, deren willkommene Expertise für eine allgemeine „Kultivierung des Bodens" hervorgehoben und die Akzeptanz jüdischen Lebens garantiert (Fraser 2009). Das, was als historische arabische Position in heutiger Wahrnehmung kaum mehr denkbar erscheint, war für die Beteiligten damals naheliegend: Es ging darum, in einer historischen Schlüsselphase Interessen auszugleichen und Bündnispartner zu gewinnen. Deshalb war es für eine arabische wie für die zionistische Seite so vielversprechend, auf eine Win-win-Situation zu setzen und damit von- und miteinander zu profitieren. Die Motive brachte Faisal auf den Punkt, als er in einem Briefwechsel mit Felix Frankfurter, einem der führenden amerikanischen Zionisten, betonte:

> Wir Araber, vor allem die Gebildeten unter uns, hegen tiefe Sympathie für die Zionistische Bewegung; [...] wir werden die Juden in der Heimat herzlich willkommen heißen [...] Wir arbeiten gemeinsam an der Reform und dem Wiederaufbau des Nahen Ostens, und unsere beiden Bewegungen ergänzen einander. [...] Ich glaube in der Tat, dass wir nur wirklich Erfolg haben können, wenn wir zusammengehen. (Zit. n. Brenner 2019: 83; siehe auch Karsh 2007: 209f.)

Folgerichtig entstand auf jüdischer Seite beispielsweise die Organisation Brit Shalom, der so prominente Persönlichkeiten wie die Religionsphilosophen Martin Buber und Gershom Scholem angehörten. Mit Dialogpartnern der muslimischen Bevölkerungsmehrheit wurden dann genau solche Perspektiven eines friedlichen Zusammenlebens diskutiert. Zu der Zeit war auch die zionistische Gewerkschaftsorganisation Histadrut wie selbstverständlich für arabische Mitglieder offen, während beispielsweise in Ägypten bürgerliche Frauen wie Huda Schaʿrawi demonstrativ ihren Schleier ablegten, um ihrer Erwartung von Gleichberechtigung und Fortschritt in einer sich in die Moderne entwickelnden Gesellschaft Nachdruck zu verleihen (Schiller 1982: 90f.; Küntzel 2019: 151).

Während unterschiedlichste Fragen von sozialer Gerechtigkeit, Fortschritt und Gleichberechtigung reflektiert wurden, wiesen andere, noch marginale Stimmen schon in eine Gegenrichtung und markierten damit den Willen zur bewussten Abkehr von Visionen eines modernen Orients. Hadsch Amin al-Husseini hieß der etwa 25-jährige Spross einer der einflussreichsten und wohlhabendsten Großfamilien der Region. Privilegiert und vom quasi noch feudalen System sozialer Ungleichheit profitierend, trat er an, um den angeborenen Status zu verteidigen und den politischen Fokus in eine ganz andere Richtung zu lenken. Dabei setzte er aus freien Stücken auf Judenhass als Kernelement seiner Interpretation eines radikalen Nationalismus. Mit solchem, bis dahin unbekannten politischen Sektierertum versuchte er, auf sich aufmerksam zu machen und Anhänger zu gewinnen (Gensicke 1988; Porath 1971; Schechtman 1965). Im April 1920 nutzte er die alljährliche Prozession anlässlich des muslimischen Feiertags *Nabi Musa*, hielt eine aufrührerische Rede und wandelte mit seiner Agitation das fromme Gedenken in eine frühe antisemitische Massenkundgebung um. Als die aufgehetzte Menge unter Parolen wie „Palästina ist unser Land und die Juden sind unsere Hunde“ das Zentrum Jerusalems erreichte, folgte eine Gewaltexplosion mit pogromartigen Begleiterscheinungen, in deren Verlauf fünf Menschen ermordet und hunderte Jüdinnen und Juden verletzt wurden. Erst nach Tagen kehrte in der Stadt wieder Ruhe ein (Wasserstein 1978: 60f.; Segev 2005: 146–155).

Die noch verantwortliche britische Militärverwaltung erkannte im jungen Hadsch Amin einen der Verantwortlichen für die Gewalt und verurteilte ihn zu zehn Jahren Haft; wohlweislich hatte der sich aber rechtzeitig ins benachbarte Syrien abgesetzt. Dann jedoch trat ein vollständiges Umdenken ein, weil die sich gerade konstituierende britische Mandatsverwaltung ausgerechnet auf den jungen Radikalen setzte. Sir Herbert Samuel als neuer Hochkommissar rehabilitierte al-Husseini und ließ ihn zudem in das Amt des Muftis, der höchsten muslimischen Autorität in Glaubensfragen, im Mandatsgebiet hieven. Das Kalkül hinter der erstaunlichen Entscheidung sah vor, den Hetzer in eigene Machtverhältnisse zu integrieren, um ihn auf die Weise kontrollieren zu können – was faktisch zu keiner Zeit gelang (Gensicke 1988: 31–39; Elpeleg 1993: 5–50; Porath 1971).

Vielmehr erlebte das Mandatsgebiet weitere antisemitische Gewaltwellen. Ein Onkel des neuen Muftis, der einflussreiche Musa Kazim al-Husseini, bis 1920 noch Bürgermeister von Jerusalem, fabulierte im März des Folgejahrs zu den Hintergründen: „Die Juden sind Elemente von Zersetzung in vielen Ländern gewesen. [...] Es ist wohl bekannt, dass der Zerfall Russlands durch die Juden stattgefunden hat und ein großer Anteil der Niederlage Deutschlands und Österreichs geht ebenfalls auf ihr Konto.“ (Zit. n. Wasserstein 1978: 97) Bereits zu dieser Zeit kursierte demnach im Nahen Osten ein ganzer Kanon von ursprünglich in Europa formulierten antisemitischen Verschwörungserzählungen, die für eine eigene politische Agenda genutzt wurden.

Der sich als neue politische Praxis manifestierende Judenhass löste eine verhängnisvolle Dynamik aus. Denn die britische Mandatsmacht reagierte auf neue Gewalt mit eher hilflos anmutenden Versuchen, die Lage zu beruhigen. Untersuchungskommissionen des Empire benannten im Nachhinein wiederholt nicht den antisemitischen Terror, sondern vielmehr die jüdische Einwanderung als eigentliche Ursache. In klassischer Schuldumkehr wurde die Opferseite zu Verantwortlichen erklärt. Das wiederum beförderte auf arabischer Seite die Erkenntnis, dass sich Radikalität lohnt. Damit kam eine fatale Erpressungsspirale in Gang, in der die anfangs noch marginalen palästinensischen Radikalen ihre Haltung von fortgesetzter Radikalisierung und Selbstviktimisierung stetig weiterentwickelten (Mallmann/Cüppers 2006: 16).

Eine weitere schwerwiegende Eskalation ereignete sich im Sommer 1929, als der Mufti in Jerusalem das Gerücht streute, die dortige jüdische Gemeinde wolle sich die muslimischen heiligen Stätten einverleiben. Die haltlose Verschwörungserzählung führte Tage später zu pogromartigen Zuständen in Hebron, bei denen allein 67 Menschen der dort seit Jahrhunderten bestehenden jüdischen Gemeinde ermordet wurden. Allerdings wäre die Opferzahl sicherlich noch viel höher ausgefallen, wenn Muslime nicht etliche ihrer jüdischen Nachbarinnen und Nachbarn versteckt und damit vor dem sicheren Tod bewahrt hätten (Segev 2005: 343–356). Die Ereignisse markieren einen Wendepunkt, mit dem Visionen eines friedlichen Zusammenlebens der Konfessionen endgültig schwanden. Entsprechend stellte auch die bislang im Sinne einer friedlichen Verständigung tätige und noch bis 1933 existierende Organisation Brit Shalom ihre Aktivitäten weitgehend ein, weil es auf arabischer Seite mittlerweile schlicht an Dialogpartnern für derartige Perspektiven mangelte. Die britische Untersuchungskommission, die nach den Ereignissen des Sommers 1929 im Mandatsgebiet eintraf, benannte einmal mehr zwar Verantwortliche auf arabischer Seite, stellte gleichzeitig aber erneut Ursache und Wirkung auf den Kopf, indem jüdische Immigration als Kern des Problems dargestellt wurde (Mallmann/Cüppers 2006: 16). In dem Zusammenhang bezog sich der Mufti in einer Stellungnahme auf *Die Protokolle der Weisen von Zion* und damit auf den in Europa kursierenden antisemitischen Klassiker schlechthin, als er fabulierte: „Das House of Commons ist nichts anderes als ein Rat der Weisen von Zion, von dem wir keine Gerechtigkeit zu erwarten haben!" (Zit. n. Jorda 1943: 194)

Damit endete die erste Dekade nach anfänglich hoffungsvollen Perspektiven für die Region mit gewalttätigen Ansätzen eines sektiererischen palästinensischen Nation-Building. Das brach mit allen Visionen eines möglichen friedlichen Zusammenlebens im entstandenen Mandatsgebiet von Palästina und propagierte vielmehr einen bis dahin in der Region kaum gekannten, mit Ideologieversatzstücken aus Europa entscheidend aufgeladenen Antisemitismus, der gerade im Hinblick auf die im folgenden Jahrzehnt auf dem europäischen Kontinent stattfindenden Ereignisse nichts Gutes versprach.

„Erlösungsantisemitismus" – Beiträge des Nationalsozialismus

Nach der Machtübertragung an die Nationalsozialisten im Deutschen Reich Ende Januar 1933 veränderten sich politische Orientierungen auch im Nahen Osten tiefgreifend. Radikale mussten künftig nicht mehr nur Vorurteilsmuster aus Europa abschöpfen, sondern konnten sich in ihrem Judenhass viel konkreter an einer rasant wiedererstarkenden Großmacht orientieren. Wie sich im Weiteren facettenreich zeigen sollte, übte dabei vor allem die nationalsozialistische Version von Judenfeindschaft eine besondere Strahlkraft auf Radikale im Orient aus. Treffend als „Erlösungsantisemitismus" analysiert, suggerierte diese wahnhafte Vorurteilsform, dass nur durch eine konsequente Bekämpfung jüdischen Lebens die eigene Existenz gesichert werden könne, wonach dann eine strahlende Zukunft zu erwarten sei (Friedländer 2000: 96–128).

Einen Anfang bei den Avancen machte prompt Amin al-Husseini, der dem deutschen Generalkonsul in Jerusalem im frühen März 1933 seine Aufwartung machte und dabei unmissverständlich seine Bewunderung für Hitler und die Nationalsozialisten zum Ausdruck brachte. Zudem unterstrich er die Hoffnung, die in Deutschland an die Macht gekommene politische Bewegung möge sich künftig weiter ausbreiten. Es folgten ungezählte weitere Sympathiebekundungen an die Adresse der Nationalsozialisten, die deutlich machten, wie die neuen Berliner Machthaber in Teilen der arabischen Welt bewundert wurden und welche ideologische Stoßrichtung dabei besonders wahrgenommen wurde.

In einem Telegramm aus Jerusalem war etwa Folgendes zu lesen: „Die arabische Jugend Palästinas bittet höflichst den einzigen Führer Deutschlands, den Verkauf der deutschen Schnellerschule samt ihren Ländereien an die Juden zu verhindern, damit dieser Verkauf nicht zur Verjudung des Heiligen Landes beiträgt." (Notiz Auswärtiges Amt (AA), 27.07.1935, Bundesarchiv, R 43 II/1420) Ein Hanaf Hassan schrieb dem deutschen Konsul in Haifa großzügig, das „Land Palästina gehört nicht nur uns Arabern, sondern auch den Deutschen mit, und ich hoffe von Ihnen, Herr Konsul, dass Sie uns helfen, das Heilige Land von den Juden zu befreien und hoffe, dass wir alle Brüder sind, so Gott will" (undatierte Abschrift, Politisches Archiv des Auswärtigen Amtes (PAAA), R 104790). Nun könnten solche Sympathiebekundungen als irrelevante Schrulligkeiten abgetan werden, wenn die Nationalsozialisten ab den späteren 1930er Jahren nicht zu einem bestimmenden ideologischen, propagandistischen, ökonomischen und schließlich auch militärischen Faktor im Nahen Osten geworden wären.

Entscheidend eskalierte die unheilvolle Entwicklung im Frühjahr 1936, als das britische Mandatsgebiet von einer neuen Gewaltwelle heimgesucht wurde. Vereinzelte Morde an Juden wurden Anfang April einmal mehr von deren Seite vergolten, doch diesmal blieb es nicht bei solchen partiellen Gewaltausbrüchen. Vielmehr eskalierten arabische Politiker die Lage systematisch. Auf Initiative des Muftis schlossen sich sechs arabische Parteien im Mandatsgebiet zum sogenannten „Arabischen Hohen Komitee" zusammen, dessen Vorsitz al-Husseini selbst übernahm. Umgehend forderte er das Ende weiterer jüdischer Einwanderung und ließ Aufrufe zur Befolgung eines Generalstreiks veröffentlichen, um der Position Nachdruck zu verleihen. Schnell brachte der Streik das arabische Geschäftsleben zum Stillstand, vor allem eskalierte gleichzeitig die Gewalt im Mandatsgebiet in einer bisher nicht dagewesenen Dimension (Kupferschmidt 1987; Mallmann/Cüppers 2006: 24–27).

Erst Monate später konnte die explosive Lage durch Vermittlung benachbarter Regierungen beruhigt werden. Daraufhin wurde aus London schnell wieder eine neue Untersuchungskommission angekündigt. Unter dem Vorsitz von Lord William Robert Peel traf diese im November 1936 vor Ort ein und machte sich umgehend an die Arbeit. Dutzende von Politikern und Honoratioren der arabischen wie jüdischen Seite wurden gehört, wobei Verantwortliche und Zeugen der neuerlichen Gewalt vor der Peel-Kommission tiefe Einblicke in die Realitäten des Landstrichs vermittelten. 1937 erschien schließlich der Abschlussbericht, der ein bemerkenswertes Urteil bereithielt. Weil Peel mit seinen Mitarbeitern die Gegensätze zwischen der muslimischen und jüdischen Seite als unüberbrückbar klassifizierte, plädierten die Briten für die Errichtung zweier unabhängiger Staaten – eines kleineren jüdischen im nordwestlichen, und eines weit größeren arabischen Staates im mittleren und südlichen Teil des Mandatsgebiets. Damit hätte die arabische Seite ganze 75 Prozent und der Jischuw, die jüdische Seite, 20 Prozent des Territoriums für den Aufbau eines eigenen, jeweils unabhängigen Staatswesens zur Verfügung gehabt, während Jerusalem mit den heiligen Stätten und einem schmalen Korridor zum Mittelmeer unter internationaler Verwaltung bleiben sollte (Hurewitz 1950: 72f.; Porath 1977: 220f.).

Zwar hatte man sich auf jüdischer Seite mehr erhofft, trotzdem wurde letztlich Zustimmung zum Peel-Plan signalisiert. Ganz anders dagegen fiel die arabische Reaktion aus. Die harsche Ablehnung des Vorschlags ging einher mit neuerlichen Maximalforderungen nach dem ganzen Mandatsgebiet, womit der Peel-Plan faktisch Geschichte war. Damit bliebe aber noch festzuhalten, dass die vom Mufti geführte arabische Seite in dieser historischen Situation ihre eigene, zentrale Forderung nach nationaler Unabhängigkeit leichtfertig selbst verraten hat. Nie mehr danach ist ein Kompromiss formuliert worden, der einen arabischen Staat Palästina in einem derart großen Teil des Mandatsgebiets vorsah (Mallmann/Cüppers 2006: 27–29; Küntzel 2019: 52–57, 122). Bezeichnenderweise sah zehn Jahre später der UN-Teilungsplan von Ende 1947 nur mehr 43 Prozent der Fläche für die arabische Seite vor, und alle späteren, bis in die Gegenwart diskutierten Kompromisse hinsichtlich einer Zweistaatenlösung beinhalten ein noch ungünstigeres Verhältnis für die arabische Seite.

Gleichzeitig aber machten führende palästinensische Politiker den Menschen im Widerspruch zu aller Realität bis in die Gegenwart glaubhaft, für ein zukünftiges Palästina wäre noch das gesamte Gebiet erreichbar. Die verstockte Kompromisslosigkeit und das Fabulieren von einer vermeintlichen „From the River to the Sea“-Lösung markieren demnach seit 1937 eine katastrophale Form von Politikversagen, die es zu verantworten hat, dass alle Aussichten auf ein unabhängiges Palästina wegen dieser Blockadehaltung faktisch immer unvorteilhafter ausfallen. Da aber kaum jemand den Konflikt auf palästinensischer Seite historisch-kritisch reflektiert, können illusorische Maximalforderungen weiter auf der Agenda bleiben, während die verpassten Chancen keineswegs den jeweiligen eigenen politischen Führern, sondern immer nur der jüdischen Seite angelastet werden.

Unmittelbar nach der geschichtsträchtigen Ablehnung des Peel-Teilungsplans durch den Mufti eskalierten die Gewaltverhältnisse in einer zweiten Phase des sogenannten „Arabischen Aufstands“ aufs Neue. Nun begann auch das nationalsozialistische Deutschland, die ausufernde antijüdische und antibritische Gewalt mit erheblichen Finanzmitteln und Waffen zu unterstützen (Mallmann/Cüppers 2006: 79f.). Mit der Kufiya, einem von Männern im gesamten Orient getragenen Kopftuch, wurde plötzlich auch ein bislang unverdächtiges Stück Stoff zum politischen Signet erhoben. Anschaulich beschrieb der deutsche Generalkonsul von Jerusalem, Herbert Dittmann, den Zusammenhang:

> Es wurde plötzlich die Parole ausgegeben, dass jeder, der sich zur nationalen Sache Palästinas bekenne, die gleiche Kopfbedeckung wie die Aufständischen – Kaffieh und Agal (Kopftuch und doppelte Kordel) – tragen müsse. Diesem Gebot hat sich die gesamte arabische Bevölkerung

> Palästinas – Mohammedaner wie Christen, Effendis wie Fellachen – gebeugt, so dass heute die jahrhundertealte Kopfbedeckung der städtischen Araber, der Tarbusch, ausnahmslos verschwunden ist und die Städte Palästinas ein äußerlich ganz verändertes Bild bieten. (DGK Jerusalem an AA, 14.09.1938, PAAA, R 104790)

Der Nazi-Schriftsteller Kurt Fischer-Weth, der die Region in jenen Tagen bereiste, ergänzte, wie solche Anweisungen durchgesetzt wurden:

> In einer baumbestandenen Straße der Altstadt von Jerusalem findet sie die Polizei: zwei Araber, mit dem Gesicht auf dem Boden liegend, offenbar durch Schüsse in den Rücken niedergestreckt, die Einschussstelle aber sorgfältig mit jener bekannten Kopfbedeckung verdeckt, die man in Europa ‚Fez', im Orient jedoch ‚Tarbusch' nennt. Einer der beiden Toten ist ein namhafter Rechtsanwalt, der andere ein wohlhabender Hausbesitzer. Die Kugeln, an denen sie verblutet sind, stammen weder aus jüdischen, noch aus britischen Schusswaffen [...] Die beiden sind Araber, die von Arabern erschossen worden sind. Sie hatten das Verbrechen begangen, die letzten Anweisungen des Generals der Freischaren unbeachtet zu lassen, die wenige Tage zuvor an allen Ecken Jerusalems zu lesen waren. (Fischer-Weth 1943: 82f.; siehe auch Schattenfroh 1940)

Treffend ist damit ein Charakteristikum dieser zweiten Phase des „Arabischen Aufstands" angedeutet: Der Terror wandte sich nicht mehr vorrangig gegen Jüdinnen, Juden oder die Mandatsmacht, sondern vielmehr gegen die vergleichsweise moderate arabische Mehrheitsbevölkerung. Opferzahlen veranschaulichen den Befund. Demnach starben in den Jahren 1936 bis 1939 547 Angehörige des Jischuw durch Araber. Die Toten auf der eigenen, muslimischen Seite bezifferten sich mit insgesamt 494 Menschen auf eine ähnliche Größenordnung. Noch eindeutiger berichtete die *New York Times* dazu im Oktober 1938: „More than 90 % of the casualties of the last few days have been inflicted by Arab terrorists on Arabs" (NYT, 15.10.1938; siehe auch Bowden 1975: 147; Kolinsky 1992: 162).

Die Wirkung des Konflikts wies mittlerweile weit über die Grenzen des Mandatsgebiets hinaus. In der zweiten Phase des „Aufstands" sollte es radikalen Judenhassern gelingen, ihr Anliegen zur verpflichtenden Glaubensfrage für fromme Muslime zu erheben und generell zu konfessionalisieren. Zudem wurde das Geschehen internationalisiert, weil sich Radikale aus der gesamten Großregion aufmachten, um im Mandatsgebiet für die Sache des Muftis zu kämpfen. Das zweite Jahrzehnt der Versuche eines antisemitisch ausgerichteten Nation-Buildings im Mandatsgebiet von Palästina endete somit in den späten 1930er Jahren mit unbestreitbaren Erfolgen: Die Radikalen um den Mufti hatten sich innerhalb der muslimischen Mehrheitsbevölkerung mit massivem Terror durchsetzen können, zudem hatte der Konflikt weit über den Landstrich hinaus Unterstützer und Fürsprecher gewonnen. Moderatere Stimmen dagegen hatten Seltenheitswert bekommen, und sie riskierten bei der Formulierung von Kritik gegen die unmenschliche Orientierung seitdem ganz unmittelbar ihr Leben (Mallmann/Cüppers 2006: 35–38).

Angesichts all dieser radikalen Mobilisierungen knickte die britische Mandatsmacht ein weiteres Mal vor dem arabischen Gewaltpotenzial ein und beschränkte 1939 die jüdische Immigration massiv. Seitdem mussten Jüdinnen und Juden ihr *Erez Israel* vielfach auf illegalen und damit oft genug lebensbedrohlichen Wegen erreichen (Elpeleg 1993: 52–54; Sykes 1967: 213–215; Hurewitz 1977: 98–100). Das wiederum markierte im Hinblick auf den in Europa beginnenden Weltkrieg und den gleichzeitig realisierten Holocaust eine verheerende Entwicklung.

Militärische Intervention – Exportversuch des Holocaust

Mit dem ab September 1939 begonnenen Vernichtungskrieg in Europa entwickelte sich schon bald eine Dynamik, die den Nahen Osten mit direkter militärischer Intervention durch das nationalsozialistische Deutschland bedrohte. Wegen einer kläglich gescheiterten Offensive des faschistischen Achsenpartners Italien in Libyen hatte Hitler im November 1940 mit seiner militärischen Weisung Nr. 18 die Entsendung einer Panzerdivision für Nordafrika angewiesen. In direkter Konsequenz landeten unter dem Decknamen *Unternehmen Sonnenblume* ab Anfang Februar 1941 25.000 Wehrmachtssoldaten mit umfangreichem militärischem Gerät unter dem Befehl von Generalleutnant Erwin Rommel im libyschen Tripolis. Schnell gingen die Deutschen mit den italienischen Truppen zur Offensive über, die sie in den folgenden Monaten bedrohlich weit nach Osten führen sollte.

Dass die deutsche Intervention längst nicht nur begonnen hatte, um den Achsenpartner zu stützen, sondern darauf ausgelegt war, weitreichende eigene, nationalsozialistische Visionen im Großraum zu verwirklichen, hatte sich früh abgezeichnet. Die Richtung hatte beispielsweise Oberstleutnant Bernhard von Loßberg vom Wehrmachtführungsstab Anfang 1941 skizziert, als er formulierte, es sei „höchste Zeit, dass wir die politische Arbeit im

Mittleren Orient künftig von Deutschland aus steuern", um dann noch hervorzuheben:

> Hierzu gehört, dass wir als Kriegsziel der Achse die Selbständigkeit der Araber anerkennen. Wir sind insofern gut daran, als wir den Arabern keine nur ‚erträgliche' Regelung der Judenfrage in Palästina zu versprechen brauchen, sondern mit gutem Gewissen den Arabern auf diesem Gebiet jede Konzession machen können. (OKW/WFSt/Abt.L an OKW/Ausl/Abw, 07.01.1941, PAAA, BA 61179)

Eine solche Erwähnung gemeinsamer antisemitischer Motive im Nahen Osten war zwar mit der direkten militärischen Intervention in Libyen faktisch ein Stück näher gerückt, blieb vorerst aber sowohl wegen der noch erheblichen strategischen Distanz zum Mandatsgebiet als auch wegen einer Anfang 1941 noch wenig konkreten „Regelung der Judenfrage" auf nationalsozialistischer Seite eher Absichtserklärung. Im weiteren Jahresverlauf sollte sich daran jedoch Grundlegendes ändern. Mit dem Angriff auf Stalins Sowjetunion setzten die Nationalsozialisten im Sommer eine Entwicklung in Gang, die alle bisherigen Konzeptionen in nie dagewesener Weise radikalisierte. Nach anfangs noch fast ausnahmslos gegen jüdische Männer gerichteten Erschießungen eskalierten SS und Polizei im Baltikum, in Belarus und der Ukraine eine Praxis, die binnen Wochen in einer unterschiedslosen Ermordung jüdischer Kinder, Frauen und Männer mündete. Erstmals überhaupt wurde dabei jüdisches Leben ganzer Landstriche vernichtet, und anfangs noch hunderte Opfer einzelner Massaker mussten bald darauf in Größenordnungen von Zehntausenden gezählt werden (Matthäus 2003; Cüppers 2005: 175–186).

Damit war ein vorher schlicht nicht existenter, richtungsweisender Machbarkeitsbeweis erbracht: Die „Endlösung der Judenfrage" erschien plötzlich, ganz anders als bisher projiziert, nicht mehr mit Hunger oder Vertreibung, sondern im Sinne eines unterschiedslosen Massenmords an Millionen Menschen realisierbar. Dieser vollkommen neuen Erkenntnis folgte Wochen später konsequenterweise die Richtungsentscheidung der nationalsozialistischen Führung, die in der Sowjetunion begonnene Vernichtungspolitik auf den gesamten deutschen Machtbereich auszudehnen (Browning 2003: 457–460, 604–609). Eine Äußerung Hitlers offenbart dabei unheilvoll, dass diese Grundsatzentscheidung zum Holocaust nicht auf den Kontinent begrenzt bleiben sollte. Anlässlich einer Besprechung mit Heinrich Himmler und Reinhard Heydrich äußerte der „Führer" am 25. Oktober 1941: „Es ist gut, wenn uns der Schrecken vorangeht, dass wir das Judentum ausrotten. Der Versuch, einen Judenstaat zu gründen, wird ein Fehlschlag sein. Wir schreiben die Geschichte auch wieder neu: vom Rassenstandpunkt aus." (Zit. n. Jochmann 1980: 106) Die vage und gleichzeitig prototypisch Hitlers Herrschaftsstil entsprechende Äußerung hatte wie viele vergleichbare Formulierungen bald praktische Konsequenzen zur Folge – sowohl in Europa als auch im Nahen Osten.

Für eine Verwirklichung derartiger Ambitionen war mit Amin al-Husseini ein prominenter Bündnispartner in der Reichshauptstadt eingetroffen, der sich fortan als zentrale Stimme einer arabisch-nationalsozialistischen Achse zur Verwirklichung eines gemeinsamen Vernichtungsantisemitismus erweisen sollte. Dazu wurde er von Hitler persönlich schon am 28. November 1941 in der Neuen Reichskanzlei empfangen, wobei sich beide in ihrer antijüdischen Intention vollkommen einig zeigten. Im Weiteren besprach sich al-Husseini unter anderem mit SS-Obersturmbannführer Adolf Eichmann, dem Referatsleiter für „Judenangelegenheiten" der Gestapo. Dem konnte er bei der Gelegenheit mitteilen, dass Himmler ihm bereits die Entsendung eines „Judenberaters" für Jerusalem versprochen habe. Es folgten Visiten in nationalsozialistischen Konzentrationslagern und eine intensive Einbindung in die Rundfunkpropaganda Richtung arabische Welt, wobei al-Husseini mehrmals zum Djihad gegen Juden und Briten aufrief (Mallmann/Cüppers 2006: 105–118).

Nun stellen sich solche Aufrufe, Treffen und Visiten zwar als vielsagend dar, hatten aber mit den strategischen Positionen der Wehrmacht im westlichen Libyen noch keine unmittelbaren Auswirkungen auf den Jischuw im Mandatsgebiet. Das aber begann sich im Frühsommer 1942 tiefgreifend und spektakulär zu ändern. Rommel hatte mit einer erfolgreichen Offensive gegen die britische Gazala-Stellung im Juni einen großen militärischen Erfolg verbuchen können und setzte dem in östlicher Richtung zurückweichenden Feind mit seinen deutschen und italienischen Verbänden nach. Die als uneinnehmbar geltende Festung Tobruk fiel binnen eines Tages – für Premier Winston Churchill einer seiner schlimmsten Momente im gesamten Weltkrieg. Von der Weltöffentlichkeit gebannt verfolgt, setzten die Achsentruppen ihren Vormarsch fort, überquerten die Grenze zu Ägypten, dort fiel mit Marsa Matruh eine weitere Festung am 29. Juni. Tage später erreichte die deutsch-italienische Panzerarmee eine nur mehr als schwach eingeschätzte letzte Frontlinie vor Alexandria und Kairo, die nach einer völlig unbedeutenden Bahnstation benannt war: El-Alamein. Rommel bedrohte mit seinen Truppen nun ganz Ägypten, was zur Folge hatte, dass Muslime in Kairo britische Soldaten mit Hochrufen auf Hitler und seinen prominenten Generalfeldmarschall verhöhnten (Mallmann/Cüppers 2006: 133–135).

Der wiederum skizzierte in jenen Tagen seine unmittelbare militärische Perspektive auf einer persönlichen Karte. Zwei Stoßrichtungen markierte er dazu im Anschluss an die binnen Tagen erwartete Überwindung der Front bei El-Alamein: Die Einnahme Kairos einerseits und andererseits das Erreichen des strategisch wichtigen Tiefseehafens von Alexandria. Genau dort hatten britische Militärs im berühmt gewordenen „Ash Wednesday" bereits Unterlagen unterschiedlichster Stäbe verbrannt, weil das baldige Erscheinen der Wehrmacht als derart gesichert galt. Wie Rommel mit forschem Buntstift auf seiner Karte weiter skizzierte, sollten die deutschen und italienischen Truppen anschließend den Suezkanal erreichen. Gleichzeitig wurden nähere Erkenntnisse für die sich unmittelbar daran anschließenden militärischen Ziele angefordert. Rommel erfuhr so, dass Unterkünfte für seine Männer im Mandatsgebiet von Palästina kaum in akzeptabler Qualität seitens der arabischen Mehrheitsbevölkerung zu erwarten seien. Jüdische Häuser könnten dagegen sehr wohl genutzt werden (Mythos 2008: 67; Mallmann/Cüppers 2006: 129–135, 162f.).

Das strategische Gesamtszenario, das sich im Sommer 1942 entfaltete, hatte wiederum Reichsaußenminister Joachim von Ribbentrop dem japanischen Botschafter Hiroshi Oshima am 9. Juli während eines gemeinsamen Treffens euphorisch vermittelt:

> Wenn es uns jedoch gelänge, Russland als Hauptbundesgenossen für England und USA auszuschalten und über den Kaukasus nach Süden vorzudringen, während Rommel auf der anderen Seite über Ägypten in den vorderen Orient vorstieße, so wäre der Krieg gewonnen. In den letzten vier Wochen seien wir auf jeden Fall diesem Ziel viel nähergekommen, als es die deutsche Führung bei allem Optimismus sich erhofft hätte. (Aufzeichnung Gottfriedsen, 10.07.1942, zit. n. ADAP 1974: 129f.)

Angesichts aller spektakulären militärischen Erfolge in Nordafrika sowie der gleichzeitigen, weit ausgreifenden Offensiven im Ostkrieg fanden zusätzliche Planungen der nationalsozialistischen Führung statt. Dabei ging es um die Frage, wie diesmal, analog zum bisherigen Vorgehen auf dem europäischen Kontinent, Vernichtungspolitik begleitend implementiert werden könnte. Himmler besprach sich in der Sache am 1. Juli mit dem Chef seines Auslandsgeheimdiensts, Walter Schellenberg. Bei der Gelegenheit wurde die Aufstellung eines SS-Kommandos für den Nahen Osten vereinbart. Noch am gleichen Tag fand ein Gesprächstermin bei Hitler statt, wobei der „Führer" Himmler die Aufstellung und Entsendung prompt genehmigte. Genau genommen waren sogar zwei SS-Kommandos für den Nahen Osten vorgesehen. So wurde ein erstes Kommando in Marsch gesetzt, um wie im Vorjahr in der Sowjetunion wichtigen Schriftverkehr sicherzustellen und Kulturgüter zu plündern. Für die zweite Truppe wurde hingegen wie im Krieg gegen Polen 1939 und die Sowjetunion 1941 ein vorrangig auf die jüdische Bevölkerung abzielender, genozidaler Einsatzauftrag festgeschrieben (Cüppers 2013a: 148–151).

Die Führung dieses zweiten SS-Einsatzkommandos wurde mit Obersturmbannführer Walther Rauff einem Mann übertragen, der bereits auf vielsagende Expertise beim Holocaust verweisen konnte. Bis zu seinem Auslandseinsatz war Rauff Leiter der Technischen Abteilung im Reichssicherheitshauptamt gewesen, womit er unter anderem direkt verantwortlich für die Ausstattung der mit der Realisierung der Massenerschießungen befassten Einsatzgruppen in der deutsch besetzten Sowjetunion mit Waffen und technischem Gerät gewesen war. Außerdem hatte er mit der Entwicklung der sogenannten Gaswagen eine alternative Mordmethode verantwortet, um so, wie von Himmler angeregt, die beim Massenmord eingesetzten Täter psychisch zu schonen und deren mentale Gesundheit sicherzustellen. Letztlich wurden mehrere Dutzend dieser auf Lastwagen montierten, mobilen Gaskammern im Holocaust eingesetzt, denen etwa 400.000 Menschen zum Opfer gefallen sein müssen (Cüppers 2013a: 109–140).

Mit seinem Auslandseinsatz im Nahen Osten bekam Rauff nun 1942 die Gelegenheit, sich für weitere Karriereschritte zu bewähren. Rommel wurde die Entsendung des SS-Kommandos per Fernschreiben am 13. Juli angekündigt. Die darin enthaltene Schlüsselformulierung, es sei „berechtigt, im Rahmen seines Auftrages in eigener Verantwortung gegenüber der Zivilverwaltung Exekutivmaßnahmen zu treffen", liest sich auf den ersten Blick eher unverdächtig. Erhellend ist jedoch der Zusammenhang, dass genau die identische Wortwahl aus einem Schriftstück des Vorjahrs einfach übernommen wurde, mit dem Wehrmacht und SS die Verwendung der vier für den Vernichtungskrieg in der Sowjetunion bestimmten Einsatzgruppen geregelt hatten. Das Wording hatte dann binnen eines halben Jahres die Ermordung von insgesamt 500.000 jüdischen Kindern, Frauen und Männern zur Folge gehabt. Vor dem Hintergrund hatte sich die Vereinbarung für SS wie Wehrmacht offenbar so „bewährt", dass der Satz im Sommer 1942 für den neuen Einsatzzweck im Orient unverändert übernommen wurde (Mallmann/Cüppers 2006: 138).

Im britischen Mandatsgebiet realisierte der Jischuw die existenzielle Bedrohung durch die Nationalsozialisten, wenn auch die konkreten Planungen hinsichtlich eines Holocaustexports unbekannt blieben. Manche nahmen allein das Näherrücken der deutschen Truppen zum Anlass, um das eigene Zuhause zu verlassen und vorsichtshalber anderswo Zuflucht zu suchen. Einzelne versteckten sich in christlichen Klöstern, andere wählten sogar den Freitod, um den Nationalsozialisten nicht in die Hände fallen zu müssen. In Jerusalem tauchten in diesem denkwürdigen Sommer über Nacht geheimnisvolle Kreidezeichen an Wohnhäusern jüdischer Bürger auf. Bald stellte sich heraus, dass arabische Nachbarn damit versuchten, zukünftigen Besitz zu markieren, weil mit der erwarteten Ankunft der Deutschen offenbar fest davon ausgegangen wurde, dass die ursprünglichen Bewohnerinnen und Bewohner dort keinesfalls bleiben würden (Koestler 1949: 80; Mallmann/Cüppers 2006: 174–182).

Die Schreckensperspektive ergänzte der NS-Propagandasender *Radio Berlin* in seinem arabischsprachigen Programm am 7. Juli mit einem unmissverständlichen Aufruf, in dem es hieß:

> Ihr Araber Syriens, des Irak und Palästinas, auf was wartet Ihr noch? Die Juden planen, eure Frauen zu vergewaltigen, eure Kinder zu massakrieren und euch zu zerstören. Gemäß der muslimischen Religion ist die Bewahrung eures Lebens eine Aufgabe, welche nur durch die Vernichtung der Juden erfüllt werden kann. Das ist eure beste Gelegenheit, diese schmutzige Rasse zu beseitigen [...]. Tötet die Juden, brennt ihren Besitz nieder, zerstört ihre Läden, löscht diese niederträchtigen Unterstützer des britischen Imperialismus aus. eure einzige Hoffnung auf Erlösung besteht darin, die Juden zu vernichten, bevor sie Euch vernichten. (Zit. n. Herf 2009: 126)

Deutlicher kann ein Mordaufruf gegen jüdisches Leben wohl kaum formuliert sein, womit das Gesamtszenario des Sommers 1942 erahnen lässt, was mit einem Vordringen deutscher Truppen ins britische Mandatsgebiet einhergegangen wäre und was die SS-Todesschwadron unter Rauff vor Ort im Konkreten realisiert hätte. Glücklicherweise aber erreichten weder Rommel noch Rauff jemals Jerusalem oder die Strände von Tel Aviv. Vielmehr vermochte sich wider Erwarten die britische 8. Armee an der Front vor El-Alamein militärisch durchzusetzen. Über den gesamten Sommer wehrten die Soldaten weitere Durchbruchsversuche Rommels ab, bevor sie im Herbst selbst zur Gegenoffensive übergingen. Binnen Wochen vertrieben sie dann die Achsentruppen aus ganz Ägypten und Libyen (Mallmann/Cüppers 2006: 183–196).

Die krachende militärische Niederlage Rommels resultierte auf arabischer Seite in verbreiteter Enttäuschung. Verbittert forderte auch der Mufti in seinem deutschen Exil selbst 1944 noch mehrfach die Bombardierung Tel Avivs, was die Luftwaffe aber wegen längst fehlender Reichweite nicht mehr realisieren konnte (Gensicke 1988: 230–232; Mallmann/Cüppers 2006: 190, 241f.). Mithin war die unmittelbare Bedrohung des Jischuw durch die Nationalsozialisten erfolgreich abgewehrt und ein Export des Holocaust in die Region verhindert worden. Das wiederum stellte eine nur wenig reflektierte, nichtsdestotrotz aber entscheidende Vorbedingung für die drei Jahre nach der erzwungenen Beendigung der Judenvernichtung und der bedingungslosen Kapitulation der Nationalsozialisten vollzogene Gründung des Staates Israel im Jahr 1948 dar.

Verheerende Kontinuitäten

Tiefgreifend und unübersehbar hatten die drei Jahrzehnte zwischen dem Ende beider Weltkriege den Nahen und Mittleren Osten verändert. Waren Aussichten auf arabische Unabhängigkeit 1918 in der Region noch kaum absehbar gewesen, stellte sich die Situation nach 1945 vollkommen anders dar. Mit Ägypten, Jordanien, Syrien, dem Libanon und Irak waren mehrere souveräne Nationen entstanden, die sich um eine weitere Neugründung versammelten. Am 14. Mai 1948 formulierten deren Gründungsväter und -mütter in ihrer Unabhängigkeitserklärung, der Staat Israel werde „volle soziale und politische Gleichberechtigung aller Bürger ohne Unterschied der Religion, der Rasse und des Geschlechts gewähren; er wird Freiheit des Glaubens, des Gewissens, der Sprache, der Erziehung und Kultur garantieren". Ausdrücklich war außerdem zu lesen: „Wir strecken allen Nachbarstaaten und ihren Völkern die Hand zum Frieden und auf gute Nachbarschaft entgegen." (Zit. n. Krupp 1999: 138)

Die Angesprochenen zeigten sich bedauerlicherweise keinesfalls geneigt, die ausgestreckte Hand anzunehmen. Azzam Pascha, der Generalsekretär der 1945 gegründeten Arabischen Liga, kündigte vielmehr bereits an Tag zwei der Existenz Israels an, den jüdischen Staat unerbittlich zu bekämpfen, wobei er blutrünstig ergänzte: „Es wird ein Ausrottungskrieg und ein gewaltiges Blutbad sein, von dem man einst sprechen wird, wie von den Blutbädern der Mongolen und der Kreuzzüge." (Zit. n. Krupp 1999: 13)

Die unzweideutig geäußerte Vernichtungsabsicht zeugt von ideologischen Einflüssen des Nationalsozialismus mit seinem radikalen „Erlösungsantisemitismus", der im Nahen Osten während des Weltkriegs weite Verbreitung gefunden hatte, nach 1945 fatalerweise unbeschadet fortwirkte und so wiederum neue Anhängerschaften finden konnte.

Selbst unbestrittenen Nazi-Kollaborateuren gelang es daher schnell, die bisherige eigene politische Agenda weitgehend unverändert weiterzuverfolgen. So führte auch Amin al-Husseini 1946 mit seiner Rückkehr aus dem NS-Exil frühere Machenschaften fort, die nach dem Untergang des Nationalsozialismus im Nahen Osten keineswegs als anrüchig galten. Der Umstand, dass er ganz offen mit den in Europa marodierenden Völkermördern paktiert hatte, die immerhin auch einiges an Zerstörung und Leid in Ägypten, Libyen und Tunesien hinterlassen hatten, stellte dabei bezeichnenderweise kein Hindernis für die Fortsetzung seiner denkwürdigen politischen Karriere dar. Vielmehr bekleidete al-Husseini bald nach seiner Ankunft in Kairo wieder das Amt, das eigens für ihn neugegründet und reserviert worden war. Vorsitzender des „Arabischen Hohen Komitees" konnte sich der Ex-Mufti seitdem wieder nennen, was genau dem Titel entsprach, den er während der verhängnisvollen ersten Phase des „Arabischen Aufstands" bis 1937 geführt hatte, als er unter dieser Bezeichnung die antijüdischen und antibritischen Aktionen im Mandatsgebiet geleitet hatte. In seiner Autorität bemerkenswert unbestritten, begann er bald auch, Freiwillige für den erwarteten neuen Kampf gegen jüdisches Leben im Mandatsgebiet zu sammeln (Gensicke 1988: 252–259; Elpeleg 1993: 76–98).

Diesbezüglich ließ al-Husseini beispielsweise über sein „Arabisches Hohes Komitee" am 8. März 1948 einen Aufruf an arabische Bewohnerinnen und Bewohner Jerusalems veröffentlichen, die eigenen Häuser zu verlassen, um ein freieres Schlachtfeld zu garantieren. „Jede Zuwiderhandlung gegen diesen Befehl", so der O-Ton, stelle „ein Hindernis für den heiligen Krieg" dar „und wird die Operationen der Kämpfenden in dem betreffenden Gebiet behindern" (zit. n. Morris 1986: 82). Das deutet neben aller historischen Unstrittigkeit von Vertreibungen durch Haganah oder Irgun die eigene, arabische Mitverantwortung für die Flucht von etwa 700.000 palästinensischen Menschen aus jüdisch kontrollierten Regionen des Mandatsgebiets an. Ihre eigene Beteiligung an der Entwurzelung der Landsleute logen Verantwortliche wie al-Husseini wenig später in ein weiteres Element im palästinensischen Selbstviktimisierungsnarrativ um. Die Nakba als zentrale Erzählung von Vertreibung und Flucht überlagert seitdem wirkungsvoll das eigene historische Versagen, einmal mehr auf die Gründung eines souveränen arabischen Staates Palästina verzichtet zu haben und ganz im Widerspruch zu allen Ankündigungen und Vorbereitungen auch nicht fähig gewesen zu sein, Israel in einem „heiligen Krieg" gleich wieder zu vernichten.

Vielmehr gelang es dem jüdischen Staat, sich gegen die Übermacht der feindlichen Armeen durchzusetzen, militärisch die Oberhand zu gewinnen und nacheinander mit allen Gegnern Waffenstillstandsvereinbarungen abzuschließen. Während die freie Welt und ausdrücklich auch Teile des von Josef Stalin kontrollierten Ostblocks Israel diplomatisch anerkannten, ging mit dem Unabhängigkeitskrieg von 1948/49 auch eine weitere Vertreibungswelle einher, in der etwa 800.000 Jüdinnen und Juden aus der gesamten arabischen Welt ihr Zuhause verloren. Viele dieser Menschen flohen nach Israel, was die Zusammensetzung der Gesellschaft bis in die Gegenwart maßgeblich prägt. Die arabische Welt verwirklichte nur wenige Jahre nach den antijüdischen Verfolgungen der Nationalsozialisten in Europa eine nie dagewesene ethnische Säuberung gegen ihre eigenen jüdischen Minderheiten. Das hat die Großregion objektiv betrachtet unübersehbar ärmer gemacht und seitdem erscheint die arabische Welt nicht zuletzt auch erschreckend homogen (Bensoussan 2019; Weinstock 2019; Herf 2022).

Vielfach klingt dort seitdem noch die Vorbildfunktion der deutschen Völkermörder an. „Man darf nicht vergessen, dass Hitler, anders als in Europa, in der arabischen Welt hohe Achtung genießt. Sein Name erweckt in den Herzen unserer Bewegung Sympathie und Begeisterung." So brachte 1956 eine in Damaskus erscheinende Zeitung der islamistischen Muslimbrüder die ideologischen Kontinuitäten auf den Punkt (zit. n. Wistrich 1987: 315). Den eigentlichen Grund für die Begeisterung benannte wiederum die jordanische *Jerusalem Times* unmittelbar vor dem Beginn des Prozesses gegen Adolf Eichmann in Jerusalem. Zu dessen Wirken beim Völkermord wurde unterstrichen, er habe „der Menschheit einen wirklichen Segen" erwiesen, woran sich die unverhohlene Ankündigung anschloss, der von den Nationalsozialisten in Europa realisierte Holocaust würde „eines Tages mit der Liquidierung der verbliebenen sechs Millionen [...] seinen Abschluss finden" (zit. n. Wistrich 1987: 334).

Derart abstoßende Äußerungen, deren Provenienz eher aus der neonazistischen Ecke vermutet werden könnte, stellen keine singulären Ausnahmen dar, sondern verweisen auf die Qualität eines in der Region kursierenden Judenhasses, der historisch mit der Adaption des nationalsozialistischen „Erlösungsantisemitismus" und einhergehender intensiver Beziehungen zwischen Berlin und Radikalen wie al-Husseini aufkam und letztlich weite Verbreitung gefunden hat. Spätere Führer der palästinensischen Nationalbewegung haben sich davon nie distanziert, sondern sich im Gegenteil ausdrücklich dazu bekannt. PLO-Chef Jassir Arafat etwa äußerte sich noch 2002 folgendermaßen:

> Haben sie es fertiggebracht, unseren Helden Amin al-Husseini beiseite zu schieben? [...] Es gab zahlreiche Versuche, Haj Amin loszuwerden, den sie als einen Verbündeten der Nazis betrachteten. Und trotz alledem lebte er doch in Kairo, nahm am Krieg von 1948 teil, und ich war einer seiner Soldaten. (Zit. n. Tarach 2016: 95f.; siehe auch Kiernan 1976)

Gegen solche positiv hervorgehobenen Kontinuitätslinien und die realen historischen Grundbedingungen hatte Abdel Razek Kader, ein bezeichnenderweise ins Exil gezwungener arabischer Schriftsteller, bereits 1969 in beeindruckender Weise eingewandt:

> Die Nationalisten der Nachbarländer Israels [...] wissen sehr wohl, dass die sumpfigen Ebenen und steinigen Anhöhen zu Beginn dieses Jahrhunderts und in den Tagen des britischen Mandats von ihren Vätern oder Onkeln an die Zionisten verkauft wurden, für Gold, für dasselbe Gold, das oft am Anfang ihrer politischen oder kommerziellen Laufbahn gestanden hat. Die nomadischen oder halbnomadischen Landbewohner in den Grenzgebieten wissen sehr wohl, wie die jetzt so grünen Ebenen, die bewaldeten Anhöhen und blühenden Täler des heutigen Israel früher ausgesehen haben. Die Palästinenser, die heute als Flüchtlinge in den Nachbarländern leben und zur Zeit ihrer Flucht schon erwachsen waren, wissen dies sehr wohl. Und keiner antizionistischen Propaganda [...] wird es gelingen, eine Tatsache aus ihrem Gedächtnis zu verbannen: dass ihre heutigen nationalistischen Ausbeuter die würdigen Söhne ihrer feudalen Ausbeuter von gestern sind, und dass die Dornen auf ihrem Lebensweg nicht jüdischen, sondern arabischen Ursprungs sind. (Zit. n. Aumann 1977: 24)

In Kenntnis solcher Stimmen bedeutet echte Empathie mit den vom Nahostkonflikt betroffenen Menschen, einerseits Israelis gegen israelbezogenen Antisemitismus zu verteidigen und andererseits palästinensische Menschen vor eigenen politischen Führern in Schutz zu nehmen, solange diese sie nur als Manövriermasse missbrauchen. Versuche eines solchen, existenziellen Schutzes vor diesem langanhaltenden, unmenschlichen Missbrauch wären auch möglich, wenn mit der immanenten Logik der Konfliktwahrnehmung endlich gebrochen werden würde.

Kurz nach dem 7. Oktober 2023 skandierten junge, nur vermeintliche Palästina-Freundinnen und -Freunde anlässlich einer Sitzblockade vor dem Berliner Auswärtigen Amt die Parole „Free Palestine from German Guilt". Damit unterstellten diese reichlich Verirrten, eine Abkehr von deutscher Erinnerungskultur nach dem Holocaust mit der damit einhergehenden Nähe zu Israel würde ein „freies" Palästina bedingen. Tatsächlich könnte die Parole aber in ganz anderer Auslegung sehr wohl ernst- und als Verpflichtung angenommen werden: Dann nämlich würde der Wortlaut bedeuten, dass im Bewusstsein der Virulenz eines fortwirkenden, nationalsozialistisch geprägten „Erlösungsantisemitismus" im Nahostkonflikt alle derartigen Anzeichen ernst genommen und entschieden bekämpft werden müssen.

Damit würde ein lebenswertes, weltoffenes Palästina an der Seite Israels eine echte Chance bekommen. Auf israelischer Seite würde das selbstverständlich auch entsprechende Bereitschaft erfordern, die breite gesellschaftliche Mehrheiten aber zur Genüge bewiesen haben. Viel richtungsweisender bräuchte es jedoch eine palästinensische Gesellschaft, die endlich eigene Geschichte kritisch reflektiert, sich in direkter Konsequenz von Maximalforderungen verabschiedet, Kompromissbereitschaft beweist, sich damit entschieden von den ersten einhundert Jahren palästinensischer Nationalbewegung distanziert und so glaubwürdige Schritte in eine zivilisierte Zukunft wagt.

Literatur

ADAP – Akten zur deutschen auswärtigen Politik 1918–1945 (1974): Serie E, Bd. 3, Göttingen: Vandenhoeck & Ruprecht.

Asseburg, Muriel (2024): Palästina und die Palästinenser: Eine Geschichte von der Nakba bis zur Gegenwart, München: C.H.Beck.

Aumann, Moshe (1977): Grundbesitz in Palästina 1880–1948, Jerusalem: Isratypeset.

Bartov, Omer/Browning, Christopher R./Caplan, Jane/Dwork, Debóra/Feldman, David et al. (2023): An Open Letter on the Misuse of Holocaust Memory, 30.11.2023, https://www.nybooks.com/online/2023/11/20/an-open-letter-on-the-misuse-of-holocaust-memory/.

Bauer, Yehuda (1970): From Diplomacy to Resistance. A History of Jewish Palestine 1939–1945, Philadelphia: Jewish Publication Society of America.

Bensoussan, Georges (2019): Die Juden der arabischen Welt. Die verbotene Frage, Berlin/Leipzig: Hentrich & Hentrich.

Bethell, Nicholas (1979): Das Palästina-Dreieck. Juden und Araber im Kampf um das britische Mandat 1935–1948, Berlin: Propyläen.

Bowden, Tom (1975): The Politics of the Arab Rebellion in Palestine 1936–1939, in: Middle Eastern Studies, 11, 147–174.

Brenner, Michael (2019): Geschichte des Zionismus, München: C.H.Beck.

Browning, Christopher (2003): Die Entfesselung der „Endlösung". Nationalsozialistische Judenpolitik 1939–1942. Mit einem Beitrag von Jürgen Matthäus, Berlin: Propyläen.

Carpi, Daniel (1983): The Mufti of Jerusalem, Amin el-Husseini, and His Diplomatic Activity during World War II (October 1941 – July 1943), in: Studies in Zionism, 7, 101–131.

Cohen, Hilel (2008): Army of Shadows. Palestinian Collaboration with Zionism, 1917–1948, Berkeley: University of California Press.

Cohen, Michael J./Kolinsky, Martin (1992): Britain and the Middle East in the 1930s. Security Problems, 1935–1939, London: Macmillan.

Cüppers, Martin (2005): Wegbereiter der Shoah. Die Waffen-SS, der Kommandostab Reichsführer SS und die Judenvernichtung 1939–1945, Darmstadt: wbg.

Cüppers, Martin (2013a): Walther Rauff – In deutschen Diensten. Vom Naziverbrecher zum BND-Spion, Darmstadt: wbg.

Cüppers, Martin (2013b): Freundschaft oder Staatsräson? Die deutsche Vergangenheit und das Verhältnis zu Israel, in: Cüppers, Martin/Matthäus, Jürgen/Angrick, Andrej (Hg.): Naziverbrechen. Täter, Taten, Bewältigungsversuche, Darmstadt: wbg, 350–365.

DGK – Deutsches Generalkonsulat Jerusalem (1938): DGK Jerusalem an Auswärtiges Amt, 14.09.1938, PAAA, R 104790.

Elbe, Ingo (2024): Antisemitismus und postkoloniale Theorie. Der „progressive" Angriff auf Israel, Judentum und Holocausterinnerung, Berlin: Edition Tiamat.

Elpeleg, Zvi (1993): The Grand Mufti. Haj Amin al-Hussaini, Founder of the Palestinian National Movement, London: Frank Cass.

Fischer-Weth, Kurt (1943): Amin al-Husseini. Großmufti von Palästina, Berlin: Titz.

Flores, Alexander (2012): The Arabs as Nazis? Some Reflections on „Islamofascism" and Arab Anti-Semitism, in: Die Welt des Islams, 52, 450–470.

Fraser, Thomas G. (2009): Chaim Weizmann: The Zionist Dream, London: Haus Publishing.

Friedländer, Saul (2000): Das Dritte Reich und die Juden. Die Jahre der Verfolgung 1933–1939, München: C.H.Beck.

Gensicke, Klaus (1988): Der Mufti von Jerusalem, Amin el-Husseini, und die Nationalsozialisten, Frankfurt am Main: Peter Lang.

Grigat, Stephan (2023): Kritik des Antisemitismus heute. Zur kritischen Theorie antijüdischer Projektionen, der Persistenz des Antizionismus und der aktuellen Gefahr des islamischen Antisemitismus, in: Grigat, Stephan (Hg.): Kritik des Antisemitismus in der Gegenwart. Theorien – Erscheinungsformen – Bekämpfung, Baden-Baden: Nomos, 11–48.

Häußler, Johannes/Hecht, Cornelia/Lutum-Lenger, Paula/Rommel, Manfred/Schnabel, Thomas (2008): Mythos Rommel. Katalog zur Sonderausstellung, 18. Dezember 2008 bis 30. August 2009, Haus der Geschichte Baden- Württemberg, Stuttgart: Haus der Geschichte Baden-Württemberg.

Herf, Jeffrey (2009): Nazi Propaganda for the Arab World, New Haven: Yale University Press.

Herf, Jeffrey (2022): Israel's Moment. International Support for and Opposition to Establishing the Jewish State, 1945–1949, Cambridge: Cambridge University Press.

Hirszowicz, Łukasz (1966): The Third Reich and the Arab East, London/Toronto: Routledge.

Hurewitz, Jacob Coleman (1950): The Struggle for Palestine, New York: Schocken.

Jochmann, Werner (Hg.) (1980): Adolf Hitler. Monologe im Führerhauptquartier 1941–1944. Die Aufzeichnungen Heinrich Heims, Hamburg: KNAUS.

Jorda, Iwo (1943): Araber-Aufstand. Erlebnisse und Dokumente aus Palästina, Wien: Braunmüller.

Katakura, Motoko/Hurewitz, Jacob Coleman (1977): Bedouin Village: A Study of a Saudi Arabian People in Transition, Tokio: University of Tokyo Press.

Karsh, Efraim (2007): Imperialismus im Namen Allahs. Von Muhammad bis Osama Bin Laden, München: DVA

Khoury, Philip Shukry (1987): Syria and the French Mandate. The Politics of Arab Nationalism 1920–1945, Princeton: Princeton University Press.

Kiernan, Thomas (1976): Arafat. The man and the myth, New York: Norton.

Koestler, Arthur (1949): Promise and Fulfilment. Palestine 1917–1949, New York: Macmillan.

Kolinsky, Martin (1992): The Collapse and Restoration of Public Security, in: Cohen, Michael J./Kolinsky, Martin (Hg.): Britain and the Middle East in the 1930's. Security Problems, 1935–39, 147–168.

Krupp, Michael (1999): Die Geschichte des Staates Israel. Von der Gründung bis heute, Gütersloh: Gütersloher Verlagshaus.

Küntzel, Matthias (2019): Nazis und der Nahe Osten. Wie der islamische Antisemitismus entstand, Berlin/Leipzig: Hentrich & Hentrich.

Kupferschmidt, Uri M. (1987): The Supreme Muslim Council. Islam under the British Mandate for Palestine, Leiden/Boston: Brill.

Lewis, Bernard (1987): „Treibt sie ins Meer!" Die Geschichte des Antisemitismus, Frankfurt am Main/Berlin: Ullstein.

Lewis, Bernard (2003): Die Wut der arabischen Welt. Warum der jahrhundertelange Konflikt zwischen dem Islam und dem Westen weiter eskaliert, Frankfurt am Main/New York: Campus.

Lia, Brynjar (1998): The Society of the Muslim Brothers in Egypt. The Rise of an Islamic Mass Movement 1928–1942, Reading: Ithaca Press.

Mallmann, Klaus-Michael/Cüppers, Martin (2006): Halbmond und Hakenkreuz. Das Dritte Reich, die Araber und Palästina, Darmstadt: wbg.

Matthäus, Jürgen (2003): Das „Unternehmen Barbarossa" und der Beginn der Judenvernichtung, Juni-Dezember 1941, in: Browning, Christopher: Die Entfesselung der „Endlösung". Nationalsozialistische Judenpolitik 1939–1942, Berlin: Propyläen, 360–448.

Morris, Benny (1986): Operation Dani and the Palestinian Exodus from Lydda and Ramle in 1948, in: Middle East Journal, 40(1), 82–109.

Morris, Benny (2001): Righteous Victims. A History of the Zionist-Arab Conflict, 1881–2001, New York: Vintage Books.

NYT – New York Times (o. A.) (1938): Palestine Rebels Rout Opponents, 15.10.1938, 5.

OKW – Oberkommando der Wehrmacht (1941): OKW/ WFSt/Abt.L an OKW/Ausl/Abw, 07.01.1941, PAAA, BA 61179.

Porath, Yehoshua (1971): Al-Hājj Amīn Al-Husaynī, Mufti of Jerusalem – His rise to power and the consolidation of his position, in: Asian and African Studies, 7, 121–156.

Porath, Yehoshua (1974): The Emergence of the Palestinian-Arab National Movement 1918–1929, London: Routledge.

Porath, Yehoshua (1977): The Palestinian Arab National Movement. From Riots to Rebellion, 1929–1939, London: Routledge.

Schattenfroh, Franz (1940): Britenfaust und Judengeist. Eine Reise durch Aegypten und Palästina im Schatten des Krieges, Berlin: Ullstein.

Schechtman, Joseph B. (1965): The Mufti and the Fuehrer. Rise and Fall of Haj Amin el-Husseini, New York: T. Yoseloff.

Schiller, David Th. (1982): Palästinenser zwischen Terrorismus und Diplomatie. Die paramilitärische palästinensische Nationalbewegung von 1918 bis 1981, München: Bernard & Graefe.

Segev, Tom (2005): Es war einmal ein Palästina. Juden und Araber vor der Staatsgründung Israels, München: Pantheon.

Sykes, Christopher (1967): Kreuzwege nach Israel. Die Vorgeschichte des jüdischen Staates, München: C.H.Beck.

Tarach, Tilman (2016): Der ewige Sündenbock. Heiliger Krieg, die „Protokolle der Weisen von Zion" und die Verlogenheit der sogenannten Linken im Nahostkonflikt, Berlin: Edition Telok.

Wasserstein, Bernard (1978): The British in Palestine. The Mandatory Government and the Arab-Jewish Conflict 1917–1929, London: Royal Historical Society.

Weinstock, Nathan (2019): Der zerrissene Faden. Wie die arabische Welt ihre Juden verlor. 1947–1967, Freiburg: ça ira.

Wistrich, Robert (1987): Der antisemitische Wahn. Von Hitler bis zum Heiligen Krieg gegen Israel, München: Max Hueber.

Deutsch-arabische Allianzen gegen Israel in der Nachkriegszeit

Die Kampagne gegen das Luxemburger Abkommen und NS-Kontinuitäten im globalisierten Antisemitismus

Ulrike Becker

Eine Allianz aus arabischen Nationalisten und ehemaligen Nationalsozialisten organisierte 1952 die erste antiisraelische Kampagne der Nachkriegszeit in Europa. Diese richtete sich gegen das Luxemburger Abkommen, das Entschädigungszahlungen der Bundesrepublik Deutschland an Israel vorsah. Die Kampagne transformierte Elemente des NS-Antisemitismus in einen israelbezogenen Antisemitismus, der Delegitimierung, Täter-Opfer-Umkehr und Verschwörungserzählungen kombinierte. Mediale, wirtschaftliche und diplomatische Instrumente verstärkten ihre Wirkung. Die ambivalente Reaktion der Bundesregierung, zwischen moralischer Verpflichtung und Rücksicht auf arabische Partner, erleichterte die Etablierung dieser Narrative. Damit wurde ein Deutungsmuster verankert, das Israel als Störfaktor in den deutsch-arabischen Beziehungen und als Aggressor erscheinen ließ.

Um die Kampagne gegen das Luxemburger Abkommen historisch einzuordnen, ist ein Rückblick auf den Charakter des nationalsozialistischen Antisemitismus notwendig. Der Antisemitismus war nicht bloß ein propagandistisches Begleitphänomen, sondern bildete eine zentrale ideologische Leitlinie der NS-Weltanschauung (Goldhagen 1976: 384; Meyer zu Uptrup 2003: 323–326, 360–366). Die nationalsozialistische Politik beruhte auf einem strikt dichotomen Freund-Feind-Denken, in dessen Zentrum die Figur des „Juden" als universeller Feind stand – verantwortlich gemacht für Kapitalismus wie Kommunismus, für Demokratie wie Bolschewismus, für kulturellen Verfall wie koloniale Ausbeutung (Herf 2006). Antizionismus und Antisemitismus verschmolzen dabei untrennbar zu einer Einheit. Der führende Ideologe der Nationalsozialistischen Deutschen Arbeiterpartei (NSDAP), Alfred Rosenberg, hatte bereits 1921 mit seiner Schrift *Der staatsfeindliche Zionismus* die Linie der Partei in ideologischer Hinsicht vorgegeben. Rosenberg lehnte nicht einfach die politische und territoriale Selbstbestimmung von Juden in einem eigenstaatlichen Gemeinwesen ab, sondern sah einen zukünftigen jüdischen Staat als potenzielles Zentrum der

„jüdischen Weltverschwörung" an (Rosenberg 1922: 56, 86; Yisraeli 1971). Adolf Hitler erklärte in *Mein Kampf*, Juden wollten in Palästina eine „Organisationszentrale ihrer internationalen Weltgaunerei" errichten (Hitler 1941: 356; Küntzel 2002: 37–38).

Transnationalisierung des Antisemitismus

Der NS-Antisemitismus wirkte nicht nur nach innen, sondern wurde systematisch in die internationale Arena getragen. Besonders mit dem vom Deutschen Reich begonnenen Zweiten Weltkrieg intensivierten sich die Bemühungen, antisemitische und antiimperialistische, gegen den anfänglich wichtigsten Kriegsgegner Großbritannien gerichtete Narrative gezielt in der arabischen Welt zu verbreiten. Die nationalsozialistische Propaganda adaptierte dabei ihre Botschaften für ein nicht-europäisches Publikum, indem sie – statt rassenideologischer Kategorien – stärker auf die Vorstellung einer „jüdischen Weltverschwörung" und die Koppelung jüdischer Interessen mit dem britischen Kolonialismus setzte. Ein zentrales Mittel war dabei der arabischsprachige Auslandssender *Radio Berlin*, ergänzt ab 1941 durch den Geheimsender *Stimme des Freien Arabien*, der sich als Untergrundsender ägyptischer Nationalisten ausgab (Goldenbaum 2016: 453). Diese Programme verbreiteten neben antiimperialistischen Appellen systematisch antisemitische Inhalte, die vom Reichspropagandaministerium orchestriert wurden. Mit einem der leistungsstärksten Kurzwellensender der Welt, einer 80-köpfigen Orient-Redaktion und einem täglichen arabischsprachigen Programm trug die nationalsozialistische Politik zur Verbreitung von Antisemitismus im arabischen Raum und zur arabischen Konfrontation mit dem Zionismus erheblich bei (Küntzel 2004: 272; Goldenbaum 2016: 471ff.). Jeffrey Herf (2009; 2010) hat herausgearbeitet, dass ein erheblicher Teil dieser Sendungen Verschwörungserzählungen über eine angeblich jüdisch kontrollierte Weltpolitik enthielt. Die „Judenfrage" wurde so als globales Schicksalsproblem inszeniert – insbesondere in Bezug auf die arabische Welt.

Kairo wurde zudem zu einem Zentrum der antisemitischen Auslandspropaganda. 1935 wurde eine Zweigstelle des Deutschen Nachrichtenbüros (DNB) in Kairo errichtet. Diese unterstützte die ägyptische Muslimbruderschaft mindestens bis 1939 finanziell mit erheblichen Mitteln. Matthias Küntzel hat gezeigt, wie die radikal-islamische Organisation in der Folge politische Aktivitäten mit antijüdischem Charakter entfaltete (Küntzel 2002: 24). Während des Krieges wurde die Muslimbruderschaft zur stärksten politischen Kraft des Landes; 1942 hatte sie bereits eine Million Anhänger. Auch die örtliche NSDAP war aktiv. 1926 wurde eine NSDAP-Ortsgruppe in Kairo und 1933 eine NSDAP-Landesgruppe in Ägypten aufgebaut (Krämer 1982: 260). NSDAP-Mitglieder versuchten gezielt, den Antisemitismus in Ägypten zu verankern und agitierten mit propagandistischen Mitteln gegen die Juden. Sie fokussierten auf den arabisch-jüdischen Konflikt, und es zirkulierten bereits 1933 die ersten Exemplare der *Protokolle der Weisen von Zion* in Ägypten (Krämer 1982: 277f., 298).

Zugleich wurde Berlin in den Kriegsjahren zu einem Knotenpunkt für nationalistische, antikoloniale Aktivisten aus dem globalen Süden, die im NS-Regime einen potenziellen Bündnispartner im Kampf gegen die britische Hegemonie sahen. Diese Gruppen verbanden oft politische und ideologische Feindschaft gegen den Westen mit einer Offenheit für antisemitische Deutungsmuster. David Motadel (2019) hat gezeigt, wie das nationalsozialistische Deutschland gezielt auf diese Bewegungen zuging und sie propagandistisch unterstützte – etwa durch symbolische Anerkennung, Medienzugang oder materielle Unterstützung.

Ein besonders einflussreicher Akteur war Amin al-Husseini, der ehemalige Mufti von Jerusalem (Gensicke 2007; Elpeleg 1993; Schechtman 1965; Höpp 2001; Herf 2009; Küntzel 2002). In seinen Reden, die in die arabische Welt ausgestrahlt wurden, verband er antiimperialistische Rhetorik mit klassischen Elementen des NS-Antisemitismus: Durch eine antijüdische Folie des Verschwörerischen blickte der Mufti auf die politischen Geschehnisse in der arabischen Welt; Juden erschienen als Drahtzieher imperialistischer Verschwörungen, als Feinde des Islam und der arabischen Freiheit. Herf beschreibt (2009: 102, 133), wie sich die Vorstellungen einer „jüdischen Weltverschwörung" mit einer antijüdischen Lesart des Koran vermischte und sich gegen den Zionismus richtete. So entstand eine neue Form eines islamischen Antisemitismus, in Kooperation mit nationalsozialistischen Behörden und mit Resonanz in den arabischen Gesellschaften.

Insgesamt lässt sich feststellen: Der Nationalsozialismus war nicht nur eine Diktatur mit antisemitischem Kern, sondern auch ein ideologischer Exporteur antisemitischer Weltdeutung. Die Propaganda richtete sich gezielt an arabische und andere nicht-europäische Gesellschaften, wo sie an antiimperialistische und antikoloniale wie islamistische politische Diskurse anschlussfähig war und antijüdische und antizionistische Einstellungen verstärkte. Die ideologische Allianz zwischen NS-Ideologie und antikolonialen Nationalismen war ein zentraler Schritt in der Transnationalisierung des Antisemitismus – ein Prozess, dessen Folgen über das Ende des „Dritten Reiches“ hinauswirkten und die spätere antiisraelische Mobilisierung mitprägten.

Der militärische Zusammenbruch des nationalsozialistischen Deutschlands 1945 bedeutete zwar die politische Niederlage des NS-Regimes, jedoch nicht das sofortige Ende seines ideologischen Einflusses. Während in Europa der Nationalsozialismus geächtet wurde, wirkten zentrale Elemente seiner Ideologie – insbesondere der Antisemitismus – in Teilen der arabischen Welt weiter. Wie Küntzel (2006) betont, wurde der Nationalsozialismus dort nicht in gleichem Maße diskreditiert wie im Westen; vielmehr fanden sich in antikolonial-nationalistischen Bewegungen weiterhin ideologische Anknüpfungspunkte.

Al-Husseini kehrte nach dem Krieg nach Ägypten zurück und nahm erneut politischen Einfluss – unter anderem als anerkannter Vertreter der Palästinenser in der Arabischen Liga. Die Muslimbruderschaft, die ihn bereits in der NS-Zeit unterstützt hatte, stellte ihn 1946 in einem programmatischen Appell als Symbol des palästinensischen Kampfes dar. Ihr Führer Hassan al-Banna erklärte: „Der Mufti ist Palästina [...] ein Held, der mit der Hilfe Hitlers gegen den Zionismus kämpfte“ (zit. n. Herf 2010: 285). Dieser direkte Bezug auf die nationalsozialistische Ideologie verdeutlicht, wie anschlussfähig NS-Antisemitismus in Teilen der arabischen Öffentlichkeit geblieben war.

Der Einfluss des Muftis war maßgeblich für die kompromisslose arabische Ablehnung des neu gegründeten Staates Israel im Jahr 1948. Während Teile der arabischen Elite zu einem politischen Ausgleich tendierten, setzte sich in der Arabischen Liga die von al-Husseini vertretene Linie eines militärischen Vorgehens gegen Israel durch. Die Folge war der erste arabisch-israelische Krieg – eine Entwicklung, die langfristige Konsequenzen für die Radikalisierung antiisraelischer Positionen in der Region hatte. Diese Ereignisse markieren eine entscheidende Brücke zwischen dem NS-Antisemitismus und dem politischen Antizionismus der Nachkriegszeit.

Das Luxemburger Abkommen als Anlass für die erste antiisraelische Kampagne

Ab 1951 verhandelten jüdische Vertreter mit der westdeutschen Bundesregierung über Zahlungen an Israel, die „Wiedergutmachung“ in der Bundesrepublik und „Schilumim“ in Israel genannt wurden.[1] Offiziell ging es nicht um „Entschädigungszahlungen“ für die Vernichtungspolitik des nationalsozialistischen Deutschlands, die nicht gesühnt werden konnte. Die Zahlungen sollten vielmehr einen Beitrag zu den Integrationskosten der europäischen Überlebenden der Shoah leisten, die nach dem Ende des Krieges und zu Beginn der 1950er Jahre nach Israel einwanderten.

Das Abkommen war für den jungen und ökonomisch schwachen sowie durch die arabische Boykottpolitik in der Region isolierten jüdischen Staat sehr wichtig, widersprach aber fundamental den politischen Zielen Ägyptens und der anderen arabischen Staaten. Seit 1948 war ein Boykott Israels die offizielle Politik der Arabischen Liga – ganz offen wurde dabei ausgesprochen, dass das Ziel der wirtschaftliche Zusammenbruch des Staates Israel sein sollte und damit das Ende des jüdischen Staates in der Region. Die Arabische Liga erkannte Israel nicht an, fünf arabische Staaten hatten Israel im Mai 1948 mit dem Ziel angegriffen, den jüdischen Staat zu zerstören. Der erste Krieg endete 1949 mit einem Waffenstillstand ohne Friedensvertrag und sollte das Verhältnis zwischen Israel und seinen arabischen Nachbarn für Jahrzehnte prägen.[2] Regierungen weltweit standen vor der Frage, wie sie sich zwischen den Parteien positionieren sollten. Die Bundesregierung befand sich dabei in einem besonderen Spannungsfeld. Noch bevor es diplomatische Beziehungen zu den arabischen Staaten und zu Israel gab, mussten westdeutsche Diplomaten sich mit arabischen Protesten gegen die geplanten Zahlungen an Israel befassen und mit dem Appell an

1 Der Begriff „Schilumim“ wurde in Israel eingeführt, um die Zahlungen von Reparationen zu unterscheiden. Der Begriff geht auf die Bibel zurück, wo er für „Zahlungen“ oder „Vergeltung“ steht, aber weder Schuldvergebung noch Verzeihen impliziert. Andererseits ist das Wort Schilumim etymologisch mit dem Wort Schalom (Friede) verwandt (Jelinek 1997: 22f.). Konrad Adenauer war es dagegen wichtig, dass die Juden an die Deutschen keine Forderungen stellten, sondern die Zahlungen ein Zeichen der „Versöhnung“ seien. In der Bundesrepublik wurde deshalb der Begriff „Wiedergutmachung“ verwendet. Vgl. Besprechung unter Vorsitz des Bundeskanzlers Adenauer, 05.04.1952, in: AAPD 1952, Dok. 95: 263. Dazu auch Goschler (2005: 172f.). Der Begriff „Wiedergutmachung“ ist vielfach kritisiert worden. Goschler hat darauf hingewiesen, dass jedoch gerade Befürworter der Entschädigungszahlungen den Begriff verwendeten. Man kann trotzdem nicht darüber hinwegsehen, dass der Begriff angesichts der fast vollständigen Vernichtung des europäischen Judentums eine euphemistische Komponente hat. In diesem Artikel werden deshalb die neutraleren Begriffe „Israel-Vertrag“ oder „Luxemburger Abkommen“ verwendet.

2 Zum arabisch-israelischen Konflikt gibt es eine breite Literatur. An dieser Stelle sei lediglich auf zwei jüngere Übersetzungen ins Deutsche zur Entstehung des Konflikts verwiesen: Morris (2023); Morris (2025).

die Bundesregierung, sich im Konflikt auf die arabische Seite zu stellen (Becker 2024; Hansen 2002; Berggötz 1998).

Im Dezember 1951 hatte Bundeskanzler Konrad Adenauer die israelische Forderung nach einer Milliarde Dollar als Verhandlungsgrundlage akzeptiert. Im März 1952 gab es die ersten arabischen diplomatischen Proteste. Eine regelrechte Kampagne begann jedoch erst nach der Unterzeichnung des nach seinem Unterzeichnungsort „Luxemburger Abkommen" genannten Vertrages im Sommer 1952. Die Kampagne hatte das Ziel, die Ratifizierung des Vertrages durch Bundestag und Bundesrat in der Bundesrepublik zu verhindern. Dazu sollten Politiker, Journalisten und Wirtschaftskreise, die gegen das Abkommen eingestellt waren, mobilisiert werden.

In der westdeutschen Bevölkerung war das Abkommen, sieben Jahre nach dem Ende der NS-Zeit, äußerst unpopulär. Im August 1952 befürwortete nur eine kleine Minderheit von 11 % der deutschen Bevölkerung die „Wiedergutmachungszahlungen". 24 % hielten sie für zu hoch und 44 % lehnten sie grundsätzlich ab.[3] Die Opposition gegen das Abkommen war „in signifikantem Ausmaß mit pronazistischen Einstellungen" wie dem Antisemitismus verbunden, wie Werner Bergmann und Rainer Erb beobachteten. In einer Umfrage bezeichneten sich 34 % der Deutschen 1952 selbst als antisemitisch, die reale Ziffer dürfte beträchtlich höher gewesen sein (Bergmann/Erb 1991: 258).[4]

Dieses große antisemitische Segment in der Bevölkerung bildete einen Resonanzraum für die Kampagne. Alarmiert beobachtete Franz Böhm, der die Verhandlungen der westdeutschen Delegation mit Israel leitete, bald Angriffe gegen die Bundesregierung aus nationalsozialistischen Netzwerken, dazu „recht bedenkliche Querverbindungen" zwischen deutschen

---

3 Im Dezember 1952 lehnten in einer Umfrage 49 % der Befragten eine Ratifizierung des Abkommens durch den Bundestag ab, nur 26 % akzeptierten sie, während 25 % unentschlossen waren (Bergmann/Erb 1991: 258; Goschler 2005: 134).

4 Bergmann und Erb gehen davon aus, dass sich in den anderen Gruppen der Umfrage, die sich „reserviert" zeigten oder sich gar nicht äußerten, ein weiterer Prozentsatz zu den Antisemiten gezählt werden muss. 54 % der Deutschen gaben im Dezember 1952 an, sie fühlten sich weder schuldig an der Verfolgung der Juden noch fühlten sie eine Pflicht, dieses Unrecht wiedergutzumachen. Diese Ablehnung jeglicher Verantwortung für die antisemitischen Verbrechen blieb lange erhalten. In einem Bericht des Office of Military Government for Germany aus dem Dezember 1946 wurden in der unmittelbaren Nachkriegszeit 19 % der befragten Deutschen als Nationalisten eingestuft, 22 % als Rassisten, 21 % als Antisemiten und 18 % als „harte" Antisemiten (Bergmann/Erb 1991: 57, 72). Nur 2 % der Deutschen hatten der Studie von 1946 zufolge keine Vorurteile (Rensmann 2004: 489).

und arabischen Feinden Israels. Aus diesem Spektrum wurde erfolgreich um Unterstützung von politischer, unternehmerischer und journalistischer Seite in der Bundesrepublik geworben. Die Kampagne wurde schließlich so massiv, dass sich Böhm 1953 mit einer Broschüre an die deutsche Öffentlichkeit wandte, in der er sich ausführlich mit den Protesten gegen das Abkommen auseinandersetzte und über beides aufklären wollte (Böhm 1953). Böhm diagnostizierte in dieser Broschüre, wie stark die Gegnerschaft gegen die Entschädigungszahlungen vom ideologischen Erbe des Nationalsozialismus geprägt war und wie ebendieses Erbe sich auf die westdeutschen Beziehungen zu den arabischen Staaten auswirkte. Im „Dritten Reich" waren die Beziehungen zu den arabischen Staaten immer wieder als deutsch-arabische „Freundschaft" beschworen worden, Böhm stellte fest, dass sie insbesondere „zur Zeit der entsetzlichsten Judenverfolgungen [...] besonders eng" gewesen waren und er identifizierte den Antisemitismus als Bindeglied dieser Beziehungen. Dafür war vor allem die deutsche Seite verantwortlich; die nationalsozialistische Propaganda habe „den Antisemitismus in der ganzen Welt ermutigt" und „die arabischen Staaten in ihrer Gegnerschaft gegen einen jüdischen Staat in Palästina bestärkt" (Böhm 1953: 16f.). Böhm sah al-Husseini als wichtigsten Akteur in der Kampagne auf arabischer Seite an. Er erinnerte daran, dass der Mufti während des Zweiten Weltkrieges „Dauergast im Hauptquartier Hitlers" gewesen war. Nun wies er darauf hin, dass al-Husseini von Kairo aus seinen ideologischen Kampf gegen die Juden weiterführe (ebd.: 14).

In seiner Analyse stellte der CDU-Politiker ein ganzes Bündel von Thesen auf, mit denen er auf ideelle, politische und personelle Kontinuitäten nach dem Nationalsozialismus verwies und mit denen er vor daraus resultierenden Gefahren für die neu gegründete freiheitlich-demokratische Bundesrepublik warnen wollte. Als Motiv der Kampagne identifizierte er das „Ressentiment gegen den Israelvertrag schlechthin". Er warnte vor weitergehenden „gefährlichen Plänen" aus „den Reihen führender ehemaliger Nationalsozialisten und verwandter Gruppen" (ebd.: 20f.). Diese richteten sich Böhms Einschätzung nach nicht nur gegen die Entschädigungszahlungen selbst, sondern waren als Angriff auf Adenauers Politik der Westbindung insgesamt konzipiert. Diesen Nazi-Kreisen schwebe vor, dass sich Deutschland als „Schutzpatron" des Nahen Ostens an die Spitze eines neutralistischen „Mächteblocks" stelle, der sich „zwischen die russische und die westliche Front" schieben könne. Diese Kreise stützten sich Böhm zufolge auf die Einschätzung, dass die Deutschen im Nahen Osten beliebt seien, weil sie „kolonialpolitisch nicht kompromittiert“ waren und deshalb als „die natürlichen Verbündeten der unterentwickelten Völker im Orient“ angesehen werden würden (ebd.).[5]

Für die Bundesregierung war es ein komplexes Problem, die richtige Antwort auf die arabischen Proteste zu finden – ein Problem, das vier unterschiedliche Dimensionen aufwies: Erstens die Frage, wie die westdeutsche Gesellschaft nach dem Mord an den europäischen Juden mit Schuld und Verantwortung umging und wie sie das Verhältnis zu den überlebenden Juden, den jüdischen Verbänden und zum jüdischen Staat Israel gestalten wollte. Diese Frage berührte zweitens in grundsätzlicher Weise das Verhältnis der Bundesrepublik zum Westen und hatte eine strategische Dimension, wie Adenauer in seinen Erinnerungen unterstrich. Dort betonte er, es sei „das oberste Gebot“ seiner Politik gewesen, „Vertrauen zu uns Deutschen zu schaffen“. Gerade die Politik der „Sühne an die Juden“ hielt er für einen entscheidenden Schritt, um im westlichen Bündnis Vertrauen zu gewinnen (Adenauer 1967: 236; Schwarz 1991: 65, 143, 541).[6] Drittens musste die Bundesregierung den arabischen Regierungen eine Antwort auf ihre Proteste geben und sich damit auch zur Frage des arabisch-israelischen Konflikts positionieren. Viertens war das Jahr 1953 ein Wahljahr, und da die Entschädigungszahlungen an Israel in der deutschen Bevölkerung unpopulär waren, musste die Bundesregierung den Luxemburger Vertrag auch nach innen verkaufen und kritische Stimmen beschwichtigen.

Bekanntermaßen erreichten die Proteste nicht ihr eigentliches Ziel, und das Luxemburger Abkommen wurde im März 1953 in Bundestag und Bundesrat ratifiziert. In den hier nur kurz skizzierten Auseinandersetzungen um das Luxemburger Abkommen zeigt sich das Spannungsfeld deutscher Diplomatie nach dem Nationalsozialismus im Nahen Osten im Allgemeinen. In dieser ersten deutsch-arabischen Auseinandersetzung bündelten sich personelle, ideelle und politische Erbschaften und Kontinuitäten seit

5 Zu neutralistischen Politikkonzepten in der Nachkriegszeit siehe Gallus (2006).

6 Zu Adenauers Haltung gegenüber Israel siehe auch Küsters 2004, Jelinek 2002, Jelinek/Blasius 1997. Über das Verhältnis von „Moral“ zu „Realpolitik“ in der westdeutschen Israelpolitik ist in der historischen Forschung bereits ausführlich diskutiert worden. In der Entscheidung für das Luxemburger Abkommen fielen beide Dimensionen in eins: Die Moral war Realpolitik, und das Abkommen Teil der Strategie zur Wiedererlangung der außenpolitischen Souveränität der Bundesrepublik (Jelinek 1997: 62–68; Jelinek 2004: 218–270; Hansen 2002). Zum Luxemburger Abkommen siehe von Jena (1986) und Wolffsohn (1988). Zu den arabischen Protesten Trimbur (2000: 248–280) und Atek (1983).

dem Nationalsozialismus, die Einfluss hatten auf das westdeutsch-arabische Verhältnis nach Weltkrieg und Holocaust.

Das deutsch-arabische Netzwerk gegen das Luxemburger Abkommen

Die Kampagne gegen das Luxemburger Abkommen wurde von einer bemerkenswert eng verflochtenen transnationalen Allianz arabischer Politiker und ehemaliger Nationalsozialisten getragen. Fast alle führenden arabischen Akteure hatten während der NS-Zeit in Deutschland studiert oder gearbeitet, viele standen in engem Kontakt zum Mufti von Jerusalem, Amin al-Husseini. Auf deutscher Seite agierten vor allem gut vernetzte Ex-Nazis, die ihre wirtschaftlichen und ideologischen Interessen hinter arabischen Anliegen tarnten. Hier sollen die wichtigsten Akteure auf beiden Seiten kurz beleuchtet werden:

Mamoun al-Hamui war 1952 Ministerialdirektor im syrischen Außenministerium und spielte eine entscheidende Rolle in der Kampagne. Er ist ein paradigmatisches Beispiel für einen arabischen Politiker, der im nationalsozialistischen Deutschland politisch geprägt wurde und später in seinem Heimatland Syrien eine Schlüsselrolle in der Kampagne gegen Israel einnahm. Er kam im Januar 1936 mit einem deutschen Stipendium nach Berlin, wo er zunächst Chemie studierte. 1940 wechselte er an die Universität Jena, wo er im Dezember 1943 an der philosophischen Fakultät promoviert wurde. Sein Betreuer war dort Johann von Leers, der eine Schlüsselfigur der antisemitischen nationalsozialistischen Propaganda und international bekannt war. Von Leers war einer der radikalsten antisemitischen Publizisten des „Dritten Reiches" und offener Befürworter einer weltweiten antisemitischen Vernichtungspolitik (Goldhagen 1976: 401; Finkenberger 2023). Die Dissertation von al-Hamui bewertete er mit „sehr gut" (Sennholz 2013: 312; Botsch 2006: 148) und zeigte sich von al-Hamuis Haltung gegen den Zionismus beeindruckt. Sein arabischer Student habe ihn auf die „Mangelhaftigkeit" der deutschen Berichterstattung über Palästina hingewiesen, die sich auf Informationen aus englischen und amerikanischen Agenturen stütze, die „im Dienste jüdischer Interessen" handelten, notierte von Leers später. 1943 publizierte al-Hamui das Buch *Die britische Palästinapolitik*. Darin klagte er an, dass „das jüdische Element" sich „auf Kosten des Arabertums" in Palästina ausgebreitet habe (zit. n. Poliakov/Wulf 1983: 160f.; Conze et al. 2010: 197ff.). Diese These kam im nationalsozialistischen

Deutschland gut an; das Buch wurde prominent veröffentlicht. Al-Hamui war nicht nur mit von Leers befreundet, sondern wurde während seines Studiums auch zu einem der engsten Mitarbeiter von al-Husseini.[7]

Aufgrund seines langen Aufenthalts in Deutschland konnte al-Hamui in der Nachkriegszeit auf ein breites politisches Netzwerk zurückgreifen. Er pflegte Beziehungen zu verschiedenen Gegnern des Luxemburger Abkommens, u. a. zu Franz Josef Strauß.[8] 1952 erklärte er bei einem Treffen im Bundeswirtschaftsministerium, der Kampf gegen Israel sei seine „Lebensaufgabe" und beklagte sich dort, dass dieser Kampf nun durch die geplanten deutschen Entschädigungszahlungen stark erschüttert werde.[9] Bei öffentlichen Auftritten in Deutschland behauptete er, die Zahlungen an Israel seien eine Bedrohung für das Überleben der arabischen Gesellschaften. „Nach Auffassung des syrischen Sonderdelegierten", berichtete zum Beispiel das *Handelsblatt*, sei durch das geplante Abkommen „das Lebensinteresse von sieben arabischen Staaten mit 40 Millionen Menschen betroffen."[10]

Auch der spätere syrische Außenminister Zafer Rifai hatte während der NS-Zeit in Deutschland studiert.[11] Das deutsch-israelische Abkommen sah er als einen „feindseligen Akt", das den deutsch-arabischen Handelbeziehungen einen „tödlichen Stoß" versetzen könnte, wie er öffentlich erklärte; eine Drohung, die besorgt von verschiedenen deutschen Tageszeitungen

7 Der Mufti schrieb ein Vorwort für das Buch seines Mitarbeiters und lobte ausdrücklich dessen „wertvolle und höchst anerkennenswerte Arbeit" (al-Husseini 1943: 9; Sennholz 2013: 312).

8 Siehe dazu Schreiben Joachim Hertslet an den Bundesgerichtshof Karlsruhe, 20.04.1959, Bundesarchiv Koblenz (BArch), B362, Bd. 10366. Franz Josef Strauß war einer der prominentesten Gegner des Luxemburger Abkommens (Hansen 2002: 321; Trimbur 200: 264).

9 Aufzeichnung Seeliger über den Besuch von Al-Hamui u. Istuany bei Ministerialdirektor Dr. v. Maltzan, 06.09.1952, BArch, B136, Bd. 1130.

10 „Ernster Konflikt mit den Arabern?", in: *Handelsblatt* v. 17.09.1952, Artikel in Politisches Archiv des Auswärtigen Amts (PAAA), B11, Bd. 252.

11 Rifai floh in den 1940er Jahren als „Vorkämpfer für die Freiheit und Unabhängigkeit seines Landes" vor der französischen Fremdherrschaft ins deutsche Exil. Vgl. Radiointerview Zafer Rifai mit dem *Südwestfunk,* 04.08.1952, Text übersendet vom Interviewer Walter Krause an Pressechef Dr. Eckhardt, 22.07.1952, PAAA, B11, Bd. 251. Insbesondere nach der Besetzung von Damaskus und Beirut durch britische und freifranzösische Truppen im Juli 1941 flüchteten Mitglieder militanter Gruppierungen, die vom Deutschen Reich unterstützt worden waren, sowie führende Repräsentanten aus syrischen politischen Zirkeln unter deutschen Schutz (Nordbruch 2009: 104).

aufgegriffen wurde.[12] Rifai koordinierte seine Aktivitäten mit al-Husseini und gab den Kampf gegen das Abkommen bis zur Ratifizierung durch den Bundestag nicht auf.[13] Ramzi Alajati war in der Nachkriegszeit als Generalsekretär der einzigen syrischen Partei at-Tahrir einer der wichtigsten syrischen Politiker. Die Kriegszeit hatte er in Deutschland verbracht, war Leutnant in einem deutsch-arabischen Bataillon und stand in enger Verbindung zum Mufti. 1947 kehrte er nach Syrien zurück. Er galt als Gegner jeden Kompromisses mit Israel.[14]

Al-Husseini war der entscheidende Akteur in der Kampagne gegen das Entschädigungsabkommen. Während des Dritten Reiches war er ein zentraler Ansprechpartner des Auswärtigen Amtes bei der Propaganda für die arabische Welt gewesen, ein Kreis arabischer Studenten arbeitete ihm zu und wurde von ihm beeinflusst. In der Nachkriegszeit wandte er sich im Juni 1952 mit einem Schreiben direkt an den Bundeskanzler. Im Namen des Arabischen Hohen Komitees (AHK) forderte er Adenauer offiziell auf, die geplanten Zahlungen an Israel zu stoppen.[15] In diesem Brief zeichnete er ein Schwarz-Weiß-Bild des Palästina-Konflikts, wobei die jüdische Seite als grausam, unmenschlich und aggressiv dargestellt wurde. Für die Lage der arabischen Flüchtlinge machte al-Husseini allein die jüdische Seite verantwortlich. Seine eigene Rolle bei der Ablehnung des UNO-Teilungsplans und der Entscheidung für eine militärische Lösung mit dem Krieg gegen Israel 1948, welche die Bildung eines arabischen Staates Palästina verhindert und Hunderttausende Menschen und ihre Nachkommen für Jahrzehnte zu Flüchtlingen gemacht hat, reflektiert er nicht. Stattdessen wiederholte er einen zentralen Topos aus der NS-Propaganda: dass die Juden planten, sich „alle Ländereien einzuverleiben, die zwischen Nil und Euphrat liegen". Die Behauptung, „die Zionisten" hätten sich große Teile der arabischen

12 Riesser an AA v. 27.10.1952, PAAA, B11, Bd. 253. „Das deutsch-israelische Abkommen ist ein Novum der Weltgeschichte", Interview mit dem syrischen Außenminister Rifai, in: *Die Tat,* 02.10.1952, Kopie PAAA, B10, Bd. 1685. Siehe auch „Syrien: Tödlicher Stoß für deutsch-arabischen Handel", in: *Frankfurter Rundschau*, 03.10.1952, Kopie in PAAA, B11, Bd. 252 und „Arabische Delegation in Bonn wegen der Wiedergutmachung", in: *FAZ*, 03.10.1952, 3.

13 Siehe Aufzeichnung Munzel, 20.10.1952, PAAA, B2, Bd. 17; Rifai an Adenauer, zit. n. Übersetzung o. D., PAAA, B2 VS, Bd. 181.

14 Aufzeichnung Kordt, 13.10.1952, PAAA, B2, Bd. 17; Rundschreiben Kordt o. Datum, PAAA, B11, Bd. 253.

15 Amin Alhusseini [sic], Vorsitzender des Arabischen Hauptausschusses für Palästina an Adenauer, 07.06.1952, zit. n. der dt. Übersetzung in PAAA, B2 VS, Bd. 183.

Welt einverleiben wollen, war in der antisemitischen Propaganda der Nazis zentral gewesen (Herf 2009: 102, 133, 175).

Im Schreiben fanden sich auch modifizierte Formen des Antisemitismus, die typisch werden sollten für die Nachkriegszeit. So erklärte der Mufti, dass Juden keineswegs mehr Opfer, sondern vielmehr Täter seien: „Die Juden" würden deutsche Interessen in Palästina schädigen (womit er die Templer meinte) und keineswegs unter den Folgen des Nationalsozialismus leiden. Vielmehr seien einige „in ihre Stellungen wieder eingerückt" und hätten „ihr Vermögen wieder in Besitz genommen." Es gebe „kaum noch Juden, die unter Verfolgung und Heimatlosigkeit leiden". Hier haben wir es mit der Täter-Opfer-Umkehr zu tun, eine Form des Antisemitismus, die für die Nachkriegszeit charakteristisch war. Sie impliziert auch die Leugnung der Shoah und ihre Folgen für die Überlebenden.

Der Mufti formulierte scharfe Vorwürfe gegen die Bundesregierung. Diese würde den Juden „Mittel für neue Aggressionen gegen die übrigen Gebiete Palästinas wie auch gegen die arabischen Länderverwaltungen verschaffen" und auf diese Weise „Friede und Ordnung im ganzen Mittleren Osten ernsthaft gefährde[n]". In der Argumentation des Muftis erkennen wir den Übergang zwischen dem NS-Antisemitismus und dem in der Nachkriegszeit entstehenden israelbezogenen Antisemitismus ganz deutlich. Der neu gegründete, sowohl politisch als auch ökonomisch noch ausgesprochen schwache jüdische Staat wurde zu einer Bedrohung der gesamten arabischen Welt stilisiert; Israel nahm den Platz ein, den zuvor „die Juden" eingenommen hatten, die der Mufti in der NS-Propaganda als ewige Feinde des Islam bezeichnet hatte (Schölch 1982: 670f.).

Auf der Basis dieses ideologischen Fundaments baute der Mufti eine Drohkulisse auf. Er drohte mit politischen Konsequenzen und einem wirtschaftlichen Boykott, sollte die Bundesregierung das Abkommen trotz der arabischen Proteste abschließen. Der Brief sollte Druck entfalten, aber auch diejenigen in der Bundesregierung und im Auswärtigen Amt stärken, die eine Aussöhnung mit den Juden falsch fanden und auf arabische Verbündete setzten. Der Mufti kannte die politische Elite Deutschlands und wusste, dass auch große Teile der Öffentlichkeit auf seiner Seite standen. Für den Fall des Entgegenkommens stellte der Mufti eine neue Epoche deutsch-arabischer Freundschaft in Aussicht.

Diese Personen waren die zentralen Akteure auf arabischer Seite. Alle vier hatten die Kriegszeit in Berlin verbracht. Alle vier vertraten in der Nachkriegszeit besonders radikale und kompromisslose antiisraelische Positionen. Für alle war die Vorstellung zentral, dass der Konflikt mit Israel ein existenzieller Kampf aller Araber sei. Die syrische Regierung vertrat innerhalb der Arabischen Liga einen besonders radikalen Kurs gegen Israel und gegen die Entschädigungszahlungen. In Syrien wurde im Juli 1951 ein Boykottbüro eingerichtet, das die Boykottbeschlüsse der Arabischen Liga gegen Israel steuern sollte.[16] Es war auch die syrische Regierung, die auf die ägyptische Regierung Druck ausübte, wo Wirtschaftsinteressen eine stärkere Rolle spielten und den antiisraelischen Eifer zeitweise etwas dämpften.[17]

In einer Kabinettssitzung am 21. Oktober 1952 diskutierten die Minister in Adenauers Kabinett die Frage, wer hinter der Kampagne gegen das Luxemburger Abkommen stand. Dabei wurde vor allem der Name Joachim Hertslet genannt, ein Kaufmann aus Beuel.[18] Auch in Ägypten kursierten Gerüchte, dass das Schreiben des Muftis an Adenauer in Wirklichkeit aus der Feder von zwei Deutschen stammte: von dem Außenhandelsberater Joachim Hertslet und seinem Mitarbeiter, dem ehemaligen SS-Sturmbannführer Wilhelm („Willy") Beisner. Die rühmten sich in Kairo damit, dass der arabische Boykott gegen die Bundesrepublik im Wesentlichen ihr Werk sei. Der Mufti habe den Brief nur unterzeichnet, geschrieben hätten sie ihn selbst.[19]

Joachim Hertslet spielte tatsächlich eine Schlüsselrolle. Er war Nationalsozialist der ersten Stunde gewesen und trat bereits im Alter von 14 Jahren der Hitlerjugend bei. Jahrelang trat er öffentlich als Redner für die Partei auf, ab Juni 1939 arbeitete er als Berater für das Reichswirtschaftsministerium.[20] In der Nachkriegszeit verfolgte er wirtschaftliche Interessen in Ägypten. Er hatte die Idee, gegen das geplante Luxemburger Abkommen als „Vertreter" des Muftis in Deutschland aufzutreten und überzeugte al-Husseini davon. Im Namen des Muftis überreichte er nun Memoranden an Ministerien und Wirtschaft, in denen er vor einem arabischen Boykott warnte. In seinen Schreiben vertrat er die Täter-Opfer-Umkehr in Reinform: Israel sei

---

16 „Developments of the Quarter: Comment and Chronology", in: *Middle East Journal*, Vol. 5, Nr. 4 (Autumn 1951), 484.

17 „Verschärfte Wirtschafts-Blockade gegen Israel", in: *Internationale Diplomatische Information*, 03.09.1952, Kopie in PAAA, B11, Bd. 251.

18 Siehe Notizen Hans Christoph Seebohm, 21.10.1952, in: Die Kabinettsprotokolle der Bundesregierung, Bd. 5 (1952), 633.

19 Vermerk über Aussage Günther Jäckering, 18.01.1954, PAAA, B130, Bd. 5509.

20 Im Auftrag des Ministeriums war er 1939 und 1940 nach Mexiko und in die USA gereist. Schlotterer Rundschreiben, 19.01.1939, PAAA, B130, Bd. 5512; Vernehmung Joachim Hertslet durch die US Justizbehörde, 21. u. 26.06.1946, PAAA, B130, Bd. 5509.

„rechtswidrig" gegründet worden und habe damit das Recht auf Entschädigung verwirkt. Hertslet präsentierte seine antisemitische Agenda als Schutz arabischer und „islamischer" Interessen. Den Auftakt machte er mit der Überreichung der Note des Muftis an Adenauer im Kanzleramt am 7. Juni 1952.[21] Dabei trat er als offizieller Vertreter des Arabischen Hohen Komitees in Deutschland auf und vertrat damit die Interessen der Palästinenser. Er ging sehr systematisch vor, verhandelte im Namen des Muftis über eine diplomatische Vertretung der arabischen Palästinenser mit dem Auswärtigen Amt, wandte sich in unterschiedlichen Angelegenheiten an verschiedene Ministerien, nahm Kontakt zu Wirtschaftsverbänden auf und schürte dort die Angst vor einem arabischen Boykott gegen deutsche Waren.[22]

Sein Vorgehen sollte für den Antisemitismus in der Nachkriegszeit charakteristisch werden: Er vertrat seine eigenen wirtschaftlichen Interessen im arabischen Raum und seine eigene antisemitische Ideologie, gab aber vor, im Namen der Palästinenser zu sprechen. Dies wird in einem Memorandum gegen das Israel-Abkommen deutlich, das Hertslet Vizekanzler Franz Blücher überreichte. Israel sei auf „rechtswidrige" Weise durch eine „Angriffshandlung" entstanden, hieß es dort. Die islamischen Nationen stünden auf dem Standpunkt, dass

> die Juden durch ihre Aggression in Palästina sogar das Recht auf eine Individualentschädigung verwirkt haben, da sie [...] sich an einer Unrechtshandlung beteiligt haben, die durchaus der entspricht, auf die hin sie ihre Entschädigungsforderung der Bundesrepublik gegenüber geltendgemacht haben.[23]

Mit anderen Worten: Die Juden begingen, so Hertslet, die gleichen Verbrechen wie die Nazis. Hier liegt ein Beispiel für die klassische Täter-Opfer-Umkehr im Antisemitismus der Nachkriegszeit vor, vorgetragen von einem deutschen Nazi, der sich dabei mal hinter den Interessen der Palästinenser, mal hinter denen der „islamischen Nationen" versteckte.

Während die Nahostpolitik der Bundesregierung mit der Entscheidung für den Israel-Vertrag auf einen Ausgleich zwischen Israel und den arabischen Staaten ausgerichtet war und in der Folge gute Beziehungen zu

---

21 Zeittafel, betrifft Übersicht über die zeitliche Reihenfolge der von Hertslet gegen die BRD entwickelten Aktivitäten, ohne Datum, PAAA, B130, Bd. 5511. Dort heißt es wörtlich: „Hertslet überreicht als Vertreter des AHK in Deutschland dem Bundeskanzler die Note des Komitees vom 7.6.1952."

22 Siehe Zeittafel Hallstein, 15.10.1954, PAAA, B130, Bd. 5511.

23 Hertslet an Blücher, 20.08.1952, PAAA, B130, Bd. 5511.

beiden Seiten angestrebt wurden, basierte Hertslets Idee einer pro-arabischen Politik auf der Basis einer andauernden Feindschaft gegen Israel, die er unterstützen wollte. Ein Vertrag mit Israel gefährde Deutschlands „politische ebenso wie die wirtschaftliche Zukunft“ in „stärkstem Maße“, schrieb Hertslet und erklärte, er habe sich „persönlich davon überzeugen können, dass die Auseinandersetzung der Moslem-Staaten mit Israel immer mehr von den politischen Führern aller dieser Nationen als das einigende Band, als die Möglichkeit zur Integration angesehen wird.“ Hertslet schloss sein Memorandum an Blücher mit der Warnung, „die deutsche Zukunft zugunsten einer Geste gegenüber den Juden aufzugeben.“

Die Ansicht, dass Rücksicht auf israelische Interessen den deutschen Interessen schade, vertrat auch Hjalmar Schacht. Der ehemalige Reichsbankchef und Reichswirtschaftsminister wurde zu einem wichtigen Akteur bei der Kampagne gegen das Luxemburger Abkommen. Er arbeitete nach dem Krieg als Finanzberater der ägyptischen Regierung und traf verschiedene Vertreter der Arabischen Liga, die er dazu anstachelte, kompromisslos gegen das Entschädigungsabkommen vorzugehen.[24] Unter seinem Einfluss entschied sich die Arabische Liga, eine Delegation in die Bundesrepublik zu senden und ihre Proteste zu verschärfen. Schacht wurde in Ägypten zu einem der prominentesten Gegner von Adenauers Israelpolitik. Das war deshalb bedeutsam, weil er als Regierungsberater Kontakte in die Staatsspitze und auch zu Präsident Muhammad Naguib hatte.[25]

In der ägyptischen Presse erschien Schacht in der Folge als Held. Im Dezember 1952 publizierte die Zeitung *Al-Ahram* eine Artikelserie, die beanspruchte, „das Geheimnis des deutschen Wiedergutmachungsabkommens“ zu enthüllen. Darin wurde behauptet, eine „zionistische Verschwörung“ zur politischen Kontrolle Westdeutschlands werde von den Besatzungsmächten gestützt. Die positive Gegenfigur gegen diese imaginierte „zionistische Verschwörung“ war Schacht.[26] Überhaupt hinterließ die Kampagne in der

---

24 Laut *Al-Ahram* sprach sich der ehemalige Nazi-Minister direkt nach seiner Rückreise in Frankfurt öffentlich gegen das Abkommen aus und kritisierte dieses scharf. *Al-Ahram*, 29.09.1952, zit. n. einer auszugsweisen Übersetzung in den Unterlagen des AA, PAAA, B11, Bd. 252.

25 Aufzeichnung Böker, 04.10.1952, PAAA, B2, Bd. 17. Schacht war im März 1952 nach Ägypten eingeladen worden, um dort „die wirtschaftliche Situation Ägyptens eingehend zu prüfen.“ Er beteiligte sich auch Plänen zur Gründung einer deutsch-ägyptischen Bank. Siehe Meldung in *Der Spiegel*, 08.03.1952, Kopie in PAAA, B11, Bd. 865.

26 Aufzeichnung Munzel, 12.01.1953, PAAA, B2 VS, Bd. 4; dort auch eine Zusammenfassung der Inhalte der Artikelserie.

ägyptischen Gesellschaft deutliche Spuren. Meir Litvak und Esther Webman haben im Verlauf der Kampagne einen Anstieg des Antisemitismus in Ägypten festgestellt (Litvak/Webman 2009: 80f.).[27]

Besonders schwerwiegend war es, dass auch deutsche Diplomaten für die Argumente der Kampagne empfänglich waren. Denn im Auswärtigen Amt dachten nicht alle wie Kanzler Adenauer, der bis 1955 auch Außenminister war. Diese Diplomaten argumentierten gegenüber arabischen Gesprächspartnern, das Abkommen sei nicht freiwillig, sondern unter amerikanischem Druck abgeschlossen worden (Jelinek 2004: 229f.). Dabei tat sich insbesondere der Diplomat Otto von Hentig hervor (Conze et al. 2010: 580ff.). In seiner Funktion als westdeutscher Botschafter übersandte er eine Stellungnahme an den ägyptischen Gesandten, in dem er sich von der Wiedergutmachungspolitik distanzierte und eine scharfe Kritik an Adenauers Außenpolitik formulierte.[28] Mit dieser Intervention verstieß von Hentig nicht nur klar gegen die diplomatischen Gepflogenheiten, sondern ermunterte insbesondere die arabischen Gegner der deutschen Politik zu weiteren Interventionen, die auch deshalb wichtig seien, weil das Abkommen einer öffentlichen Diskussion entzogen werde, wie von Hentig behauptete. Die „jüdische Presse" sowie die „meist unter jüdischem Einfluss stehende amerikanische Presse" würden dem deutschen Volk immer wieder die „Nazischuld" vorwerfen, ohne die Belastungen für das deutsche Volk anzuerkennen. Eine Zukunft für die deutsch-jüdischen Beziehungen gebe es aber nicht. Hier sehen wir ein weiteres, typisches Argument des Antisemitismus der Nachkriegszeit: die Vorstellung, dass wichtige Fragen nicht offen diskutiert bzw. gesagt werden dürften, was kaum die klassisch antisemitische Behauptung verschleiert, dass die Presse unter jüdischem Einfluss stehe.[29]

---

27 Litvak und Webman stellen in arabischen Pressemeldungen über das Abkommen folgende Argumentationsmuster fest: Erstens: Deutschland habe das Recht, Juden zu entschädigen, aber nicht den israelischen Staat; zweitens: Juden würden ungerechtfertigt Schuldgefühle unter Deutschen verbreiten; drittens: Deutschland habe das Abkommen unter Druck von den Westmächten und dem „Weltjudentum" unterzeichnet; viertens: arabische Flüchtlinge hätten mehr Recht auf Entschädigungszahlungen als Israelis; und fünftens: das Abkommen sei ein Schlag gegen die deutsch-arabische Freundschaft.

28 Von Hentig an den ägyptischen Gesandten, 27.09.1952, PAAA, Personalakte Otto von Hentig, Bd. 49.856. Siehe in derselben Akte auch Übersetzung durch das Auswärtige Amt ins Deutsche.

29 Von Hentig gab seinem antijüdischen Ressentiment Ausdruck, als er ausführte, die „jüdische Presse" würde den „guten Willen" der Deutschen nicht anerkennen, und

Der Diplomat von Hentig ist ein Beispiel dafür, dass Israelfeindschaft und antijüdische Ressentiments in der Nachkriegszeit nicht nur bei ehemaligen Parteigenossen und überzeugten Nazis zu finden waren. Im Gegenteil galt von Hentig sowohl unter Zeitgenossen als auch in der historischen Forschung als Beispiel für einen besonders widerständigen und anti-nationalsozialistischen Diplomaten.[30]

Die Allianz von arabischen und deutschen Akteuren verband ideologische Kontinuität mit strategischen Interessen. Antisemitismus – in seiner NS-geprägten wie in der nachkriegszeitlich modifizierten, israelbezogenen Form – diente als gemeinsames Bindeglied.

Mediale, wirtschaftliche und diplomatische Instrumente der Kampagne und die Reaktion der Bundesregierung

Die Kampagne gegen das Luxemburger Abkommen bediente sich abgestimmter medialer, wirtschaftlicher und diplomatischer Strategien. Öffentlichkeitswirksam nutzten arabische Delegationen und ihre deutschen Unterstützer die Presse in der Bundesrepublik, um das Abkommen als „feindseligen Akt" gegen die arabischen Staaten darzustellen. Dabei griffen sie auf antisemitische Topoi aus der NS-Propaganda zurück – etwa die Täter-Opfer-Umkehr oder die Gleichsetzung israelischer Politik mit nationalsozialistischen Verbrechen.

Wirtschaftlich setzten die Gegner auf Boykottdrohungen. Syrien und die Arabische Liga kündigten an, deutsche Waren vom arabischen Markt auszuschließen, und deutsche Mittelsmänner wie Joachim Hertslet trugen diese Drohungen gezielt an Wirtschaftsverbände heran. Damit wurde die

die „meist unter jüdischen Einfluss stehende amerikanische Presse" würde dem deutschen Volk in verleumderischer Weise die „Nazischuld" vorwerfen, ohne die Belastungen anzuerkennen, die die deutsche Regierung dem Volk bereits jetzt aufbürde. Eine Zukunft für deutsch-jüdische Beziehungen gäbe es nicht, beruhigte von Hentig die ägyptischen Adressaten. Weder in der Nachkriegszeit noch während der Nazizeit habe es in Deutschland einen guten Willen gegenüber Israel gegeben. Auch umgekehrt bestehe ein solcher guter Wille nicht; die jüdische Haltung gegenüber Deutschland habe sich „in keiner Weise gemildert", trotz der „Opfer", welche die Deutschen erbracht hätten. Von Hentig behauptete, alle jüdischen „Einzelforderungen" seien „in vollem Umfange entschädigt" worden.

30 Johannes Hürter und Hans-Jürgen Döscher würdigten von Hentings Gegnerschaft gegen die nationalsozialistische Führung, während Robert Wistrich betonte, von Hentig sei dem „Zionismus wohlgesonnen" gewesen (Hürter 2003: 361–387; Döscher 1995: 249–251; Wistrich 1987: 261).

vermeintliche Gefährdung deutscher Exporte als Argument gegen das Abkommen ins Feld geführt.

Auf diplomatischer Ebene richteten sich direkte Interventionen an die Bundesregierung. Koordinierte Proteste innerhalb der Arabischen Liga verstärkten den Druck. Deutsche Akteure aus ehemaligen NS-Netzwerken – Hertslet, Beisner, Schacht – fungierten als Bindeglieder und Multiplikatoren. Selbst innerhalb des Auswärtigen Amts gab es Sympathien für die Kampagne, wie die Unterstützung des Diplomaten Otto von Hentig zeigte. Auch in der deutschen Presse fanden die Argumente der Kampagne ihren Widerhall. Dabei tat sich vor allem der Kölner Radiojournalist August Hoppe hervor, der forderte, dass Deutschland in keiner Weise positiv mit Israel in Verbindung gebracht werden dürfe, da dies den deutschen Interessen im arabischen Raum schade.[31]

Die Bundesregierung stand innenpolitisch und außenpolitisch unter Druck, als das Abkommen im Frühjahr 1953 ratifiziert werden musste. Sie wollte ihre guten Beziehungen zu den arabischen Staaten behalten, gleichzeitig waren die Entschädigungszahlungen als moralischer Ausdruck deutscher Verantwortung aber wichtig. Die Reaktion der Bundesregierung auf die arabischen Proteste war von einer doppelten Ambivalenz geprägt: besonders in den transatlantischen Beziehungen wurde auf die moralischen Argumente verwiesen, taktisch war man darauf bedacht, arabische Interessen nicht zu verprellen. Dieses Lavieren eröffnete den Gegnern des Luxemburger Abkommens zusätzliche Ansatzpunkte. Erstens führte das stille Einräumen diplomatischer Zugeständnisse – etwa die Betonung, das Abkommen sei nicht gegen arabische Staaten gerichtet – dazu, dass arabische Akteure ihre Drohungen als wirksam wahrnahmen und ihre Kampagne fortsetzten. Zweitens unterliefen einzelne Diplomaten die offizielle Linie, indem sie gegenüber arabischen Gesprächspartnern Verständnis für ihre Position äußerten oder behaupteten, die Vereinbarung sei unter amerikanischem Druck zustande gekommen. Damit legitimierten sie im Grunde den antiisraelischen Protest und signalisierten, dass es in der Bundesregierung selbst Sympathien für die Forderungen der arabischen Seite gebe. Drittens konzentrierte sich die Bundesregierung innenpolitisch auf Schadensbegrenzung, indem sie wirtschaftliche Boykottdrohungen ernst nahm

31 August Hoppe hatte gute Kontakte in die arabischen Staaten, aber auch zu politischen Kreisen in der Bundesrepublik, wie zu Vizekanzler Blücher. Hoppe behauptete an anderer Stelle, das Wiedergutmachungsabkommen sei auf Druck der USA zustande gekommen (Jelinek 2004: 175, 229f.)

und die Risiken für den Export betonte. Damit übernahm sie – bewusst oder unbewusst – die Argumentationslogik der Kampagne und machte wirtschaftliche Kosten zu einem zentralen Kriterium für die Bewertung des Abkommens. In der Summe schwächte dieser Kurs die öffentliche Wahrnehmung des Abkommens als moralische Notwendigkeit. Stattdessen erhielt die Sichtweise Auftrieb, dass die Westbindung und die Aussöhnung mit Israel einen hohen außenwirtschaftlichen Preis hätten – genau die Botschaft, welche die deutsch-arabische Allianz zu verankern versuchte.

Diese ambivalente Reaktion der Bundesregierung wirkte wie ein Resonanzraum für die orchestrierten Aktivitäten der deutsch-arabischen Allianz. Die diplomatischen Signale, die wirtschaftliche Argumentationslogik und das Verständnis für die arabische Position fügten sich in das mediale, wirtschaftliche und diplomatische Instrumentarium der Kampagne ein. Dadurch verschwammen in der öffentlichen Debatte die Grenzen zwischen legitimer Interessenspolitik und der von NS-Ideologie geprägten antiisraelischen Agitation – und genau in diesem Graubereich entfaltete die Kampagne ihre größte Wirkung.

Bekanntermaßen erreichten die Proteste nicht ihr eigentliches Ziel, und das Luxemburger Abkommen wurde im März 1953 in Bundestag und Bundesrat ratifiziert. Dennoch wird die mittelfristige Wirkung der Kampagne als beträchtlich eingestuft. Es gelang den Initiatoren, eine „Verbesserung der deutsch-israelischen Beziehungen aufzuhalten, was zumindest als Teilsieg der arabischen Diplomatie betrachtet werden kann“, bilanziert der Historiker Yeshayahu Jelinek (1997: 62, 68). Die wichtigste Folge war, dass die Bundesregierung es im Frühjahr 1955 ablehnte, zu Israel diplomatische Beziehungen aufzunehmen – kaum zehn Jahre nach der Shoah war dies eine Brüskierung, die so in Israel nicht erwartet worden war. Charakteristisch für die Begründung waren Argumentationen wie jene des deutschen Botschafters im Irak, Wilhelm Melchers: „Die Aufnahme diplomatischer Beziehungen zu Israel würde in den arabischen Ländern einen Sturm der Entrüstung hervorrufen und unseren politischen, wirtschaftlichen und kulturellen Interessen einen schweren Schaden zufügen.“[32] Die Aufnahme diplomatischer Beziehungen sei noch schwerwiegender als das Luxemburger Abkommen, denn in den arabischen Staaten sei man davon ausgegangen, dass Deutschland dieses Abkommen nicht freiwillig abgeschlossen habe, sondern unter dem Druck der Westmächte gestanden hätte.

32 Melchers an AA, 29.07.1955, PAAA, B11, Bd. 1386.

Mit seiner Argumentation setzte sich Melchers innerhalb des Auswärtigen Amtes durch und die Bundesregierung nahm keine diplomatischen Beziehungen zu Israel auf. Damit hatte die erste antiisraelische Kampagne der Nachkriegszeit, die von alten Nazi-Netzwerken organisiert worden war, mittel- und langfristig Erfolg: Sie schuf ein politisches Klima, in dem Israel vor allem als „Störfaktor“ der Beziehungen zu den arabischen Staaten gesehen wurde, wie es Staatssekretär Walter Hallstein einmal formulierte.[33] Diese Wahrnehmung wurde in der Öffentlichkeit wie in den Behörden geteilt. Ohne dass der Hass auf Israel oder Juden nun noch direkt formuliert werden musste, wurde eine Politik verfolgt, die israelischen Interessen schadete, dies aber hinter vermeintlichen Zwängen verschleierte. Die Kampagne gegen das Luxemburger Abkommen hat zu dieser Wahrnehmung wesentlich beigetragen.

Die Transformation des Antisemitismus

Die Proteste gegen das Luxemburger Abkommen im Jahr 1952 markieren einen zentralen Moment in der Geschichte des deutschen Nachkriegsantisemitismus. In ihrer Ablehnung der Wiedergutmachungsleistungen an Israel vereinten sich politische Akteure unterschiedlicher Herkunft – von ehemaligen Nationalsozialisten über nationalkonservative Parlamentarier bis hin zu extrem rechten Publizisten – zu einer diskursiven Allianz, die in weiten Teilen auf antisemitischen Ressentiments beruhte. Israel wurde als illegitimer Staat dargestellt, die Shoah relativiert, die Täter-Opfer-Rollen wurden rhetorisch umgekehrt. Diese Kampagne war jedoch nicht bloß ein innenpolitisches Phänomen. Ihre Argumentationen griffen auf transnationale Diskurse zurück, die ihren Ursprung bereits im Nationalsozialismus hatten. Während der NS-Zeit hatte sich eine spezifische Form des antizionistischen Antisemitismus entwickelt, die in der Propaganda gezielt zwischen rassistischen und verschwörungstheoretischen Motiven variierte und mit der innerjüdischen Debatte um die Zukunft jüdischen Lebens und über den Zionismus nichts zu tun hatte. Besonders in der antisemitischen NS-Propaganda für die arabische Welt wurde der rassistische Antisemitismus zugunsten eines betont antiimperialistischen Narrativs überformt, das jüdische Macht mit westlichem Kolonialismus verknüpfte. Der Nationalsozialismus kann insofern als eine Phase der Globalisierung antisemitischer

---

33 Informationsgespräch Walter Hallstein für die Presse, 13.04.1956, PAAA, B2, Bd. 93.

Diskurse verstanden werden: In Zusammenarbeit mit arabischen Akteuren wie dem Mufti von Jerusalem, al-Husseini, exportierte das Regime seine antisemitische Ideologie in den Nahen Osten, wo sie auf bereits bestehende antijüdische und antizionistische Strömungen traf und aktiv rezipiert wurde. Einige der damaligen Kollaborateure wurden nach 1945 in arabischen Staaten wieder politisch aktiv und wirkten an antiisraelischen Kampagnen mit – darunter auch an der Delegitimierung des Luxemburger Abkommens. In der Bundesrepublik wurden diese internationalen antiisraelischen Beiträge bereitwillig aufgegriffen. Die Bezugnahme auf „arabische Proteste" diente als Legitimationsstrategie, um antisemitische Narrative unter dem Deckmantel außenpolitischer Sachlogik zu transportieren. Diese Strategie war charakteristisch für den entstehenden sekundären Antisemitismus der Nachkriegszeit: Antisemitische Positionen wurden nicht mehr offen formuliert, sondern durch Schuldabwehr, Relativierung der NS-Verbrechen und eine moralisierende Kritik an Israel ersetzt. Die Proteste gegen das Luxemburger Abkommen waren nicht nur ein Ausdruck vergangenheitspolitischer Verweigerung, sondern auch ein Kristallisationspunkt neuer antisemitischer Artikulationsformen, die Israel als Projektionsfläche deutscher Schuldabwehr und autoritärer Identitätsrekonstruktion instrumentalisierten. Die rhetorischen Muster – Täter-Opfer-Umkehr, „jüdische Erpressung", Umdeutung von Überlebenden zu Tätern – haben den israelbezogenen Antisemitismus der Nachkriegsjahrzehnte entscheidend mitgeprägt.

Literatur

Adenauer, Konrad (1967): Erinnerungen 1945–1953, Frankfurt am Main/Hamburg: Fischer.

al-Hamui, Mamun (1943): Die britische Palästinapolitik, hg. v. Prof. Dr. Franz Alfred Six. Kommentierte Dokumentation mit einem Vorwort von Amin al-Hussaini, Berlin: Junker u. Dünnhaupt.

Al-Husseini, Amin (1943): Vorwort, in: Al-Hamui, Mamun: Die britische Palästinapolitik, hg. v. Prof. Dr. Franz Alfred Six, Berlin: Junker u. Dünnhaupt, 9.

Atek, Wageh (1983): Der Standpunkt Ägyptens zur westdeutschen Wiedergutmachung an Israel, in: Orient, 24(3), 470–485.

Becker, Ulrike (2024): Nazis am Nil. Die westdeutsch-ägyptischen Beziehungen der Nachkriegszeit im Schatten des Nationalsozialismus, Göttingen: Vandenhoeck & Ruprecht.

Berggötz, Sven Olaf (1998): Nahostpolitik in der Ära Adenauer. Möglichkeiten und Grenzen 1949–1963, Düsseldorf: Droste.

Bergmann, Werner/Erb, Rainer (1991): Antisemitismus in der Bundesrepublik. Ergebnisse der empirischen Forschung von 1946–1989, Opladen: Springer.

Böhm, Franz (1953): Die Luxemburger Wiedergutmachungsverträge und der arabische Einspruch gegen den Israelvertrag, Manuskript, Frankfurt am Main: Gesellschaft für Christlich-Jüdische Zusammenarbeit.

Botsch, Gideon (2006): „Politische Wissenschaft" im Zweiten Weltkrieg. Die „Deutschen Auslandswissenschaften" im Einsatz 1940–1945, Paderborn u. a.: Ferdinand Schöningh.

Conze, Eckart/Frei, Norbert/Hayes, Peter/Zimmermann, Moshe (2010): Das Amt und die Vergangenheit. Deutsche Diplomaten im Dritten Reich und in der Bundesrepublik, München: Karl Blessing.

Deutsche Bücherei (Hg.) (1954): Jahresverzeichnis der deutschen Hochschulschriften 1943, 59. Jg., Leipzig: DB.

Döscher, Hans-Jürgen (1995): Verschworene Gesellschaft. Das Auswärtige Amt unter Adenauer zwischen Neubeginn und Kontinuität, Berlin: Wiley VCH.

Elpeleg, Zvi (1993): The Grand Mufti: Haj Amin al-Hussaini, Founder of the Palestinian National Movement, London: Frank Cass.

Finkenberger, Martin (2023): Johann von Leers (1902–1965). Propagandist im Dienste von Hitler, Perón und Nasser, Göttingen: Vandenhoeck & Ruprecht.

Gallus, Alexander (2006): Die Neutralisten. Verfechter eines vereinten Deutschland zwischen Ost und West 1945–1990, Düsseldorf: Droste.

Gensicke, Klaus (2007): Der Mufti von Jerusalem und die Nationalsozialisten. Eine politische Biographie Amin el-Husseinis, Darmstadt: WBG.

Goldenbaum, Hans (2016): Nationalsozialismus als Antikolonialismus. Die deutsche Rundfunkpropaganda für die arabische Welt, in: Vierteljahrshefte für Zeitgeschichte, 64(3), 449–489.

Goldhagen, Erich (1976): Weltanschauung und Erlösung. Zum Antisemitismus der nationalsozialistischen Führungsschicht, in: Vierteljahrshefte für Zeitgeschichte, 24(4), 379–405.

Goschler, Constantin (2005): Schuld und Schulden: die Politik der Wiedergutmachung für NS-Verfolgte seit 1945, Göttingen: Wallstein.

Hansen, Niels (2002): Aus dem Schatten der Katastrophe: die deutsch-israelischen Beziehungen in der Ära Konrad Adenauer und David Ben Gurion. Ein dokumentierter Bericht. Mit einem Geleitwort von Shimon Peres, Düsseldorf: Droste.

Herf, Jeffrey (2006): The Jewish enemy: Nazi Propaganda during World War II and the Holocaust, Cambridge, Massachusetts: Belknap Press.

Herf, Jeffrey (2009): Nazi Propaganda for the Arab World, New Haven/London: Yale University Press.

Herf, Jeffrey (2010): Hitlers Dschihad. Nationalsozialistische Rundfunkpropaganda für Nordafrika und den Nahen Osten, in: Vierteljahrshefte für Zeitgeschichte, 58(2), 259–286.

Hitler, Adolf (1941): Mein Kampf. 656. Auflage, München: Franz Eher.

Höpp, Gerhard (Hg.) (2001): Mufti-Papiere. Briefe, Memoranden, Reden und Aufrufe Amin al-Husainis aus dem Exil, 1940 – 1945, Berlin: Klaus Schwarz.

Hürter, Johannes (2003): „Nachrichten aus dem ‚Zweiten Krimkrieg' (1941/42): Werner Otto v. Hentig als Vertreter des Auswärtigen Amtes bei der 11. Armee", in: Elz, Wolfgang (Hg.): Internationale Beziehungen im 19. und 20. Jahrhundert. Festschrift für Winfried Baumgart zum 65. Geburtstag, Paderborn/München: Schöningh.

Jelinek, Yeshayahu A. (Hg.) (1997): Zwischen Moral und Realpolitik. Deutsch-israelische Beziehungen 1945–1965. Eine Dokumentensammlung, Gerlingen: Bleicher.

Jelinek, Yeshayahu A. (2002): Konrad Adenauer and the State of Israel: Between Friendship and Realpolitik, 1953–1963, in: Orient, 43(1), 41–57.

Jelinek, Yeshayahu A./Blasius, Rainer A. (1997): Ben Gurion und Adenauer im Waldorf Astoria. Gesprächsaufzeichnungen vom israelisch-deutschen Gipfeltreffen in New York am 14. März 1960, in: VfZ, 45(2), 309–344.

Jelinek, Yeshayahu A. (2004): Deutschland und Israel 1945–1965. Ein neurotisches Verhältnis, München: Institut für Zeitgeschichte.

Krämer, Gudrun (1982): Minderheit, Millet, Nation? Die Juden in Ägypten 1914–1952, Wiesbaden: O. Harrassowitz.

Küntzel, Matthias (2002): Djihad und Judenhass. Über den neuen antijüdischen Krieg, Freiburg: ça ira.

Küntzel, Matthias (2004): Von Zeesen bis Beirut. Nationalsozialismus und Antisemitismus in der arabischen Welt, in: Rabinovici, Doron/Speck, Ulrich/Sznaider, Natan (Hg.): Neuer Antisemitismus? Eine globale Debatte, Frankfurt am Main: Suhrkamp, 271–293.

Küntzel, Matthias (2006): Die zweite Spaltung der Welt. Die Holocaust-Leugnung des iranischen Präsidenten hat Methode, in: Internationale Politik, 61(4), April 2006, 75–83.

Küsters, Hanns Jürgen (2004) (Hg.): Adenauer, Israel und das Judentum, Bonn: Bouvier.

Litvak, Meir/Esther Webman (2009): From Empathy to Denial. Arab Responses to the Holocaust, London/New York: Hurst/Columbia University Press.

Meyer zu Uptrup, Wolfram (2003): Kampf gegen die „jüdische Weltverschwörung". Propaganda und Antisemitismus der Nationalsozialisten 1919–1945, Berlin: Metropol.

Morris, Benny (2023): 1948. Der erste arabisch-israelische Krieg, Leipzig: Hentrich & Hentrich.

Morris, Benny (2025): Die Geburt des palästinensischen Flüchtlingsproblems. Eine Neubetrachtung, Leipzig: Hentrich & Hentrich

Motadel, David (2019): The Global Authoritarian Moment and the Revolt against Empire, in: The American Historical Review, 124(3), 843–877.

Nirenberg, David (2015): Antijudaismus. Eine andere Geschichte des westlichen Denkens, München: C.H.Beck.

Nordbruch, Götz (2009): Nazism in Syria and Lebanon. The ambivalence of the German option, 1933 – 1945, London, New York: Routlegde.

Poliakov, Léon/Wulf, Joseph (1983): Das Dritte Reich und seine Diener. Dokumente, Frankfurt am Main/Berlin/Wien: Ullstein.

Rensmann, Lars (2004): Demokratie und Judenbild. Antisemitismus in der politischen Kultur der Bundesrepublik Deutschland, Wiesbaden: VS Verlag für Sozialwissenschaften.

Rensmann, Lars (2020): The Contemporary Globalization of Political Antisemitism: Three Political Spaces and the Global Mainstreaming of the 'Jewish Question' in the Twenty-First Century, in: Journal of Contemporary Antisemitism, 3(1), 83–107.

Rosenberg, Alfred (1922): Der staatsfeindliche Zionismus, Hamburg: Deutschvölkische Verlagsanstalt.

Salzborn, Samuel (2018): Globaler Antisemitismus. Eine Spurensuche in den Abgründen der Moderne, Weinheim/Basel: Beltz Juventa.

Schechtman, Joseph Boris (1965): The Mufti and the Fuehrer. The Rise and Fall of Haj Amin el-Husseini, New York: T. Yoseloff.

Schölch, Alexander (1982): Das Dritte Reich, die Zionistische Bewegung und der Palästina-Konflikt, in: Vierteljahrshefte für Zeitgeschichte, 30(4), 646–674.

Schwarz, Hans-Peter (1991): Adenauer. Der Staatsmann: 1952–1967, Stuttgart: Deutsche Verlagsanstalt.

Schwipps, Werner (1971): Wortschlacht im Äther, in: Deutsche Welle (Hg.): Wortschlacht im Äther. Der deutsche Auslandsrundfunk im Zweiten Weltkrieg. Geschichte des Kurzwellenrundfunks in Deutschland 1939–1945, Berlin: Haude & Spener, 13–97.

Sennholz, Marco (2013): Johann von Leers. Ein Propagandist des Nationalsozialismus, Berlin: Be Bra Wissenschaft.

Trimbur, Dominique (2000): De la Shoah à la réconciliation? La question des relations RFA – Israël (1949–1956), Paris : CRNS Éditions.

von Jena, Kai (1986): Versöhnung mit Israel? Die deutsch-israelischen Verhandlungen bis zum Wiedergutmachungsabkommen von 1952, in: Vierteljahrshefte für Zeitgeschichte, 34(4), 457–480.

Wistrich, Robert (1987): Der antisemitische Wahn. Von Hitler bis zum Heiligen Krieg gegen Israel, München: Max Hueber.

Wolffsohn, Michael (1988): Das deutsch-israelische Wiedergutmachungsabkommen von 1952 im internationalen Zusammenhang, in: Vierteljahrshefte für Zeitgeschichte, 36(4), 691–731.

Yisraeli, David (1971): The Third Reich and Palestine, in: Middle Eastern Studies, 7(3), 343–353.

Der vergessene Exodus

Die Vertreibung der Juden aus dem arabischen Raum

Interview mit Stephan Grigat von Thure Alting[1]

Thure Alting: Bis vor wenigen Jahrzehnten gab es im gesamten Nahen und Mittleren Osten große jüdische Gemeinden, die heute weitgehend verschwunden sind. Könnten Sie uns einen kurzen Überblick über die Geschichte dieser Gemeinden geben?

Stephan Grigat: Es ist wichtig zu betonen – und dies wird in Europa oft verdrängt –, dass die Geschichte des Judentums nicht erst seit dem 19. oder 20. Jahrhundert von Verfolgung, Emigration und Vertreibung geprägt ist, sondern dies seit den Anfängen des Judentums eine Realität darstellt. Ein frühes, einschneidendes Ereignis war die Zerstörung des israelischen Nordreichs durch die Assyrer um 722 v. Chr., die mit Deportationen und Fluchtbewegungen verbunden war. Es folgte das sogenannte babylonische Exil, das seinen Ausgang mit der Eroberung Jerusalems durch die Babylonier 597 v. Chr. und der Zerstörung des ersten Tempels im Jahr 586 v. Chr. nahm.

Nach der Eroberung Babylons durch den persischen König Kyros II. verblieb ein Teil der jüdischen Bevölkerung im heutigen Irak, wo eine kontinuierliche jüdische Präsenz bis ins 20. Jahrhundert nachweisbar ist. Andere Juden wanderten in verschiedene Richtungen aus, etwa nach Persien, Zentralasien oder in den Jemen, wo sich bedeutende jüdische Gemeinden bildeten. Ein weiterer Teil kehrte mit der Erlaubnis der persischen Herrscher in das Gebiet des heutigen Israels zurück. Die Zerstörung des zweiten Tempels durch die Römer im Jahr 70 n. Chr. stellt eine weitere wichtige Zäsur dar. Die darauffolgenden jüdischen Kriege gegen die Römer führten abermals zu massiven Fluchtbewegungen, die sich diesmal auch

1 Erschienen in Alting, Thure/Schmerfeld, Sophia/Daschmann, Johannes (Hg.) (2025): Gerüchte, Widersprüche & Desinformation II. Antisemitismuskritische Bildungsarbeit nach dem 7. Oktober 2023, Wiesbaden: Spiegelbild: 146–159; und in Jungle World, Nr. 11, 2025: 18–23.

verstärkt in westliche Regionen wie Marokko richteten, wo sich über die Jahrhunderte hinweg eine bedeutende jüdische Gemeinschaft etablierte.

Einen wichtigen Wendepunkt für die außereuropäischen jüdischen Gemeinden bildete die Entstehung des Islams im 7. Jahrhundert. Zu Beginn der islamischen Expansion kam es zu Konfrontationen zwischen Mohammed und den jüdischen Stämmen auf der arabischen Halbinsel, die sich seiner Herrschaft widersetzten. Diese Kriege prägten die spätere Konzeption der sogenannten Dhimmitude, die für nichtmuslimische religiöse Gemeinschaften in islamisch geprägten Gesellschaften von zentraler Bedeutung wurde. Der Dhimmi-Status erkannte Judentum und Christentum als Buchreligionen an, deren Angehörige unter dem islamischen Schutz leben durften, jedoch als systematisch diskriminierte Minderheiten. Sie waren zwar nicht zum Tod verurteilt, wenn sie sich der islamischen Herrschaft unterwarfen, aber sie blieben in einer dauerhaften Position der rechtlichen und sozialen Benachteiligung.

Trotz aller Diskriminierung war die Situation der Juden in islamischen Gesellschaften über Jahrhunderte hinweg oft besser als in den christlich dominierten Regionen Europas. Verfolgungen in Europa führten immer wieder zu Fluchtbewegungen in islamische Länder wie Marokko, Ägypten oder das Osmanische Reich. Ein prägendes Beispiel ist die Vertreibung der Juden aus Spanien im 15. Jahrhundert, die viele von ihnen in die heutige Türkei oder nach Nordafrika führte. Auch im 17. Jahrhundert flohen Juden in islamisch geprägte Regionen, etwa aus Osteuropa vor den Verfolgungen durch die Kosaken. Über die Jahrhunderte hinweg entstanden in arabischen Ländern und im Iran jüdische Gemeinschaften, die jedoch stets als systematisch diskriminierte Minderheiten unter muslimischer Herrschaft lebten.

Der jahrhundertealte christliche Antijudaismus bildet ein zentrales Fundament für die Entwicklung des modernen Antisemitismus. Das Christentum definierte sich von Anfang an in Abgrenzung zum Judentum, das als Antithese zur eigenen Religion wahrgenommen wurde. Wie würden Sie das Verhältnis zwischen Islam und Judentum im Vergleich dazu beschreiben?

Das Verhältnis zwischen Islam und Judentum unterscheidet sich grundlegend von dem zwischen Christentum und Judentum. Im christlichen Antijudaismus steht vor allem die Anschuldigung im Vordergrund, die Juden hätten Jesus, den Sohn Gottes, ermordet. Diese Legende des Gottesmordes schrieb ihnen eine übernatürliche Macht zu, die tiefgreifende Ängste schürte und sie als heimliche Drahtzieher allen Übels darstellte. Diese

Vorstellung prägte über Jahrhunderte die christliche Judenfeindschaft und manifestierte sich in brutalen Verfolgungen und Pogromen.

Im Islam begann der Antagonismus nicht mit einem religiösen Mordvorwurf, sondern mit der militärischen Überlegenheit Mohammeds, der die jüdischen Stämme besiegte. Die damit verbundene Darstellung fokussierte auf die Niederlage der Juden durch den Propheten und war geprägt von Verachtung, weniger von Angst. Juden wurden als besiegte, schwache Gegner wahrgenommen, denen es unter der Bedingung der Unterwerfung gestattet war, als diskriminierte Minderheit in islamischen Gesellschaften zu leben. Im Gegensatz zur verschwörungsmythischen Angst im Christentum war die islamische Haltung also eher von Abwertung und Verachtung geprägt, wie sie etwa in der Parole „Die Juden sind unsere Hunde" zum Ausdruck kommen.

Anfang des 20. Jahrhunderts begann ein Prozess der Entwurzelung der jüdischen Gemeinden in diesen Regionen. Welche gesellschaftlichen und politischen Entwicklungen haben zu dieser Entwurzelung beigetragen?

Der Begriff „Entwurzelung" wird der Situation nicht gerecht. Es handelte sich weniger um eine freiwillige Abkehr der jüdischen Gemeinden als vielmehr um ein systematisches Herausdrängen. Die Mehrheit der Juden in diesen Gesellschaften hätte vermutlich gerne weiterhin dort gelebt – als gleichberechtigte Bürger. Doch diese Option war nicht verfügbar, sodass sie sich zumindest die Beibehaltung des Status quo gewünscht hätten.

Trotz der dargestellten Diskriminierung von Juden in islamischen Gesellschaften waren Pogrome eher die Ausnahme als die Regel – im Gegensatz zu christlichen Gesellschaften, in denen antijüdische Pogrome über Jahrhunderte hinweg fast zur Norm gehörten, insbesondere in Osteuropa. Im späten 19. und frühen 20. Jahrhundert fand der moderne Antisemitismus Eingang in die islamische Welt und vermischte sich mit den lokalen traditionellen Verachtungsbildern. Ein Beispiel dafür ist die Ritualmordlüge: die absurde Behauptung, Juden würden nichtjüdische Kinder töten, um ihr Blut für religiöse Rituale zu verwenden. Solche Vorstellungen, die ich als „Splatter-Antisemitismus" bezeichne, waren in der islamischen Welt bis dahin weitgehend unbekannt. Die Ritualmordlüge wurde im 19. Jahrhundert durch christliche Missionare eingeführt, etwa im Zusammenhang mit der Damaskus-Affäre (eine Ritualmordanklage gegen in Damaskus lebende Juden im Jahr 1840), die eine Welle von Verfolgungen in Syrien auslöste.

Von dort aus verbreiteten sich diese Mythen in der islamischen Welt und fanden zunehmend Eingang in islamische Publikationen. Dieser Prozess kulminierte mit der Gründung der Muslimbruderschaft 1928. Darin zeigt sich eine wegweisende Entwicklung: Der moderne politische Islam entstand. Die Muslimbruderschaft verband die traditionelle islamische Judenfeindlichkeit mit den verschwörungsmythischen Elementen des modernen europäischen Antisemitismus und führte zu einer drastischen Verschärfung der Judenverfolgung. So etwa in Ägypten, wo die Muslimbruderschaft jüdische Viertel in Kairo angriff. Die Mechanismen dieser Ideologie ähneln jenen der europäischen Faschisten und Nationalsozialisten, die Juden ebenfalls für alles verantwortlich machten, was sie als bedrohlich, zersetzend oder gemeinschaftsfremd wahrnahmen – jedoch in einem anderen religiösen Kontext.

Wie verbreitet war die zionistische Idee vor der Gründung Israels im mehrheitlich muslimischen Raum? Welche Rolle spielte sie für die jüdischen Gemeinden dort?

Die Verbreitung des Zionismus im muslimischen Raum war von Land zu Land unterschiedlich. Wir sprechen hier über eine Vielzahl von Ländern, von Westafrika bis Afghanistan, mit sehr unterschiedlichen Bedingungen. Auch innerhalb der arabischen Länder gab es große Unterschiede im Rechtsstatus der jüdischen Gemeinden. In Algerien, das von Frankreich als Teil des Mutterlandes betrachtet wurde, besaßen Juden ab 1870 die französische Staatsbürgerschaft, was eine völlig andere Situation schuf als etwa im Irak, im Jemen oder in Ägypten, wo jüdische Gemeinden zunehmend Verfolgung und Vertreibung erlebten. Wie sehr der Zionismus in den jeweiligen Ländern und Gemeinden verankert war, hing stark von der Intensität des europäischen Austauschs ab. In Regionen wie dem Jemen, wo europäische Einflüsse weniger präsent waren, war der Zionismus weniger bekannt. Anders sah es in Ländern wie Marokko oder Tunesien aus, wo ein intensiver Austausch mit europäischen Juden stattfand.

Die Reaktionen der jüdischen Gemeinden auf den Zionismus waren ebenso vielfältig. In einigen Ländern, wie dem Irak, stand ein großer Teil der jüdischen Gemeinschaft dem Zionismus zunächst ablehnend gegenüber. In Nordafrika hingegen war der Zuspruch oft größer, wobei die Gründe dafür variierten. Manche sahen im Zionismus einen Ausweg aus der Diskriminierung, andere beriefen sich auf religiöse Traditionen und die Sehnsucht nach der Rückkehr nach Israel. Für einige war die Staatsgründung Israels 1948 der entscheidende Anlass, auszuwandern, während für andere die fortschreitende Diskriminierung und später auch Verfolgung der Auslöser war, sich dem Zionismus zuzuwenden.

Diese Heterogenität der jüdischen Gemeinden im arabischen Raum entspricht der Vielfalt innerhalb der jüdischen Diaspora in Europa. Auch dort gab es unterschiedliche Positionen zum Zionismus, sei es aus politischen oder religiösen Gründen. Insgesamt spricht man bei den Juden in den arabischen Ländern und dem Iran von fast einer Million Menschen, einer großen, komplexen und äußerst heterogenen Gemeinschaft.

Das Jahr 1941 war für den Irak von großer Bedeutung. Was geschah in diesem Jahr und welche Folgen hatte es für die jüdische Bevölkerung?

In den 1940er Jahren lebten im Irak etwa 135.000 bis 140.000 Juden, ein Großteil – rund 90.000 bis 100.000 – in Bagdad. Diese hohe jüdische Bevölkerungsdichte lässt sich mit den Bevölkerungszahlen in Städten wie Warschau oder New York in dieser Zeit vergleichen. Während die jüdische Geschichte in Warschau und New York weithin bekannt ist, geriet die jüdische Gemeinschaft in Bagdad weitgehend in Vergessenheit, obwohl sie nicht nur das alltägliche Leben, sondern auch die intellektuelle Kultur der Stadt prägte.

Im Irak der 1940er Jahre kam es zu gravierenden politischen Veränderungen. 1941 gab es einen Putsch, durch den Rashid Ali al-Gailani erneut Ministerpräsident wurde, der mit dem nationalsozialistischen Deutschland zusammenarbeitete. Dieser Putsch verschärfte die Lage für die jüdische Bevölkerung, obwohl sich irakische Juden als integraler Bestandteil der irakischen Nation sahen. Der Putsch wurde zwar von den Briten militärisch niedergeschlagen, doch führte er zu einem massiven Pogrom, dem sogenannten Farhud, in Bagdad. Juden wurden für die Rückkehr der Briten verantwortlich gemacht. Die Opferzahlen des Farhud sind umstritten, von konservativen Schätzungen von etwa 150 Toten bis zu über 1.000.

Es ist wichtig zu erwähnen, dass auch nichtjüdische Iraker, die sich schützend vor ihre jüdischen Nachbarn stellten, Opfer der antisemitischen Angriffe wurden – ähnlich wie im sogenannten arabischen Aufstand im Mandatsgebiet Palästina, wo gemäßigte Araber als „Judenfreunde“ angegriffen und ermordet wurden.

Nach 1948 intensivierten sich die Repressionen gegen Juden im Irak und anderen arabischen Ländern. Eine paradoxe Situation entstand: Während die antijüdische Hetze, auch gesetzlich, verstärkt wurde – unabhängig davon, ob jemand zionistisch oder antizionistisch war –, wurde Juden die Auswanderung nach Israel verboten, um den neu gegründeten jüdischen Staat nicht zu stärken. Diese Doppelstrategie führte zu einer äußerst gefährlichen Lage für die noch immer große jüdische Gemeinschaft im Irak.

Könnten Sie uns die Ausmaße und Hintergründe der Fluchtbewegung nach 1948 näher erläutern, auch über den Irak hinaus?

Die Fluchtbewegungen aus der arabischen Welt betrafen zwischen 800.000 und 900.000 Jüdinnen und Juden, wobei die stärksten Fluchtbewegungen nach der Gründung des israelischen Staates im Jahr 1948 einsetzen. Die arabischen Staaten reagierten auf die israelische Staatsgründung mit einem Angriffskrieg, den sie – relativ überraschend – verloren. Diese Niederlage verschärfte die Feindseligkeiten erheblich, vor allem aus religiöser Perspektive. Die politische und territoriale Souveränität eines jüdischen Staates wurde von vielen als Affront gegen die islamische Welt empfunden, in der die Juden weiterhin in ihrem Status als diskriminierte Dhimmis verharren sollten.

Die daraus resultierenden Fluchtbewegungen erfolgten in mehreren Wellen. Bereits in den 1940er Jahren kam es zu ersten Vertreibungen, die in den 1950er und 1960er Jahren, insbesondere nach den arabisch-israelischen Kriegen von 1956 und 1967, weiter zunahmen. Am Ende dieses Prozesses waren etwa 99 Prozent der vor 1948 in den arabischen Ländern lebenden Jüdinnen und Juden geflüchtet, vertrieben oder ausgewandert.

Dieser Exodus ging häufig mit erheblichen materiellen Verlusten einher. In einigen Ländern war es Juden erlaubt, einen Teil ihres Besitzes mitzunehmen, während in anderen – wie Ägypten, Irak und Jemen – nahezu ihr gesamtes Vermögen beschlagnahmt wurde. In Ägypten beispielsweise durften jüdische Flüchtlinge lediglich 20 ägyptische Pfund mitnehmen; der Rest wurde konfisziert. Schätzungen zufolge belief sich der wirtschaftliche Schaden auf mehrere Milliarden, insbesondere durch den Verlust von Landbesitz, der Schätzungen zufolge ein Ausmaß erreichte, das fünfmal so groß war wie das heutige Israel. Trotz des enormen Ausmaßes dieser Fluchtbewegungen und des gigantischen Raubzuges wird die Geschichte der jüdischen Flüchtlinge aus den arabischen Ländern in politischen Debatten bis heute nur selten thematisiert.

In einem Texte erwähnen Sie, dass die deutsche Botschaft in Kairo in einem Gebäude untergebracht ist, das einst einer jüdischen Familie gehörte.

Das gleiche gilt für die Botschaften der Schweiz, der Niederlande oder Kanadas in Kairo. Der israelische Autor Ronen Bergman hat eine ganze Liste mit Gebäuden erstellt, die im Besitz ägyptisch-jüdischer Familien waren und entschädigungslos beschlagnahmt wurden. Der ägyptische Kontext führt mich zu einem weiteren wichtigen Punkt. Wie ich bereits erwähnt habe, war die Vertreibung der jüdischen Bevölkerung aus Ägypten kein plötzlicher oder automatischer Prozess. Vielmehr muss man sie vor dem Hintergrund der politischen Umwälzungen in der arabischen Welt nach 1948 betrachten. Nach der Niederlage im ersten Krieg gegen Israel wurde die ägyptische Monarchie 1952 gestürzt. Die militärische Niederlage hatte die Monarchie stark diskreditiert, da sie ihre Versprechungen nicht einlösen konnte. An ihre Stelle trat der Panarabismus, der unter Gamal Abdel Nasser eine aggressive Haltung gegenüber Israel einnahm. Doch es ist wichtig zu betonen, dass die Vertreibung der jüdischen Bevölkerung nicht sofort geschah und auch innerhalb des Panarabismus umstritten war.

Zunächst war nach dem Sturz der Monarchie General Muhammad Naguib Präsident. Naguib zeigte sich bemüht, die jüdische Bevölkerung Ägyptens zu schützen. So besuchte er an Jom Kippur die große Synagoge in Kairo und signalisierte, dass die jüdischen Ägypter Teil der nationalen Gemeinschaft seien, auch wenn er den jüdischen Staat bekämpfte. Diese Haltung war typisch für die moderate Politik von Naguib, die sich jedoch nicht durchsetzen konnte. Mit Nassers Aufstieg zur dominierenden Figur im Panarabismus verschärften sich die antisemitischen Tendenzen.

Ein Kontrast dazu war der tunesische Präsident Habib Bourguiba, der eine wesentlich gemäßigtere Haltung gegenüber Israel einnahm. Obwohl auch er in seiner Rhetorik antisemitische Elemente verwendete, setzte er auf Ausgleich und Kompromiss. Dies zeigt, dass die politischen Entwicklungen in der arabischen Welt keineswegs homogen waren. In Tunesien und Marokko gibt es bis heute kleine jüdische Gemeinden, während in Ländern wie Libyen, Algerien oder Ägypten die jüdische Bevölkerung nahezu vollständig verschwunden ist. Zusammenfassend zeigt sich, dass die Vertreibung der jüdischen Bevölkerung in den verschiedenen Ländern unterschiedlich verlief und von den jeweiligen politischen Bedingungen abhängig war. Der Verlust von Eigentum und der Exodus ganzer Gemeinden markieren jedoch eine gemeinsame Tragödie, die bis heute kaum aufgearbeitet ist.

Wie bewerten Sie es, dass diese Geschichte, wenn sie überhaupt thematisiert wird, häufig im Vergleich zur Geschichte von Flucht und Vertreibung der Palästinenser betrachtet wird?

Dieser Vergleich wirft einige Probleme auf, da die beiden Situationen substanzielle Unterschiede aufweisen. Erstens: Die Vertreibung der Juden aus den arabischen Ländern war nahezu vollständig. Im Gegensatz dazu blieben viele palästinensische Araber in Israel, wo sie heute etwa 20 Prozent der Bevölkerung ausmachen. Zweitens: Während die palästinensische Flüchtlingsbewegung direkt aus einem arabischen Angriffskrieg gegen Israel resultierte, hatte die Vertreibung der Juden aus den arabischen Ländern keinen unmittelbaren Zusammenhang mit einem solchen Krieg. Drittens: Die Geschichte der palästinensischen Flüchtlinge ist bis heute ein zentraler Bestandteil politischer Diskurse, während die Geschichte der jüdischen Flüchtlinge aus den arabischen Ländern weitgehend unbeachtet bleibt. Es ist wichtig, die Unterschiede zwischen diesen beiden Flüchtlingsbewegungen klar hervorzuheben.

Wie gestaltete sich die Situation der geflüchteten Jüdinnen und Juden aus arabischen Ländern in Israel? Welchen sozialen und politischen Status hatten sie zu Beginn in der israelischen Gesellschaft und wie sieht es heute aus?

Rund 650.000 der etwa 800.000 bis 900.000 Juden, die zwischen den 1940er und 1960er Jahren aus arabischen Ländern vertrieben wurden oder ausgewandert sind, fanden in Israel eine neue Heimat. Israel, damals ein junges und wirtschaftlich schwaches Land unter ständiger militärischer Bedrohung, stand vor der enormen Herausforderung, diese Flüchtlinge zu integrieren. Die Bedingungen für die Neuankömmlinge waren schwierig und von Spannungen zwischen den Aschkenasim, den aus Europa stammenden Juden, und den Mizrachim, den Juden aus arabischen und anderen Ländern, geprägt. Während die Aschkenasim die politische und gesellschaftliche Elite stellten, sahen sich die Mizrachim in vielen Bereichen benachteiligt. Diese Ungleichheit fand auch ihren Ausdruck in der Politik: Die ersten Jahrzehnte wurden von sozialistischen und sozialdemokratischen Parteien dominiert, welche die Belange der Mizrachim weitgehend ignorierten.

Der Wahlsieg des Likud unter Menachem Begin im Jahr 1977 war eine wichtige Zäsur. Begin, selbst ein Vertreter der aschkenasischen Elite, verstand es, sich als Stimme der Mizrachim zu präsentieren, indem er ihre Unzufriedenheit mit der bisherigen politischen Führung aufgriff. Er behauptete, dass sozialistische Parteien zwar vorgaben, sich für Schwache und Unterdrückte einzusetzen, aber die Anliegen von Juden aus arabischen Ländern und Menschen mit dunkler Hautfarbe systematisch vernachlässigten. Damit lenkte er den Fokus auf einen innerjüdischen Rassismus, der zwar heute abgeschwächt ist, aber weiterhin ein grundlegender Widerspruch in der israelischen Gesellschaft bleibt und sich bis heute im Wahlverhalten widerspiegelt.

Auch sicherheitspolitisch spiegeln sich diese Erfahrungen wider. Viele Mizrachim werfen den europäischstämmigen Juden Naivität im Umgang mit Arabern und dem Islam vor. Sie argumentieren: „Wir kennen diese Menschen, wir wurden von ihnen vertrieben. Sie behandeln uns nur gut, solange wir uns unterwerfen. Andernfalls verfolgen sie uns erneut. Man darf ihnen nicht trauen." Dieses tief verwurzelte Misstrauen prägt die sicherheitspolitischen Positionen vieler Mizrachim und erklärt ihre enge Verbundenheit mit der politischen Rechten in Israel, die eine härtere Linie in Sicherheitsfragen verfolgt.

Obwohl sich diese Spannungen in den letzten Jahrzehnten gelockert haben, bleibt die Loyalität vieler Mizrachim zum Likud unerschütterlich. Selbst wiederholte Korruptionsvorwürfe gegen Benjamin Netanjahu, für viele „King Bibi", den sie unter dem Slogan „Rak Bibi" („Nur Bibi") als einzig kompetente Führungsfigur anhimmeln, können daran wenig ändern. Diese Dynamik verdeutlicht einen der vielen Widersprüche, welche die israelische Gesellschaft prägen.

Trotz der Diskriminierung und gesellschaftlichen Spannungen ist die Integration der Mizrachim in Israel aber weitgehend gelungen. Die einstigen Flüchtlingslager gehören der Vergangenheit an, und Nachkommen der Vertriebenen haben heute führende Positionen in Politik und Gesellschaft inne. Dieser Erfolg kontrastiert stark mit der Situation der palästinensischen Flüchtlinge bzw. ihrer Nachkommen, die seit 1948 in vielen arabischen Ländern oft bis heute in Lagern leben und systematisch diskriminiert werden.

Der belgische Historiker Nathan Weinstock sprach von einem „ohrenbetäubenden Schweigen" zu diesem Thema. Warum hat der erzwungene Massenexodus so lange kaum Beachtung erfahren?

Ich stimme Nathan Weinstock zu: Es gibt eine erhebliche Ignoranz und ein auffälliges Schweigen zu diesem Thema, das auf mehrere Ursachen zurückzuführen ist. Ein zentraler Faktor ist der Umgang Israels. Lange wurde die Vertreibung der Juden aus den arabischen Ländern und dem Iran kaum thematisiert. Erst in den letzten Jahren hat sich dies geändert, etwa durch die Einführung eines offiziellen Gedenktages in Israel im Jahr 2009. Ein früheres und konsequenteres Ansprechen auf internationaler Ebene hätte womöglich zu einer anderen Wahrnehmung geführt.

Ein weiterer Grund liegt in der Integration der Flüchtlinge. Während die palästinensischen Flüchtlinge in arabischen Ländern absichtlich nicht integriert wurden, um sie als politisches Druckmittel gegen Israel zu nutzen, verfolgte Israel eine andere Strategie: Es setzte auf eine rasche Integration und löste die Flüchtlingslager schnell auf.

Ein drittes Problem ist die Rolle der Vereinten Nationen. Jahrzehntelang verfolgten sie, insbesondere in der Generalversammlung, eine antiisraelische Haltung, die sich auch im Umgang mit den Flüchtlingsgruppen widerspiegelt. Zahlreiche UN-Resolutionen befassen sich mit den palästinensischen Flüchtlingen und ihren Nachkommen, während Flucht und Vertreibung der Juden aus den arabischen Ländern und dem Iran fast unbeachtet blieben. Eine Ausnahme bildete die kurze Beachtung des Themas in den frühen 1990er Jahren im Rahmen des Osloer Friedensprozesses.

Ein weiterer Aspekt betrifft die Wahrnehmung des Konflikts durch die Brille des Antisemitismus. Es gibt eine ausgeprägte Tendenz, Israel als den alleinigen Übeltäter darzustellen und alle anderen in der Region nicht als handelnde Subjekte, sondern als Opfer zu betrachten. Diese Perspektive offenbart nicht nur eine antisemitische, sondern auch eine rassistische Schlagseite der Debatte. Das Narrativ, das die palästinensischen Flüchtlinge ins Zentrum stellt, während die jüdischen Flüchtlinge aus arabischen Ländern nahezu unsichtbar bleiben, fügt sich nahtlos in dieses Bild ein und Israel wird als Landräuber dargestellt. Ein differenzierterer Blick auf die Geschichte würde viele der vorherrschenden Mythen in der europäischen Nahost-Berichterstattung aufbrechen und eine kritische Selbstreflexion anregen. Das betrifft nicht nur den Journalismus, sondern auch die akademische Auseinandersetzung, in der relevante Arbeiten zu diesem Thema insbesondere auf Deutsch lange Zeit schwer zu finden waren. Diese Haltung korrespondiert mit einer weit verbreiteten Wahrnehmung des Konflikts, in welcher der arabische und islamische Antisemitismus, auch vor der Gründung Israels, systematisch unterbelichtet bleibt. Infolgedessen bleibt die Vertreibung der Juden aus den arabischen Ländern und dem Iran weitgehend unbeachtet, da sie die gängigen Erzählungen fundamental herausfordern würde.

Gibt es eine Perspektive, aus der heraus die Konflikte der Vergangenheit wie der Gegenwart lösbar erscheinen?

Es gibt einen positiven Ausblick zu diesem Thema. Wie bereits betont, gibt es keinen Automatismus – es ist falsch, einen grundsätzlichen Antagonismus zwischen Arabern und Israelis zu behaupten. Auch der Islam lässt sich nicht pauschal so charakterisieren. Es geht vielmehr um politische Auseinandersetzungen und die Kräfteverhältnisse in den jeweiligen Gesellschaften und Religionen. Vor diesem Hintergrund lässt sich eine bemerkenswerte

Entwicklung beobachten, die der bisherigen Geschichte entgegenwirkt: die Abraham-Abkommen, die diesen Namen nicht zufällig tragen.

Bereits der Friedensvertrag zwischen Ägypten und Israel von 1979, der lange der einzige seiner Art blieb, war bemerkenswert, und er kam ohne eine ernsthafte Aufarbeitung der Vertreibung der ägyptischen Juden zustande. Danach vergingen viele Jahre, bis 1994 auch Jordanien Frieden mit Israel schloss. Erst 2020, leider in Deutschland zu wenig beachtet, traten drei weitere arabische Länder in den Friedensprozess ein: die Vereinigten Arabischen Emirate, Bahrain (höchstwahrscheinlich mit Zustimmung Saudi-Arabiens) und Marokko. Besonders die Vereinbarungen mit den Vereinigten Arabischen Emiraten und Marokko gehen weit über den ägyptischen und jordanischen Friedensvertrag hinaus, da sie auf eine grundlegende Veränderung des Bildes von Juden und Israel in arabischen Gesellschaften abzielen.

Die Abraham-Abkommen spiegeln auch eine innerislamische Debatte wider. Im Gegensatz zu den antisemitischen Strömungen wie der Muslimbruderschaft gibt es heute Stimmen, die betonen, dass Juden nicht „Nachkommen von Affen und Schweinen" sind, sondern „unsere Brüder, weil wir alle von Abraham abstammen". Diese Haltung ist zwar sowohl ideologisch als auch taktisch motiviert, stellt jedoch einen positiven Wandel dar, der tiefgreifende gesellschaftliche Veränderungen anstoßen könnte.

In Marokko und den Vereinigten Arabischen Emiraten wird derzeit sogar diskutiert, Holocaustunterricht in Schul- und Universitätscurricula zu integrieren – eine Entwicklung, die weit über den kalten Frieden des ägyptisch-israelischen Friedensvertrags hinausgeht. Die Vereinigten Arabischen Emirate gehen noch weiter: Es gibt wirtschaftliche und auch militärische Kooperationen, kulturellen Austausch und einen Tourismusboom, besonders während der Pandemie. Hunderttausende Israelis reisten dorthin. Interreligiöse Dialogzentren entstehen, die grundlegende gesellschaftliche Veränderungen anstoßen könnten.

Diese Entwicklung hat auch Auswirkungen auf Saudi-Arabien. Trotz der jüngsten Ereignisse seit dem 7. Oktober könnte es in naher Zukunft weitere Länder geben, die den Abraham-Abkommen beitreten – möglicherweise auch Saudi-Arabien. Ein solcher Schritt wäre ein echter „Game Changer" für die Region und die historischen Narrative, die bisher dominierten. Auch wenn Kritik an der innen- und auch geopolitischen Ausrichtung der arabischen Abraham Accords-Staaten weiterhin notwendig ist, stellt diese Wende doch eine äußerst positive Entwicklung dar und verdient auch mehr Unterstützung von der europäischen und deutschen Außenpolitik, die bislang nahezu inexistent war.

Mehr als Schuldabwehr

Zu den Ursprüngen des linken Antizionismus und Israelhasses

Olaf Kistenmacher

Der Staat Israel besteht seit dem 5. Ijar 5708, nach gregorianischem Kalender seit dem 14. Mai 1948. Es könnte deswegen so scheinen, als gäbe es auch den israelbezogenen oder antizionistischen Antisemitismus erst seit diesem Datum. Mit Blick auf die extreme Rechte ist diese Annahme offensichtlich falsch. Lange vor der Gründung des jüdischen Staates richtete sich der völkische Judenhass ebenso gegen den „Zionismus" wie gegen alles, was der extremen Rechten als „jüdisch" galt. In einer seiner ersten großen Reden widmete sich Adolf Hitler 1920 ausführlich der Frage, wie „der *Jude* zur Staatenbildung" stehe (zit. n. Holz 2011: 389). Er erklärte mit einer offen rassistischen Herleitung, „Juden" seien aufgrund ihres angeblichen Wesens unfähig, einen eigenen Staat zu schaffen. Der spätere Chefideologe der Nationalsozialistischen Deutschen Arbeiterpartei (NSDAP), Alfred Rosenberg, fasste in seinem schmalen Buch mit dem bemerkenswerten Titel *Der staatsfeindliche Zionismus* 1922 den nationalsozialistischen Standpunkt zusammen. Wie Hitler behauptete Rosenberg, ein jüdischer Staat sei unmöglich, da „Juden" „auf keinem Gebiet des Wissens, der Kunst, des Lebens [...] wirklich schöpferisch" wären. Deswegen könne, wenn im Nahen Osten doch so etwas wie ein jüdischer Staat entstehen sollte, dieses Gebilde kein wirklicher „Staat" sein – Rosenberg benutzte das Wort in Bezug auf eine zionistische Staatsgründung nur zitierend –, sondern wäre nur „ein neues Aufmarschgebiet für Weltbewucherung" (zit. n. Nicosia 2012: 96).

Wenn im 21. Jahrhundert eine neonazistische Partei wie Die Rechte im Europawahlkampf 2019 mit einem Plakat „Zionismus stoppen: Israel ist unser Unglück" gegen den jüdischen Staat hetzt, knüpft sie an Positionen an, die lange vor der israelischen Staatsgründung in der extremen Rechten bestanden. Bei der Aussage „Israel ist unser Unglück" nutzt die rechtsextreme Splitterpartei das Wort „Israel" nicht nur, um auf codierte Weise auf den Slogan antisemitischer Bewegungen des 19. Jahrhunderts anzuspielen, den die NSDAP übernommen hatte und nach dem „die Juden" „unser Unglück" zu sein hatten (Berg 2023: 19). Wie der Rückblick auf Hitler und Rosenberg deutlich macht, gehörten im Weltbild der völkischen Rechten die Worte „Israel", „Zionismus" und „die Juden" immer schon zu der antisemitischen Vorstellung einer globalen Verschwörung.

Dass diese Begriffe im antisemitischen Weltbild unauflöslich miteinander verbunden waren, heißt aber nicht, dass Mitglieder der NSDAP nicht auch auf die reale Situation im Nahen Osten Bezug nehmen konnten. Im Juni 1930 erklärte ein nationalsozialistischer Abgeordneter im Reichstag, er und seine Partei hegten nicht gegen alle „Semiten" eine Abneigung. Im Gegenteil seien ihnen manche „Semiten" sogar sympathisch. Abweichend von dem sonstigen antisemitischen Gebrauch des Wortes bezeichnete er „Araber" ebenfalls als „Semiten". Diese wären gegenwärtig dabei, die „eingedrungenen Hebräer aus Palästina zu entfernen", erklärte das NSDAP-Mitglied Franz Stöhr. Diese Vertreibung sei aus nationalsozialistischer Sicht zu begrüßen (zit. n. Dietrich 2021: 213).

Im weiteren Verlauf dieses Beitrags wird deutlich werden, auf welche Ereignisse sich der NSDAP-Reichstagsabgeordnete 1930 bezog. Jenseits der extremen Rechten, so stellen es viele Studien zum israelbezogenen Antisemitismus dar, soll es in der Haltung zum „Zionismus" hingegen einen Bruch gegeben haben. Zum Beispiel soll in der politischen Linken erst nach 1945 ein antizionistischer Antisemitismus entstanden sein. Klaus Holz schreibt in *Die Gegenwart des Antisemitismus*, der „antizionistische Antisemitismus" sei erst „in den Jahren nach dem Zweiten Weltkrieg in der Sowjetunion entwickelt und zeitgleich in der arabischen Welt verbreitet" worden (Holz 2005: 82), obwohl er auf Traditionslinien bis ins 19. Jahrhundert verweist. Alle Studien zum Antisemitismus in der Linken, die sich von der Frage leiten lassen, unter welchen Umständen „Israelkritik" antisemitisch würde, folgen explizit oder implizit dieser Vorstellung (Schmidt 2010; Stein 2011; Ullrich 2013). Bekannt ist, dass die Mehrheit der anarchistischen, kommunistischen und sozialistischen Linken bis in die 1930er Jahre „den Zionismus" ablehnte und nur eine Minderheit von dieser Haltung abwich. Die Ablehnung des Zionismus mag, so wird in diesen Studien argumentiert, aus heutiger Sicht politisch oder ethisch falsch oder unbegründet gewesen sein. Antisemitisch sei sie jedoch nicht gewesen.

Diese Auffassung wird im vorliegenden Beitrag am Beispiel der Kommunistischen Partei Deutschlands (KPD) der Weimarer Republik hinterfragt. Anhand des geläufigen 3D-Tests (Bernstein 2020: 203–204) wird überprüft, inwieweit die KPD bereits Ende der 1920er Jahre den Zionismus delegitimierte, dämonisierte und nach anderen Maßstäben beurteilte als andere nationale Befreiungsbewegungen, also *double standards* anlegte. Wenn das der Fall sein sollte, betrifft das auch die Frage nach den Ursachen des Israelhasses. Denn wenn es in der Linken bereits vor 1945 einen Antizionismus mit antisemitischen Zügen gab, dann müssen zu dem Motiv der Erinnerungs- und Schuldabwehr, das erst nach 1945 entstanden ist und oft als Ursache für den linken Israelhass angeführt wird, weitere Motive hinzukommen, die es schon zur Zeit der Weimarer Republik gegeben hat.

Erinnerungs- und Schuldabwehr in der radikalen Linken nach 1967

Eines der auffälligsten Merkmale des israelbezogenen Antisemitismus ist die Gleichsetzung von Israel mit Nazi-Deutschland. Deswegen konzentrieren sich viele Studien zum Israelhass in der Linken auf das Motiv der Erinnerungs- und Schuldabwehr. In der Folge des Sechstagekriegs 1967, erklärt Martin W. Kloke in seiner bahnbrechenden Untersuchung *Israel und die deutsche Linke*, sei der in „der westlichen Welt beispiellose Prozionismus der bundesdeutschen Linken" in einen Hass auf den jüdischen Staat umgeschlagen. Sowohl die prozionistische Haltung in den Jahren zuvor als auch die antizionistische Position nach 1967/68 seien durch das Bedürfnis motiviert, in „eine politische Identität" zu fliehen, die nicht mehr durch die Shoah belastet sei (Kloke 1992: 186). Holger J. Schmidt schreibt in seiner Studie *Antizionismus, Israelkritik und „Judenknax"*, die Wahrnehmung der Nazi-Vergangenheit habe bei der Genese des linken Antizionismus eine „Schlüsselstellung" eingenommen (Schmidt 2010: 8). Ingrid Strobl, in den 1970er Jahren selbst im Umfeld der Revolutionären Zellen/Roten Zora aktiv, schildert in ihrer selbstkritischen Auseinandersetzung mit dem Antisemitismus in der Linken 1992 eindrücklich, was dabei psychologisch passiert:

> Wie unbewußt auch immer, durch die israelische Politik gegen die Palästinenser fühlten sich viele deutsche Linke befreit von jeder Verantwortung, der sie sich als Nachkommen womöglich stellen müßten. Da jedoch die Ungeheuerlichkeit der Shoah selbst für diejenigen, die sich nie näher mit ihr konfrontiert haben, so ohne weiteres nicht zu ignorieren ist, mußte sie auf Teufel komm raus relativiert werden. Zwanghaft wurde alles, was Israelis Palästinensern antaten, mit dem verglichen, was Deutsche den Juden angetan haben. (Strobl 1995: 110)

Für den Erklärungsansatz, wonach der linke Israelhass maßgeblich durch Schuldabwehr motiviert sei, gibt es seit den späten 1960er Jahren zahlreiche Belege. Anfang November 1969 legte ein Mitglied der linksradikalen Gruppe Tupamaros Westberlin/Schwarze Ratten einen Sprengsatz in der Jüdischen Gemeinde in Berlin, dessen Zünder zum Glück versagte. In ihrem Bekennerschreiben, veröffentlicht in einer Szenezeitung, verwahrten sich die Tupamaros Westberlin dagegen, ihren Anschlagsversuch oder das Beschmieren „jüdischer Mahnmale“ als „rechtsradikale Auswüchse“, also als antisemitisch, zu klassifizieren. Sie wollten ihre Tat vielmehr als antifaschistischen Akt verstanden wissen. Unter Verweis auf die aktuelle israelische Politik warfen sie den „Juden“ vor, mittlerweile selbst zu „Faschisten“ geworden zu sein. Das Datum ihres Anschlags – eine Gedenkveranstaltung zur Erinnerung an die Reichspogromnacht – und der Ort: die jüdische Gemeinde – waren deswegen bewusst gewählt:

> Jede Feierstunde in Westberlin und in der BRD unterschlägt, daß die Kristallnacht von 1938 heute täglich von den Zionisten in den besetzten Gebieten, in den Flüchtlingslagern und in den israelischen Gefängnissen wiederholt wird. Aus den vom Faschismus vertriebenen Juden sind selbst Faschisten geworden, die in Kollaboration mit dem amerikanischen Kapital das palästinensische Volk ausradieren wollen. (Zit. n. Kraushaar 2005: 48)

Beispiele für solche Gleichsetzungen von Israel und Nazi-Deutschland sind in der Geschichte der westdeutschen Linken seit 1967 zahllos. Aber die Abwehr von möglichen Schuldgefühlen und das Bedürfnis, die Shoah zu relativieren, können nicht die einzigen Motive für den Israelhass sein. Die Muster des späteren antizionistischen Antisemitismus wurden bereits zur Zeit der Weimarer Republik geprägt, von der ersten legalen kommunistischen Partei Deutschlands (Globisch 2013: 262f.).

Antizionismus der Kommunistischen Internationale und der KPD bis 1933

1920 beschloss der Zweite Kongress der Kommunistischen Internationale (Komintern), auf der ganzen Welt Bündnisse zu schmieden mit allen „nationalen und kolonialen Freiheitsbewegungen“, auch wenn diese keine kommunistische oder sozialistische Politik verfolgten. Allein dass die jeweiligen „Völker“ vom westlichen Kolonialismus und Imperialismus unterdrückt würden und gegen ihn kämpften, reichte aus Sicht der Komintern aus, um sie zu unterstützen. Die Gemeinsamkeit zwischen dem Proletariat und den „Völkern“ der Dritten Welt brachte auch die Erweiterung des berühmten

Aufrufs aus dem *Manifest der Kommunistischen Partei* auf den Punkt, die in den 1920er Jahren in der Komintern üblich wurde: „Proletarier aller Länder und unterdrückte Völker der Welt, vereinigt euch", wie zum Beispiel ein Text des Komintern-Vorsitzenden Grigorij Sinowjew im Zentralorgan der KPD, *Die Rote Fahne*, betitelt war (*Die Rote Fahne* 153, 8. Juli 1925).

Von dieser Solidarität mit nationalen Befreiungsbewegungen war allerdings der Zionismus in all seinen Facetten ausgenommen. Dazu beriefen sich die in der Komintern zusammengeschlossenen Parteien auf Aussagen von Wladimir I. Lenin und Josef W. Stalin. In der *Roten Fahne* lautete die erste Überschrift, die das Wort „Zionismus" enthielt: „Zionismus – Kettenhund des englischen Imperialismus". Obwohl die KPD nicht leugnen konnte, dass Jüdinnen:Juden in Europa und Russland unterdrückt wurden und dass sich auch deswegen eine nationale Bewegung von Jüdinnen:Juden gebildet hatte, wurde eine solche Begründung als „‚ideologische[s]' Mäntelchen" abgetan:

> Der Zionismus ist unter der Maske einer ‚wohltätigen', die durch Pogrome usw. verfolgten armen Juden schützende, ihnen eine ‚Heimstätte' verschaffende Bewegung, in Wirklichkeit ein Werkzeug des englischen Imperialismus. [...] Das ‚ideologische' Mäntelchen des Zionismus deckt die blutige Fratze gemeinster kolonialer Ausbeutung und Unterdrückung. (Die Rote Fahne 168, 25. Juli 1925)

Gefördert werden sollte im britischen Mandatsgebiet Palästina allein der arabische Nationalismus. Was sich die Komintern davon erhoffte, brachte der damalige Vorsitzende der Kommunistischen Partei Palästinas, Joseph Berger, in seinen Lebenserinnerungen auf die Formel:

> The nationalism of colonial populations ought [...] to be encouraged and used as a weapon against imperialism. They could be weaned from it later, with the growth of the proletariat and of political life. (Berger 1971: 100)

Dabei war der Komintern bekannt, dass zu dem arabischen Nationalismus in Palästina auch ein offener Judenhass gehörte und es bereits Anfang der 1920er Jahre zu Gewalttaten gegen die jüdische Bevölkerung gekommen war. Ein Mitglied der KP Palästinas berichtete 1923 im Organ der Komintern, der *Internationalen Pressekorrespondenz (Inprekorr)*:

> Am 1. Mai 1921 veranstalteten die Kommunisten eine Demonstration, die von den Mitgliedern der gelben Gewerkschaften angegriffen wurde. Die

> eingeborene Bevölkerung, deren Pogromstimmung von den englischen und französischen Provokateuren und von ihren eigenen Nationalisten schon lange geschürt wurde und die den Sinn der Demonstration nicht begriff, stürzte sich auf die Demonstranten und ging dann zu einem allgemeinen Pogrom gegen die Juden über. (Zit. n. Dokumente 1997: 4)

Die proarabische und antizionistische Haltung, welche die Komintern und damit auch die KPD vertraten, wirft aus einer marxistischen Perspektive mehrere Fragen auf. Erstens lässt sich fragen, warum eine kommunistische Partei überhaupt Nationalismus oder eine nationale Bewegung gutheißen und unterstützen soll und warum sie sich nicht auf die Klassengegensätze im Nahen Osten konzentriert. Denn seit dem *Manifest der Kommunistischen Partei* von Karl Marx und Friedrich Engels war der Anspruch doch, dass das Proletariat, das „kein Vaterland" habe, in einer internationalistischen Haltung die nationalen Differenzen überwinde. So betont Musa Budeiri in seiner Studie zur KP Palästinas:

> The very existence of a communist movement in Palestine uniting within its ranks Arab and Jewish members pointed to a possible future, at variance with both nationalism and capitalism. In its short existence, the Palestine Communist Party (PCP) succeeded in bringing together Arab and Jewish workers on a platform of class solidarity. (Budeiri 2010: xiii)

Zweitens ist die Einseitigkeit bemerkenswert. Wenn der Marxismus-Leninismus in nationalen Bestrebungen unbedingt ein progressives Potenzial erkennen wollte, stellt sich die Frage, warum von vielen verschiedenen zionistischen Bewegungen keine ein solches Potenzial in sich tragen sollte. Diese Widersprüchlichkeit wurde im Spätsommer 1929 unübersehbar, als es im britischen Mandatsgebiet zum bis dahin größten Gewaltausbruch gegen Jüdinnen:Juden kam.

Die pogromartigen Ausschreitungen in Palästina im Spätsommer 1929

Ab Mitte August 1929 attackierte ein Mob aus christlichen und muslimischen Araber:innen jüdische Wohnviertel und ermordete im Lauf von rund zwei Wochen 133 Jüdinnen:Juden. Im selben Zeitraum wurden auch 116 Araber:innen getötet, in vielen Fällen allerdings vom britischen Militär oder von der Polizei, die versuchten, die Gewalt zu stoppen (Budeiri 2010: 18–30; Krämer 2003: 264–273). Es gibt einige Hinweise, dass die Angriffe länger vorbereitet worden waren. So hatten christliche Bewohner:innen der attackierten Wohngebiete „vor den Unruhen ihre Häuser mit einem Kreuz gekennzeichnet", um sich zu schützen, wie Tom Segev in *Es war einmal ein Palästina* schreibt (Segev 2005: 362). Eine Gruppe namens Arabische Studenten Jerusalems hatte zuvor Flugblätter verteilt, in denen es hieß:

> Vergesst nicht, dass der Jude Euer starker Feind und von alters her der Feind Eurer Ahnen ist. [...] Er, der Jude, will Euch nun abschlachten, wie er es gestern getan. Seid Euch bewusst, dass der beste Weg, Euch selbst und Euer Vaterland aus dem Würgegriff des fremden Eindringlings und gierigen Juden zu retten, darin besteht, dass Ihr ihn boykottiert. (Zit. n. Kiefer 2002: 70)

Entsprechend richtete sich die Gewalt nicht allein gegen neuere zionistische Siedlungen. In Hebron und Safed wurden vor allem orthodoxe Jüdinnen und Juden, deren Gemeinschaften lange vor der zionistischen Besiedlung bestanden hatten, die Ziele von Angriffen, die unter Parolen wie „Schlachtet die Juden!" geführt wurden (Kiefer 2002: 68). Joseph Berger berichtete in der *Inprekorr* eindrücklich über das Ausmaß der Gewalt. Unter der Überschrift „Das Blutbad im ‚Heiligen Lande'" schrieb er, aufgehetzte und fanatisierte „Massen mohammedanischer Bauern" hätten „sengend und mordend vor allem die unbewehrten armen jüdischen Siedlungen", Synagogen und Schulen angegriffen und „furchtbare Blutbäder" angerichtet. „In der Talmudschule von Hebron wurden 60 jüdische Schüler – auch Kinder – getötet und verstümmelt. In der Kolonie Moza wurde eine jüdische Familie samt Frau und Kind abgeschlachtet." (Zit. n. Dokumente 1997: 30)

Dass sich die Gewalt gegen Jüdinnen:Juden richtete, schrieb die Tageszeitung der KPD selbst. Am 28. August 1929 berichtete die *Rote Fahne* auf ihrer Titelseite über die „Angriffe der Araber" auf „die jüdische Bevölkerung". Wenn es Anfang der 1920er Jahre zu einer solchen Gewalt in Polen oder Russland gekommen und sie von der politischen Rechten ausgegangen wäre, hätte die *Rote Fahne* fraglos von einem Pogrom geschrieben. In diesem Fall nicht. Sie erklärte unter der Überschrift „Der Araberaufstand wächst!":

> Besonders charakteristisch für die Entwicklung dieser Bewegung ist, daß die Angriffe der Araber nicht auf die jüdische Bevölkerung beschränkt bleiben, sondern sich gegen ihren Hauptfeind, den englischen Imperialismus, zu richten beginnen. [...] Die Entwicklung der arabischen Aufstandsbewegung, die noch zum großen Teil unter dem Einfluß der

> Effendis (Großgrundbesitzer) steht, hat, wie die letzten Meldungen zeigen, an Umfang zugenommen und richtet sich, wie die Ueberfälle auf *Regierungsgebäude* und *Polizeistationen* sowie *englische Truppen* beweisen, folgerichtig gegen die Hintermänner des Zionismus in Palästina, *die englischen Imperialisten*. Sie birgt in sich die Möglichkeit der Entfachung der *gesamtarabischen Aufstandsbewegung gegen die englischen imperialistischen Unterdrücker*. Die Schläge, die die arabischen Eingeborenen gegen die *zionistische Bourgeoisie* und den *zionistischen Faschismus* in Palästina führen, sind gleichzeitig Schläge gegen *England*. (Die Rote Fahne 164, 28. August 1929)

Weiter hieß es: „Das jüdische Proletariat Palästinas muß Schulter an Schulter mit den arabischen Werktätigen den Kampf gegen ihre[n] gemeinsamen Klassenfeind, den *englischen Imperialismus* und die mit ihm auf Leben und Tod verbundene jüdische Bourgeoisie führen." (Ebd.)

Der Komintern-Vertreter für Palästina, Bohumír Šmeral, versuchte kurz darauf, in einer Geheimsitzung des Exekutivkomitees der Komintern deren Vertreter:innen „vom antisemitischen Charakter der Ereignisse zu überzeugen. Ohne Erfolg." Die Komintern blieb dabei, den Gewaltausbruch als „antiimperialistischen Aufstand" zu bewerten (Grigat 2014: 69). In Deutschland kam die Frage, ob es sich bei der Gewalt um ein Pogrom handelt, 1931 noch einmal auf, als das KPD-Mitglied Otto Heller in seinem Buch *Der Untergang des Judentums* seine eigene Sichtweise mit der Parteilinie zu vereinen suchte. Er schrieb, es sei in Palästina im August 1929 „zum blutigen Araberaufstand, zu großen Judenpogroms" gekommen (Heller 1931: 163). Dass Heller die Gewalt als Pogrom bezeichnet hatte, hielt ihm der Rezensent der *Roten Fahne* vor. Heller fügte sich und strich aus der zweiten Auflage, die 1933 erschien, die Worte „zu großen Judenpogroms" (Kistenmacher 2016: 277).

Dass die *Rote Fahne*, wie zitiert, von der arabischen Bevölkerung als „Eingeborenen" schrieb, macht eine weitere Kommentierung nötig. Die Bezeichnung zeigt, dass die proarabische Haltung nicht von einem latenten Rassismus frei war. Zwar war die Formulierung positiv gemeint; sie sollte bedeuten, dass das Land Palästina dem arabischen Teil der Bevölkerung quasi von Natur aus gehören würde. Aber sie markierte zugleich einen Wesensunterschied zu den Mitgliedern der KPD oder Deutschen allgemein, die nie als ‚deutsche Eingeborene' bezeichnet wurden.

Auffällig ist die klare Gegenüberstellung, die sich durch den ganzen Artikel zog und die Parteinahme der KPD prägte: auf der einen Seite die arabische Bevölkerung, auf der anderen Seite „die englischen Imperialisten", „jüdische Bourgeoisie" und „zionistischer Faschismus". Für die politische Bewertung sollte es aus Sicht der KPD keine Rolle mehr spielen, dass die arabische Bewegung „noch zum großen Teil unter dem Einfluß der Effendis (Großgrundbesitzer)" stand. Klassengegensätze innerhalb der arabischen Bevölkerung galten als letztlich unbedeutend. Wichtig war, dass der „Araberaufstand wächst".

Die Rede von einem „zionistischen Faschismus" wurde durch die Gestaltung der Titelseite noch verschärft. Illustriert war der Beitrag mit einem Foto, das einen uniformierten Mann zeigt und unter dem zu lesen war: „Stahlhelmlümmel? Nein, ein Mitglied der jüdisch-faschistischen Legion in Jerusalem". So wurde ein Zusammenhang hergestellt zu der eigentlichen Headline der *Roten Fahne*: „Faschisten morden in Berlin". In Deutschland, so das Bild, werden Arbeiter:innen von Schlägertrupps der NSDAP attackiert und getötet, in Palästina kämpfen die Araber:innen gegen einen „zionistischen Faschismus", und zudem existiere im Nahen Osten eine „jüdisch-faschistische Legion", die von den rechtsextremen Stahlhelm-Verbänden in Deutschland kaum zu unterscheiden sei (abgedruckt in Kistenmacher 2016: 274).

Die Darstellung der *Roten Fahne* wurde im Organ der sogenannten rechten Opposition der KPD, der KPD-Opposition um den früheren Parteivorsitzenden Heinrich Brandler und den früheren Chefredakteur der *Roten Fahne*, August Thalheimer, deutlich kritisiert. Ihre Wochenzeitschrift *Gegen den Strom* kommentierte Anfang September 1929, die *Rote Fahne* schreibe „unterschiedslos von den Juden, die sie natürlich alle als zionistische Faschisten bezeichnet und die sie den Arabern, die natürlich alle ‚Revolutionäre' sind, entgegenstellt" (*Gegen den Strom* 36, 7. September 1929). Die KPD blieb allerdings bei ihrer Sichtweise. 1932 veröffentlichte das Zentralkomitee seine erste und einzige Grundsatzerklärung zur sogenannten „Judenfrage" und stellte für die Mitglieder der KPD klar: „Die Kommunisten bekämpfen den Zionismus genauso wie den deutschen Faschismus [...]." (Zentralkomitee 1932: 284) Die Gleichsetzung von Zionismus und Nationalsozialismus implizierte vor 1933 noch nicht, was damit seit 1945 gesagt wird. Sie bedeutete allerdings schon eine haltlose Dämonisierung des Zionismus. Denn wie in der *Roten Fahne* zu dieser Zeit ständig zu lesen war, ging von der NSDAP eine Gefahr für Leib und Leben von KPD-Mitgliedern aus. Unnötig zu sagen, dass die kleinen zionistischen Gruppierungen in Deutschland keine auch nur annähernd vergleichbare Gefahr für die KPD darstellten.

Zum Unterschied zwischen Zionismus und Jüdinnen:Juden

Bei einer Zentralkomiteesitzung am 24./25. Oktober 1929 schwor Hermann Remmele, unter Ernst Thälmann mit Heinz Neumann an der Spitze der KPD, seine Genoss:innen noch einmal auf die antizionistische Position ein. Dabei ging er auch auf die KP Palästinas ein. „Unsere Partei", führte er aus, habe „in Palästina 160 Mitglieder, davon 30 Araber, die anderen 130 Zionisten". An seinen Ausführungen war, wie der Historiker Mario Keßler prägnant kommentiert, „nahezu jedes Wort falsch" (Keßler 1994: 60). Die jüdischen Mitglieder der KP Palästinas waren keine „Zionisten", sie engagierten sich nicht für einen jüdischen Staat und förderten stattdessen den arabischen Nationalismus.

Außerdem vereinte die KP Palästinas arabische und jüdische Mitglieder. Remmele leitete aus seiner falschen Darstellung allerdings eine klare Parteinahme für die Seite der „Araber" ab. Aktuell könne die KP Palästinas

> nicht eine solche Einstellung haben [...], wie sie dem Gesetz der Revolution entspricht. Gerade das unterdrückte Volk, jene Schicht des Volkes, die das revolutionäre Element, den Verhältnissen entsprechend, überhaupt ausmachen kann, sind nur die Araber. (Zit. n. Keßler 1994: 60)

Als das Zentralkomitee (ZK) 1932 erklärte, die Mitglieder der KPD würden den Zionismus „genauso wie den deutschen Faschismus" bekämpfen, begründete es diese Parallelisierung damit, dass der Zionismus eine „Volksgemeinschaft" schaffen würde:

> [...] denn auch er will den Proletarier vom Proletarier trennen und sie, sich auf besondere Berufung oder auf besondere geheimnisvolle Gesetze der sozialen Struktur der Juden berufend, in einer Volksgemeinschaft mit den jüdischen Ausbeutern zu Instrumenten des britischen, des amerikanischen, des französischen und auch des deutschen Imperialismus, zu Instrumenten im Kampf gegen die koloniale Befreiungsbewegung der Araber machen. (Zentralkomitee 1932: 284)

Doch die KPD nivellierte in ihrer proarabischen und antizionistischen Positionierung ebenfalls die Klassenunterschiede. Statt von einem Klassenkampf innerhalb der arabischen und der jüdischen Community schrieb die *Rote Fahne* von zwei ethnischen Gruppen, von der die eine, wie Remmele erklärte, „das revolutionäre Element" verkörperte, während die andere die Bourgeoisie und den Faschismus repräsentieren sollte.

Die Beiträge zur Situation im Nahen Osten korrespondierten mit anderen Artikeln in der *Roten Fahne*, die sich auf die aktuelle Situation in Deutschland bezogen. Zu dieser Zeit spielte die Tageszeitung der KPD nicht nur wiederholt die Gefahr herunter, die vom Judenhass der NSDAP ausging. Sie unterstellte auch immer wieder eine angebliche Nähe oder Beziehung zwischen „jüdischem Kapital" und Nationalsozialismus. Bereits die Überschriften machten das oft deutlich: „Jüdischer Warenhausbesitzer finanziert Nazipropaganda" (*Die Rote Fahne* 174, 29. Juli 1930); „Ein Nazi spitzelt für den jüdischen Chef" (*Die Rote Fahne* 71, 25. März 1931); „Hitler proklamiert die Rettung der reichen Juden" (*Die Rote Fahne* 208, 15. November 1931); „Nazis für jüdisches Kapital" (*Die Rote Fahne* 182, 7. September 1932).

Sogar in dem Beitrag „Die Blutsauger des deutschen Volkes im Scheunenviertel", der eigentlich die Absicht verfolgte, der antisemitischen Hetze eine nüchterne Schilderung der Realität armer Jüdinnen:Juden im Berliner Scheunenviertel entgegenzusetzen, hieß es gleich zu Beginn, die antisemitische Gewalt werde von Personenkreisen begangen, die „von dem jüdischen Großkapital gut" finanziert würden:

> Die Pogrome, die diese von dem jüdischen Großkapital gut bezahlten Horden durchführen, sind Mörderfeldzüge gegen arme Proletarier, die nicht nur in dem tiefsten Elend dieser kapitalistischen Gesellschaft ihr Dasein fristen, sondern Sklaven einer mittelalterlichen Zurückgebliebenheit sind. (*Die Rote Fahne* 183, 19. September 1929)

Die ethnifizierte Deutung der Konflikte im Nahen Osten, die Remmele so klar formuliert hatte, hatte für die KP Palästina praktische Konsequenzen. Wiederholt war sie von der Komintern aufgefordert worden, sich zu „arabisieren". 1930 ernannte die Komintern ein arabisches Führungsgremium; viele der ehemals führenden jüdischen Mitglieder wurden nach Moskau bestellt, um sie politisch kaltzustellen. Die Forderung der „Arabisierung" ging mit dem Glauben einher, es würde, wie es das ehemalige Mitglied der KP Palästinas Leopold Trepper später in seinen Erinnerungen schrieb, ausreichen,

> in den verantwortlichen Organen einfach die Juden durch Araber zu ersetzen, um automatisch stärkeren Zulauf von Moslems zu haben! [...] Bei dem Versuch, die Weisungen von oben buchstabengetreu zu befolgen, wurde einer unserer Kameraden in der Nähe von Haifa gelyncht. (Trepper 1975: 33f.)

Was an dem Antizionismus noch problematisch war, wurde erst in der Illegalität thematisiert. In der kommunistischen Zeitschrift *Rundschau* stellte Walter Ulbricht nach dem nationalsozialistischen Pogrom im November 1938 fest, die NSDAP würde „gegen die Juden in Palästina" hetzen, um den „faschistischen Einfluß unter den Arabern zu verstärken" (zit. n. Kloke 1990: 28). Dass sich die Nazis in Bezug auf den Nahen Osten mit „den Arabern" solidarisch gaben, war allerdings, wie eingangs geschildert, schon 1930 erkennbar.

In den Publikationen der KPD wurde im Allgemeinen zwischen „Juden" und „Zionismus" unterschieden. Doch wie die Stellungnahmen zu Palästina zeigen, wurde dieser Unterschied verwischt, wenn es um jüdisches Leben im Nahen Osten ging. Selbst die jüdischen Mitglieder der Schwesterpartei galten Remmele als „Zionisten", was sie nicht waren. Dass verschiedene Strömungen im Zionismus existierten, spielte für die Bewertung kaum eine Rolle. Dass es Jüdinnen:Juden gab, die weiterhin in Palästina leben wollten, ohne einen jüdischen Staat aufzubauen, wurde in der *Roten Fahne* kaum erwähnt. Dass ein arabischer Mob im Spätsommer 1929 die „jüdische Bevölkerung" attackierte, hielt die KPD nicht davon ab, in der Gewalt nichts anderes als den Auftakt einer antiimperialistischen arabischen Aufstandsbewegung zu sehen. Sie sprach *dem* Zionismus jegliche Berechtigung ab, sie beurteilte die jüdischen Nationalbewegungen nach ganz anderen Maßstäben als andere Nationalbewegungen, und sie dämonisierte das, was sie als „Zionismus" bezeichnete. Das gipfelte bereits 1932 in der Gleichsetzung von Zionismus und Nationalsozialismus. Diese Gleichsetzung hatte vor 1933 noch eine andere Bedeutung als nach der Shoah. Aber wenn antizionistische, antiimperialistische Linke nach 1948 gegen den jüdischen Staat hetzten, konnten sie auf ein Muster an Metaphern, Sprachbildern und Darstellungen zurückgreifen, die schon vor 1933 etabliert waren.

Literatur

Adorno, Theodor W. (2003): Schuld und Abwehr. Eine qualitative Analyse zum Gruppenexperiment [1955], in: Adorno, Theodor W.: Soziologische Schriften II. Bd. 2, Frankfurt am Main: Suhrkamp, 121–324.

Berg, Nicolas (2023): „Prozeß gegen die deutsche Geschichte". Zur Neuausgabe der Quellensammlung *Der Berliner Antisemitismusstreit*, in: Jungle World, 16, 2023, 18–23.

Berger, Joseph (1971): Shipwreck of a Generation. The Memoirs of Joseph Berger, London: Harvill.

Bernstein, Julia (2020): Antisemitismus an Schulen in Deutschland. Befunde – Analysen – Handlungsoptionen, Weinheim/Basel: Beltz Juventa.

Budeiri, Musa (2010): The Palestine Communist Party 1919–1948. Arab and Jew in the Struggle for Internationalism, Chicago: Haymarket [1979].

Dietrich, Christian (2021): Im Schatten August Bebels. Sozialdemokratische Antisemitismusabwehr als Republikschutz 1918–1932, Göttingen: Wallstein.

Dokumente (1997): Dokumente zum Studium der Palästina-Frage (1922–1948), Offenbach: Olga Benario und Herbert Baum.

Globisch, Claudia (2013): Radikaler Antisemitismus. Inklusions- und Exklusionssemantiken von links und rechts in Deutschland, Wiesbaden: Springer VS.

Grigat, Stephan (2014): Die Einsamkeit Israels. Zionismus, die israelische Linke und die iranische Bedrohung, Hamburg: Konkret.

Holz, Klaus (2001): Nationaler Antisemitismus. Wissensoziologie einer Weltanschauung, Hamburg: Hamburger Edition.

Keßler, Mario (1994): Antisemitismus, Zionismus und Sozialismus. Arbeiterbewegung und jüdische Frage im 20. Jahrhundert, Mainz 1994: Decaton.

Kiefer, Michael (2002): Antisemitismus in den islamischen Gesellschaften. Der Palästina-Konflikt und der Transfer des Feindbildes, Düsseldorf: BoD.

Kloke, Martin W. (1992): Israel und die deutsche Linke. Zur Geschichte eines schwierigen Verhältnisses, Frankfurt am Main: Haag & Herchen.

Krämer, Gudrun (2003): Geschichte Palästinas. Von der osmanischen Eroberung bis zur Gründung des Staates Israel, München: C.H.Beck.

Kraushaar, Wolfgang (2005): Die Bombe im Jüdischen Gemeindehaus, Hamburg: Hamburger Edition.

Nicosia, Francis R. (2012): Zionismus und Antisemitismus im Dritten Reich, Göttingen: Wallstein.

Salzborn, Samuel (2010): Antisemitismus als negative Leitidee der Moderne. Sozialwissenschaftliche Theorien im Vergleich, Frankfurt am Main: Campus.

Schmidt, Holger J. (2010): Antizionismus, Israelkritik und „Judenknax". Antisemitismus in der deutschen Linken nach 1945, Bonn: Bouvier.

Segev, Tom (2005): Es war einmal ein Palästina. Juden und Araber vor der Staatsgründung Israels, Berlin: Pantheon.

Stein, Timo (2011): Zwischen Antisemitismus und Israelkritik. Antizionismus in der deutschen Linken, Wiesbaden: Springer VS.

Strobl, Ingrid (1995): Das Feld des Vergessens. Jüdischer Widerstand und die deutsche „Vergangenheitsbewältigung", Berlin/Amsterdam: Edition ID-Archis.

Trepper, Leopold (1975): Die Wahrheit. Autobiographie, München: Kindler.

Ullrich, Peter (2013): Deutsche, Linke und der Nahostkonflikt. Politik im Antisemitismus- und Erinnerungsdiskurs, Göttingen: Wallstein.

Anarchismus, Zionismus und Antisemitismus

Ein Überblick vom 19. bis zum späten 20. Jahrhundert

Frederik Fuß

Der Anarchismus ist historisch eng mit dem Judentum verbunden gewesen. Jüdische Anarchist_innen haben einen starken (kulturellen) Einfluss auf die Bewegung gehabt, obwohl Antisemitismus bereits in den Anfängen des Anarchismus – bei den Gründervätern Pierre-Joseph Proudhon und Michail Bakunin – vorhanden war. Mit dem Anspruch, die umfassende Befreiung der Menschheit voranzutreiben, war aber auch der Kampf gegen Antisemitismus verbunden, wodurch Jüdinnen und Juden in nichtjüdischen Anarchist_innen mitunter die engsten Verbündeten fanden. Kontrovers war und ist die Haltung zum Zionismus – vor der Shoah insbesondere unter den jüdischen Anarchist_innen. Teils verbanden sie zionistische Ideen mit ihren anarchistischen Vorstellungen, teils lehnten sie den Zionismus als Nationalismus ab – ganz so, wie ein Großteil der nichtjüdischen Anarchist_innen. Nach dem Zweiten Weltkrieg und der Shoah änderte sich die Einstellung eines Großteils der überlebenden Anarchist_innen zum Zionismus und sie unterstützten in großer Mehrheit die Gründung des Staates Israel. Die wenigen Anarchist_innen die es noch gab, schafften es nicht, die einstige Bewegung wiederzubeleben, und so versiegte die Theorietradition samt der geführten Debatten weitgehend – auch jene über Antisemitismus und Israel. Erst mit der 68er-Bewegung des 20. Jahrhunderts erlebte der Anarchismus ein Revival und konstituierte sich als Neoanarchismus (Henning/Raasch 2016). Hierbei knüpfte er vor allem an Vorkriegsdebatten an und integrierte Teile der marxistisch-leninistischen Doktrin, unter anderem den im Marxismus-Leninismus inhärenten Antizionismus. Im Folgenden wird ein schlaglichtartiger Überblick der historischen Entwicklung vom 19. bis ins späte 20. Jahrhundert gegeben.

Früher Anarchismus

Der Franzose Pierre-Joseph Proudhon (1809–1865) gilt durch die positive Wendung der Bezeichnung „Anarchist“ als Urvater des Anarchismus. Vor allem seine Ablehnung von Staat und Zentralismus haben dazu geführt, dass er auch heute noch breit rezipiert wird. Dabei haben sich die meisten Anarchist_innen in wesentlichen Punkten bereits früh von seinem Denken emanzipiert – wobei hier insbesondere seine ‚Kritik' am Kapitalismus zu beachten ist. Sein Sexismus und Antisemitismus sind in der anarchistischen Szene in weiten Teilen ignoriert worden, im französischen Kontext werden sie zum Teil in Abrede gestellt.

Klar ist, dass Proudhon ein antimodernes Weltbild vertrat, in dem ihm die bürgerliche Kleinfamilie mit dem Mann als Patriarchen als Ideal galt. Frauen sah er ohnehin kaum als richtige Menschen an und verglich sie unter anderem mit Ziegen (Proudhon 1970: 41). Problematisch am sich damals entwickelnden Kapitalismus war für ihn vor allem das Zins- und Finanzwesen, was ihn in eine geistige Nähe zu antisemitischen Unterteilungen in ‚raffendes' und ‚schaffendes' Kapital rückt (Portmann 2018; Bierl 2015).

Ob und wie sich Proudhon antisemitisch äußerte, variierte in verschiedenen Phasen seines Lebens stark und korreliert auch mit seinen persönlichen Beziehungen zu Jüdinnen und Juden, wie der Publizist Werner Portmann herausgearbeitet hat (2013). Dennoch lässt sich der persönliche Kontakt zu Juden angesichts der Fülle an antisemitischen Passagen in Proudhons Aufzeichnungen nicht als alleiniger Indikator für ein Mehr oder Weniger an antisemitischen Ressentiments heranziehen.

Nichtsdestotrotz waren auch Proudhons Schriften ein wichtiger Bezugspunkt für viele jüdische Anarchist_innen, was unter anderem damit zu erklären ist, dass sich die gravierendsten antisemitischen Entgleisungen – wie jene, dass der „Jude der Feind der Menschheit" sei und man „diese Rasse nach Asien zurückschicken oder sie ausrotten" (zit. n. Graur 2013: 164) müsse – vor allem in seinen privaten Notizen finden lassen, die ihnen kaum bekannt sein konnten.

Noch größeren Einfluss auf die weitere Entwicklung des Anarchismus hatte der Russe Michail Bakunin (1814–1876), der in seinem Denken weit über Proudhon hinaus ging, indem er unter anderem dessen ökonomische Ideen einer kapitalistischen Gesellschaft der Kleinbürger_innen zu Gunsten seiner kollektivistischen und antikapitalistischen Vorstellungen überwand. Dennoch finden sich bei Bakunin zahlreiche antisemitische Aussagen. Vorrangig und am meisten beachtet sind jene in der persönlichen Auseinandersetzung mit Karl Marx (1818–1883) – die 1872 auch zur Spaltung der Internationalen Arbeiterassoziation (die erste internationale Organisation der Arbeiter_innenbewegung) führte. Beachtlich bei seinen

Pöbeleien gegen Marx ist vor allem, dass er eine Einheit zwischen Marx und Rothschild imaginierte und so bereits das antisemitische Bild aufgriff, wonach Jüdinnen und Juden sowohl für den Kapitalismus als auch für den Kommunismus verantwortlich seien (Bakunin 2013: 83). Dies hielt ihn allerdings nicht davon ab, Marx als Theoretiker weiterhin zu würdigen, insbesondere für sein Hauptwerk, *Das Kapital* (Bierl 2015). Im Gegensatz zu Proudhon nahm Bakunin jedoch in seinen theoretischen Schriften direkte antisemitische Anleihen. So schrieb er, Ziel des modernen Staates sei die Konzentration des Kapitals in wenigen Händen „und das bedeutet nichts anderes als den Triumph der jüdischen Herrschaft, der Hochfinanz" (Bakunin 2011: 115).

Ein weiteres Beispiel im frühen Anarchismus ist Wilhelm Marr (1819–1904), der heute im Anarchismus kaum noch eine Rolle spielt, dafür in der Antisemitismusforschung umso bekannter ist. Marr fand in den 1840er Jahren zum Anarchismus und bekam einen gewissen, auch nachhaltigen Einfluss, was sich auch daran ablesen lässt, dass der deutsch-jüdische Anarchist Erich Mühsam (1878–1934) noch 1933 Werke aus Marrs anarchistischer Zeit zur Lektüre empfahl (Mühsam 2004: 77). In den 1860er Jahren brach Marr mit dem Anarchismus und wandte sich mehr und mehr dem Antisemitismus zu. Größere Berühmtheit erlangte er dadurch, dass er erstmals in Deutschland die damals gängigen antisemitischen Klischees systematisierte und somit quasi den modernen Rassenantisemitismus begründete. Zwar fällt der Antisemitismus in Marrs postanarchistische Zeit, dennoch ist es beachtlich, wie sich ein Anarchist zur prägenden Figur des Antisemitismus entwickeln konnte (Briese 2025).[1]

Jüdisch-anarchistische Bewegung

Nichtsdestotrotz übte der Anarchismus (wie andere sozialistische Strömungen) eine enorme Anziehungskraft auf Jüdinnen und Juden aus. Der Soziologe Michael Löwy führt dies darauf zurück, dass der Anarchismus in seinen Vorstellungen von Revolution und befreiter Gesellschaft starke Parallelen zum jüdischen Messianismus aufweist, was für Jüdinnen und Juden besonders anschlussfähig gewesen sei (Löwy 1997). Portmann weist

1 Interessanterweise findet sich in Frankreich mit Édouard Drumont eine ähnliche Figur. War er anfänglich auch von libertären Gedanken beeinflusst, entwickelte er sich zu einem der wichtigsten französischen Antisemiten.

zu Recht darauf hin, dass zwischen säkularem jüdischen Anarchismus und einem religiösen jüdischen Anarchismus unterschieden werden muss. In ersterem wurde das Judentum mehr als kulturelle denn als religiöse Identität verstanden – worunter der Großteil der jüdischen Anarchist_innen fällt. Für zweiteren stellte der jüdische Anarchismus „kein Produkt der Moderne, sondern eine Wiederbelebung einer tief im Judentum verwurzelten Grundhaltung" (Portmann 2023: 7) dar.

Löwy zeigt die Parallelen zwischen jüdischem Messianismus und Emanzipationsvorstellungen des Anarchismus anhand von Proudhon, Bakunin und Gustav Landauer (1870–1919). Landauer war jüdischer Anarchist und einflussreicher Vordenker der Kibbuz-Bewegung und des Kulturzionismus' Martin Bubers. Besonders deutlich lassen sich die Parallelen an dem Begründer des kommunistischen Anarchismus, dem russischen Adeligen Peter Kropotkin (1842–1921) aufzeigen, in dessen Schriften der Mensch als grundsätzlich gut dargestellt wird. In vorkapitalistischen Zeiten hätten Menschen vorwiegend in egalitären Gemeinschaften gelebt und erst mit der Entstehung von Staat und Kapital seien diese zerstört worden (Kropotkin 2008). Von der Revolution erwartete Kropotkin die Restaurierung dieser Gemeinschaften unter anderen Vorzeichen (gerade hinsichtlich der technischen Mittel – Kropotkin war keineswegs technikfeindlich). Diese Erwartung ähnelt den Vorstellungen, die Gershom Scholem hinsichtlich des jüdischen Messianismus schildert – „die Wiederherstellung eines ursprünglichen Standes" und gleichzeitig etwas, das „noch nie da war, in dem sich etwas ganz Neues unverwechselbar ausspricht" (zit. n. Mümken 2013: 239).

Im Zuge diverser Pogrome im russischen Zarenreich flohen zahlreiche Jüdinnen und Juden. In England, den USA und Argentinien bildeten sich die Zentren der jüdisch-anarchistischen Bewegung, die es schaffte, ein weltumspannendes Netzwerk zu bilden, zu dem in der Hochphase bis zu 40.000 Personen gerechnet werden können (Portmann 2023: 3). Damit wurde die jüdisch-anarchistische Bewegung zeitweise zur aktivsten, einflussreichsten und am besten vernetzten Kulturbewegung des Anarchismus (Portmann 2025a: 60). Dies spiegelte sich auch in den vielfältigen Organisationen und Zeitungen wider. 1886 wurde in New York mit den *Pioniren der Frayhayt* die erste jüdisch-anarchistische Gruppe in den USA gegründet, in den Folgejahren entstanden an der gesamten Ostküste weitere Gruppen und 1889 wurde die erste jiddischsprachige anarchistische Zeitung – *Varhayt* – herausgebracht, die 1890 von der *Fraye Arbayter Stimme* abgelöst wurde – die mit Unterbrechungen bis 1977 erschien (Portmann 2023: 11ff.). 1885 wurde in London bereits die jiddischsprachige Zeitschrift *Der Arbayter Fraynd* gegründet, die sich in den 1890er Jahren anarchistisch ausrichtete. 1903 schlossen sich verschiedene Gruppen in England zur *Föderation jiddisch sprechender Anarchisten* zusammen (ebd.). Im selben Jahr ereignete sich im moldauischen Kishniev ein antisemitisches Pogrom, bei dem 49 Jüdinnen und Juden ermordet und über 600 verletzt wurden. In London organisierten die jüdischen Anarchist_innen eine Kundgebung gegen Antisemitismus – gemeinsam mit anderen jüdischen Arbeiterorganisationen –, an der ca. 25.000 Menschen teilnahmen. Peter Kropotkin, der sich zu dieser Zeit im Londoner Exil befand und beste Kontakte zu den jüdischen Anarchist_innen pflegte, hielt dort eine Rede (Rocker o. J.a: 4f.).

Mit der jüdisch-anarchistischen Bewegung Englands ist der Name Rudolf Rocker (1873–1958) untrennbar verbunden. Der aus Mainz stammende, nichtjüdische Buchbinder traf erstmals im französischen Exil in den 1890er Jahren auf jüdische Anarchist_innen, die ihn sozial integrierten. Nachdem er 1895 nach London kam, schloss er sich dort bald der Gruppe um die Zeitung *Der Arbayter Fraynd* an und wurde 1898 Redakteur – nicht zuletzt hierfür lernte er mit Hilfe seiner Partnerin Milly Witkop jiddisch (Rocker o.J.b). Rocker wurde zur zentralen Figur der Londoner Bewegung; so organisierte er den sogenannten Sweatshop-Streik in London 1912, wobei er auch die Zusammenarbeit zwischen jüdischen und nichtjüdischen Gewerkschaften koordinierte (Rocker 1974: 249ff.). Die Achtung, die ihm seine jüdischen Genoss_innen entgegenbrachten, drückte sich auch darin aus, dass er ehrenhalber als Rabbi bezeichnet wurde (Eiglad 2015: 216). Nachdem er während des Ersten Weltkriegs interniert und nach Deutschland abgeschoben wurde, beteiligte er sich an der Gründung und dem Aufbau der anarchosyndikalistischen Gewerkschaft Freie Arbeiter Union Deutschlands (FAUD). Durch die Abschiebung Rockers und den Nachzug von Milly Witkop verlor die jüdisch-anarchistische Bewegung Londons zwei ihrer aktivsten Persönlichkeiten, was ihren langsamen Niedergang einläutete (Portmann/Wolf 2006: 273). Viele weitere verließen England, zusätzlich wurde nach der Oktoberrevolution die Anziehungskraft des Partei-Kommunismus immer größer, doch auch der Einfluss des Zionismus dezimierte die Bewegung. Ganz ähnlich gestaltete es sich in Argentinien, wo die anarchosyndikalistisch geprägte Gewerkschaft Federación Obrera Regional Argentina (FORA) immer mehr marginalisiert wurde. In den USA wurde versucht, die Abwärtsspirale 1921 durch die Gründung der Jüdisch anarchistischen Föderation Amerikas und Kanadas zu durchbrechen, was aber nur mäßigen Erfolg hatte. Dennoch dauerte es noch Jahrzehnte, bis die Bewegung tatsächlich aufhörte zu existieren. Die letzte jiddischsprachige anarchistische Zeitung, *Fraye Shtime*, stellte 1991 ihr Erscheinen ein (Portmann 2023: 18ff.).

Positionen zu Antisemitismus und Zionismus bis zum Zweiten Weltkrieg

Rocker übernahm später die Redaktion der FAUD-Zeitung *Der Syndikalist* und positionierte sich auch hier immer wieder gegen Antisemitismus. So veröffentlichte er dort 1923, nach dem Pogrom im Berliner Scheunenviertel (Krampitz 2023), einen Text, in dem er nicht nur das Pogrom und den Antisemitismus verurteilte, sondern auch die KPD-Funktionärin Ruth Fischer für ihre Rede vor nationalistischen Studierenden angriff, in der sie die Bekämpfung eines „Judenkapitals" begrüßte (Rocker 1923; Kistenmacher 2023: 31). Zwei Jahre später gab es im anarchistischen Mikrokosmos eine größere Kontroverse um den antisemitischen Text des Ökoanarchisten Paul Robien (1882–1945) *Der jüdische Nimbus*, der im *Freien Arbeiter*, der Zeitung der Föderation Kommunistischer Anarchisten Deutschlands (FKAD) – wo neben Robien auch Rudolf Rocker und weitere FAUDler Mitglied waren – abgedruckt wurde. Robien phantasierte eine jüdische Weltverschwörung und nahm – wie Proudhon – die Trennung von ‚schaffendem' und ‚raffenden' Kapital vor. Die Juden verkörperten für ihn Letzteres (Linse 1986: 120). Rocker schrieb eine Erwiderung – *Der Nimbus des Blödsinns* –, deren Veröffentlichung von der Redaktion des *Freien Arbeiters* jedoch abgelehnt wurde – mit der Begründung, sie sei in „äußerst verletzender Form" (zit. n. Döhring 2018: 216) verfasst. Sie erschien daraufhin im *Syndikalist*. Andere Mitglieder der FAUD und teils Doppelmitglieder bei der FKAD schafften es, ihre – sehr deutliche – Kritik an Robien im *Freien Arbeiter* zu veröffentlichen. Ein gewisser P. A. (wahrscheinlich der spätere SED Politiker Paul Albrecht [1902–1985], damals FAUD Mitglied) paraphrasierte einige Passagen von Rocker, damit diese in der FKAD-Zeitung erscheinen konnten. Berthold Cahn (1871–1942), bekannter Anarchist und Antimilitarist, stellte sich ebenso gegen Robien. Nebst Rockers Text wurde auch der des FAUD- und FKAD-Anwalts Victor Fraenkl abgelehnt, der alle Prozesse der FKAD kostenlos übernommen hatte und der sich als Jude von Robiens Artikel persönlich angegriffen sah. Er sei ebenfalls „zu persönlich und unsachlich gehalten" (zit. n. ebd: 217). Stattdessen publizierte Paul Petersdorf einen Text, der im Wesentlichen Robiens Argumente wiederholte. Zwar gab es auf dem FKAD-Kongress 1925 diverse Distanzierungen von Robien, jedoch wurden diese mit Kritik an Rocker verbunden. Sowohl Rocker als auch Fraenkl brachen alle Kontakte zur FKAD ab. Aus dem Nachruf von David Luschnat auf Fraenkl (der erst einige Jahre nach seinem Tod in *Die freie Gesellschaft* erschien) ging hervor, dass der Vorfall das Verhältnis zwischen ihm und der sozialistischen Bewegung unwiederbringlich zerrüttet hatte (ebd: 218f.).

Doch auch an anderer Stelle wurde gegen Antisemitismus angeschrieben. In der anarcho-pazifistischen Zeitschrift *Die schaffende Frau*, die von der 1869 geborenen FAUD-Aktivistin und Mitbegründerin des Syndikalistischen Frauenbundes Aimée Köster herausgegeben wurde, veröffentlichte die Pazifistin und Feministin Auguste Kirchhoff (1867–1940) 1924 eine Analyse des Antisemitismus, welche die Kontinuität und den Wandel antijüdischen Ressentiments zum Rassenantisemitismus nachzeichnete (Kirchhoff 2007). Dennoch kam die FAUD als Gesamtorganisation nicht zu einer entsprechenden Einschätzung und beurteilte auch den Antisemitismus der NSDAP Ende der 1920er und Anfang der 1930er Jahre noch als vernachlässigungswürdig. In der letzten Broschüre, die 1933 von der FAUD veröffentlicht wurde, hieß es, die größte Gefahr des NS bestehe für die revolutionären Arbeiter_innen. Der Antisemitismus sei „ganz nebensächlich" (FAUD 2020: 109).

Auch in anderen Ländern engagierten sich Anarchist_innen gegen Antisemitismus. In Frankreich organisierten Anarchist_innen 1898 bereits früh Demonstrationen zur Unterstützung von Alfred Dreyfus; prominente Anarchisten wie Bernard Lazare (1865–1903), der sich bereits früher für Dreyfus engagierte, und Sébastien Faure (1858–1942) setzten sich vehement für ihn ein (Eiglad 2015: 211).

Auch während der Russischen Revolution, an der Anarchist_innen beteiligt waren, bis sie von den Bolschewiki ab 1918 interniert und ermordet wurden, bekämpften Anarchist_innen Antisemitismus. Besonders hervorzuheben sind hierbei die anarchistischen Kampftruppen Machnowschtschina, benannt nach dem Kommandanten Nestor Machno (1888–1934), die von 1917 bis 1921 in der Ukraine gegen die Weiße Armee kämpfte, bis sie anschließend von der Roten Armee zerschlagen wurde. Nicht nur, dass sie den Antisemitismus der Weißen bekämpften, Machno setzte eine klare Linie in den eigenen Reihen durch: Wer sich der antisemitischen Propaganda schuldig machte, wurde umgehend erschossen (ebd: 213).

Vor der Revolution im russischen Zarenreich spielten Anarchist_innen eine auch unrühmliche Rolle. Nicht wenige russische Anarchist_innen waren Teil der sozialrevolutionären Bewegungen Narodniki und Narodnaja

Wolja, die beide die Pogrome in Russland begrüßten. Ein jüdischer Narodnik berichtete, dass seine Genoss_innen grundsätzlich keinen Unterschied zwischen Jüdinnen und Juden sowie Adeligen machten (ebd: 210) und die Narodnaja Wolja riefen – ungeachtet der eigenen jüdischen Mitglieder – nach dem Pogrom von Kishniev aktiv zu weiteren Pogromen auf (De Jong 2013: 148).

Der grassierende Antisemitismus und die Pogrome brachten vor allem jüdische Anarchist_innen nicht selten zu einer Annäherung an den Zionismus. Wurde dieser auch unter jüdischen Anarchist_innen häufig auf Grund der Idee der Staatsgründung abgelehnt, versuchten manche, die anarchistischen Vorstellungen explizit mit einem nationalen Gedanken zu verbinden – zum Teil schon seit dem ausgehenden 19. Jahrhundert.

So verwarf Bernard Lazare im Zuge der Dreyfus-Affäre seinen Standpunkt, wonach sich Jüdinnen und Juden in die Mehrheitsgesellschaft assimilieren sollten. Er definierte von nun an das Judentum als Nation mit einer gemeinsamen Kultur und gemeinsamem Lebensraum – letzterer war für ihn das Ghetto. Nationalismus und Nation versuchte er möglichst libertär zu definieren. Die jüdische Nation sollte vom Proletariat, von Intellektuellen und von den Armen gebildet werden. Eine jüdische Bourgeoisie galt ihm weiterhin – wie jede andere Bourgeoisie – als Feind. Ende des 19. Jahrhunderts sprach er sich für die Besiedlung Palästinas aus (Graur 2013: 170ff.).[2]

Der jüdisch-russische Anarchist Hillel Solotaroff (1865–1921), der in den USA bei den *Pioniren der Frayhayt* aktiv war, argumentierte hingegen, dass die Flut des Nationalismus insgesamt zu groß sei, als dass der Anarchismus dieser etwas entgegensetzen könnte – ebenso wenig das Judentum. Jüdische Anarchist_innen müssten dies einsehen und sich dem jüdischen Nationalismus annähern, ein jüdischer Staat sei das einzige – so Solotaroffs aus heutiger Perspektive zutreffende Einsicht – was das Judentum vor der physischen Vernichtung retten könnte (ebd. 172ff.).

Gleichwohl blieb der politische Zionismus mit staatsbildender Absicht im Anarchismus höchst umstritten und stieß größtenteils auf Ablehnung, da sich die Idee der Staatsgründung mit dem anarchistischen Antinationalismus und seiner Staatsablehnung nur schwer vereinbaren ließ. Weitaus größer war die Zustimmung zu kulturzionistischen Vorstellungen und auch zur Siedlungsbewegung nach Palästina, zumindest in Bezug auf die Kibbu-

2 Nebst einem Überblick zum Wandel von Lazares Positionen, wird seine Auseinandersetzung mit Édouard Drumont von Voigt (2015) nachgezeichnet.

zim (Eiglad 2015: 218). Im Geiste Landauers entstanden anarchistische Siedlungen in Palästina (Braun 1997: 195ff.), auf die sich weite Teile der Anarchist_innen positiv bezogen. Die Begeisterung für die Kibbuzim hielt weit bis in die 1970er Jahre hinein – was nicht zuletzt an der Rezeption von den Berichten Augustin Souchys (1892–1984), ein deutscher Anarchist und FAUD-Funktionär, über seine Israelreisen 1951 und 1962 lag (Mümken 2025: 34ff.).

Auch anarchistische Kämpfer_innen des spanischen Bürgerkriegs zog es nach der Niederlage in die Kibbuzim nach Palästina, und auch sie teilten ihre Erfahrungen durch die internationale anarchistische Presse (Ribas 2014; Eiglad 2015: 220). Prominente anarchistische Stimmen wie Emma Goldman (1869–1940) sprachen sich vorwiegend unter den Eindrücken des Nationalsozialismus für eine jüdische Besiedlung aus – Goldman hielt dabei am antistaatlichen Standpunkt fest, bekräftigte aber, dass es einen sicheren Ort für Jüdinnen und Juden geben müsse. Damit grenzte sie sich 1938 auch von sozialistischen Strömungen ab, die sich gegen die jüdische Siedlungsbewegung aussprachen: „It therefore seems strange for a Socialist to deny these unfortunate people a chance of taking root in new countries, there to begin a new life." (Goldman 1938)

Skeptisch hingegen war Peter Kropotkin. 1907 verwarf er in einer Debatte mit Mark Yablum (1887–1973), der sich selbst als Anarchist und Zionist bezeichnete, die zionistische Idee mit dem Hinweis, dass Palästina ein unfruchtbares Land sei, das tendenziell entvölkert werde. Eine Besiedlung müsse, wenn überhaupt, durch ein landwirtschaftlich erfahrenes Volk erfolgen. Hier zeigt sich, dass selbst Kropotkin – trotz seines Engagements gegen Antisemitismus und seine Eingebundenheit in die jüdisch-anarchistische Bewegung Englands – nicht frei von Ressentiments war. Weiter wendete er ein, dass ein zionistischer Staat ein Gottesstaat wäre, der letztlich die obsolete Idee der Religion stärke. Er hoffte vielmehr auf einen Kulturzionismus, der eine jüdische Nationalidentität in der Diaspora am Leben halten würde, bei gleichzeitiger Assimilation der Jüdinnen und Juden in anderen Ländern (Graur 2013: 167ff.).

Prinzipiellere Einwände formulierte der jüdisch-russische Anarchist Alexander Schapiro (1889–1942) 1929 nach den antisemitischen Pogromen in Palästina durch Teile der arabischen Bevölkerung (Gebert 2011: 219ff; Grigat 2014: 67ff.) in der Theoriezeitschrift der FAU *Die Internationale*. Den Zionismus lehnte er mit Verweis auf Kropotkin als religiöse Bewegung ab. Gegen die Siedlungen sprach für ihn nicht nur das Problem, dass das Land unwirtschaftlich sei, sondern auch, was er als „Politik der *Zahl*"

(Schapiro 2013: 186, Herv. i. O.) bezeichnete. Unter dem Schlagwort verstand er den Umstand, dass es nur eine begrenzte Fläche von für den Anbau von Lebensmitteln nutzbares und zur Besiedlung geeignetes Land gäbe, von dem die Araber_innen vertrieben werden müssten, da sie zum einen keinen jüdischen Staat akzeptieren würden und zum anderen schlichtweg zu viele Jüdinnen und Juden in europäischen Ländern vor Antisemitismus fliehen würden. Dabei ging Schapiro schon von niedrigeren Zahlen aus, da er Antisemitismus für ein vorbürgerliches Phänomen hielt, welches durch bürgerliche Revolutionen schrittweise aus der Welt geschafft würde. In England gäbe es bereits keinen Antisemitismus mehr, in Frankreich sei die Dreyfus-Affäre ein letztes Aufbäumen gewesen und den aufkommenden Antisemitismus in Deutschland, durch den er schließlich im KZ Auschwitz-Birkenau sein Leben verlor, ignorierte er in seinem Text (ebd: 179f.). Besonders hart ging er mit England ins Gericht: Die Balfour-Deklaration – durch die der britische Außenminister 1917 der zionistischen Bewegung zusicherte, sie bei der Errichtung einer ‚nationalen Heimstätte' in Palästina zu unterstützen – verschleiere nur die ökonomischen Interessen der Briten, ein Interesse an einem jüdischen Staat gäbe es nicht. Stattdessen machte er das britische Empire für das Säen von Hass zwischen der jüdischen und arabischen Bevölkerung verantwortlich. Als Resultat hielt er weder einen arabischen Staat für möglich, in dem Jüdinnen und Juden frei leben könnten, noch einen jüdischen, in dem Araber_innen frei wären (ebd: 187f.). Seine Hoffnung legte er darein, dass sowohl Jüdinnen und Juden als auch Araber_innen erkennen würden, dass England der gemeinsame Feind sei, und sie sich gegen diesen erheben und so eine friedliche Zukunft ermöglichen würden.

Nachkriegsanarchismus: Israelsolidarität und Antizionismus – ein Generationenkonflikt?

Nach dem Zweiten Weltkrieg und der Shoah entwickelte sich bei den überlebenden Anarchist_innen eine andere Haltung. Die Gründung des Staates Israels wurde weitestgehend als historische Notwendigkeit betrachtet, teils wurde hierzu respektvoll geschwiegen, wie der norwegische Pädagoge und Philosoph Eirik Eiglad es ausdrückt (Eiglad 2015: 221), teils wurde die Idee, der Staat könnte der eigenen Befreiung dienlich sein, zwar weiterhin kritisiert, doch die Notwendigkeit eines Schutzraums anerkannt, wie bei Rudolf Rocker und Milly Witkop (Mümken 2025: 33).

Andere wiederum stellten sich direkter an die Seite Israels. Die Nachfolgeorganisation der FAUD, die Föderation Freiheitlicher Sozialisten, begrüßte die Staatsgründung (Mümken/Wolf 2014: 37) und solidarisierte sich immer wieder mit Israel, „bei Ablehnung eines zionistischen Chauvinismus" (zit. n. Portmann 2025b: 27). Dabei spielte auch eine Rolle, dass die Altanarchist_innen von der absoluten Staatsfeindschaft nach den Erfahrungen des Zweiten Weltkriegs etwas abrückten und die bürgerliche Demokratie deutlich mehr schätzten als zuvor (Degen 1991: 63). Einige Anarchist_innen wie Sam Dolgoff (1902–1990) und Willi Paul (1897–1979) betonten explizit die Notwendigkeit der bewaffneten Selbstverteidigung (Paul 2014; Dolgoff 2014). Dolgoff warnte hierbei jedoch vor den Auswirkungen einer permanenten Kriegsbereitschaft auf die Gesellschaft. Die einzige Lösung schien für ihn zu sein, dass die arabischen Massen sich gegen ihre Herrscher richten und sich nicht länger für deren Interessen missbrauchen lassen würden (Dolgoff 2014: 121).

Noch 1977 betonte Augustin Souchy in einem Interview, bei „dem gegenwärtigen arabisch-israelischen Konflikt stehen die Anarchisten im allgemeinen an der Seite Israels" (Reif/Souchy 1979: 155). Diese Einschätzung mag für Souchys Generation bzw. diejenigen, die den Krieg miterlebt haben, richtig sein, über die neue Generation von Anarchist_innen, die sich mit der 68er-Bewegung formierten und kaum Bezug zur alten Bewegung hatten, kann dies sicher nicht gesagt werden. Der Publizist Hans Jürgen Degen charakterisierte diese Neuformierung und ihre Schwierigkeiten so:

> Der sog. ‚neue Anarchismus' der Studenten- und APO-Bewegung der späten 60er Jahre war bar jeden Bezugs zu dieser libertären Nachkriegsdiskussion. Stattdessen erfolgte der Rückgriff auf libertäre Theoriediskussionen der Zeit bis zum III. Reich. Ebenso – und das war in diesem Ausmaß, in dieser Form neu für den Anarchismus – erfolgten Anleihen bzw. Verschränkungen mit dem Marxismus. (Degen 1991: 60)

Spezifischer muss gesagt werden, dass diese Verschränkungen nicht mit dem Marxismus, sondern mit dem Marxismus-Leninismus vollzogen wurden. Ganz praktisch zeigte sich dies in den Auseinandersetzungen, die der Schweizer Anarchist Heiner Koechlin (1918–1996) hatte. Stets versuchte er Brücken zu den nachkommenden Anarchist_innen zu bauen, geriet aber nicht nur wegen deren blinder Übernahme des Antizionismus an seine Grenzen. Auch ihre Begeisterung für Fidel Castro – unter dem der kubanische Anarchismus eliminiert wurde (Dolgoff 1983; Fernández 2006) – war für ihn befremdlich (Koechlin 2025: 42). Mehrfach lud Koechlin Souchy nach Basel ein, sowohl um über Israel als auch über Kuba zu sprechen (Portmann 2025a: 58). Auf großes Interesse stieß er bei den jungen Anarchist_innen nicht. Dennoch gab es einen regen Austausch zwischen der neuen und alten Generation von Anarchist_innen in Koechlins Antiquariat, der letztlich jedoch kaum Früchte trug. Im Gegenteil fühlten sie sich wechselseitig provoziert – beispielsweise, wenn die Jungen für die kubanische Diktatur oder zur Solidarisierung mit der Palästinensischen Befreiungsorganisation (PLO) auf die Straße gingen, was für Koechlin einen Affront darstellte und dieser bei solchen Veranstaltungen mit Transparenten oder „Solidarität mit Israel"-Rufen intervenierte (Portmann 2025b: 35f.). Es muss dabei angemerkt werden, dass Koechlins Solidarität mit Israel stets eine kritische war und er mit israelischen Anarchist_innen und Linken im regen Austausch stand.

Im weiteren Verlauf entwickelte sich aus dem deutschen Neoanarchismus wieder differenzierte und geschichtsbewusstere Strömungen. Ausdruck davon waren u. a. 1972 die Gründung der Zeitung *Graswurzelrevolution*, 1977 die der anarchosyndikalistischen Gewerkschaft Freie Arbeiterinnen- und Arbeiter-Union und 1980 die Gründung der Zeitschrift *Schwarzer Faden*. Eine größere Debatte um Antisemitismus, Zionismus und Antizionismus entspann sich erst wieder mit Beginn der ersten Intifada 1987. Eirik Eiglad sieht hier den Punkt, an dem der Anarchismus international eine Wende zum Antizionismus vollzog. Das trifft zwar im Wesentlichen zu, blendet aber wichtige Akteur_innen wie Murray Bookchin in den USA aus, wo die Entwicklung ähnlich zu Deutschland verlief (Sunshine 2013), und Eiglad geht auch nicht auf die deutsche Debatte ein. Unzweifelhaft ist aber, dass der von ihm hervorgehobene italienische Anarchist Alfredo M. Bonanno, der aktiv an Kampfhandlungen gegen Israel teilnahm (Portmann 2025a: 63), größeren Einfluss hatte und zahlreiche antisemitische Klischees bemühte. So verglich er die palästinensischen Gebiete mit dem Warschauer Ghetto, charakterisierte Israel als schlimmsten aller Staaten und rechtfertigte Angriffe auf alle, die nicht seiner Linie folgten (Eiglad 2015: 226).

Die erste Intifada zog die weltweiten anarchistischen Sympathien auf sich, da sie nicht als Nationalkonflikt wahrgenommen wurde, sondern als Aufstand der Bevölkerung, die sich dabei auch Mitteln des Anarchismus (Streik, Sabotage) bediente und sich sowohl gegen Israel als auch in Teilen gegen die PLO richtete. Verstärkt wurde dies noch durch die produzierten Bilder vom Kampf mit Steinen gegen Panzer.

Die deutsche Debatte während der ersten Intifada vollzog sich vorwiegend in der *Graswurzelrevolution* und dem *Schwarzen Faden*. Während in ersterer von mehreren Seiten der Versuch unternommen wurde, ein differenziertes Bild des Konflikts zu zeichnen, indem sowohl die Rolle Israels und der PLO als auch jene der arabischen Nachbarstaaten kritisch gesehen und thematisiert wurde, dass in dem Konflikt kaum anarchistische Perspektiven zu erkennen seien (Klink 2014a; 2014b; Antisemitismus-AG 2014a; 2014b), trat in letzterer besonders die jüdische Anarchistin Syma Popper hervor, die erklärte, dass anarchistische Prinzipien nachrangig seien und sich die Anarchist_innen für die nationale Sache der Palästinenser_innen einsetzen müssten. Ihr war durchaus bewusst, dass dies ein Bruch mit anarchistischen Prinzipen war; geleitet wurde sie von der Annahme, dass ein demokratischer Staat Palästina durch die PLO errichtet werden würde, in dem sich der Handlungsrahmen für anarchistische Kräfte vergrößern würde (Popper 2014).

Was unter dem Eindruck der Selbstorganisation der ersten Intifada möglicherweise noch eine nachvollziehbare Perspektive war, ist heute angesichts der islamfaschistischen Hamas völlig undenkbar. Dennoch sind im deutschsprachigen Anarchismus die Pole der Diskussion seit dem Ende der 1980er Jahre unverändert. Es gibt einen Teil, der in Reflexion auf die Shoah die Existenz Israels verteidigt und gleichzeitig versucht, politische Visionen, oft im Anschluss an Martin Buber, für eine freiheitliche Utopie in der Region zu entwerfen (zumeist trifft dies auf Strömungen des Anarchosyndikalismus, des Synthese-Anarchismus, des pazifistischen Anarchismus und des Anarchismus ohne Adjektive zu), und einen anderen Teil, der sich zumeist im Insurrektionalismus und anarchistischen Kommunismus findet, der klar die antizionistische Doktrin des Marxismus-Leninismus in sich aufgenommen hat (Fuß 2025). International sind die von Bonanno formulierten Ansichten im Anarchismus weitestgehend hegemonial geworden (Eiglad 2015; Gambke 2025).

Literatur

Antisemitismus-AG (Frankfurt/Main) (2014a): Staatlichkeit oder Anarchie? (1989), in: Mümken, Jürgen/Wolf, Siegbert (Hg.): „Antisemit, das geht nicht unter Menschen". Anarchistische Positionen zu Antisemitismus, Zionismus und Israel, Bd. 2: Von der Staatsgründung bis heute, Lich: Edition AV, 235–238.

Antisemitismus-AG (Frankfurt/Main) (2014b): Zionismus gleich Rassismus? (1989), in: Mümken, Jürgen/Wolf, Siegbert (Hg.): „Antisemit, das geht nicht unter Menschen". Anarchistische Positionen zu Antisemitismus, Zionismus und Israel, Bd. 2: Von der Staatsgründung bis heute, Lich: Edition AV, 239–243.

Bakunin, Michail (2011): Staatlichkeit und Anarchie, Berlin: Karin Kramer [1873].

Bakunin, Michail (2013): Persönliche Beziehungen zu Marx (Ende 1871) – Auszug, in: Mümken, Jürgen/Wolf, Siegbert (Hg.): „Antisemit, das geht nicht unter Menschen". Anarchistische Positionen zu Antisemitismus, Zionismus und Israel, Bd. 1: Von Proudhon bis zur Staatsgründung, Lich: Edition AV, 80–84.

Bierl, Peter (2015): Bakunin empfiehlt Marx. Der Anarchismus zwischen Kommunismus und Marktverherrlichung, in: Phase 2 (50), https://www.phase-zwei.org/hefte/artikel/bakunin-empfiehlt-marx-50.

Braun, Bernhard (1997): Die Siedlung: der Beginn des Sozialismus. Gesellschaftskritik, Siedlung, Utopie bei Gustav Landauer, in: Delf, Hanna/Mattenklott, Gert (Hg.): Gustav Landauer im Gespräch. Symposium zum 125. Geburtstag, Tübingen: Max Niemeyer, 191–201.

Briese, Olaf (2025): Frühanarchistischer Antisemitismus: Karl Grün und Richard Wagner. Mit Ausblicken auf Wilhelm Marr, in: Fuß, Frederik (Hg.): Anarchistische Scheidewege. Zum Verhältnis von Anarchismus und Antisemitismus, Moers: Syndikat-A, 7–22.

Degen, Hans Jürgen (1991): Nachwort, in: Linow, Fritz: Anarchismus. Aufsätze, Berlin: Oppo Verlag, 60–63.

De Jong, Rudolf (2013): Gedanken zum Antisemitismus in der anarchistischen Diskussion, in: Mümken, Jürgen/Wolf, Siegbert (Hg.): „Antisemit, das geht nicht unter Menschen". Anarchistische Positionen zu Antisemitismus, Zionismus und Israel, Bd. 1: Von Proudhon bis zur Staatsgründung, Lich: Edition AV, 139–156.

Döhring, Helge (2018): Organisierter Anarchismus in Deutschland 1919 bis 1933. Die Föderation kommunistischer Anarchisten Deutschlands (FKAD), Band I, Bodenburg: Edition AV.

Dolfgoff, Sam (1983): Leuchtfeuer in der Karibik. Eine libertäre Betrachtung der kubanischen Revolution, Berlin: Libertad.

Dolgoff, Sam (2014): Israel (1986), in: Mümken, Jürgen/Wolf, Siegbert (Hg.): „Antisemit, das geht nicht unter Menschen". Anarchistische Positionen zu Antisemitismus, Zionismus und Israel, Bd. 2: Von der Staatsgründung bis heute, Lich: Edition AV, 115–122.

Eiglad, Eirik (2015): Anti-Zionism and the Anarchist Tradition, in: Rosenfeld, Alvin H. (Hg.): Deciphering the New Antisemitism, Bloomington: Indiana University Press, 206–241.

FAUD (2020): Wohin? Was geschieht heute in Deutschland?, in: Syfo – Forschung und Bewegung (10), Lich: Edition AV [1933], 107–115.

Fernández, Frank (2006): Anarchismus auf Kuba. Geschichte einer Bewegung, Moers: Syndikat-A.

Fuß, Frederik (2025): Auf dem antisemitischen Auge blind, in: Fuss, Frederik (Hg.): Anarchistische Scheidewege. Zum Verhältnis von Anarchismus und Antisemitismus, Moers: Syndikat-A, 147–156.

Gambke, Timo (2025): Autodidakten mit schlechten Lehrern. Zur ausbleibenden Kritik des Antisemitismus im zeitgenössischen Anarchismus, in: Fuß, Frederik (Hg.): Anarchistische Scheidewege. Zum Verhältnis von Anarchismus und Antisemitismus, Moers: Syndikat-A, 87–96.

Gebert, Malte (2011): Klagemauer-Vorfall in Jerusalem (1929), in: Benz, Wolfgang (Hg.): Handbuch des Antisemitismus. Judenfeindschaft in Geschichte und Gegenwart, Bd. 4: Ereignisse, Dekrete, Kontroversen, Berlin: De Gruyter, 219–222.

Goldman, Emma (1938): On Zionism, 2021, https://www.marxists.org/reference/archive/goldman/works/1938/on-zionism.html.

Graur, Mina (2013): Anarchismus und Zionismus. Die Debatte über den jüdischen Nationalismus, in: Mümken, Jürgen/Wolf, Siegbert (Hg.): „Antisemit, das geht nicht unter Menschen". Anarchistische Positionen zu Antisemitismus, Zionismus und Israel, Bd. 1: Von Proudhon bis zur Staatsgründung, Lich: Edition AV, 159–176.

Grigat, Stephan (2014): Die Einsamkeit Israels. Zionismus, die israelische Linke und die iranische Bedrohung, Hamburg: konkret.

Henning, Markus/Raasch, Rolf (2016): Neoanarchismus in Deutschland. Geschichte, Bilanz und Perspektiven der antiautoritären Linken, Stuttgart: Schmetterling.

Kirchhoff, Auguste (2007): Antisemitismus, in: Wolf, Siegbert (Hg.): Der Syndikalistische Frauenbund, Münster: Unrast [1924], 222–230.

Kistenmacher, Olaf (2023): „Gegen den Geist des Sozialismus". Anarchistische und kommunistische Kritik der Judenfeindschaft in der KPD zur Zeit der Weimarer Republik, Freiburg/Wien: ça ira.

Klink, Elmar (2014a): Gegen das Versagen im Großen (1989), in: Mümken, Jürgen/Wolf, Siegbert (Hg.): „Antisemit, das geht nicht unter Menschen". Anarchistische Positionen zu Antisemitismus, Zionismus und Israel, Bd. 2: Von der Staatsgründung bis heute, Lich: Edition AV, 225–226.

Klink, Elmar (2014b): Der Preis für Staat und Gewalt ist zu hoch (1989), in: Mümken, Jürgen/Wolf, Siegbert (Hg.): „Antisemit das geht nicht unter Menschen". Anarchistische Positionen zu Antisemitismus, Zionismus und Israel. Band 2: Von der Staatsgründung bis heute, Lich: Edition AV, 239–243.

Koechlin, Heiner (2025): Anarchismus, Gefahr, Illusion, Hoffnung? in: Portmann, Werner/Koechlin, Heiner: Den Drachen jagen, Moers: Syndikat-A, 41–71.

Krampitz, Karsten (2023): Pogrom im Scheunenviertel. Antisemitismus in der Weimarer Republik und die Berliner Ausschreitungen 1923, Berlin: Verbrecher.

Krier, Frédéric (2009): Sozialismus für Kleinbürger. Pierre Joseph Proudhon – Wegbereiter des Dritten Reiches, Köln: Böhlau.

Kropotkin, Peter (2008): Der Staat und seine historische Rolle, Münster: Unrast.

Linse, Ulrich (1986): Ökopax und Anarchie. Eine Geschichte der ökologischen Bewegung in Deutschland, München: dtv.

Löwy, Michael (1997): Erlösung und Utopie. Jüdischer Messianismus und libertäres Denken, Berlin: Karin Kramer.

Mühsam, Erich (2004): Die Befreiung der Gesellschaft vom Staat, Moers: Syndikat-A [1933].

Mümken, Jürgen (2013): Anarchismus, Utopie und jüdischer Messianismus, in: Mümken, Jürgen/ Wolf, Siegbert (Hg.): „Antisemit, das geht nicht unter Menschen". Anarchistische Positionen zu Antisemitismus, Zionismus und Israel, Bd. 1: Von Proudhon bis zur Staatsgründung, Lich: Edition AV, 239–246.

Mümken, Jürgen (2025): Nachkriegsanarchismus. Kibbuzim, Zionismus und Israel, in: Fuß, Frederik (Hg.): Anarchistische Scheidewege. Zum Verhältnis von Anarchismus und Antisemitismus, Moers: Syndikat-A, 33–47.

Mümken, Jürgen/Wolf, Siegbert (2014): Einleitung, in: Mümken, Jürgen/Wolf, Siegbert (Hg.): „Antisemit, das geht nicht unter Menschen". Anarchistische Positionen zu Antisemitismus, Zionismus und Israel, Bd. 2: Von der Staatsgründung bis heute, Lich: Edition AV, 9–80.

Paul, Willi (2014): Israel und der anarchistische Gedanke (1972), in: Mümken, Jürgen/Wolf, Siegbert (Hg.): „Antisemit, das geht nicht unter Menschen". Anarchistische Positionen zu Antisemitismus, Zionismus und Israel, Bd. 2: Von der Staatsgründung bis heute, Lich: Edition AV, 93–101.

Popper, Syma (2014): Palästinenserstaat – Ja oder Nein? Wie verhält sich die deutsche Linke? (1989), in: Mümken, Jürgen/Wolf, Siegbert (Hg.): „Antisemit das geht nicht unter Menschen". Anarchistische Positionen zu Antisemitismus, Zionismus und Israel, Bd. 2: Von der Staatsgründung bis heute, Lich: Edition AV, 227–234.

Portmann, Werner (2013): Proudhon und das Judentum, ein kompliziertes Verhältnis, in: Mümken, Jürgen/Wolf, Siegbert (Hg.): „Antisemit, das geht nicht unter Menschen". Anarchistische Positionen zu Antisemitismus, Zionismus und Israel, Bd. 1: Von Proudhon bis zur Staatsgründung, Lich: Edition AV, 39–79.

Portmann, Werner (2018): Die Antinomie des Denkens des Pierre-Joseph Proudhon (1809–1865), Dortmund: Infotisch.

Portmann, Werner (2023): Jüdischer Anarchismus, in: Friedrich, Thomas (Hg.): Handbuch Anarchismus, Wiesbaden: Springer VS.

Portmann, Werner (2025a): Anarchismus und der Neue Antisemitismus oder The dark sides of anarchy, in: Fuß, Frederik (Hg.): Anarchistische Scheidewege. Zum Verhältnis von Anarchismus und Antisemitismus, Moers: Syndikat-A, 55–76.

Portmann, Werner (2025b): Vom Drachen jagen. Eine biographische Skizze Heiner Koechlins, in: Portmann, Werner/Koechlin, Heiner: Den Drachen jagen, Moers: Syndikat-A, 3–40.

Portmann, Werner/Wolf, Siegbert (2006): „Ja ich kämpfte". Von ‚Luftmenschen', Kindern des Schtetls und der Revolution. Biographien radikaler Jüdinnen und Juden, Münster: Unrast.

Proudhon, Pierre-Joseph (1970): Von der Anarchie zur Pornokratie, Zürich: Die Arche.

Reif, Adelbert/Souchy, Augustin (1979): Gespräch mit Augustin Souchy, in: Souchy, Augustin: Reise nach Russland 1920 mit einem aktuellen Vorwort „59 Jahre danach", Erinnerungen an Lenin und einem Gespräch, Berlin: Verlag europäische Ideen, 147–175.

Ribas, José (2014): Das Leben im Kibbuz (erlebt von einem spanischen Anarchosyndikalisten), in: Mümken, Jürgen/Wolf, Siegbert (Hg.): „Antisemit, das geht nicht unter Menschen". Anarchistische Positionen zu Antisemitismus, Zionismus und Israel, Bd. 2: Von der Staatsgründung bis heute, Lich: Edition AV, 135–146.

Rocker, Rudolf (o.J.a): Kropotkin and the jewish Movement in London, Amsterdam: International Institute of Social History (IISG), ARCH01194.335.

Rocker, Rudolf (o.J.b): Wieso ich Redakteur einer jüdischen Zeitung wurde, Amsterdam: International Institute of Social History (IISG), ARCH01194.376.

Rocker, Rudolf (1923): Antisemitismus und Judenpogrome, in: Der Syndikalist (47), https://www.anarchismus.at/anarchistische-klassiker/rudolf-rocker/204-rudolf-rocker-antisemitismus-und-judenpogrome.

Rocker, Rudolf (1974): Aus den Memoiren eines deutschen Anarchisten, Frankfurt am Main: Suhrkamp.

Schapiro, Alexander (2013): Internationale Probleme. Palästina, England und die jüdische Frage, in: Mümken, Jürgen/Wolf, Siegbert (Hg.): „Antisemit, das geht nicht unter Menschen". Anarchistische Positionen zu Antisemitismus, Zionismus und Israel, Bd. 1: Von Proudhon bis zur Staatsgründung, Lich: Edition AV, 177–190.

Sunshine, Spencer (2013): Post-1960 U.S. Anarchism and Social Theory, New York: CUNY Graduate Center.

Voigt, Sebastian (2015): Intellektuelle politische Interventionen. Bernard Lazares Auseinandersetzung mit dem Antisemitismus im Frankreich des späten 19. Jahrhunderts, in: Hahn, Hans-Joachim/Kistenmacher, Olaf (Hg.): Beschreibungsversuche der Judenfeindschaft. Zur Geschichte der Antisemitismusforschung vor 1944, Berlin: De Gruyter, 149–171.

Linker Antizionismus im Mandatsgebiet Palästina und in Israel

Kommunistische Kooperation mit dem Mufti und Verharmlosung des Antisemitismus[1]

Stephan Grigat

Die israelische Kommunistische Partei (KP) und ihre Vorläufer haben trotz ihrer stalinistischen Grundhaltung für die israelische Gesellschaft wichtige Beiträge geleistet – doch um diese soll es im Folgenden nicht gehen. Eine Darstellung der sozialen und politischen Kämpfe im gewerkschaftlichen Bereich, eine Schilderung des feministischen und antirassistischen Engagements, oder auch eine Würdigung der Bemühungen um die Aufrechterhaltung humanistischer und rechtsstaatlicher Prinzipien in einer von Krieg und Anti-Terror-Kampf geprägten Gesellschaft würde einer Gesamtdarstellung der israelischen Linken und des israelischen Antizionismus bedürfen, die nicht nur in deutscher Sprache noch aussteht. Es geht im Folgenden um eine exemplarische Darstellung des Verhaltens der arabischen und israelischen Marxisten-Leninisten in entscheidenden historischen Situationen, an denen ihre Positionswechsel und ihr Verhältnis zum Antisemitismus besonders deutlich werden: bei den Pogromen von 1929 im Mandatsgebiet Palästina, während des arabischen Aufstandes 1936 bis 1939, vom Zweiten Weltkrieg bis zur Staatsgründung 1948 und während der antisemitischen Schauprozesse im realsozialistischen Ostblock in den 1950er Jahren. Die Entwicklung des israelisch-palästinensischen Kommunismus stalinistischer Provenienz ist von 180-Grad-Wendungen, fragwürdigem Verhalten gegenüber Opfern des Antisemitismus und der Kooperation mit reaktionären und antisemitischen Kräften unter der Flagge des Antiimperialismus geprägt. Das dürfte einer der Gründe dafür sein, warum die israelische KP

1 Der Beitrag beruht auf einem Kapitel in Grigat (2014: 63–88) und auf Grigat (2009), die nicht open access verfügbar sind. Die überarbeitete Neuveröffentlichung soll zum einen die Beiträge online zugänglich machen, zum anderen reagiert sie auf die unkritischen Bezugnahmen auf den linken israelischen Antizionismus, welche die Nahost-Debatten im deutschsprachigen Raum seit dem 7. Oktober 2023 noch sehr viel stärker prägen als zuvor.

eine der wenigen kommunistischen Parteien in der Welt ist, die bisher davon abgesehen haben, eine eigene offizielle Parteigeschichte vorzulegen.

Mit dem Verhalten der bolschewistisch-stalinistischen Kommunisten von den 1920er bis in die 1950er Jahre wurden Grundlagen geschaffen, die bis heute nachwirken und in den Reaktionen der neueren radikalen israelischen Linken auf Hamas und Hisbollah, bei der Positionierung hinsichtlich des arabischen und islamischen Antisemitismus und in der Einschätzung des iranischen Regimes ihren Nachhall finden.

Linkssozialistischer Zionismus, antizionistischer Bolschewismus

Vorläufer der Kommunistischen Partei in Palästina war die Mifleget Poalim Sozialistim, die Sozialistische Arbeiterpartei Palästinas, die sich 1919 von der 1905 gegründeten linkssozialistischen Poale Zion (Arbeiter Zions) getrennt hatte. Dem unmittelbar vorausgegangen war der Beginn eines Spaltungsprozesses der Poale Zion in einen rechten, sozialdemokratischen und einen linken Flügel, der fortan als Poale Zion Smol agierte.

Dem Selbstverständnis von Poale Zion zufolge sollten Internationalismus und Klassensolidarität zur Verbrüderung der jüdischen Einwanderer mit den arabischen Massen führen. Doch die spezifische Konstellation eines ausgesprochen widersprüchlichen, in einem spezifischen Sinne kolonialistischen Antikolonialismus, als welcher der Zionismus dieser Zeit am ehesten charakterisiert werden kann, führte dazu, dass gerade jene, die sich rhetorisch am deutlichsten einer friedlichen Koexistenz mit den Arabern verpflichtet fühlten, real permanent zur Verschärfung der Situation beitrugen. Walter Laqueur hat herausgestellt, dass schon zu Beginn des 20. Jahrhunderts jene jüdischen Arbeiter, die eine entscheidende Rolle bei der Verbesserung der Beziehungen zur arabischen Bevölkerung spielen sollten, den Konflikt entgegen ihren Intentionen eskalierten (Laqueur 2003: 218–220). Die Bestrebungen des Zionismus, ob links oder rechts orientiert, führten zwangsläufig zu einem segregierten Arbeitsmarkt, der die Solidarität zwischen jüdischen und arabischen Arbeitern erheblich behinderte. Die von Marxisten wie Nicht-Marxisten geteilte Vorstellung, eine ökonomische Zusammenarbeit würde zwangsläufig zur Verbesserung der politischen Beziehungen zur arabischen Bevölkerung führen, war auf Grund der Struktur des Konflikts wohl von vornherein unrealistisch. Die Enttäuschung hinsichtlich dieser Hoffnungen war einer der Hauptgründe für die Herausbildung einer eigenständigen antizionistisch-kommunistischen Bewegung im palästinensischen Mandatsgebiet.

Die von Poale Zion abgespaltene Mifleget Poalim Sozialistim hatte zunächst ausschließlich jüdische Parteimitglieder und schwankte zwischen zionistischen und antizionistischen Positionierungen. 1922 findet eine Spaltung statt in Palästinensische Kommunistische Partei (PKP), die gemäßigt zionistische, an den Ideen des sozialistisch-zionistischen Theoretikers Ber Borochov orientierte und gemäßigt antizionistische Anhänger hat, und die Kommunistische Partei Palästinas (KPP) unter Joseph Berger-Barzilai, die strikt antizionistisch auftritt. Ihre Hauptagitation richtet sich gegen die „zionistische Hölle" (Offenberg 1975: 246).

1923 kommt es zur Wiedervereinigung von PKP und KPP unter dem Namen ersterer.[2] Im Gründungsprogramm vom Juli 1923 wird der „Kampf gegen den Zionismus" proklamiert. Es wird zur „Plicht" erklärt, alles zu unternehmen, die arabische Nationalbewegung „zu unterstützen insofern, als sie dem Imperialismus entgegenwirkt" (zit. n. ebd.: 299–300). 1924 wird die PKP durch die Kommunistische Internationale (Komintern) anerkannt. In ihrem Selbstverständnis war sie damit endgültig heraus aus dem „zionistischen Ghetto" (ebd.: 318). Im selben Jahr kommt es zum Ausschluss der Kommunisten aus der zionistischen Einheitsgewerkschaft Histadrut und zum Verbot der Partei durch die Briten.

Die Anerkennung der PKP durch die Komintern schmerzte vor allem die Poale Zion Smol, die jahrelang vergeblich um die Gunst der Genossen in Moskau geworben hatte. Sie verstand sich in allen Fragen als Sprachrohr eines authentischen Bolschewismus und der Positionen des ‚Heimatlandes aller Werktätigen' – mit Ausnahme der Frage des Zionismus, bei der man die Führung in Moskau auf dem falschen Weg sah, von dem sie die Aktivisten der Poale Zion Smol mit der Zeit aber schon abbringen würden. Bis in die späten 1930er Jahre verweigerte Poale Zion Smol die Mitarbeit in den zionistischen Institutionen, allerdings nicht mit einer antizionistischen Argumentation, sondern weil sie diese Institutionen als Instrumente der jüdischen Bourgeoisie betrachtete. Die Vordenker solch eines sozialistischen Zionismus waren Leute wie Nachman Syrkin, der vom jüdischen Proletariat als den „Sklaven der Sklaven" und als „Proletariat des Proletariats" sprach (zit. n. Meir 1975: 55), und Ber Borochov, der 1905 auf den spezifisch „negativen Ursprung" des jüdischen Nationalbewusstseins verwies und an den

2 Die Abkürzung PKP bezog sich damals auf den jiddischen Parteinamen, unter dem die Kommunisten agierten: Palestinishe Kommunistishe Partei.

Anfang der 1970er Jahre eine junge Generation linkssozialistischer Juden anzuknüpfen versuchte. Bei den Wahlen des Jischuv im Dezember 1925 erreichte ihre Liste rund acht Prozent der Stimmen – ein Erfolg, der von keiner antizionistisch ausgerichteten kommunistischen Gruppierung später je erreicht wurde (Borochov 1969: 61; Zedek 1973: 100–105; Lockman 1996).

Die PKP entwickelte sich schnell zu einer Protagonistin des Antizionismus, die mit den Ideen von Syrkin und Borochov schon bald nur mehr wenig anfangen konnte. Die Komintern forderte von der anfangs ausschließlich jüdischen PKP von Beginn an eine Arabisierung der Partei. Doch die Voraussetzungen dafür waren denkbar ungünstig. Die arabische Gesellschaft reagierte mehrheitlich mit Skepsis und Ablehnung auf die zionistische Einwanderung. Den Kommunisten, die doch jene waren, welche die Interessen der arabischen Bevölkerung am deutlichsten thematisierten, wurde mit offenem Hass begegnet. Der Zionismus wurde von vielen Arabern mit dem Kommunismus identifiziert. Die Argumentation, der arabische Widerstand gegen den Zionismus sei im reaktionären und imperialistischen Charakter von letzterem begründet gewesen, datiert erst aus den 1950er Jahren. Bis dahin war es von arabischer Seite üblich, den Zionismus auf Grund seiner angeblich kommunistischen Tendenzen, wegen seines damals mehrheitlich atheistischen Charakters und seinen fortschrittlichen Vorstellungen vom Geschlechterverhältnis – letztlich wegen seiner Funktion als Repräsentant für die Moderne – zu attackieren. Das zeigte sich beispielsweise bei den Ereignissen am 1. Mai 1921, als es, ausgelöst durch kommunistische Aktivitäten in Jaffa, zu Pogromen gegen die ‚gottlosen jüdischen Bolschewisten' seitens der arabischen Bevölkerung kam (Taut 1986: 232). Die KP war von der offiziellen 1. Mai-Demonstration ausgeschlossen worden, woraufhin Parteimitglieder Flugblätter in Jaffa verteilten, was zu Riots seitens der arabischen Bevölkerungsmehrheit führte, bei denen fast 100 Personen getötet wurden (Laqueur 2003: 209).

In den 1920er Jahren schwankten die Kommunisten zwischen einer konsequent internationalistisch-klassenkämpferischen Ausrichtung und Zugeständnissen an das reaktionäre Bewusstsein, das bei großen Teilen der arabischen Bevölkerung in Palästina vorherrschte. In einer Erklärung des Zentralkomitees (ZK) der PKP heißt es 1925: „Für die geschlossene Einheit der arabischen und jüdischen breiten Arbeitermassen! Nicht mit der zionistischen Bourgeoisie gegen die armen Massen, auch nicht mit den faschistischen Feudalen auf dem Weg der Pogrome." (Zit. n. Offenberg 1975: 356) Doch in der Realität zeigte man sich gegenüber den „faschistischen Feudalen", die massiven Einfluss auf die arabische Nationalbewegung in Palästina hatten, ausgesprochen nachsichtig. Berger-Barzilai, einer der historischen Führer der Partei, meinte hinsichtlich der arabischen Nationalbewegung in einer Rückschau selbstkritisch: „Wir sahen in ihr die Führung der arabischen Massen. Auch wenn sie irrt, hat sie recht – sagten wir verlegen." (Zit. n. ebd.: 358)

Unabhängig von ihrem offiziellen Antizionismus haben viele der jüdischen Parteimitglieder und auch Teile der jüdischen Parteiführung Sympathien für die Idee gehabt, eine starke jüdische Gemeinschaft in Palästina aufzubauen. Für die Mehrheit der jüdischen Mitglieder war es schwierig, ihre Loyalität zur Komintern-Politik und ihre Sympathien für den Überlebenskampf des Jishuv in Einklang zu bringen. Eine der Reaktionen der Partei auf dieses Dilemma war die Theorie des Jishuvismus, in der nun wieder mit Bezug auf Ber Borochov versucht wurde, zwischen Zionismus und der jüdischen Gemeinschaft in Palästina stärker zu differenzieren und, in Verkennung der realen Entwicklung, einen Widerspruch zwischen der Herausbildung modern-kapitalistischer Strukturen im Mandatsgebiet und einem dauerhaften Erfolg des Zionismus zu konstruieren. Der Jischuvismus, der auch als „Zionism without Zionism" beschrieben wurde (Greenstein 2014: 59–62), war eine von der Parteiführung entwickelte Theorie, um die anhaltenden Aktivitäten in der jüdischen Gemeinschaft in Palästina vor der Komintern zu rechtfertigen. Letztere drängte schon früh darauf, dass „jüdische Ghetto" zu verlassen um sich den „arabischen Massen"" zuzuwenden (Hen-Tov 1974: 109f).

Die Pogrome von 1929

Der latente Konflikt zwischen der jüdischen und der arabischen Bevölkerung im Mandatsgebiet Palästina spitzte sich Ende der 1920er Jahre zu. Die Eskalation entzündete sich am Streit um die Klagemauer, dem letzten Rest des Zweiten Tempels, der von Juden als Heiligtum verehrt und von Muslimen als Teil des Haram ash-Sharifs betrachtet wird. Bereits im September und Oktober 1928 kam es zu heftigen Zusammenstößen an der Klagemauer. In der Folge heizte der offen antisemitische Mufti Amin al-Husseini die Stimmung in der arabischen Bevölkerung an. Knapp ein Jahr später wurden die Muslime aufgefordert, die Heiligen Stätten zu verteidigen. Derartige Aufforderungen fielen auf fruchtbaren Boden. Ein Mob von rund 2000 Gläubigen zog unter Rufen wie „Bringt die Juden um" zur Klagemauer und griff die dort Betenden an. Eine Woche später weiteten sich die Übergriffe zu einem landesweiten Pogrom aus. Die jüdischen Viertel in Jerusalem wurden von bewaffneten Arabern angegriffen. In Hebron und Safed kam es zu Massakern an der jüdisch-orthodoxen, zum Großteil antizionistischen Bevölkerung. Tel Aviv wurde attackiert und mehrere Kibbuzim wurden zerstört. 133 Juden kamen ums Leben, über 300 wurden zum Teil schwer verletzt (Mallmann/Cüppers 2007: 17–20).

Die KP charakterisierte die Ereignisse an der Klagemauer im Oktober 1928 als „kleines Pogrom". Als Hauptschuldiger dafür wurden allerdings nicht die Pogromisten ausgemacht, sondern die britische Regierung wurde beschuldigt, den Konflikt zwischen Juden und Arabern in Palästina anzuheizen, um die eigene Herrschaft abzusichern. Als Gegenstrategie wurden Aufrufe zur Einheit der jüdischen und arabischen Arbeiter veröffentlicht. Die Arbeiter sollten sich nicht von den jeweiligen Führungen der jüdischen und der arabischen Gemeinschaft zur nationalistischen Hetze provozieren lassen. Entscheidend bei der Einschätzung der Ereignisse von 1928 war, dass die KP, anders als bei späteren Anlässen, in die Übergriffe keinerlei ‚revolutionären Charakter' hineininterpretierte. Eine ähnliche Argumentation wie bei den Ereignissen vom Oktober 1928 findet sich in einem Flugblatt, das kurz vor den Pogromen vom August 1929 verteilt wurde. Auch dort werden die Spannungen, die sich dann in den Pogromen entluden, als Resultat einer imperialistischen Provokation interpretiert, der mit dem Aufruf zur Einheit aller Arbeiter begegnet wurde (Budeiri 1979: 28).

Die weltweite Bolschewisierung der kommunistischen Parteien nach dem sechsten Kominternkongress 1928 führte in Palästina zu abermals verstärkten Arabisierungsbemühungen der Partei. Die Theorie des Jischuvismus wurde über Bord geworfen. Es wurde davon ausgegangen, dass es in der jüdischen Bevölkerung kein ausreichendes revolutionäres Potenzial im Sinne des Marxismus-Leninismus gäbe. Hatte die Komintern die Arabisierung der Partei vor 1928 vor allem deswegen gefordert, weil es sich bei Palästina um ein mehrheitlich von Arabern bewohntes Gebiet handelte, sah man nach 1928 die Araber in Palästina als einzigen politischen Faktor, der zu einer revolutionären Situation etwas beitragen könne (Hen-Tov 1974: 114). Im Vorfeld der Ereignisse von 1929 und im Zusammenhang mit der Durchsetzung der neuen „revolutionären" Linie wurde die Partei von Mitgliedern, die dem proarabischen Kurs skeptisch gegenüberstanden und noch Jahrzehnte später von arabisch-nationalistischen Autoren als „zionistische Agenten" diffamiert wurden (Flores 1980: 258), gesäubert (Hen-Tov 1974: 116). Erleichtert wurde dieses Vorgehen durch den Aufbau von arabischen Kadern in der Partei in den 1920er Jahren. Die Arabisierungsbemühungen Mitte der 1920er Jahre waren zwar nicht sehr erfolgreich, hatten aber einige Dutzend junge Araber in die Partei gebracht, die eher nationalistisch als kommunistisch motiviert waren. Einige von ihnen wurden zum Studium nach Moskau geschickt, von wo sie als Komintern-loyale Parteisoldaten nach Palästina zurückkehrten, die der jüdischen Parteiführung äußert kritisch gegenüberstanden (Franzén 2007: 11).

Am Beginn der Ereignisse im August 1929 veröffentlichte die PKP noch einen Aufruf zur Ruhe, der sich gegen die Führung des Jischuv und gegen die „verräterischen arabischen Führer", welche die arabischen Massen zum Kampf gegen die Juden aufgehetzt hätten, richtete. Es wurde der gemeinsame jüdisch-arabische Kampf gegen den britischen Imperialismus gefordert. Mit dieser relativen Ausgewogenheit befand sich die PKP allerdings nicht mehr in Übereinstimmung mit der bereits einseitig proarabischen Linie der Komintern zu dieser Zeit (Keßler 2019).

Am 22. August 1929 hörten Berger-Bazilai, Mitglied des Parteisekretariats, und der Komintern-Gesandte Bohumír Šmeral, ein ehemaliger tschechischer Sozialdemokrat, den Augenzeugenbericht eines Mitglieds des Sekretariats der PKP. Auf Grund seiner Schilderungen war den Parteiführern klar, dass es sich bei den Riots eindeutig um ein Pogrom gegen die jüdische Bevölkerung handelt. In einem Brief aus Moskau von Wolf Auerbach, dem unter dem Tarnnamen „Daniel" agierenden, häufig auch Averbuch genannten (Gozansky/Timm 2009: XIV; Locker-Biletzki 2019: 139) Mitbegründer der KP, wurde aber darauf verwiesen, dass die Komintern das anders sehe: In Moskau sei der Eindruck vorherrschend, dass es sich um einen antiimperialistischen Aufstand handle. Anfänglich versuchten die jüdischen Kommunisten in Palästina noch klarzustellen, dass es, wie es in einem Resolutionsentwurf hieß, „kein Übereinkommen und keine gemeinsame Front mit dem Mufti und seinen Leuten" geben könne (zit. n. Rubenstein 1985: 163). Nachdem die KP-Führung aus Beit Safafa bei Jerusalem von der Hagana evakuiert werden musste, um nicht den arabischen Pogromisten zum Opfer zu fallen, verabschiedete die Parteiführung einen Aufruf an alle Parteimitglieder, sich an den Verteidigungsbemühungen der Hagana zu beteiligen. Der Komintern-Gesandte Šmeral unterstützte diese Entscheidung (Budeiri 1979: 29; Hen-Tov 1974: 120.) Daraufhin nahmen die bewaffneten Einheiten der Partei an der Verteidigung der jüdischen Viertel gegen die arabischen Angreifer teil, während es vereinzelt auch Berichte über die Teilnahme arabischer Kommunisten auf der Seite der Angreifenden gab (Flores 1980: 265; Keßler 1994: 149).

In der ersten, von Berger-Barzilai verfassten offiziellen Stellungnahme in der Komintern-Zeitung *Inprecorr* wurden die Ereignisse sowohl als „Pogrom" als auch als „general Arab uprising" beschrieben (zit. n. Budeiri 1979: 28).[3] Gleichzeitig wollte die Partei keine Konsequenzen aus dem pogromartigen Charakter der Unruhen ziehen und verlautbarte in einem Dokument vom September 1929, die Unruhen seien eine Vorbereitung für einen neuen Aufstand, der in der Zukunft von den arabischen Arbeitern und Bauern getragen werden wird, organisiert diesmal „nicht vom Mufti, sondern vom Proletariat und der Kommunistischen Partei" (zit. n. Hen-Tov 1974: 121).

Nachdem Auerbach die Genossen in Palästina aus Moskau darüber informiert hatte, dass die Komintern die Unruhen nicht wie die PKP als Pogrome, sondern als antiimperialistischen Aufstand einschätzen würde, versuchte der Komintern-Gesandte Šmeral in einer Geheimsitzung des Exekutivkomitees der Kommunistischen Internationale (EKKI) die stalinistische Weltbewegung vom antisemitischen Charakter der Ereignisse zu überzeugen – jedoch ohne Erfolg. Auch nach dem Bericht von Šmeral hielt das EKKI an seiner Einschätzung fest. Die Diskrepanz zwischen der anfänglichen PKP-Einschätzung und der Komintern-Position äußerte sich in einer Reihe von widersprüchlichen Veröffentlichungen der PKP nach den Pogromen, die zwischen einer Charakterisierung als gerechtfertigtem Aufstand, Pogrom, antiimperialistischer Erhebung und fehlgeleiteter Revolte schwankten. Zwar wurde die jedem Gedanken an Emanzipation spottende Grausamkeit der Aufständischen geschildert, die an die Brutalität der Angriffe auf Südisrael im Oktober 2023 erinnert: im Kommuniqué des ZK der PKP, das am 27. September 1929 in *Inprecorr* publiziert wurde, hieß es beispielsweise: „the bedouins singing in religious exstasy while they slit abdomens and struck off the heads of little children" (zit. n. Hen-Tov 1974: 135). Gleichzeitig wurden aber nicht die arabischen Kommandos, sondern die Zionisten dafür verantwortlich gemacht, dass sich die Pogrome nicht in einen antiimperialistischen, im Verständnis der Bolschewisten also progressiven Aufstand transformieren konnten. In späteren Veröffentlichungen wurden die Zionisten dann direkt für die Ermordung der Juden verantwortlich gemacht (ebd.: 141).

Die Ereignisse im palästinensischen Mandatsgebiet von 1929 wurden auch in der kommunistischen Presse in anderen Ländern diskutiert. In der *Freiheit*, der Publikation der jüdischen Kommunisten in den USA, war

3 In Budeiris Darstellung werden die Pogrome nicht explizit gerechtfertigt, aber als unausweichlich beschrieben.

anfänglich von Pogromen die Rede, und der jüdische Widerstand gegen die Angreifer wurde gelobt. Zwei Tage später jedoch wurden die Pogrome zum „revolutionären Aufstand" erklärt, wohingegen sich Leo Trotzki noch in einem 1934 veröffentlichten Interview weigerte, eine eindeutige Einschätzung der Situation von 1929 abzugeben und darauf beharrte, er müsse die Angelegenheit zuerst eingehender untersuchen, um das Verhältnis von „Antiimperialisten, reaktionären Mohammedanern und antisemitischen Pogromisten" genau bestimmen zu können (zit. n. Norwood 2013: 30). Bei der publizistischen Vorhut der US-amerikanischen Stalinanhänger wurde die anfängliche Einschätzung bereits am kommenden Tag als „Fehler" kritisiert, und man brauchte nur zwei weitere Tage um die endgültige Einschätzung des Politbüros der American Communist Party zu übernehmen, dass es sich bei der anfänglichen Charakterisierung der Ereignisse in Palästina als Pogrome um einen „counter-revolutionary viewpoint characteristic of social democrats and the bourgeoisie" handelte (zit. n. Rubenstein 1985: 146f.). Diese opportunistischen Verrenkungen blieben nicht unwidersprochen. Nachdem die League Against Imperialism and Fascism die Ansichten der Komintern zu den Pogromen von 1929 in Palästina übernommen hatte, trat Albert Einstein von seiner Präsidentschaft in dieser KP-Vorfeldorganisation zurück (Hen-Tov 1974: 153).

Während die Kommunisten in den USA noch einige Tage zur Adaptierung der stalinistischen Interpretation der Pogrome benötigten, wurde in Deutschland von Anfang an die Komintern-Einschätzung propagiert. Die *Rote Fahne*, Zentralorgan der KPD, titelte schon in ihrem ersten Bericht zu den antijüdischen Massakern in Palästina: „Eingeborene Araber schießen Faschisten nieder" und sandte den Pogromisten Glückwünsche: „Wir begrüßen auf das lebhafteste die heldenhaften Kämpfe, die die arabische Bevölkerung gegen die Zionisten, die Zutreiber und Agenten der raubgierigen englischen Imperialisten in Palästina führen." (*Rote Fahne*, 27.08.1929) Tagelang wurde gegen die „faschistischen Zionisten" gehetzt und den arabischen Angreifern bedingungslose Solidarität versichert. Als die Berichterstattung der *Roten Fahne* in Palästina bekannt wurde, kam es seitens der empörten jüdischen Bevölkerung zu körperlichen Attacken auf KP-Mitglieder (Hen-Tov 1974: 121).

Am Beginn der Ereignisse hieß es in einer Stellungnahme der PKP noch, dass in einem Land wie Palästina eine revolutionäre Bewegung ohne Pogrome unmöglich sei (Laqueur 1961: 84). Hier manifestierte sich die verbreitete Einschätzung der Marxisten-Leninisten, dass sich die ‚objektiv progressive' Bewegung in der Geschichte zwangsläufig immer wieder in reaktionären Äußerungsformen darstelle. Doch bald darauf war überhaupt nicht mehr von Pogromen die Rede, sondern nur noch von unterstützenswerten Aufständen. Am 1. November 1929 legte die Komintern ihre endgültige Beurteilung der Ereignisse in Palästina vor: Es handele sich um einen antiimperialistischen Aufstand, und der sei von allen Kommunisten zu unterstützen. Im Dezember 1929 wurden Flugblätter verteilt, in denen der Aufstand unter Führung des Mufti mit dem Aufstand der Maccabäer gegen die Griechen verglichen wurde (Rubenstein 1985: 163f., 218). In Fragebögen mussten später alle Parteimitglieder beantworten, ob sie die August-Aufstände als „Radikalisierung der arabischen Massen“ sehen (zit. n. ebd.: 217), womit nicht eine Radikalisierung zum antisemitischen Mob, sondern zum antiimperialistischen Bewusstsein gemeint war. Viele jener Parteimitglieder, die sich in Jerusalem an der Verteidigung der jüdischen Viertel beteiligt hatten, wurden aus der Partei ausgeschlossen; bald darauf dann alle, die sich weigerten, die von der Partei übernommene Einschätzung der Komintern zu akzeptieren. Im Februar 1930 verkündete das EKKI-Sekretariat, der Hauptfehler der PKP habe in der anfänglichen Einschätzung des Aufstandes als Pogrom bestanden. Grund für diesen Fehler sei der zionistische und imperialistische Einfluss insbesondere auf die jüdischen Parteimitglieder, dem durch eine konsequente Arabisierung der Partei zu begegnen sei. Als 1931 eine ägyptische Delegation einschließlich Abdel Rahman Azzam, dem späteren Generalsekretär der Arabischen Liga, wegen wüster antijüdischer und antibritischer Deklarationen ausgewiesen wurde, sah sich die PKP zu scharfem Protest veranlasst. 1932 veröffentlichte die Internationale Rote Hilfe auf Deutsch eine von Berger-Bazilai unter Pseudonym verfasste Broschüre, in der die arabischen Angreifer der August-Unruhen von 1929 gefeiert wurden. Am dritten Jahrestag der Pogrome wurde nicht nur zur Freilassung der Verhafteten aufgerufen, sondern auch zur Fortsetzung des Kampfes (Budeiri 1979: 40; Flores 1980: 41; Hen-Tov 1974: 143; Laqueur 1961 88f.; Keßler 1994: 150).

Die wenigen jüdischen Führungskader, die nach den Pogromen von 1929 noch in der Partei verblieben waren, wehrten sich gegen die von Moskau befohlene und durchgesetzte Zwangsarabisierung, konnten sich aber kaum Gehör verschaffen, woraufhin nochmals zahlreiche jüdische Mitglieder die Partei, und manchmal auch gleich Palästina verließen (Hen-Tov 1974: 150f.) Die verbliebenen ehemaligen jüdischen Parteiführer wie Auerbach, Moshe Kuperman und Berger-Barzilai wurden nach Moskau beordert. Die meisten von ihnen wurden in den stalinistischen ‚Säuberungen‘ ermordet oder verbrachten, wie Berger-Barzilai, Jahrzehnte in sowjetischen Gefängnissen und Arbeitslagern (Keßler 1994: 185).[4] Erst 1968, mehr als zehn Jahre nach dem 20. Parteitag der Kommunistischen Partei der Sowjetunion (KPdSU), mit dem die Entstalinisierung in der Sowjetunion eingeleitet wurde, haben die israelischen Kommunisten ihren während der stalinistischen ‚Säuberungen' ermordeten Parteiführern die Reverenz erwiesen (Trepper 1995: 50).

Für die zionistische Bewegung erzwang die Einschätzung der Pogrome durch die KP eine Änderung in ihrem Verhältnis zu den Stalinisten. Durch die Adaptierung der Komintern-Linie war die KP de facto auf die Politik des offen antisemitischen Flügels der arabischen Nationalbewegung in Palästina eingeschwenkt. Sie hatte sich vom Internationalismus nahezu restlos verabschiedet und sich dem Nationalismus jenes arabischen Bevölkerungsteils verschrieben, der nicht nur den Zionismus bekämpfte, sondern sich aktiv an antijüdischen Pogromen beteiligte. Die PKP war bereits vor 1929 antizionistisch positioniert, doch die zionistischen Organisationen wussten zwischen einem politischen Antizionismus und der aktiven Unterstützung von Gewalttaten gegen die jüdische Bevölkerung in Palästina zu unterscheiden. Während viele Zionisten die KP vor 1929 weitgehend ignoriert hatten, sahen sie in ihr nun einen zu bekämpfenden Feind, der die arabische Bevölkerung aktiv zu Pogromen anstachelte (Laqueur 1961: 85).

Der arabische Aufstand

Von 1929 bis 1933 existierte in der PKP durchaus eine kritische Haltung gegenüber der Führung der arabischen Nationalbewegung. Noch bis Ende 1935 wurde al-Husseini regelmäßig als Verbündeter Benito Mussolinis und „italienischer Propagandist" attackiert (Budeiri 1979: 77). Doch schon anlässlich erneuter Unruhen im Jahr 1933 war es wieder zu einer Annäherung an die arabische Führung gekommen. Anfang der 1930er Jahre erging aus Moskau die Anweisung zur endgültigen Arabisierung der Partei,

4 Joseph Berger, 1904 in Krakau als Isaak Zeliaznik geboren und in seiner Zeit im Mandatsgebiet zumeist als Berger-Barzilai publizierend, gilt als einer der wenigen führenden Köpfe der kommunistischen Weltbewegung aus der Zeit vor dem Zweiten Weltkrieg, der die stalinistischen Arbeitslager überlebt hat. Nach seiner Rehabilitierung in der Sowjetunion 1956 ging er für kurze Zeit nach Warschau, von wo er nach Israel emigrierte und Professor für Politikwissenschaft an der Bar Ilan-Universität wurde (Berger 1971).

die auch von zahlreichen Stimmen innerhalb der PKP unterstützt wurde. Der „nationale Aspekt" des Kampfes trat in der Agitation immer mehr in den Vordergrund, was durch die Umorientierung der Komintern auf eine Volksfrontpolitik begünstigt wurde. Ab 1932 pflegte die Partei auch Kontakte zu den islamistischen Anhängern von Izz al-Din al-Qassam, nach dem heute die militärischen Einheiten der Hamas benannt sind (Shindler 2012: 62; Kaufman 1997: 24).

1935 erklärte die arabische Führung der PKP den Jischuv in seiner Gesamtheit zu einem Projekt des Kolonialismus. Im selben Jahr warnte die Partei noch vor der Gefahr, dass faschistische und nationalsozialistische Agenten aus Italien und Deutschland die arabische Nationalbewegung zu terroristischen Attacken und einem allgemeinen Aufstand anstacheln könnten. Nicht, dass die KP grundsätzlich gegen einen allgemeinen Aufstand gewesen wäre, jedoch sah sie in dieser Möglichkeit nur die letzte Stufe in einem langen, erst noch zu führenden Kampf, wohingegen die Agenten der Achsenmächte aus Eigeninteresse die Zeit bereits gekommen sähen.

In den 1930er Jahren gelangt die arabische Nationalbewegung in Palästina endgültig unter die Führung al-Husseinis. Sie ist geprägt von religiösem Fanatismus, reaktionären Gesellschaftsvorstellungen und radikalem Antisemitismus, der sich keineswegs ausschließlich gegen das zionistische Projekt, sondern gegen alle in Palästina lebenden Juden richtet. Diese Ausrichtung führt die arabische Nationalbewegung unter Führung des Muftis in eine Koalition mit den faschistischen und nationalsozialistischen Kräften in Europa. Dieses Bündnis funktionierte nicht nach dem Motto ‚Der Feind meines Feindes ist mein Freund', wie von einigen Vertretern der israelischen Linken noch Jahrzehnte später behauptet wurde[5], sondern erklärt sich aus den ideologischen Übereinstimmungen.

Der arabische Aufstand beginnt im April 1936 mit mehreren Morden an Juden, der Zerstörung von Siedlungen, Plantagen und Weideland und war anfänglich von einem Generalstreik der arabischen Arbeiter begleitet. Die

5 Beispielsweise Schenker 2004: 103. Weil die offene Kollaboration von wichtigen Teilen der arabischen und palästinensischen Nationalbewegung mit dem Nationalsozialismus so weitreichende Bedeutung hat, wird sie von jenen Propagandisten des iranischen Regimes, die wie der ehemalige Botschafter in Deutschland, Hossein Mousavian, gelernt haben, die Attacken gegen Israel in eine vergleichsweise diplomatische Sprache zu verpacken, schlicht in Abrede gestellt (Mousavian 2014: 250–252). In anderen Kontexten wird auch heute die Bedeutung und der Einfluss von al-Husseini systematisch heruntergespielt. Ein Beispiel dafür hat zuletzt Amir Theilhaber bei einer Anhörung zu Antisemitismus bei der Berliner Enquete-Kommission zu Antisemitismus und Rassismus geliefert (Berliner Abgeordnetenhaus 2025).

arabischen Parteien vereinigen sich unter Führung des offen mit dem Nationalsozialismus zunächst sympathisierenden, dann kooperierenden Mufti im Arab Higher Committee. Bereits im Oktober 1936 waren 80 Juden ermordet worden. 1938 waren es über 200, bei Ende des Aufstandes 1939 über 500 (Mallmann/Cüppers 2007: 24–26).

Der von Teilen der radikalen israelischen Linken bis heute gelobte antikoloniale und antiimperialistische Charakter des Aufstands (Grigat 2006), der sich mit der Zeit verstärkt auch gegen die britische Mandatsmacht richtete, kann nicht losgelöst werden von seiner antisemitischen Grundintention. Die Briten wurden als Schutzmacht der Juden gesehen. Sie sollten vor allem deswegen aus dem Land gejagt werden, um freie Hand im Kampf gegen die jüdischen Siedlungen und Gemeinden zu haben. Ein nationalsozialistischer zeitgenössischer Beobachter fasste die Stimmung unter den Arabern ebenso begeistert wie treffend zusammen, als er ihnen in den Mund legte: „Wenn einmal die Engländer die Hand von diesem Lande wegnehmen, werfen und jagen wir sämtliche Juden in einem Ansturme ins Meer hinein!" (Jorda 1943: 197)

Anders als 1929 beteiligten sich die Kommunisten 1936 bis 1939 unmittelbar an den Aufständen. Die Partei propagierte die Unterstützung für den Mufti und die feudalistisch-antisemitische Führung der arabischen Nationalbewegung. Doch es blieb nicht nur bei Propaganda: Die jüdischen Parteimitglieder wurden angewiesen, sich an bewaffneten Aktionen gegen die zionistischen Institutionen zu beteiligen (Bunzl 1985: 42; 2008: 81). Kommunistische Aktivisten führten Attentate gegen die örtlichen Sektionen der Histadrut in Haifa und Tel-Aviv aus (Weinstock 1975: 162). Auch Historiker aus der KP wie Leon Zahawi gehen heute davon aus, dass die Verantwortung dafür bei der damaligen Parteiführung unter Ridwan al-Hilu und Simha Tzabari lag und mit der Komintern-Führung akkordiert war. Al-Hilu hat die Verantwortung dafür später allerdings von sich gewiesen und behauptet, die jüdischen Parteimitglieder hätten sich eigenständig zu den Attacken entschieden. Ähnlich äußerte sich auch Mohammed Ouda, der die PKP 1939 verließ und sich in Bagdad direkt den Anhängern des exilierten Muftis anschloss (Karpel 2004).

Zwei KP-Mitglieder arbeiteten in einer Art Generalstab mit, der den Aufstand plante und koordinierte. Die KP, als Resultat der Arabisierungsbemühungen mittlerweile fest in der Hand von al-Hilu, genannt „Musa", leugnete vehement die Anschuldigungen, dass Adolf Hitler und Mussolini die Aufständischen unterstützen würden und kam ihrerseits den Pogromisten mit Geld und Waffen zur Hilfe. In einem Flugblatt, das sich an die jüdische Bevölkerung richtete, leugnete die Partei jede religiöse, rassistische oder antisemitische Motivation für den arabischen Aufstand und erklärte die Behauptung, die Araber wollten die Juden ins Meer schmeißen, zu einer Propagandalüge (Laqueur 1961: 97; Budeiri 1979: 94–98).

Einzelne in der Partei opponierten gegen die blinde Unterstützung der arabischen Nationalbewegung. Arieh Lev, Parteisekretär in Tel Aviv, entwarf im Mai 1936 ein Flugblatt, in dem die Revolte verurteilt wurde – der Entwurf wurde vom Zentralkomitee der Partei umgehend abgewiesen. Auch Moshe Goi, ebenfalls Sekretär der Tel Aviver Partei-Filiale, äußerte sein Missfallen über die offizielle Linie – und wurde aus der Partei ausgeschlossen. Wie viele andere aus der palästinensischen KP hinausgedrängte oder ausgeschlossene jüdische Parteimitglieder kämpfte er im Spanischen Bürgerkrieg, wurde verwundet, ging in die Sowjetunion und kehrte später nach Israel zurück. Zahlreiche jüdische Aktivisten verließen die PKP während der Revolte der 1930er Jahre oder wurden passiv (Franzén 2007: 12; Offenberg 1975: 325; Laqueur 1961: 97).

Zuvor kam es zu scharfen Differenzen zwischen der Parteiexekutive und der Anfang 1937 konstituierten jüdischen Sektion innerhalb der KP, die der Kollaboration mit al-Husseini sehr viel kritischer gegenüberstand. Während das ZK von einer völligen Übereinstimmung der Ziele von Zionismus und Imperialismus ausging, sah die jüdische Sektion deutliche Interessenskonflikte zwischen den zionistischen Bestrebungen und der britischen Mandatsmacht, die sich die PKP zu Nutze machen müsse. Dementsprechend protestierte sie gegen die Hinrichtung eines Aktivisten des rechtszionistischen Irgun durch die Briten, an der diese Interessenskonflikte deutlich wurden. Die jüdische Sektion warf dem Zentralkomitee vor, die durch die Masseneinwanderung jüdischer Flüchtlinge bedingte Veränderung der Situation im Mandatsgebiet nicht realisiert zu haben. Während die Sektion darauf setzte, Einfluss in gemäßigt zionistischen Kreisen zu erreichen und dafür auch bereit war, die ‚legitimen nationalen Ziele' der Juden zu akzeptieren, verwies das Zentralkomitee weiterhin auf Stalins Nationskonzept, das Juden den Status einer Nation explizit verweigerte (Dothan 1975: 252–254).

Die Linie, die sich mit der Rebellion ab 1936 in der Partei durchgesetzt hat, sah die jüdische Bevölkerung als „chauvinistisch" und „reaktionär" an. Die arabische Bevölkerung wurde hingegen als „fortschrittlich und revolutionär" eingestuft. Dagegen stand die Einschätzung, die zur Grundlage der jüdischen Sektion wurde: Sie verwarf die Methoden und die Taktik der arabischen Nationalbewegung und sah die Rolle der KP nicht in der

Unterstützung des ‚nationalen Befreiungskampfes' der Araber, sondern in der Propagierung der Einheit von Arabern und Juden im Kampf um die soziale Revolution (Budeiri 1979: 93).

Als die Aufständischen im Sommer 1937 unter der Parole „Ein toter Jude ist besser als zehn tote Engländer" erneut zum Angriff übergingen, führte das zu Sympathiebekundungen des Sekretariats der jüdischen Sektion für den Jischuv. Aktivisten der jüdischen Sektion proklamierten das Recht auf Selbstverteidigung. Nachdem auch die Komintern die Berichte über Kontakte der Führer der arabischen Nationalbewegung in Palästina mit den Achsenmächten nicht mehr ignorieren konnte, forderte das Sekretariat der jüdischen Parteisektion, die KP solle mit dem Mufti brechen. Das Zentralkomitee verwies hingegen darauf, dass der Mufti ein populärer religiöser Führer sei. Kritik oder gar ein offener Bruch mit ihm würde die Akzeptanz der KP bei den arabischen Massen aufs Spiel setzen (Rubenstein 1985: 240–242).

In der Revolte von 1936 bis 1939 kam es zeitweise zu der paradoxen Situation, dass die PKP sich nahezu kritiklos den Positionen der arabischen Nationalbewegung annäherte, während die Komintern scharfe Kritik formulierte. 1938 wurde in einem Artikel in *Imprecorr* von den Arabern „a sympathetic understanding of the aspirations for national statehood within the Yishuv" verlangt (zit. n. Budeiri 1979: 106). Die Kommunisten in Palästina hingegen unterstützten zwar die nationalen Bestrebungen der Araber, forderten für die jüdische Bevölkerung aber nur Individualrechte ein. Shlomo Na'aman fasst diese Positionierung treffend zusammen:

> Die Solidarität der Juden mit der arabischen Mehrheit sollte sich darin äußern, daß sie sich mit ihrem Minderheitenstatus unter der Herrschaft der arabischen Werktätigen und Bauern abfanden [...], mit dem Ergebnis, daß die jüdische Bevölkerung in Palästina in der PKP einfach einen Teil des Feindeslagers sah. (Na'aman 1997: 242)

Während die PKP das Recht der Araber verteidigte, selbst zu bestimmen, wen sie Anfang 1939 zur Londoner Konferenz über die Zukunft Palästinas schicken wollten und damit die Nominierung al-Husseinis unterstützte, wurde der Mufti zur gleichen Zeit in der Presse der Komintern für seine Kontakte zu den Achsenmächten kritisiert und die technische und finanzielle Unterstützung des arabischen Aufstandes aus Berlin und Rom scharf attackiert. Im Journal *Communist International* konstatierte ein Artikel über die „Fascist Agitation in the Near East", dass die Revolte in Palästina aufgehört habe, ein reiner Kampf gegen den britischen Imperialismus zu sein. Er sei mittlerweile „complicated and influenced by the war aims of the fascist axis against the democracies" (zit. n. Budeiri 1979: 106). In der ersten Nummer von *Communist International* des Jahres 1939 wurden die Araber Palästinas als Spielfiguren „in the game of fascism" charakterisiert und aufgerufen, gegen den Mufti zu kämpfen. Gleichzeitig wurde der Aufruf der jüdischen Sektion in der PKP zum gemeinsamen Kampf von Zionisten und Nicht-Zionisten unterstützt.

Erst im Mai 1939 gab das Zentralkomitee der PKP in internen Papieren zu, dass es Kontakte zwischen einigen arabischen Führern und den faschistischen Ländern gäbe. Zunächst warteten die ZK-Mitglieder noch mit rechtfertigenden Erklärungen auf, die auf die Verzweiflung der arabischen Führung angesichts der unterstellten gemeinsamen Front von Zionismus und Imperialismus verwiesen. Doch später gestand man zumindest intern ein, die Gefahr einer faschistischen Einflussnahme auf die arabische Nationalbewegung unterschätzt zu haben, und dass al-Husseini spätestens ab 1938 ein „Agent des Faschismus" geworden sei – zu einem Zeitpunkt, als die Partei ihn offen unterstützte (Budeiri 1979: 106–108). Die linkssozialistische Organisation arabischer sozialistischer Arbeiter, die als arabische Fraktion innerhalb von Poale Zion agierte und 1941 gegründet wurde, sprach in einer Nachbetrachtung hinsichtlich des arabischen Aufstandes explizit von „gewalttätigen Banden", die „unser Land unsicher gemacht" haben und „mit Hilfe der faschistischen Staaten unterstützt" wurden (zit. n. Wildangel 2007: 303).

Neben der Unterstützung des arabischen Aufstandes rechtfertigte das ZK der PKP in den 1930 Jahren die Versuche der britischen Mandatsmacht, die anhaltende Immigration jüdischer Flüchtlinge aus Europa nach Palästina zu unterbinden. Angesichts der dramatischen Entwicklungen in Deutschland wurden anfänglich noch Zweifel an der Agitation gegen die jüdische Einwanderung laut. Aber bereits im Juni 1933 wurde ein Protest gegen die Immigration publiziert. 1936 wurden von der KP im Hafen von Haifa Flugblätter unter jüdischen Flüchtlingen aus Deutschland verbreitet, in denen ein Ende der Immigration gefordert wurde (Laqueur 1961: 93f.). Die gleiche Forderung findet sich in der Proklamation des ZKs zum 1. Mai 1936 (Merhav 1980: 78). Die Partei erklärte, das Land Palästina würde nicht mehr als die ohnehin vorhandene Bevölkerung verkraften. Im Übrigen würden die Nazis nicht nur die Juden, sondern auch alle erdenklichen anderen Menschen unterdrücken. Die angemessene Reaktion von Juden bestünde nicht darin, das Land zu verlassen, sondern im gemeinsamen Kampf mit den nichtjüdischen Arbeitern (Budeiri 1979: 78; Franzén 2007: 9).

Das ZK der Partei rechtfertigte selbst noch den Beschuss jener Schiffe durch die Briten, die illegale Einwanderer nach Palästina brachten. Die jüdische Sektion schreckte zwar vor der Unterstützung des Beschusses von Flüchtlingsschiffen zurück, teilte aber, nach heftigen internen Debatten, die Ablehnung der anhaltenden Einwanderung. Sie wollte diese Ablehnung allerdings nicht wie das ZK der Partei ins Zentrum der Agitation stellen und verwies darauf, dass ein weiterer Zuzug jüdischer Flüchtlinge zumindest dann legitim wäre, wenn im Land gleiche Rechte für Araber und Juden verwirklicht seien (Dothan 1975: 253; Rubenstein 1985: 242).

Die KP im Zweiten Weltkrieg

Während die KP von 1936 bis 1939 in Palästina mit den Verbündeten der Nazis und der italienischen Faschisten kooperierte, verfolgte sie auf internationaler Ebene bis 1939 eine antifaschistische Linie in Übereinstimmung mit der Position der Komintern und der Sowjetunion. Bis zum Hitler-Stalin Pakt beteiligte sie sich auch an der Verbreitung der Behauptung einer angeblichen Zusammenarbeit von Nazis und Zionisten. Nach Abschluss des Abkommens zwischen Nazi-Deutschland und der Sowjetunion im August 1939 zögerte die PKP nur kurz, Stalins Bündnispolitik als wichtigen Schritt zur Erhaltung des Friedens zu rechtfertigen und den Pakt als gelungenen Versuch Stalins zu interpretieren, den angeblichen Plan der westlich-kapitalistischen Staaten zu durchkreuzen, die Aggressionen Hitler-Deutschlands gegen die Sowjetunion zu lenken. In einer ersten Reaktion wurde noch das Festhalten an einer antifaschistischen, klar gegen Nazi-Deutschland gerichteten Politik gefordert. Doch auch in dieser Frage unterwarf man sich nach kurzer Zeit den Direktiven aus Moskau: Nach dem Hitler-Stalin-Pakt im August 1939 wurde der deutsche Nationalsozialismus in der PKP als Verbündeter der Sowjetunion betrachtet – die Zweifel und das Unbehagen dürften aber doch noch etwas größer gewesen sein als in anderen kommunistischen Parteien (Rubenstein 1985: 234f.; Keßler 1994: 52f.; Laqueur 1961: 104–106; Bunzl 2008: 82).

Als diese Linie durchgesetzt werden sollte, kam es zur Konfrontation mit der jüdischen Parteisektion, die vorher in Flugblättern zur Teilnahme am Krieg gegen Nazideutschland aufgerufen hatte. Doch schon bald konnte trotz dieser Meinungsverschiedenheiten ein Übereinkommen erreicht werden, dass Propaganda gegen den Krieg notwendig sei. 1940, nach der Auflösung der jüdischen Sektion, setzt eine massive Agitation gegen die englischen Kriegsanstrengungen ein – beispielsweise gegen Rekrutierungsbemühungen in Palästina. Die Parteikader in Palästina meinten offenbar, sich selbst noch in einer Situation der existenziellen Bedrohung für die europäischen Juden auf Lenins Diktum aus dem Ersten Weltkrieg beziehen zu können, wonach der Hauptfeind stets im eigenen Land stehe (Flores 1980: 285). Die deutschen und italienischen Armeen in Afrika wurden zwar als Gefahr betrachtet, dennoch wurde proklamiert: „Churchills Armeen sind in Palästina, es ist unsere erste Pflicht den Feind im Innern zu bekämpfen." (Zit. n. Wildangel 2007: 306) Die „arabischen Massen" erhielten Lob dafür, dass sie den Charakter dieses „imperialistischen Krieges" verstanden hätten und gegen ihn kämpfen würden. Die arabischen Führer, die sich weigerten, ihre Beziehungen zu Nazi-Deutschland abzubrechen, wurden in ihrer Haltung bestärkt. In Flugblättern agitierte die KP gegen die „verräterischen Zionisten" und die britischen „Kriegshetzer". Selbst noch zu dieser Zeit wurden die Versuche der Hagana kritisiert, Juden aus Europa nach Palästina zu bringen (Laqueur 1961: 106f.).

1940 folgte die PKP der neutralistischen Linie der Komintern. Bei Kriegsausbruch im September 1939 hatte man sich jedoch einen Ausrutscher erlaubt. In einem Flugblatt, das unmittelbar nach dem deutschen Überfall auf Polen verteilt wurde, bezog die KP klar Stellung gegen die „faschistische Aggression", die als Resultat der westlichen Appeasementpolitik gedeutet wurde. Doch ähnlich wie bei den Ereignissen von 1929 wurde die Position aus dieser ersten spontanen Reaktion umgehend revidiert. Die nun folgende Kampagne gegen den „imperialistischen Krieg", in dem keine Stellung bezogen werden könne, dauerte bis kurze Zeit nach dem deutschen Angriff auf die Sowjetunion 1941. Als Hauptfeind wurde der „britische Imperialismus" betrachtet, der in einem hebräischen Flugblatt von 1940 mit dem Nationalsozialismus und der Mussolini-Diktatur gleichgesetzt wurde. Als die Briten 1941 im Irak das prodeutsche Regime von Rashid Ali al-Gailani stürzten, verurteilte die KP die britische Intervention (Budeiri 1979: 129f.).

Nach dem Überfall auf die Sowjetunion behielt die KP zunächst ihre Linie bei und agitierte kurzzeitig weiter gegen die Briten und gegen jegliche Rekrutierungsbemühungen in Palästina. Unmittelbar nach Beginn des Unternehmens Barbarossa rief die Parteiexekutive zum Streik auf, um einerseits die „zionistisch-imperialistische" Kriegsmobilisierung zu attackieren und andererseits „Solidarität" mit der Sowjetunion zu demonstrieren. Auch viele jüdische Parteimitglieder glaubten, der Angriff sei das Resultat eines Übereinkommens der Faschisten und der westlichen Demokratien; jeder

Eintritt in die britische Armee wäre nur eine Stärkung der Feinde der Sowjetunion. Erst vier Monate nach dem deutschen Angriff unterstützte die Partei den Eintritt in die alliierten Armeen. Die Kommunisten in Palästina warteten bis Oktober 1941, bis sie zu einer antifaschistischen Front und zum Eintritt von Juden und Arabern in die britische Armee aufriefen, deren Soldaten nun zu „Waffenbrüdern der heldenhaften Roten Armee“ mutierten (Laqueur 1961: 108; Budeiri 1979: 133). Als eines der Hauptargumente für den Kampf gegen den Nazismus wurde jedoch stets angeführt, dass die antisemitischen Verfolgungen in Europa nur den Zionisten nützen würden und der Sieg über Faschismus und Nationalsozialismus auch der zionistischen Einwanderung nach Palästina ein Ende bereiten würde, wie der Parteisekretär al-Hilu in einer viel beachteten Rede 1943 in Jaffa erklärte (Achcar 2010: 54).[6]

Wie schon zuvor gab es auch beim Hitler-Stalin-Pakt jüdische Mitglieder der KP, die gegen die Parteilinie opponierten. Während sich die Parteileitung der neutralistischen Linie der Sowjetunion anschloss, unterstützten einzelne wie beispielsweise Chanoch Brzoza, der knapp 20 Jahre später wegen „jüdisch-nationalistischer Abweichung“ aus der Partei ausgeschlossen wurde, die zionistischen Mobilisierungsbemühungen (Beinin 1990: 192). Der Konflikt zwischen Parteiführung und der Mehrzahl der jüdischen Parteimitglieder prägte auch die folgenden Jahre. 1940 existierte eine Situation, in der sich die Parteiexekutive mit der Zeitschrift *Kol Ha'am* (Volksstimme) und die früheren Mitglieder der Ende 1939 aufgelösten jüdischen Sektion gegenüberstanden, die sich um ihre neue Publikation *HaEmet* (Die Wahrheit) sammelten. Faktisch war die Partei gespalten, doch 1942 kam es angesichts der Kriegssituation zu einer kurzfristigen Wiedervereinigung. 1943 spaltete sich die Partei jedoch erneut. Der arabische Teil gründete die Nationale Befreiungsliga (NBL), die sich nicht offen als kommunistische Bewegung zu erkennen gab (Kaufman 1997: 25). Noch Anfang 1944, als die Vernichtungspolitik der Nazis in Europa im vollen Gange war, bekräftigte die NBL die Ablehnung der jüdischen Einwanderung nach Palästina (Wildangel 2007: 312).[7] Mehrfach biederte sie sich al-Husseini an, doch in den

6 Zur Kritik an der antizionistischen Agitation in Achcars Darstellung und seinen unhaltbaren Vorwürfen gegenüber Kritikern der Kollaboration von Teilen der arabisch-palästinensischen Gesellschaft mit dem Nationalsozialismus siehe Maede/Küntzel (2011: 805–815).

7 Wildangels Darstellung ist von dem Bestreben geprägt, nicht nur Erklärungen, sondern Entschuldigungen für derartige Positionierungen wie auch für den arabischen und islamischen Antisemitismus im Allgemeinen anzuführen.

Augen des arabischen politischen Establishments blieb die NBL trotz ihrer antizionistischen Positionierung viel zu nachgiebig und kompromissbereit gegenüber der jüdischen Bevölkerung in Palästina (Laqueur 1961: 111; Kaufman 1997: 26).

Der jüdische Teil der Partei agierte weiterhin als PKP, war allerdings vom Kampf der Gruppe um Shmuel Mikunis, der später eine entscheidende Rolle bei der überlebensnotwendigen Waffenbeschaffung aus den realsozialistischen Ländern für den israelischen Unabhängigkeitskrieg spielen sollte, und dem strikt antizionistischen Flügel um Meir Vilner, der in den 1960er Jahren die prosowjetische und mehrheitlich arabische Reshima Komunistit Hadasha (Rakach – Neue Kommunistische Liste) mitgründete, geprägt. Die PKP hatte zudem mit zahlreichen Abspaltungen zu kämpfen, die den Prozess einer Annäherung an die Befürwortung einer jüdischen Staatsgründung begleiteten.

Prozionistische Wende

Diese Annäherung an den zionistischen Mainstream wurde bereits 1945 deutlich, als den Parteimitgliedern erlaubt wurde, der zionistischen Einheitsgewerkschaft Histadrut beizutreten. Die PKP proklamierte nun den Kampf für einen demokratischen und unabhängigen arabisch-jüdischen Staat, was in etwa dem Konzept des Binationalismus entsprach, wie es schon lange vom linkssozialistischen HaShomer HaZair vertreten wurde. 1946 wird die Rückkehr al-Husseinis in den Nahen Osten völlig richtig als Gefahr für eine Aussöhnung zwischen jüdischer und arabischer Bevölkerung kritisiert. Er werde „seine in Berlin gesammelte Erfahrung dafür ausnutzen, den antiimperialistischen Kampf in eine antijüdische Bahn [...] abzulenken", hieß es in einem Beitrag der deutschsprachigen Ausgabe von *Kol Ha'am* (Wilenska 1946).[8]

1947 hielt Andrei Gromyko seine berühmte Rede in der UNO, in der er die sowjetische Unterstützung für die Gründung eines jüdischen Staates in Palästina erklärte. Die Mehrzahl der jüdischen Kommunisten in Palästina begrüßte diese Wende in der sowjetischen Position. Die arabischen Kommunisten hingegen gerieten gegenüber ihrer Community in Erklärungsnotstand. Nichtsdestotrotz werden sie in der Folge auch diesen Schwenk in

8 Die Zeitung wurde damals außer auf Hebräisch und Arabisch auch in mehreren europäischen Sprachen im Mandatsgebiet verbreitet.

der sowjetischen Außenpolitik mittragen, der weniger aus einer Einsicht in die Notwendigkeit des Zionismus als aus dem Bestreben, den britischen Einfluss im Nahen Osten zurückzudrängen, erklärt werden muss.

1947 wird die Anerkennung der Idee eines jüdischen Staates durch die PKP offizielle Parteilinie, was seinen Niederschlag in der Umbenennung in Kommunistische Partei in Eretz Israel findet. 1947/48 erfolgt die Teilung in die KP Israels und die KP Jordaniens. In Adaptierung der Positionierung aus der Gromyko-Rede unterstützt die israelische KP den Unabhängigkeitskrieg, ruft ihre Mitglieder zur Beteiligung auf und kritisiert die sozialdemokratische Führung des jungen Staates zeitweise wegen ihrer militärischen Zurückhaltung. Im neu entdeckten Patriotismus versucht sie nun alle anderen Parteien zu überbieten: Im Herbst 1949 fordert sie die Einverleibung Jerusalems als Hauptstadt Israels von der sozialdemokratischen Staatsführung, die in dieser Frage permanent vor dem Druck des US-amerikanischen Imperialismus zurückweiche. Nachdem die Sowjetunion jedoch für die Internationalisierung der Stadt eintrat, adaptierten die israelischen Kommunisten auch diese Position, was durch eine scharfe Selbstkritik an der bisher vertretenen Position in *Kol Ha'am* eingeleitet wurde (Bunzl 2008: 55f.).

Die arabisch-kommunistische NBL rang sich mehrheitlich zur Akzeptanz der neuen sowjetischen Position durch. Das hinderte die arabische Linke allerdings nicht daran, weiterhin auf gute Beziehungen zu den Führern der reaktionär-antisemitischen Kräfte in der palästinensischen Gesellschaft zu setzen. Das Arab Workers Council schickte noch im April 1948 ein Beileidsschreiben an den aus Nazi-Deutschland zurückgekehrten Mufti, nachdem mit Abd al-Qadir einer seiner Verwandten während einer militärischen Operation getötet wurde (Beinin 1990: 48)

Doch der Respekt vor der sowjetischen Außenpolitik überwog die Sympathien für die Bekämpfung der jüdischen Staatsgründung. Die NBL verteilte Flugblätter an ägyptische und jordanische Soldaten, die sie zur Rückkehr und zum Sturz ihrer einheimischen Herrscher aufforderten, und sie organisierte Demonstrationen im heutigen Westjordanland gegen die Anwesenheit von fremden arabischen Truppen im Land. Im Oktober 1948 verabschiedete die NBL gemeinsam mit den kommunistischen Parteien Iraks, Libanons und Syriens ein Kommuniqué, in dem die arabische Invasion in Palästina verurteilt und die Teilung des Landes unterstützt wurde (ebd.: 49–52).

Über ein Vierteljahrhundert, von 1919 bis Mitte der 1940er Jahre, haben die Kommunisten die Gründung eines eigenständigen jüdischen Staates in

Palästina bekämpft. Doch in Adaptierung der neuen Politik der Moskauer Zentrale unterzeichnete die PKP 1948 die israelische Unabhängigkeitserklärung und ihr Generalsekretär wurde eines der 31 Mitglieder des vorläufigen Regierungsrates. Ab Oktober 1948 agierten die Kommunisten als Miflaga Komunistit Israelit (MAKI). Mit der Gründung der MAKI kommt es zur Wiedervereinigung von PKP und NBL. Auch viele der kurzlebigen Abspaltungen wie die Hebräischen Kommunisten gliedern sich wieder ein, werden allerdings schon Anfang 1949 mehrheitlich ausgeschlossen, woraufhin die meisten von ihnen in der Mifleget HaPoalim HaMeukhedet (MAPAM) eine neue politische Heimat finden.

MAPAM, die Vereinigte Arbeiterpartei, wurde im Januar 1948 gegründet und war ein Zusammenschluss der linkssozialistischen Poale Zion Smol und des HaShomer HaZair mit Teilen der Ahdut HaAvoda, einer linkszentristischen Gruppierung, die in den späteren parteiinternen Auseinandersetzungen zu den ersten Kritikern einer Kooperation mit Islamisten gehörte, wie sie sich etwa in der von der Parteilinken betriebenen Unterstützung für die Muslimbrüder zeigte (Rubenstein 1985: 325). Die MAPAM schwankte stets zwischen zionistischen und gemäßigt antizionistischen Positionen, zwischen Stalinismus und Linkssozialismus. In der Regel kritisierte die MAPAM den mal tatsächlichen, mal vermeintlichen Antizionismus der MAKI als „kosmopolitische Attitude" (zit. n. Laqueur 1961: 117) und wäre gerne die wahre, weil national verantwortliche kommunistische Partei in Israel gewesen und international als solche anerkannt worden – was ihr aber verwehrt blieb.

Slánský-Prozess und Sinai-Feldzug

Auch wenn die Unterstützung der israelischen Staatsgründung durch die Stalinisten angesichts der zuvor für über zwei Jahrzehnte vertretenen Positionen als Opportunismus erscheint und vor allem bei den arabischen Parteimitgliedern mehr der Unterwürfigkeit gegenüber den Anweisungen aus Moskau als einer Einsicht in die geschichtliche Notwendigkeit des Zionismus geschuldet war, kann die Beteiligung am israelischen Staatsgründungsprozess bei gleichzeitiger Bemühung um eine Aussöhnung mit der arabischen Bevölkerung als eine Phase einer vergleichsweise realistischen, die Erfahrung der nationalsozialistischen Vernichtungspolitik reflektierenden Politik beschrieben werden. Doch schon kurze Zeit später war von solch einem Realismus, der den Kommunisten eine wichtige Rolle bei einer

Vermittlung in den absehbaren Konflikten zwischen dem jungen jüdischen Staat und seinen arabischen Nachbarn hätte bescheren können, abermals wenig zu vernehmen. Ende 1948 begannen Rumänien, Ungarn und Polen, die jüdische Auswanderung nach Israel zu beschränken und stellten Juden wegen „zionistischer Aktivitäten" vor Gericht. Die MAKI schwang sich zur vorbehaltlosen Verteidigung der so genannten Volksdemokratien auf, was ihr die Kritik ihrer Konkurrenten von der MAPAM einbrachte (Beinin 1990: 123). Anfang 1949 wurden Parteimitglieder, die auf einer Diskussion über die antisemitischen Vorfälle in der Sowjetunion bestanden, aus der MAKI ausgeschlossen (Bunzl 1985: 55). Es galt die Linie, wonach es in den realsozialistischen Ländern per Definition keinen Antisemitismus geben könne, was in einem Beitrag in der deutschsprachigen Ausgabe von *Kol Ha'am* deutlich zum Ausdruck kommt:

> Den entscheidenden Kampf für die Befreiung der Völker Russlands – unter ihnen das jüdische Volk – hat Lenin zusammen mit seinem genialen Freund Stalin geführt. [...] Die Große Oktoberrevolution hat den Antisemitismus in Russland vernichtet und die Judenfrage für alle Zeiten dort gelöst. (Feikin 1947: 14)

1952 wurde Mordechai Oren vom linken Flügel der MAPAM in Prag verhaftet, wegen Spionage und Unterstützung des „imperialistischen Zionismus" angeklagt und im Rahmen einer groß angelegten antisemitischen Kampagne als *missing link* zwischen dem Zionismus und den tschechoslowakischen „Verrätern" um Rudolf Slánský präsentiert. Nach erbitterten Diskussionen stimmte die MAPAM mit 232 zu 49 Stimmen für die Verurteilung des Prager Prozesses als antisemitische Ungeheuerlichkeit. Doch auch in der MAPAM gab es einen stalinistischen Flügel um Moshe Sneh, der selbst noch die Kampagnen im Prager Slánský-Prozess und wenig später auch bei den nicht minder antisemitischen Moskauer Ärzte-Prozessen verteidigte.

Auch die MAKI rechtfertigte sowohl den Slánský-Prozess als auch die Verfolgung der Ärzte in der Sowjetunion. Als in der Knesset im November 1952 eine Resolution zur Verurteilung des Prager Prozesses diskutiert wurde, wartete Meir Wilner für die MAKI mit einer Verteidigung der tschechoslowakischen Anschuldigungen auf (Rubenstein 1985: 325f.; Beinin 1990: 130f.; Kaufman 1997: 33). Redner, die auf den Antisemitismus in der Tschechoslowakei hinwiesen, wurden nach den Erinnerungen des sozialdemokratischen Staatsgründers von den Stalinisten mit Zwischenrufen unterbrochen. Die MAPAM verurteilte zwar die Verhaftung und Anklage

Mordechai Orens, konnte sich aber nicht zu einer Solidarisierung mit allen im Rahmen des Slánský-Prozesses Verfolgten entschließen, was von David Ben Gurion scharf kritisiert wurde (Ben Gurion 1973: 415, 418).

Sneh wurde 1953 aus der MAPAM ausgeschlossen, versuchte es kurzzeitig mit einer eigenständigen Linkssozialistischen Partei und trat 1954 der MAKI bei. Seine Rechtfertigung der antisemitischen Kampagne in der Tschechoslowakei wurde von *Al Hamishmar*, der Parteizeitung der MAPAM, abgelehnt. Die parteikommunistische *Kol Ha'am* druckte sie umso begeisterter. Die Zeitung der israelischen KP reihte sich damit in die Phalanx jener internationalen Parteipublikationen ein, die, wie etwa die österreichische *Volksstimme*, den Slánský-Prozess nicht zur Selbstbesinnung und zur Kritik am sowjetischen Antisemitismus nutzten, sondern die antisemitischen Diffamierungen der Angeklagten entweder übernahmen oder legitimierten (Grigat 2025: 164).

Die antisemitischen Kampagnen in den Ostblockstaaten wurden in Israel sehr aufmerksam verfolgt. Die staatstragende sozialdemokratische MAPAI verurteilte von Beginn an scharf den Antisemitismus in der Tschechoslowakei und der Sowjetunion, was ihr von den Parteikommunisten als Antikommunismus angekreidet wurde. Während MAKI und der stalinistische Flügel von MAPAM selbst noch die antisemitischen Kampagnen in den Ostblockstaaten verteidigten, sahen rechtszionistische Aktivisten in Israel die Zeit zum Handeln gekommen: Am 9. Februar 1953 wurde – offensichtlich als Reaktion auf den Slánský-Prozess und die Ärzte-Kampagne – eine Bombe in der sowjetischen Botschaft in Tel Aviv gezündet (Krammer 1974: 202).

Die MAKI hielt ihre Treue zur Sowjetunion auch aufrecht, nachdem Nikita Chruschtschow Ende 1955 erklärt hatte, der israelische Staat habe vom Beginn seines Bestehens an seine Nachbarn bedroht und eine feindselige Politik gegen sie verfolgt. Diese abermalige Wende in der sowjetischen Politik war keine leichte Kost für die israelischen Kommunisten: Der Hinweis auf den arabischen Angriff auf den jungen israelischen Staat, der verdeutlicht, dass Chruschtschows Behauptung eine Verkehrung der realen Verhältnisse darstellte, war stets eine wichtige Legitimation sowohl von der MAKI als auch der MAPAM für ihre Unterstützung des zionistischen Aufbaus gewesen.

Die Parteispaltung von Mitte der 1960er Jahre kündigte sich nun bereits an. Während zahlreiche der arabischen Parteiführer nach dem XX. Parteitag der KPdSU forderten, die Anerkennung Israels durch die Sowjetunion als „stalinistischen Fehler“ einzustufen (Kaufman 1997: 34), verabschiedete sich Sneh, eine der zentralen Figuren zuerst bei MAPAM und dann in der MAKI, langsam von seinen antizionistischen und strikt prosowjetischen Positionen. Er bezeichnete Nasser, den neuen panarabischen Bündnispartner Moskaus, der in den 1950er Jahren von arabischen Israelis auf 1. Mai-Demonstrationen als nahender Rächer gepriesen wurde (ebd.: 62), als „reaktionär" (zit. n. Seliger 1976: 251). Führungskader wie Mikunis und Ester Vilenska kritisierten die antiisraelischen Reden, die Walter Ulbricht während seiner Nahost-Reisen zur Freude seiner arabischen Gastgeber hielt (Merhav 1980: 73). Bei der MAPAM kam es zu einer deutlichen Absetzbewegung von Moskau und Ende der 1950er Jahre emanzipierte sie sich zusehends vom Marxismus-Leninismus als ideologischem Rüstzeug. Die MAKI hingegen verteidigte selbst noch den unter der Schirmherrschaft Moskaus eingefädelten Waffendeal zwischen Ägypten und der Tschechoslowakei, der allen Beobachtern die Umorientierung der sowjetischen Außenpolitik deutlich vor Augen führte (Beinin 1990: 168).

1956 kam es abermals zu einer jener bemerkenswerten Anpassungsleistungen der israelischen Stalinisten an die Vorgaben aus Moskau, wie man sie bereits von 1929 oder aus der Zeit des Zweiten Weltkriegs kannte. Anfänglich unterstützte die MAKI den Sinai-Feldzug als, wie es in *Kol Ha'am* hieß, „Polizeiaktion gegen blutrünstige Marodeure und den Pharaoh vom Nil." Doch nach nur zwei Tagen hatte die Parteiführung die völlig entgegengesetzte Einschätzung der Sowjetunion übernommen und schwang sich zur Verdammung der „imperialistischen Aggression" auf (zit. n. Rubenstein 1985: 331f.). Die MAPAM hingegen unterstützte nach anfänglicher Kritik den Sinai-Krieg mit militanter antiimperialistischer Rhetorik und forderte die Annektierung des Gaza-Streifens, wohingegen die Sozialdemokraten der MAPAI ihrem Pragmatismus treu blieben und auf Grund des internationalen, insbesondere US-amerikanischen Drucks den Rückzug aus den eroberten Gebieten vorbereiteten (Beinin 1990: 176f.).

Parteispaltung und Verharmlosung des Islamismus

Der seit den 1920er Jahren existierende Dauerkonflikt zwischen jüdischen und arabischen Parteimitgliedern führte 1965 abermals zur Spaltung der KP. Bekannte arabische Mitglieder wie Emile Habibi und Tawfik Tubi gründeten gemeinsam mit Meir Vilna als Abspaltung von der MAKI unter Mikunis und Sneh die Rakach. In der Folge wettern die beiden über den im einen Fall jüdischen, im anderen arabischen Chauvinismus der

Konkurrenz. MAKI unterstützte den Sechs-Tage-Krieg 1967 als legitime Selbstverteidigung; Rakach verurteilte ihn als Aggressionskrieg, was ihr die alleinige Anerkennung durch die KPdSU als legitime Bruderpartei und Wahlempfehlungen aus Kairo einbrachte (Seliger 1976: 252; Merhav 1980: 75).

Eine kritische Aufarbeitung der Parteigeschichte fand bisher kaum statt. In ihrer Stellungnahme zum 60. Jahrestag der israelischen Staatsgründung verwies MAKI zwar auf ihre Unterstützung des Teilungsplanes 1947/48, erwähnt aber mit keinem Wort den fast 20 Jahre währenden Kampf ihrer Vorläuferorganisationen gegen die Etablierung eines jüdischen Staates im palästinensischen Mandatsgebiet (CPI 2008). Auch am Beginn des 21. Jahrhunderts waren die Bolschewisten „proud of the party's history" (CPI 2002: 12) und hielten unbeirrt an der Legitimationsideologie des Stalinismus, dem Marxismus-Leninismus, fest. Eine der bis heute wichtigsten kommunistischen Politikerinnen in Israel, Tamar Gozansky, hielt die Einschätzungen der KP hinsichtlich der arabischen Nationalbewegung aus den 1920er und 30er Jahren auch 2006 noch für gelungen (Grigat 2006). Der Historiker Ilan Pappé, der mehrere Jahre bei dem von der KP dominierten Bündnis HADASCH mitgearbeitet und im Sieg der Hamas bei den Parlamentswahlen 2006 „das einzig Gute" gesehen hat, „was in den letzten Jahren passiert ist", vertritt ebenfalls die Position, dass die Ereignisse von 1929 nichts mit Antisemitismus zu tun hatten (ebd.). Roni Ben Efrat von der Organisation Da'am, die nach der zweiten Intifada zu den wenigen linken Gruppen gehörte, die kritische Artikel über den Antisemitismus in der palästinensischen Gesellschaft publizierten (Agbarieh 2004), unterstützte bezüglich der Pogrome von 1929 auch Jahrzehnte später die Position der Komintern, also die Uminterpretation der antijüdischen Angriffe in einen antiimperialistischen Aufstand. Der 2013 verstorbene Akiva Orr, in den 1950er Jahren KP-Mitglied und 1962 einer der Mitbegründer der neomarxistischen *Matzpen*-Gruppe, sah in der anfänglichen Charakterisierung der Übergriffe von 1929 als Pogrome einen Fehler der KP-Führung. Auch die Revolte unter Führung des Muftis in den 1930er Jahren habe nichts mit Antisemitismus zu tun gehabt (Grigat 2006).

Derartige historische (Fehl-)Einschätzungen korrespondieren mit den Positionierungen hinsichtlich der Hamas oder des iranischen Regimes in den letzten Jahren. Die israelischen Schläge gegen das iranische Regime und sein Nuklearwaffenprogramm 2025 hat die KP Israels eindeutig verurteilt (MAKI 2025). Gozansky meint: „Wir haben Angst vor der israelischen Regierung, nicht vor der Hamas", und die israelischen Premierminister seien „viel gefährlicher" als die Präsidenten des iranischen Regimes (Grigat 2006). Wie fast alle antizionistischen Linken in Israel fordert sie einen atomwaffenfreien Nahen Osten statt der „einseitigen Verurteilung" des iranischen Regimes wegen seines Atomprogramms (ebd.).

In derartigen Äußerungen und Positionierungen setzen sich die fatalen Fehleinschätzungen der arabischen Nationalbewegung und die Verharmlosung des arabischen und islamischen Antisemitismus aus der Frühzeit der kommunistischen Bewegung in Israel und Palästina fort. Sowohl die Positionierungen in den 1920er und 30er Jahren als auch die aktuellen Einschätzungen sind unter anderem in dem theoretischen Antisemitismusverständnis begründet, das in der radikalen israelischen Linken vorherrschend war und ist. In der Kommunistischen Partei wie auch bei der Mehrzahl der heute aktiven linken und linksradikalen Gruppen ist man über die Erklärungsmuster des Marxismus-Leninismus kaum hinausgekommen. Der Antisemitismus wurde und wird nicht als von wahnhaften Projektionen getriebene Sicht auf die Welt kritisiert, sondern lediglich als Herrschaftsinstrument begriffen, das von der Bourgeoisie zur Spaltung der Arbeiterklasse oder von den israelischen Eliten zur Ablenkung von der Besatzungspolitik bewusst eingesetzt werde (Grigat 2011).

So wichtig einzelne Aktivitäten der historischen Kommunisten und der aktuellen Linken für die israelische Gesellschaft auch gewesen sein mögen – sowohl die PKP und die MAKI als auch die späteren Linksradikalen (ebd.) haben systematisch zur Verharmlosung des Antisemitismus beigetragen. Im Bündnis mit der arabischen Nationalbewegung unter Führung von Amin al-Husseini in den 1930er Jahren und bei der Verteidigung der stalinistischen Schauprozesse und Kampagnen gegen den „Kosmopolitismus" in den 1950er Jahren haben die israelischen Bolschewisten und Stalinisten ihn aktiv unterstützt.

Literatur

Achcar, Gilbert (2010): The Arabs and the Holocaust. The Arab-Israeli War of Narratives, London: Metropolitan Books.

Agbarieh, Asma (2004): Flirting with Anti-Semitism, in: Z, 11.01.2004, https://znetwork.org/znetarticle/flirting-with-anti-semitism-by-asma-agbarieh/.

Beinin, Joel (1990): Was the Red Flag Flying There? Marxist Politics and the Arab-Israeli Conflict in Egypt and Israel, 1948–1965, Berkeley: University of California Press.

Ben Gurion, David (1973): Israel. Die Geschichte eines Staates, Frankfurt am Main: Fischer.

Berger, Joseph (1971): Shipwreck of a Generation. The Memoirs of Joseph Berger, London: Harvill.

Berliner Abgeordnetenhaus (2025): Wortprotokoll Enquete-Kommission „Für gesellschaftlichen Zusammenhalt, gegen Antisemitismus, Rassismus, Muslimfeindlichkeit und jede Form von Diskriminierung", 4. Sitzung, 13.06.2025, https://www.parlament-berlin.de/ados/19/enko/protokoll/en19-004-wp.pdf.

Borochov, Ber (1969): Die Grundlagen des Poalezionismus, Frankfurt am Main: Borochov Press.

Budeiri, Musa (1979): The Palestine Communist Party 1919–1948. Arab and Jews in the Struggle for Internationalism, London: Haymarket Books.

Bunzl, John (1985): Die Sowjetunion und der Nahe Osten. Elemente einer Analyse, in: Bunzl, John/Flores, Alexander/Rasoul, Fadil: Falscher Alarm? Studien zur sowjetischen Nahostpolitik, Wien: Braumüller, 13–148.

Bunzl, John (2008): Israel im Nahen Osten. Eine Einführung, Wien: Böhlau.

CPI – Central Committee of the Israeli Communist Party (2002): 24th Congress. Report of the Central Committee, Tel Aviv: The Communist Party of Israel.

CPI – Central Committee of the Israeli Communist Party (2008): Sixty years of the State of Israel are sixty years of missed opportunities and of struggles for peace, democracy and equality, Tel Aviv: The Communist Party of Israel.

Dothan, Shmuel (1975): The Jewish Section of the Palestine Communist Party, 1937–1939, in: Carpi, Daniel/Yogev, Gedalia (Hg.): Studies in the History of the Zionist Movement and of the Jewish. Community in Palestine, Vol. 1, Tel Aviv: Tel Aviv University Press, 239–262.

Feikin, I.: Lenin und die Juden, in: Volksstimme, 15.01.1947.

Flores, Alexander (1980): Nationalismus und Sozialismus im arabischen Raum. Kommunistische Partei und arabische Nationalbewegung in Palästina, 1919–1948, Münster: Periferia.

Franzén, Johan (2007): Communism versus Zionism: The Comintern, Yishuvism, and the Palestine Communist Party, in: Journal of Palestine Studies, 36(2), 6–24.

Gozansky, Tamar/Timm, Angelika (Hg.) (2009): Wider den Strom! Die Kommunistische Partei Israels (KPI) 1919–2009. Artikel und Plakate, Tel Aviv: Rosa-Luxemburg-Stifung, https://api.rosalux.org.il/uploads/Wider_den_Strom_8336c4f6fc.pdf.

Greenstein, Ran (2014): Zionism and its Discontents. A Century of Radical Dissent in Israel/Palestine, London: Pluto Press.

Grigat, Stephan (2006): Interviews im Rahmen des Forschungsprojekts „Israel's Anti-Zionist and Pacifistic Left: Its Relation to and Perception in Austria and Germany", Academic College Tel Aviv-Jaffo, MP3-Disc (im Besitz des Verfassers).

Grigat, Stephan (2009): Mit dem Mufti gegen den Zionismus – mit Gromyko für Israel. Aus der Frühgeschichte der israelischen und palästinensischen Kommunistischen Partei, in: Transversal. Zeitschrift für Jüdische Studien, 10(2), 97–127.

Grigat, Stephan (2011): „Dezionisierung Israels". Thesen zum linken Antizionismus in Israel, in: Transversal. Zeitschrift für Jüdische Studien, 12(1/2), 131–147.

Grigat, Stephan (2014): Die Einsamkeit Israels. Zionismus, die israelische Linke und die iranische Bedrohung, Hamburg: Konkret.

Grigat, Stephan (2025): Vom Antijudaismus zum Hass auf Israel. Interventionen zur Kritik des Antisemitismus, Opladen: Barbara Budrich.

Hen-Tov, Jacob (1974): Communism and Zionism in Palestine: The Commintern and the Political Unrest in the 1920s, Cambridge, Mass: Schenkman.

Jorda, Iwo (1943): Araber-Aufstand. Erlebnisse und Dokumente aus Palästina, Wien/ Leipzig: Wilhelm Braunmüller.

Karpel, Dalia (2004): A revolutionary life, in: Haaretz, 09.12.2004, https://www.haaretz.com/2004-12-09/ty-article/a-revolutionary-life/0000017f-dee1-db22-a17f-fef13a760000.

Kaufman, Ilana (1997): Arab National Communism in the Jewish State, Gainesville: University Press Florida.

Krammer, Arnold (1974): The Forgotten Friendship. Israel and the Soviet Bloc 1947–53, Illinois: University of Illinois Press.

Keßler, Mario (1994): Zionismus und internationale Arbeiterbewegung 1897 bis 1933, Berlin: Akademie-Verlag.

Keßler, Mario (2017): Die Komintern und die Poale Zion 1919–1922: Eine gescheiterte Synthese von Kommunismus und Zionismus, in: Arbeit – Bewegung – Geschichte, 16(2), 15–30.

Keßler, Mario (2019): The Palestinian Communist Party in the Interwar Period. Internationalism versus nationalism: an overview, in: Rosa Luxemburg Stiftung, 27.08.2025, https://www.rosalux.de/en/publication/id/40923/#_ftnref9.

Laqueur, Walter (1961): Communism and Nationalism in the Middle East, London: Kessinger.

Laqueur, Walter (2003): The History of Zionism, London: B. Tauris.

Locker-Biletzki, Amir (2019): The Settler, the Native and the Communist. Nationalism, Colonialism, and Imperialism in Moshe Sneh's and Emil Touma's Ideology, 1953–1973, in: Jacob, Frank/Kunze, Sebastian (Hg.): Jewish Radicalisms. Historical Perspectives on a Phenomenon of Global Modernity, Oldenburg: De Gruyter, 129–152.

Lockman, Zachary (1996): Comrades and enemies: Arab and Jewish workers in Palestine, 1906–1948, Berkeley: University of California Press.

Maede, Colin/Küntzel, Matthias (2011): In the Straightjacket of Anti-Zionism: A critical review of Gilbert Achcar's *The Arabs and the Holocaust*, in: Journal for the Study of Antisemitism, 3(2), 805–815.

MAKI (2025): Communist Party of Israel and Hadash Stand Against Netanyahu Government's Attack on Iran, 15.06.2025, https://maki.org.il/en/?p=32752.

Mallmann, Klaus-Michael/Cüppers, Martin (2007): Halbmond und Hakenkreuz. Das Dritte Reich, die Araber und Palästina, Darmstadt: wbg.

Meir, Golda (1975): Mein Leben, Hamburg: Hoffmann und Campe.

Merhav, Peretz (1980): The Israeli Left. History, Problems, Documents, San Diego: MW Books.

Mousavian, Seyed Hossein (2014): Iran and the United States. An Insider's View on the Failed Past and the Road to Peace, New York: Bloomsbury Academic.

Na'aman, Shlomo (1997): Marxismus und Zionismus, Gerlingen: Wallstein.

Norwood, Stephan H. (2013): Antisemitism and the American Far Left, Cambridge: Cambridge University Press.

Offenberg, Mario (1975): Kommunismus in Palästina. Nation und Klasse in der antikolonialen Revolution, Meisenheim am Glan: Anton Hain.

Rote Fahne (1929): Die Rote Fahne. Zentralorgan der kommunistischen Partei Deutschlands, 27.08.1929.

Rubenstein, Sondra Miller (1985): The Communist Movement in Palestine and Israel, 1919–1984, Boulder: Westview Press.

Schenker, Hillel (2004): Jewish National Self-Determination at the Crossroads, in: Leon, Dan (Hg.): Who's Left in Israel. Radical Political Alternatives for the Future of Israel, Sussex: Sussex Academic Press, 100–112.

Seliger, Kurt (1976): Rakach und Maki – Die zwei kommunistischen Parteien Israels, in: Osteuropa, Nr. 4, 251–253.

Shindler, Colin (2012): Israel and the European Left. Between Solidarity and Delegitimization, London/New York: Continuum.

Taut, Jakob (1986): Judenfrage und Zionismus, Frankfurt am Main: isp.

Trepper, Leopold (1995): Die Wahrheit. Autobiographie des „Grand Chef" der Roten Kapelle, Freiburg: Ahriman.

Weinstock, Natan (1975): Das Ende Israels? Nahostkonflikt und Geschichte des Zionismus, Westberlin: Wagenbach.

Wildangel, René (2007): Zwischen Achse und Mandatsmacht. Palästina und der Nationalsozialismus, Berlin: Klaus Schwarz.

Wilenska, Ester (1946): Die Drahtzieher der Unruhen, in: Volksstimme, 02.07.1946.

Zedek, Moshe (1973): Borochovism, in: Porter, Jack Nusan/Dreier, Peter (Hg.): Jewish Radicalism. A Selected Anthologie, New York: Grove Press, 100–110.

Late Stalinist Antisemitism

An Approach to the 1952 Slánský Trial in Prague

Jan Gerber

Prologue

On 27 June 1957, public interest in the German Democratic Republic (GDR) was focused on Weimar.[1] The Central Committee of the ruling Socialist Unity Party of Germany (Sozialistische Einheitspartei Deutschlands, SED) dispatched its Secretary for Culture and Education, the former Minister for Public Education Paul Wandel to Weimar, and Johannes R. Becher, Anna Seghers and other writers traveled to this city of German Classical Literature. All the larger newspapers sent correspondents. The reason for all this attention was the funeral of the writer Louis Fürnberg, who authors such as Christa Wolf, Rainer Kirsch, and Hanns Cibulka soon considered their literary teacher. Fürnberg had suddenly succumbed to a heart attack four days earlier, at the age of 48. The memorial service organized by the GDR government began in the White Hall of the Weimar City Palace where the coffin of the poet lay in state (ND 1957; Bundesarchiv 1957a, 1957b, 1957c, 1957d). Officers of the newly founded Nationale Volksarmee (National People's Army) performed the guard of honor. They also led the funeral procession, which progressed from the City Palace to the Historical Cemetery, and they laid a huge wreath that Wilhelm Pieck, President of the GDR, had sent. Behind the guard of honor were six more soldiers, carrying the coffin of Fürnberg. Hundreds of people joined the funeral procession and paid the poet their last respects. The SED main organ, *Neues Deutschland*, which carried a report on its front page on the funeral the following day, spoke of a "funeral procession almost inestimable in size" (ibid.). In the Historical Cemetery of the City of Weimar, the coffin was finally lowered into the ground in a representative location. Fürnberg, who had served in Weimar as deputy director of the National Research Institutes

1 This essay summarizes some of the central theses of my book and a longer essay on the Slánský trial in a necessarily abbreviated and pointed form (Gerber 2017; Gerber 2020).

and Memorial Places of German Classical Literature, was laid to rest only a few paces behind the final resting place of Johann Wolfgang von Goethe.

The funeral of Fürnberg, who is today almost only known as the author of the non-official hymn of the SED – "Die Partei, die Partei, die hat immer recht" (The Party, the Party is always right) (Gerber 2012) –, was unusual in every respect. Thus, the author, honored in death by an act of state, had only been granted citizenship in the GDR in August 1954, less than three years before his early demise. Up until that point he had had a Czechoslovak passport and his principal place of residence was Prague. Already in 1945, it had been suggested to Fürnberg, born in 1909 in Iglau in Moravia, that he relocate to Germany. In connection with the resettlement of the Germans from Czechoslovakia after the war, the 50,000 German-speaking members of the Communist Party of Czechoslovakia (Komunistická strana Československa, KSČ) had been told to leave the country. But Fürnberg and his wife Lotte had refused to go to Germany (Fürnberg/Zweig 1946: 143; AdK 1953). The reason, which they did not mention publicly but only hinted at cautiously in private (Fürnberg/Zweig 1945: 140), was that 28 of their relatives had been murdered in the National Socialist concentration camps. Many Jewish KSČ members, who belonged to the German-speaking minority in the country, made a similar decision. Egon Erwin Kisch, whose brothers had been murdered in the Theresienstadt and Łódź ghettos, Otto Katz, the editor of the two Brown Books about the Reichstag fire (Braunbuch 1933; Braunbuch II 1934), and others, unlike the majority of their German-speaking communist comrades, did not relocate in 1945/46 to the Soviet Occupation Zone of Germany but rather to Prague. Fürnberg commented on his decision: "It wasn't for reasons of caution, but because first a person wants to let some grass grow over their feelings." (Ibid.)

But why then did Fürnberg change his decision not to go to Germany and in 1954 chose to relocate from Prague to Weimar, where twelve years earlier his brother had been murdered in the nearby Buchenwald concentration camp?

A first clue is provided by an extraordinary message of condolence that Lotte Fürnberg received shortly after the death of her husband (AdK 1957). It was sent by Grete Weiskopf, the widow of the writer F. C. (Franz Carl) Weiskopf, who, like Fürnberg, had grown up in the Bohemian Lands, stemmed from a German-speaking Jewish family and had joined the KSČ already as a young man. Like his writer colleague, he too only decided to go to the GDR in the 1950s. In September 1955 he died there of a heart attack.

Not least it was these parallels that Weiskopf's wife alluded to when she wrote in her letter of condolence that there was probably no-one who could understand Lotte Fürnberg as well as she did. But there was another shared common element. In reference to the early death of the two writers, Grete Weiskopf spoke of "mistakes and errors" that were not paid for by "those who made them, but rather by their victims". Both Fürnberg and Weiskopf appeared to her as if they had "died in war". And she added: "Only, what kind of a war was that?!" (Ibid.) This question and the biographies of Fürnberg and Weiskopf provide a new perspective on the late Stalinist campaign against "cosmopolitanism and Zionism" that affected the states of the Soviet sphere of influence from the early 1950s onwards, particularly Czechoslovakia.

A Trial in the Cold War

The confrontation for which Grete Weiskopf found no name was ostensibly the Cold War that began in 1947/48. Only shortly after the breakup of the anti-Hitler coalition, the world was on the brink of a new, this time nuclear, world war. The US monopoly on atomic weapons had been broken already in 1949; work began in 1950 on the Soviet hydrogen bomb. When the Korean War erupted that same year, representatives of the two camps assumed that a new military confrontation was on the horizon in Europe. The fear of this last war, which would be atomic, gained validity on both sides of the Iron Curtain, manifest in a virtual hysteria over spying and infiltration. It was no accident that the career of the British agent 007 began at this juncture. *Casino Royale*, Ian Fleming's first James Bond novel, appeared in 1953, becoming a bestseller in near-record time.

On the one hand, this hysteria about agents was promoted by the actual activities of the security services, which took on an extent previously unknown; on the other, it was spurred by the particularities of the deepening Cold War. Thus, the East-West conflict permeated the world not only vertically, along national borders, but also horizontally right across the blocs. Influential communist parties existed in the West, some of which, as in France and Italy, at times garnered almost a third of the votes. In the Central and Eastern European countries that now belonged to the Soviet sphere of influence, by contrast, the Red Army in its advance from 1942 on had certainly not been welcomed everywhere as a liberator. In addition, in

1948, the Yugoslav head of state and party chief Josip Tito, previously one of the most faithful supporters of Stalin, broke with Moscow.

Yet this hysteria over war and infiltration on both sides of the Iron Curtain was most centrally expressed in a series of spectacular court proceedings, where (despite all the significant differences) the ideological questions of the Cold War were dealt with. Just recall the case against László Rajk in 1949 in Budapest, in which the former Hungarian interior and foreign minister and seven of his comrades were denounced as Western agents (Shiels 2006). In the Kravchenko trial that same year, at issue was the credibility of a Soviet diplomat who had fled to the West (Kern 2007). In New York in 1951, Ethel and Julius Rosenberg were found guilty, despite the deficient state of the evidence, of being Soviet atomic spies. Sentenced to death, they were executed two years later in the electric chair (Schneir 2010).

Yet probably the most spectacular trial in those years was the tribunal in November 1952 in Prague against Rudolf Slánský, the former General Secretary of the Czech Communist Party, along with 13 other high-ranking KSČ functionaries. Eleven of them were sentenced to death, three were given life imprisonment. In five large-scale and a whole series of smaller secondary trials, dozens more former members of the state bureaucracy and Communist Party apparatus in Czechoslovakia received lengthy prison sentences, in some cases life imprisonment (Gerber 2017).

However, the Slánský trial differed from other political trials at the beginning of the Cold War not only in its magnitude but also because of its openly antisemitic character. Many of the defendants were not only reproached for having spent the time of the anti-fascist exile, at least in part, in the West, where they had supposedly been in contact with British and American offices. Rather, the Czechoslovak press also regularly repeated the fact that twelve of the fourteen main defendants were Jews. This Jewish background, it was claimed, made them unreliable in national matters. The pervasive tenor of the indictment, judgment and concomitant press coverage construed them as persons untrustworthy in a national sense: cosmopolitans, conspirators, agents of imperialism and, not to be forgotten, "Zionists". In the trial protocol, ultimately the old antisemitic stereotype of a link between Judaism and Freemasonry was employed: the state prosecutor argued that with the assistance of Freemasonry lodges and Zionist organizations, the accused had tried to undermine the people's democratic order (Urválek 1952: 17). In parallel with the trials, Jews, viewed without exception as Zionist agents, were banned from mid-level and higher positions in the national government and Communist Party machinery.[2]

Among these victims of the Slánský trial were also Louis Fürnberg and F. C. Weiskopf. After the Coup de Prague, the communists took over power in 1948 and the two writers joined the diplomatic service of Czechoslovakia: Weiskopf became an embassy counselor in Washington, envoy of Czechoslovakia in Sweden in 1949 and shortly after ambassador in the newly declared People's Republic of China. In 1949, Louis Fürnberg was appointed cultural attaché in the Czechoslovak embassy in the GDR. In the context of the Slánský trial, the two were called back from their posts and ordered to return to Prague. Both of them were in a panic, because behind the charges against the defendants in the trials, Fürnberg and Weiskopf also saw attacks against themselves as individuals (AdK 1953b; Fürnberg 1996: 86). Like Otto Katz, Ludvík Frejka or Artur London, they were widely travelled intellectuals, had spent the period of anti-fascist exile in the West and stemmed from Jewish families.

It was at this point that they decided to apply for resettlement in the GDR. Fürnberg and Weiskopf were certainly aware that an analogous trial was also being prepared in East Berlin. The international press reported extensively on arrests in the GDR (Friedmann 2007: 230; Brandt 1985: 407; ZK der SED 1952); moreover, remigrants from the West like Anna Seghers, Willi Bredel, Bodo Uhse and other friends of Fürnberg and Weiskopf had been systematically vetted. Nevertheless, the GDR still appeared to them to be a reasonably safe place of refuge.

They were quite right in their assessment. While Fürnberg and Weiskopf had become personae non grata in Czechoslovakia, their books became bestsellers in the GDR. The wave of purges within the SED also bypassed them. The campaign against "cosmopolitanism and Zionism", which provided the framework for the persecutions across the Eastern bloc in those years, never took on the same proportions in the GDR as in Czechoslovakia. The proceedings against Paul Merker, Bruno Goldhammer, Paul Baender, Fritz Sperling and other remigrants from the West did not take place in 1954/55 as show trials but rather as secret trials (Graf 2024: 213–258; Herf 1997: 106–161). The accused were not executed but rather sentenced to imprisonment. Even if late Stalinism in the GDR evinced clear antisemitic undertones (ibid.; Haury 2002; Meng 2005), the SED

2 On the reactions of the Jewish population in Czechoslovakia to the Slánský trial: Čapková (2020).

apparently was hesitant when it came to making Jews the principal figures in their trials, openly attacking them on basis of their Jewish origins.

Weapons for Israel

The fact that the Prague investigators concentrated on the Jewish party members was not least a product of the Soviet reorientation in the Middle East. Moscow initially had supported the establishment of the State of Israel to weaken the British position in this geo-strategically important area (Bialer 1990; Krammer 1974). When in 1947 an agreement on an arms deal between the Hagana, the Yishuv's defense forces, and Prague began to emerge, Stalin voiced no objections. On the contrary: he supported the development of financial and political relations. Thus, Czechoslovakia and the Soviet Union were among the first states to formally recognize Israel internationally in 1948.

The first arms deal agreement was soon followed by others. When Prague and Tel Aviv concluded an agreement on the supply of fighter planes, military support was expanded to include the training of pilots. In Planá and Olomouc in Czechoslovakia, members of the Hagana, among them the future Israeli president Ezer Weizmann, were trained in operating the planes. During the War of Independence, Czechoslovakia additionally assembled a volunteer brigade of some thousand Jews from the People's Republic who had submitted applications to immigrate to Israel, along with numerous non-Jewish officers (Krammer 1974: 111; Timm 1997: 83). But it was especially the airlift between Prague and Lod, by which the Israeli military was kept supplied with weapons during the War of Independence, that proved to be a boon. According to David Ben Gurion, it made a decisive contribution to the Israeli victory over the forces of the Arab League. In his words: "They rescued the state." (Q. f. Schiff 1985: 37)

But the weak showing by the Israeli Communist Party in the first election to the Knesset in February 1949 already served to worsen relations between Moscow and Tel Aviv: the party garnered only 3.5 percent of the vote. This was interpreted by the Kremlin as a clear decision by the Israeli electorate against the "Soviet Way of Life". When in 1949 Israel accepted a loan of 100 million US dollars from Washington and moved cautiously towards the US during the Korean War, relations worsened even further. Moscow began to distance itself from Israel and sought to forge closer links with the Arab states.

This change of policy was expedited by a change in Soviet domestic policy. During World War II, the rulers in the Kremlin had made numerous concessions to the various nationalities in the Soviet Union regarding national and cultural autonomy. They had assumed (probably correctly) that the appeal to patriotic sentiment could better motivate citizens for the struggle against Germany than the idea of the classless society. The latter had already been heavily discredited by the savage actions by the Bolsheviks in their own sphere of power, including foremost the catastrophe of collectivization, the Great Terror and Gulag. In this context, various organizations came into being, such as the Jewish Anti-Fascist Committee, the Pan-Slavic Anti-Fascist Committee, and its periodical *Slawjane*.

However, with the beginning of the Cold War, the Soviet state and party leadership again distanced itself from its liberal policy on nationalities in World War II. After the victory over the German occupiers, the extensive promises for national autonomy appeared to endanger the unity of the Soviet Union. When in 1948 Golda Meir (at this time: Meyerson), the first Israeli ambassador to Moscow, was greeted joyfully by thousands of Soviet Jews (some speak of tens of thousands) shouting "Next year in Jerusalem!" (Veidlinger 2003: 13–15) during a visit to the great Moscow Choral Synagogue, the always present distrust among the Kremlin leadership grew. The traditional saying at Passover and Yom Kippur, which up until then had had a sacred meaning, had taken on a political dimension with the establishment of the State of Israel in May 1948. Thus, against the backdrop of the intensifying alienation between Moscow and Tel Aviv, the paranoia regarding agents in the early Cold War combined with the traditional fear of a double loyalty on the part of the local indigenous Jews. This change in direction by the Soviet Union was accompanied throughout the Eastern bloc by the infamous campaign against "cosmopolitanism and Zionism".

However, the "war" Grete Weiskopf had alluded to in 1957 in her message of condolence to Lotte Fürnberg had a further dimension. Even if the Soviet reorientation in the Middle East was the geopolitical reason underlying the Slánský trial, it does not explain (1) why Louis Fürnberg, who had become a persona non grata in Czechoslovakia, was less than three years later honored with a state funeral in the GDR. It also does not explain (2) why the campaign across the Eastern bloc against "cosmopolitanism and Zionism" resulted in such especially bloody consequences in Czechoslovakia. The Prague trials were the "most terrible bloodbath that Stalinism led to in the satellite states" (Hodos 1988: 124). And it does not explain (3) why anti-fascists, which the KSČ leaders doubtlessly were, concocted a show trial only seven years after the liberation of Auschwitz in which Jews were indicted as Jews and ultimately executed. To be able to answer these question, it is necessary to look back into the interwar period and via those years back into the nineteenth century.

Communism and the National Question

When Louis Fürnberg and F. C. Weiskopf emigrated to the GDR in the early 1950s, they were treading a path they had walked down once already more than twenty years earlier. In 1928, Weiskopf relocated for the first time to Berlin, and Fürnberg did the same in 1929. (While for health reasons Fürnberg stayed only a few months in Germany (AdK 1948–1954), F. C. Weiskopf did not return from Berlin to Prague until after the Reichstag fire.) With their resettlement in Berlin in the 1920s, the two writers were part of a large migration movement to Germany from the Habsburg Empire and its successor states, made up of hundreds of young, revolutionary-minded intellectuals, often speakers of German and from Jewish families. With relocation to the German capital, migrants like Karl Kautsky, Egon Erwin Kisch, Otto Katz (in the Slánský trial sentenced to death), Hanns Eisler, Rudolf Hilferding, Friedrich Stampfer and others were continuing down a path they had set out on when they joined the workers' movement.

With the collapse of the Russian and the Habsburg empires at the end of World War I, nation-states had come into being everywhere in Central and Eastern Europe: Poland, Czechoslovakia, the Austrian Republic, Lithuania, Estonia, Latvia, etc. But significantly, their population structure differed only little from that of the old empires. In the Cisleithanian part of the Habsburg monarchy, i. e. the area governed from Vienna, there were nine recognized nationalities. And in Czechoslovakia there were still six: along with Czechs and Slovaks, who were counted as Czechoslovaks, there were Germans, Hungarians, Ruthenians, Jews and Poles. This heterogeneity entailed numerous problems. The Russian Empire and Habsburg Monarchy had been already shaken by struggles between nationalities, springing from actual discrimination of minorities, and the national aspirations for independence of the respective population groups. However, in the states that had emerged from the collapse of the two great empires, the situation of the national minorities was often even more unpleasant than in the old empires. Their desire for national independence had also been intensified by the wave of new states born after the end of World War I.

The workers' movement had a special attraction for members of these national minorities. This aura went back precisely to the Marxian concept of social class. It was a conception that lacked unlimited binding validity due to the nationalities question that predominated everything in Central and Eastern Europe. This concept, which paradoxically was most popular where one could speak only in a limited way of the dominance of class struggle and different class status, appeared as a kind of beacon. On the basis of its universalist core, it seemed to hold out the possibility to leave behind any discrimination based on a person's origin. The proletarian organizations promised the creation of a society in which the "Blutsurenge", the "merely local connection resting on blood ties", as Marx had polemically termed it (Marx 1993: 161; Marx 1983: 95), would no longer have any meaning. Louis Fürnberg's and F. C. Weiskopf's friend Paul Reimann (Pavel Reiman), who during the Prague trials was forced to testify against Slánský, explained in exemplary fashion in his memoirs that he had become a communist with an eye to a future society of the free and equal, not least in order to liberate himself from his Jewish origin (Reiman 1966: 29).

In the here and now, the Communist Party took on a similar function. Thus, the national minorities among the members and voters of the KSČ (also of the communist parties in Poland, Rumania, Hungary and elsewhere) were also over-proportionately represented (Burks 1961: 187–202; Kuhn 1962: 435–440). This was because the party was the only political force in the respective countries in which the members of all nationalities officially enjoyed full equality. In the ranks of the workers' movement, the members of the national minorities were transformed not only into comrades, but rather paradoxically for the first time into equal citizens according to a Western democratic paradigm. The workers' movement was thus a de facto substitute for political liberalism, which in the West was already mired in crisis, at a time when it still had not even established itself in Eastern Europe. The concept of class appeared to neutralize that of origin.

However, beneath the universalist surface oriented to class struggle, the nationality conflicts, which called into question the actual potency of the concept of class, also continued to churn within the workers' movement. Thus, in the KSČ, the party of Fürnberg and Weiskopf, there was mistrust especially of Germans and Hungarians. This mistrust was based on a mixture of national misgivings and negative experiences with members of the two former dominant nations (Austria and Hungary) in the Habsburg

Empire. In the old imperial days, they had clearly been privileged; their behavior also regularly reflected that.

Yet the mistrust also targeted the Jewish party members. Like Fürnberg and Weiskopf, they often came from middle-class families and their forebears had, as a result of the Josephine reforms in the eighteenth century, in many cases also largely acculturated, including the adoption of the German language and associated aspects of cultural development.[3] Since the emergence of the Czech national movement in the nineteenth century, the indigenous local Jews were thus perceived as adherents and representatives of Germanization, a process vehemently rejected by many Czechs. In contrast, when they adhered to the imperial principle of multilingualism, they were often accused of undermining the ethnolingual affiliations that the various national movements sought to strengthen. While bilingualism, the co-existence of a transnational language of education and a regional colloquial language, was not uncommon at the beginning of the nineteenth century, at its end it was considered something supposedly Jewish – an expression of national untrustworthiness. Even though many Bohemian and Moravian Jews had turned to the Czech language since the late nineteenth century, Czech antisemitism remained connected with animosity towards the Germans and dislike of their language, which had ousted and in part replaced Czech since the seventeenth century (Kořalka 1999: 20; critical: Frankl 2005). Once generated, interpretive patterns usually change more slowly than reality. They immunize themselves against empiricism above all when, even at the time of their creation, they serve less to structure reality than to satisfy needs: from political mobilization to national self-assurance. Interpretive patterns become worldviews when reflection on the projective moment underlying all perception fails (Horkheimer/Adorno 1988: 196–209).

In contrast to the situation in the Bohemian lands, venturing to Weimar Berlin seemed to promise the option of a final goodbye to one's origin. The modernity of the German metropolis, about which Weiskopf, Kisch or Katz were in agreement (e. g. Weiskopf 1927: 486; Václavek 1965: 14), consisted in the fact that two of the core categories of order in modernity, the concepts 'society' and 'class', here were able to lay claim to virtually unlimited validity. To avoid any misunderstandings: the German workers' movement also

3 On the state of research, the question of languages and the complicated affiliations of the Bohemian Jews: Čapková (2012: 14–25, 56–63); Čapková/Kival (2020); Čapková/Kieval (2021).

regularly pursued a strict national direction. Just recall the support of the SPD socialists for the war credits in 1914 or the various national-German Bolshevik strategies with which an attempt was made to surpass the Nazis in matters of patriotic propaganda (e. g. KPD 1930). Yet differing from the situation in the successor states of the Habsburg Empire, the concept of 'nation' in Western Europe and Germany was used less in the sense of 'ethnic groups' and more in the meaning of the affiliation to "the state as a whole" (Kořalka 1958: 299). In simplified terms: west of the old empires, nationality pointed to citizenship; by contrast, in Eastern Europe it aimed towards ethnic belonging, as Hans Kohn has repeatedly emphasized (Kohn 1965).[4] For this reason as well, the question of 'belonging' did not arise in Berlin in the Weimar period with the same vehemence it sparked at that time in the territory of the former Habsburg Monarchy. In Berlin at this juncture, origin was supplanted by the future, or as the German language neatly put it, 'Herkunft' was replaced by 'Zukunft'.

Return to Prague

The longing for Prague that marks many literary works of Fürnberg and Weiskopf only arose when that future disappeared, namely during the conjuncture of anti-fascist exile. Berlin lost its magnetic power of attraction due to National Socialism, which can stand for the end of the "language of class" (Geoff Eley). But Prague likewise no longer meant much as a point of reference. "Gradually", Lotte Fürnberg recalls, "we became aware of the fact just how many of our friends, whom we inquired about, were no longer among the living. The past became clear to us by dint of their death." (Fürnberg 1996: 60)

But the status of the survivors also became precarious. Thus, the Sudeten German movement of "Back Home to the Reich" ("Heim ins Reich"), the experience of German occupation and the Nazi policy of resettlement, expulsion and genocide had served to crystallize different ideas than in the interwar period within the minds of the exiled Czech politicians for dealing with the question of nationalities. No longer was the aim a process

4 In other words, west of the old empires, due to the largely ethnic homogeneity, there were generally no state citizens who had a nationality other than that of the titular nation. In Eastern Europe, however, the situation was different. In Czechoslovakia, for example, there were countless Czechoslovak citizens of German, Polish, Ruthenian, Jewish, etc. nationality.

of coalescing, growing together into one, as Edvard Beneš had envisaged once (Beneš 1909: 19; Beneš 1935: 8; Beneš 1937: 17). Nor was the national autonomy now envisioned, which for a time had been a demand of the KSČ (KSČ 1923: 15–16; KSČ 1931: 299–302). Now central was the aim of ethnic homogeneity, extending even to the expulsion of a portion of the population to achieve that. Thus, most of the Germans, who constituted approximately twenty-five percent of the population, were resettled from Czechoslovakia in 1945/46, and a portion of the Hungarian minority was expelled, their possessions seized.

The local indigenous Jews were also affected by these policies in many cases. On the basis of their identification with the German language and culture, many survivors of the Holocaust were expelled along with the Germans after 1945 (Wein 2016: 252–255; Wlaschek 1997: 220; Nepalová 1999). Hundreds left the country or stood in exile, because their citizenship was withdrawn (Wein 2016: 252–255; Nepalová 1999: 353–355). Exceptions were made not least in the case of members of the KSČ like Fürnberg and Weiskopf. The traditions of the "long nineteenth century" distorted the view among many Czechs of the fact that the close bond between the German and Jewish cultural development since the Josephine reforms had been rent asunder, dissolved by Auschwitz. The brevity of the period in which this nexus was smashed (from the autumn of 1941 to the winter of 1944) also contributed its share in making it difficult to discard what had been the historical system of coordinates of the previous 150 years (Diner 1995: 126–129). Historical consciousness often changes more slowly than its subject.

Ultimately, the goodwill that the Prague government mustered for the emigration plans of Czechoslovak Jews to the Middle East also belongs in this context: between 1947 and 1949 some twenty thousand of them were permitted to emigrate to the British mandate territory Palestine and the State of Israel (Bialer 1990: 63). This comprised roughly half of the Jewish population then in Czechoslovakia.

This sense of goodwill was quite ambivalent, because it was bound up not only with the geostrategically motivated support granted to Israel by the Soviet Union – but rather also with the transformation of Czechoslovakia into a proverbial 'people's democracy'. With this concept, the masterminds of the world communist movement had initially sought to distance and differentiate themselves from the Western democracies. But quite unwittingly, with the term 'people's democracy' they also found a formula that did ethnographic justice to the new situation in Central and Eastern Europe. In the interwar period, citizenship and ethnicity had diverged in all the countries that were designated as people's democracies after 1945. As a result of the National Socialist population exchanges, the German mass murders, and the ensuing reactions to these policies after the Second World War – the changing and re-drawing of borders, the expulsions and resettlements – demos and ethnos, state people and nominal nation, became largely identical in Eastern Europe for the first time. Poland, where large Jewish, Ukrainian, Russian and German minorities had always lived, became an ethnically nearly homogeneous Polish state through annihilation of the local indigenous Jews, the expulsion of the ethnic Germans and the shifting westward of the borders. Czechoslovakia – as a result of the resettlement of the Germans, the expulsion of numerous Hungarians and the transfer of Carpathian Ukraine, inhabited principally by Ruthenians, to the Soviet Union – was transformed into the national state of the Czechs and Slovaks.

Not least, the emigration of Jews from Czechoslovakia to the Middle East, seen against this backdrop, was regarded as a contribution to the further reduction in the number of those who were not encompassed under the umbrella of 'peoplehood' in the new ethno-democracy. By lending support to emigration to Israel, the government in Prague sought to rid itself of one of the last population groups that reminded people of the imperial tradition of the country – which after the war had once more totally reconstituted itself in a new way, territorially and in terms of ethnicity. An internal paper of the Czechoslovak interior ministry in 1948 stated accordingly that the resettlement plans of the local Jews should be looked on favorably, since these persons were not very reliable and there were "unproductive elements" among them (Svobodová 1999: 235). The American Jewish Joint Distribution Committee, principally concerned after the Second World War with assistance for Jewish DPs, spoke in an internal paper in 1948 about a "systematic deportation" of the Czechoslovak Jews by the Prague authorities (ibid.; ABS 1948; ABS 1949a; ABS 1949b).

Which is to say: the good relation that the Czech government fostered toward Israel from 1947 to 1949 was at best based only in a limited way on special sympathies for the Jewish state. For that reason, the Prague government in 1948 did not hesitate to negotiate with Arab countries about arms sales. However, when Israel intervened, the Soviet Union forbade Czechoslovakia from developing any further economic relations with Arab countries (Loebl 1976: 24–26; Brod 1980: 71). A Czech weapons transport, which left the Yugoslav Adriatic coast on 28 March 1948, bound for Beirut – at the same time a ship loaded with Israeli rifles embarked, headed for

Haifa – remained in this period the sole military support from Prague for the Arab League (Krammer 1974: 70).

The Trial

This policy of ethnic homogenization, implemented after 1945 everywhere in Eastern Europe, found an ideologically encoded internal party continuation in the Slánský trial – and in a more attenuated form likewise in the other Eastern European show trials during the early Cold War. The Soviet change of course in the Middle East, and the associated campaign across the entire Eastern bloc against 'cosmopolitanism and Zionism' coincided in Czechoslovakia with the lingering aftershocks of the ethnic conflicts in the interwar period and the nineteenth century. Thus, at the end of the 1940s, the Prague state and party leadership had initially refused to arbitrarily produce defendants for a show trial (NA 1949d), demanded by Budapest, Warsaw and Moscow (in that order) (NA 1949a; NA 1949b; NA 1949c). In the beginning, the Czech investigators searched for actual conspirators inside the party bureaucracy; however, none were to be found among the suspects (NA 1949d).

Only when the fraternal parties in Hungary, Poland and the Soviet Union adamantly insisted on a trial (e. g. NA 1951a) did the Czechoslovak investigators and numerous middle and senior party functionaries concentrate on persons who – because of their proficiency in German or their command of several languages – were always viewed with a modicum of mistrust (NA 1951b; NA 1951c). The personnel structure in the middle-range and higher party apparatus and state bureaucracy was revamped, adapting it to the population makeup of the country as it had changed in 1945/46. Without the party leadership becoming fully aware of what was happening, the KSČ in this manner was, in the framework of the campaign against 'cosmopolitanism and Zionism', 'cleansed' of its last imperial or Habsburg vestiges in the new national state of the Czechs and the Slovaks.

Thus, the defendants in the Slánský trial found themselves thrust once again into that multiple position of minority which they had actually opined to leave behind by joining the Communist Party. Fürnberg's and Weiskopf's friend Paul Reimann was compelled to testify in court that the joint element of the accused was "their shared Jewish bourgeois origin" (Reiman 1952: 139). The Czechoslovak press stressed that the names at birth given to the defendants stemmed largely from the German-Jewish tradition. Fürnberg's friend Ludvík Frejka had been born as Ludwig Freund, Bedřich Reicin as Friedrich Reinzinger, Bedřich Geminder as Friedrich Geminder. Where no German name could be found, one was invented, as in the case of Rudolf Slánský. Since that time there has in fact been a stubborn and persistent rumor that the 'actual name' of the General Secretary of the party had been Rudolf Salzmann[5] (Kolder Commission 1968: 95). Around 1945, the KSČ had often still recommended such name changes to its Jewish members (Goldstücker/Schreiber 2009: 108). Now suddenly the acceptance of this advice was no longer considered proper subordination to the new 'Slavic line' propagated in Czechoslovak politics, which had been a topic of discussion since 1943 (the classic: Kohn 1952). No: rather such name changes were deemed an attempt to infiltrate the party under false pretense, employing fictitious devices (Goldstücker 1952: 94). Thus, the court proceedings against Slánský and comrades were not simply, as is sometimes stated, a 'Moscow' trial, but rather also very much a 'Prague' trial, with a distinctive Czechoslovak element of its own.[6]

In the GDR, the situation differed from that in the successor states of the old empires. Despite the ostensibly identical character, the Slánský trial and the trials held in East Berlin took their choreography from different inventories. While ethnic questions and ideological issues converged in Prague, the trials in the GDR were principally motivated by ideology. Even though the SED continued and reproduced the 'class struggle' jargon of the Weimar German Communist Party (KPD), the concept of class had also lost its historical-philosophical implications there as well, due to National Socialism and the merging of mob and elite into the murder collective of the Holocaust. But in a sociological respect, as an instrument to describe differences in mentality, income and habitus, the notion of class retained in Germany, now as before, its validity. The nationality question – whose aftershocks reverberating in Prague made sure that the KSČ leadership did not even realize the signal effect of an antisemitic show trial only seven years after the liberation of Auschwitz – did not exist in the GDR.

5 Igor Lukes pointed out that the General Secretary's 'actual' or 'former' name was not Salzmann (Lukes 2008: 4). See further the death certificate of Slánský's father from the Theresienstadt ghetto: His father's name was Simon Slánský, his grandfather's name Bernhard Slánský (Ältestenrat 1943).

6 This has recently been emphasized by Chad Bryant, Kateřina Čapková and Diana Dumitru, who have worked out some of the 'local' dynamics with the help of numerous sources (Bryant/Čapková/Dumitru 2023).

Undoubtedly, the SED also ignored the Holocaust (Graf 2024: 185–257; Herf 1997: 13–39). Yet because the social semantics of class were not a code for ethnic issues (but rather, if at all, a cipher for the nation), it shrank back, all its antisemitic rhetoric notwithstanding, from staging Jews as the principal figures in its campaign of political 'cleansing'. The court proceedings against Paul Merker, Bruno Goldhammer and others did not take place as show trials but rather as secret trials (Herf 1997: 106–161).

Epilogue

When in June 1957, two years after F. C. Weiskopf's funeral, the coffin of Louis Fürnberg was placed on the ground only a few paces behind the final resting place of Goethe, this quite unintentionally bore a symbolic meaning. Because with Fürnberg's move to settle in the GDR, a tradition had reached its end. This was a tradition also represented by the work of Goethe. Fürnberg and Weiskopf had always seen German as a cosmopolitan cultural language. Belonging for them, like for Goethe, was not national but rather was conveyed through common shared values. However, as a result of the collapse of the empires after World War I, and National Socialism and its myriad consequences, the German language had forfeited its cosmopolitan character. It had become nationalized.

Ironically, those political parties that in the interwar period had advocated a suspension of a person's origin in the name of equality, later became the central agents of ethnic homogenization, with which the process of nationalization in Eastern Europe was concluded at the beginning of the Cold War. In so doing, the communist parties of Eastern Europe implemented the very goals enshrined in the nationality policy of their former greatest adversaries: of the national right-wing camp around Miklós Horthy in Hungary, Roman Dmowski in Poland and Karel Kramář in Czechoslovakia. At the beginning of the Cold War, the nationalities question was incorporated into the programmatic and organizational principles of the Communist parties of Eastern Europe in a coded ideological form. After 1989, when the categories of the East-West conflict became obsolete overnight, they re-emerged undisguised almost everywhere in the former Eastern bloc – in Yugoslavia as well as in Czechoslovakia and the former Soviet Union.

At the beginning of the 1950s, the last representatives of the Jewish German-speaking traditions of Eastern Europe found themselves necessitated to relocate to the GDR, the Federal Republic of Germany or Austria – or resign themselves to a shadowy bleak existence in their countries of origin. As a product of the tectonic dislocations of the time, the field of vision of Louis Fürnberg, whose early creativity had been oriented to the future, shifted into the past: from the "goal that beckons before me" ("Du hast ja ein Ziel vor den Augen / Damit du in der Welt dich nicht irrst"), of which he sang in a poem in 1937 (Fürnberg 1937: 163), to the administration of the legacy of Goethe and Schiller, for which he was professionally responsible working in the memorial site of the authors of the Classical Era.

At the same time, the Slánský trial, whose victims, in Grete Weiskopf's words, included Louis Fürnberg and F. C. Weiskopf, also consolidated a new, albeit terrible, tradition. Left-wing anti-Zionism had emerged at the beginning of the twentieth century in the factional struggles of Social Democracy in the Russian Empire. It was not least the result of the difficult triangular relationship between the Bolsheviks, the anti-Zionist General Jewish Labour Bund (the Bund) and Ber Borochov's Marxist Zionists of Poale Zion. The arguments of these debates continued into the interwar period.

Many communists and socialists, such as Fürnberg and Weiskopf, assumed that the coming revolution would eliminate both the exploitation of the proletariat and the dis-crimination against Jews. In the light of these expectations, Zionism appeared to be a step backwards, or at least a detour in the fight against antisemitism. The central addressee of left-wing anti-Zionism in the interwar period was therefore initially the Jewish population. They were to be dissuaded from national Jewish ideas and converted to socialism. Where left-wing anti-Zionism was intended to address a broader audience, it usually had a regional focus. Although it always had antisemitic undertones, unlike traditional antisemitism it was not a model for explaining the world, but an equally simplistic and inadequate aid to interpreting the political developments in British Mandate Palestine. Leftist anti-Zionism was territorially limited.

This changed with the late Stalinist campaign against 'cosmopolitanism and Zionism', of which the Slánský trial became a central symbol. The changes had already begun earlier. The actor Solomon Mikhoels, one of the most prominent members of the Jewish Anti-Fascist Committee of the Soviet Union, had already been murdered in Minsk on Stalin's orders in January 1948. In the so-called 'Night of the Murdered Poets' in August 1952, other representatives of the Jewish Anti-Fascist Committee, including some of the most important Soviet Yiddish poets, were sentenced to death and executed (Grüner 2008; Rubenstein/Naumov 2001). However, all these murders were kept secret; Mikhoel's death was disguised as a car accident, and he was even given a state funeral in 1948.

It was not until the Slánský trial, which was followed in December by the accusation of a conspiracy of mainly Jewish Kremlin doctors against the Soviet state and party leadership (the so-called doctors' plot), that Jews were openly accused of being Jews and executed as such. Anti-Zionism became territorially unlimited. Although the Czechoslovak Minister of Culture Zdeněk Nejedlý was one of the first to announce in a radio address shortly after the Slánský trial that "anti-Zionism is not antisemitism" ("Antisionismus není antisemitismus") (Nejedlý 1952: 11), anti-Zionism became the representative of antisemitism in the communist labour movement. The antisemitic undertones became the main tone. Traditional antisemitic ideas were incorporated into party-communist anti-Zionism and it became, at least in tendency, a model for explaining the world. For the first time, domestic challenges and problems were widely linked to the situation in the Middle East and attributed to the insidious actions of 'Zionists'. The term 'Zionism' was also expanded. During the Slánský trial, strict opponents of Zionism such as Otto Fischl were accused and executed as members of a Zionist 'conspirator group', along with people such as Rudolf Margolius, who had sympathized with the founding of the Jewish state due to his own experience in Auschwitz. Louis Fürnberg, who remained sceptical of Zionism until the end of his life, was also considered a Zionist due to his exile in British Mandate Palestine. Unlike in the interwar period, the term 'Zionist' had become synonymous with 'Jew'. The Slánský trial thus also played an important role in the transformation of the 'old' antisemitism, which seemed to have been delegitimized by Auschwitz, into a new, post-45 antisemitism.

Bibliography

ABS – Archiv bezpečnostních složek/Archive of the Security Forces, Prague (1948): MNB 425, 212, 3, l. 159–238 f., American Jewish Joint Distribution Committee and Refugee Aid (Joint) in Czechoslovakia, Report for Czechoslovakia, 1 July through 30 September 1948, submitted by Henry Levy.

ABS – Archiv bezpečnostních složek/Archive of the Security Forces, Prague (1949a): MNB 425, 212, 3, l. 159–238 f., American Jewish Joint Distribution Committee and Refugee Aid (Joint) in Czechoslovakia, Report for Czechoslovakia, 1 January through 30 June 1949, submitted by Henry Levy.

ABS – Archiv bezpečnostních složek/Archive of the Security Forces, Prague (1949b): MNB 425, 212, l. 1–126, American Jewish Joint Distribution Committee and Refugee Aid (Joint) in Czechoslovakia, Report for Czechoslovakia, 1 July through 31 December 1949, submitted by Henry Levy.

AdK – Akademie der Künste/Academy of Arts, Berlin (1948–1954, probably): Louis Fürnberg Archives, no. 1806–1810, Lebensläufe.

AdK – Akademie der Künste/Academy of Arts, Berlin (1953a): F. C. Weiskopf Archives, no. 502, Tagebuch XIII, Prag – Dobříš – Karlsbad, 24 January 1953 – 10 July 1953, 31 May 1953, fol. 67.

AdK – Akademie der Künste/Academy of Arts, Berlin (1953b): F. C. Weiskopf Archives, no. 503, Tagebuch XIV, 11 July 1953 – 7 December 1953, Prag – Berlin.

AdK – Akademie der Künste/Academy of Arts, Berlin (1957): Louis Fürnberg Archives, no. 1744, Grete Weiskopf to Lotte Fürnberg, 25 June 1957.

Ältestenrat (1943): Ghetto Theresienstadt, Der Ältestenrat, Todesfallanzeige [Simon Slánský], 6 March 1943, www.holocaust.cz/databaze-dokumentu/dokument/96228-slansky-simon-oznameni-o-umrti-ghetto-terezin.

Beneš, Edvard (1909): Otázka národností, Prague: Tisková komise české strany pokrokové.

Beneš, Edvard (1935): Masarykovo pojetí ideje národní a problém jednoty československé, Bratislava: Nákladem Učení společnosti Šafaříkovy.

Beneš, Edvard (1937): Kundgebung des Präsidenten der Republik in Reichenberg am 19. August 1936, in: Probleme der Tschechoslowakischen Republik. Kundgebungen des Präsidenten der Republik Dr. Edvard Beneš in Nordböhmen, Prague: Orbis.

Bialer, Uri (1990): Between East and West. Israel's Foreign Policy Orientation 1948–1956, Cambridge, MA: Cambridge University Press.

Brandt, Heinz (1985): Ein Traum, der nicht entführbar ist. Mein Leben zwischen Ost und West, Frankfurt am Main: Fischer.

Braunbuch (1933): Braunbuch über Reichstagsbrand und Hitlerterror, Paris: Éditions du Carrefour.

Braunbuch II (1934): Braunbuch II. Dimitroff contra Göring. Enthüllungen über die wahren Brandstifter, Paris: Éditions du Carrefour.

Brod, Petr (1980): Die Antizionismus- und Israelpolitik der UdSSR. Voraussetzungen und Entwicklung bis 1956, Baden-Baden: Nomos.

Bryant, Chad/Čapková, Kateřina/Dumitru, Diana (2023): Undone from Within. The Downfall of Rudolf Slánský and Czechoslovak-Soviet Dynamics under Stalin, in: Journal of Modern History, 95(4), 847–886.

Bundesarchiv (Federal Archives) (1957a): Bildarchiv, image 183–48137–0001.

Bundesarchiv (Federal Archives) (1957b): Bildarchiv, image 183–48137–0003.

Bundesarchiv (Federal Archives) (1957c): Bildarchiv, image 183–48137–0004.

Bundesarchiv (Federal Archives) (1957d): Bildarchiv, image 183–48137–0005.

Burks, R. V. (1961): The Dynamics of Communism in Eastern Europe, Princeton, NJ: Princeton University Press.

Čapková, Kateřina (2012): Czechs, Germans, Jews? National Identity and the Jews of Bohemia, New York/Oxford: Berghahn Books.

Čapková, Kateřina (2020): Jüdinnen und Juden in der Tschechoslowakei und der Slánský-Prozess, in: Ganzenmüller, Jörg (ed.): Jüdisches Leben in Deutschland und Europa nach der Shoah. Neubeginn – Konsolidierung – Ausgrenzung, Köln et al.: Böhlau, 127–136.

Čapková, Kateřina/Kival, Hillel J. (eds.) (2020): Zwischen Prag und Nikolsburg. Jüdisches Leben in den böhmischen Ländern, Göttingen: Vandenhoeck & Ruprecht.

Čapková, Kateřina/Kival, Hillel J. (eds.) (2021): Prague and Beyond. Jews in the Bohemian Lands, Philadelphia: University of Pennsylvania Press.

Diner, Dan (1995): Gestaute Zeit. Massenvernichtung und jüdische Erzählstruktur, in: Diner, Dan: Kreisläufe. Nationalsozialismus und Gedächtnis, Berlin: Berlin-Verlag, 123–139.

Frankl, Michal (2005): "Sonderweg" of Czech Antisemitism? Nationalism, National Conflict and Antisemitism in Czech Society, in: Bohemia, 46, 120–134.

Friedmann, Ronald (2007): Ulbrichts Rundfunkmann. Eine Gerhart-Eisler-Biografie, Berlin: Edition Ost.

Fürnberg, Lotte (1996): "Ohne Utopie kann ich nicht leben", in: Edschmid, Ulrike (ed.): Verletzte Grenzen. Zwei Frauen, zwei Lebensgeschichten, Frankfurt am Main: Fischer, 9–91.

Fürnberg, Louis (1937): Du hast ja ein Ziel vor den Augen, in: Fürnberg, Louis (1977): Werke: Gedichte, 1927–1946, vol. 1, ed. by the Akademie der Künste der Deutschen Demokratischen Republik, Berlin/Weimar: Aufbau, 163.

Fürnberg, Louis/Zweig, Arnold (1945): Louis Fürnberg to Arnold Zweig, 11. November 1945, in: Poschmann, Rosemarie/Wolf, Gerhard (eds.) (1978): Der Briefwechsel zwischen Louis Fürnberg und Arnold Zweig. Dokumente einer Freundschaft, Berlin/Weimar: Aufbau, 140.

Fürnberg, Louis/Zweig, Arnold(1946): Louis Fürnberg to Arnold Zweig, February/March 1946, in: Poschmann, Rosemarie/Wolf, Gerhard (eds.) (1978): Der Briefwechsel zwischen Louis Fürnberg und Arnold Zweig. Dokumente einer Freundschaft, Berlin/Weimar: Aufbau, 143.

Gerber, Jan (2012): Lied der Partei, in: Enzyklopädie jüdischer Geschichte und Kultur: He–Lu, vol. 3, ed. by Dan Diner, Stuttgart/Weimar: Metzler, 515–520.

Gerber, Jan (2017): Ein Prozess in Prag. Das Volk gegen Rudolf Slánský und Genossen, Göttingen/Bristol: Vandenhoeck & Ruprecht.

Gerber, Jan (2020): Von Polna nach Prag. Der Weg zum Slánský-Prozess, in: Bohemia, 60, 1–30.

Goldstücker, Eduard (1952): Výpověď svědka Eduarda Goldstückera, in: Ministerstvo spravedlnosti (ed.) (1953): Proces s vedením protistátního spikleneckého centra v čele s Rudolfem Slánským, Prague: Orbis, 94–97.

Goldstücker, Eduard/Schreiber, Eduard (2009): Von der Stunde der Hoffnung zur Stunde des Nichts. Gespräche, Wuppertal: Arco.

Graf, Philipp (2024): Zweierlei Zugehörigkeit. Der jüdische Kommunist Leo Zuckermann und der Holocaust, Göttingen: Vandenhoeck & Ruprecht.

Grüner, Frank (2008): Patrioten und Kosmopoliten. Juden im Sowjetstaat 1941–1953, Köln et al.: Böhlau.

Haury, Thomas (2002): Antisemitismus von links. Kommunistische Ideologie, Nationalismus und Antizionismus in der frühen DDR, Hamburg: Hamburger Edition.

Herf, Jeffrey (1997): Divided Memory. The Nazi Past in the two Germanys, Cambridge, MA: Harvard University Press.

Hodos, Georg Hermann (1988): Schauprozesse. Stalinistische Säuberungen in Osteuropa 1948–54, Frankfurt am Main: Campus.

Horkheimer, Max/Adorno, Theodor W. (1988): Dialektik der Aufklärung. Philosophische Fragmente, Frankfurt am Main: Fischer.

Kaplan, Karel (1986): Die politischen Prozesse in der Tschechoslowakei 1948–1954, München: Oldenbourg.

Kaplan, Karel (1990): Report on the Murder of the General Secretary, London/Columbus, OH: Ohio State University Press.

Kern, Gary (2007): The Kravchenko Case. One Man's War on Stalin, New York: Enigma Books.

Kohn, Hans (1952): Pan-Slavism and World War II, in: The American Political Science Review, 46, 699–722.

Kohn, Hans (1965): Nationalism, its Meaning and History, Princeton, N.J.: Van Nostrand.

Kolder Commission (1968): Bericht der Kommission für die Überprüfung der politischen Prozesse in der Zeit von 1949 bis 1954, in: Pelikán, Jiři (ed.): Pervertierte Justiz. Bericht der Kommission des ZK der KPTsch über die politischen Morde und Verbrechen in der Tschechoslowakei 1949–1963, Wien: Europaverlag.

Kořalka, Jiři (1958): Über die Anfänge der Zusammenarbeit zwischen der Arbeiterbewegung in Deutschland und in den böhmischen Ländern, in: Obermann, Karl/Polišenský, Josef: Aus 500 Jahren deutsch-tschechoslowakischer Geschichte, Berlin: Rütten & Loening, 299–330.

Kořalka, Jiři (1999): Národní identita Židů v českých zemích 1848–1918 mezi němectvím, češstvím a sionismem, in: Tomaszewski, Jerzy/Valenta, Jaroslav (eds.): Židé v české a polské občanské společnosti. Sborník přednášek, Prague: Univerzita Karlova Filozofická fakulta, 9–25.

KPD (1930): Programmerklärung [der Kommunistischen Partei Deutschlands] zur nationalen und sozialen Befreiung des deutschen Volkes, in: Berthold, Lothar/Diehl, Ernst: Revolutionäre deutsche Parteiprogramme, Berlin: Dietz, 119–128.

Krammer, Arnold (1974): The Forgotten Friendship. Israel and the Soviet Bloc, 1947–53, Urbana, IL: University of Illinois Press.

KSČ (1923): Protokol I. řádného sjezdu Komunistické Strany Československa (Sekce III. Komunistické Internacionály), konaného ve dnech 2., 3., 4. a 5. Ùnora 1923 v sále „Domoviny" v Praze VII, Prague: Nakladatelství Svoboda.

KSČ (1931): Protokol VI. řádného sjezdu Komunistické Strany Československa, konaného v Praze ve dnech 7 až 11. března 1931, Prague: J. Haken.

Kuhn, Heinrich (1962): Zur Sozialstruktur der Kommunistischen Partei der Tschechoslowakei. Ein Forschungsbericht, in: Bohemia. Jahrbuch des Collegium Carolinum, 3, 426–467.

Loebl, Eugen (1976): My Mind on Trial, New York: Harcourt Brace Jovanovich.

Lukes, Igor (2008): Rudolf Slansky: His Trials and Trial, Working Paper #50 of the CWIHP Working Paper Series, https://www.wilsoncenter.org/sites/default/files/media/documents/publication/WP50IL.pdf.

Marx, Karl (1983): Grundrisse der Kritik der politischen Ökonomie. in: Marx, Karl/Engels, Friedrich: Werke, vol. 42, ed. by Institut für Marxismus-Leninismus beim ZK der SED, Berlin: Dietz.

Marx, Karl (1993): Grundrisse. Foundations of the Critique of Political Economy, Harmondsworth: Penguin.

Meng, Michael (2005): East Germany's Jewish Question. The Return and Preservation of Jewish Sites in East Berlin and Potsdam, 1945–1989, in: Central European History, 38, 606–636.

NA – Národní archive/National Archives of the Czech Republic, Prague) (1949a): fond KSČ-ÚV-K 1945–1989, sv. 14, ar.j. 383, l. 21 f. (komise II) (Mátyás Rákosi to Klement Gottwald, 3 September 1949).

NA – Národní archive/National Archives of the Czech Republic, Prague) (1949b), fond KSČ-ÚV-K 1945–1989, sv. 14, ar.j. 383, l. 24 f. (komise II) (report about Karel Švab's meeting with representatives of the Hungarian state and party leadership and General Bjelkin, 7/8 September 1949).

NA – Národní archive/National Archives of the Czech Republic, Prague) (1949c): fond KSČ-ÚV-K 1945–1989, sv. 14, ar.j. 383, l. 25 f. (komise II) (report about Jindřich Veselý's meeting with representatives of the Polish state and party leadership, 13 September 1949).

NA – Národní archive/National Archives of the Czech Republic, Prague) (1949d): fond KSČ-ÚV-K 1945–1989, sv. 14, ar.j. 383, l. 19 (komise II) (Klement Gottwald about the Hungarian and Czechoslovakian situation).

NA – Národní archive/National Archives of the Czech Republic, Prague) (1951a): fond KSČ-ÚV 1945–1989, sv. 2A, ar.j. 13, l. 14 f. (komise II) (Josef Stalin to Klement Gottwald, 24 July 1951).

NA – Národní archive/National Archives of the Czech Republic, Prague) (1951b): fond 01, sv. 16, ar.j. 28, l. 4 (presentation, Klement Gottwald, meeting of the central committee, 6 September 1951).

NA – Národní archive/National Archives of the Czech Republic, Prague) (1951c): fond 01, sv. 16, ar.j. 28, l. 10 (presentation, Václav Kopecký, meeting of the central committee, 6 September 1951).

ND – Neues Deutschland (1957): Louis Fürnberg feierlich beigesetzt, in: Neues Deutschland, 28 June 1957, 1.

Nejedlý, Zdeněk (1952): Antisionismus není antisemitismus (Rozlahs 07.12.1952), in: Nejedlý, Zdeněk (1953): K procesu s protistátním spikleneckým centrem. Čtyři projevy v Československém rozhlase, Prague: Československý spisovatel, 11–17.

Nepalová, Šárka (1999): Die jüdische Minderheit in Böhmen und Mähren in den Jahren 1945–1948, in: Theresienstädter Studien und Dokumente, 6, 332–362.

Reiman, Pavel (1952): Výpověď svědka Pavla Reimana, in: Ministerstvo spravedlnosti (ed.) (1953): Proces s vedením protistátního spikleneckého centra v čele s Rudolfem Slánským, Prague: Orbis, 137–139.

Reiman, Pavel (1966): Ve dvacátých letech. Vzpomínky, Prague: Nakladatelství politické literatury.

Rubenstein, Joshua/Naumov, Vladimir P. (eds.) (2001): Stalin's secret pogrom. The postwar inquisition of the Jewish Anti-Fascist Committee, New Haven: Yale University Press.

Schiff, Zeev (1985): A History of the Israeli Army. 1874 to the Present, New York: Macmillan.

Schneir, Walter (2010): Final Verdict. What Really Happened in the Rosenberg Case, New York: Melville House.

Shiels, Duncan (2006): Les Frères Rajk, Paris: Buchet Chastel.

Svobodová, Jana (1999): Erscheinungsformen des Antisemitismus in den böhmischen Ländern 1948–1992, in: Hoensch, Jörg K./Biman, Stanislav/Lipták, Lubomír (eds.): Judenemanzipation - Antisemitismus - Verfolgung in Deutschland, Österreich-Ungarn, den Böhmischen Ländern und in der Slowakei, Essen: Klartext, 229–248.

Timm, Angelika (1997): Hammer, Zirkel, Davidstern. Das gestörte Verhältnis der DDR zu Zionismus und zum Staat Israel, Bonn: Bouvier.

Urválek, Josef (1952): Státní prokurátor: v z. JUDr. J. Urválek: Předsedovi státního soudu v Praze. Žaloba, in: Ministerstvo spravedlnosti (ed.) (1953): Proces s vedením protistátního spikleneckého centra v čele s Rudolfem Slánským, Prague: Orbis, 7–46.

Václavek, Ludvík (1965): F. C. Weiskopf und die Tschechoslowakei, Prague: Statni Pedagogicke Nakladatelstvi.

Veidlinger, Jeffrey (2003): Soviet Jewry as a Diaspora Nationality. The "Black Years" Reconsidered, in: East European Jewish Affairs, 1, 4–29.

Wein, Martin J. (2016): History of the Jews in the Bohemian Lands, Leiden/Boston: Brill.

Weiskopf, Franz Carl (1927): Mumientreffen am Kurfürstendamm, in: Ibid. (1960): Werke: Reportagen, vol. 7, Berlin: Dietz, 485–489.

Wlaschek, Rudolf M. (1997): Juden in Böhmen. Beiträge zur Geschichte des europäischen Judentums im 19. und 20. Jahrhundert, München: Oldenbourg.

ZK der SED (1952): Lehren aus dem Prozess gegen das Verschwörerzentrum Slansky. Beschluss des Zentralkomitees vom 20. Dezember 1952, in: Zentralkomitee der SED (ed.) (1954): vol. 4, Dokumente der Sozialistischen Einheitspartei Deutschlands. Beschlüsse und Erklärungen des Zentralkomitees sowie seines Politbüros und Sekretariats, Berlin: Dietz, 199–220.

Another Perspective on the Challenges Posed by the New Antisemitism

A short introduction to Ilan Gur Ze'ev's writings

Eli Vinokur

I still remember the first time I met Professor Ilan Gur-Ze'ev. We had made an appointment, but I came early. As I sat near his office door and patiently waited my turn, a young lady suddenly rushed out of his office with a bitter smile on her face and a broken look in her eyes. She thanked Gur-Ze'ev for his time and went her way.

I was next in line. When I walked in, Gur-Ze'ev looked at me and said, "You must be wondering about the reason for her expression." Then he continued, "In fact, she was the only student, out of approximately 300, who properly understood the message in my course about Critical Theory, and it is precisely this understanding that caused her such dejection. When we understand the challenges awaiting human society, in general, and those that await the Israeli society, in particular," he paused for a moment, "it is hard to remain optimistic. The purpose of our meeting was to help her alleviate, somewhat, that feeling of helplessness," he concluded with a bitter smile.

There was a short silence in the room before Gur-Ze'ev continued. "In terms of my concepts, Eli, I am very much alone. However," he continued, "the email you wrote about new antisemitism has given me new hope. This is also why I have agreed to meet you."

As fate would have it, our acquaintance was short-lived. That meeting ended with a friendly hug and led to extensive collaboration. Regrettably, however, six months later, Gur-Ze'ev was diagnosed with cancer and succumbed to his illness in 2012.

Nevertheless, his academic eros, his critical spirit and keen perceptions have left a deep impression on me, which I carry with me to this day. In this short introduction, I will attempt to present some of the key concepts of Gur-Ze'ev to the German reader, as I believe that his writings offer intellectual innovations and depth that can help us grasp one of the most fascinating, yet perilous challenges from a historic, as well as contemporary perspective. Gur-Ze'ev referred to that challenge as "new antisemitism." However, first, I would like to provide some information about Gur-Ze'ev's personal background.

Personal Background

Ilan Gur-Ze'ev was born in Haifa in 1955, in a neighbourhood where Arabs used to live until they were driven out during Israel's War of Independence. The Arabs were replaced by survivors of the Holocaust from eastern Europe. In one of his essays, Gur-Ze'ev described the cries and hollers that bellowed out his neighbours' windows. The memories of the atrocities that Europe's Jews experienced came back to haunt them in their sleep (Gur-Ze'ev 2010b; 2012).

Gur-Ze'ev's family was also affected by the Holocaust. His father was among a handful of people who returned from a mass-grave pit in the Mauthausen concentration camp. He was shot by German soldiers and their allies, and his "body" was thrown in the pit alongside hundreds of other Jews. Miraculously, he survived his wounds and even managed to crawl out. In this environment, which was also mixed with Zionism and a sense of universal vocation, Gur-Ze'ev grew up in a vibrant cultural setting that incorporated the scars of the past with hopes for the future (ibid.).

Gur-Ze'ev was an enthusiast of fine culture and good books. However, he was not as appreciative of Israel's education system. At the age of six or seven, he left school and educated himself, reading one to two books each day. At age sixteen, he Hebraized his last name from Vichik into Gur-Ze'ev, in large part because of his enthusiasm with Wladimir Ze'ev Jabotinsky's Revisionism (ibid.).

When Gur-Ze'ev was seventeen, he left Israel and began to travel and work around the world. Among other endeavors, he traded diamonds in South America. At twenty-three, he returned to Israel and was accepted into a special program for a Bachelor degree at Haifa University, although he had no formal education (Kizel 2015a).

He completed his PhD at the Institute of Sciences and Ideas in Tel-Aviv University, the stronghold of Critical Theory in Israel. In his work, Gur-Ze'ev studied the Frankfurt School and the history of pessimism. His research was published in a book on that topic (Gur-Ze'ev 1996).

After completing his studies, he became a lecturer for a year at Ben-Gurion University, after which he made Haifa University his intellectual home

(Guilherme 2020). Gur-Ze'ev's writing dealt with the Frankfurt School and the Critical Theory, under the influence of the post-modernistic discourse concerning education and processes of intellectual conquest unfolding throughout the global and Israeli societies. He developed the criticism of the use of education as a mechanism of violence and oppression against individuals and disadvantaged populations. At that time, Gur-Ze'ev sided with the views of the prominent figures in critical discourse in Israel, and even wrote with some of them, albeit with some reservations (Kizel 2015a).

Among the people with whom he co-wrote at that time were such scholars as Ilan Pappe and Moshe Zuckerman, and his essays were featured in magazines affiliated with the Critical Theory, such as *Theory and Criticism*, and were translated into multiple languages, such as Portuguese, Serbian, Arabic, and Polish, in view of the critical line that arose from the texts (Gur-Ze'ev 2003; 2004; 2005).

Over time, Gur-Ze'ev became increasingly critical toward both sides of the political aisle. A good example of this is his book, *Diasporic Philosophy and Counter-Education* (Gur-Ze'ev 2004), where he kept his distance from the sweet yearning for a home and suggested instead to establish a new, anti-collectivist space where our children will be "trained" toward an organized exile from both the Zionist and the Palestinian experiences, as well as from the fleeting fashions and customs of a world where capitalistic, post-modernistic, and neo-neo-Marxist trends wrestle with each other. In his writing, Gur-Ze'ev did not spare the whip from both Israeli and Palestinian leaderships and criticized their normalizing and violent functions in the Israeli/Palestinian reality.

Over time, Gur-Ze'ev became increasingly critical of progressive and post-modernistic mindsets. In part, it was due to what he saw as a move that contained within it new antisemitism – a new perception of the Jewish idea, and consequently, of the Jewish state, not as a foreign element in Western culture, but as an inherent part of it, which is the root of the evil in it – and should therefore be opposed as a way for redemption from the crimes of Western culture. As part of this trend, he detected intense hatred at the core of the writings of most of his academic milieu, and even in his own writing. In one of his essays, he even noted that one of the things that caused him to rethink his ideas was the intense hatred toward the State of Israel and its Jewish residents, specifically among his best students, which was in stark contrast to the love for humanity that he had hoped to find in them, in light of their education according to the principles of Critical Theory (Gur-Ze'ev 2009; 2011a).

Here we should note one of Gur-Ze'ev's most fascinating traits: his ability to criticize both the Critical Theory, as well as himself, and detect in these writings, destructive trends of criticism for the sake of criticism, and of what will later become known as "new antisemitism." (Gur-Ze'ev/McLaren 2011)

It is precisely Gur-Ze'ev's love of man, of the Israeli people, and of the Jewish people's moral vocation, of Palestine, and of all of humanity, that caused him to detect the danger lurking in today's intellectual discourse, and to become increasingly critical of the intellectual school within which he worked and from which he came. This criticism cost him the popularity and even caused aversion on the part of many of his former colleagues. But to him, the heavy personal price was nothing compared to his insistence on being true to himself and sincere with his students, and to offer a critical, profound, and uncompromising view on the challenges of his time.

New Antisemitism

Gur-Ze'ev's dealing with the new antisemitism relied on a broad perspective of the challenges of human society, in general, and of the Jewish people, in particular. As he delved into the philosophical, sociological, and anthropological research in the global arena over the past two decades, he arrived at the conclusion that we are facing an unprecedented situation, something that has never happened throughout human history (Gur-Ze'ev 2009; 2011a). Why was this so?

Invasive globalization is accelerating its expansion, and no realm of human existence escapes it. Immigration, environment, society, economy, communication, and education are all its direct and indirect objects. While there is no consensus on the question of the centrality of globalization, or on how new it is, it is evident that researchers across the board point – with support or criticism – to globalization as a phenomenon that is changing reality in unprecedented ways (Roth/Gur-Ze'ev 2007). For his part, Gur-Ze'ev was pessimistic about it.

In pre-modern times, changes were fewer and slower to happen. In modern times, they accelerated. Thus, for him, the immense centrifugal forces that operate in the cyber-space, consumerism, and globalist capitalism, are changing the makeup of reality quickly, and unrecognizably (Gur-Ze'ev 2004; 2010a; 2011b). For example, the ability to move people, merchandise, and services from place to place at the push of a button has opened countless possibilities before us, but also exposed human society to countless risks. Globalization engendered, among other things, social gaps between individuals and between countries, economic crises, ecological disasters, and growing and spreading networks of terrorism. It turned knowledge into superficial information, "McDonald'sized" culture in the face of pre-modern phenomena such as jihad as a violent political-educational reaction and eroded the fruits of enlightenment – beginning with the nation-state, through the national collective consciousness, and to the humanistic education in its classic form, among others (Gur-Ze'ev 2010a; 2011b).

However, in Gur-Ze'ev's eyes, not only the harms of globalization, evident to the sociological-anthropological eye, are placing humanity in an unprecedented situation, and especially today's education. Post-modern trends, characterized by dissolution of every vocation and cause, nihilism of values, the culture industry, glorification of the self, and thrashing of the concept of social accountability, or responsibility for anything, as well as by constant pursuit of the latest fad, with self-indulgence, and refusal to face the question of the meaning of this situation itself, all these shifted, as per Gur-Ze'ev, the Socratic question about a life worth living from the philosophical realm into the existential realm (Gur-Ze'ev 2009; 2011a; 2012).

Gur-Ze'ev felt deep in his heart that by wanting to realize the utopian aspiration concerning humanity's material prosperity, we have created a reality where our very lives are perpetually at risk. In that sense, this presents us with a new situation in humanity, one that requires us to examine how we should move forward, as individuals and as a society (Gur-Ze'ev 2004; 2009).

As Gur-Ze'ev points out, currently, there are very few possible answers to this question. The most famous one among them is the reaction of jihadists, in all their familiar forms as fundamentalist spirituality. The purpose of jihad and its post-colonialist and post-structuralist companions is one: to destroy, as quickly as possible, the forces of life, and the gospel of Judeo-Christianism, which is the vital spirit (alongside the Greek-Hellenistic aspect) of the Western world and its various fruits (Gur-Ze'ev 2009). The power of this reaction lies with the clear enemy that it positions before its protégés – the Jewish spirit and the State of Israel combined into a single entity whose very existence must be revoked.

Another way to meet the challenges of today's reality is new progressivism. There are two completely different branches in it: a post-modernistic branch, which derives from the post-structuralist philosophy, and a neo-neo-Marxist branch (ibid.).

The first branch celebrates the post-modernistic reality, which places a great emphasis on emotional, mental, and spiritual openness toward the "other." Emotionally, advocates of new progressivism cannot accept hierarchy or an argument of exclusivity, or, alternatively, hunting of blue whales, exploiting the inhabitants of Equatorial Guinea, or of any other "victim" of Western society.

No rational arguments, which are defined as imperialist or colonialist, or Western, will be accepted against this emotional argument. Instead, we will be offered alternative spirituality in the form of dwelling in obsessive consumerism and production, relinquishment of self-awareness, and the humanistic and social struggles of the kind that the old progressivism could have offered. Instead, identity politics, multiculturalism, and post-colonialism portend to take their place (ibid.). In the discourse that these topics arouse, both the client and the victim of Western culture have absolute entitlement. This branch of new progressivism is therefore a mental momentum, spiritual and political, a luring invitation with which both we and our children were not trained to handle.

The second branch, the neo-neo-Marxist branch – whose advocates, according to Gur-Ze'ev, were such figures as Slavoj Žižek and Alain Badiou, and in Israel, Azmi Bishara, Yehouda Shenhav, and others – feels obligated to overcome the invitation and join the post-modernistic celebration (ibid). This branch refuses to relinquish the justification of waking up the next morning, even though life in a world where meaning, yearning for the sublime, and the divergence from the drive to be "something," yet seek to be someone, a human being, can barely be validated today.

In such a reality, hatred of the spirit of Judaism becomes a pseudo religious extasy for adherents of both branches, offering an alternative to the post-modernistic pleasure-machine, in the form of boarding the new Marmara. This, and none other, is the reason of proponents of post-modernism and neo-neo-Marxism to get up in the morning. In this way, whether through immersion in the progressive reality or deflection from the post-modernistic reality, overcoming the Jewish foundation becomes the perfect expression of returning to the null (Gur-Ze'ev 2009; 2011a).

Why is this so? First, it is due to Israel being an exhibit of false universality and cosmopolitanism. A nation state that has committed itself to Jewish particularistic exclusivity as being "the chosen people," seems to have no place in a just and equal cosmopolitan world. At a time when radical democracy and multi-culturalism are disintegrating any hierarchy and attempt to overcome a policy of exclusion and discrimination, the State of Israel presents an exhibit of justification of racism, discrimination, and degradation of the other, or of the "third world." From the perspective of those supporting these views, the only solution is extinction of the Jewish state. This is indeed what they suggest, in the form of a state of all its citizens, en route to dealing with the remnants of white hegemony that will still survive here (in the form of economic, cultural, or other form of asymmetry) until the Jewish settlement is chased away and Edward Said's prophecy, "History will forget you were ever here," comes true (Gur-Ze'ev 2004).

This is the heart of Gur-Ze'ev's argument: In the age of disappearance of the truth and absence of a polishing instance, how can a Westerner be cleansed from the oppressive, racial, colonialist essence? The answer is by creating a new, progressive meta-narrative, an altar on which estrangement of the projection and sacrificing of the fundament that is essential to the west will be made possible. This is the role of the "Jew" at this time, or at least, the role of the Jewish state (Gur-Ze'ev 2009; 2011a). For this reason, we are not discussing mere criticism or even resistance. Rather we are talking about worship through activism, an obsession that cannot be overcome, and which will intensify increasingly until the self-decolonization – in the absence of a possibility of transcendentality – is completed.

Thus, as paradoxical as it may sound, in light of the growing power of the new progressive meta-narrative, the people of Israel is once again becoming the chosen people, in the sense that it is the expression of the ultimate evil on the face of the earth, the new "Jew among the nations." At the same time, the people of Israel was chosen specifically at this indigent historic moment – a time of the exile of holiness – also because of the mission incumbent upon it. Whether it wants to or not, the only response it should offer to the pseudo-spiritual delegitimization it is experiencing is a spiritual response. In this place, under these circumstances, asserts Gur-Ze'ev, Israeli society must pay more and more with a currency of worthy existence for life itself (ibid).

Precisely on the backdrop of such an exegetic viewpoint on the challenges of Jewish existence, it is evident to see the chasm between the desirable state that Gur-Ze'ev had described, and the existing situation in the State of Israel. In the end, what is currently unfolding in Israeli society? In a reality where we are faced with an existential duty to carry out a brave, spiritual resurrection, the citizens of the Jewish state are captive in the hands of beastliness, corruption, self-righteousness, and self-hatred, or alternatively, mindless immersion in the post-modernistic pleasure machine. Such a state, according to Gur-Ze'ev, can only lead us to ruin. On the other hand, the very peril of the ruin of the Israeli society in particular, and humanity in general, brings hope that, despite the immense difficulty of it, despite the superhuman sacrifice that overcoming our present image will demand of us, we will ultimately be able to offer our children an alternative to being sucked into the pleasure machine, or, alternatively, to boarding the next Marmara. We are required to respond with education for responsibility and love, and present a worthy alternative to a particularistic society that is at the same time cosmopolitan (Gur-Ze'ev 2012; Vinokur 2018).

Responsibility toward the other as a Response to Contemporary Challenges

At one of the times when Gur-Ze'ev dropped me off at the train station in Haifa, he suddenly said to me, "Despite everything I've written so far, I feel that I have only just begun to develop my social thinking in light of the new antisemitism." He never got to finish that thought, but to my understanding, it is actually the fascinating combination between globalization – which connects people negatively and leads to intensification of economic, ecological, and social crises – and humanity's existential need for meaning, that is an invitation for a new synthesis, whose buds could be detected in Gur-Ze'ev's writing: a Jewish-cosmopolitan society whose vocation is insistence on meaning.

A new cosmopolitism of this kind could answer, in my view, the great educational challenge of our generation: a new definition of vocation and positive human collective responsibility that transcends borders, religions, and economic and political agendas. This would not only be a response to ecological and social transformations, but also a possible answer to the challenge of securing life on Earth itself, and particularly in the State of Israel.

In a sense, once the wheels of globalization have been set in motion, humanity is impelled to work toward finding a deeper meaning to our common existence, not only because this is the right thing to do, but also because there is no alternative (Bauman 2000). The challenges that capitalistic globalization, post-modernism, and neo-neo-Marxism bring with them, each in its own way, require new thinking about the purpose of human life.

Today, virtual and physical connectedness, diversity, perpetual changes, the meeting of, and the ceaseless struggle with the "other," can inflict doom on humanity, or, alternatively, become a fertile ground for education that will foster the growth and renewed flourishing concepts such as "love," "joy," "authenticity," "friendship," "humaneness," "the common good," and "responsibility" (Gur-Ze'ev 2004).

In this process, the Israeli society bears a moral responsibility. Here, too, it is not necessarily a matter of choice, but perhaps it is actually for lack of choice. In light of the concrete existential threat to the continuation of life itself in the State of Israel – from without, in the form of new antisemitism, and from within, in the form of social disintegration and division – choosing such an educational procedure will be, so it seems, a necessary reaction in order to guarantee the very continuation of the country (Gur-Ze'ev 2004; 2009). Yet, what are the conditions to facilitate such a reaction?

As of now, the term "Israeli society" is devoid of meaning. It would be truer to say that in Israel, many societies live side by side as closed enclaves, hostile toward each other, devoid of cultural depth, vocation, or responsibility connected to a civil communal life. Examining the "Israeli" reality reveals that it defines the "we" only in negative terms. Only the threat from Iran, a military threat or a national tragedy can engender short-term solidarity. A painful example to this was the aftermath of the national catastrophe of the "Black Saturday" on October 7th, 2023. In the course of a few hours, Hamas and other terrorist organizations, as well as Palestinian civilians, brutally slaughtered, burned alive, raped, and beheaded more than 1,144 Jewish men, women, children and elderly people, kidnaping 250 additional men, women, children and elderly people in the process. In the days that followed these tragic events, the Israeli society united in mutual solidarity like never before. Acts of self-sacrifice and volunteering were seen everywhere. The unique remedy of Israeli solidarity transcended all the conflicts that preceded the massacre of October 7th, including the fierce disputes between left and right wing supports about the juridical reform. Israeli society as a whole embraced and comforted the families of the murdered and wounded. More than 300,000 citizens volunteered for reserves, willing to endanger their lives for the safety of their fellow citizens.

Alas, as time went by, little by little, social and political disputes began to tear the social fabric once more. As I write these lines, unity still outweighs division, and many people wish to say "never again" to self-centeredness and egotism. Yet, beneath the surface, political strategists are already setting the stage for the next social divide. In other words, unity motivated solely by the desire to survive cannot be a foundation for human existence, much less a worthy Jewish life. In the words of Rabbi Joseph B. Soloveitchik (2000), a covenant of fate is not sufficient to secure the future of the Jewish nation. There is a need to forge a covenant of destiny: the Israeli society must engage in a challenging discussion, focusing on the attempt to provide a positive answer to the question "what binds us together as a nation?"

In light of the escalating threats, and particularly in light of the non-existent educational response to it, it is no longer possible to ignore the need for a new definition of the purposes of education in Israel, so that they better serve the "common good."[1] At first glance, such an act is not only meaningless, it is also impractical in the absence of real change in the social power-relations, in the access to resources and to key positions in designing educational policies. This is what Gur-Ze'ev writes about it:

> This is the vicious circle in which we are trapped – a reality where, for example, there are more symmetrical relations between members of the different groups, and there is agreement regarding the "common good," is a requisite for the next move, which will establish consent regarding the new or updated goals of education in Israel, while the very possibility of such a reality, and the very forming of a pacified agreement concerning the "common good" in Israel, are preconditioned on the existence of this very kind of education, which will enable them or generate them, since such normalizing education is still non-existent. (Gur-Ze'ev 2004: 191)

On the other hand, as said above, the threats to Israel, from within and from without, leave us no alternative. Therefore, those who feel the sword placed on their necks, who seek meaning in a meaningless world, who are willing to relinquish personal interests for a higher social goal, must unite into socio-educational communities in order to try to influence the public discourse in Israel. Today, more than ever, we are required to rebuild a vocation and a purpose in the nation, whose wounds of division are

1 It is beyond the scope of this essay to properly relate to the topic of the purposes of education in Israel, but only as a suggestion for a single, common ground that should be addressed while determining educational policies. A more elaborate discussion will require addressing the country's "Education Act" in its various versions, as well as conflicting points of reference such as the vision statements of the Palestinian leadership in Israel, the Haredi educational agenda, and pertinent texts to its definition and justification, the new progressive educational agenda, and others.

currently growing deeper, and not allow it to fall prey to instigation of the conflicts that threaten to dismantle it from the inside.

To achieve this, we must ask tough, yet vital questions regarding the appropriate life on this piece of land and place them at the top of public discourse. The discussion should bear the characteristics of a deliberative family discussion: What is the purpose of our common life in the country? How can we create a common life here, if we can at all? Who is included in the definition of the Israeli "we"? And what is the "common good" from which we derive the interests and rewards, on the one hand, and that we, as a public, aspire, or should aspire for, on the other hand? (Gur Ze'ev 2004).

We must try to answer these questions as soon as possible since not only the threat from without, but also the one from within – the oppressive aspiration of the Haredi, Palestinians, those on the Right, and those on the Left – can annihilate the cinder of the delicate social fabric that is still left in our midst. Perhaps precisely on this backdrop, we should consider channelling the predicted struggle from hatred of one class or sector to hatred of the cause of division between people: egoism, which generates violent protectionism of our opinions and attempts to obliterate the rival camp at all costs.

However, just as one must tend to one's physical necessities in order to survive, the State of Israel must allow for bold self-criticism through fundamental national love. This love is not ethnocentric, although it is deeply embedded in the roots of the State of Israel's origins as a Jewish and democratic state. Therefore, the precondition for any operation on the social realm is to learn to love the positive universal message of love of others, which we can find in the writings of many intellectuals on all sides of the debate. Such discourse is mandatory, and must evolve concurrently within every sector, with the ambition to gradually foster true and sincere willingness for a cross-sector discourse around the way in which all of us, without exception, can lead a life of proper commonness on this land.

The purpose of the new counter education that should be established in Israel must be dedicated to nurturing love for any person in any sector in general, but within the country in particular, out of the aspiration to establish a basis for a common discourse that will override the victim, or oppressor consciousness, which transcends narrow political and social considerations in the face of a vocation that is greater than any of them. This vocation, in the words of Gur-Ze'ev, is enveloped in the name "love," in the sense of love as a choice, love as chosenness, and love as a door to a sublime, humane life (Gur-Ze'ev 2012).

From the perspective of the Jewish public within the State of Israel and abroad, Gur-Ze'ev's vision of the exile can be interpreted as both a vision of a return to the meta-vocation that has accompanied the Jewish people from its inception – the sublimation of the connection between people into a Divine degree. However, that "return" does not contain calmness, but rather constant transformations and improvisations.

Accepting the awareness of the global mission contained in love of others as the supreme value will begin to germinate here seeds of an avantgarde society, which is not ethnocentric but rather cosmopolitan in its aspirations. This is a painful alternative because it requires constantly overcoming the enticing temptation to be absorbed into life's currents, as well as the temptation to be absorbed into the metaphysical "typografisch" offered by postmodernism. However, in light of the challenges before us, it is vital today.

Keeping this in mind, we will return to Gur-Ze'ev's analysis of the challenges posed by the new antisemitism. At the conclusion of his discussion on the topic, in Issue No. 55 of *Eretz Acheret* [Another Land], Gur-Ze'ev defines the only possibility, in his opinion, for an appropriate response to it:

> We must know how to reply to ourselves, and then to others, in light of the assaults on Judaism, both as an expression of intolerable particularism, as well as a representative of false universal foreignness. Today, it is our fate to cope with the responsibility for a Jewish revival. Today, a spiritual Jewish revival is a requisite for the very existence of worthy Jewish existence in general, and in the State of Israel in particular. Israel will not be able to survive based on high-tech industry or military deterrence, unless it makes education the prime interest and preference of Israeli existence as a universal model for a worthy life. We must toil for a new language, qualify ourselves for the summoning of sanctity, and despite the circumstances, educate toward courage in the spirit of the commandment, "Love your neighbour as yourself." (Gur-Ze'ev 2010c: 30)

It is thus not easy to summarize Gur-Ze'ev's approach to the state of Israel, to Zionism and to Judaism. His intellectual endeavour can be divided in two: the diasporic philosophy of the "early" Gur-Ze'ev, which was anti-Zionist in its essence, depicting the Israeli state as "Sparta of the wicked" (Gur-Ze'ev 1998); and the diasporic philosophy of the latter Gur-Ze'ev, which was pro-Zionist but not utterly Zionist, which sought to protect the state of Israel from the jaws of the new progressives, exposing their hidden antisemitic aspirations behind the pseudo-humanistic rhetoric of "global peace," "equality" and "social justice." What is certain is that his work on new antisemitism was a work in progress which was never completed.

Contemplating on it today, in the face of a deepening chasm in the post-modern reality, as well as in the Middle East, manifesting, among other representations, in a growing tendency towards the delegitimization of the state of Israel and antisemitism, there seems to be a pressing need to strengthen the legitimacy for a Jewish sovereign state, not only as a sole shelter for the Jewish people, but also as an ideological response. One might argue that the conditions are now right to contemplate the purpose of Jewish existence once again. From there, we can self-reflect and develop a consciousness of universal responsibility. As a result, we can divert from our internal divisions and the gallop toward nothingness. This is not only a vocation worth pursuing, but also an existential necessity without which Jewish life on this planet might not be possible. In such circumstances, the reemergence of the Jewish vision of a worthy social and moral life – an ideological revival that was not possible when people were more egotistical – can provide a courageous educational response to the challenges of the current reality in Israel and around the world.

In conclusion, the existential urgency and unique fabric of life in Israel form a microcosm of the struggle between premodern, modern, and post-modern processes, as well as the moral, ethical, and cultural self-perception of residents who aspire to a different kind of life in our country. This allows for the hope of considering the proposed agenda of resurrecting the idea of "typografisch" in our midst.

Bibliography

Bauman, Zygmunt (1998): Globalization: The Human consequences, New York: Columbia University Press.

Guilherme, Alexandre (2020): Ilan Gur-Ze'ev and Education: Pedagogies of Transformation and Peace, New York: Routledge, https://doi.org/10.4324/9781315659145.

Gur-Ze'ev, Ilan (1996): The Frankfurt School and the History of Pessimism (in Hebrew), Jerusalem: Magnes Press.

Gur-Ze'ev, Ilan (2003): Destroying The Other's Collective Memory, New York: Peter Lang.

Gur-Ze'ev, Ilan (2004): Toward a Diasporic Education: Multiculturalism, Post-Colonialism and Counter-Education in a Post-Modern Era (in Hebrew), Tel-Aviv: Resling.

Gur-Ze'ev, Ilan (2005): Critical Theory and Critical Pedagogy Today: Toward A New Critical Language in Education, Haifa: Studies in Education.

Gur-Ze'ev, Ilan (2009): The New Anti-Semitism – Educational Challenges, Opening address June 22, 2009, University of Haifa, Israel.

Gur-Ze'ev, Ilan (2010a): The Possibility/Impossibility of a New Critical Language in Education, Rotterdam: Sense Publishers.

Gur-Ze'ev, Ilan (ed.) (2010b): Introduction, Diasporic Philosophy and Counter Education, Rotterdam: Sense Publishers.

Gur-Ze'ev, Ilan (2010c): New anti-Semitism: the meta-narrative of progressive thinking in the 21st century, Eretz Acheret (in Hebrew), 55, 24–30.

Gur-Ze'ev, Ilan (2011a): The New Antisemitism, Iyunim BeTkumat Israel, 21, (in Hebrew), Be'er-Sheva: The Ben Gurion Institute, Ben Gurion University, 466–512.

Gur-Ze'ev, Ilan (ed.) (2011b): The Nomadic Existence of the Eternal Improviser and Diasporic Co-Poiesis in the Era of Mega-Speed, Diasporic Philosophy and Counter-Education, Rotterdam: Sense Publishers, 29–45.

Gur-Ze'ev, Ilan (2012): The Last Lecture of Ilan Gur-Ze'ev January 4, 2012, http://www.akizel.net/2012/01/last-lecture-of-professor-ilan-gur-zeev.html.

Gur-Ze'ev, Ilan/McLaren, Peter (2011): New Anti-Semitism as the Meta-Narrative of the New Progressive Thinking and Critical Pedagogy Today, Policy Futures in Education, 9(2), 206–247, https://doi.org/10.2304/pfie.2011.9.2.206.

Autorinnen und Autoren

Johanna Bach promoviert an der Universität Passau zur Gefühlswelt des Antisemitismus. Sie ist Mitherausgeberin von *Vermeintliche Gründe – Ethik und Ethiken im Nationalsozialismus* (Campus 2020) sowie von *Soziale Arbeit und Rechtsextremismus* (utb 2022).

Randi Becker promoviert an der Universität Passau zur Anschlussfähigkeit von Antisemitismus im Werk Aimé Césaires und seiner Rezeption. Sie ist Dozentin für politische Bildung an einem staatlichen Bildungszentrum sowie Lehrbeauftragte an verschiedenen Universitäten und Herausgeberin von *Gießener Frauen, Opfer, Mitläuferinnen und Täterinnen im Nationalsozialismus* (NBKK 2022) und Mitherausgeberin von *Endlich in Sicherheit? Bedrohung von Geflüchteten in Deutschland durch transnationale Netzwerke* (NBKK 2022).

Dr. Ulrike Becker ist Program Director für die Arbeit gegen Antisemitismus der Amadeu Antonio Stiftung in Berlin, Vorstandsmitglied im Mideast Freedom Forum Berlin, Research Fellow am Centrum für Antisemitismus- und Rassismusstudien (CARS) und Autorin von *Nazis am Nil. Die westdeutsch-ägyptischen Beziehungen der Nachkriegszeit im Schatten des Nationalsozialismus* (Vandenhoeck & Ruprecht 2024).

Andreas Benl ist Vorstandsmitglied des Mideast Freedom Forum Berlin. Er hat Beiträge zu Geschichte und Gegenwart des Iran sowie zu Kulturrelativismus und Antisemitismus in *Gesichter des politischen Islam* (Edition Tiamat 2023), *An End to Antisemitism! Confronting Antisemitism in Modern Media, the Legal and Political Worlds* (de Gruyter 2021) und *Iran – Israel – Deutschland. Antisemitismus, Außenhandel und Atomprogramm* (Hentrich & Hentrich 2017) veröffentlicht.

PD Dr. Martin Cüppers ist wissenschaftlicher Leiter der Forschungsstelle Ludwigsburg zur NS-Verbrechensgeschichte und Privatdozent für Neuere Geschichte an der Universität Stuttgart. Er ist Autor von *Halbmond und Hakenkreuz. Das Dritte Reich, die Araber und Palästina* (wbg 2006, mit Klaus-Michael Mallmann), *Walther Rauff – in deutschen Diensten. Vom Naziverbrecher zum BND-Spion* (wbg 2013) und Herausgeber von *Ghetto*

Warschau: Aufstand und Vernichtung im Stroop-Bericht. Neuedition mit Zusatzdokumenten (Metropol 2025).

Prof. Dr. Tobias Ebbrecht-Hartmann ist Associate Professor für Visuelle Kultur, Medienwissenschaft und Deutschlandstudien im Department of Communication & Journalism und am European Forum der Hebrew University of Jerusalem. Er ist Autor von *Geschichtsbilder im Medialen Gedächtnis. Filmische Narrationen des Holocaust* (Transcript 2014) und *Gewalt als Bild: Die Bilder vom 7. Oktober im Spiegel der visuellen Erinnerung an die Shoah* (Neofelis 2025).

Frederik Fuß ist wissenschaftlicher Mitarbeiter im Praxisreferat der Katholischen Hochschule Nordrhein-Westfalen in Aachen, Mitglied des Centrums für Antisemitismus- und Rassismusstudien (CARS) und promoviert an der Universität Innsbruck über Antisemitismus und Anarchismus. Er ist Autor von *a never ending story. Antisemitismus im US-Hip-Hop* (Syndikat-A 2022) und Herausgeber von *Anarchistische Scheidewege. Zum Verhältnis von Anarchismus und Antisemitismus* (Syndikat-A 2025).

Prof. Dr. Jan Gerber ist Honorarprofessor für Neuere und Neueste Geschichte mit dem Schwerpunkt Moderne jüdische Geschichte an der Universität Leipzig und Leiter des Forschungsressorts „Politik" am Leibniz-Institut für jüdische Geschichte und Kultur – Simon Dubnow in Leipzig. Er ist Autor von *Ein Prozess in Prag. Das Volk gegen Rudolf Slánský und Genossen* (Vandenhoeck & Ruprecht 2017), *Marx in Paris. Die Erfindung des Kommunismus* (Pieper 2018) und *Das Verschwinden des Holocaust. Zum Wandel der Erinnerung* (Edition tiamat 2025).

Gesche Gerdes ist wissenschaftliche Mitarbeiterin am Lehrstuhl für Soziologie der Universität Passau und promoviert über Autoritarismus, Antisemitismus und Misogynie innerhalb der Incel-Weltanschauung. Sie ist Autorin von „Maskulinismus und Intersektionalität: Verstrickungen von Antifeminismus und Antisemitismus innerhalb männlicher Identitätspolitik" (2025), in: Stögner, Karin/Rajal, Elke (Hg.), *Intersektionalität neu verhandelt – Kritik von Ideologie und Identität.* (Herder 2025).

Prof. Dr. Stephan Grigat ist Professor für Theorien und Kritik des Antisemitismus an der Katholischen Hochschule Nordrhein-Westfalen (katho) und Leiter des Centrums für Antisemitismus- und Rassismusstudien (CARS) in Aachen und Köln. Er ist Research Fellow an der Universität Haifa und am London Centre for the Study of Contemporary Antisemitism sowie Autor von *Vom Antijudaismus zum Hass auf Israel: Interventionen zur Kritik des Antisemitismus* (Barbara Budrich 2025) und Herausgeber von *Kritik des Antisemitismus in der Gegenwart: Erscheinungsformen – Theorien – Bekämpfung* (Nomos 2023).

Dr. Alex Gruber ist Chefredakteur des Nahost-Thinktanks Mena-Watch in Wien und Redakteur von *sans phrase. Zeitschrift für Ideologiekritik*. Er ist Autor von „Revisionismus von links. Der ‚multidirektionale' Angriff auf das Holocaustgedenken und den jüdischen Staat", in: *sans phrase. Zeitschrift für Ideologiekritik*, Heft 21, 2023 und „Der erste Poststrukturalist. Von Martin Heideggers Kampf gegen das ‚planetarische Verbrechertum' zu Alain Badious globalisierter ‚Intifada'", in: *sans phrase. Zeitschrift für Ideologiekritik*, Heft 23, 2023/24.

Dr. des. Matheus Hagedorny ist wissenschaftlicher Leiter des Projekts „Israelbezogenem Antisemitismus an Hochschulen entgegentreten (IBAS)" am Centrum für Antisemitismus- und Rassismusstudien (CARS). Er ist Co-Autor der Studie *Die sozialpolitische Doktrin der Neuen Rechten – Strategische Vereinnahmung und kalkulierte Provokation* (Hans Böckler Stiftung 2025) und Autor von *Georg Elser in Deutschland* (ça ira 2020).

Prof. Dr. Günther Jikeli ist Erna B. Rosenfeld Professor am Institute for the Study of Contemporary Antisemitism und Associate Professor in Germanic Studies und Jüdischen Studien an der Indiana University in Bloomington, USA. Er leitet die dortige Forschungsgruppe „Social Media & Hate" und ist Mitherausgeber von *Antisemitismus in Deutschland nach dem 7. Oktober* (Olms 2025) und Autor von *Von Damaskus nach Berlin. Antisemitismus unter syrischen Geflüchteten in Deutschland* (Olms 2025).

Christoph Joppich promoviert an der Universität Passau zur historischen und gegenwärtigen Entwicklung des Antisemitismus in Lateinamerika. Er ist Autor von *Antisemitismus in Argentinien. Eine kritische Gesellschaftsgeschichte von der Unabhängigkeit bis in die Gegenwart* (Barbara Budrich 2025).

Dr. Olaf Kistenmacher arbeitet freiberuflich als Historiker und Journalist und ist seit über 20 Jahren in der Pädagogik gegen Antisemitismus und Rassismus tätig. Er ist Mitherausgeber von *Beschreibungsversuche der Judenfeindschaft: Zur Geschichte der Antisemitismusforschung vor 1944* (De Gruyter 2014) und Autor von *Arbeit und ‚jüdisches Kapital'. Antisemitische Aussagen in der KPD-Tageszeitung* Die Rote Fahne *während der Weimarer*

Republik (edition lumière 2016) sowie *„Gegen den Geist des Sozialismus". Anarchistische und kommunistische Kritik der Judenfeindschaft in der KPD zur Zeit der Weimarer Republik* (ça ira 2023).

Dr. Matthias Küntzel ist Politikwissenschaftler und Historiker und war bis 2015 Associate Researcher beim Vidal Sassoon International Center for the Study of Antisemitism (SICSA) an der Hebrew University in Jerusalem. Er ist Autor von *Djihad und Judenhass. Über den neuen antijüdischen Krieg* (ça ira 2002), *Die Deutschen und der Iran. Geschichte und Gegenwart einer verhängnisvollen Freundschaft* (wjs 2009) und *Nazis und der Nahe Osten. Wie der islamische Antisemitismus entstand* (Hentrich & Hentrich 2019, engl. Routledge 2024).

Dr. Ismail Küpeli ist an der Ruhr-Universität Bochum als Koordinator des Projekts „Dersim 1937/38" für die Aufarbeitung der Vernichtungsoperationen des türkischen Militärs in der Region Dersim zuständig. Er ist Autor von *Die kurdische Frage in der Türkei: Über die gewaltsame Durchsetzung von Nationalstaatlichkeit* (transkript 2022) und *Graue Wölfe. Türkischer Rechtsextremismus in Deutschland* (Unrast 2025).

Florian Markl ist Politikwissenschaftler und wissenschaftlicher Leiter beim Nahost-Thinktank Mena-Watch in Wien. Zuvor war er Archivar und Historiker beim Allgemeinen Entschädigungsfonds für Opfer des Nationalsozialismus in Österreich und Lehrbeauftragter an der Universität Wien. Gemeinsam mit Alex Feuerherdt ist er Autor von *Vereinte Nationen gegen Israel – Wie die UNO den jüdischen Staat delegitimiert* (Hentrich & Hentrich 2018) und *Die Israel-Boykottbewegung – Alter Hass in neuem Gewand* (Hentrich & Hentrich 2020).

Elke Rajal ist wissenschaftliche Mitarbeiterin am Lehrstuhl für Soziologie der Universität Passau, promoviert zu NS-Aufarbeitung und Antisemitismus in Deutschland und Österreich und ist Co-Koordinatorin des Forschungsnetzwerks „Ethnic Relations, Racism and Antisemitism" der European Sociological Association. Sie hat Beiträge in *Kritik des Antisemitismus in der Gegenwart: Erscheinungsformen – Theorien – Bekämpfung* (Nomos 2023) und *Erinnern als höchste Form des Vergessens? (Um-)Deutungen des Holocaust und der „Historikerstreit 2.0"* (Verbrecher 2023) publiziert und ist Mitherausgeberin von *Intersektionalität neu verhandelt – Kritik von Ideologie und Identität* (Herder 2025).

Prof. Dr. Lars Rensmann ist Inhaber des Lehrstuhls für Politikwissenschaft mit Schwerpunkt Vergleichende Regierungslehre an der Universität Passau und Gastprofessor an der Università Roma Tre. Er ist Autor von *The Politics of Unreason: The Frankfurt School and the Origins of Modern Antisemitism* (SUNY Press 2017) sowie *Politischer Antisemitismus im postfaktischen Zeitalter* (Nomos 2025) und leitet gemeinsam mit Karin Stögner das Forschungsprojekt „Antisemitische Verschwörungsmythen und Krisendiskurse im Rechtsextremismus" im Rahmen des bayerischen Forschungsverbunds ForGeRex.

Nikolai Schreiter ist wissenschaftlicher Mitarbeiter der Universität Passau an den Lehrstühlen für Soziologie und für Politikwissenschaft im Forschungsprojekt „Antisemitische Verschwörungsmythen und Krisendiskurse im Rechtsextremismus" im Rahmen des bayrischen Forschungsverbunds ForGeRex. Er promoviert zu Antisemitismus und Antizionismus in der extremen Rechten und ist Autor von „Figuren der Rationalisierung. ‚Ausnahmejuden' und ‚jüdische Kronzeugen' im Antisemitismus der extremen Rechten", in: Roepert, Leo (Hg.): *Kritische Theorie der extremen Rechten. Analysen im Anschluss an Adorno, Horkheimer und Co* (transcript 2023).

Prof. Dr. Karin Stögner ist Professorin für Soziologie an der Universität Passau und war langjährige Koordinatorin des internationalen Forschungsnetzwerks „Ethnic Relations, Racism and Antisemitism" der European Sociological Association. Sie ist Research Fellow am London Center for the Study of Contemporary Antisemitism, Mitbegründerin des Arbeitskreises „Antisemitismus" in der Deutschen Gesellschaft für Soziologie und Autorin von *Antisemitismus und Sexismus. Historisch-gesellschaftliche Konstellationen* (Nomos 2014). Gemeinsam mit Alexandra Colligs hat sie *Kritische Theorie und Feminismus* (Suhrkamp 2022) herausgegeben, gemeinsam mit Elke Rajal *Intersektionalität neu verhandelt – Kritik von Ideologie und Identität* (Herder 2025).

Kim Robin Stoller leitet das Internationale Institut für Bildung, Sozial- und Antisemitismusforschung (IIBSA) in Berlin und ist Co-Koordinatorin des Forschungsnetzwerks „Ethnic Relations, Racism and Antisemitism" der European Sociological Association. Sie ist Lead-Autorin des *Handbuchs zur praktischen Anwendung der IHRA-Arbeitsdefinition von Antisemitismus* (Europäische Kommission 2021).

Dr. Eli Vinokur ist Vizepräsident am Gordon Academic College of Education in Haifa. 2018 bis 2020 war er Koordinator des Programms zur Erfassung von zeitgenössischem Antisemitismus und der Delegitimierung Israels an der Fakultät für Tourismus der Universität Haifa. Er ist Co-Autor von *The delegitimization of Israel and Zionism as part and parcel of the delegitimization of liberal democracy in contemporary settings* (Israeli School of Tourism 2021).